Rainer Gievers

Das Praxisbuch

Samsung Galaxy S26 / S26+ / S26 Ultra

Die verständliche Anleitung

www.das-praxisbuch.de

Vorwort

Die S26-Serie bietet vor allem Leistungssteigerungen durch einen neuen Prozessor sowie ein Akku-Upgrade auf 4.300 mAh beim S26 für längere Laufzeiten. Zudem profitieren Sie von einem leicht größeren 6,3-Zoll-Display beim S26 und innovativen Funktionen wie dem Privacy Display sowie schnellerem 60W-Laden beim Ultra.

In diesem Buch gehen wir auf alle Programme ein, die Sie täglich benötigen. Nach kurzer Zeit können Sie die dabei erlernten Vorgehensweisen aber auch auf die anderen Programme anwenden, die wir aus Platzgründen nicht genauer vorstellen.

Wir geben darüber hinaus auch Tipps aus unserer eigenen, inzwischen über 30-jährigen Erfahrung mit Mobilrechnern, die Sie im Internet und anderen Büchern nicht finden werden.

Bitte lassen Sie sich bei der alltäglichen Nutzung nicht entmutigen. Samsung übertrifft derzeit alle Konkurrenten im Funktionsumfang, sodass Sie viele Aufgaben auf verschiedene Weise erledigen können. Einige Funktionen erschließen sich möglicherweise erst nach einigen Wochen.

Falls Sie im Buch irgendwo einen Fehler entdecken, schicken Sie uns bitte eine E-Mail an *info@das-praxisbuch.de*.

Rainer Gievers, im März 2026

1. Auflage vom 28.03.2026 (LibreOffice 25.2.7.2)

Ebook

Dieses Buch steht seinem Käufer auch als farbiges Ebook zum kostenlosen Download zur Verfügung. Es kann mit jedem PDF-Programm (zum Beispiel »Adobe Acrobat«) angezeigt und ausgedruckt werden.

Für den Download rufen Sie in Ihrem Webbrowser auf dem PC oder Handy bitte folgende Webadresse auf (beachten Sie bitte hierzu unsere Datenschutzhinweise unter *www.das-praxisbuch.de/impressum/datenschutz.php*):

www.das-praxisbuch.de/download

Geben Sie bitte folgenden Code (Groß- und Kleinschreibung beachten) ein:

NDw-A7o-5bk-h7m-JCY-gx

Sollten Sie Probleme mit der Codeeingabe oder dem Herunterladen haben, dann schreiben Sie uns bitte eine E-Mail an service@das-praxisbuch.de. Wir helfen gerne weiter!

Hinweis

Gicom Verlag
Rainer Gievers
Am Bahnhof 10
34434 Borgentreich
info@das-praxisbuch.de

ISBN: 978-3-96469-319-8

Aufbau der Kapitel

- Damit Sie erkennen, welche Bildschirmkopie zu welchem Erläuterungstext gehört, sind die Texte mit Zahlen (❶,❷,❸) durchnummeriert.
- Webadressen, Menübezeichnungen und verwiesene Kapitel sind *kursiv* gesetzt.
- Verschachtelte Menüs werden durch »/« gekennzeichnet. Somit bedeutet zum Beispiel ⋮*Einstellungen*, dass Sie das Menü aktivieren und dort auf *Einstellungen* gehen.
- Auch Verzeichnis- und Dateinamen, sowie Webadressen sind in Kursivschrift gesetzt.

In den Rahmen sind weiterführende Infos zum jeweiligen Thema untergebracht.

1. Inhaltsverzeichnis

2. Einführung

Vielleicht gehören Sie auch zu den Anwendern, die sich bisher mit einem Einfach-Handy zufriedengegeben haben und nun erstmals ein sogenanntes Smartphone nutzen. Alternativ besitzen Sie schon seit geraumer Zeit ein Smartphone, verwenden darauf aber derzeit nur die Telefonie-Funktionen.

Was aber ist ein Smartphone? Darunter versteht man ein Mobiltelefon, das neben der Telefonie noch weitere Funktionen mitbringt, die sonst nur PCs aufweisen, beispielsweise Kontakt- und Terminverwaltung, Musikabspielgerät, Internet usw. Von wenigen Billig-Handys abgesehen, die für maximal 50 Euro angeboten werden, sind übrigens genau genommen inzwischen fast alle Smartphones.

Die Betriebssoftware, sozusagen das Herz Ihres Handys, ist das von Google entwickelte **Android**. Es erfüllt die gleichen Aufgaben wie das Windows-Betriebssystem auf Ihrem PC oder Notebook.

2.1 Das ist bei Android anders

Dieses Kapitel soll kurz die Unterschiede zwischen den »alten« Handys und den modernen Smartphones beleuchten.

Schon bei der ersten Inbetriebnahme gibt es den ersten Unterschied: Während früher ein Handy nach dem Einschalten und der PIN-Eingabe sofort betriebsbereit war, müssen Sie bei einem Android-Handy erst einiges einrichten. Überhaupt empfiehlt es sich, einen Blick auf den Mobilfunkvertrag zu werfen, denn dieser sollte Ihren Bedürfnissen entsprechendes Datenvolumen (»Daten-Flat«) beinhalten. Für die viele Anwender reichen 2 GB (Gigabyte) pro Monat vollkommen aus.

Die meiste Zeit sind Sie ohnehin mit einem WLAN verbunden, sei es zuhause oder auf der Arbeit.

Bereits beim ersten Einschalten eines Android-Handys sollten Sie das Handy mit einem WLAN-Zugangspunkt verbinden, weil nach der Ersteinrichtung größere Datenmengen übertragen werden.

Eine permanente Internetverbindung ist für Android-Handys wichtig. Natürlich sind Webbrowser und E-Mail-Anwendung ohne Internetanbindung unbrauchbar – aber wussten Sie, dass sogar Programme, von denen Sie es nie erwarten würden, aufs Internet angewiesen sind? Ihr Android-Handy speichert beispielsweise auch Ihre Kontakte, Termine, Lesezeichen des Chrome-Browsers, Ihre Fotos und Videos und vieles mehr im Internet. Das hört sich zunächst erst einmal ungewohnt an, hat aber für Sie durchaus Vorteile, wie wir unten noch zeigen werden. Ihre persönlichen Daten landen natürlich nicht einfach frei im Internet, sondern sind geschützt vor fremden Zugriff.

Den Speicherort für Ihre Daten legen Sie übrigens bereits bei der ersten Inbetriebnahme Ihres Android-Handys fest. Es handelt sich dabei um Ihr sogenanntes **Google-Konto**. Dieses hat immer das Format *IhrName@gmail.com*. Dabei ist *IhrName* ein von Ihnen frei wählbarer Name, erlaubt sind zum Beispiel die Kontonamen *hans.mueller@gmail.com*, *hansmuell25@gmail.com oder mueller201@gmail.com.*

Ihr Google-Konto erstellen Sie direkt nach der Interneteinrichtung beim ersten Einschalten Ihres Android-Handys. Den Kontonamen dürfen Sie frei wählen.

Nicht jeder ist darüber glücklich, dass seine Daten bei Google gespeichert werden. Google informiert aber sehr offen darüber und fragt gegebenenfalls nach Ihrer Zustimmung. Natürlich dürfen Sie auch ablehnen, aber ohne Google-Konto müssen Sie auf viele Komfortfunktionen verzichten. Dazu zählt auch die nachträgliche Installation von weiteren nützlichen Programmen aus dem Play Store.

2.2 Das Google-Prinzip

Wie bereits erwähnt, sammelt Google systematisch Ihre Daten, denn Ihr Android-Gerät lädt alle Ihre Kontakte, Termine, Browser-Lesezeichen, Fotos usw. auf Google-Server im Internet hoch. Sie können das natürlich teilweise verhindern, indem Sie erst gar kein Google-Konto auf dem Handy einrichten. Allerdings steht Ihnen ohne Google-Konto der Play Store nicht zur Verfügung, über den Sie weitere Programme installieren.

In der Praxis halten wir die Datensammlung durch Google für unproblematisch, da Google strenges EU-Recht einhalten muss. Trotzdem empfehlen wir, das automatische Hochladen von Fotos und Videos auf Google-Server zu deaktivieren. Nach unseren Informationen überprüft Google diese Medien mithilfe von KI auf potenziell unerlaubte Inhalte. Dabei kann es im Falle eines Fehlalarms zur Sperrung Ihres Google-Kontos kommen. Zudem ist der kostenlose Speicherplatz Ihres Google-Kontos auf 15 Gigabyte begrenzt, was durch das Hochladen von Fotos und Videos schnell ausgeschöpft sein kann.

2.3 Die SIM-Karte

Ihr Handy unterstützt zwei Arten des Internetzugangs:

- Über das Mobilfunknetz: Prüfen Sie, wie viel Internet-Datenvolumen in Ihrem Mobilfunkvertrag enthalten ist. Für die gelegentliche Nutzung des Internets unterwegs sind 2 Gigabyte (GB) in der Regel ausreichend. Wird das Datenvolumen überschritten, drosselt der Netzbetreiber in der Regel die Übertragungsgeschwindigkeit. Dies macht sich beispielsweise durch extrem langsames Laden von Webseiten im Webbrowser oder ruckelnde Videos in YouTube bemerkbar. Beachten Sie, dass auch die Qualität der Mobilfunkverbindung Einfluss auf die Geschwindigkeit haben kann.
- Über WLAN: Wie Ihnen bekannt sein dürfte, lässt sich das Internet mit Ihrem Handy über WLAN nur zuhause beziehungsweise an ausgewiesenen WLAN-Zugangspunkten in Hotels, Bars usw. verwenden.

Eine neue SIM-Karte wird immer als große Plastikkarte geliefert. Vorgestanzt sind manchmal verschiedene Formate, wovon Sie die Nano-SIM (Pfeil) vorsichtig herausbrechen.

Neben der physischen SIM-Karte gibt es seit einigen Jahren auch die sogenannte eSIM. Das »e« steht dabei für »embedded«, also »eingebaut«. Die eSIM ist in Form eines Chips im Handy integriert und wird durch Software aktiviert und verwaltet. Statt eine physikalische SIM-Karte einzulegen, muss man einfach einen vom Mobilnetzbetreiber zur Verfügung gestellten Code zur Aktivierung der eSIM eingeben oder die eSIM online aktivieren.

Ein riesiger Vorteil der eSIM ist, dass man damit mehrere Verträge gleichzeitig auf dem Handy nutzen kann, zwischen denen man bei Bedarf umschaltet. Wer häufig außerhalb Europas reist, wird die Möglichkeit schätzen lernen, in den jeweiligen Ländern einen eSIM-Vertrag abzuschließen, mit dem man Roaming-Kosten spart. Das nervige Austauschen der SIM-Karte gehört damit der Vergangenheit an!

Die Mobilnetzbetreiber bieten den – teilweise kostenlosen – Wechsel zwischen normaler SIM und eSIM an. Beachten Sie allerdings, dass das Handy auch die eSIM unterstützen muss. Dies ist bei Galaxy S26, Galaxy S26+ und Galaxy S26 Ultra der Fall.

Bei der Einrichtung eines Handys mit eSIM gehen Sie einfach wie später beschrieben vor. Die eSIM-Freischaltung erfolgt dann später über die Einstellungen. Bitte beachten Sie, dass ein WLAN-Zugang zwingend erforderlich ist, da das Handy während der Einrichtung auf eine Internetverbindung angewiesen ist, die nicht über das Mobilfunknetz bereitgestellt wird.

Wenn Sie später mal das Handy wechseln, haben Sie übrigens zwei Möglichkeiten, die eSIM auf das neue Gerät zu übernehmen: Entweder Sie nutzen eine Transferoption auf dem alten Handy oder – was möglicherweise einfacher ist – sperren einfach die alte eSIM über die Webseite oder Handy-App Ihres Netzbetreibers. Anschließend beantragen für das neue Handy eine neue eSIM, was in der Regel kostenlos ist.

Zum Öffnen der SIM-Schublade auf der Geräteunterseite verwenden Sie das mitgelieferte Stechwerkzeug. Das Foto zeigt dies beim Galaxy S26 Ultra. In der Schublade befindet sich ein Loch, in das Sie mit dem Stechwerkzeug hineindrücken. Daraufhin springt die Schublade auf und kann mit den Fingernägeln herausgezogen werden. Vorsicht! Bitte **stechen Sie nicht in das Loch neben der Schublade**, weil Sie dadurch das Handy beschädigen könnten.

Die SIM-Karte legen Sie mit den Kontakten nach oben ein. Bevor Sie die Schublade wieder schließen, achten Sie unbedingt darauf, dass die SIM-Karte auch genau bündig darin liegt.

2.4 Das Netzteil

Da Samsung inzwischen kein Netzteil mehr bei seinen aktuellen Handys mitliefert, gehen wir in diesem Kapitel darauf ein, wie Sie die Stromversorgung sicherstellen.

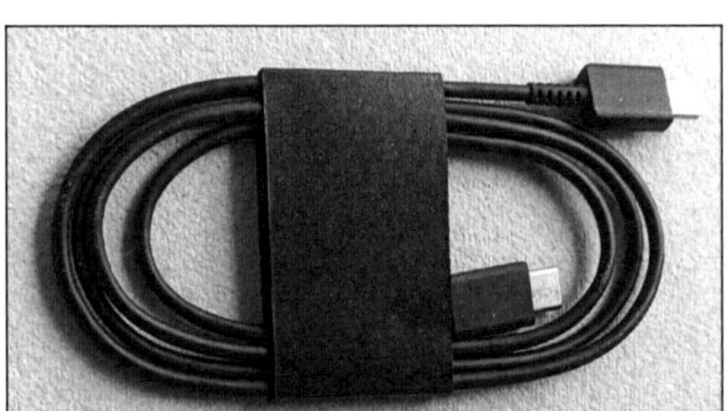

In der Verpackung Ihres Samsung-Handys finden Sie ein sogenanntes **USB C auf USB-C-Kabel**. Sie können damit das Handy an einem PC oder ein Notebook mit geeigneter USB C-Buchse anschließen. Bitte werfen Sie dazu ein Blick in das Handbuch zu Ihrem PC/Notebook, denn häufig sind nicht alle USB C-Buchsen für die Stromversorgung geeignet.

Viele ältere PCs und Notebooks sind leider nicht mit einer USB C-Buchse ausgestattet, weshalb Sie sich ein **USB C-auf-USB A-Kabel** besorgen müssen. Vielleicht haben Sie ja schon ein passendes Kabel von Ihrem vorherigen Handy herumliegen?

Der Akku Ihres Galaxy-Handys wird automatisch aufgeladen, sobald Sie es am PC/Notebook anschließen. Bitte beachten Sie aber, dass das Laden aus technischen Gründen sehr langsam erfolgt. Wir empfehlen daher die Verwendung eines separaten Netzteils, worauf wir als Nächstes eingehen.

Sie haben noch ein Handy-Netzteil herumliegen? Egal, ob es von Motorola, Nokia oder einem anderen Hersteller stammt, meistens lässt es sich problemlos am Samsung-Handy verwenden.

Bevor Sie ein Netzteil mit dem Handy verbinden, sollten Sie dessen Leistungsangaben kontrollieren.

Unter OUTPUT (engl. »Ausgabe«) sind bei diesem Samsung-Netzteil die folgenden Angaben zu finden: 9.0 V ⎓ 1.67 A or 5.0 V ⎓ 2.0 A.

Für uns interessant ist in diesem Zusammenhang nur »5.0 V ⎓ 2.0 A«, was zu Deutsch heißt: Es werden 5,0 Volt Gleichstrom mit 2,0 Ampere abgegeben.

Sofern Sie »5.0 V ⎓« vorfinden, dürfte es keine Probleme geben. Bei den Ampere-Angaben gilt: »Je höher, desto schneller wird geladen«.

Das Handy sollte – auch im ausgeschalteten Zustand – nach maximal 10 Sekunden eine Ladeanimation anzeigen. Ist das Handy eingeschaltet, dann hören Sie zusätzlich einen kurzen Signalton. Wenn das nicht der Fall ist oder sich das Handy deutlich erhitzt, dann sollten Sie USB-Kabel und Netzteil austauschen.

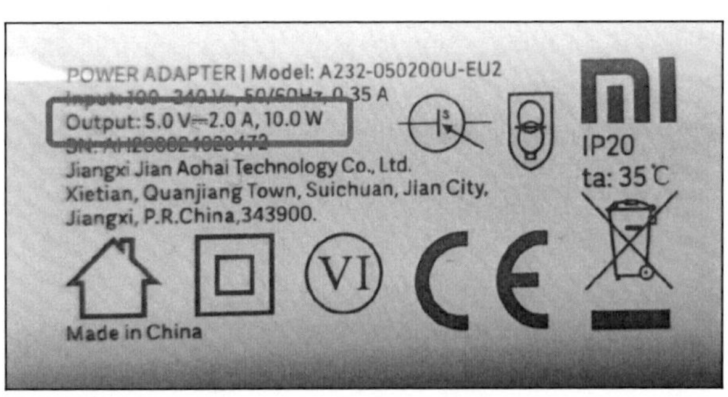

Auch bei diesem Netzteil eines Drittanbieters erwarten wir keine Probleme:

»Output: 5.0 V ⎓ 2.0 A 10.0W«.

Die Watt-Angabe – ergibt sich aus der Mulitplikation von V(olt) und Ampere – brauchen Sie nicht zu beachten.

Achtung: Bei den meisten Netzteilen benötigen Sie das oben erwähnte **USB C auf USB A-Kabel**!

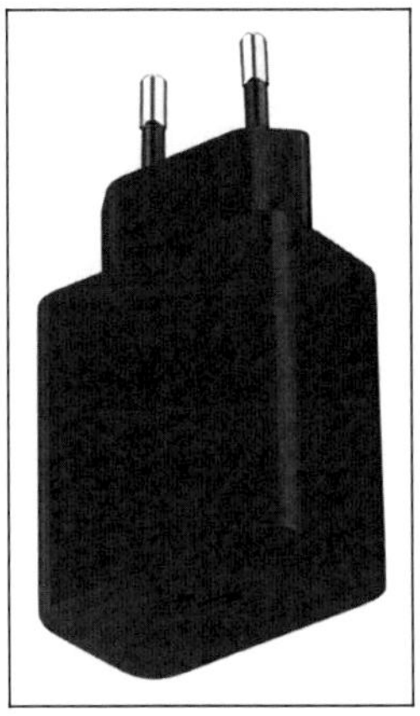

Das Aufladen mit einem Standardnetzteil, das nur 10 Watt liefert, dauert Ihnen zu lange? Dann empfehlen wir Ihnen einen Schnelllade-Adapter von Samsung.

Beachten Sie bitte, dass das **Galaxy S26 und S26+ maximal 45 Watt** Ladeleistung unterstützen, während das **S26 Ultra sogar bis zu 60 Watt** erreichen kann. Ein S26 darf natürlich an einem 60-Watt-Netzteil angeschlossen werden, lädt dann aber dennoch mit maximal 45 Watt.

Wichtig: Kaufen Sie Netzteile nur im Fachhandel oder bei vertrauenswürdigen Online-Quellen. Achten Sie bei Plattformen wie eBay oder Drittanbietern auf Plagiate, da gefälschte Netzteile ein Sicherheitsrisiko darstellen können.

Samsung schreibt dazu auf der eigenen Website (*www.samsung.com/at/support/mobile-devices/my-galaxy-device-is-not-fast-charging-how-do-i-fix-it*):

> *»Die verschiedenen Arten von Ladegeräten haben unterschiedliche Ausgangsleistungen. Für eine optimale Leistung empfehlen wir die Verwendung eines von Samsung autorisierten Schnellladeadapters.*
>
> ***Adaptive Schnellladefunktion:** Samsung-Ladegeräte, die eine Ausgangsleistung von 9 V - 1,67 A (15 W) unterstützen, weisen die Textzeile ‚Adaptive Fast Charging‘ mit einem Ladesymbol auf.*
>
> **Superschnellladen:** Samsung-Ladegeräte, die Ausgangsleistungen von 9 V - 2,77 A (25 W), 15 V - 3 A (45 W), oder 20 V - 2,25 A (45 W) unterstützen, weisen die Textzeile ‚Super Fast Charging‘ mit einem Ladesymbol auf.«

Moderne Handyakkus sind mit einer speziellen Ladeelektronik ausgestattet, die eine Beschädigung verhindern. Sie müssen also keine Angst haben, dass durch zu langes Aufladen der Akku an Kapazität verliert, wie es bis vor 20 Jahren noch der Fall war (sogenannter Memory-Effekt).

Trotzdem altert auch bei geringer Nutzung der Akku über die Jahre und verliert an Kapazität. Sofern Sie sich dann nicht ohnehin ein neues Handy zulegen möchten, können Reparaturdienste den fest verbauten Akku austauschen.

2.5 Drahtloses Laden

Sie möchten es noch bequemer? Dann lohnt sich die Anschaffung einer drahtlosen Qi-Ladestation, die von Samsung und Drittanbietern verkauft wird.

Halten Sie im Handel nach Ladestationen mit dem **Qi2.1-Standard** Ausschau. Diese unterstützen einen schnelleren Ladevorgang.

Sie legen einfach das Handy auf beziehungsweise in die Ladestation, worauf der Ladevorgang drahtlos per Induktion erfolgt. Das S26 lädt mit 15 Watt, das S26+ mit 20 Watt und das S26 Ultra mit 25 Watt.

Für die Handys werden von Samsung und Drittanbietern Hüllen mit Magneten angeboten, welche die Positionierung in der Qi2.1-Ladestation erleichtern.

3. Erster Start

Beim ersten Einschalten richten Sie den Internetzugang über WLAN, Ihr Google-Konto und einige andere Dinge ein.

> **Hinweis**: Falls Sie bereits den Assistenten durchlaufen haben und schon Ihr Gerät nutzen, sollten Sie im Kapitel *4 Grundlagen der Bedienung*weiterlesen. Wo es in diesem Buch darauf ankommt, gehen wir auf die im Assistenten vorgenommenen Einstellungen nochmals ein. Sie verpassen also nichts!

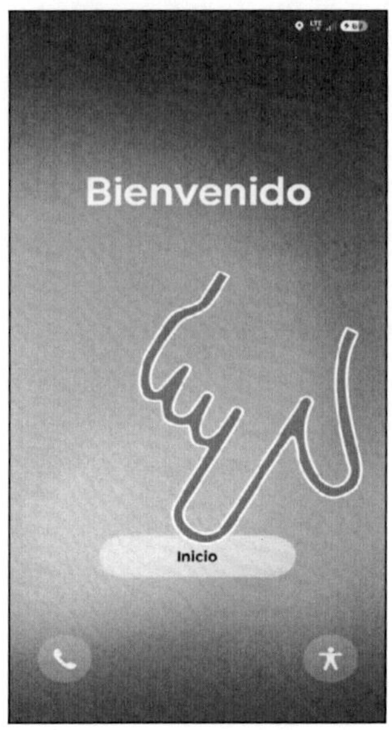

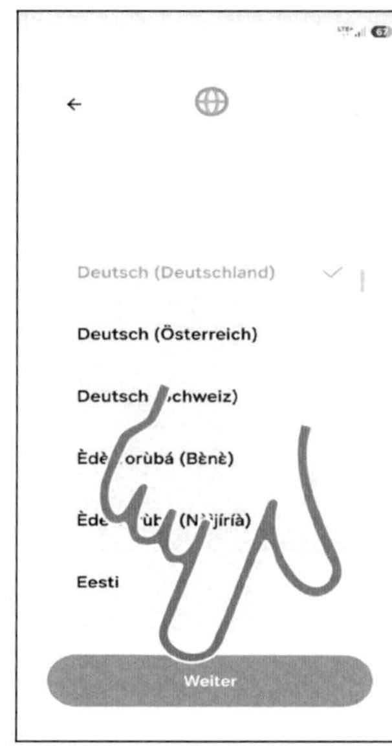

➊ Geben Sie zuerst die SIM-PIN ein, damit sich das Samsung Galaxy ins Netz einbuchen kann. Schließen Sie Ihre Eingabe mit der *OK*-Schaltfläche auf dem eingeblendeten Tastenfeld ab.

➋ Betätigen Sie mittlere Schaltfläche.

➌ Das Handy wählt automatisch die verwendete Sprache anhand der eingelegten SIM-Karte aus. Falls Sie keine SIM-Karte eingelegt haben – zum Beispiel weil Sie eine eSIM einrichten möchten – müssen Sie *Deutsch (Deutschland)* von Hand auswählen. Betätigen Sie dann *Weiter* (Pfeil).

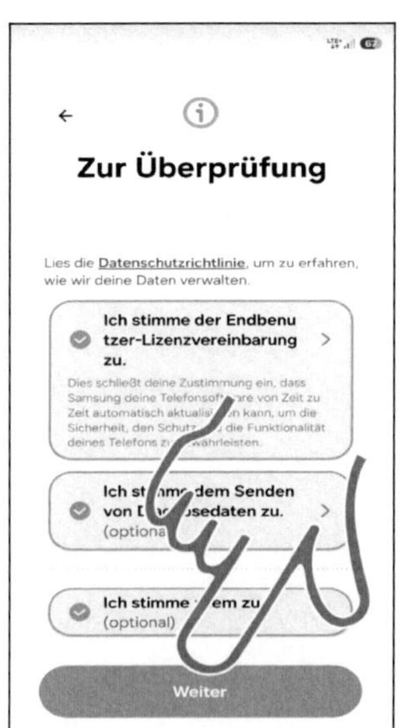

➊➋ Aktivieren Sie *Ich stimme allem zu (optional)*, dann betätigen Sie *Weiter*.

➌ Den Bildschirm »*Einfache Einrichtung mit einem anderen Gerät*« schließen Sie mit *Manuell einrichten.*

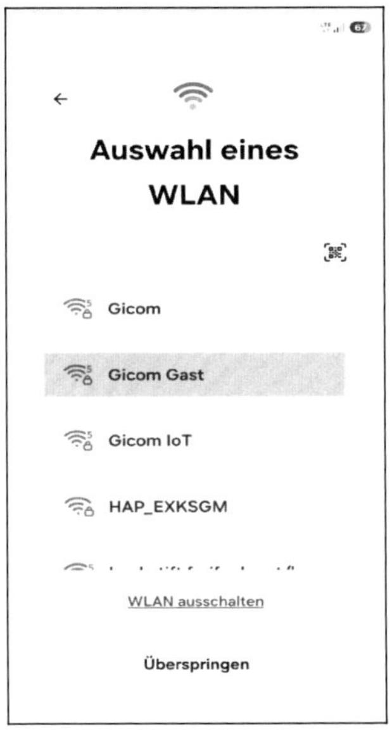

❶❷ Als Nächstes stellen Sie den genutzten WLAN-Zugangspunkt ein. Tippen Sie dafür kurz einen der gefundenen Zugangspunkte in der Liste an, geben Sie das zugehörige Kennwort ein und betätigen Sie *Verbinden*.

In diesem Buch unterscheiden wir zwischen »Antippen«, was immer ein kurzes Antippen heißt und längerem Tippen und Halten mit dem Finger. Wenn Sie den Finger lange auf einem Bildschirmelement gedrückt halten müssen, weisen wir immer explizit darauf hin.

Wir empfehlen, die Ersteinrichtung in aller Ruhe an einem Ort mit WLAN-Zugang durchzuführen. Das Handy lädt sehr große Datenmengen herunter, was bei Mobilfunk-Internet sehr lange dauert und eventuell zusätzliche Kosten verursacht.

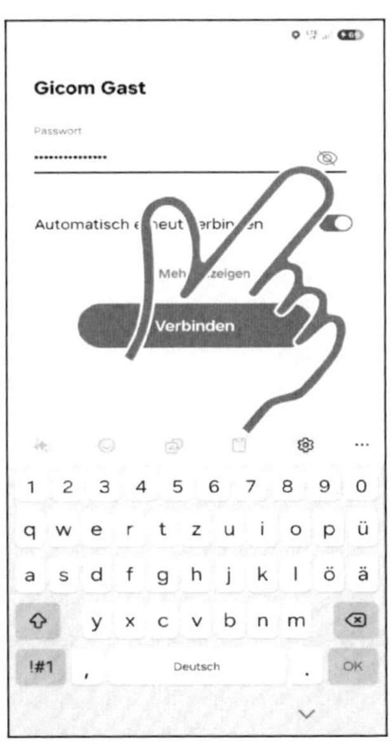

❶❷ Tipp: Samsung erleichtert Ihnen die Passworteingabe über die -Schaltfläche. Tippen Sie darauf, um das Passwort anzuzeigen. steht bei allen »verdeckten« Eingabefeldern der verschiedenen Anwendungen auf dem Handy zur Verfügung.

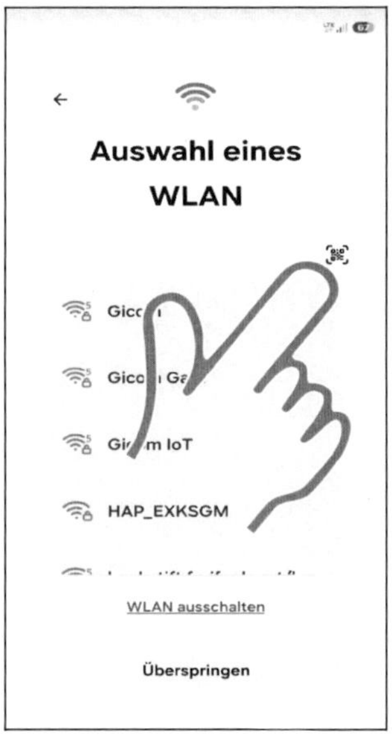

❶❷ Tipp: Manchmal finden Sie am WLAN-Standort einen QR-Code mit den Zugangsdaten. In diesem Fall gehen Sie bei Ihrem Handy auf und halten die Kamera auf den QR-Code. Sie erhalten sofortigen Zugriff auf das WLAN.

Sie können auch Personen, die bereits den WLAN-Zugangspunkt nutzen, bitten, Ihnen den QR-Code anzuzeigen, um ihn dann vom Display abscannen. Alle modernen Handys bieten in den WLAN-Einstellungen eine Option zur QR-Code-Anzeige der Zugangsdaten.

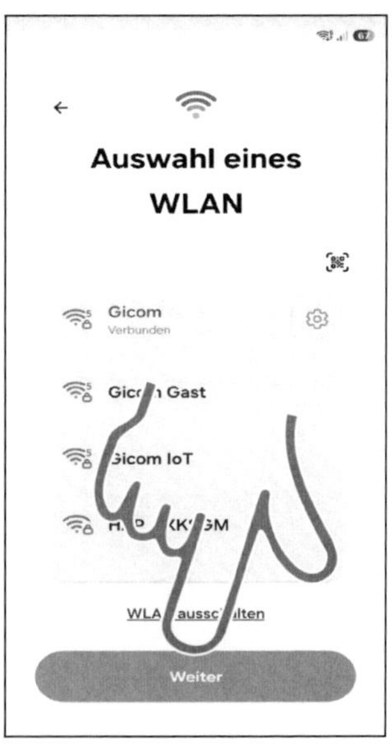

❶ Schließen Sie den Bildschirm mit *Weiter*. Meistens ist dies nicht nötig, weil das Handy selbsttätig zur nächsten Bildschirmseite wechselt.

❷ Eventuell will das Handy erst Einrichtungsarbeiten durchführen, weshalb Sie *Neustart* betätigen müssen. Alternativ können Sie hier mit *Weiter* die Einrichtung fortsetzen.

➊ Sie haben noch keine SIM-Karte eingelegt? Dann geht das Handy davon aus, dass Sie eine eSIM einrichten möchten. Es ist hier möglich, eine vorhandene eSIM mit *SIM-Übertragung von anderem Telefon* zu übernehmen. In unserem Fall möchten wir eine neue eSIM einrichten und gehen deshalb auf *QR-Code scannen.*

➋ Halten Sie die Kamera auf den QR-Code des Netzbetreibers. Dieser wurde Ihnen entweder ausgedruckt zugeschickt oder Sie erhielten eine E-Mail mit einem Link zur Webseite, wo Sie ihn anzeigen lassen.

➌ Betätigen Sie *Hinzufügen* und warten Sie, bis die Einrichtung abgeschlossen ist.

Lesen Sie im nächsten Kapitel weiter.

> Falls Sie keine eSIM einrichten und die SIM-Karte später noch einlegen möchten, betätigen Sie stattdessen *Später einrichten.*

3.1 Neues Google-Konto

Dieses Kapitel brauchen Sie nur durchzuarbeiten, wenn Sie noch kein sogenanntes Google-Konto besitzen. Dies ist in der Regel der Fall, wenn Sie bisher noch nie ein Android-Handy oder Tablet genutzt haben. Wenn Sie bereits mal ein Google-Konto verwendet haben, dann lesen Sie im nächsten Kapitel *3.2 Vorhandenes Google-Konto* weiter.

Das Google-Konto hat das Format einer E-Mail-Adresse und endet immer auf ***@gmail.com***, beispielsweise ***sally.gievers@gmail.com***. Auf dem Handy wird das Google-Konto verwendet, um eine Sicherung Ihrer Daten auf den Google-Servern durchzuführen.

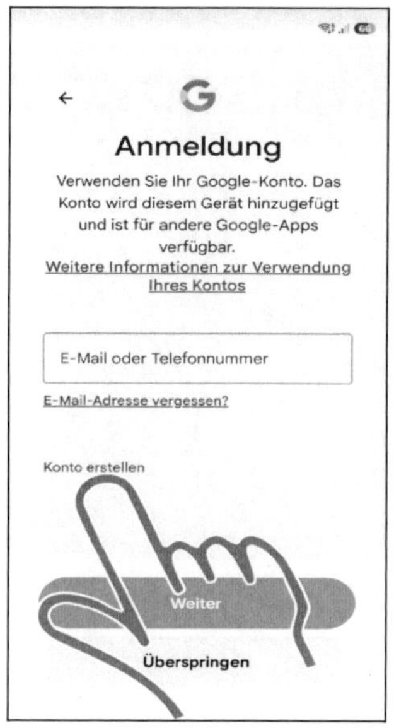

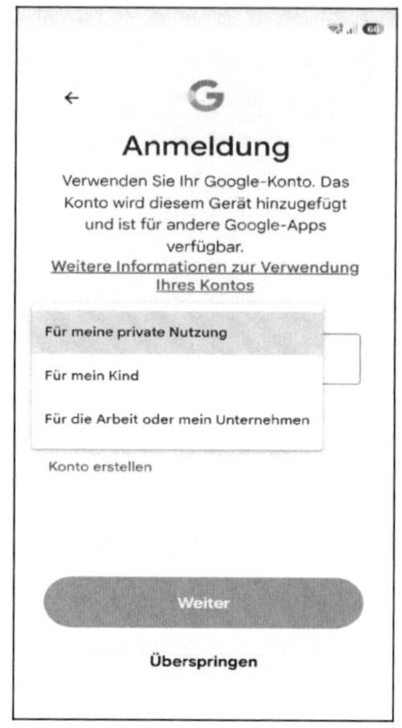

❶ Gehen Sie auf *Nicht kopieren.*

❷❸ Betätigen Sie *Konto erstellen* und wählen Sie *Für meine private Nutzung* aus.

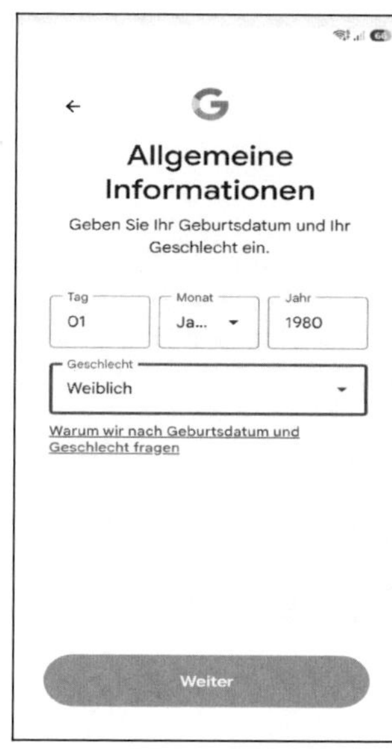

❶❷ Erfassen Sie in den Feldern Ihren Vor- und Nachnamen (mit dem Finger in das jeweilige Eingabefeld tippen). Um das zweite Eingabefeld zu erreichen, müssen Sie beim S26 eine Wischgeste durchführen: Tippen und halten Sie den Finger auf dem Bildschirm und ziehen Sie ihn sofort nach oben. Danach lassen Sie den Finger los. Betätigen Sie *Weiter*.

❸ Geben Sie Ihr Geburtsdatum und Geschlecht an (es ist Ihnen unbenommen, hier falsche Angaben zu machen), dann betätigen Sie *Weiter*.

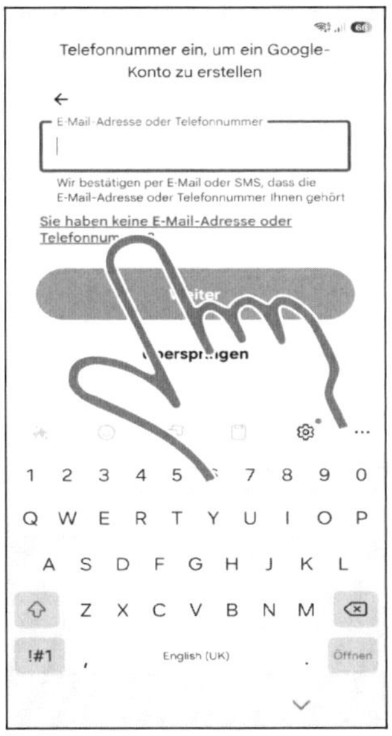

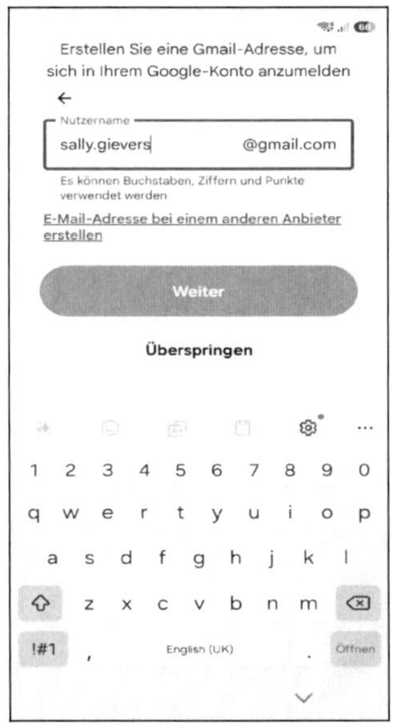

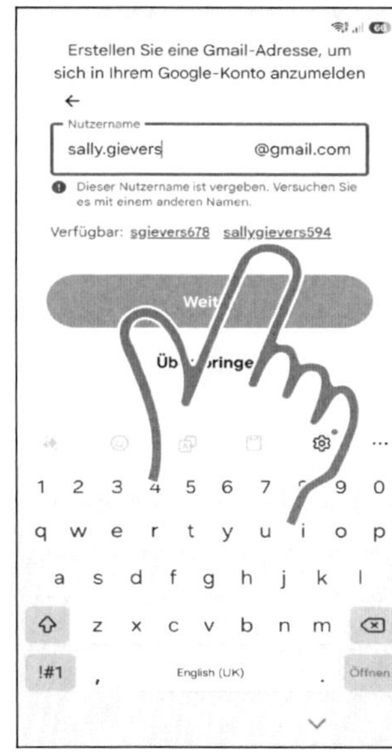

❶ Wir empfehlen, das Google-Konto mit einer Google-E-Mail-Adresse einzurichten. Tippen Sie dazu auf *Sie haben keine E-Mail-Adresse oder Telefonnummer?*

❷ Erfassen Sie den gewünschten Kontonamen. Betätigen Sie dann erneut die *Weiter*-Schaltfläche.

❸ Falls der Kontoname bereits an jemand anders vergeben wurde, macht das Programm Vorschläge (Pfeil) beziehungsweise gibt Ihnen die Möglichkeit, einen anderen Kontonamen einzugeben. In unserem Fall ist der eingegebene Name schon vergeben, weshalb wir einen der Vorschläge übernehmen.

Zulässig sind im Kontonamen Buchstaben, Zahlen und Punkte. Klein- und Großschreibung wird nicht berücksichtigt.

Tipp: Verzichten Sie bei Ihrem Kontonamen auf die leicht verwechselbaren Zeichen »0«, »O«, »1«, »L«, »Z« und »2«. Sie vermeiden damit Missverständnisse, wenn Sie mal Ihre E-Mail-Adresse für jemand anders aufschreiben.

❶ *Zum Schluss erfassen Sie das Kennwort.* **Das Kennwort (und natürlich den Kontonamen) sollten Sie sich genau merken oder notieren, weil Sie das Handy später ab und zu danach fragt!** *Betätigen Sie dann Weiter.*

❷ Betätigen Sie *Weiter*.

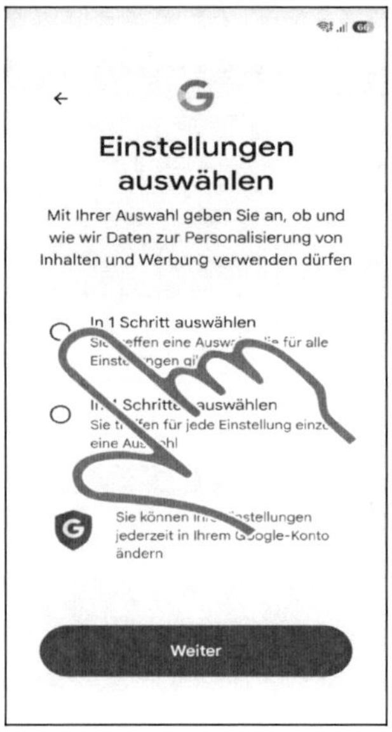

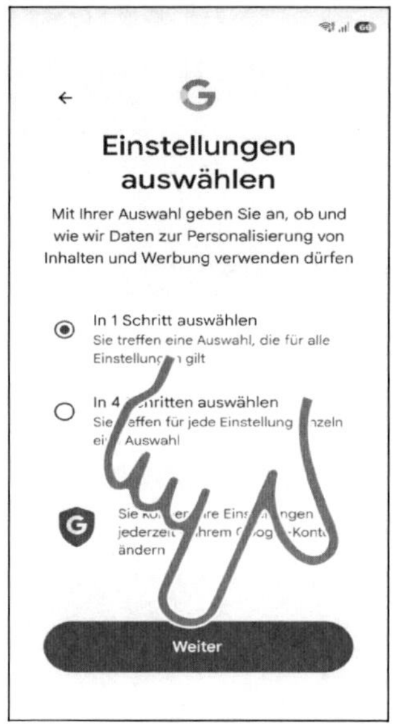

❶ Aktivieren Sie *In 1 Schritt auswählen* und betätigen Sie *Weiter*.

❶ Erneut müssen Sie die Wischgeste einsetzen, also mit dem Finger auf dem Bildschirm nach oben wischen.

❷ Gehen Sie auf *Alle akzeptieren*.

❶❷ Erneut wischen Sie nach oben und betätigen *Bestätigen.*

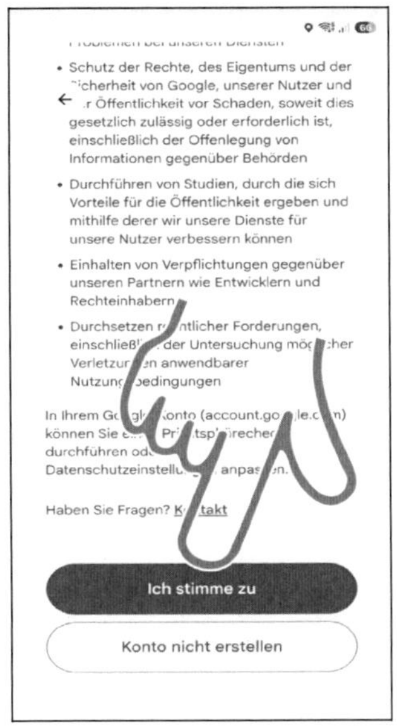

❶❷ Ein weiteres Mal wischen Sie mit dem Finger auf dem Bildschirm nach oben und gehen auf *Ich stimme zu.*

Lesen Sie im Kapitel *3.3 Weitere Einrichtung* weiter.

3.2 Vorhandenes Google-Konto

Um das Handy (und andere Android-Geräte) sinnvoll zu nutzen, müssen Sie ein sogenanntes Google-Konto besitzen. Das Google-Konto hat das Format einer E-Mail-Adresse und endet immer auf ***@gmail.com***, beispielsweise ***sally.gievers@gmail.com***.

Falls Sie nicht wissen, was ein Google-Konto ist, oder bisher noch kein Android-Gerät genutzt haben, lesen Sie bitte im Kapitel *3.1 Neues Google-Konto* weiter.

Beachten Sie, dass bei Ihnen die Bildschirmabbildungen eventuell geringfügig anders aussehen, da es laufend Änderungen an der Benutzeroberfläche gibt.

Wählen Sie *Nicht kopieren.*

➊ Tippen Sie ins *E-Mail oder Telefonnummer*-Eingabefeld.

➋ Geben Sie Ihren Google-Konto-Namen (Eingabe des Namens vor *@gmail.com* reicht aus) ein. Betätigen Sie dann *Weiter*.

➌ Erfassen Sie das Passwort Ihres Google-Kontos und gehen Sie auf *Weiter*.

Google möchte sicherstellen, dass kein Unbefugter Ihr Google-Konto nutzt. Deshalb wird eine Authentifizierung verlangt.

➊ Das Google-Konto haben Sie ja bereits auf Ihrem alten Handy genutzt. Dort können Sie es mit *Ja, das bin ich* freigeben. Falls Sie das alte Handy nicht zur Verfügung haben und deshalb eine andere Authentifizierung nötig ist, gehen Sie *Bestätigungscode an … senden* (Pfeil).

➋ In unserem Beispiel haben wir uns für die dritte Option entschieden: Der Code wird per SMS an unsere Handynummer gesendet. Die Handynummer hat Google bei der Erstanmeldung Ihres Google-Kontos erfahren.

➌ Betätigen Sie *Weiter*.

➊ Sie müssen nun die in Ihrem Google-Konto hinterlegte Handynummer eingeben (diese wurde bei einer früheren Kontoeinrichtung von Google gespeichert).

➋ Den empfangenen Code geben Sie ein und betätigen *Weiter*.

➌ Betätigen Sie *Ich stimme zu.*

3.3 Weitere Einrichtung

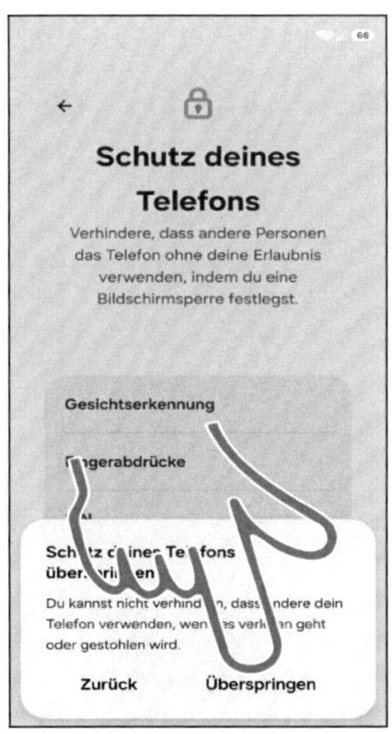

➊➋ Die Gerätesperre richten wir später noch ein. Gehen Sie daher hier auf *Überspringen* und im Popup erneut auf *Überspringen.*

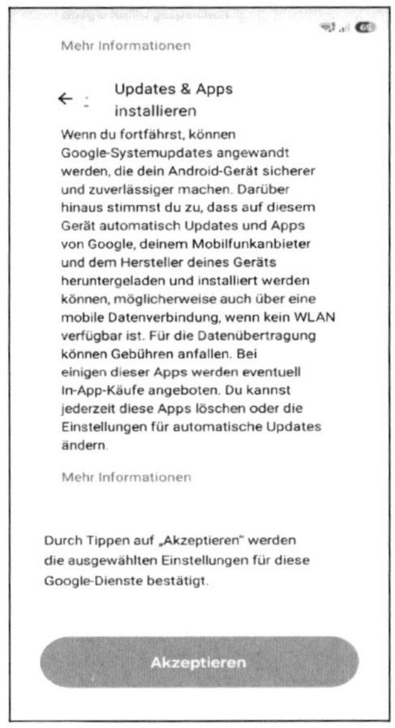

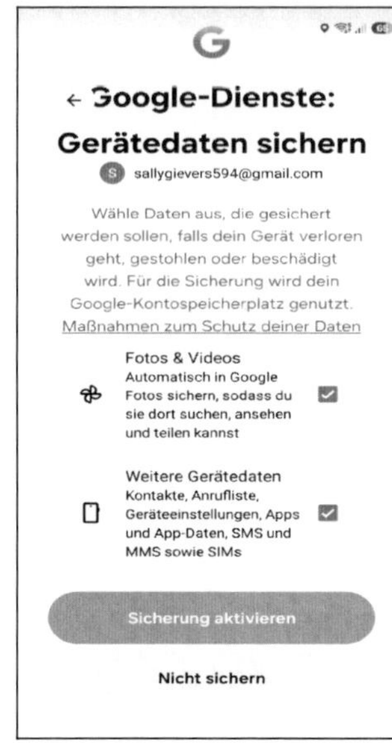

❶❷ Im Google-Dienste-Bildschirm blättern Sie ebenfalls mit einer Wischgeste und gehen auf *Akzeptieren.*

❸ Falls dieser Bildschirm erscheint, betätigen Sie *Sicherung aktivieren* (beim S26 vorher einmal *Mehr* betätigen).

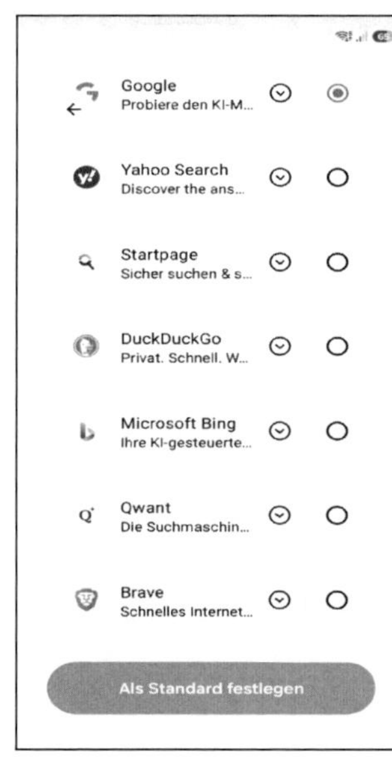

❶ Google hat sich in Rahmen eines Kartellverfahrens dazu verpflichtet, dass der Nutzer die Suchmaschine auf seinem Handy frei auswählen darf. Betätigen Sie *Weiter.*

❷❸ Wir empfehlen *Google* in der Liste auszuwählen und dann *Als Standard festlegen* zu betätigen (Auf dem S26 müssen Sie einmal *Mehr* betätigen, bevor die *Als Standard festlegen*-Schaltfläche erscheint).

Die Reihenfolge der aufgelisteten Suchmaschinen ist zufällig und wird daher bei Ihnen von den Bildschirmabbildungen abweichen. Sie können die eingestellte Suchmaschine später noch jederzeit ändern.

Achtung: Falls Sie das Handy bereits einmal zurückgesetzt hatten, erscheint zuvor eine Abfrage nach dem Webbrowser. Wählen Sie dann *Google Chrome.*

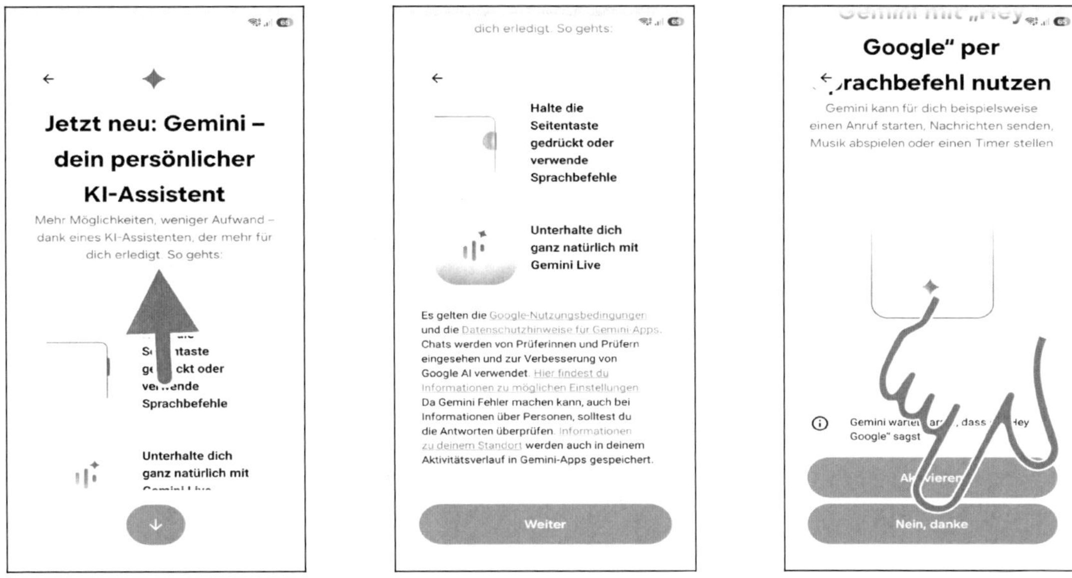

❶❷❸ Blättern Sie wieder mit einer Wischgeste und betätigen Sie *Weiter* und dann *Nein, danke.* Auf die Gemini-Einrichtung gehen wir später im Buch noch ein.

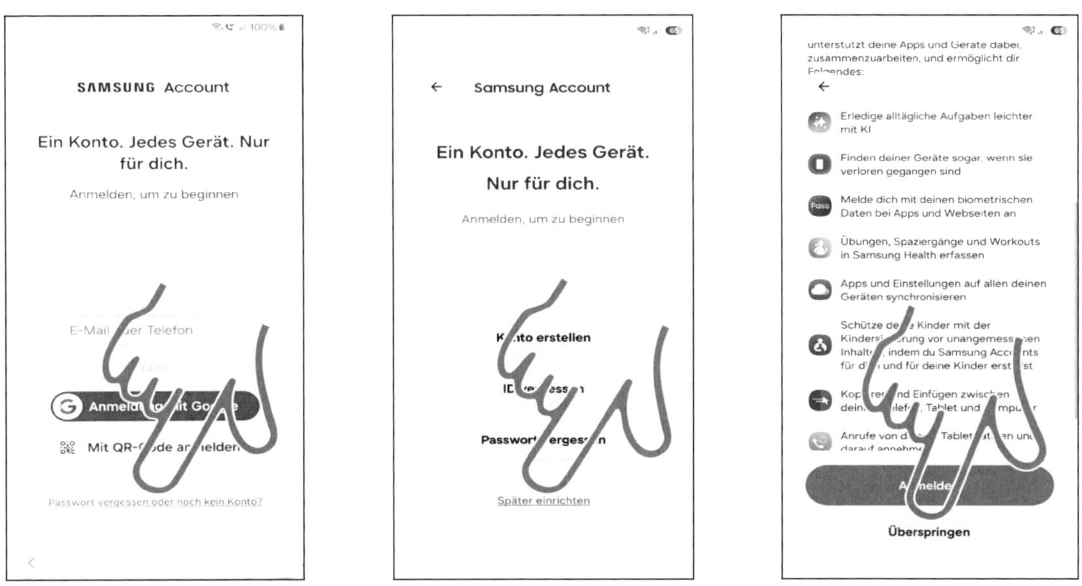

❶ Zusätzliche Dienste stehen nach Anmeldung beim Samsung-Konto zur Verfügung. Da wir später noch darauf eingehen (Kapitel *23 Das Samsung-Konto*) gehen Sie auf *Passwort vergessen oder noch kein Konto?*

❷ Anschließend betätigen Sie die *Später einrichten*-Schaltfläche.

❸ Blättern Sie mit einer Wischgeste durch den Bildschirm und betätigen Sie *Überspringen*.

❶ Wischen Sie durch den Bildschirm.

❷ Betätigen Sie *Akzeptieren.*

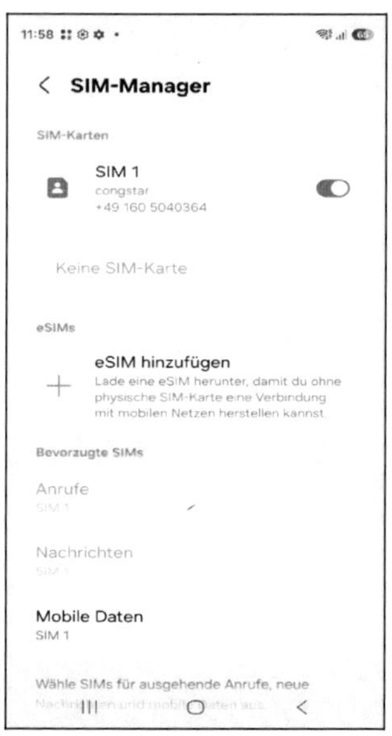

Die folgenden Bildschirme beziehungsweise Hinweise erscheinen zwischendurch:

❶ Den SIM-Manager schließen Sie mit *OK.*

❷ Schließen Sie den Hinweis auf WLAN-Anrufe mit *Senden.*

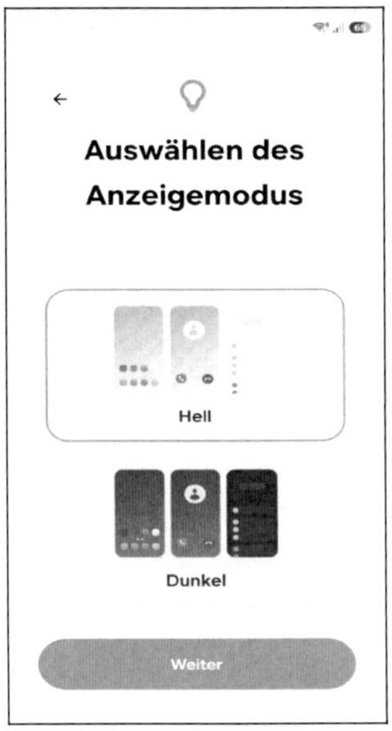

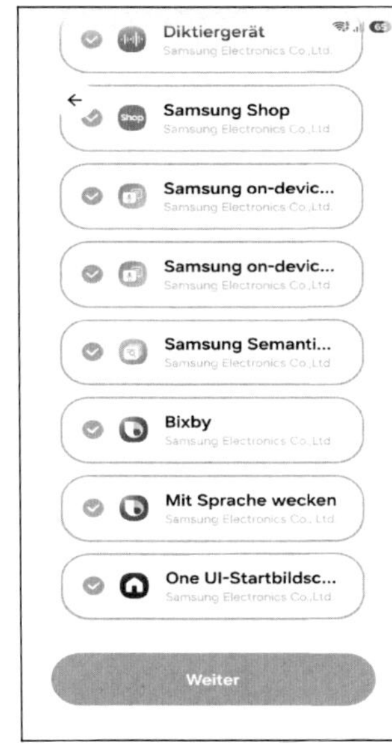

❶ Samsung schlägt als Anzeigemodus »*Hell*« vor, was Sie mit *Weiter* übernehmen.

❷❸ Das Handy möchte einige weitere Anwendungen installieren. Wischen Sie durch die Liste und betätigen Sie *Weiter*

❶ Betätigen Sie *Startbildschirm.*

❷ Sie können nun mit dem Handy arbeiten!

4. Grundlagen der Bedienung

Das Samsung Galaxy bedient man fast ausschließlich über das Touchdisplay. Sofern Sie bereits ein Handy mit Touchdisplay genutzt haben, finden Sie viele Funktionen wieder.

Wenn Sie Ihr Gerät von einem Netzbetreiber erworben haben, werden einige Menüs und Tastenfunktionen von den Beschreibungen in diesem Buch abweichen. Auch spätere Updates des von Samsung entwickelten Betriebssystems können dazu führen, dass zusätzliche Funktionen oder Anwendungen verfügbar sind.

4.1 Bedienelemente des Samsung Galaxy

Zwar erfolgt die Bedienung des Handys weitgehend über das Touchdisplay, einige Funktionen werden aber auch über Hardwaretasten ausgelöst.

Die Tasten auf der Unterseite:

- III: Zuletzt genutzte Anwendungen auflisten.
- O: Kurzes Betätigen schaltet wieder auf den Startbildschirm zurück. Langes Drücken dieser Taste ruft die im Kapitel *27.6 Circle to Search* beschriebene Funktion auf.
- <: Zurück: Zum vorherigen Bildschirm zurückkehren beziehungsweise Menüs schließen.
- Lautstärke-Tasten (auf der rechten Geräteseite): Regulieren bei Telefongesprächen die Hörerlautstärke, ansonsten die Klingeltonlautstärke.

4.2 Displaysperre

Das Display ist der größte Stromverbraucher, weshalb es automatisch nach 30 Sekunden abgeschaltet wird. Diese Zeitspanne können Sie allerdings auf bis zu 10 Minuten ändern.

Sobald Sie das Display einschalten – beispielsweise durch kurzes Betätigen des Ein-/Ausschalters auf der rechten Geräteseite, machen Sie mit der **Displaysperre** Bekanntschaft. Diese zeigt wichtige Infos wie verpasste Anrufe usw. an. Die Displaysperre kann auch mit einer **Gerätesperre** versehen werden, das heißt, beispielsweise erst nach Eingabe einer PIN können Sie das Gerät nutzen. Mit einer Wischgeste in der Displaysperre schalten Sie das Handy frei und können es nutzen.

Auf eingehende Anrufe und Benachrichtigungen macht das Handy natürlich auch bei ausgeschaltetem Display weiterhin aufmerksam: Geht zum Beispiel ein Anruf ein, schaltet sich das Display wieder ein.

Zum Aus- beziehungsweise Einschalten des Displays führen Sie folgende Aktion durch:

- Sie betätigen den Ein-Ausschalter auf der rechten Geräteseite.
- Sie tippen zweimal schnell hintereinander auf das Display.

Der Umstand, dass man zwischen ausgeschaltetem Display, Displaysperre und Gerätesperre unterscheidet, ist für Anfänger etwas ungewohnt. Bei alten Handys gibt es ja nur das ein- oder ausgeschaltete Display.

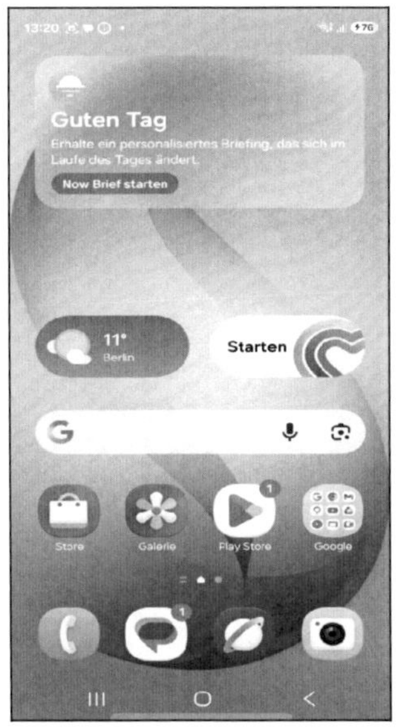

❶ So deaktivieren Sie die Displaysperre: Tippen und Halten Sie den Finger auf den Bildschirm und ziehen Sie ihn in eine beliebige Richtung. Beachten Sie, dass sich der Ausgangspunkt Ihres Fingers außerhalb der angezeigten Symbole befindet. Heben Sie den Finger dann sofort wieder vom Bildschirm ab.

❷ Der Startbildschirm ist damit freigeschaltet.

4.3 Der Startbildschirm

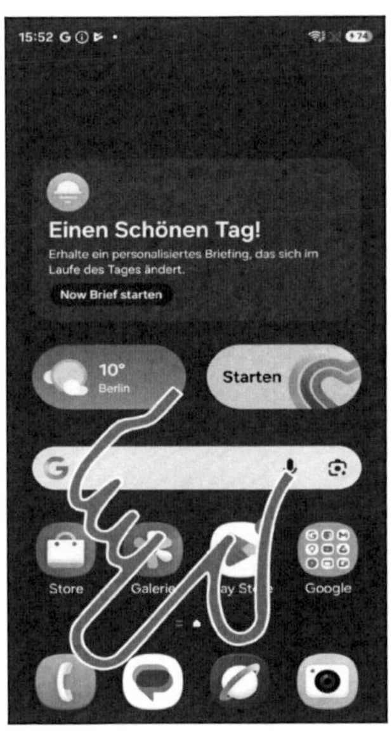

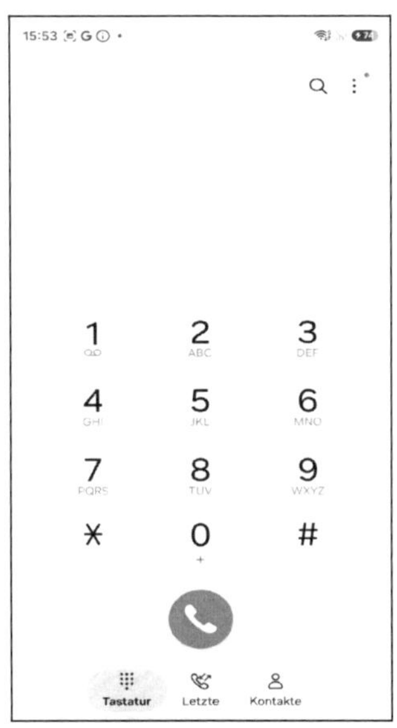

❶ Der Startbildschirm ist der Ausgangspunkt, von dem Sie alle weiteren Anwendungen aufrufen. Er erscheint automatisch nach dem Einschalten sowie nach Betätigen der O-Taste unterhalb des Displays.

Die Bedeutung der Symbole am unteren Bildschirmrand: Über *Telefon* aktivieren Sie von dort aus die Telefonoberfläche (❷), *Nachrichten* öffnet die SMS-Anwendung, *Internet* den Webbrowser und *Kamera* ruft die Kamera-Anwendung auf.

> Hinweis: Die Bildschirmanzeige bei Ihrem Gerät weicht an einigen Stellen von der in diesem Buch ab. Wir hatten zwecks besserer Lesbarkeit eine größere Schrift und kontrastreiche Hintergründe eingestellt.
>
> Bitte beachten Sie, die O-Taste nur kurz zu betätigen, weil Sie sonst die Sprachsteuerung aktivieren.

4.4 Erste Schritte

Damit Sie Ihr neues Handy besser kennenlernen, soll jetzt einmal die Abschaltzeit des Displays eingestellt werden.

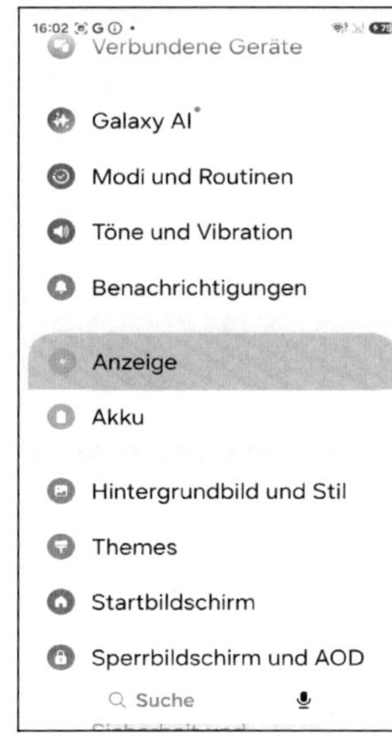

❶ Aktivieren Sie mit einer Wischgeste nach oben im Startbildschirm das Hauptmenü.

❷ Tippen Sie dann auf *Einstellungen.*

❸ Rufen Sie *Anzeige* auf.

Abhängig davon, welche zusätzlichen Programme während der Ersteinrichtung installiert wurden, finden Sie das *Einstellungen*-Symbol an einer anderen Stelle im Hauptmenü.

Falls Sie die Einstellungen-Anwendung bereits mal aufgerufen hatten, wird jetzt das zuletzt aufgerufene Menü angezeigt. Betätigen Sie in dem Fall ein- oder mehrmals die <-Taste unterhalb des Bildschirms, bis Sie sich wieder im Hauptmenü befinden.

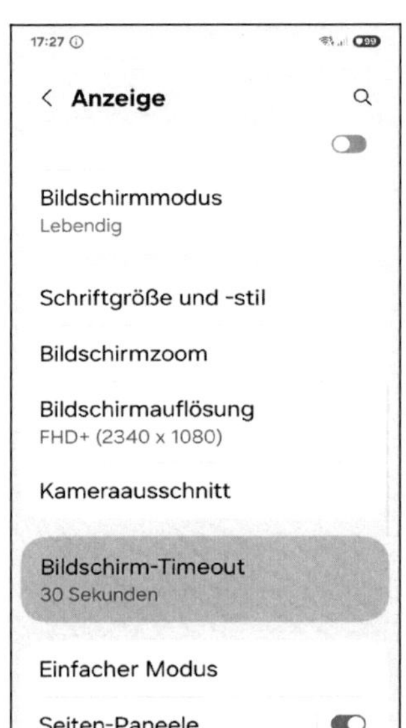

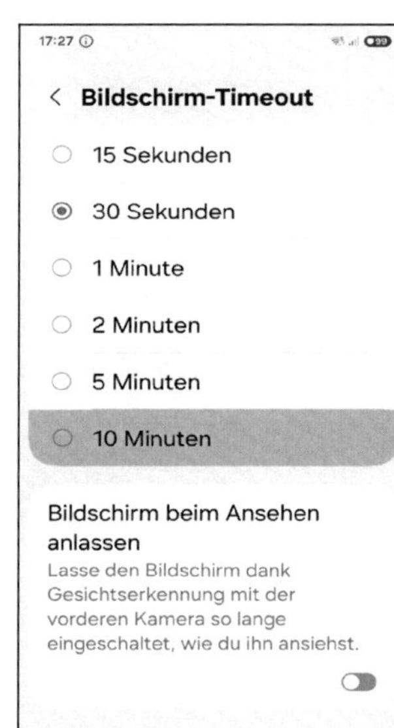

❶ Wischen Sie mit Finger auf dem Bildschirm nach oben.

❷ Tippen Sie nun auf *Bildschirm-Timeout.*

❸ Wählen Sie gewünschte Abschaltzeit aus. Sie befinden sich wieder im vorherigen Bildschirm, von dem aus Sie mit der O-Taste zum Startbildschirm zurückkehren.

Die Option *Bildschirm beim Ansehen anlassen* sollten Sie nicht aktivieren, weil dafür die Kamera zum Einsatz kommt, welche die Akkulaufzeit reduziert.

4.5 Gestensteuerung

Die Gestensteuerung eine der großen Stärken des Samsung Galaxy. Im Folgenden sollen die wichtigsten Gestenfunktionen einmal in der Praxis vorgestellt werden.

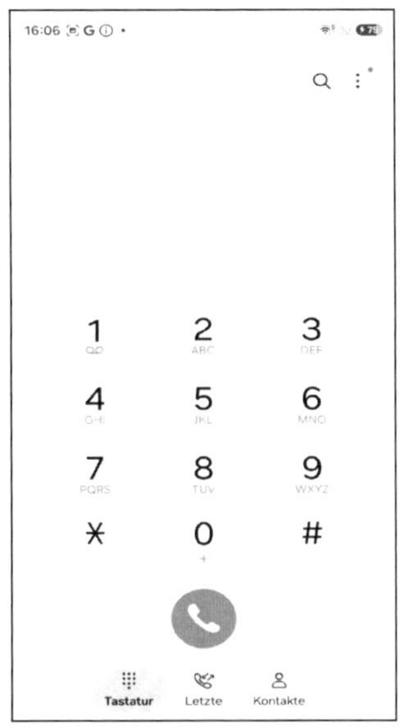

❶❷ Starten Sie die Telefonoberfläche über *Telefon.*

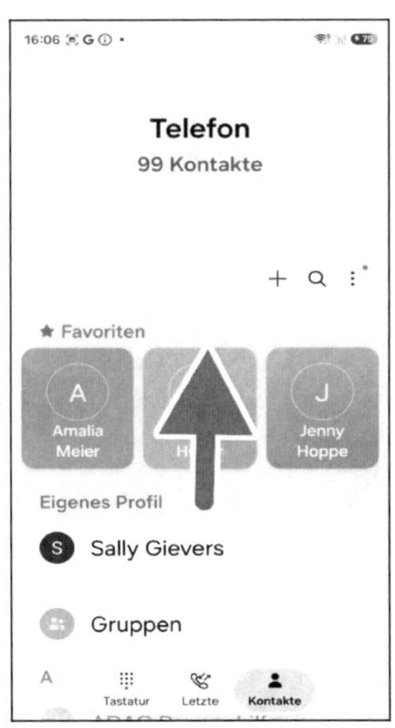

❶ Für Übersicht sorgen in vielen Programmen, darunter auch in der Telefonoberfläche, sogenannte Register (Pfeil), welche Sie durch Antippen aktivieren.

❷ Immer wenn, wie in diesem Fall, eine Liste größer als der Bildschirm ist, können Sie mit einer Geste durchrollen. Sie haben dabei sogar mehrere Möglichkeiten:

- Tippen und Halten Sie den Finger auf einer beliebigen Stelle des Bildschirms und ziehen Sie sofort den Finger langsam nach oben oder unten, je nachdem, wohin Sie in der Liste rollen möchten. Lassen Sie den Finger los, wenn Sie das gewünschte Listenelement gefunden haben.
- Wie zuvor, aber diesmal ziehen Sie mit Schwung in die gewünschte Richtung und lassen dann sofort wieder los. Die Liste rollt zunächst schnell und dann immer langsamer durch, bis sie stoppt.

4.6 Der Startbildschirm in der Praxis

Der Startbildschirm erscheint standardmäßig nach dem Einschalten beziehungsweise nach Betätigen der ○-Taste.

❶❷ Mehrere Anwendungen sind standardmäßig auf dem Startbildschirm über sogenannte Schnellzugriffe (Verknüpfungen) aufrufbar. Tippen Sie einfach einen Schnellzugriff kurz an, um die entsprechende Anwendung zu starten. Im weiteren Verlauf dieses Buchs erfahren Sie, wie man Schnellzugriffe auf seine Lieblingsprogramme im Startbildschirm selbst anlegt.

Mit der ○-Taste unterhalb des Displays schalten Sie, egal, in welcher Anwendung Sie sich gerade befinden, wieder auf den Startbildschirm zurück.

❶❷ Alle weniger häufig benötigten Programme finden Sie im Hauptmenü, das Sie mit einer Wischgeste nach oben aktivieren. Über eine Wischgeste (mit angedrücktem Finger nach links oder rechts ziehen) blättern Sie zwischen den Bildschirmen des Hauptmenüs.

4.7 Startbildschirm konfigurieren

Auf allen Bildschirmseiten des Startbildschirms lassen sich weitere Widgets und Verknüpfungen hinzufügen. Alternativ löschen Sie einfach diejenigen vorinstallierten Widgets, welche Sie nicht benötigen und legen an deren Stelle von Ihnen gewünschte an.

4.7.1 Schnellzugriffe anlegen und verwalten

❶ So erstellen Sie einen Schnellzugriff (»Verknüpfung«) im Startbildschirm: Wischen Sie zunächst im Startbildschirm nach oben, was das Hauptmenü aufruft.

❷ Tippen und Halten Sie nun den Finger für einige Sekunden über einer Anwendung, im Beispiel *Kalender* – je nach Handymodell und installierten Programmen finden Sie das Symbol an anderer Stelle. Lassen Sie sich nicht davon irritieren, dass ein Popup erscheint, sondern halten Sie weiter den Finger ganz ruhig angedrückt. Das Handy schaltet nun automatisch auf den Startbildschirm um.

❶ Lassen Sie aber den Finger noch nicht los, sondern bewegen Sie ihn an die Position, an der der Schnellzugriff positioniert werden soll. Lassen Sie dann den Finger los.

❷ Das Handy legt den Schnellzugriff an.

❸ Der Schnellzugriff lässt sich nun durch Antippen aufrufen.

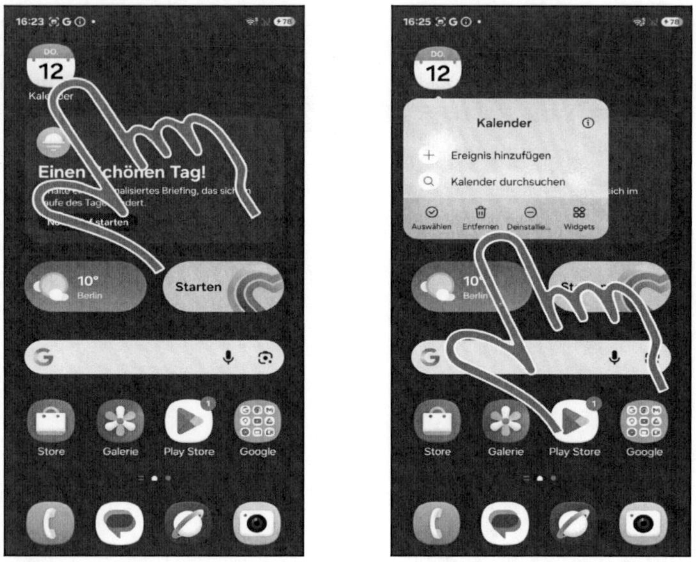

❶❷ So löschen Sie einen Schnellzugriff: Tippen und Halten Sie den Finger für einige Sekunden darauf, bis ein kleines Popup erscheint. Lassen Sie den Finger los und tippen Sie im Popup auf Entfernen.

❶❷❸ Auch die Schnellzugriffe am unteren Bildschirmrand lassen sich durch Herausziehen/Hineinziehen von Programmsymbolen ändern.

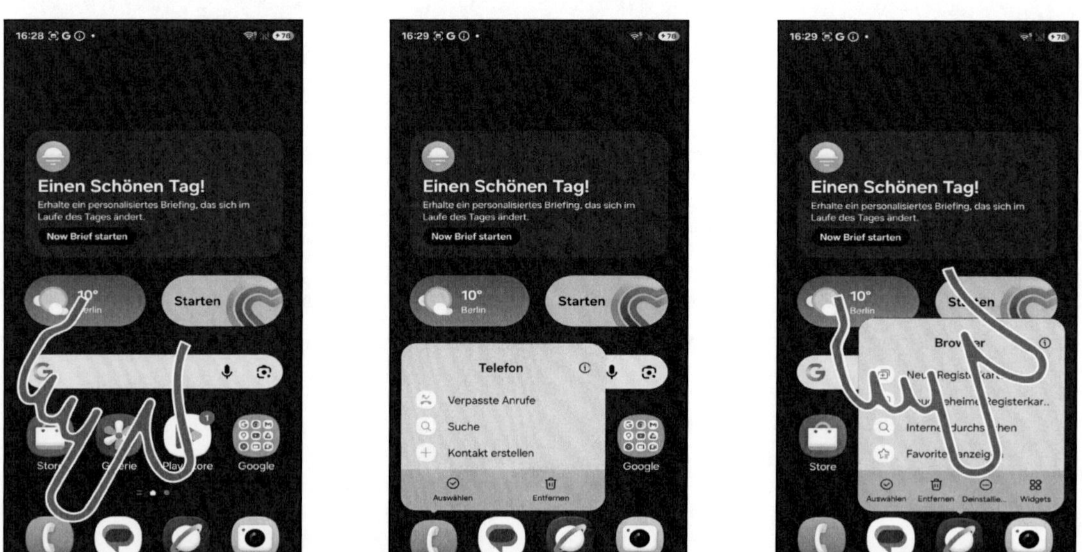

❶❷ Eine Besonderheit ist das Schnellmenü, welches **nach langem Drücken und Halten auf einer Verknüpfung** erscheint. Sie können darüber viele Funktionen direkt aufrufen, ohne das jeweilige Programm erst starten zu müssen.

Unter dem Schnellmenü stehen zwei weitere Optionen zur Verfügung:

- *Auswählen*: Markieren Sie anschließend durch kurzes Antippen diejenigen Verknüpfungen, welche Sie auf dem Bildschirm verschieben möchten. Anschließend tippen, halten und verschieben Sie mit dem Finger die Verknüpfungen.
- *Entfernen*: Löscht die Verknüpfung aus dem Startbildschirm.

❸ Bei einigen Anwendungen enthält das Schnellmenü weitere Funktionen:

- *Deinstallieren*: Programm vom Handy löschen. Sie können gelöschte Programme jederzeit wieder erneut installieren (siehe Kapitel *26.1 Play Store*). Einige Programme lassen sich nicht deinstallieren, sondern nur deaktivieren, wovon wir abraten.
- *Widgets*: Legen Sie ein sogenanntes Widget im Startbildschirm an, über das Sie schnell auf Funktionen der Anwendung zugreifen können. Wir gehen auf Widgets im nächsten Kapitel ein.

4.7.2 Widgets

Widgets sind Anwendungen, die in einem kleinen Fenster auf dem Startbildschirm Informationen anzeigen beziehungsweise den Zugriff auf Daten oder Funktionen des Handys ermöglichen.

❶ Im Startbildschirm sind bereits mehrere Widgets vorhanden: *Wetter*, *Now Brief*, *Erste Schritte* und die *Google*-Suchleiste. Tippen Sie jetzt mal auf das *Wetter*-Widget.

❷ Schließen Sie den folgenden Hinweis mit *Zustimmen* und *Zu genauem Standort ändern*.

Mit der ❮-Taste unterhalb des Displays kehren Sie wieder auf den Startbildschirm zurück.

❶ Das aktuelle Wetter wird auch im Startbildschirm angezeigt. Künftig öffnet Antippen des Wetter-Widgets die Wetterinfos.

❷❸ Wischen Sie auf dem Bildschirm nach oben für weitere Wetterdaten.

Mit der ‹-Taste unterhalb des Displays kehren Sie wieder auf den Startbildschirm zurück.

4.7.2.a Widget hinzufügen

❶ Tippen und halten Sie einen Finger auf einen freien Bildschirmbereich. Alternativ führen Sie eine Kneifgeste durch: Ziehen Sie dazu zwei gleichzeitig auf das Display gedrückte Finger, beispielsweise Zeigefinger und Daumen, zusammen.

❷ Hier aktivieren Sie Widgets (Pfeil).

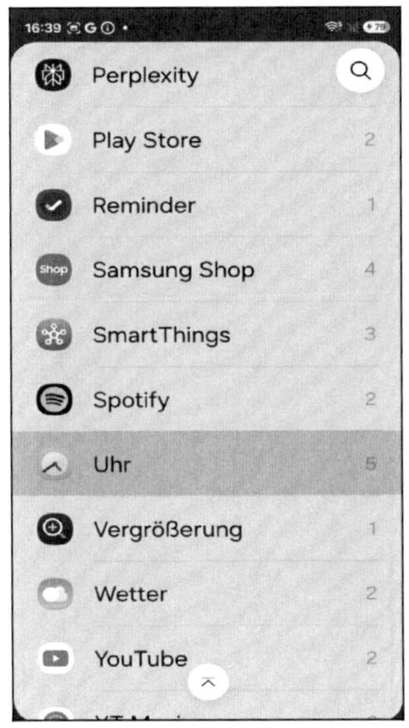

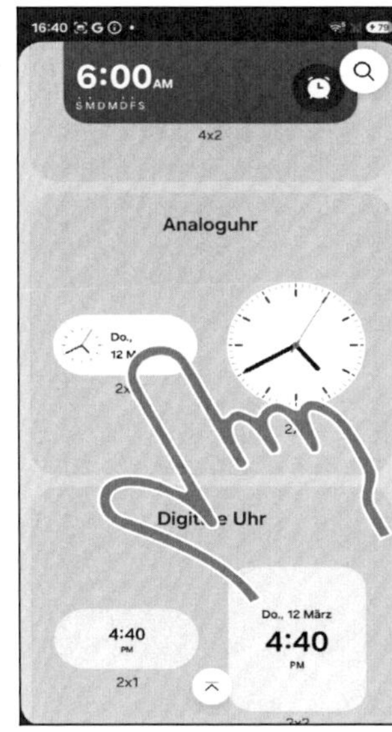

❶ Wischen Sie durch die Widget-Auflistung.

❷ Alle Widgets sind übersichtlich in Menüs zusammengefasst. Wählen Sie in unserem Beispiel *Uhr* aus.

❸ Wählen Sie nun das gewünschte Widget *Digitale Uhr* aus. Tippen und halten Sie dabei das Widget mit dem Finger, worauf das Galaxy zum Startbildschirm wechselt. Lassen Sie noch nicht los!

❶❷ Halten und ziehen Sie das Widget an die Wunschposition und lassen Sie den Finger dann los. Betätigen Sie dann die ❮-Taste.

❶❷ Wie bereits im Kapitel *4.7.1 Schnellzugriffe anlegen und verwalten* bei den Verknüpfungen beschrieben, lässt sich ein Widget durch Tippen und Halten mit dem Finger selektieren und dann auf dem Bildschirm an eine andere Position platzieren.

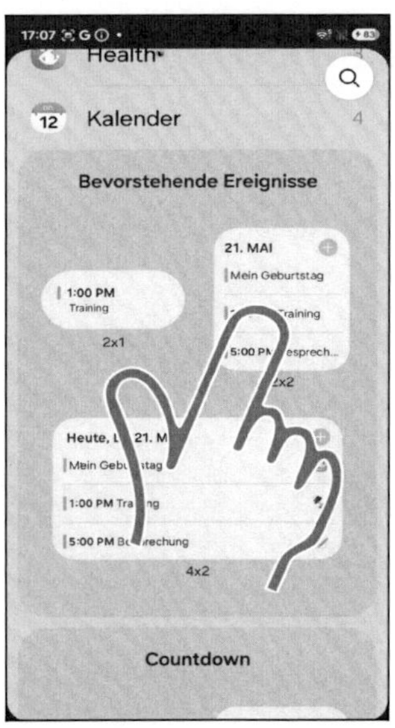

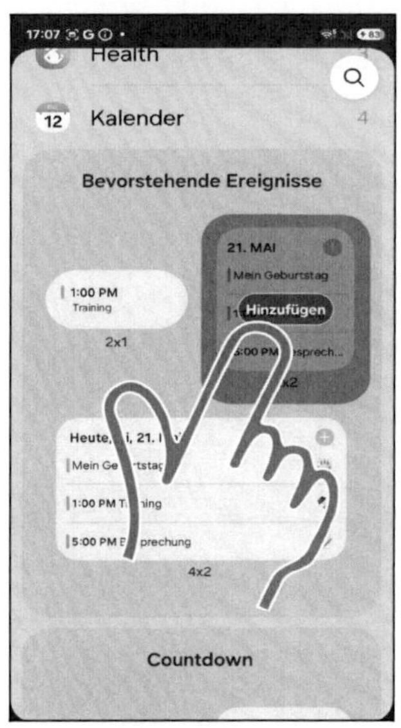

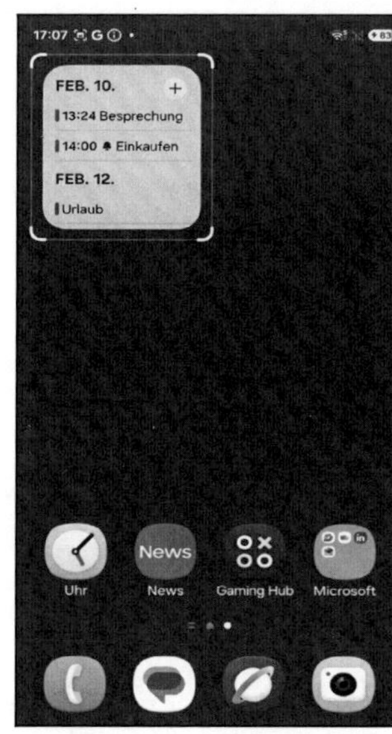

Statt der zuvor beschriebenen Vorgehensweise, bei der Sie ein Widget von Hand auf dem Startbildschirm platzieren, können Sie dies auch dem Handy überlassen:

❶ Tippen Sie kurz ein Widget an.

❷❸ Betätigen Sie *Hinzufügen,* worauf das Widget automatisch auf einer freien Seite des Startbildschirms landet.

4.7.2.b Widgets verwalten

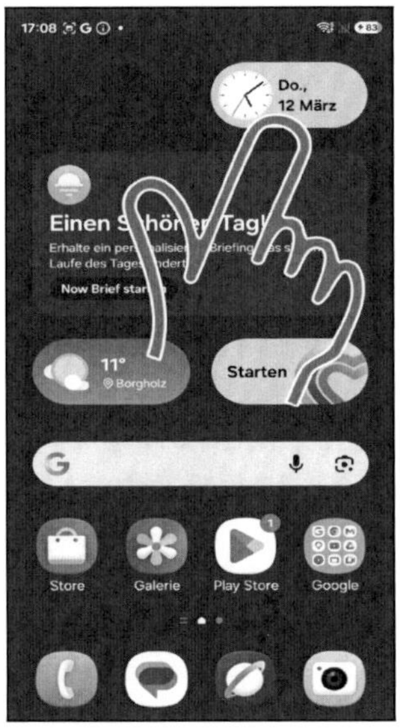

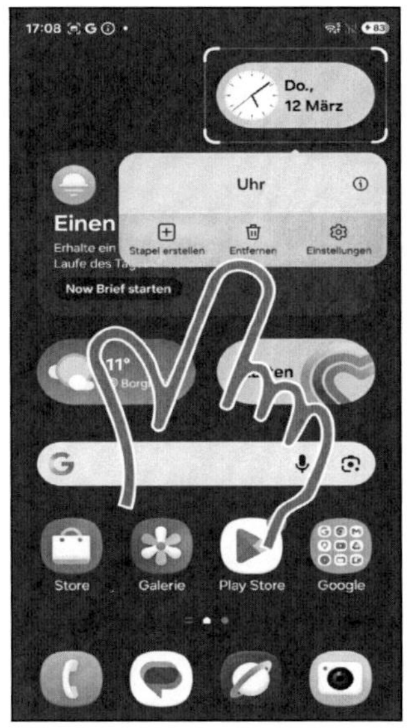

❶❷ So entfernen Sie ein Widget wieder vom Startbildschirm: Tippen und halten Sie den Finger über dem Widget, bis das Popup erscheint. Gehen Sie dann auf *Entfernen.*

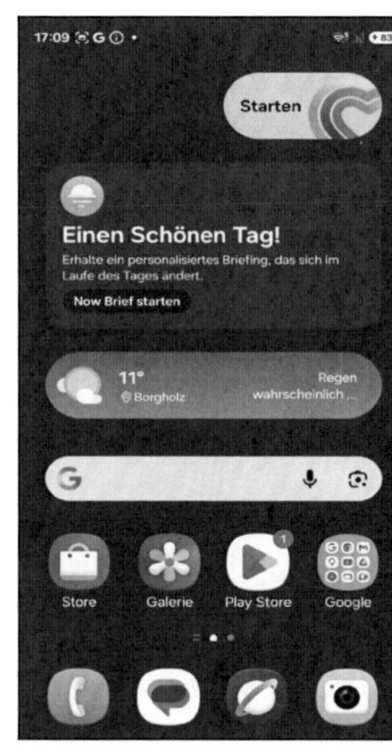

❶❷❸ Viele Widgets können in ihrer Größe angepasst werden. Halten Sie den Finger darauf, bis das Widget markiert ist, und ziehen Sie dann den Rand in die gewünschte Richtung. Die anderen Verknüpfungen oder Widgets »rutschen« automatisch zur Seite.

4.7.3 Ordner

❶❷ Im Hauptmenü sind einige Programme in den Ordnern *Samsung, Google* und *Microsoft* zusammengefasst. Einen *Google*-Ordner gibt es auch im Startbildschirm. Tippen Sie einen Ordner an, um die enthaltenen Programme anzuzeigen, die Sie dann durch Antippen aufrufen.

Zum Schließen des Ordners betätigen Sie die <-Taste oder tippen in einen Bildschirmbereich außerhalb des Ordners.

4.7.4 Hintergrundbild

Das Hintergrundbild in Startbildschirm, Hauptmenü und Displaysperre können Sie frei einstellen. Wählen Sie zwischen eines der vorgegebenen Designs oder stellen Sie ein Foto ein, das Sie mit der Kamera-Anwendung erstellt haben.

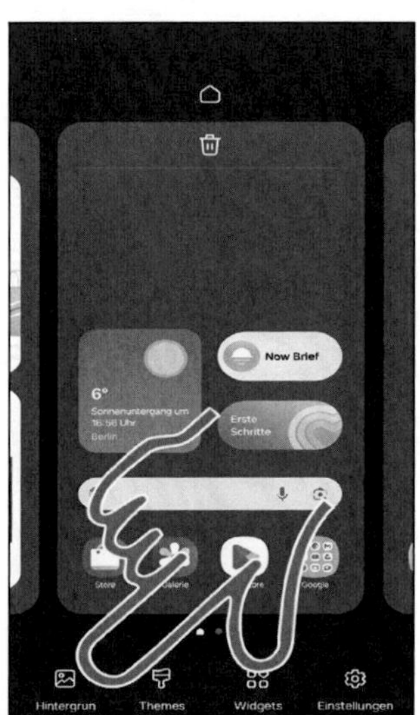

❶ Führen Sie im Startbildschirm eine Kneifgeste durch (zwei Finger, beispielsweise Zeigefinger und Daumen, gleichzeitig auf das Display drücken und dann zusammenziehen).

❷ Gehen Sie auf *Hintergrundbild und Stil.*

❸ Wählen Sie *Hintergrundbild ändern.*

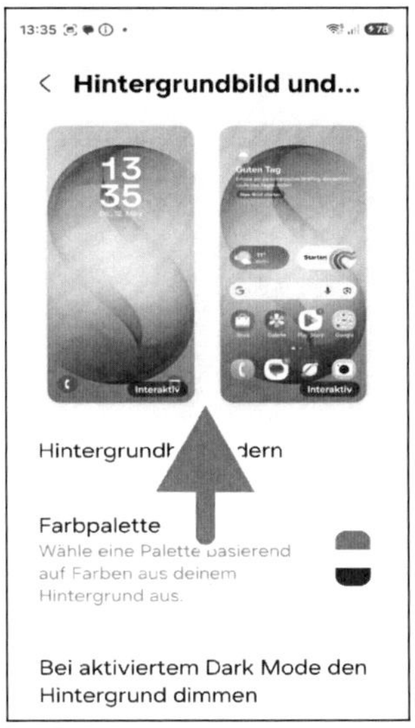

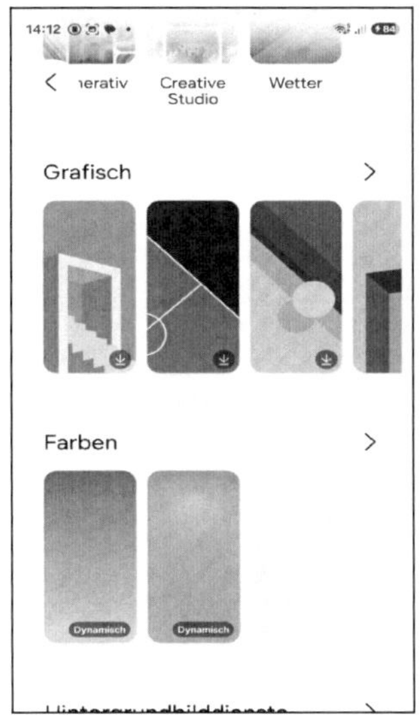

❶❷ Wischen Sie durch die Liste. Angeboten werden:

- *Empfohlen*: Animierte Hintergrundbilder für den Sperrbildschirm (Displaysperre).
- *Galerie*: Von Ihnen erstellte Fotos oder Videos.
- *Erstellen mit KI*: Nach Ihren Vorgaben erstellt das Handy ein Hintergrundbild.
- *Grafisch; Farben*: Diverse abstrakter Hintergrundbilder.
- *Hintergrundbilddienste* (❸): Wählen Sie ein Themenpaket aus, worauf das Handy laufend wechselnde Fotos im Sperrbildschirm (Displaysperre) anzeigt.
- *Weitere Hintergrundbilder abrufen*: Samsung stellt in seinem Online-Shop weitere Hintergrundbilder zum Herunterladen bereit. Diese sind teilweise kostenpflichtig, weshalb wir auf eine genauere Beschreibung des Menüs in diesem Buch verzichten.

4.7.4.a Vordefiniertes Hintergrundbild

❶ Wählen Sie einen Vorschlag aus.

❷ Im Popup stellen Sie die Verwendung ein:

- *Sperrbildschirm*: Die Displaysperre, auf die das Handy sich nach einiger Zeit der Inaktivität umschaltet
- Startbildschirm

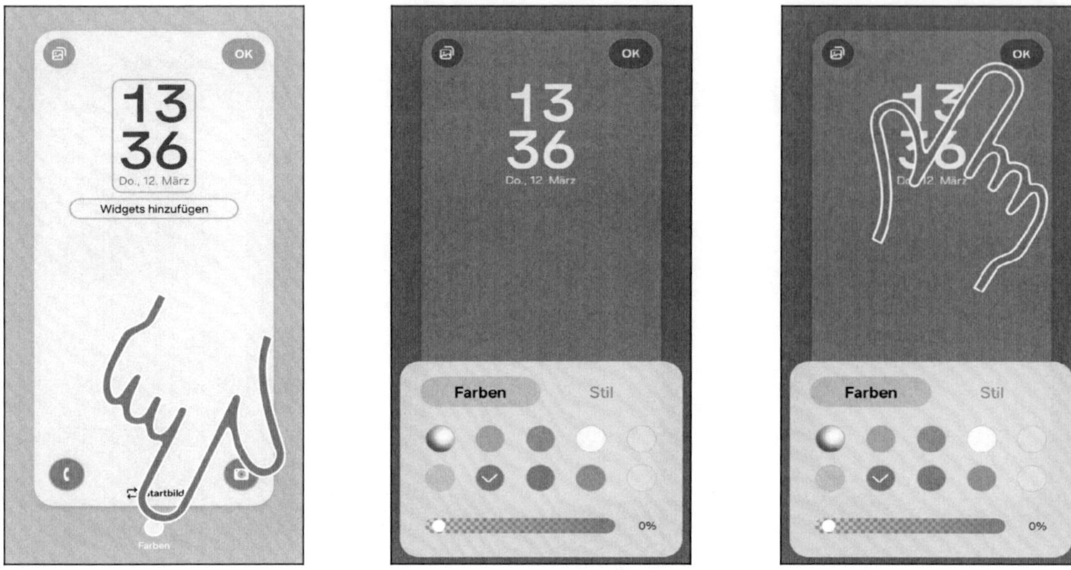

❶❷ Sie dürfen nun mit *Farben* eine Farbe oder Farbkombination auswählen.

❸ Das Hintergrundbild stellen Sie mit der *OK*- Schaltfläche am oberen Bildschirmrand ein.

4.7.4.b Eigene Hintergründe

❶ Möchten Sie dagegen ein Foto als Hintergrundbild einrichten, das Sie mit der Handykamera (siehe Kapitel *17 Kamera*) erstellt haben, dann gehen Sie auf *Galerie*.

❷❸ Tippen Sie eines der von Ihnen mit der Kamera erstellten Fotos an und betätigen Sie oben rechts im Bildschirm die *OK*-Schaltfläche.

Sie können auch mehrere Fotos auswählen. Diese zeigt das Handy dann allerdings nur abwechselnd auf dem Sperrbildschirm (Displaysperre) an.

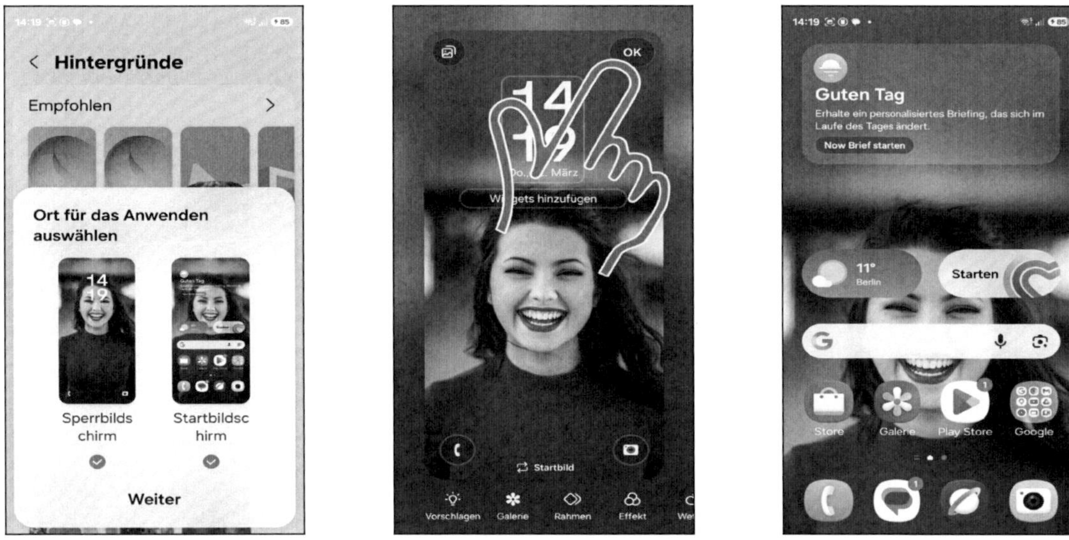

❶ Wählen Sie aus, ob das Bild im Start- und/oder Sperrbildschirm erscheinen soll und betätigen Sie *Weiter*.

❷ Gehen Sie auf *OK*.

❸ Das Hintergrundbild ist eingerichtet.

4.7.5 Design

Ihr Handy unterstützt die automatische Anpassung der Systemfarbe an das eingestellte Hintergrundbild. Nutzen Sie beispielsweise ein Hintergrundbild, bei dem ein blauer Farbton überwiegt, so kann das Handy diese Farbe für Schriften und Menüelemente verwenden. Am besten probieren Sie selbst mal diesen Effekt aus!

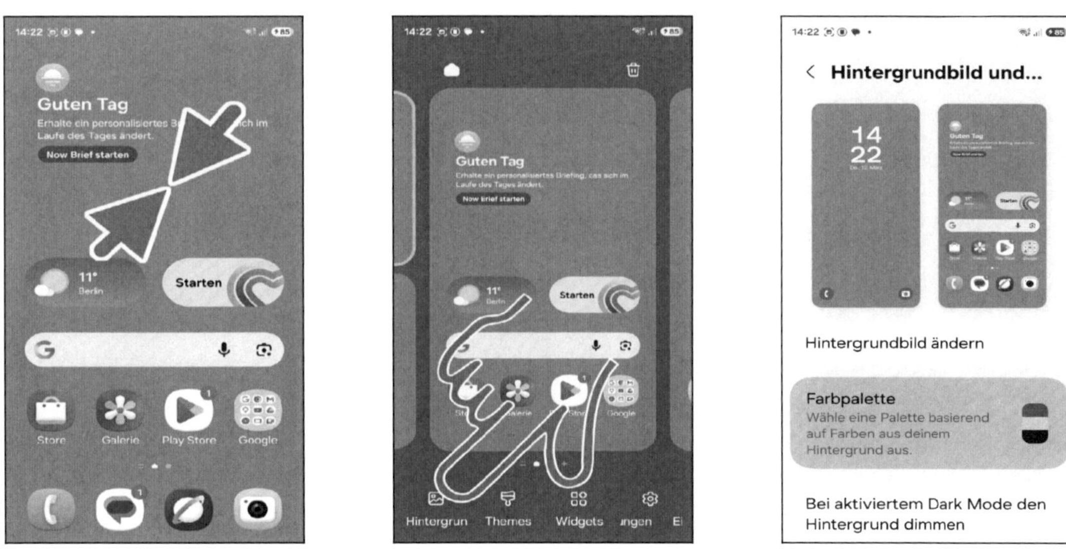

❶ Rufen Sie mit der Kneifgeste den Bearbeitungsmodus im Startbildschirm auf.

❷ Gehen Sie auf *Hintergrundbild und Stil.*

❸ Wählen Sie *Farbpalette.*

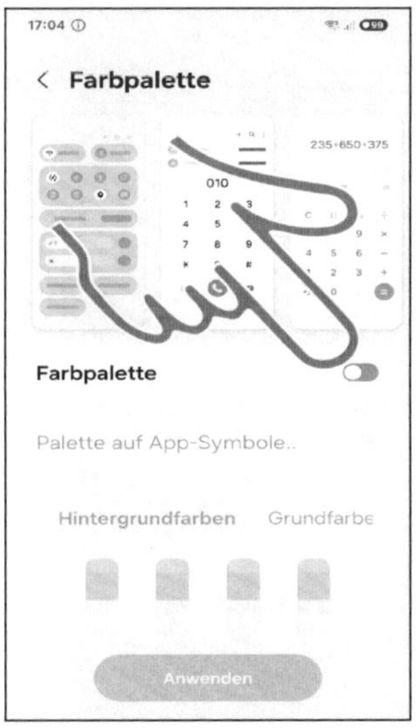

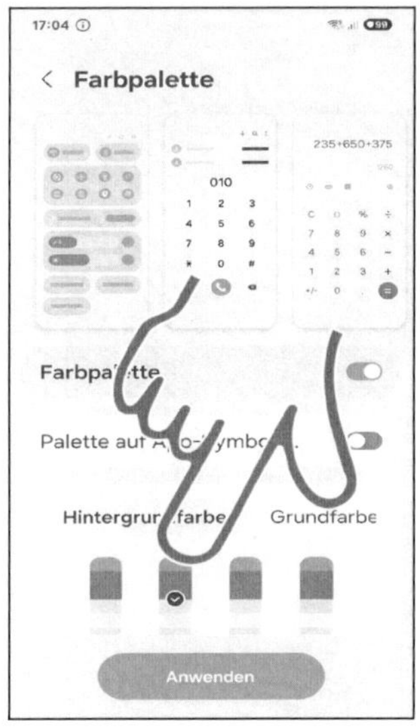

❶ Aktivieren Sie *Farbpalette.*

❷ Wählen Sie eine der vorgeschlagenen Paletten aus und betätigen Sie *Anwenden*. Sie sehen bereits oben in der Vorschau, wie sich Schriftfarben und Menüelemente verändern.

4.8 Die Titelleiste

Symbole in der Titelleiste benachrichtigen Sie über verpasste Anrufe, neue E-Mails, anstehende Termine usw.

❶ Beispiele für die Symbole in der Titelleiste am oberen rechten Bildschirmrand (Pfeil):

- : Internetverbindungen finden über WLAN statt (die gebogenen Balken zeigen die Sendestärke an). Wenn Sie genau hinsehen, erkennen Sie eine »5« im Symbol. Diese gibt Auskunft über das verwendete WLAN-Protokoll – in diesem Fall Wi-Fi 5. Für die meisten Nutzer ist diese Information jedoch nicht relevant.
- : Mobilfunk-Empfang (die Balken zeigen die Sendestärke an).
- : Akkuladezustand.

❷ Bei besonderen Ereignissen, beispielsweise eingegangenen SMS, verpassten Anrufen oder anstehenden Terminen, erscheint ebenfalls ein entsprechendes Symbol (Pfeil). In unserem Beispiel handelt es sich um einen verpassten Anruf ( ).

In diesem Buch finden Sie, wo es sinnvoll ist, in den Kapiteln jeweils Hinweise darauf, welche Symbole in der Titelleiste erscheinen.

4.9 Benachrichtigungsfeld und Schnelleinstellungsbereich

Wenn Sie zuvor ein Samsung-Smartphone verwendet haben, sollten Sie beachten, dass sich die Gesten zum Aufrufen des Benachrichtigungsfelds geändert haben.

> Von Samsung wird das Benachrichtigungsfeld inzwischen **Benachrichtigungsbereich** genannt. Wir verwenden in diesem Buch aber weiterhin den alten Begriff.

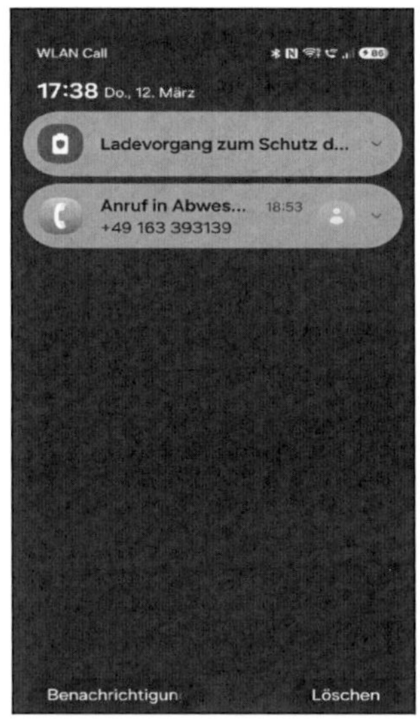

❶ Infos zu neuen Benachrichtigungen erhalten Sie über das **Benachrichtigungsfeld**. Dazu halten Sie Ihren Finger auf die **linke Seite der Titelleiste** und ziehen ihn nach unten.

❷❸ Es erscheint das Benachrichtigungsfeld, welches ausführliche Infos auflistet und durch Antippen die zugehörige Anwendung startet.

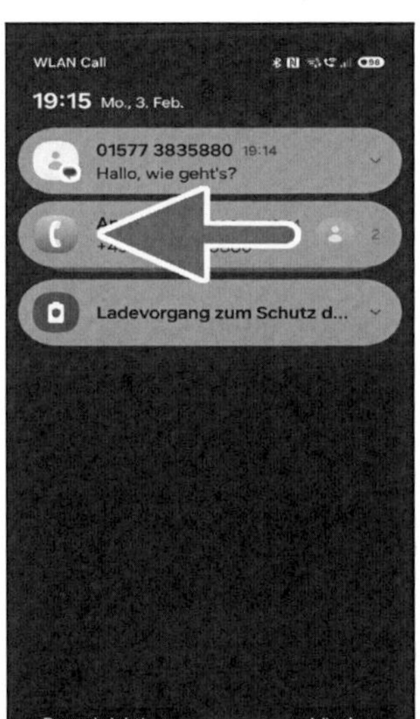

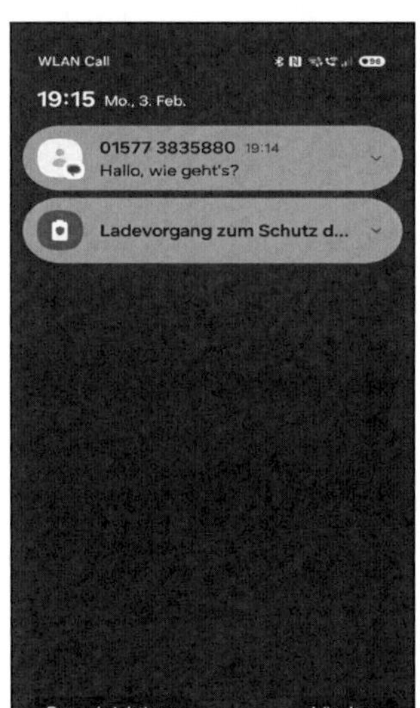

❶❷ Zum Löschen einer einzelnen Benachrichtigung tippen und halten Sie den Finger darauf und ziehen ihn sofort nach links oder rechts. Die restlichen Einträge in der Benachrichtigungsliste rutschen dann nach oben.

❸ Die *Löschen*-Schaltfläche entfernt dagegen alle Benachrichtigungen in einem Rutsch.

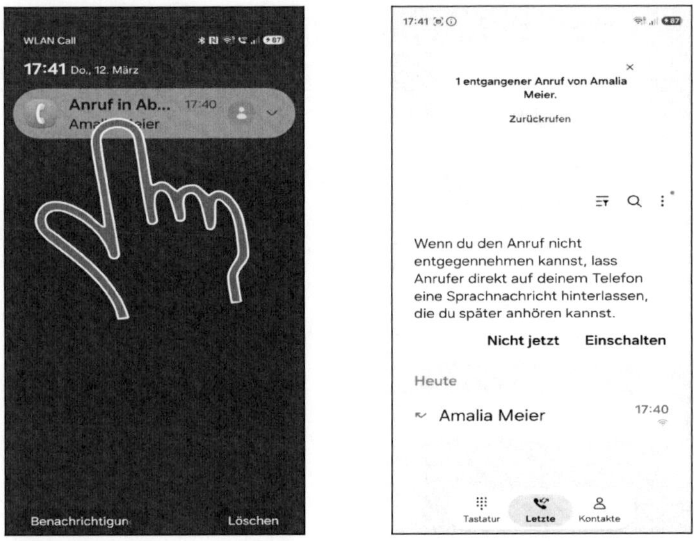

❶❷ Antippen eines Eintrags startet die zugehörige Anwendung, im Beispiel das Telefon.

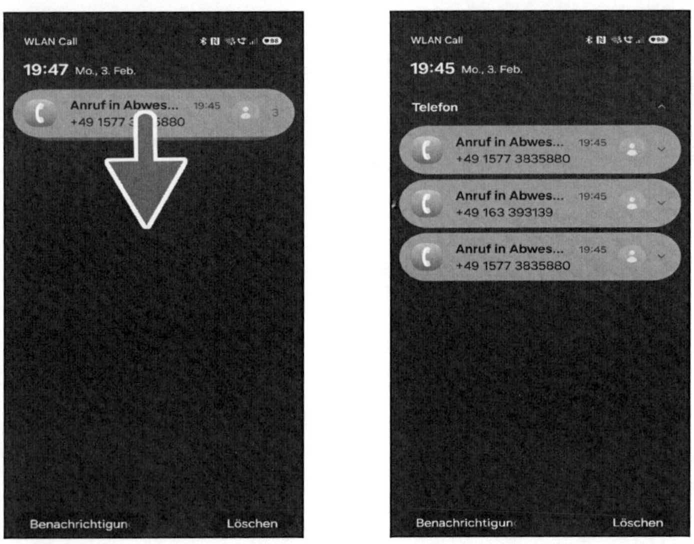

❶❷ Liegen mehrere Benachrichtigungen einer Anwendung vor, so fasst das Handy diese in einem Eintrag zusammen. Eine Wischgeste klappt dann die enthaltenen Benachrichtigungen aus.

4.9.1 Schnelleinstellungsbereich

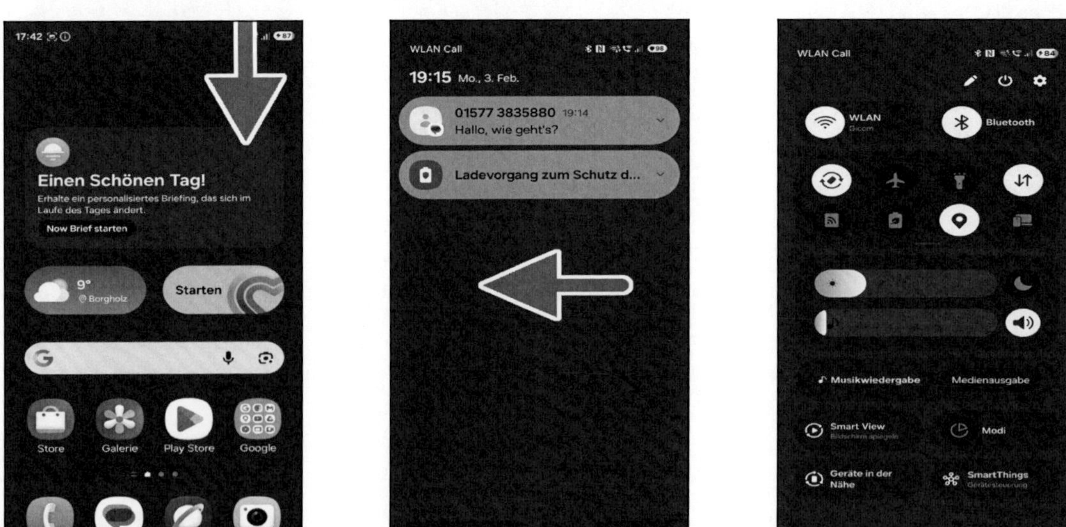

❶ Aktivieren Sie den **Schnelleinstellungsbereich**, indem Sie von **oben rechts nach unten wischen**.

❷ Alternativ wischen Sie im Benachrichtigungsfeld nach links.

❸ Viele wichtige Systemfunktionen steuern Sie über die Schaltflächen im Schnelleinstellungsbereich. Tippen Sie eine Schaltfläche kurz an, so schalten Sie eine Funktion ein/aus.

Die Schaltflächen:

- (WLAN): Verwaltet das WLAN. Siehe Kapitel *10 WLAN.*
- (Bluetooth): Steuert Bluetooth (beispielsweise für den Betrieb von Lautsprechern).
- (Bildschirm drehen): Normalerweise passt sich die Bildschirmorientierung automatisch an die Geräteausrichtung an. Wenn Sie das Handy beispielsweise waagerecht halten, so wird automatisch auf eine waagerechte Anzeige umgeschaltet. Deaktivieren Sie *Bildschirm drehen,* wenn sich die Bildschirmorientierung nie ändern soll.
- (Offline-Modus): Alle Funkverbindungen (Telefonie, Mobilfunkinternet, WLAN und Bluetooth) ein- oder ausschalten (siehe auch Kapitel *9.2.2 Mobilfunk-Internet aktivieren/deaktivieren*).
- (Taschenlampe): LED-Leuchte auf der Vorderseite einschalten.
- (Mobile Daten): Deaktivieren Sie *Mobile Daten,* damit das Handy keine Internetverbindung über das Mobilfunknetz aufbaut. Dies kann nötig sein, wenn Sie keinen Mobilfunkvertrag mit Internetflatrate nutzen (sogenannter Datenvertrag). Internetverbindungen finden dann über das WLAN statt. Siehe auch Kapitel *9.2.2 Mobilfunk-Internet aktivieren/deaktivieren*.
- (Mobile Hotspot): Stellt die Mobilfunkinternetverbindung anderen Geräten als WLAN-Zugangspunkt zur Verfügung.
- (Energie Sparen): Verlängert die Akkubetriebsdauer. Dabei reduziert das Handy die unter anderem die Displayhelligkeit und die Prozessorgeschwindigkeit (siehe Kapitel *32.9 Energiesparmodi*).
- (Standort): Automatische GPS-Positionsermittlung (per GPS).
- (Link zu Windows): Verwaltung Ihrer Fotos, SMS und weiterer Handy-Inhalte auf einem PC.
- Der Regler passt die Displayhelligkeit an. Beachten Sie, dass es sich dabei um eine relative Helligkeit handelt. Ein Sensor im Handy ermittelt die aktuelle Umgebungshelligkeit und passt die absolute Helligkeit an. Dies können Sie auch selbst testen, indem Sie Ihre Hand auf die Geräteoberseite legen, wo sich der Helligkeitssensor befindet – das Display wird dann automatisch dunkler.
- aktiviert den Dunkelmodus, worauf Kapitel *27.5 Dunkelmodus (Dark Mode)* eingeht.
- : Regelt die Lautstärke bei der Medienwiedergabe.
- : Schaltet um zwischen Lautsprecher an / Lautsprecher aus / Vibration.
- *Musikwiedergabe; Medienausgabe*: Steuert die Medienwiedergabe von Spotify oder YouTube Music.
- *Datenschutz*: Hiermit steuern Sie Sie das »Privacy Display«, mit dem der Blickwinkel auf das Display künstlich eingeschränkt wird. Diese Funktion setzt ein Samsung-Konto voraus, weshalb wir sie im Kapitel *4.19 Privacy Display (Datenschutzanzeige)* beschreiben.
- *SmartView*: Displayanzeige des Handys auf einem Samsung-TV »spiegeln«.
- *Modi*: Das Galaxy unterstützt verschiedene Nutzungsmodi, die bestimmen, ob Sie durch Benachrichtigungen gestört werden dürfen. Siehe Kapitel *27.7 Modi.*
- *Geräte in der Nähe*: Google Smarthome-Geräte verwalten.
- *SmartThings*: Schnellzugriff auf Samsung Smarthome-Geräte.

4.9.1.a Weitere Funktionen

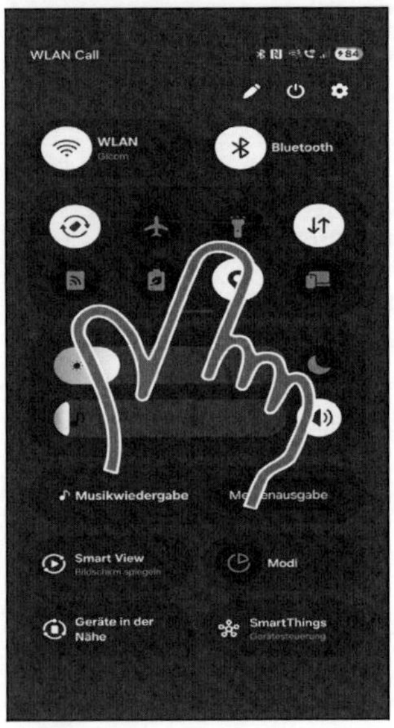

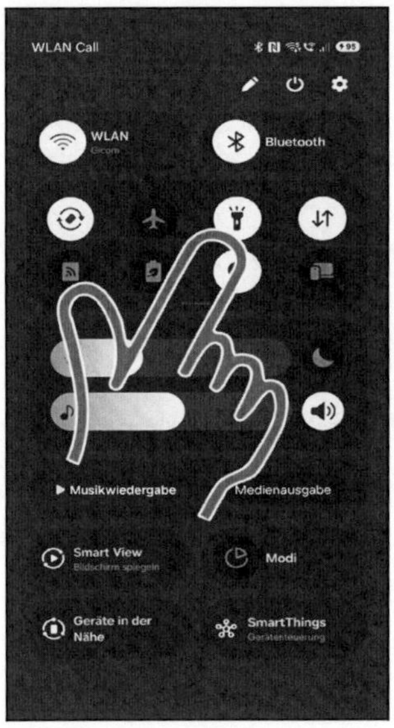

❶ Antippen eines Symbols schaltet die dahinter stehende Funktion, hier die *Taschenlampe*, (Kamera-LED) ein/aus.

❷❸ Durch Tippen und Halten der Symbol-Schaltfläche aktivieren Sie dagegen die zugehörigen Einstellungen. Im Beispiel der *Taschenlampe* stellen Sie hier die Helligkeit ein.

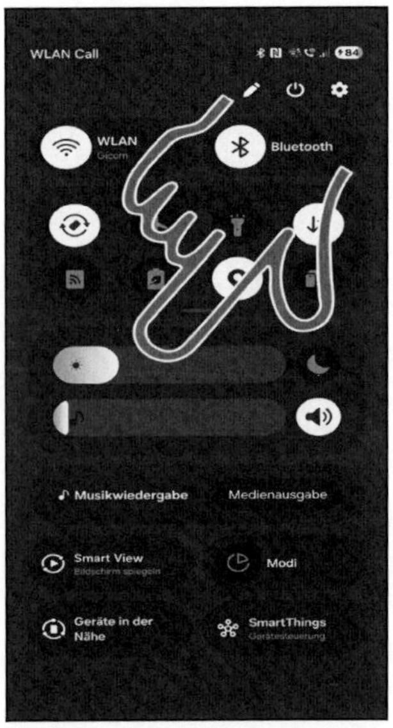

❶ Die Displayhelligkeit legen Sie über den Regler unterhalb der Schaltflächen fest.

❷ Halten Sie den Finger auf dem Regler gedrückt für weitere Optionen:

- *Adaptive Helligkeit*: Standardmäßig passt das Handy über einen Sensor oberhalb des Display die Helligkeit automatisch an. In manchen Situationen, beispielsweise bei rasch wechselnden Lichtverhältnissen ist es sinnvoll, *Adaptive Helligkeit* zu deaktivieren.
- *Adaptiver Farbton*: Die Farbdarstellung passt sich an die Umgebungsbedingungen an. Beachten Sie, dass dabei die Kamera zum Einsatz kommt, was die Akkulaufzeit reduziert.

Schließen Sie Änderungen mit *OK* ab.

4.9.1.b Erweiterter Schnelleinstellungsbereich

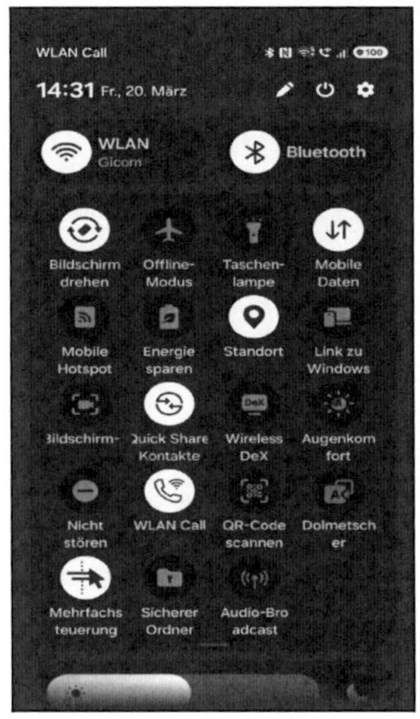

➊ Den erweiterten Schnelleinstellungsbereich öffnen Sie mit einer Wischgeste nach unten über den Schaltflächen.

➋ Die angebotenen Funktionen:

- *Bildschirmrekorder*: Video vom Bildschirm erstellen.
- *Quick Share*: Datenübertragung zwischen Samsung-Geräten. Weil andere Hersteller nicht unterstützt werden, gehen wir in diesem Buch nicht weiter darauf ein.
- *Wireless DeX*: Mit DeX können Sie einen Monitor an Ihrem Handy anschließen. Wir gehen darauf im Kapitel *37 Samsung DeX* ein.
- *Augenkomfort*: Ändert die Bildschirmanzeige auf einen warmen Gelbton, der für einige Nutzer insbesondere Abends angenehmer für die Augen ist.
- *Nicht stören:* Schaltet zu bestimmten Tageszeiten die Benachrichtigungen aus. Siehe Kapitel *27.4 Ruhemodus.*
- *WLAN Call*: Statt über das Mobilfunknetz erfolgen Ihre Telefonanrufe über WLAN. Diese als sogenanntes Wifi-Calling beziehungsweise WLAN-Call bezeichnete Funktion ist bei vielen Netzbetreibern inzwischen freigeschaltet. Falls Sie sich in einem Gebiet mit schlechter Mobilfunkabdeckung aufhalten, können Sie trotzdem problemlos telefonieren, sofern Sie in einem WLAN eingebucht sind.
- *QR-Code scannen*: QR-Codes enthalten häufig eine Webadressse, die nach dem Scannen im Webbrowser angezeigt wird. Siehe Kapitel *32.12 QR-Code scannen.*
- *Dolmetscher*: Live-Übersetzung von gesprochenen Konversationen, als Sprachausgabe oder Text. Siehe Kapitel *24.9 KI-Dolmetscher.*
- *Mehrfachsteuerung*: Dient der Koppelung mit einem Samsung Galaxy Book. Dies erleichtert den Datenaustausch zwischen beiden Geräten.
- *Sicherer Ordner*: Sie können Dateien in einem passwortgeschützten Ordner speichern. Diese Funktion werden Sie in der Praxis nicht benötigen, wenn Sie Ihr Handy ohnehin mit einem Passwort vor fremden Zugriff geschützt haben (siehe Kapitel *30 Zugriffssperren*).
- *Audio-Broadcast*: Audio Broadcast ist eine Funktion, mit der ein Smartphone Audiosignale gleichzeitig an mehrere Bluetooth-Empfänger senden kann. Die jeweiligen Bluetooth-Geräte müssen dazu Audi-Broadcast unterstützt.

4.10 Bedienhinweise

Von den nachfolgend beschriebenen Funktionen werden Sie regelmäßig Gebrauch machen.

4.10.1 Längs- und Querdarstellung

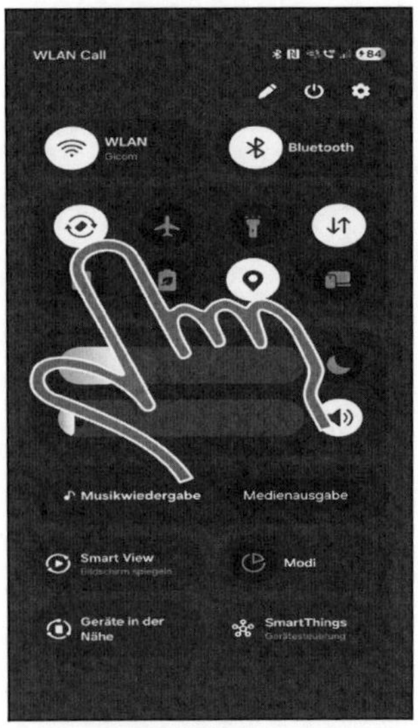

In manchen Situationen ist es sinnvoll, die Displaydarstellung zu drehen, beispielsweise, wenn Sie den Webbrowser nutzen. Dazu brauchen Sie nur das Gerät in Ihrer Hand zu drehen, denn über den Bewegungssensor weiß das Galaxy jederzeit, in welcher Position Sie das Gerät halten. In manchen Anwendungen stehen nach dem Drehen zusätzliche Bedienelemente zur Verfügung.

Damit das automatische Drehen funktioniert, müssen Sie ⟳ (Bildschirm drehen) im Schnelleinstellungsbereich aktivieren (Pfeil).

❶❷ Beispiel: Galerie-Anwendung im Hochformat und wenn man das Gerät um 90 Grad dreht.

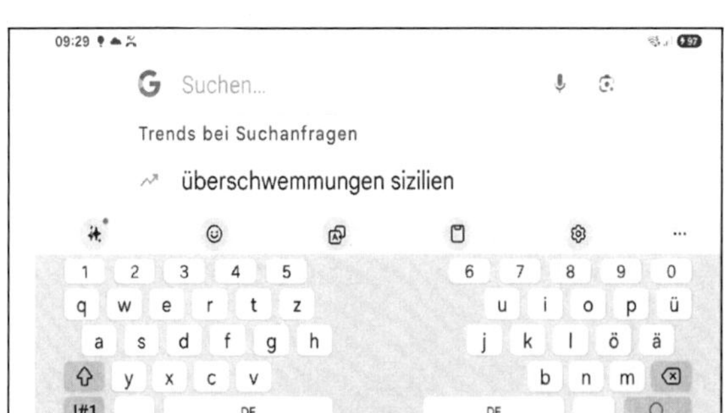

Auch für Eingaben über das Tastenfeld ist es mitunter sinnvoll, das Display zu drehen.

4.10.2 Einhandbedienung

Die Bildschirmfläche Ihres Galaxy-Handys ist recht groß, was die Bedienung mit einer Hand erschwert. Damit Sie dennoch alle Schaltflächen einhändig erreichen, können Sie allerdings in den Samsung-Anwendungen den Bildschirm nach unten »verschieben«.

❶❷ Rufen Sie beispielsweise die Telefon-Anwendung im Startbildschirm auf und aktivieren Sie das *Kontakte*-Register.

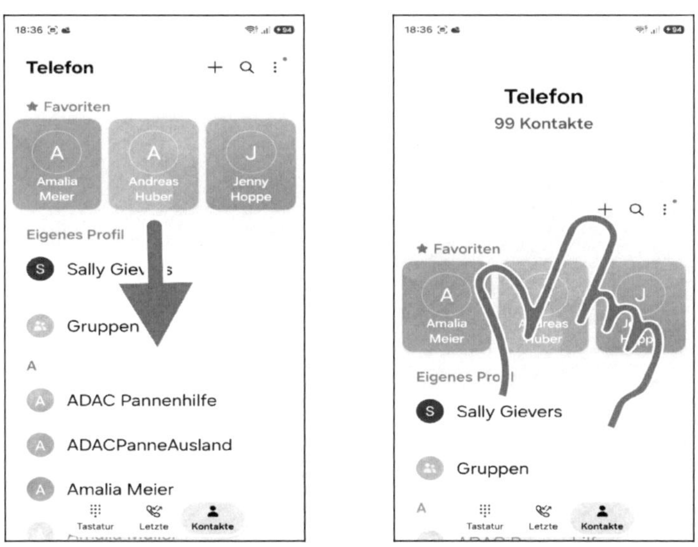

❶ Halten Sie das Handy in einer Hand und verschieben Sie das Menüfeld mit einer Wischgeste mit Ihrem Daumen nach unten.

❷ Sie erreichen nun die Schaltflächen sehr einfach mit dem Daumen.

> Wir empfehlen, die Einhandbedienung zunächst in sicherer Umgebung, beispielsweise über einem Tisch oder Kissen, zu üben.
>
> Beachten Sie bitte, dass die Einhandbedienung nur mit den von Samsung bereitgestellten Anwendungen funktioniert (Telefon, Kontakte, Internet-Webbrowser, Galerie usw). Die Google-Anwendungen (Gmail, Chrome usw.) unterstützten dies dagegen nicht.

4.10.3 Menü

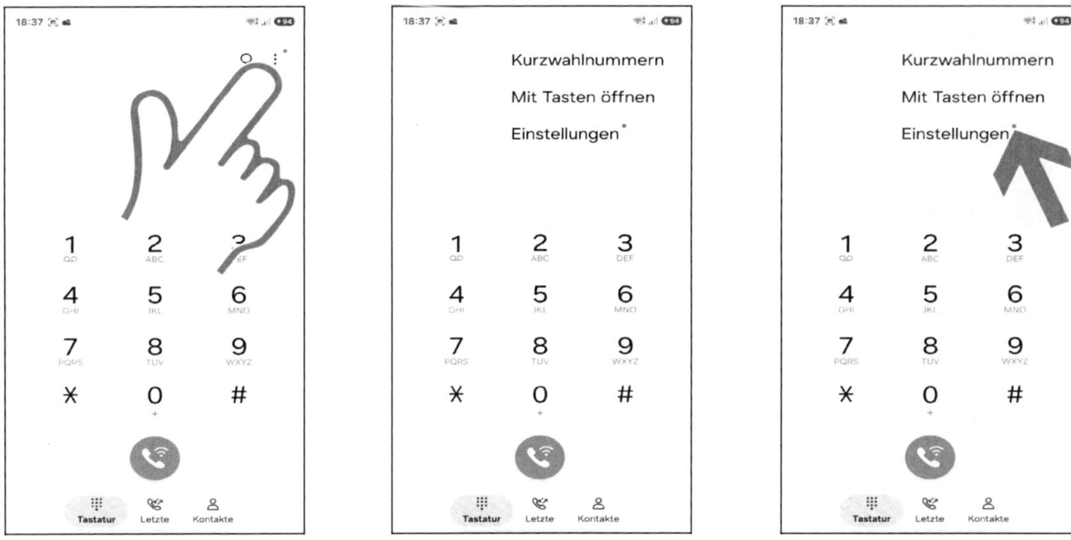

❶❷ In vielen Anwendungen – hier in der Telefonoberfläche – erhalten Sie zusätzliche Funktionen in einem Menü, das Sie über ein ⋮-Symbol aufrufen.

❸ Samsung weist mit einem orangefarbige Punkt (Pfeil) auf Besonderheiten hin, die für Sie vielleicht interessant sein könnten.

> In diesem Buch finden Sie sehr häufig genaue Anweisungen, welchen Menüs Sie folgen müssen. ⋮*/Einstellungen/Anzeige* heißt zum Beispiel, dass Sie erst mit ⋮ das Menü aufrufen, dann auf *Einstellungen*, anschließend auf *Anzeige* usw. gehen.

4.10.4 Hauptmenü

❶ Es ist natürlich weder möglich, noch sinnvoll, alle auf dem Galaxy vorhandenen Anwendungen direkt im Startbildschirm einzublenden. Deshalb können Sie mit einer Wischgeste nach oben im Startbildschirm auf das Hauptmenü umschalten.

❷❸ Im Hauptmenü finden Sie alle auf dem Handy installierten Programme. Mit einer Wischgeste auf dem Bildschirm wechseln Sie zwischen den Seiten.

4.10.5 Die Seitenleiste (Ausklappmenü)

Ähnlich wie auf einem Windows PC haben auch auf dem Handy praktisch alle Programme damit zu kämpfen, die angebotenen Funktionen in einer übersichtlichen Form bereitzustellen. Unter Windows hat sich dafür die Menüleiste eingebürgert. Weil auf dem Handy dagegen nur extrem wenig Bildschirmfläche verfügbar ist, nutzen die Anwendungen hier häufig ein Ausklappmenü, auch als Seitenleiste bezeichnet.

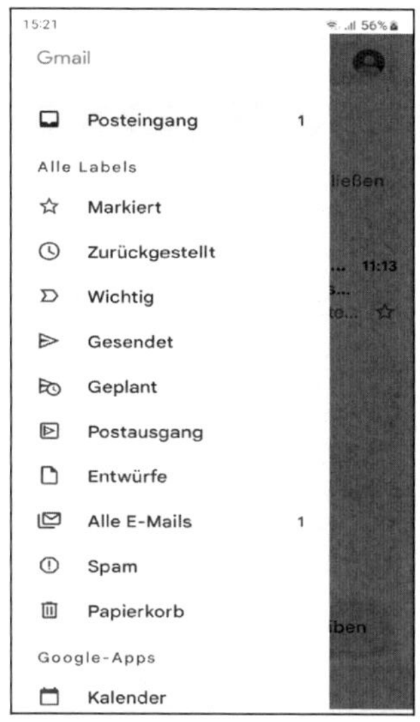

❶❷ Sie öffnen die Seitenleiste (hier das später noch vorgestellte Gmail), indem Sie ≡ oben links antippen. Zum Schließen wählen Sie darin entweder eine Funktion aus oder betätigen die ‹-Taste unterhalb des Displays.

4.10.6 Aktionen zulassen

Bei vielen der vorinstallierten Anwendungen auf dem Galaxy erscheint früher oder später ein Dialog, der Sie nach Ihrer Genehmigung fragt, eine Aktion durchführen zu dürfen.

❶❷ In den Beispielen benötigt ein Programm jeweils die Erlaubnis, auf Ihren Standort zuzugreifen.

Bitte antworten Sie **immer** mit *Zulassen, Aktivieren* oder *Bei Nutzung der App*. Andernfalls steht die betreffende Funktion im Programm nicht zur Verfügung. Manche Anwendungen beenden sich auch einfach, wenn Sie die Genehmigung verweigern.

4.11 Die Einstellungen

Die *Einstellungen,* worin Sie alle wichtigen Parameter für die Bildschirmanzeige, die Signaltöne, Internetverbindungen usw. konfigurieren, spielen eine wichtige Rolle in diesem Buch.

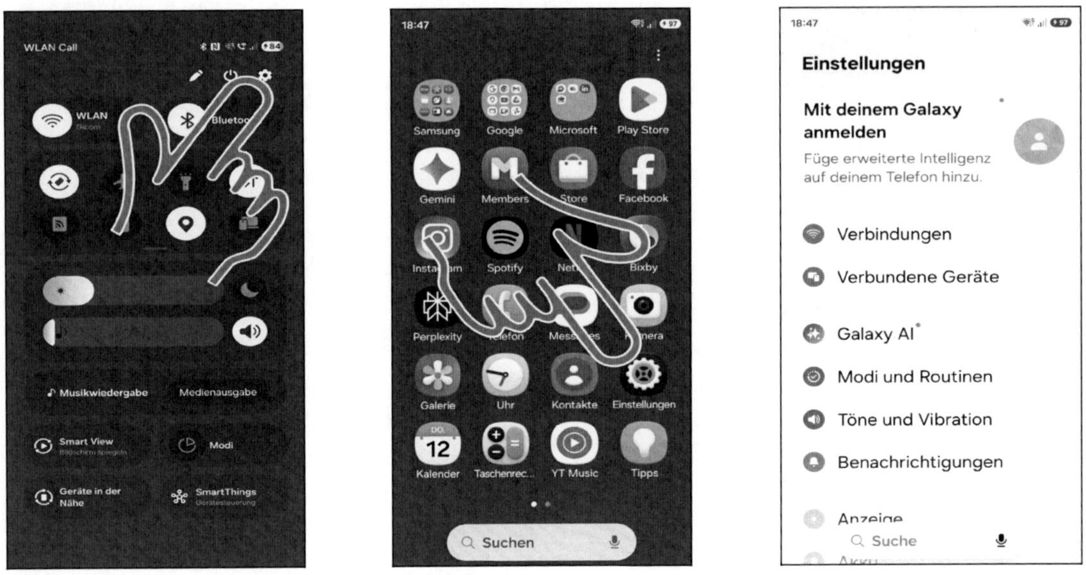

❶❷ Die *Einstellungen* finden Sie im Schnelleinstellungsbereich unter ⚙ (Pfeil) und im Hauptmenü unter *Einstellungen* (je nach installierten Programmen befindet sich das Symbol an anderer Stelle).

❸ In diesem Buch gehen die einzelnen Kapitel bei Bedarf auf Menüs in den *Einstellungen* ein.

Die Einstellungen-Anwendung zeigt immer das zuletzt aufgerufene Menü an. Betätigen Sie in daher gegebenenfalls ein- oder mehrmals die <-Taste unterhalb des Bildschirms, bis Sie sich wieder im Hauptmenü befinden.

4.12 Zuletzt genutzte Anwendungen

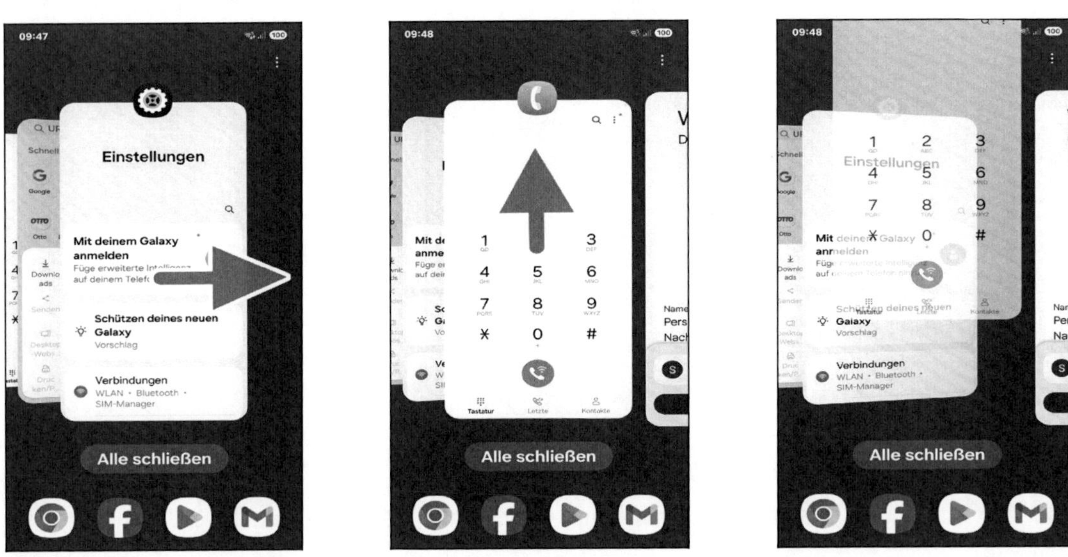

❶ Die zuletzt genutzten Programme erhalten Sie nach Betätigen der |||-Taste unterhalb des Displays angezeigt. Rollen Sie mit einer Wischgeste durch die Programme und tippen Sie eines an, das Sie starten möchten.

❷❸ Ziehen Sie mit dem Finger einen Eintrag nach oben, um ihn aus der Liste zu entfernen. Wenn Sie alle Programme auf einmal aus der Auflistung entfernen möchten, verwenden Sie die *Alle schließen*-Schaltfläche am unteren Bildschirmrand.

Wie bereits erwähnt, bringt Sie ein kurzer Druck auf die ◯-Taste wieder auf den Startbildschirm zurück, wenn Sie sich gerade in einer anderen Anwendung befinden.

Tipp: Zweimaliges Betätigen der |||-Taste wechselt jeweils zwischen den beiden zuletzt genutzten Programmen.

4.13 Google-Suche

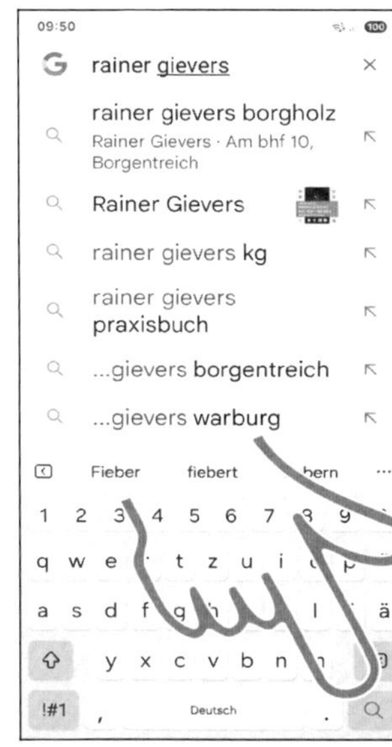

❶ Über die *Google*-Schaltfläche (Pfeil) starten Sie die globale Suche, mit der Sie alle Anwendungen, Termine, Kontakte usw. durchsuchen.

❷❸ Tippen Sie gegebenenfalls oben ins Eingabefeld. Schon während der Eingabe eines Suchbegriffs werden passende Fundstellen, beispielsweise Wortvorschläge aus der Google-Suchmaschine und Kontakteinträge aus dem Telefonbuch, aufgelistet. Die eigentliche Suche starten Sie mit 🔍 auf dem Tastenfeld (Pfeil).

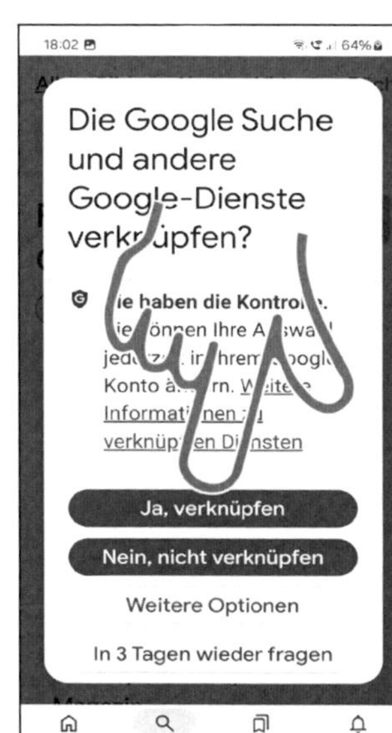

❶ Google weist Sie eventuell auf eine Diensteverknüpfung hin. Dies hängt damit zusammen, dass Google in der EU keine Daten ohne Erlaubnis des Nutzers zwischen seinen Anwendungen übertragen darf. Betätigen Sie in dem Fall *Jetzt starten.*

❷❸ Blättern Sie mit einer Wischgeste durch die Anzeige und betätigen Sie *Ja, verknüpfen.*

Ein Ablehnen hat keine direkten Nachteile. Sie müssen aber dann damit leben, dass bestimmte Komfortfunktionen nicht zur Verfügung stehen. Darauf gehen wir noch im Kapitel *32.13 Datenschutzeinstellungen* ein.

❶❷ Blättern Sie mit einer Wischgeste durch die Suchergebnisse und tippen Sie eine Fundstelle an, um sie anzuzeigen.

❶ Rollen Sie dann mit dem Finger durch die Schaltflächenreihe am oberen Bildschirmrand und tippen Sie eine der Schaltflächen an.

❷ Beispiel für die Suchergebnisse nach Betätigen von *BÜCHER*.

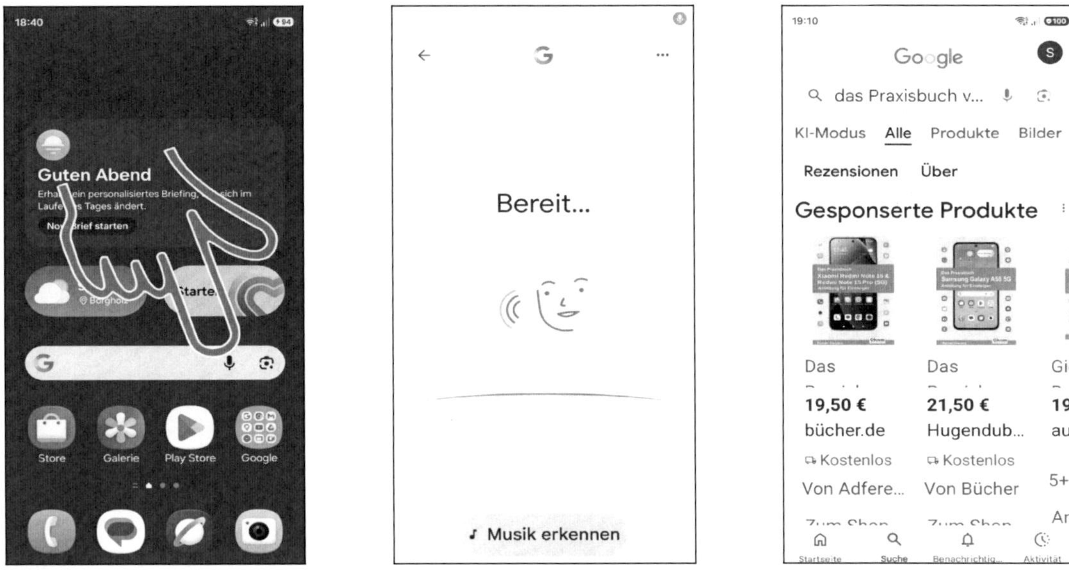

❶❷❸ Eine Besonderheit verbirgt sich hinter der -Schaltfläche (Pfeil): Sie können dann einfach einen oder mehrere Begriffe sprechen, nach denen Google anschließend im Internet sucht.

Weitere Spracheingabefunktionen stellt Kapitel *25 Google Gemini* vor.

Neben der - befindet sich die -SchaltflächeSchaltfläche, worauf noch Kapitel *27.7* eingeht.

4.14 Medienlautstärke und Signaltöne

❶ Über die Lautstärketasten auf der rechten Geräteseite beeinflussen Sie die Klingeltonlautstärke.

❷ Wenn Sie die Lautstärke gegen null reduzieren, schalten Sie den Klingelton aus.

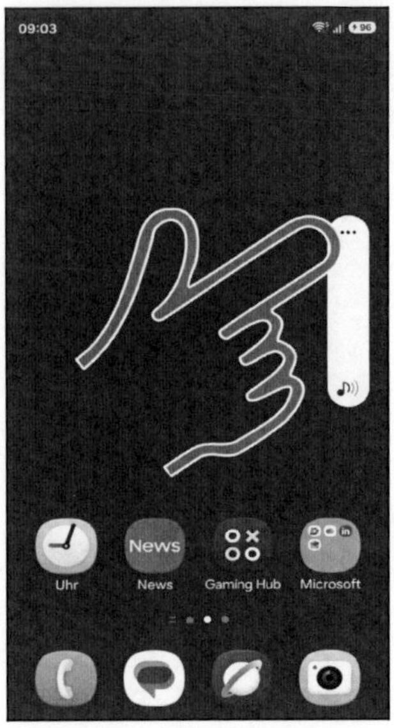

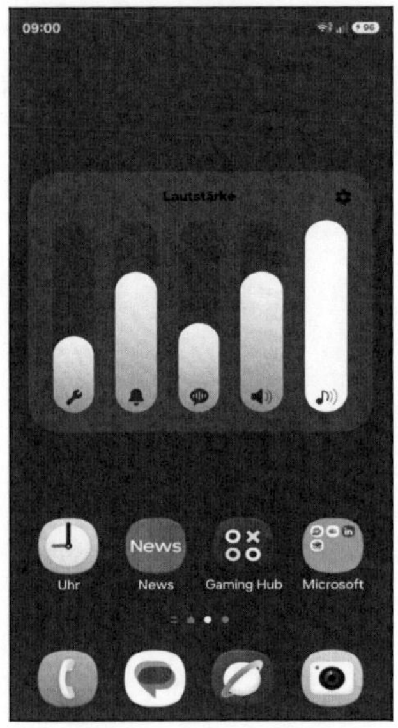

❶❷ Die •••-Schaltfläche in der Lautstärkenanzeige öffnet ein Popup mit den Einstellungen:

- (System): Dieser Regler steuert die Lautstärke für Systemereignisse, wie zum Beispiel den Ton beim Sperren des Bildschirms, das Klicken der Tastatur oder Ladegeräusche.
- (Benachrichtigungen): Hier legen Sie fest, wie laut Töne für eingehende Nachrichten (SMS, WhatsApp, E-Mails) oder App-Meldungen abgespielt werden.
- Damit steuern Sie die Lautstärke der Sprachausgabe Ihres digitalen Assistenten (Bixby oder Google Gemini)
- (Klingelton): Lautstärke des Klingeltons bei eingehenden Anrufen.
- (Medien): Stellt die Lautstärke bei Multimedia-Anwendungen, beispielsweise von Play Musik, YouTube oder Spielen ein. Wenn gerade eine Multimedia-Anwendung läuft, können Sie dafür aber auch einfach die Lautstärketasten auf der rechten Geräteseite verwenden (der Klingelton bleibt davon unbeeinflusst).

4.14.1 Signaltöne

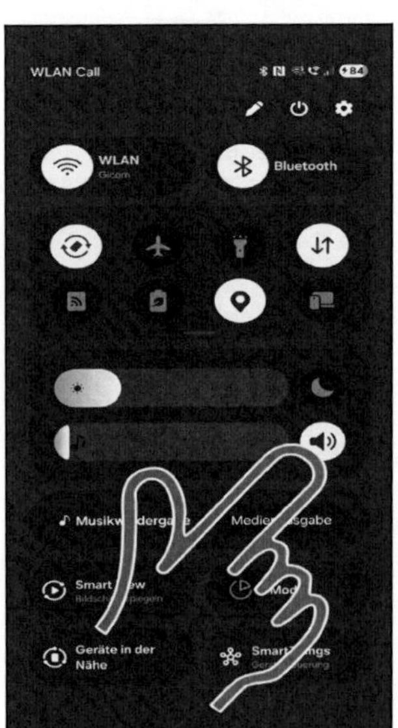

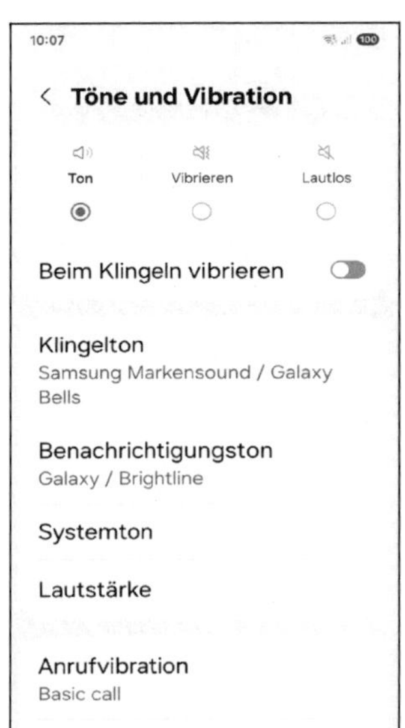

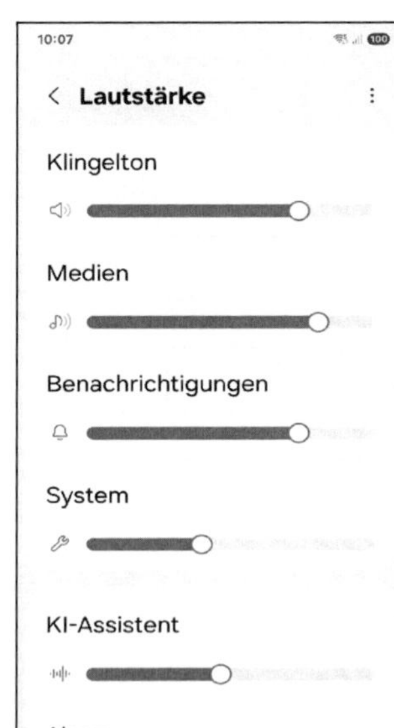

❶ Aktivieren Sie den Schnelleinstellungsbereich, dann tippen und halten Sie die -Schaltfläche.

❷ Die Optionen

- Schaltflächen oben: Schaltet um zwischen *Ton* (Signale und Klingeltöne eingeschaltet), *Vibrieren* und *Lautlos*.
- *Beim Klingeln vibrieren*: Bei eingehenden Anrufen erfolgt eine Vibration.

- *Klingelton*: Klingelton für SIM-Karte 1 und 2 festlegen.
- *Benachrichtigungston*: Sie legen im Menü die Signaltöne für Benachrichtigungen über neue Nachrichten (SMS) fest.
- *Systemton*: Einigen Aktionen quittiert das Handy mit diesem Signal.
- *Lautstärke* (❸): Ändert die Lautstärke:
  - *Klingelton*
  - *Medien*: Stellt die Lautstärke bei Multimedia-Anwendungen, beispielsweise von Play Musik, YouTube oder Spielen ein. Wenn gerade eine Multimedia-Anwendung läuft, können Sie dafür aber auch einfach die Lautstärketasten auf der rechten Geräteseite verwenden (der Klingelton bleibt davon unbeeinflusst).
  - *Benachrichtigungen*: Für empfangene SMS und E-Mails.
  - *System*: Steuert die Lautstärke der Systemmeldungen.
  - *KI-Assistent*: Lautstärke der Sprachausgaben von der KI Google Gemini (siehe Kapitel *25 Google Gemini*).
  - *Alarm*: Lautstärke des Weckers (siehe Kapitel *21.9 Uhr*)
  - *Lautstärketasten für Medien verwenden*: Schaltet die Belegung der Lautstärketasten um. Statt der Klingeltonlautstärke regeln Sie dann die Medienwiedergabe (von Musik oder Videos).
- *Anrufvibration:* Sofern Sie *Beim Klingeln vibrieren* aktiviert haben, stellen Sie hier die Vibrationsstärke ein.
- *Benachrichtungsvibration*: Beim Eingang von SMS, E-Mails usw. vibriert das Handy.
- *Systemvibration*: Darauf gehen wir unten genauer ein.
- *Vibrationsintensivität*: Wählen Sie aus, wie stark das Handy bei eingehenden Anrufen, Benachrichtigungen oder Bildschirmberührung vibriert.
- *Tonqualität und Effekte*: Ruft den Equalizer auf, in dem Sie die Lautstärke des rechten und linken Lautsprechers am Handy, sowie verschiedene Effekte steuern. Bitte beachten Sie, dass einige Einstellungen sich nur auf ein angeschlossenes Headset auswirken.
- *Separater App-Ton*: Schließen Sie einen Lautsprecher beziehungsweise Headset über die Klinkenbuchse am Galaxy an oder verwenden Sie einen Bluetooth-Lautsprecher (siehe Kapitel *31.5 Bluetooth-Audio*), so erfolgt darauf automatisch die Audiowiedergabe. Über *Separater App-Ton* stellen Sie dagegen ein, welche Anwendungen das angeschlossene Audiogerät nutzen.

Falls Sie eigene Musikdateien als Klingel- und Benachrichtigungstöne verwenden möchten, beachten Sie bitte Kapitel *32.2 Eigene Klingel- und Benachrichtigungstöne*.

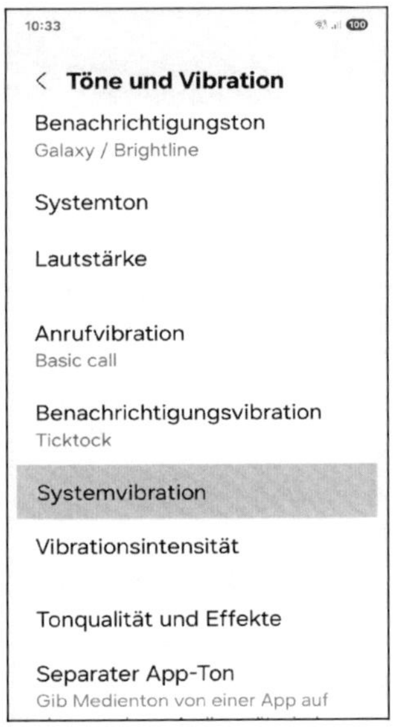

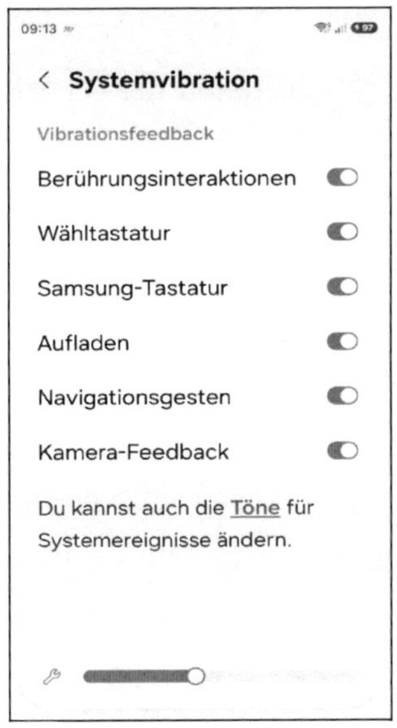

❶❷ *Systemvibration* konfiguriert:

Unter *Ton*:

- *Systemvibrationsstärke*: Intensivität der Vibration bei den im folgenden aufgelisteten Aktionen.
- *Berührungsinteraktionen*: Diese hört man beim Antippen des Bildschirms.
- *Wähltastatur*: Wenn Sie das Tastenfeld in der Telefon-Anwendung (siehe Kapitel *6 Telefonie*) nutzen, hören Sie jeweils einen Klickton.
- *Samsung-Tastatur*: Klickton, wenn Sie das Standard-Tastenfeld (siehe Kapitel *34.3 Samsung-Tastenfeld*) verwenden.
- *Aufladen:* Signalton, der auf den erfolgreichen Anschluss per USB-Kabel an den PC oder ein Netzteil hinweist.
- *Navigationsgesten*: Betätigen der Navigationstasten am unteren Bildschirmrand.
- *Kamera-Feedback*: Bedienung der Kamera-Anwendung (siehe Kapitel *17 Kamera*).

Der Regler am untereren Bildschirmrand legt die Stärke der Vibration fest.

4.15 Erstes Betriebssystem-Update

Samsung stellt ab und zu Betriebssystem-Updates für das Galaxy zur Verfügung. Ihre persönlichen Daten bleiben erhalten.

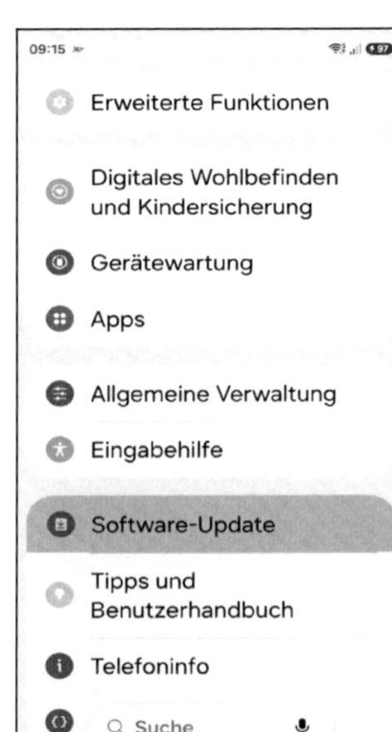

❶ Rufen Sie im Hauptmenü *Einstellungen* auf.

❷❸ Blättern Sie mit Wischgesten nach oben und gehen Sie auf *Software-Update.*

> Die Einstellungen-Anwendung zeigt immer das zuletzt aufgerufene Menü an. Betätigen Sie in daher gegebenenfalls ein- oder mehrmals die ‹-Taste unterhalb des Bildschirms, bis Sie sich wieder im Hauptmenü befinden.

❶ Rufen Sie *Nach Updates suchen* auf. Sollte kein Update nötig sein, erscheint nun den Hinweis »*Deine Software ist auf dem neuesten Stand*«.

❷ Das Herunterladen erfolgt.

❸ Betätigen Sie *Jetzt neu starten*. Es dauert dann einige Zeit, bis der Hinweis »*Das Telefon wurde aktualisiert*« erscheint.

4.16 Handy ausschalten oder neu starten

Auch wenn viele Anwender Ihr Handy über Nacht ausschalten, ist dies in der Praxis nicht sinnvoll. Wenn Sie Nachts nicht durch Anrufe oder Benachrichtigungen gestört werden möchten, dann empfehlen wir die im Kapitel *27.4 Ruhemodus* beschriebene Funktion.

Zum Ausschalten halten Sie den Ein-/Ausschalter und die Lautstärke-runter-Taste auf der rechten Geräteseite gedrückt, bis ein schwarzer Bildschirm erscheint, in dem Sie *Ausschalten* antippen.

Eventuell benötigen Sie dazu mehrere Versuche, denn die genutzten Tasten sind mehrfach belegt. Langes Drücken des Ein-/Ausschalters schaltet das Handy später wieder ein.

4.17 Samsung Wallet

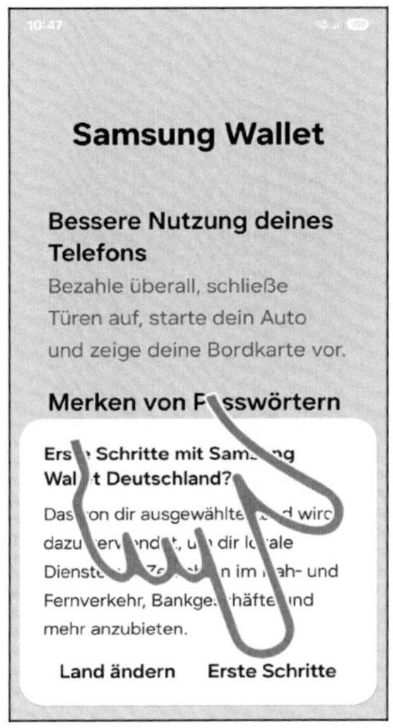

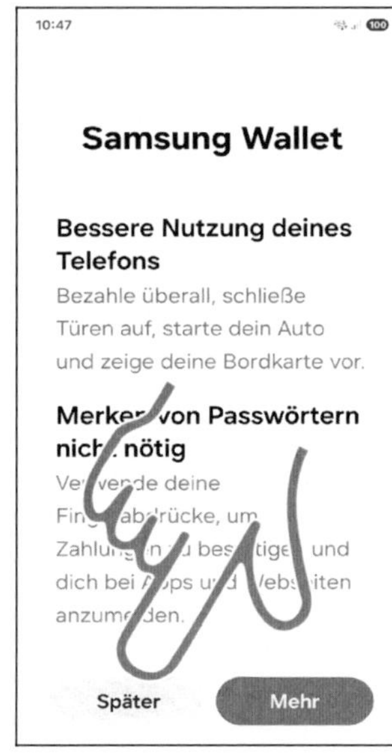

Vielleicht wundern Sie sich über den Balken am unteren Bildschirmrand. Sie aktivieren damit Samsung Wallet (früher Samsung Pay genannt), eine drahtlose Zahlungsmethode, auf die wir später noch im Kapitel *32.11.1 Samsung Wallet* eingehen.

❶❷ Damit der »Balken« verschwindet, müssen Sie einmal von unten außerhalb des Displays nach oben wischen. Betätigen Sie im Popup *Erste Schritte.*

❸ Betätigen Sie *Später*.

4.18 Updates der Samsung-Anwendungen

Die Google-Anwendungen auf dem Handy werden automatisch aktualisiert, sobald ein Update vorliegt. Anders sieht es bei den von Samsung bereitgestellten Programmen (Telefonoberfläche, Kalender, Galerie, Kamera usw.) aus, deren Aktualisierung Sie eventuell selbst anstoßen müssen.

Bitte beachten Sie, dass die angebotenen Updates meistens nur kleinere Fehlerberichtigungen enthalten, die Sie im Alltag nicht bemerken. Sie können also das Handy auch ohne Updates nutzen.

❶ In unserem Beispiel rufen wir die Telefonoberfläche auf.

❷❸ Gehen Sie in das ⁝/*Einstellungen*-Menü.

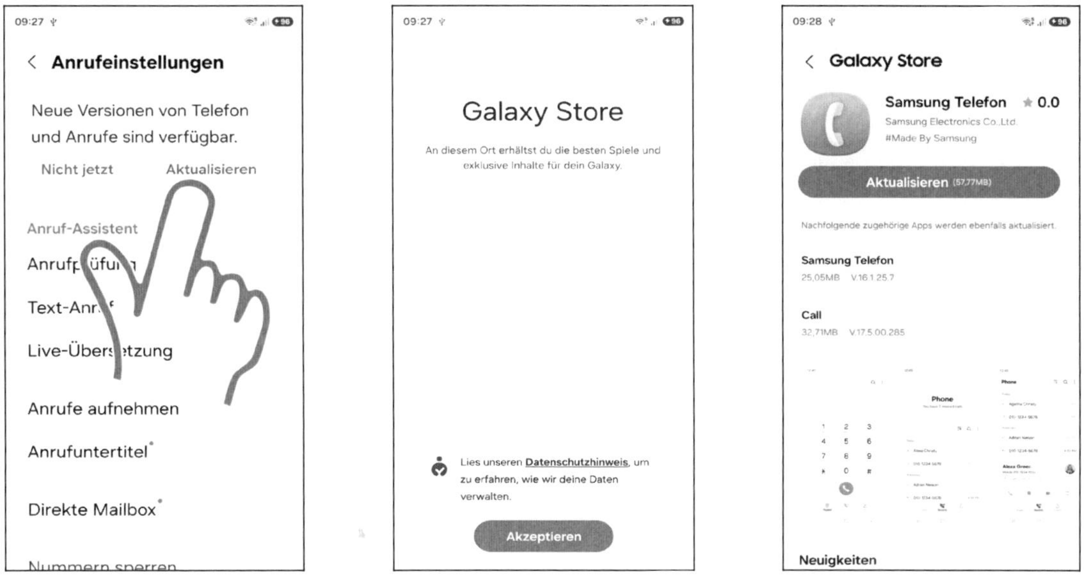

❶ Ein Hinweis auf das Update erscheint über dem Menü. Tippen Sie auf *Aktualisieren.*

❷❸ Beim ersten Mal müssen Sie die Datenschutzhinweise mit *Akzeptieren* bestätigen. Dann Gehen Sie auf *Aktualisieren* und warten bis das Update durchgeführt ist.

4.19 Privacy Display (Datenschutzanzeige)

Die Datenschutzanzeige wird nur vom Galaxy S26 Ultra unterstützt. Während für Sie beim direkten Anschauen das Display klar bleibt, sehen Personen, die neben oder hinter Ihnen stehen oder sitzen nur einen schwarzen oder stark verschwommenen Bildschirm. Für die Nutzung ist zwingend eine vorherige Einrichtung des Samsung-Kontos notwendig. Siehe auch Kapitel *23 Das Samsung-Konto.*

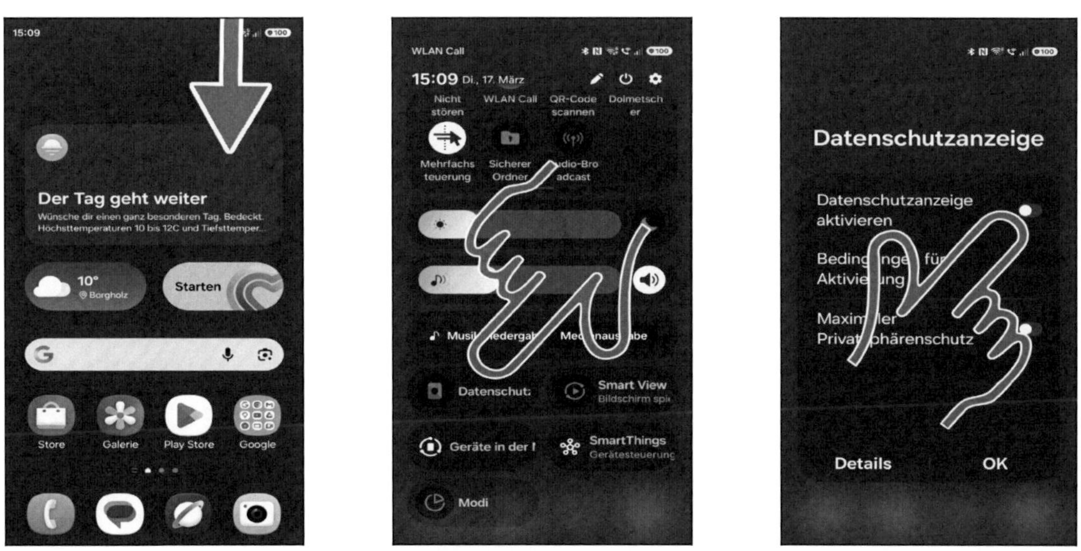

❶ Öffnen Sie den Schnelleinstellungsbereich.

❷ Gehen Sie auf *Datenschutzanzeige.*

❸ Aktivieren Sie *Datenschutzanzeige aktivieren* und probieren Sie den Effekt mal aus, indem Sie das Handy schräg halten. Sie können bei Bedarf den Blickwinkel mit *Maximaler Privatsphärenschutz* noch weiter einschränken, müssen dann aber mit etwas geringerer Helligkeit rechnen.

Die Datenschutzanzeige ist solange aktiv, bis Sie sie über *Datenschutzanzeige aktivieren* wieder manuell deaktivieren.

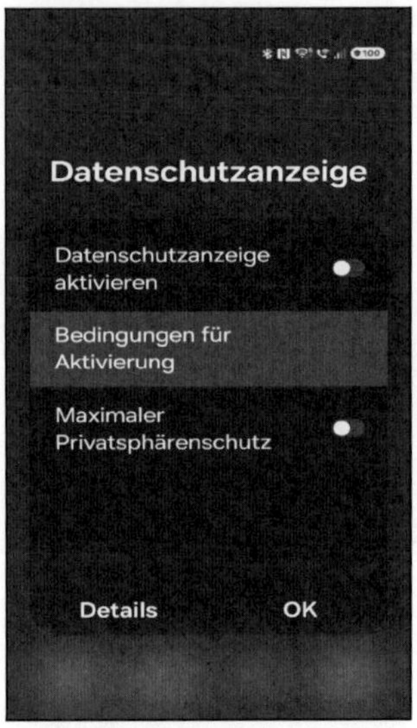

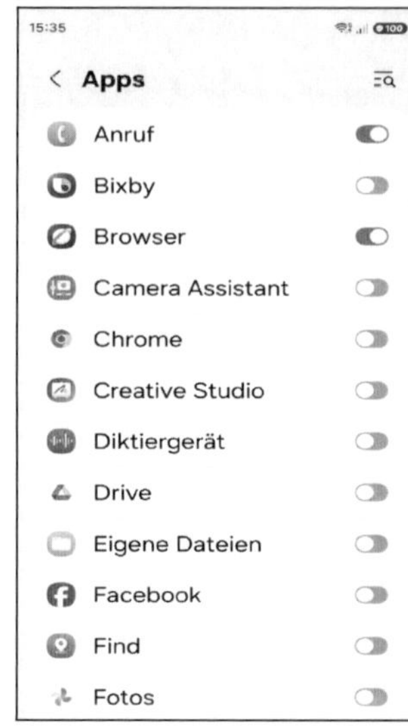

❶ Sinnvoller ist es, die Datenschutzanzeige nur auf einige wenige Anwendungen zu beschränken. Gehen Sie dafür auf *Bedingungen für Aktivierung*.

❷❸ Wählen Sie *Apps* und aktivieren Sie die Anwendungen, die Sie vor fremden Blicken schützen möchten.

Wichtig: Damit Sie blicksicher Telefonanrufe durchführen können, sollten Sie die Optionen *Anruf*, *Kontakte* und *Telefon* aktivieren.

5. Smart Switch

Die meisten neu gekauften Smartphones werden heute als Ersatz für ein älteres Gerät angeschafft. In Kapitel *2.2 Das Google-Prinzip* haben wir bereits beschrieben, dass die Übernahme der vorhandenen Daten auf das neue Handy kein Problem darstellt. Alle Kontakte, Termine usw. sind ja in Ihrem Google-Konto im Internet gespeichert und werden automatisch wiederhergestellt, sobald Sie sich mit Ihrem Google-Konto auf dem neuen Handy anmelden.

Was leider nicht wieder hergestellt wird, sind SMS, Memos, Alarme, Sprachmemos usw. Auch Kontakte und Termine, die nicht dem Google-Konto zugeordnet sind, finden nicht den Weg aufs neue Gerät. Mit der Smart Switch-Anwendung (engl. »kluger Wechsel«), steht deshalb eine einfache Methode bereit, alle Daten und Dateien aufs neue Galaxy-Handy zu transferieren. Unterstützt werden iPhones und iPads, sowie Android-Handys und Tablets.

Die Datenübertragung kann wahlweise drahtlos oder über ein USB-Verbindungskabel erfolgen.

5.1 Vorbereitung auf dem alten Handy

In unserem Beispiel möchten wir die Daten von einem alten Galaxy-Handy auf das neue Galaxy S26-Modell übernehmen. Dazu nutzen wir die drahtlose Übertragungsmethode.

Installieren Sie auf dem alten Handy *Samsung Smart Switch Mobile* aus dem Play Store (siehe Kapitel *26.1 Play Store*). Danach starten Sie *Smart Switch* mit *Öffnen* oder rufen es aus dem Hauptmenü auf.

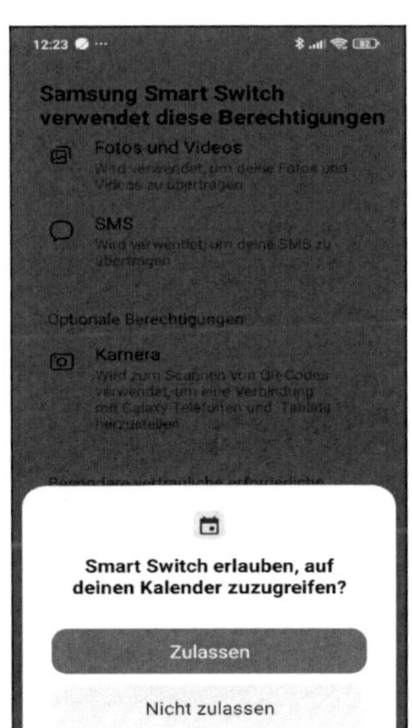

❶❷❸ Die folgenden Bildschirme schließen Sie jeweils mit *Mehr, Fortsetzen, Bei Nutzung der App, Zulassen, Vollen Zugriff zulassen* und gehen zum Schluss auf *Los geht's.*

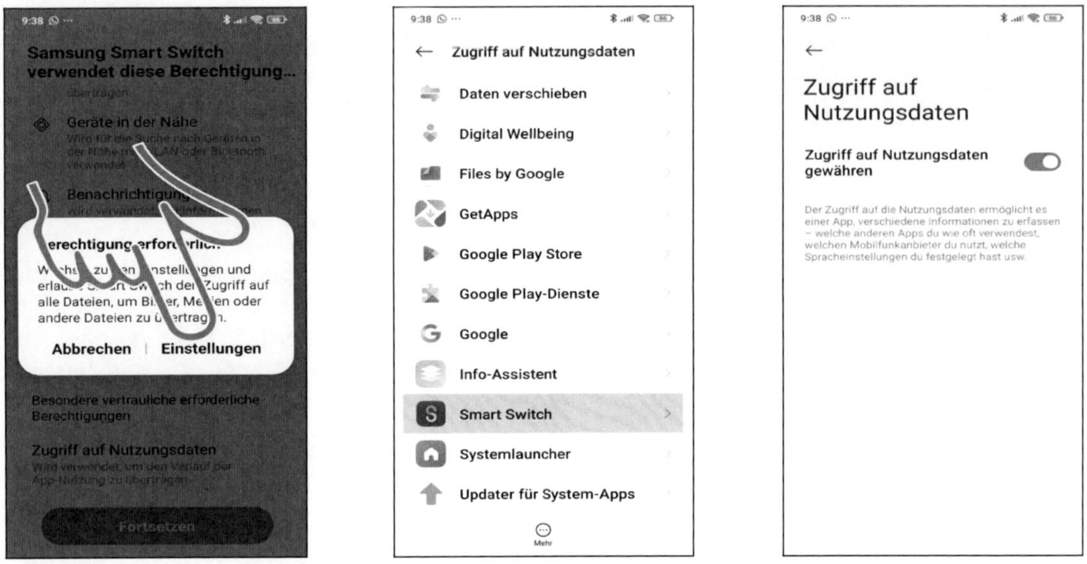

❶❷❸ Auf einigen Handys, beispielsweise von Xiaomi, gibt es mehrere Sicherheitsabfragen. Bei der ersten gehen Sie auf *Einstellungen,* wählen die *Smart Switch*-App in der Liste und aktivieren *Zugriff auf Nutzungsdaten gewähren.* Es folgen noch weitere Popups und Hinweise, die Sie entsprechend schließen.

> Wichtig: Die drahtlose Übertragung erfolgt über WLAN. Ursprungs- und Zielhandy müssen dazu am gleichen WLAN-Zugangspunkt angemeldet sein – es darf sich nicht um einen beschränkten Gastzugang handeln.
>
> Falls das alte Handy neuerem Datums ist und bereits einen USB-C-Port besitzt, können Sie die Datenübernahme auch per Kabel durchführen. Dazu schließen Sie das Galaxy S26-Modell und das alte Handy über das S26-USB-Kabel untereinander an. Wählen Sie dann später als Datenübertragungsmethode *Kabel* aus.

❶ Auf einem Samsung-Handy betätigen Sie *Von diesem Handy senden* – dieser Bildschirm wird bei anderen Herstellern übrsprungen.

❷ Betätigen Sie *Drahtlos.*

❸ Das Handy möchte einen Barcode scannen.

5.2 Datentransfer auf das neue Handy

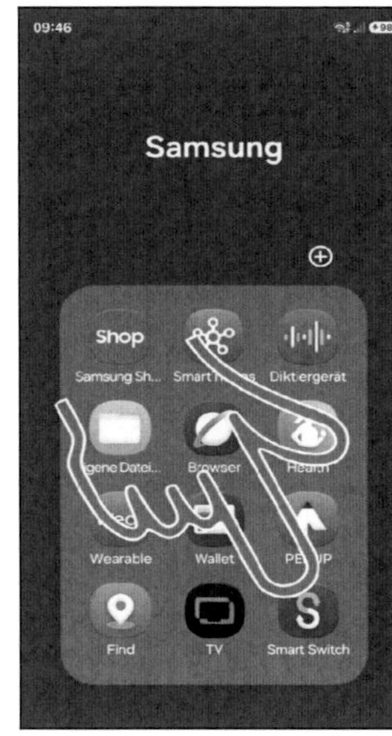

❶ Auf dem Galaxy S26-Modell öffnen Sie mit einer Wischgeste das Hauptmenü.

❷ Gehen Sie auf den *Samsung*-Ordner

❸ Starten Sie *Smart Switch.*

❶❷ Die folgenden Bildschirme schließen Sie jeweils mit *Mehr*, *Fortsetzen*, *Vollen Zugriff erlauben*, *Zulassen* und gehen zum Schluss auf *Los geht's.*

❶ Betätigen Sie *Auf diesem Telefon empfangen.*

❷ In unserem Fall handelt es sich beim alten Handy um ein Android-Modell, das wir auswählen.

❸ Betätigen Sie *Drahtlos*.

❶ Auf dem neuen Handy wird ein Barcode angezeigt, den Sie nun mit dem alten Handy »scannen«.

❷ Auf beiden Handys erscheint ein Aktivitätshinweis.

Sie müssen nun angeben, welche Daten zu übernehmen sind.

Im einfachsten Fall aktivieren Sie *Alles* oder *Nur Konten, Anrufe, Kontakte und Nachrichten*. Beachten Sie, dass mit »Nachrichten« nur die SMS auf dem alten Handy gemeint sind, nicht aber vorhandene E-Mails oder WhatsApp-Nachrichten. Betätigen Sie dann *Weiter*.

❶ Alternativ aktivieren Sie *Individuell* und betätigen *Weiter*.

❷❸ Wischen Sie durch die Liste und aktivieren Sie die Abhakkästchen bei den gewünschten Daten. Schließen Sie mit *Übertragen* ab.

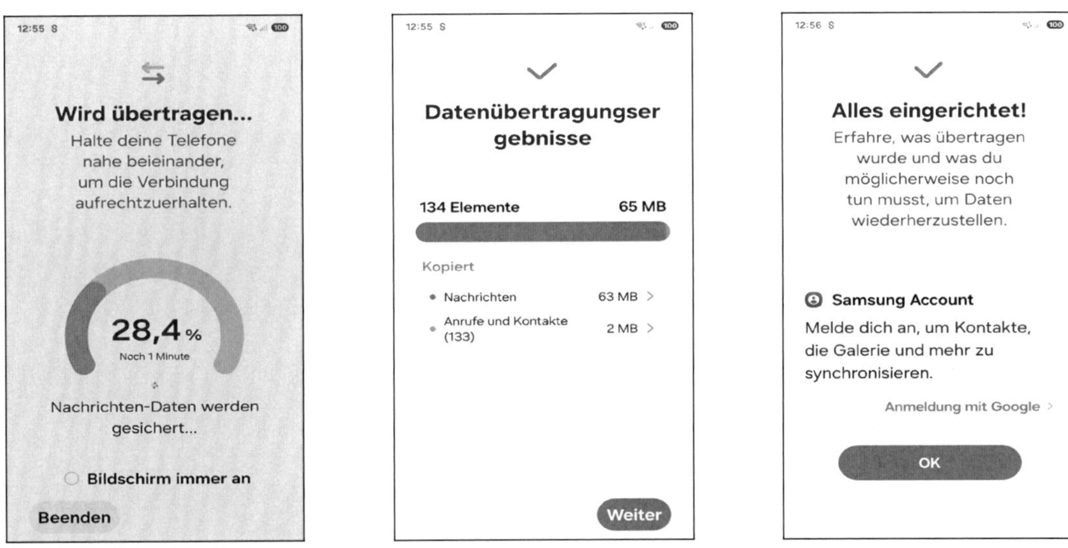

❶ Beachten Sie während des Datentransfers die Hinweise und Schaltflächen auf beiden Handys.

❷❸ Zum Schluss erscheint eine Erfolgsmeldung. Schließen Sie die Bildschirme mit *Weiter* und *OK*.

6. Telefonie

Die Bedienungsführung des Handys ist so aufgebaut, dass Sie mit wenig Aufwand einen Kontakt anrufen können.

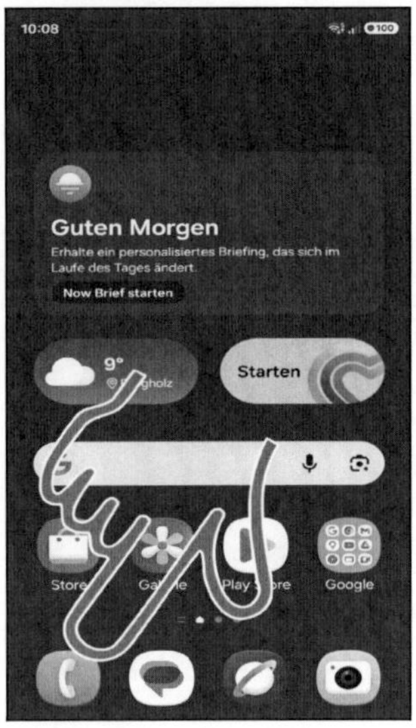

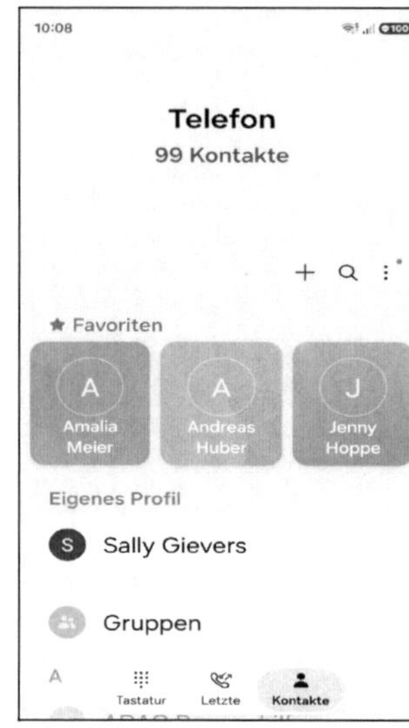

❶ Die Telefonoberfläche rufen Sie im Startbildschirm mit der *Telefon*-Schaltfläche am unteren Bildschirmrand auf.

❷ Über die Register am oberen Bildschirmrand (Pfeil) schalten Sie um zwischen:

- *Tastatur*: Das Tastenfeld.
- *Letzte*: Auflistung aller ein- und ausgegangenen Anrufe. Siehe Kapitel *6.5 Anrufliste (Protokoll)*.
- *Kontakte* (❸): Listet alle Kontakte im Telefonbuch (siehe Kapitel *8 Telefonbuch*) auf.

6.1 Anruf durchführen

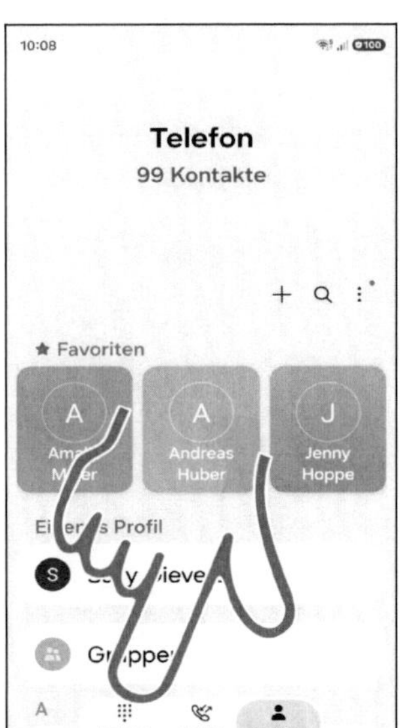

❶ Aktivieren Sie gegebenenfalls das *Tastatur*-Register.

❷ Geben Sie jetzt die anzurufende Nummer über das virtuelle Tastenfeld auf dem Display ein. Mit der grünen 📞-Schaltfläche wählen Sie die Nummer an.

❸ Sofern im Telefonbuch bereits Kontakte vorhanden sind, welche die eingegebene Rufnummer enthalten, listet sie das Galaxy auf.

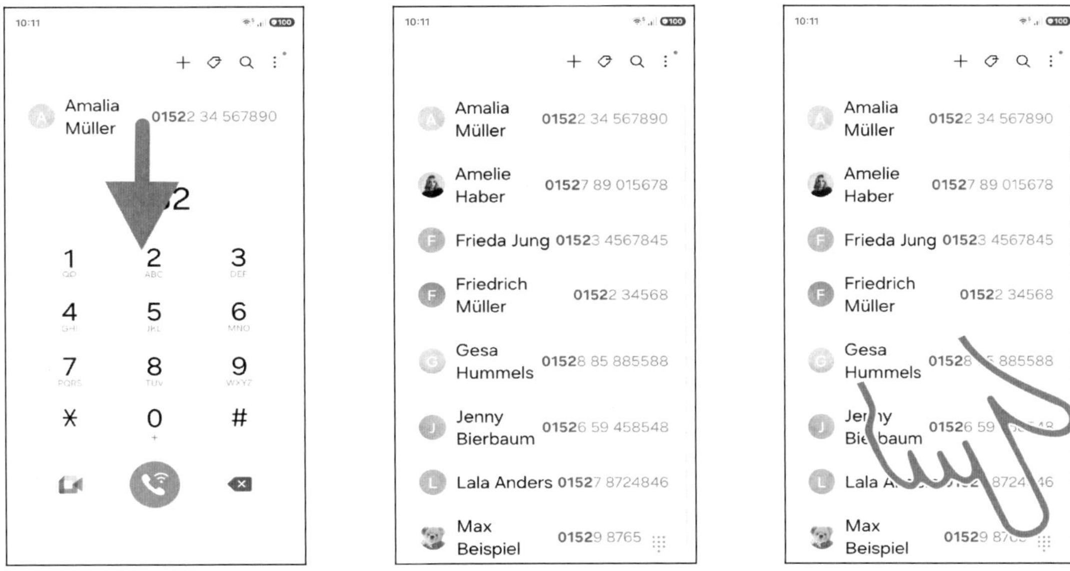

❶❷ Mit einer Wischgeste blenden Sie das Tastenfeld aus, um die Fundstellenliste anzuzeigen.

❸ Die grüne Schaltfläche am unteren Bildschirmrand beziehungsweise die ‹-Taste unterhalb des Displays schalten das Tastenfeld wieder ein.

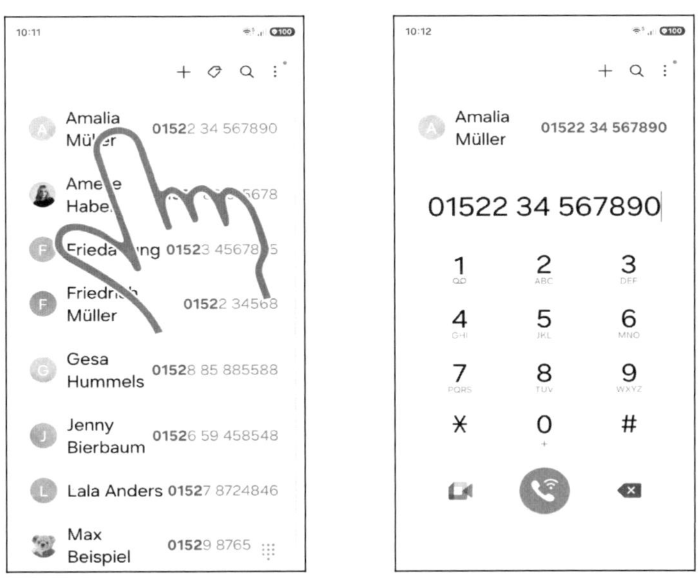

❶❷ Nach Antippen einer Fundstelle erscheint die zugehörige Rufnummer in der Telefonoberfläche.

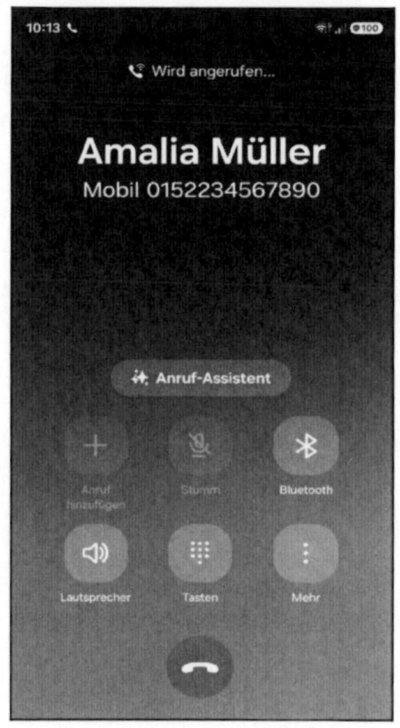

❶❷ Betätigen Sie die ✆-Schaltfläche, um die Anwahl zu starten.

Wenn Sie das Handy an Ihr Ohr halten, schaltet sich das Display automatisch aus, damit keine Fehleingaben entstehen können. Dafür zuständig ist ein Näherungssensor, welcher sich oben unter dem Display befindet.

❶❷ Tipp: Fehleingaben bei einer Rufnummer lassen sich einfach korrigieren. Tippen Sie dazu einfach in die Rufnummernanzeige. Betätigen Sie dann die ⌫-Schaltfläche unten rechts im Tastenfeld beziehungsweise geben Sie fehlende Nummern ein.

6.1.1 WLAN-Call

Sofern eine WLAN-Verbindung (siehe Kapitel *10 WLAN*) besteht, können Telefonate auch darüber geführt werden, falls die Mobilfunkverbindung sehr schlecht ist. Sie können somit beispielsweise auch in einem Keller telefonieren, wo man mit Mobilfunk keinen Empfang hat. Diese Funktion wird auch als »WLAN-Anruf« oder »WLAN-Call« bezeichnet. Zu beachten ist:

- Eine gültige SIM-Karte muss im Handy eingelegt sein beziehungsweise eine gültige eSIM muss vorhanden sein.

- Die Umschaltung zwischen WLAN und Mobilnetz erfolgt automatisch.
- WLAN-Anrufe müssen vom verwendeten Mobilnetzbetreiber unterstützt werden.
- Im Ausland sind deshalb unter Umständen keine WLAN-Anrufe möglich.
- WLAN-Anrufe werden zu den mit dem Netzbetreiber vereinbarten Minutentarifen abgerechnet.

Die Telefonie-Anwendung zeigt in der grünen Schaltfläche an, ob WLAN-Anrufe möglich sind (❶), oder nicht (❷).

6.1.2 Suche

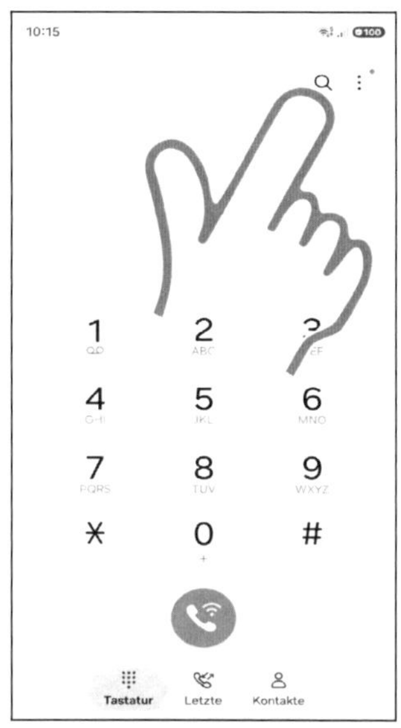

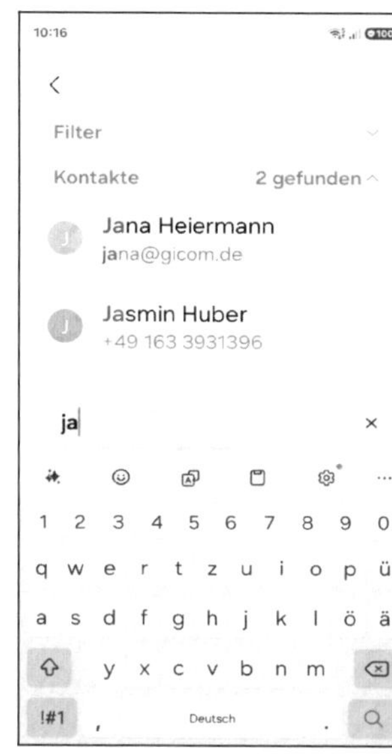

❶ Auch eine direkte Namenssuche ist möglich. Tippen Sie dafür die Nummern ein, die den Buchstaben entsprechen (»2«=a, b, c; »3«=d, e, f; usw.). Betätigen Sie ⌫ im Tastenfeld, um eine Fehleingabe zu löschen.

❷❸ Alternativ aktivieren Sie mit 🔍 die Suchfunktion.

6.1.3 Letzte Rufnummer wählen

❶❷ Betätigen Sie die 📞-Schaltfläche am unteren Bildschirmrand, worauf die zuletzt verwendete Rufnummer angezeigt wird.

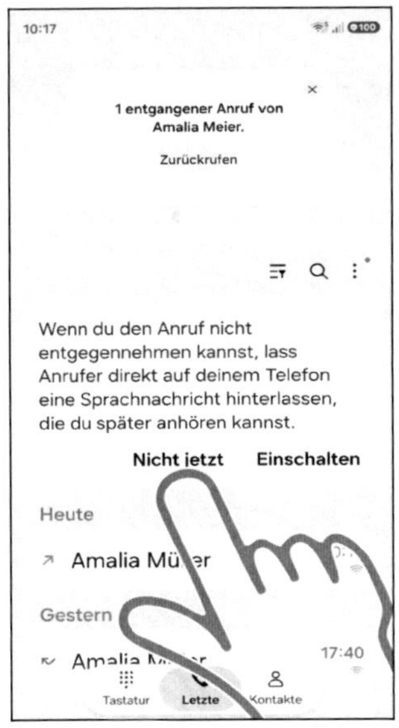

❶ Alternativ gehen Sie ins *Letzte*-Register (Pfeil).

❷ Schließen Sie den Hinweis auf den Anrufer-ID und Spam-Schutz mit *Nicht jetzt*.

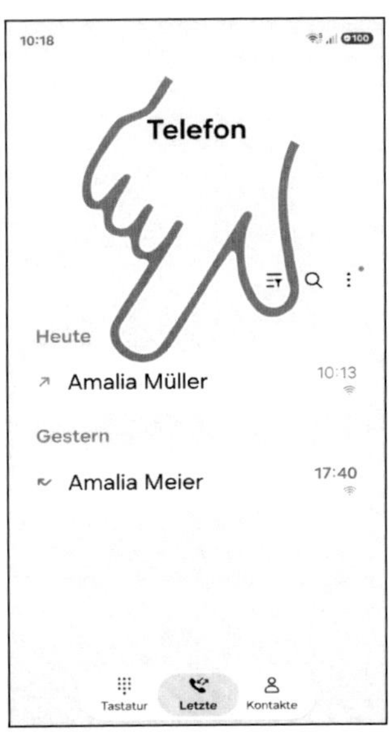

❶❷ Die zuletzt angewählte Rufnummer erscheint automatisch als Erste in der Liste. Tippen Sie sie an für ein Menü, worin Sie die Anwahl mit 📞 (Pfeil) durchführen können.

6.1.4 Funktionen während eines Gesprächs

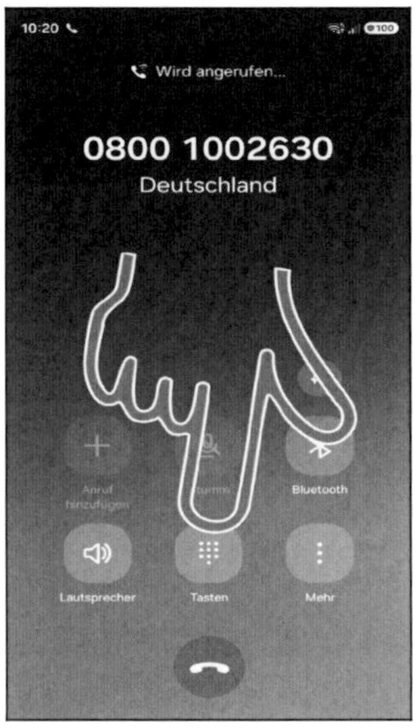

❶❷ Während des Gesprächs zeigt das Handy die angewählte Rufnummer beziehungsweise den Kontakt an. Betätigen Sie die *Tasten*-Schaltfläche (Pfeil), um das Tastenfeld zu aktivieren, was sinnvoll ist, wenn Sie DTMF (Tonwahl)-Töne benötigen, zum Beispiel für die Bedienung eines Anrufbeantworters oder einer Tonwahl-gesteuerten Service-Hotline.

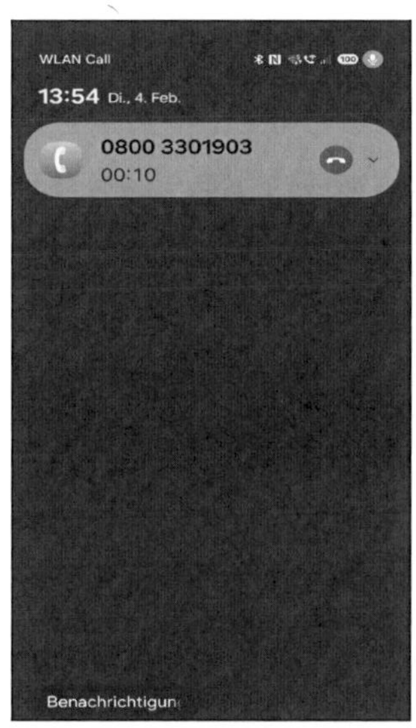

❶ Interessant ist die Möglichkeit, jederzeit während eines aktiven Gesprächs eine andere Anwendung zu nutzen. Dazu betätigen Sie die ▢-Taste für den Startbildschirm. Sie können dann, wie gewohnt, diverse Anwendungen auf dem Galaxy starten, während das Gespräch im Hintergrund läuft. Das grüne Symbol in der Titelleiste (Pfeil) weist auf die bestehende Gesprächsverbindung hin.

❷ Den aktiven Anruf steuern Sie über das Benachrichtigungsfeld (siehe Kapitel *4.8 Die Titelleiste*). Tippen Sie dort auf die Rufnummer, um den Anruf in der Telefonoberfläche anzuzeigen.

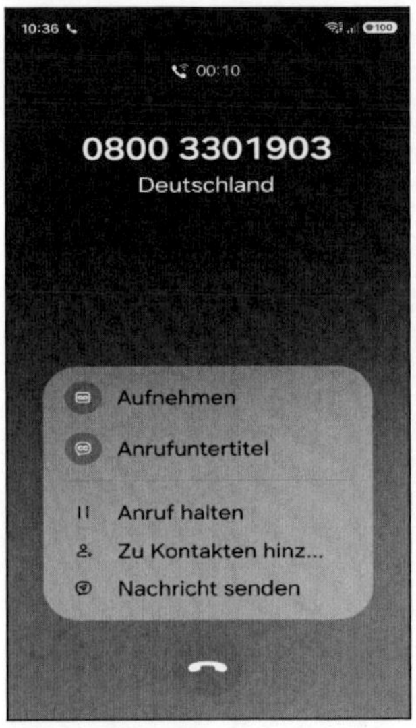

❶ Weitere Funktionen während eines Gesprächs

- ✨: Aktiviert die *Text-Anruf*-Schaltfläche: Wenn Sie nicht direkt mit jemandem sprechen möchten, beispielsweise weil er mit einer unterdrückten Nummer anruft oder Ihnen die Nummer unbekannt ist, können Sie dies dem Assistenten überlassen. Darauf geht Kapitel *6.1.4.b Anruf-Assistent* ein.
- *Anruf hinzufügen.*: Weiteren Kontakt oder Rufnummer anrufen, während der aktuelle Anruf gehalten wird. Später können Sie entweder zwischen den Gesprächsteilnehmern hin- und herschalten oder eine Telefonkonferenz abhalten. Diese Funktion ist nur mit Handy-Verträgen nutzbar, die das sogenannte »Anklopfen«-Dienstmerkmal unterstützen.
- *Stumm*: Deaktiviert/aktiviert das Mikrofon, wobei man weiter hört, was der Gesprächsteilnehmer von sich gibt.
- *Bluetooth*: Angeschlossenes Bluetooth-Headset aktivieren/deaktivieren.
- *Lautsprecher*: Freisprechen aktivieren.
- *Tasten*: Aktiviert das Tastenfeld, über das man DTMF-Töne erzeugt, beispielsweise zur Fernbedienung eines Anrufbeantworters.
- *Mehr* (❷):
  - *Aufnehmen*: Erstellt einen Mitschnitt des Gesprächs. Der Gesprächspartner wird darüber aus Datenschutzgründen informiert. Siehe Kapitel *6.1.4.c Anrufaufnahme.*
  - *Anrufuntertitel*: Das Handy »hört« dem Anrufer zu und wandelt dessen gesprochene Worte in Text um, der direkt auf Ihrem Bildschirm erscheint.
  - *Anruf halten*: Der Gesprächsteilnehmer wird in eine Warteschleife des Netzbetreibers versetzt und hört dort eine Halte-Ansage.
  - *Zu Kontakten hinzufügen*: Die Rufnummer einem Kontakt im Telefonbuch (siehe Kapitel *8 Telefonbuch*) hinzufügen oder einen neuen Kontakt erstellen.
  - *Nachricht senden*: Eine SMS (siehe Kapitel *7 SMS mit Messages*) an die aktuelle Rufnummer senden.

6.1.4.a Hörerlautstärke

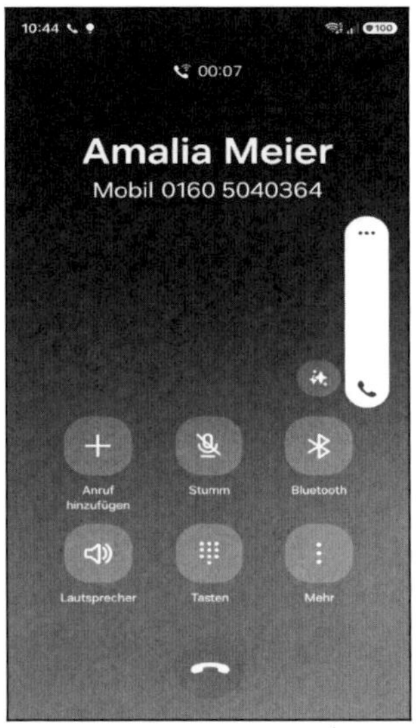

Während eines Gesprächs können Sie die Hörerlautstärke an Ihre Bedürfnisse anpassen. Drücken Sie einfach auf der rechten Geräteseite die Tasten Lautstärke-leiser/lauter.

6.1.4.b Anruf-Assistent

Manchmal möchten Sie vielleicht nicht direkt mit einem Anrufer sprechen, beispielsweise weil Sie erst wissen möchten, mit wem Sie zu tun haben. Es gibt auch Situationen, in denen Sie nicht laut sprechen können, sei es in einer sehr lauten Umgebung oder wenn Sie nicht möchten, dass ein Dritter mithört. Für diese Fälle hat Samsung einen Sprachassistenten integriert, der Ihre eingetippten Texte dem Gesprächspartner vorliest und seine gesprochenen Worte wiederum in Text umwandelt.

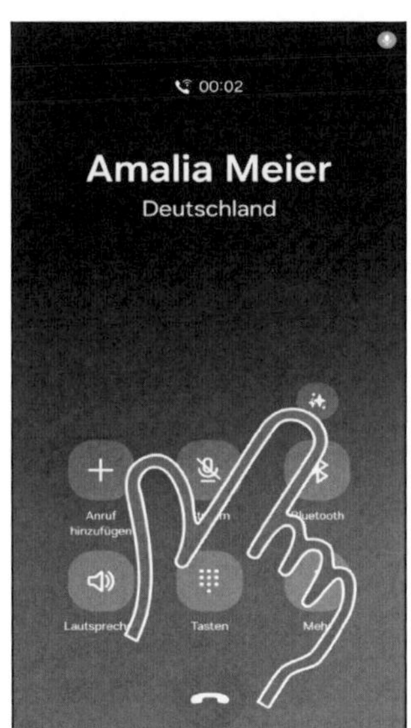

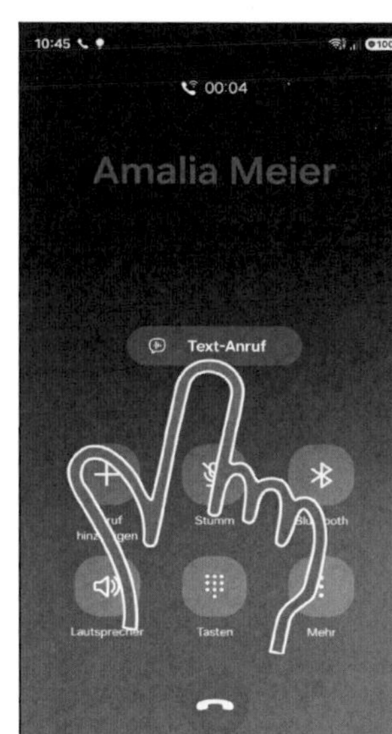

So aktivieren Sie den Sprachassisten:

❶ Bei einem eingehenden Anruf gehen Sie auf *Anruf-Assistent.*

❷❸ Wenn Sie dagegen den Anruf schon angenommen hatten, betätigen Sie ✨ und dann *Anruf-Assistent*.

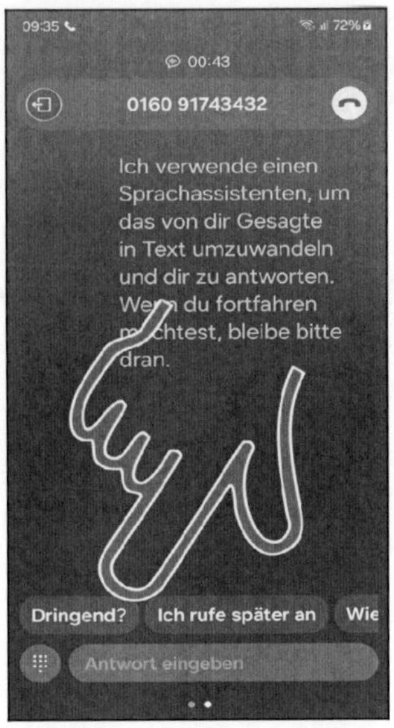

➊ Dem Gesprächspartner wird eine kurze Erklärung vorgelesen. Über die Schaltflächen am unteren Bildschirmrand können Sie häufig benötigte Ansagen abrufen, Alternativ tippen Sie ins Eingabefeld für eigene Ansagen.

➋ Die Schaltflächen am oberen Bildschirmrand schalten auf den Sprachanruf zurück beziehungsweise beenden das Gespräch.

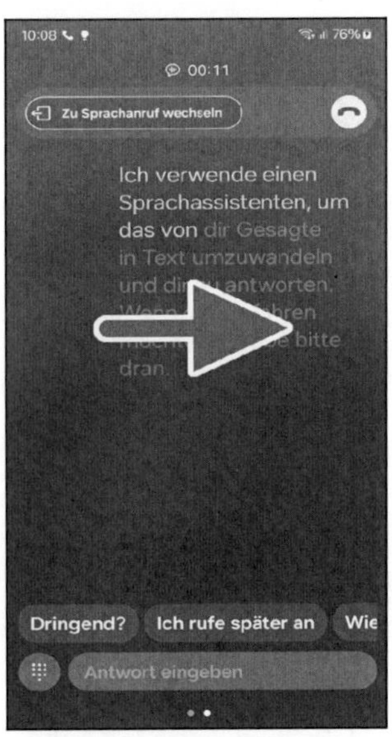

➊➋ Zwischen Telefonoberfläche und Assistenten wechseln Sie mit einer Wischgeste nach rechts/links.

6.1.4.c Anrufaufnahme

Wenn Sie auf dem Galaxy die Aufnahme aktivieren, erhält der Gesprächspartner einen Hinweis.

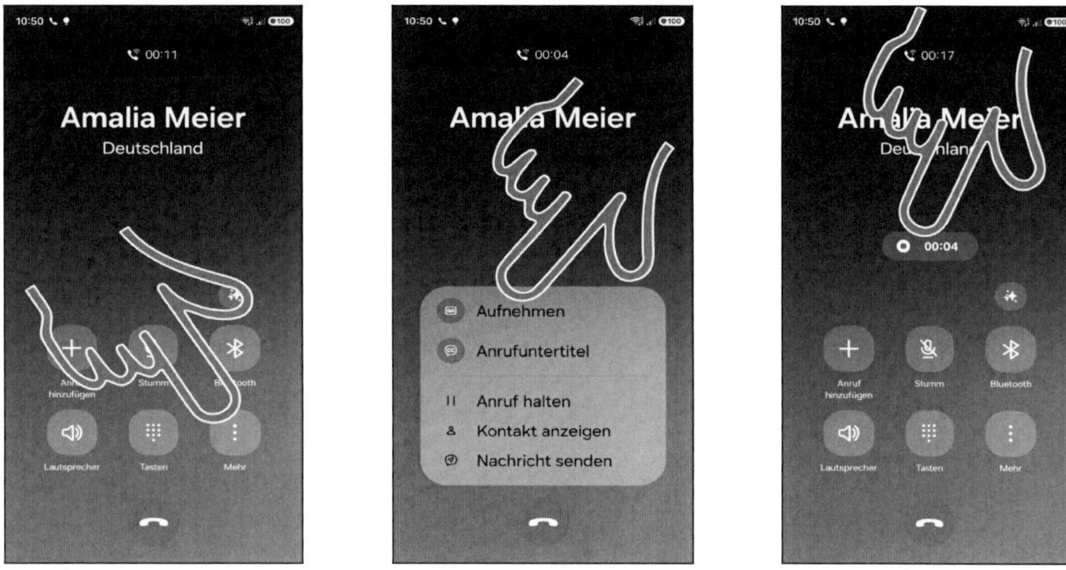

➊ Betätigen Sie *Mehr.*

➋ Wählen Sie *Aufnehmen.* Es läuft ein Countdown. Der Gesprächspartner mit »*Dieser Anruf wird aufgezeichnet*« über den Mitschnitt informiert.

➌ Tippen Sie auf die Fortschrittsanzeige, was die Aufnahme beendet. Der Gesprächspartner bekommt die Ansage »*Dieser Anruf wird nicht mehr aufgezeichnet*«.

➊ So spielen Sie die Gesprächsaufnahme ab: Gehen Sie ins *Letzte*-Register.

➋ Tippen Sie einen Eintrag in der Liste an (Aufrufeinträge mit Sprachaufnahme markiert ein 🎙-Symbol).

➌ Betätigen Sie 🎙.

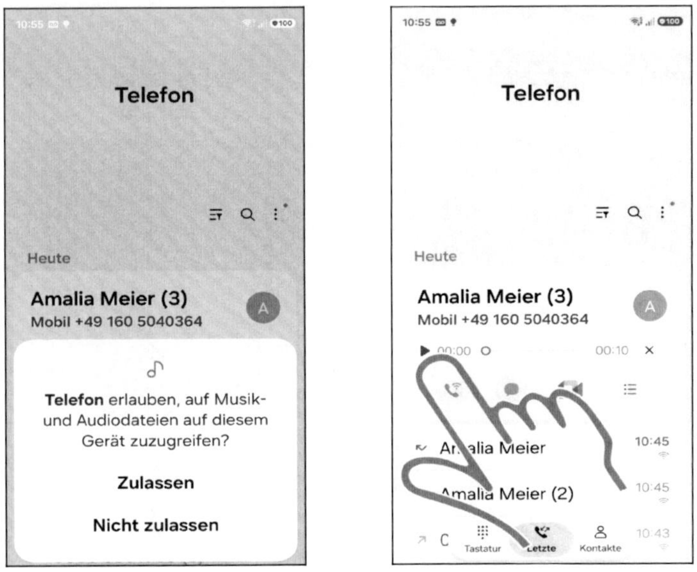

❶ Das einmalig angezeigte Popup schließen Sie mit *Zulassen.*

❷ Die Wiedergabe starten Sie mit ▶.

6.1.5 Anruf aus dem Telefonbuch

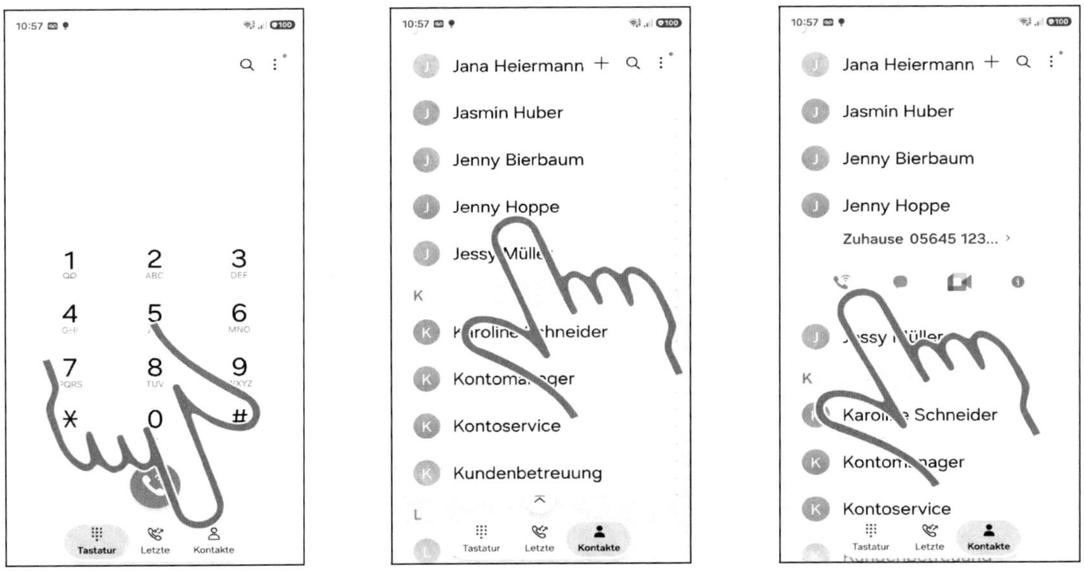

❶ Rufen Sie die Kontaktauflistung über *Kontakte* (Pfeil) auf.

❷ Tippen Sie einen Kontaktnamen an.

❸ Die Schaltflächen werden eingeblendet. Darüber zeigt das Handy die Rufnummer an, die angewählt wird, sobald Sie die 📞-Schaltfläche (Pfeil) betätigen.

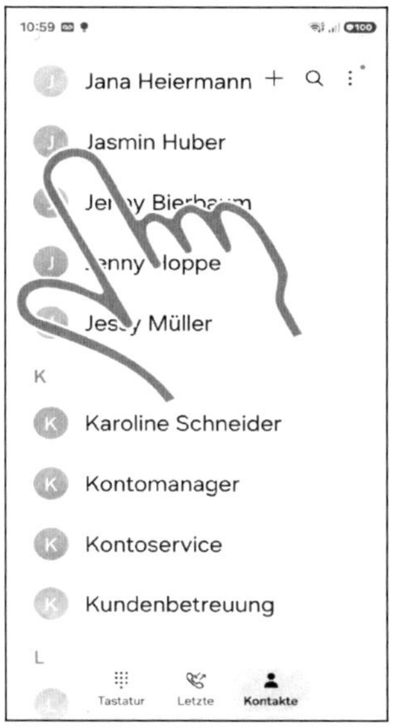

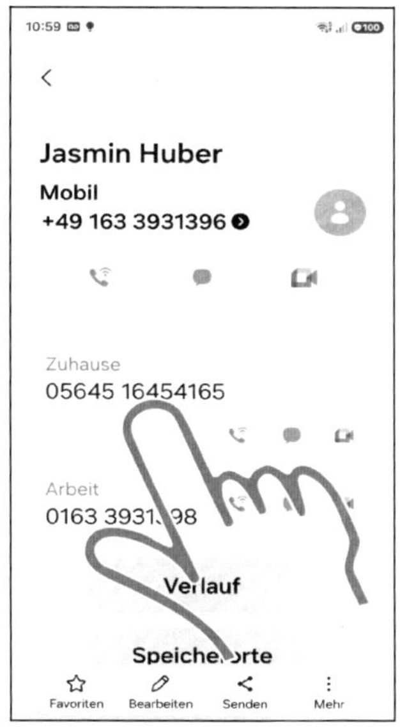

❶❷ Häufig hat ein Kontakt mehrere Rufnummern. Antippen des runden Symbols (Pfeil) vor dem Kontaktnamen öffnet dann die Kontaktdetails. Tippen Sie darin auf die anzuwählende Rufnummer (Pfeil).

Das Telefonbuch beschreibt bereits Kapitel *8 Telefonbuch*.

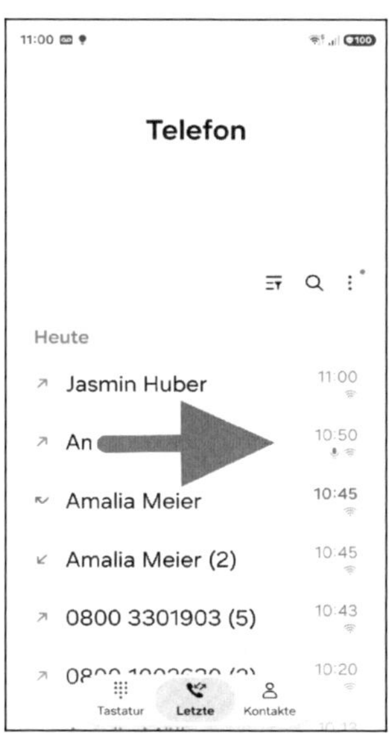

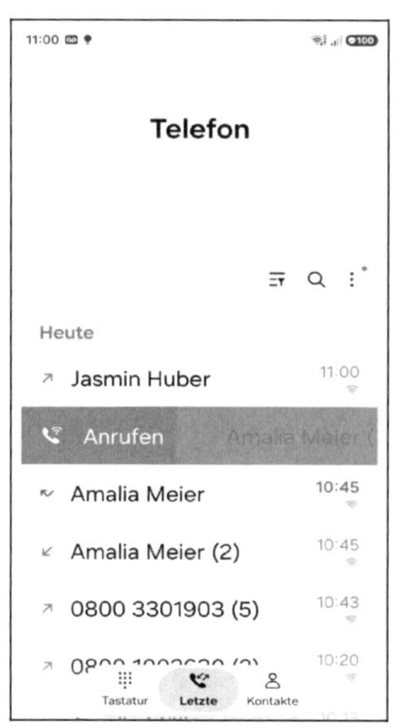

❶❷ Auch durch Ziehen des Fingers von links nach rechts auf einem Kontakt können Sie die Anwahl starten.

Angewählt wird in diesem Fall die »Standardnummer«, welche das nachfolgende Kapitel beschreibt.

6.1.6 Die Standardnummer

Wenn Sie eine Rufnummer, beziehungsweise einen Namen, in der Telefonoberfläche eingeben, zeigt das Samsung Galaxy immer die sogenannte »Standardnummer« bei den im Telefonbuch gefundenen Kontakten an. Andere Rufnummern werden dagegen nicht berücksichtigt.

Beispiel: Der gefundene Kontakt *Hubert Meyer* besitzt mehrere Rufnummern, es wird aber nur die Standardnummer angezeigt.

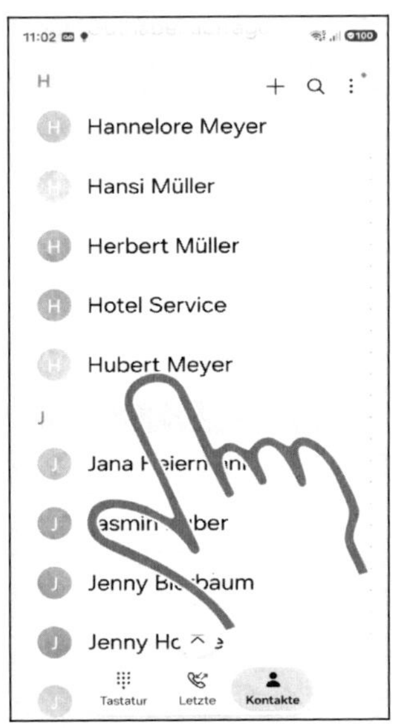

❶ So legen Sie die Standardnummer fest: Aktivieren Sie das *Kontakte*-Register.

❷ Den Namen des Kontakts, dessen Standardnummer Sie festlegen möchten, tippen Sie an.

❸ Die grün angezeigte Rufnummer ist die Standardnummer. Tippen Sie sie an.

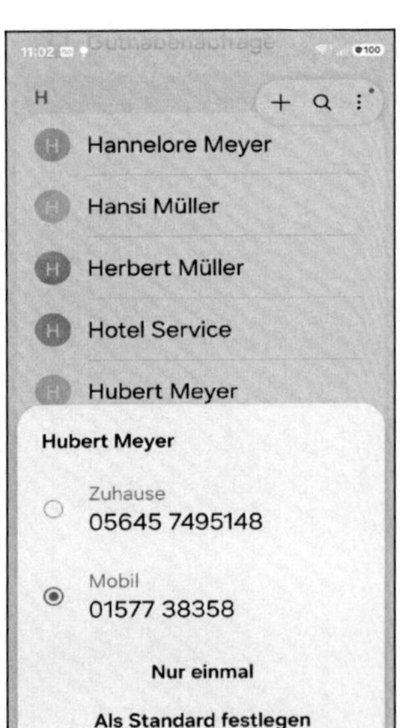

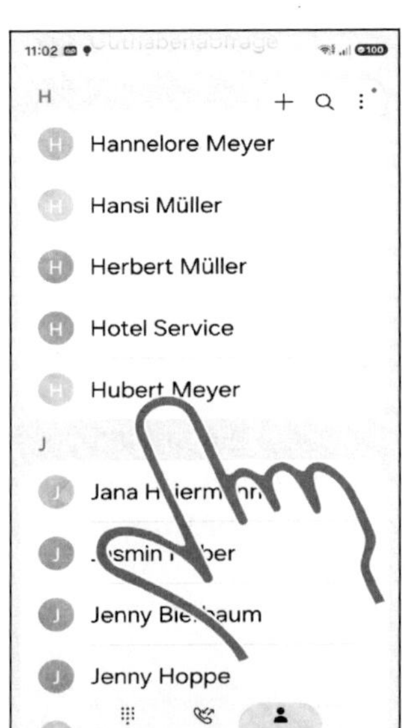

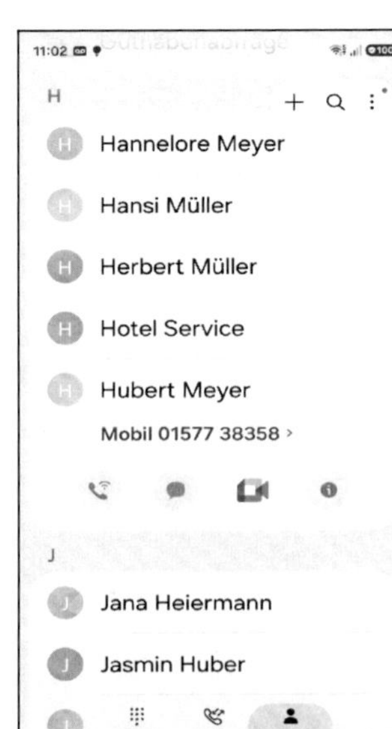

❶ Markieren Sie die gewünschte Standardnummer im Popup und gehen Sie auf *Als Standard festlegen.*

❷❸ Die Standardnummer wird nun im ausgewählten Kontakt angezeigt (Pfeil).

6.2 Kurzwahlen

Wenn man bestimmte Rufnummern häufig anwählt, ist es umständlich, sie jeweils immer von Hand einzugeben oder in der Kontaktverwaltung zu suchen. Deshalb gibt es die Kurzwahlen, bei denen man eine der Zahlen von 2 bis 9 mit einer Rufnummer belegt. Man braucht zur Anwahl dann nur noch beispielsweise als Kurzwahl die »2« einzugeben.

6.2.1 Kurzwahl erstellen

❶ Rufen Sie in der Telefonoberfläche oder im *Kontakte*-Register ⋮/*Kurzwahlnummern* auf.

❷ Geben Sie die Anfangsbuchstaben eines Kontakts aus dem Telefonbuch an, worauf das Handy Ihnen Vorschläge macht. Wählen Sie davon einen aus.

❸ Die Kurzwahl ist damit erstellt. Über die Minus-Schaltfläche hinter dem Kurzwahleintrag löschen Sie diese bei Bedarf wieder.

Die Kurzwahl »1« ist bereits für die Mailbox, siehe Kapitel *6.3 Mobilbox abrufen*, reserviert.

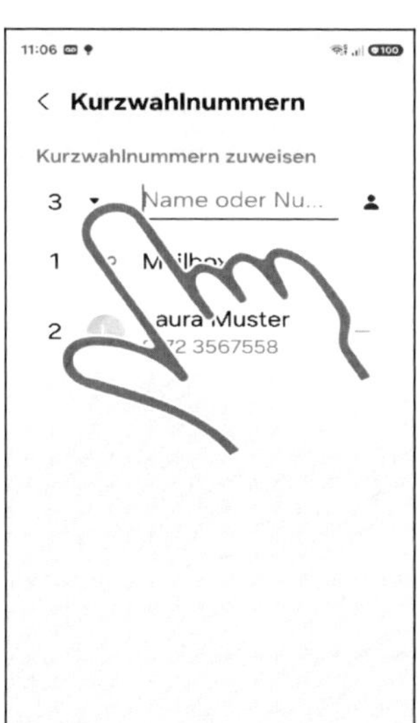

❶❷ Normalerweise gibt Ihnen das Handy die zu belegende Kurzwahl vor. Über das Auswahlmenü (Pfeil) ist es aber auch möglich, die Kurzwahl selbst einzustellen.

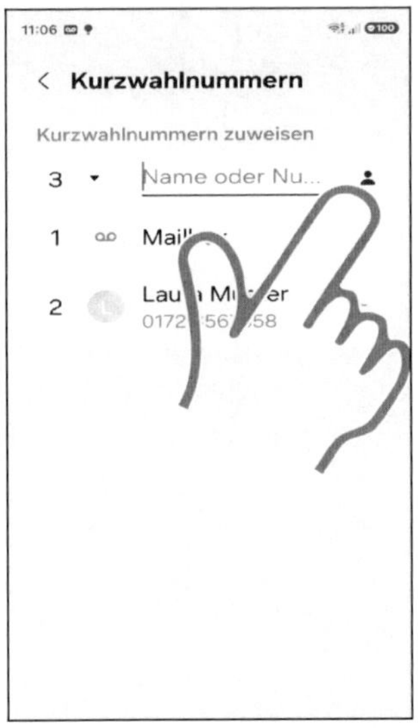

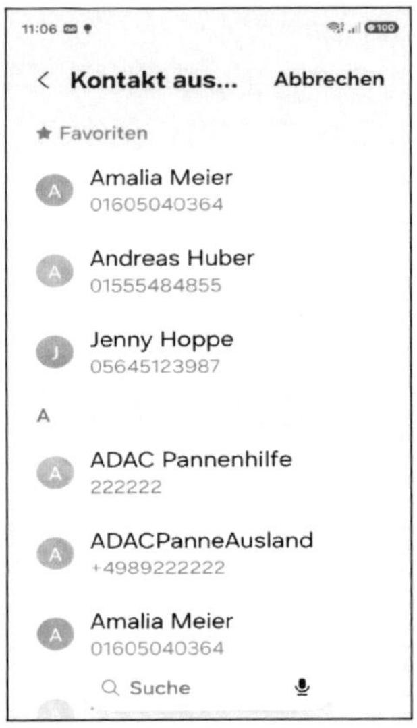

❶❷ Über die -Schaltfläche öffnen Sie das Telefonbuch, in dem Sie einen Kontakt auswählen.

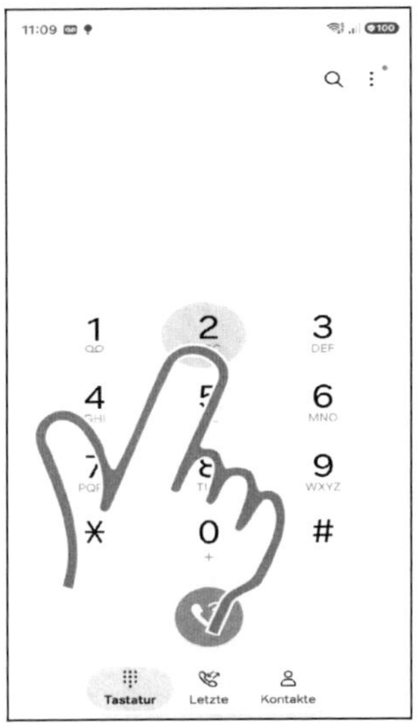

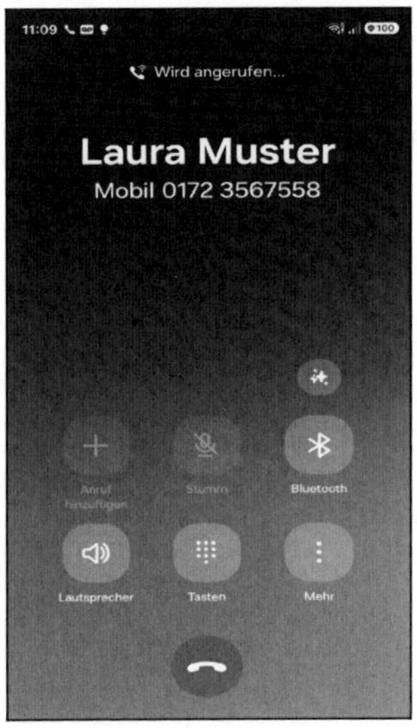

❶❷ So nutzen Sie die Kurzwahlen:

- Drücken und halten Sie die Kurzwahlnummer, worauf sofort die Anwahl startet.
- Bei mehrstelligen Kurzwahlen drücken und halten Sie die letzte Ziffer, bis die Anwahl durchgeführt wird. Beispielsweise würden Sie für die Kurzwahl 123 die ersten beiden Ziffern eingeben und dann die »3« gedrückt halten.

6.3 Mobilbox abrufen

Die Mobilnetzbetreiber bieten jedem Kunden eine »Mailbox« an, in der Anrufer wie auf einem Anrufbeantworter ihre Nachrichten hinterlassen können. Zum Abruf der Nachrichten wählen Sie entweder auf der Telefonoberfläche die Mailboxnummer, oder Sie nutzen die vom Handy angebotene Abruffunktion.

Zum Abruf der Mailbox tippen und halten Sie die »1«-Taste auf dem Telefontastenfeld, bis die Anwahl erfolgt. Es wird automatisch das Tastenfeld aktiviert.

Die Mailbox ist auf der Kurzwahl »1« vordefiniert. Normalerweise wird die Mailbox-Rufnummer korrekt eingerichtet, wenn Sie eine neue SIM-Karte einlegen und die automatisch erscheinende Konfigurationsaufforderung bestätigen. Falls Sie eine andere Mailboxrufnummer eintragen möchten, lesen Sie im Kapitel *6.7.18 Mailboxeinstellungen* weiter.

6.4 Anruf annehmen

Wenn ein Anruf eingeht, gibt es zwei mögliche Anzeigen:

- Rufnummer ist nicht im Telefonbuch vorhanden: Nur die Rufnummer wird angezeigt (❶).
- Rufnummer ist im Telefonbuch vorhanden: Das Handy zeigt den Kontaktnamen und die Rufnummer an (❷).

❸ Läuft gerade eine Anwendung, dann erscheint nur ein Popup, in dem Sie den Anruf entgegen nehmen oder ablehnen.

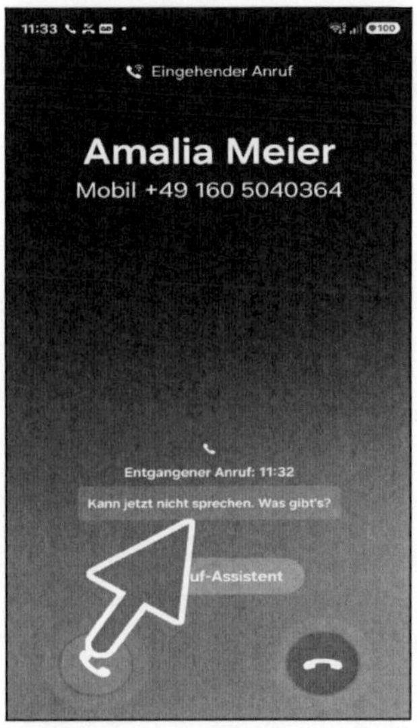

❶❷ Zum Annehmen eines Gesprächs ziehen Sie die grüne -Schaltfläche mit angedrücktem Finger nach rechts. Während eines Gesprächs stehen die gleichen Funktionen zur Verfügung, die bereits im Kapitel *6.1.4 Funktionen während eines Gesprächs* vorgestellt wurden.

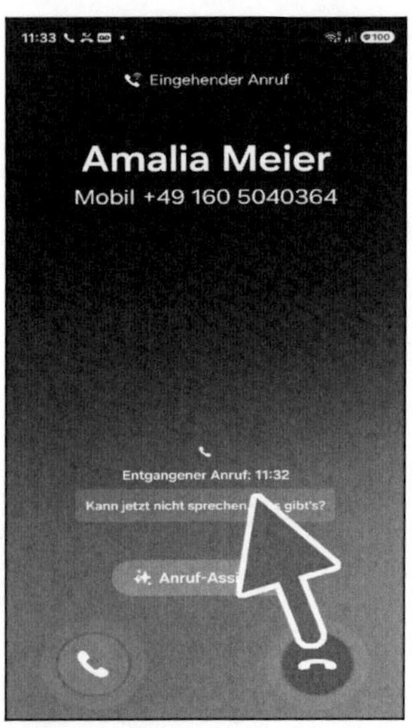

❶ Umgekehrt ziehen Sie die rote -Schaltfläche nach links, um einen Anruf zu blocken. Der geblockte Anruf landet trotzdem in der Anrufverlauf-Liste, sodass sie ihn später zurückrufen können. Siehe auch Kapitel *6.5 Anrufliste*.

❷ Wenn Sie mal einen Anruf verpasst haben, erscheint oben in der Titelleiste ein -Symbol (Pfeil). Dieses ist solange dort sichtbar, bis Sie die Anrufliste aufrufen. Eine Zahl beim *Telefon*-Schaltfläche (Pfeil) informiert zudem über die Anzahl der verpassten Anrufe.

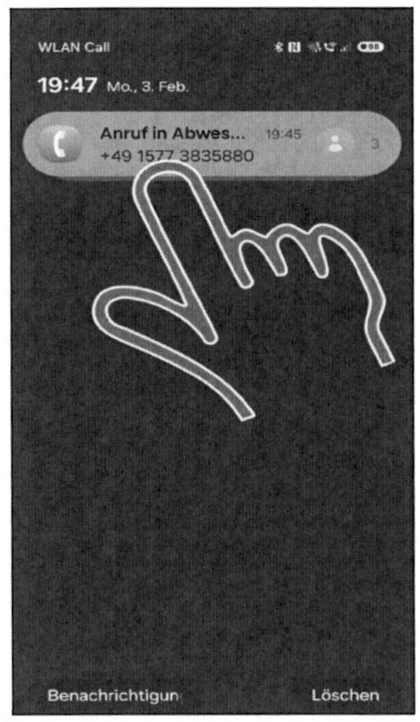

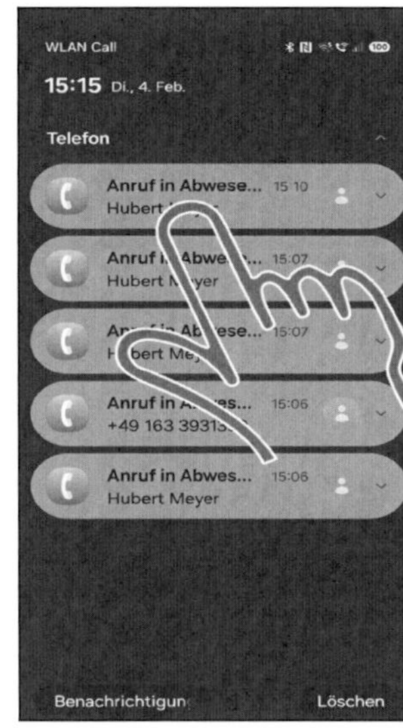

❶ Weitere Infos zum verpassten Anruf erhalten Sie ebenfalls, indem Sie das Benachrichtigungsfeld öffnen (Siehe *4.8 Die Titelleiste).*

❷❸ Tippen Sie den Listeneintrag an, um die Anrufliste anzuzeigen. Falls mehrere verpasste Anrufe vorliegen, werden diese aufgelistet, von denen Sie einen für die Anrufliste Antippen.

Einen Anruf, den Sie nicht entgegennehmen, beziehungsweise blocken, erscheint trotzdem in der Anrufverlauf-Liste, die Kapitel *6.5 Anrufliste* beschreibt.

Betätigen der Lautstärke-leiser-Taste auf der rechten Geräteseite schaltet einen eingehenden Anruf stumm.

6.4.1 Anruf mit Mitteilung beantworten

Nicht immer ist es möglich, einen eingehenden Anrufer sofort entgegenzunehmen. Für solche Fälle bietet das Handy die Option, dem Anrufer eine SMS zu schicken.

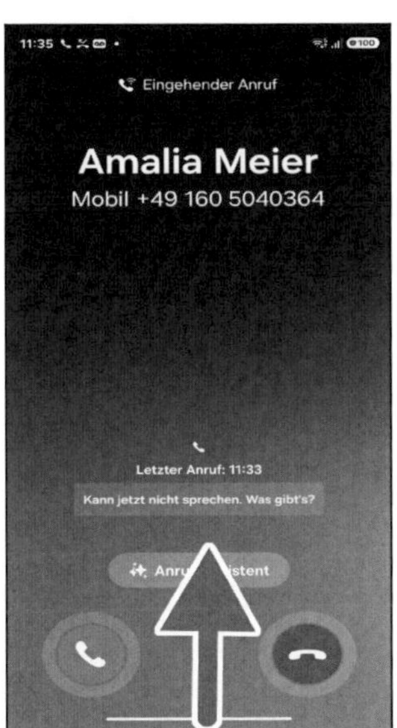

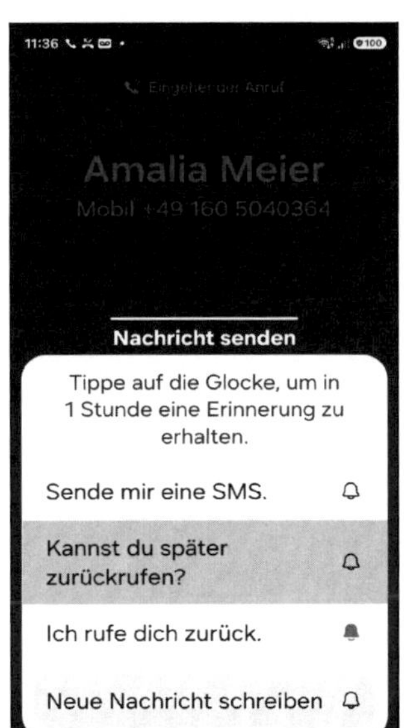

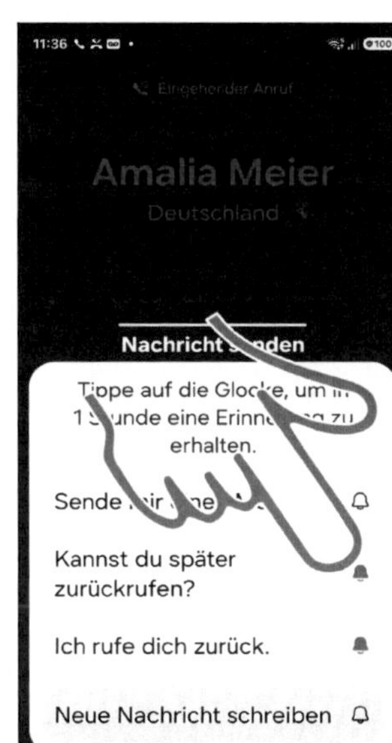

❶ Ziehen Sie den Schieber am unteren Bildschirmrand nach oben.

❷ Es sind bereits einige Texte vorgegeben, von dem Sie einen auswählen. Der Anruf wird nun geblockt und die SMS verschickt.

❸ Wenn Sie vor der Auswahl einer Nachricht die Glocke aktivieren, macht Sie das Handy später auf den nötigen Rückruf aufmerksam.

Falls Sie den Inhalt der SMS selbst eingeben möchten, betätigen Sie *Neue Nachricht schreiben*, worauf die Nachrichten-Anwendung startet und eine neue SMS an den Anrufer erstellt.

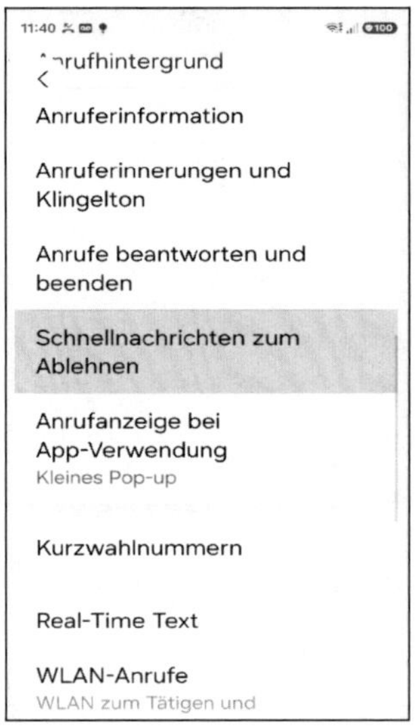

❶❷ Die vorgegebenen Textvorlagen lassen sich editieren. Gehen Sie dafür in der Telefonoberfläche auf ⋮*/Einstellungen/Schnellnachrichten zum Ablehnen*.

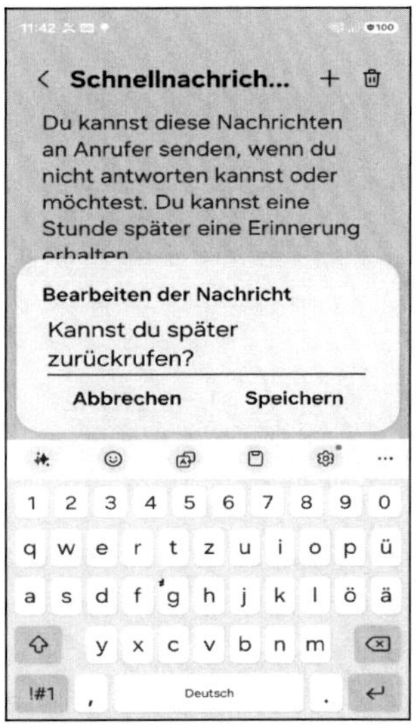

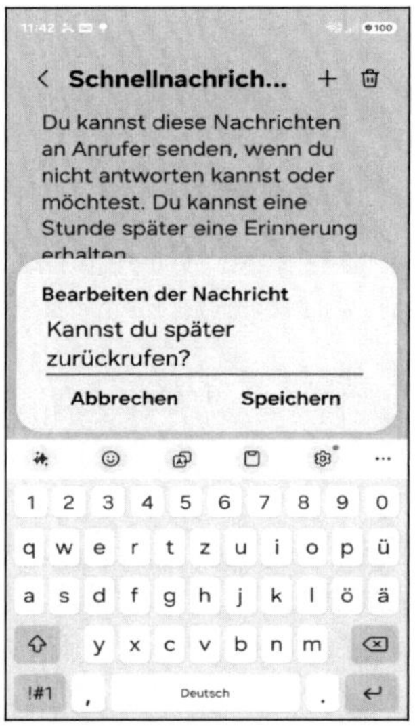

❶❷ Falls Ihnen ein Text nicht mehr gefällt, tippen Sie ihn einfach in der Auflistung an, worauf er im Editor angezeigt wird.

Es bietet sich an, mit + weitere Texte für verschiedenste Situationen anzulegen. Sie können maximal sechs verschiedene Texte erstellen.

6.4.2 Klingelton und Klingeltonlautstärke

❶ Die Klingeltonlautstärke ändern Sie ganz einfach über die Lautstärketasten auf der rechten Geräteseite.

❷ Wenn Sie bereits die niedrigste Lautstärke eingestellt hatten und trotzdem weiter die Lautstärke-leiser-Taste drücken, schaltet das Handy auf Lautlos.

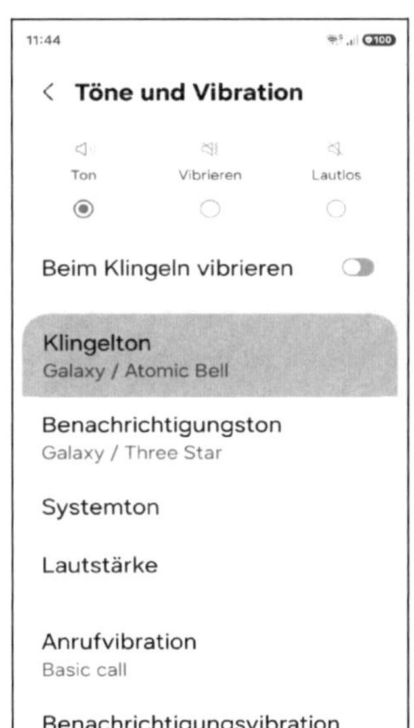

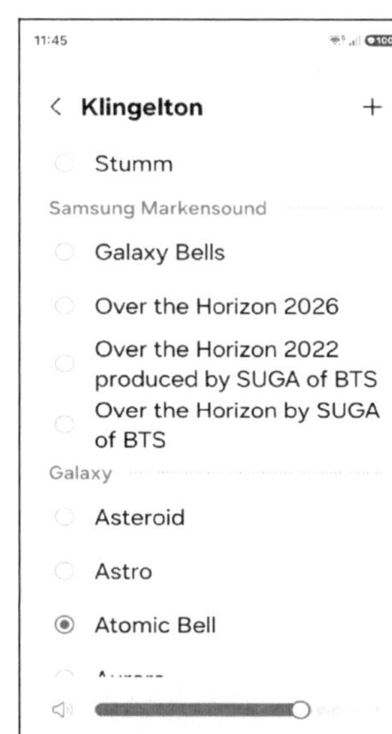

❶ Aktivieren Sie den Schnelleinstellungsbereich, dann tippen und halten Sie die 🔊-Schaltfläche.

❷ Gehen Sie auf *Klingelton*.

❸ Stellen Sie den gewünschten Klingelton ein.

Falls Sie eigene Musikdateien als Klingel- und Benachrichtigungstöne verwenden möchten, beachten Sie bitte Kapitel *32.2 Eigene Klingel- und Benachrichtigungstöne*.

Sie können auch jedem Kontakt einen eigenen Klingelton zuweisen, der dann statt dem Standard-Klingelton vom Handy verwendet wird. Siehe dazu Kapitel *8.4 Kontaktfoto und Klingelton*.

6.5 Anrufliste (Protokoll)

In der Anrufliste legt das Handy alle ein- und ausgegangenen Anrufe, auch die nicht entgegengenommenen, ab.

6.5.1 Anrufliste in der Telefonoberfläche

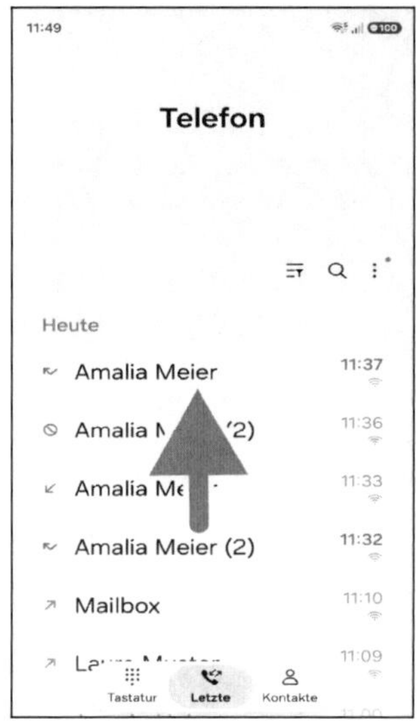

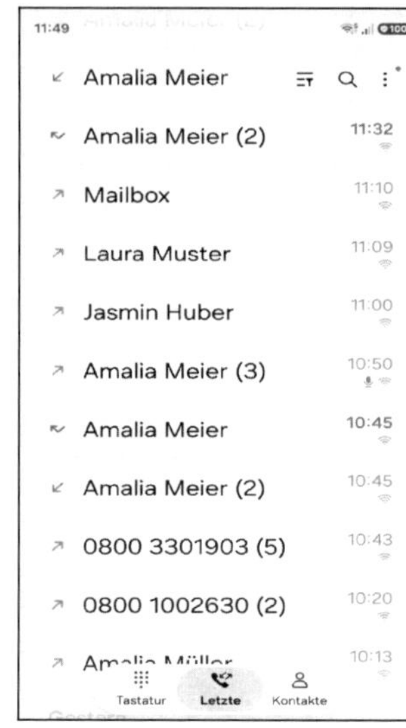

❶ Die Anrufliste zeigt die zuletzt ein- und ausgegangenen, sowie verpassten Gespräche an. Sie aktivieren sie über das *Letzte*-Register (Pfeil) in der Telefonoberfläche.

❷❸ Mit einer Wischgeste blättern Sie durch die Anrufliste.

6.5.2 Anzeige verpasster Anrufe

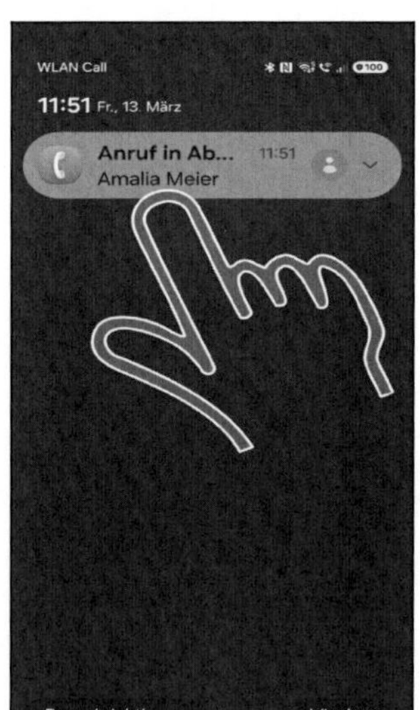

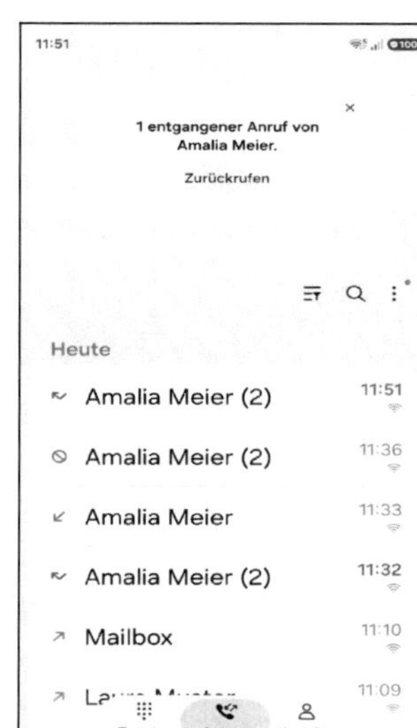

❶ Über verpasste oder von Ihnen geblockte Anrufe informiert ein -Symbol oben in der Titelleiste (Pfeil). Das Symbol bleibt solange sichtbar, bis Sie die Anrufliste aktivieren.

❷ Weitere Infos über den verpassten Anrufer erhalten Sie, indem Sie das Benachrichtigungsfeld öffnen (siehe Kapitel *4.8 Die Titelleiste*). Tippen Sie den Listeneintrag an, um die Anrufliste anzuzeigen.

❸ Ein kleines Symbol informiert bei jedem Listeneintrag, welche Aktion stattgefunden hat:

↙ Eingehender Anruf, der angenommen wurde.
↩ Eingehender Anruf, der nicht angenommen wurde.
↗ Ausgehender Anruf.
⊘ Von Ihnen geblockter Anruf.

6.5.3 Funktionen in der Anrufliste

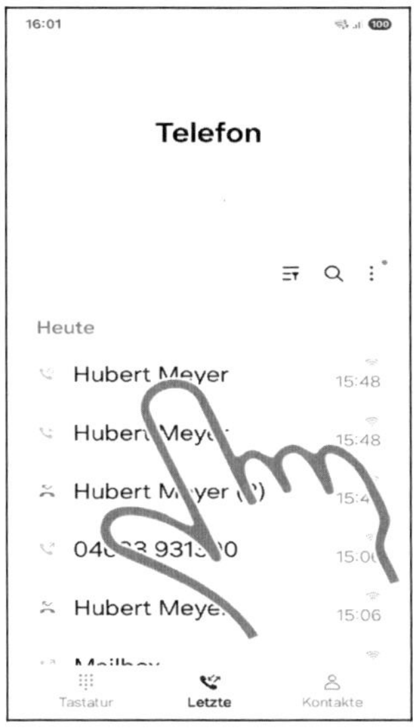

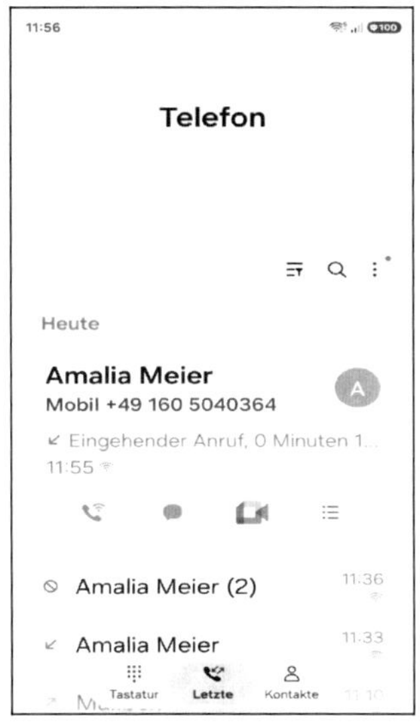

❶❷ Tippen Sie einen Namen an für die folgenden Schaltflächen:

- : *Anruf*: Kontakt anrufen.
- : *Nachricht*: SMS schreiben.
- : *Videoanruf*: Videotelefonat über Google Meet führen. Siehe dazu auch Kapitel *11.5 Meet.*
- : *Anrufliste*: Anrufliste für diese Rufnummer/diesen Kontakt anzeigen.

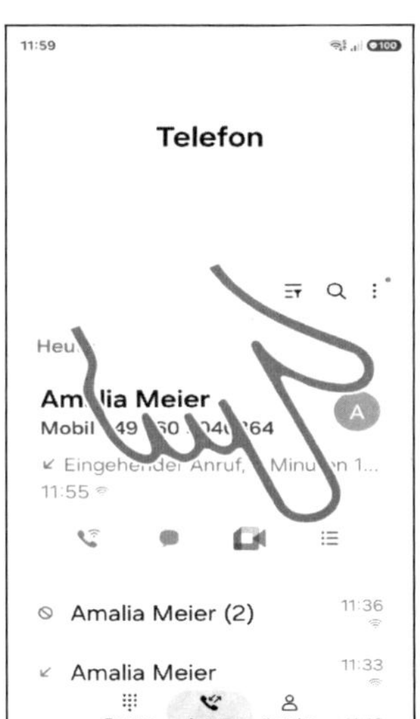

❶ Antippen von (Pfeil) zeigt die Anrufliste.

❷❸ Die ⓘ-Schaltfläche öffnet hier die Kontaktdetails (sofern sich die Rufnummer im Telefonbuch befindet).

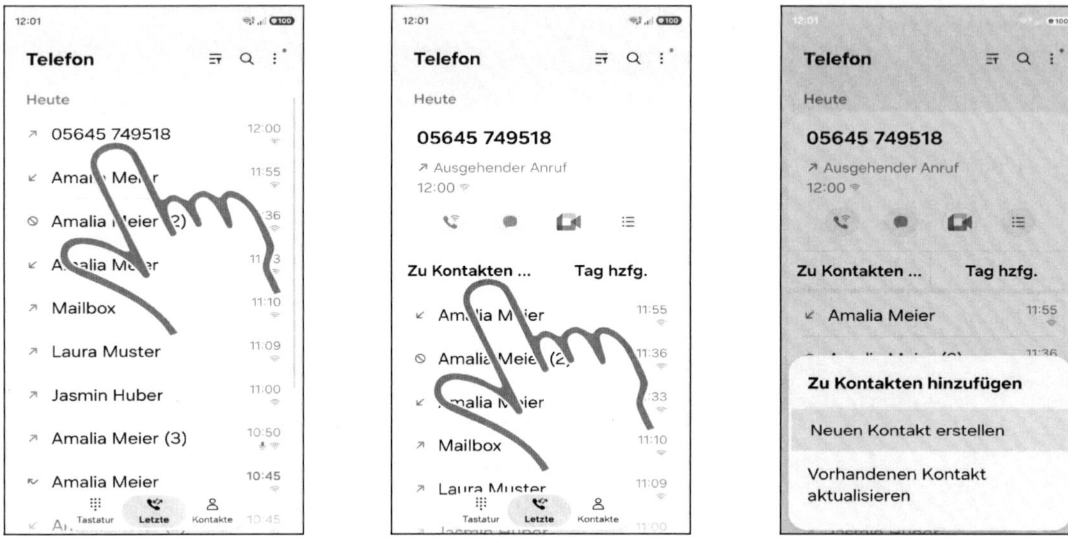

❶❷ Haben Sie eine noch nicht im Telefonbuch vorhandene Rufnummer angetippt, so ist die *Zu Kontakten hinzufügen*-Schaltfläche verfügbar, die Sie betätigen.

❸ Im Popup wählen Sie anschließend aus, ob die Rufnummer einem neuen oder bestehenden Kontakt zugewiesen wird.

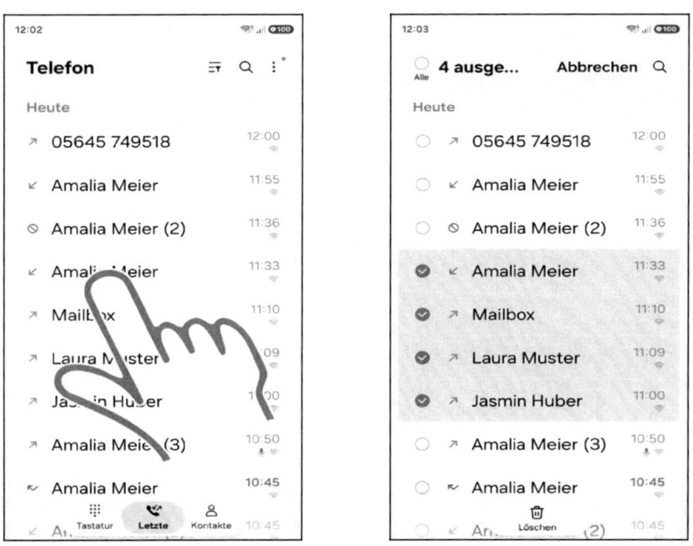

❶❷ Tippen und halten Sie den Finger über einem Listeneintrag, worauf der Markierungsmodus aktiviert wird. Sie können dann weitere Listeneinträge durch Antippen markieren und mit *Löschen* am unteren Bildschirmrand die markierten Einträge aus dem Anrufprotokoll entfernen.

6.5.4 Weitere Anzeigen

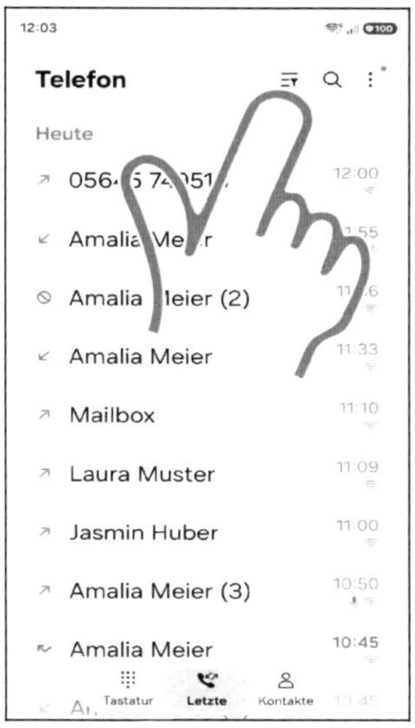

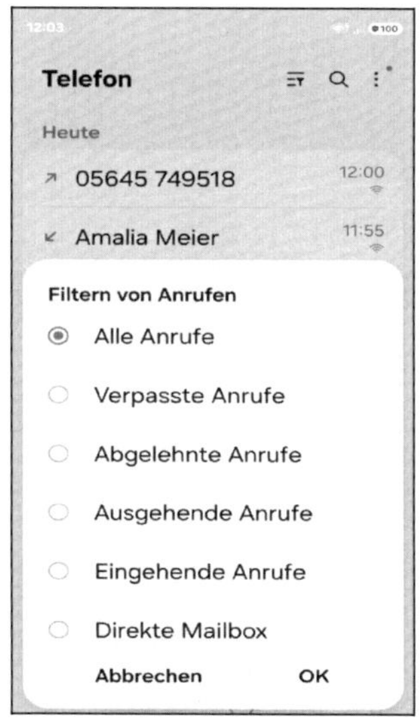

❶❷ Über ☰ schränken Sie die angezeigten Einträge auf verpasste oder abgelehnte Anrufe ein.

6.6 Flugmodus (Offline-Modus)

In manchen Umgebungen, zum Beispiel in bestimmten Abteilungen von Krankenhäusern oder Behörden, ist der Einsatz eines Handys untersagt. Für diesen Fall können Sie die Telefon-Funktionalität deaktivieren. Im Flugmodus sind neben dem Telefon, auch WLAN und Bluetooth deaktiviert.

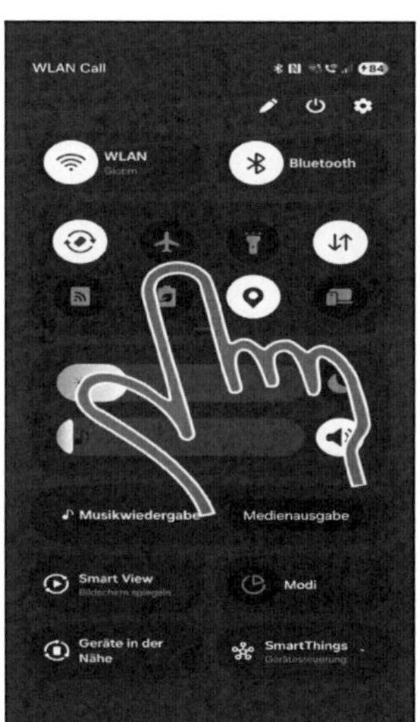

❶ Öffnen Sie den Schnelleinstellungsbereich und betätigen Sie darin die ✈-Schaltfläche.

❷ Ein ✈-Symbol macht auf den aktiven Flugzeugmodus in der Titelleiste aufmerksam (Pfeil). Erneutes Betätigen der ✈-Schaltfläche im Schnelleinstellungsbereich schaltet den Mobilfunk wieder ein.

Für den Netzbetreiber erscheint der Flugzeugmodus technisch so, als ob Sie Ihr Handy ausgeschaltet haben.

6.7 Anrufeinstellungen

In den Anrufeinstellungen finden Sie viele Funktionen, die meist nur selten benötigt werden, trotzdem aber sehr nützlich sein können.

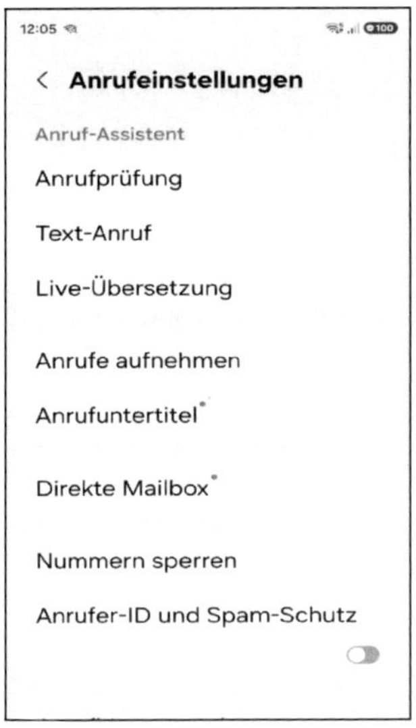

❶❷ Gehen Sie in ⁝/*Einstellungen.*

6.7.1 Anrufprüfung

◆ *Einstellungen/Anrufprüfung*

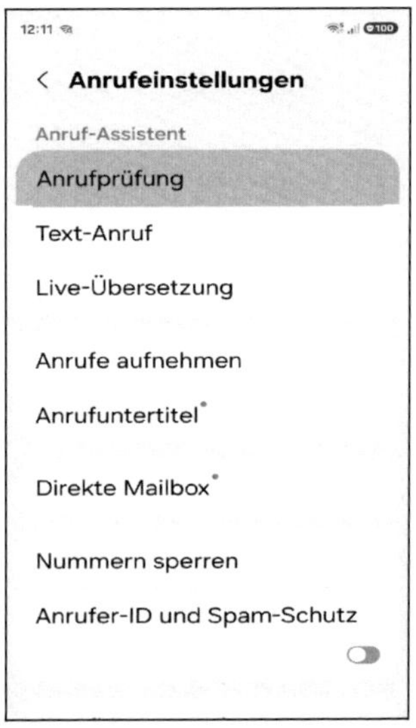

❶❷ Die Anrufprüfung ist eher ein digitaler Türsteher. Das Handy nimmt für Sie den Anruf entgegen und fragt worum es geht. Sie sehen die Antwort live als Text auf dem Display.

Ziel der Anrufprüfung ist es Spam-Anrufe filtern und herausfinden, ob es sich lohnt, überhaupt selbst dranzugehen. Sie entscheiden erst nach der ersten Antwort des Anrufers, ob Sie das Gespräch persönlich übernehmen oder den Anrufer direkt blockieren.

Diese Funktion setzt eine Anmeldung beim Samsung-Konto voraus, weshalb wir später im Kapitel *24.5 Anrufprüfung* darauf eingehen.

6.7.2 Text-Anruf

◆ *Einstellungen/Text-Anruf*

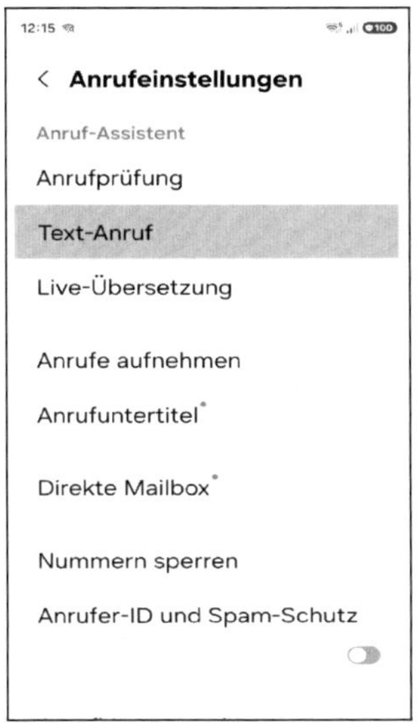

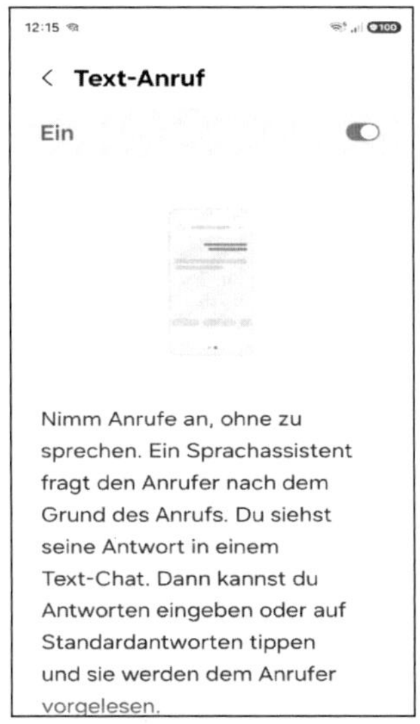

❶❷ Im *Text-Anruf*-Menü konfigurieren Sie die verwendete Sprache und Stimme für die im Kapitel *6.1.4.b Anruf-Assistent* beschriebene Funktion. Während eines Telefonats werden alle gesprochenen Worte automatisch in Text umgewandelt.

6.7.3 Live-Übersetzung

◆ *Einstellungen/Live-Übersetzung*

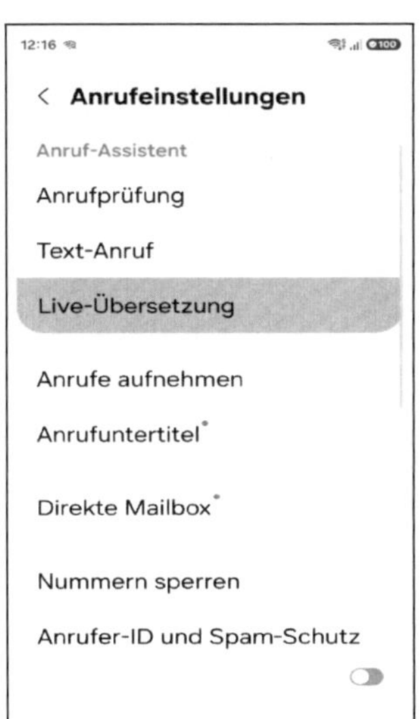

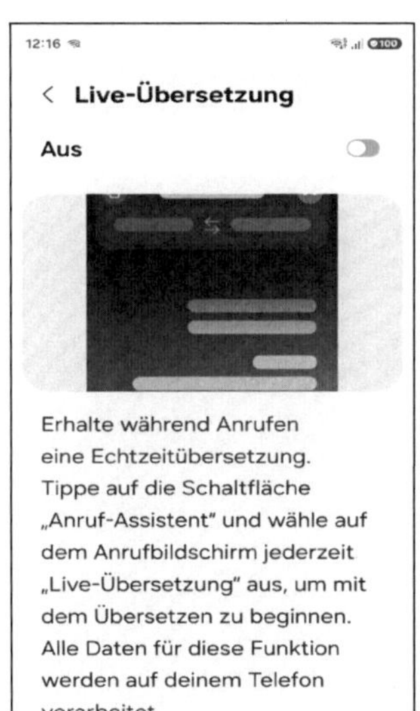

❶❷ *Live-Übersetzung* tauscht automatisch die Sprache des Gesprächspartners gegen eine Übersetzung aus. Diese Funktion setzt eine Anmeldung beim Samsung-Konto voraus, weshalb wir später im Kapitel *24.6 Live-Übersetzung* darauf eingehen.

6.7.4 Anrufaufnahme

◆ *Einstellungen/Anruf aufnehmen*

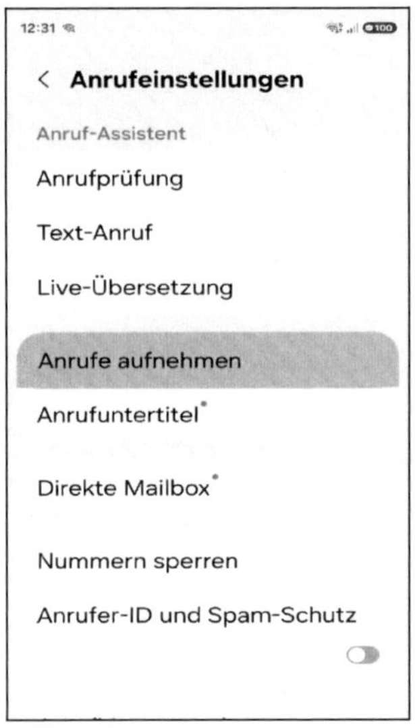

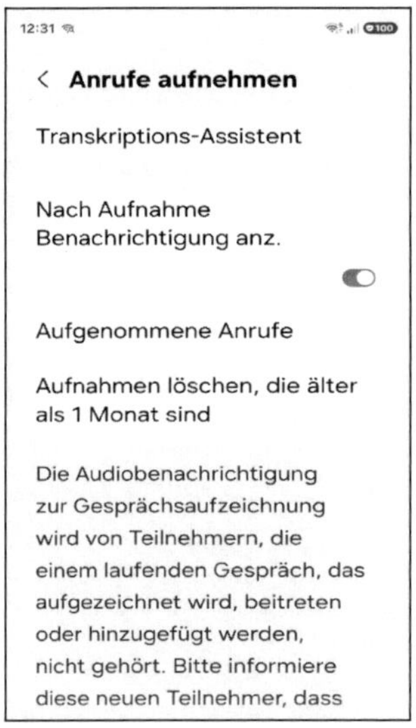

❶❷ Hiermit verwalten Sie die im Kapitel *6.7.4 Anrufaufnahme* beschriebene Funktion:

- *Transkriptionsassistent*: Transkribiert aufgezeichnete Anrufe in Text und fasst sie zusammen. Diese Funktion benötigt ein Samsung-Konto. Siehe Kapitel *23 Das Samsung-Konto*.
- *Nach Aufnahme Benachrichtigung anz.*: Im Benachrichtigungsfeld erscheint ein Hinweis auf die Aufnahme. Tippen Sie darauf, um die Liste mit den Aufnahmen anzuzeigen.
- *Aufgenommene Anrufe*: Auflistung der Audioaufnahmen (❸). Tippen Sie eine Aufnahme an, um sie abzuspielen.
- *Aufnahmen löschen, die älter als 1 Monat sind*

6.7.5 Anrufuntertitel

◆ *Einstellungen/Anrufuntertitel*

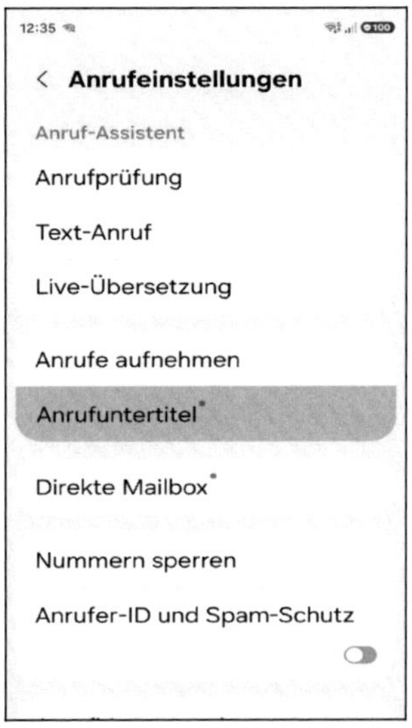

❶❷ Die *Anrufuntertitel*-Funktion ist für Schwerhörige gedacht. Alles, was der Gesprächspartner sagt, wird in Text übersetzt.

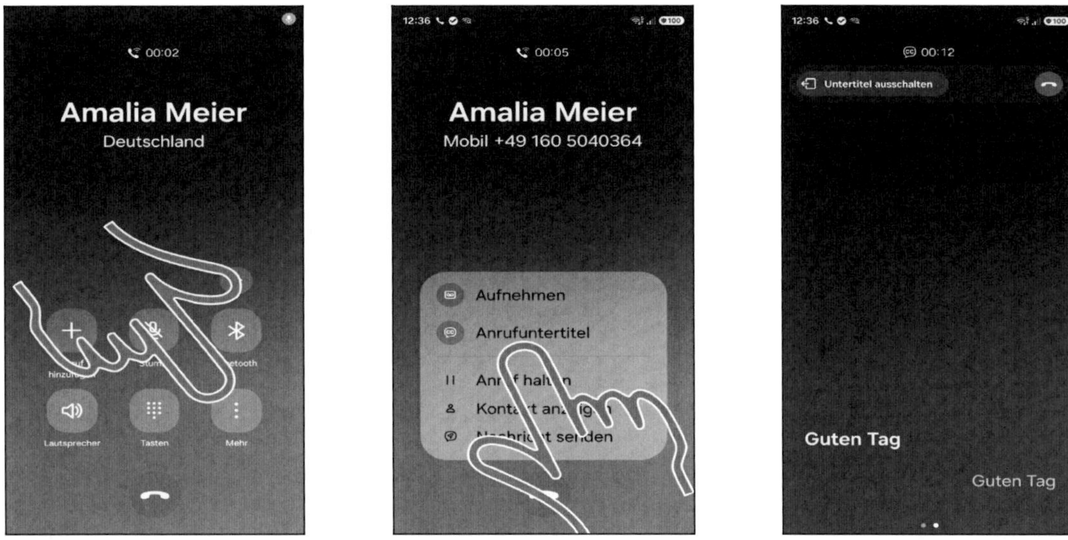

❶❷ So aktivieren Sie die Textausgabe: Während eines Gesprächs betätigen gehen Sie auf *Mehr* und dann *Anrufuntertitel.*

❸ Was der Gesprächspartner sagt, wird automatisch in Text übersetzt.

6.7.6 Mailbox

◆ *Einstellungen/Direkte Mailbox*

Die direkte Mailbox nimmt für Sie – wie die Mailbox des Mobilnetzbetreibers – Anrufe entgegen. Alles, was der Anrufer sagt, wird automatisch in Echtzeit als Text auf Ihrem Handy angezeigt. Sie müssen also die Mailbox nicht später abhören, sondern erkennen sofort, ob ein Anruf wichtig ist und können ihn entgegen nehmen, während die Person noch spricht.

Beachten Sie: Die direkte Mailbox arbeitet direkt auf dem Handy und hat mit der Mailbox des Netzbetreibers nichts zu tun.

Wenn der Anrufer an einem lauten Ort steht (zum Beispiel auf einer Baustelle), kann die KI Hintergrundgeräusche herausfiltern, damit die Stimme klarer verständlich ist. Ein weiterer Vorteil ist die direkte Verarbeitung auf dem Handy, das heißt, die Sprachdaten verlassen Ihr Gerät für die Transkription nicht, was Ihre Privatsphäre schützt.

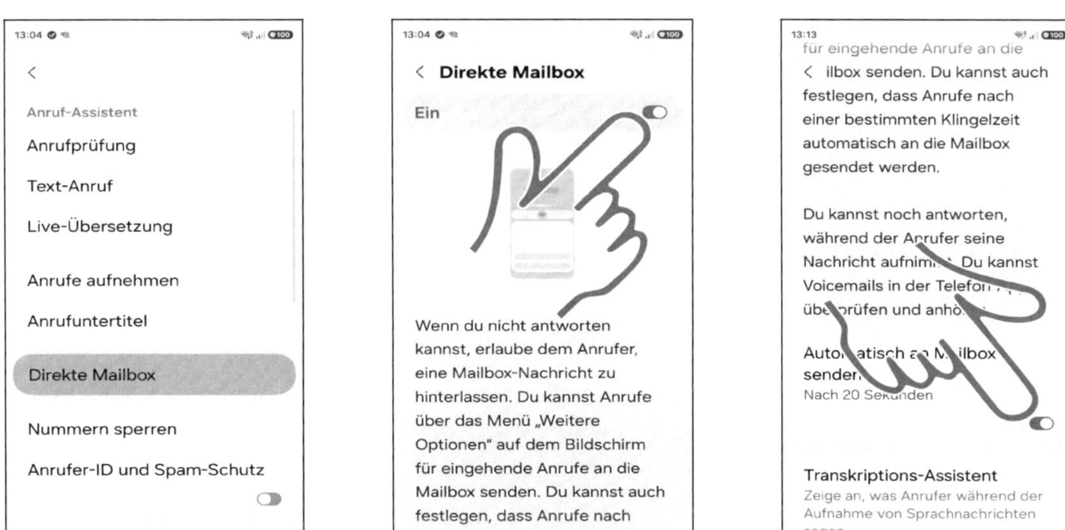

❶ Wählen Sie *Direkte Mailbox.*

❷ Aktivieren Sie direkte Mailbox.

❸ Falls Anrufe automatisch auf die direkte Mailbox umleiten möchten, aktivieren Sie *Automatisch zu Mailbox senden*. Die Zeitspanne können Sie anpassen, indem Sie in dieses Menü hineingehen.

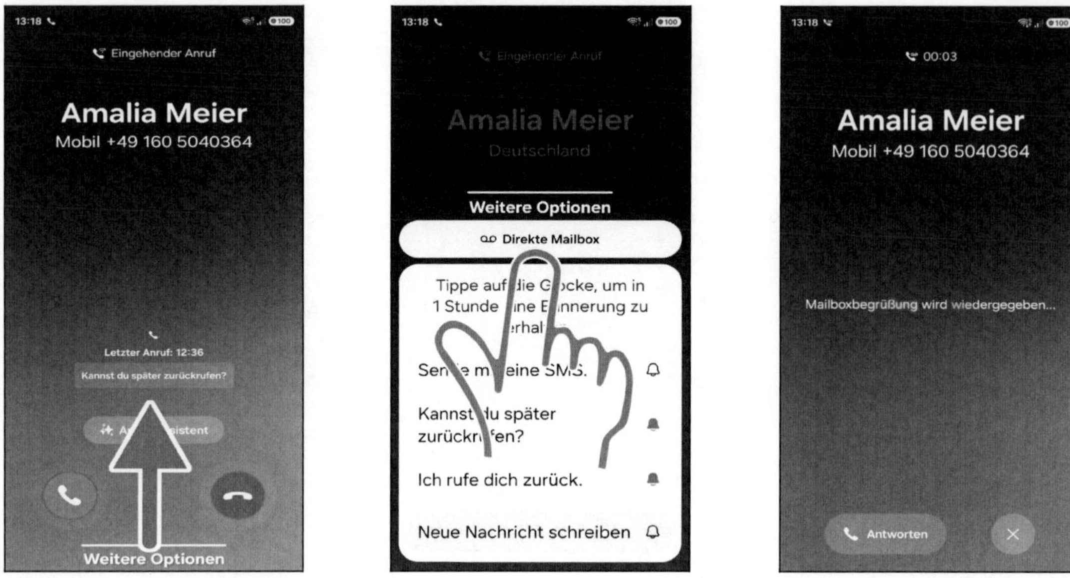

➊ Wenn nun ein Anruf eingeht, wischen Sie mit dem Finger vom unteren Bildschirmrand nach oben.

➋ Gehen Sie auf *Direkte Mailbox.*

➌ Die Ansage erfolgt, anschließend hört der Anrufer ein »Pieps«, worauf er seine Ansage hinterlassen kann. Währenddessen können Sie jederzeit mit *Antworten* das Gespräch trotzdem annehmen.

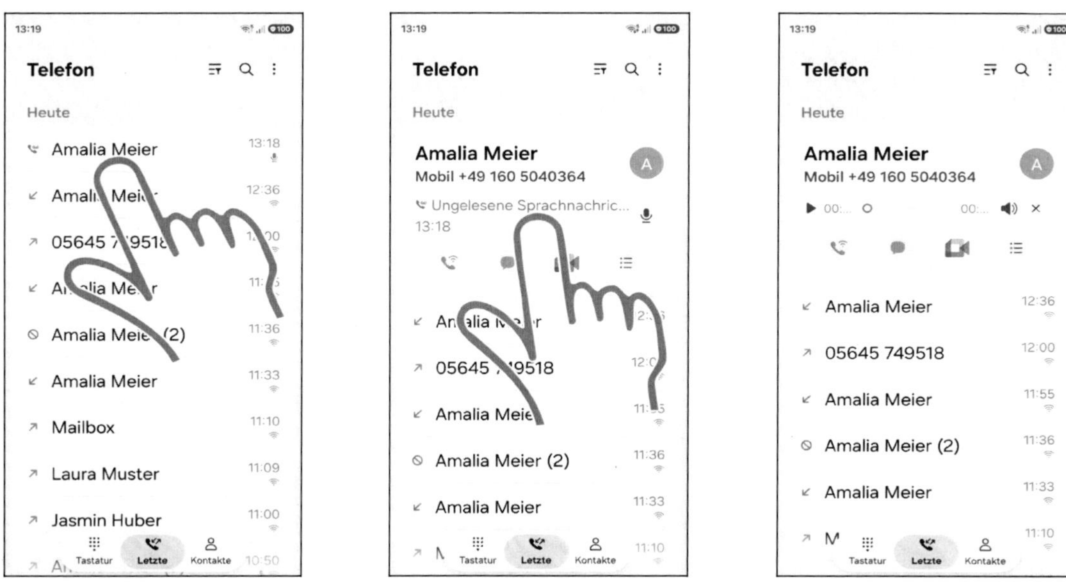

➊ Zur Wiedergabe der Aufnahme gehen Sie in die Anrufliste der Telefon-App und tippen dort den Anrufeintrag an.

➋➌ Tippen Sie auf *Ungelesene Sprachnachricht* für die Wiedergabe.

6.7.7 Anruf ablehnen

◆ *Einstellungen/Nummern sperren*

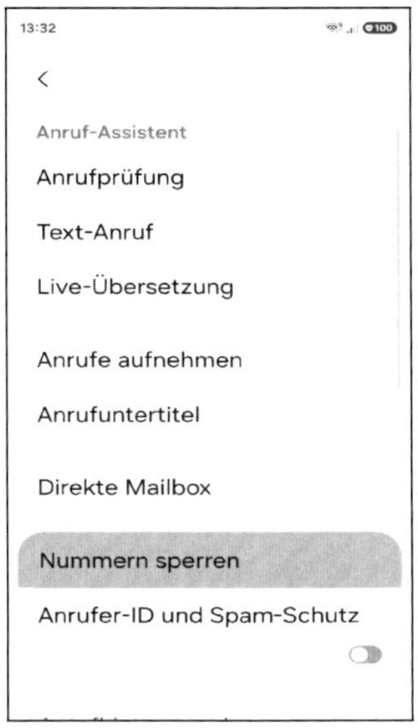

❶❷ Hiermit blockieren Sie unerwünschte Anrufer und SMS. Erfassen Sie einfach die entsprechenden Rufnummern.

6.7.8 Spam-Schutz

◆ *Einstellungen/Anrufer-ID und Spam-Schutz*

Werbeanrufe sind oft ärgerlich. In Deutschland sind unerwünschte Werbeanrufe aufgrund strenger gesetzlicher Regulierung allerdings eher selten, weshalb sich die hier vorgestellte Anrufer-Identifizierung eigentlich erübrigt. Außerdem hat diese Funktion den Nachteil, dass Rufnummern an ein fremdes Unternehmen übertragen werden. Die Nutzer der Anrufer-Identifizierung legen zudem selbst fest, welche Nummern sie als unerwünscht einstufen, was zu Missbrauch einlädt. Wir raten daher von der Anrufer-Identifizierung ab.

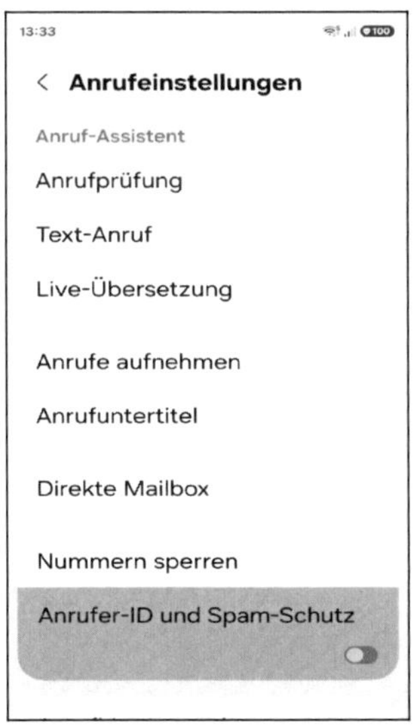

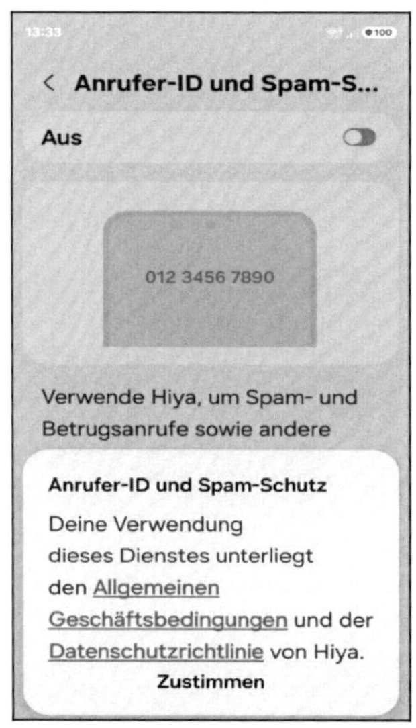

❶❷ Falls Sie trotz unserer Vorbehalte die Anruferidentifizierung nutzen möchten, gehen Sie auf *Anrufer-ID und Spam-Schutz* und aktivieren den Schalter oben rechts (Pfeil).

❸ Betätigen Sie *Zustimmen.*

Aktivieren Sie *Spam- und Scam-Anrufe sperren.*

Die weiteren angebotenen Optionen sollten Sie unverändert lassen.

6.7.9 Anrufhintergrund

◆ *Einstellungen/Anrufhintergrund*

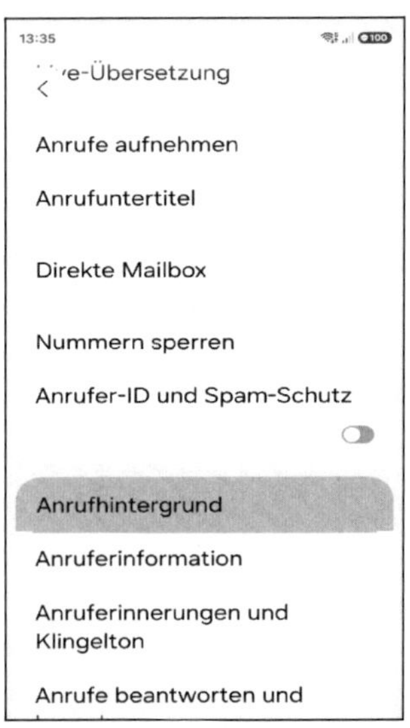

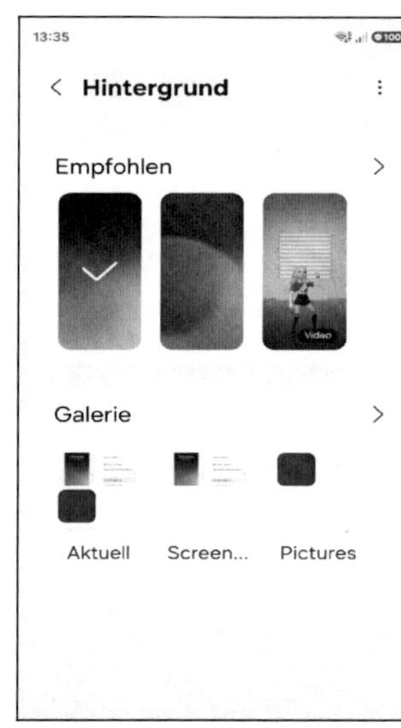

❶ Über *Anrufhintergrund* konfigurieren Sie die Anzeige bei eingehenden Anrufen.

❷❸ In *Hintergrund* wählen Sie eine Vorlage aus oder stellen ein Foto von Ihrer Kamera oder Bildergalerie ein.

6.7.10 Anruferinformation

◆ *Einstellungen/Anruferinformation*

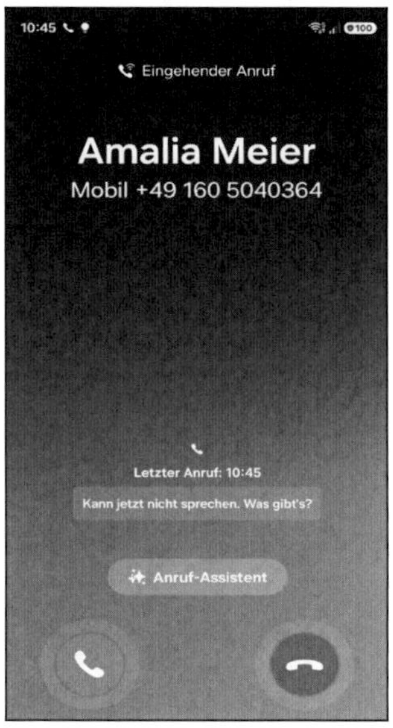

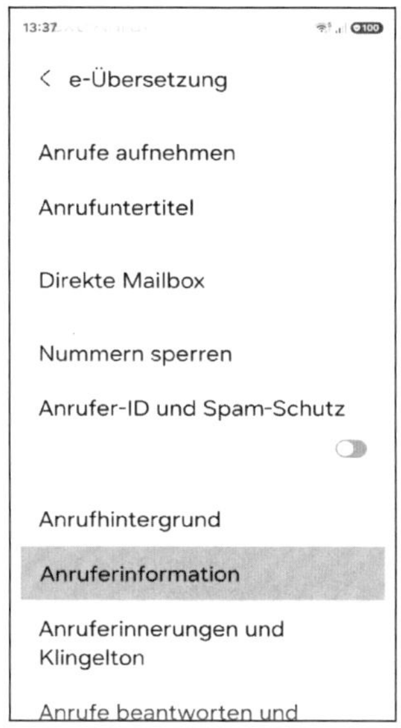

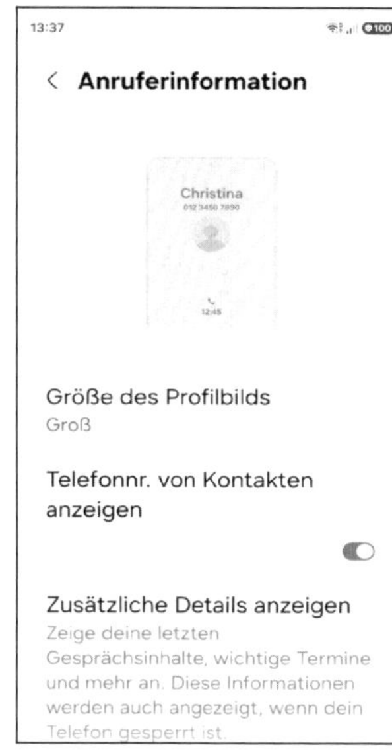

❶ So sieht standardmäßig der Bildschirm bei eingehenden Anrufen aus. Das Aussehen passen Sie mit dem *Anruferinformation*-Menü an.

❷❸ Wählen Sie *Anruferinformation.* Sie können dann die Größe des Profilbilds, die Anzeige der Kontaktdaten und die Anzeige der letzten Gespräche ändern. In der Praxis sind die Voreinstellungen allerdings bereits optimal.

6.7.11 Anrufsignale

◆ *Einstellungen/Anruferinnerungen und Klingelton*

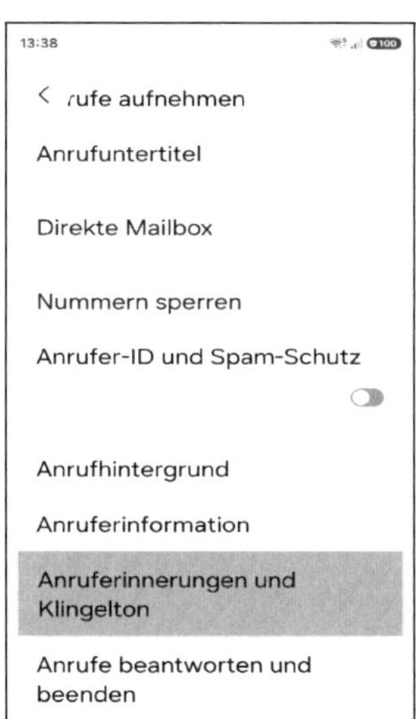

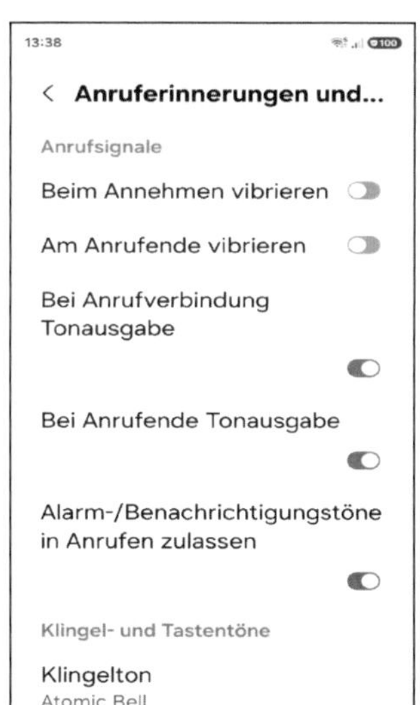

❶❷ Unter *Anruferinnerungen und Klingeltöne* stellen sie ein:

Unter *Anrufsignale*:

- *Beim Annehmen vibrieren:* Vibration, sobald der Angerufene das Gespräch annimmt.
- *Am Anrufende vibrieren:* Vibration, wenn Sie oder Ihr Gesprächspartner auflegen.
- *Bei Anrufverbindung Tonausgabe*: Wenn Sie jemanden anrufen, ertönt der Verbindungston nach der erfolgreichen Anwahl.
- *Bei Anrufende Tonausgabe*: Beim Gesprächsende ertönt ein Signal.
- *Alarm-/Benachrichtigungstöne in Anrufen zulassen*: Während eines Telefongesprächs erhalten Sie weiterhin akustische Hinweise auf neu vorhandene E-Mails, SMS usw.

Unter *Klingel- und Tastentöne*:

- *Klingelton:* Melodie für eingehende Anrufe.
- *Anrufvibration*: Legt für eingehende Anrufe eine Vibration fest. Beachten Sie bitte, dass Sie *Beim Klingeln vibrieren* aktivieren müssen, um die Vibration zu nutzen.
- *Beim Klingeln vibrieren*: Neben dem Klingelton vibriert das Handy bei eingehenden Anrufen.
- *Ton beim Tippen von Tasten; Bei Tastendruck vibrieren:* Antippen einer Taste im Tastenfeld der Telefon-Anwendung wird mit einem Signalton beziehungsweise Vibration quittiert.

6.7.12 Anrufe beantworten und beenden

◆ *Einstellungen/Anrufe beantworten und beenden*

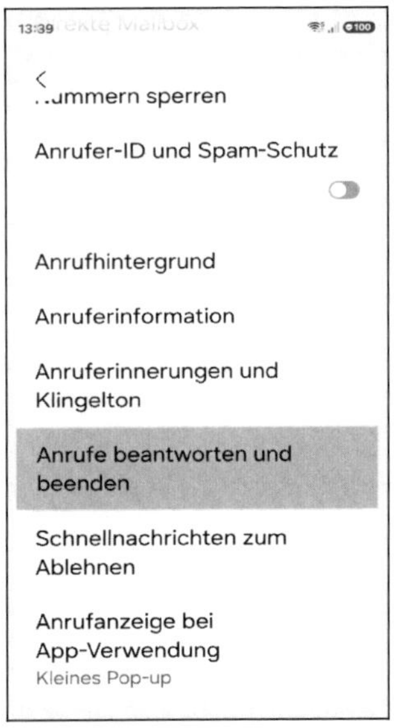

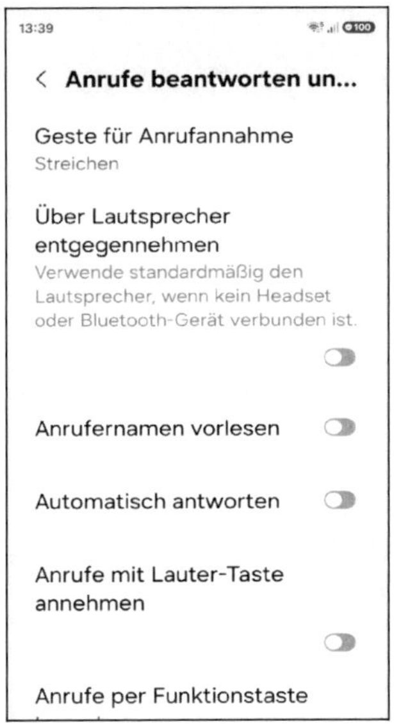

❶❷ Konfigurieren Sie unter *Anrufe beantworten und beenden*:

- *Geste für Anrufannahme*: Standardmäßig nehmen Sie einen Anruf entgegen, indem Sie die grüne Schaltfläche nach oben ziehen (❸). Stellen Sie hier *Tippen* ein, wenn Sie stattdessen einfach die grüne Schaltfläche für die Anrufannahme betätigen möchten.
- *Über Lautsprecher entgegennehmen*: Das Handy schaltet automatisch auf Freisprechen um, wenn Sie einen eingehenden Anruf annehmen.
- *Anrufernamen vorlesen*: Sofern Sie ein Headset, beispielsweise über Bluetooth, angeschlossen haben, spricht das Handy den Anrufernamen aus.
- *Automatisch antworten*: Anrufe werden automatisch nach 2 Sekunden angenommen. Sie müssen dafür ein Bluetooth-Headset nutzen (siehe dazu auch das Kapitel *31.4 Bluetooth-Headset / Freisprecheinrichtung verwenden*).
- *Anrufe mit Lauter-Taste annehmen*: Eingehende Anrufe nehmen Sie mit der Lautstärke-Lauter-Taste auf der rechten Geräteseite an.
- *Anrufe über Funktionstaste beenden*: Betätigen Sie den Ein-/Ausschalter auf der rechten Geräteseite, um Anrufe zu beenden.

6.7.13 Kurznachrichten zum Ablehnen

◆ *Einstellungen/Schnellnachrichten zum Ablehnen*

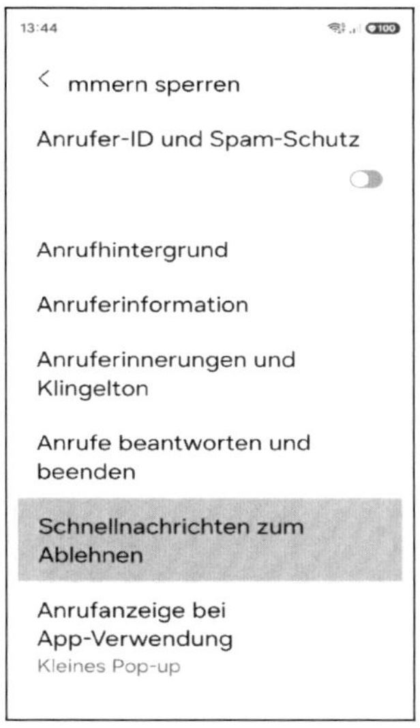

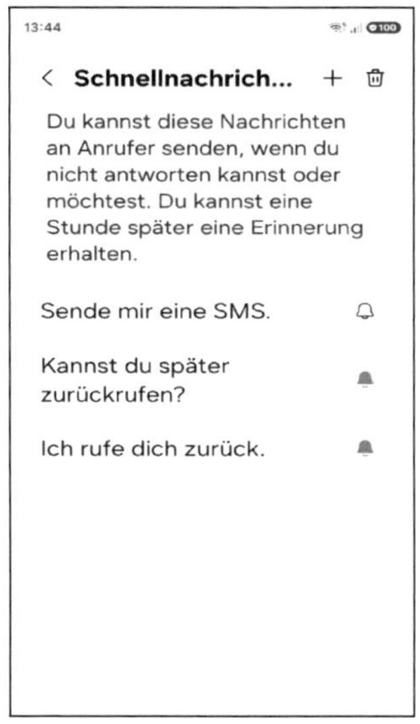

❶❷ Die Funktion des Menüs *Schnellnachrichten zum Ablehnen* beschreibt Kapitel *6.4.1 Anruf mit Mitteilung beantworten.*

6.7.14 Anrufe in Popups anzeigen

◆ *Einstellungen/Anrufanzeige bei App-Verwendung*

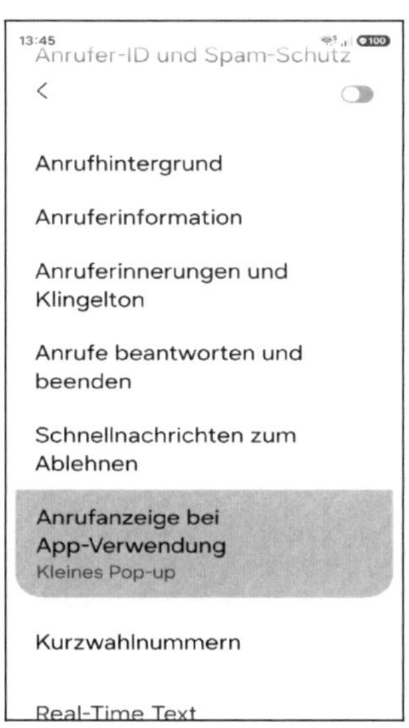

❶❷ *Anrufanzeige bei App-Verwendung* steuert die Anzeige angenommener Anrufe, wenn Sie gerade in einem Programm arbeiten. Sie können zwischen den Optionen wählen: *Vollbild, Pop-up* und *Mini-Pop-up.* Aktivieren Sie *Anrufe in Pop-ups behalten*, damit das Handy auch bei angenommenen Anrufen nicht auf den Vollbildschirm umschaltet.

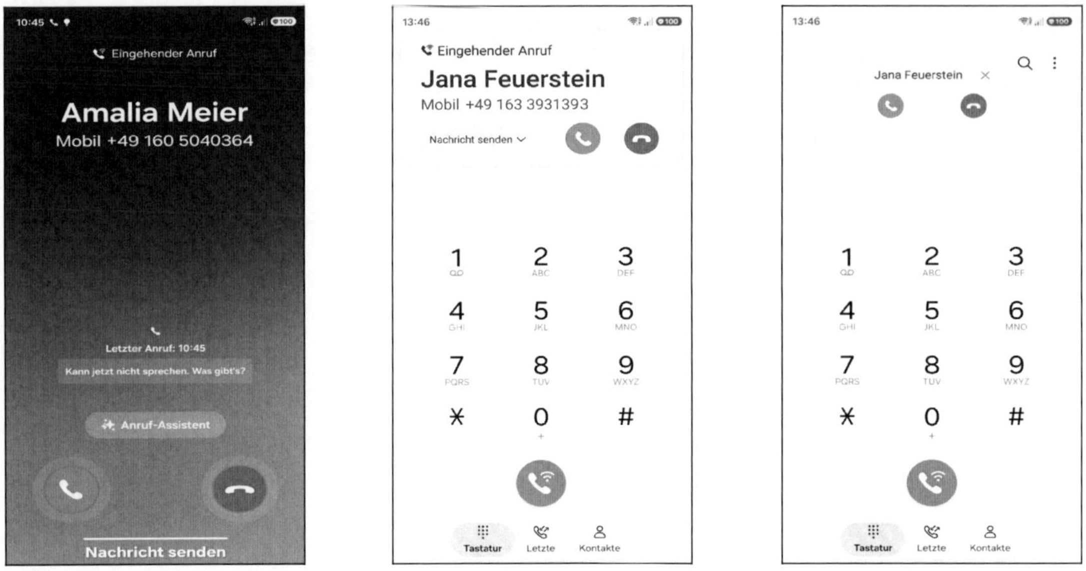

Die verschiedenen Anzeigen von *Anrufanzeige bei App-Verwendung*:

- Vollbild (❶)
- *Pop-up* (❷)
- *Mini-Pop-up* (❸)

6.7.15 Kurzwahlen

◆ *Einstellungen/Kurzwahlnummern*

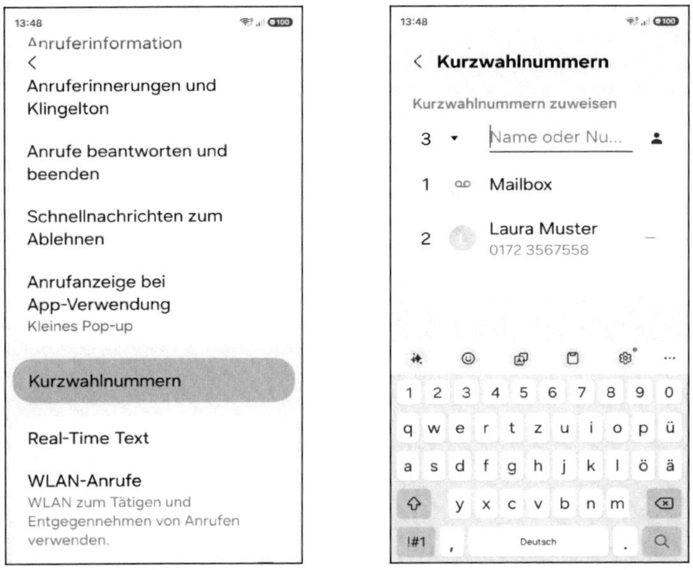

❶❷ Auf diese Funktion geht bereits Kapitel 6.2 *Kurzwahlen* ein.

6.7.16 Real-Time Text

◆ *Einstellungen/Real-Time Text*

RTT (Real-Time Text) ist eine Funktion, die es ermöglicht, während eines Telefonanrufs Textnachrichten zu senden. Dies ist besonders für Menschen mit Hör- oder Sprachbehinderungen nützlich, da es eine flüssigere und unmittelbarere Kommunikation im Vergleich zu herkömmlichen Textnachrichten ermöglicht.

Darüber hinaus ist RTT in Notfällen nützlich, bei denen schnelle Hilfe benötigt wird. Sie können zum Beispiel die Polizei anrufen und diese dann per Texteingabe informieren, ohne dass jemand mithört. Bei WhatsApp oder SMS ist dagegen nicht direkt ersichtlich, dass das Gegenüber die (Notfall)-Nachricht auch gelesen und verstanden hat.

Auch wenn Sie davon ausgehen, niemals RTT zu benötigen (wie erwähnt, können Sie auch SMS oder WhatsApp nutzen) sollten Sie es ruhig aktivieren – man weiß ja nie, ob es doch mal benötigt wird!

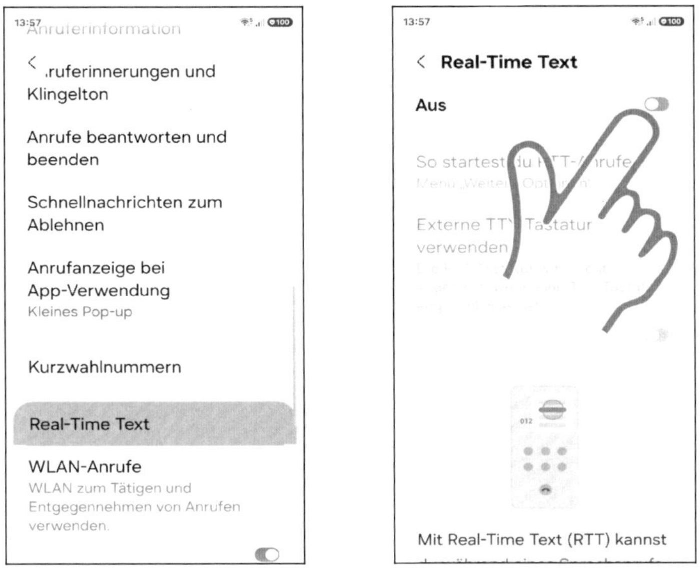

❶❷ Rufen Sie *Real-Time Text* auf und aktivieren Sie die Funktion.

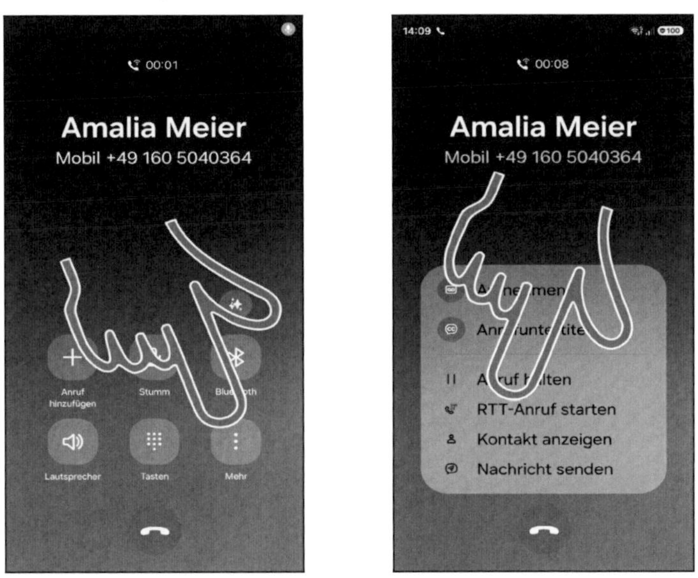

❶❷ Während eines Telefonats gehen Sie auf *Mehr* und dann *RTT-Anruf starten.*

6.7.17 WLAN-Anrufe

◆ *Einstellungen/WLAN Call*

Sofern eine WLAN-Verbindung (siehe Kapitel *10 WLAN*) besteht, können Telefonate auch darüber geführt werden, falls die Mobilfunkverbindung sehr schlecht ist. Eine SIM-Karte muss natürlich trotzdem im Handy eingelegt sein. Weitere Infos finden Sie dazu im Kapitel *6.1.1 WLAN-Call.*

6.7.18 Mailboxeinstellungen

◆ *Einstellungen/Mailbox*

Jeder Mobilnetzbetreiber bietet eine Mailbox mit Anrufbeantworterfunktion für seine Kunden an. Um die Mailbox anzurufen, müssen Sie je nach Netzbetreiber eine andere Nummer anrufen. Beim Samsung Galaxy (und fast allen anderen Handys) ist die Kurzwahl »1« bereits auf die Mailbox eingestellt.

Sofern Sie eine Mailbox nicht benötigen, oder wenn deren Abruf Geld kostet, können Sie sie auch deaktivieren, was meist über das Sprachmenü in der Mailbox möglich ist.

Die Mailboxnummer stellt das Handy normalerweise automatisch nach dem ersten Einschalten korrekt ein, weshalb Sie wahrscheinlich nie irgendwelche Einstellungen daran vornehmen.

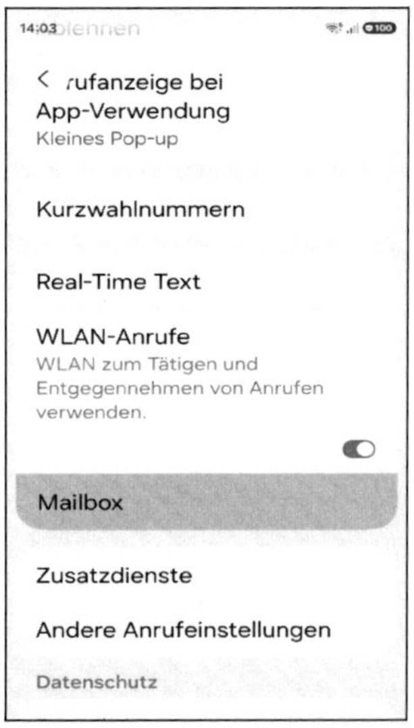

❶❷ Die Optionen im *Mailbox*-Menü:

- *Dienstanbieter*: Hier lassen sich keine Änderungen vornehmen.
- *Mailboxeinstellungen*: Mailboxrufnummer.
- *Benachrichtigungen*: Legt die Benachrichtigung über neu in der Mailbox vorhandene Sprachnachrichten fest.

6.7.19 Zusatzdienste

◆ *Einstellungen/Zusatzdienste*

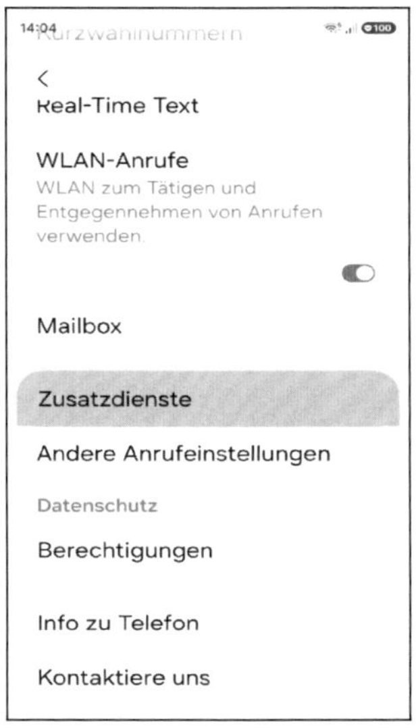

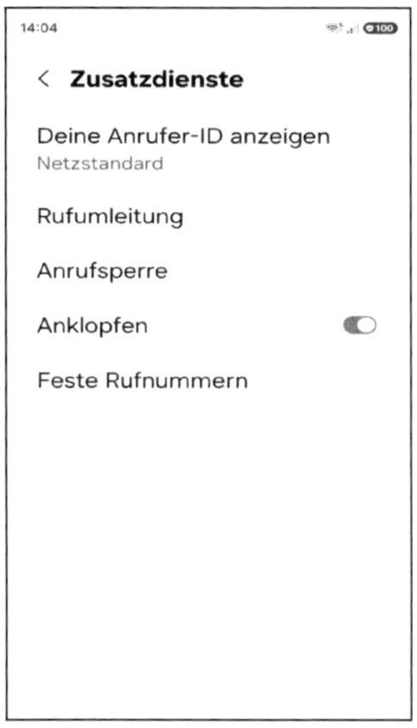

❶❷ Unter *Zusatzdienste* legen Sie fest:

- *Deine Anrufer-ID anzeigen*: Stellt ein, ob von Ihnen Angerufene Ihre Rufnummer sehen (»Rufnummernübermittlung«). Zur Auswahl stehen *Netzwerkstandard* (vorgegebene Einstellung des Mobilnetzbetreibers), *Nummer verbergen* (Rufnummer unterdrücken) und *Nummer anzeigen*.
- *Rufumleitung*: Weiterleitung von eingehenden Anrufen auf einen anderen Anschluss.
- *Anrufsperre*: Ermöglicht es, nur bestimmte ausgehende Anrufe, zum Beispiel internationale Anrufe zu erlauben. Sie benötigen dafür vom Netzbetreiber ein Kennwort. In diesem Buch wird deshalb nicht weiter darauf eingegangen.
- *Anklopfen*: Damit Sie während eines Gesprächs über einen weiteren eingehenden Ruf informiert werden, gibt es das Anklopfen-Merkmal: Geht, während Sie gerade ein Gespräch führen, ein weiterer Anruf ein, erscheint ein Hinweisdialog. Viele Handyverträge unterstützen leider kein Anklopfen.
- Verwenden Sie die *Feste Rufnummern*, um nur Anrufe auf bestimmten Rufnummern zu gestatten.

6.7.20 Andere Anrufeinstellungen

◆ *Einstellungen/Andere Anrufeinstellungen*

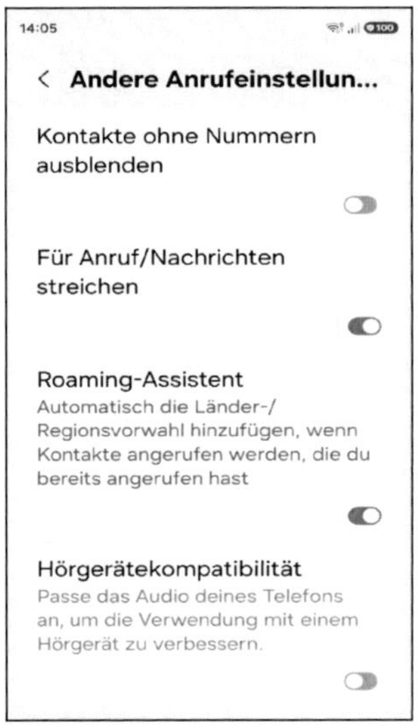

❶❷ Die Optionen in *Andere Anrufeinstellungen*:

- *Kontakte ohne Nummern ausblenden*: Wenn Sie in der Telefonoberfläche die Suchfunktion verwenden (siehe Kapitel *6.1.2 Suche*), blendet das Handy Kontakte ohne Rufnummer aus.
- *Für Anruf/Nachrichten streichen*: Wischen Sie in der Anrufliste nach rechts oder links für das Durchführen eines Anrufs beziehungsweise das Senden einer SMS.
- *Roaming-Assistent*: Bei Telefonaten im Ausland automatisch deutsche Ländervorwahl einfügen.
- *Hörgerätekompatibilität*: Frequenzgang des Lautsprechers für Hörgeräte optimieren.

7. SMS mit Messages

In der Messages-Anwendung (Messages = engl. »Nachrichten«) verwalten Sie Ihre SMS. Beachten Sie, dass jede SMS – abhängig von Ihrem Mobilfunkvertrag – 9 Cent pro gesendete Nachricht kosten.

SMS werden kaum noch genutzt, weil WhatsApp (siehe Kapitel *15 WhatsApp*) sich inzwischen für die direkte Kommunikation durchgesetzt hat. Darüber hinaus ist WhatsApp in der Nutzung praktisch kostenlos, weil die meisten Mobilfunkverträge eine kostenlose Internetnutzung beinhalten.

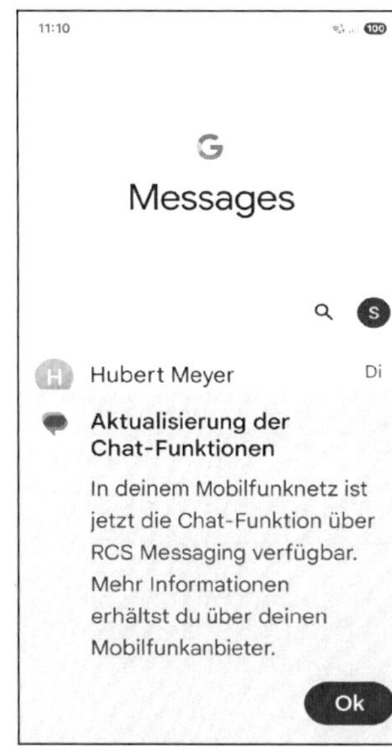

❶ Sie rufen die *Messages*-Anwendung aus dem Startbildschirm auf.

❷ Schließen Sie das Popup mit *Weiter als xxx.*

❸ Eventuell weißt Sie das Programm auf einige neue Funktionen hin – betätigen Sie dann einfach mehrmals *Jetzt nicht* oder *Ok*, bis die Benutzeroberfläche erscheint.

7.1 Nachrichtenanzeige

Die von älteren Handys gewohnte Aufteilung nach den Ordnern »Posteingang« und »Postausgang« gibt es hier nicht. Stattdessen werden alle Nachrichten nach Kontakt sortiert abgelegt.

❶❷ Bereits im Hauptbildschirm zeigt die Messages-Anwendung alle Kontakte an, mit denen man geschrieben hat. Wählt man einen Kontakt aus, so zeigt das Handy alle empfangenen und gesendeten Nachrichten des Kontakts als Verlauf an.

Im weiteren Verlauf der nächsten Kapitel erfahren Sie, wie man die Nachrichtenverläufe verwaltet.

Kontakte beziehungsweise Rufnummern mit noch ungelesenen Nachrichten sind in Fettschrift hervorgehoben.

➊➋ Tipp: Sie können die Anzeige mit einer Kneifgeste verkleinern/vergrößern. Dazu halten Sie zwei Finger auf das Display und ziehen diese zusammen oder auseinander.

7.2 Nachricht senden

SMS lassen sich beispielsweise aus dem Telefonbuch oder aus der Anrufliste senden.

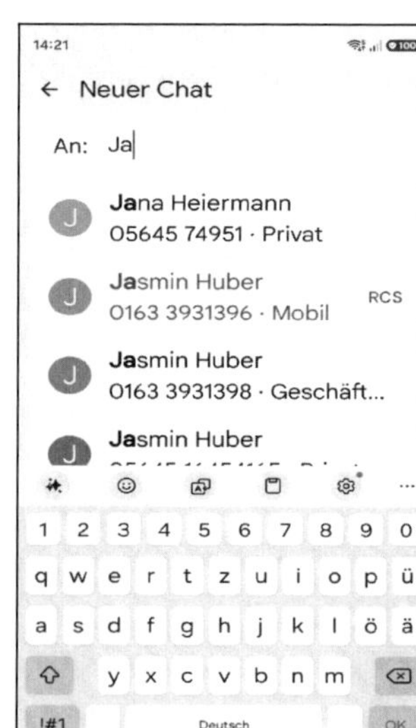

➊ Gehen Sie in der Messages-Anwendung auf 🗨.

➋ Entweder wählen Sie in der Auflistung einen Kontakt aus oder Sie geben im *An*-Eingabefeld den Empfänger an.

➌ Während der Eingabe listet das Handy alle Kontakte auf, in denen der Name vorkommt. Wählen Sie einen davon aus.

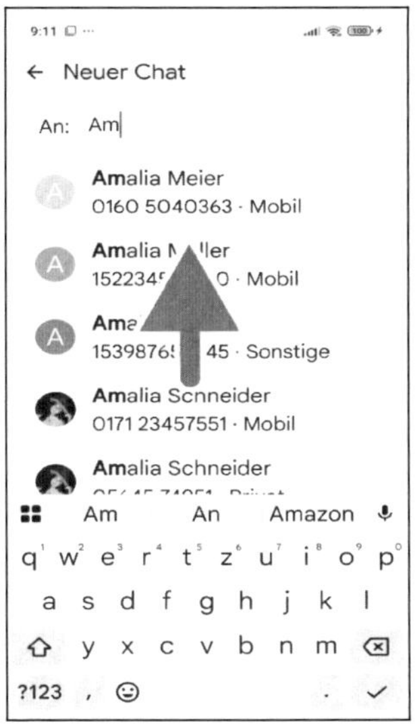

❶ Manchmal ist die Fundstellenliste sehr lang. In solchen Fällen tippen und halten Sie den Finger auf der Liste, danach ziehen Sie den Finger nach oben oder unten zum Durchrollen.

❷ Der von Ihnen in der Liste angetippte Kontakt erscheint im *An*-Feld.

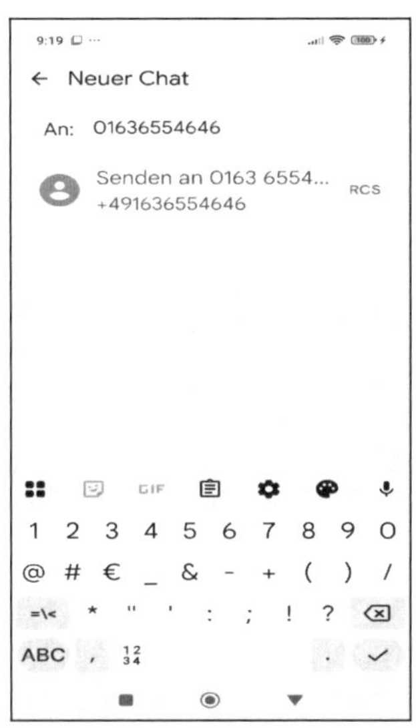

❶❷ Sie möchten eine Rufnummer eingeben, die sich noch nicht im Telefonbuch befindet? Dann aktivieren Sie mit der ?123-Taste die Zahlentasten und tippen die Rufnummer damit ein.

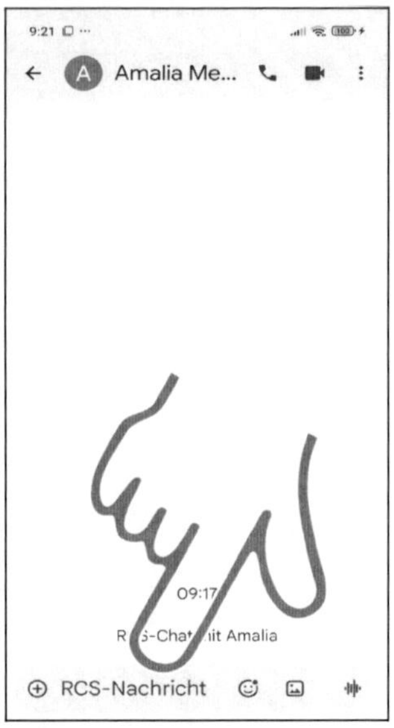

➊➋ Um den Nachrichtentext zu erfassen, müssen Sie zunächst in das Eingabefeld tippen. Nach Betätigen der ⊳ -Schaltfläche (Pfeil) erfolgt der Versand und die Messages-Anwendung schaltet auf den Nachrichtenverlauf um.

➌ Zweimaliges Antippen der ∨- beziehungsweise <-Taste unterhalb des Bildschirms (beim ersten Antippen schließt sich das Tastenfeld) bringt Sie wieder in den Hauptbildschirm zurück.

7.2.1 Mehrere Empfänger eingeben

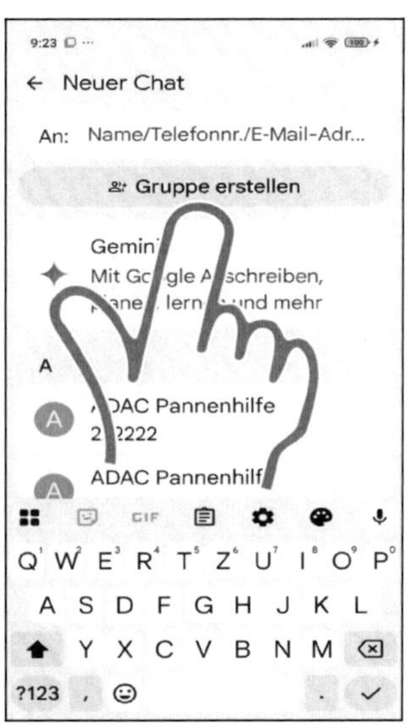

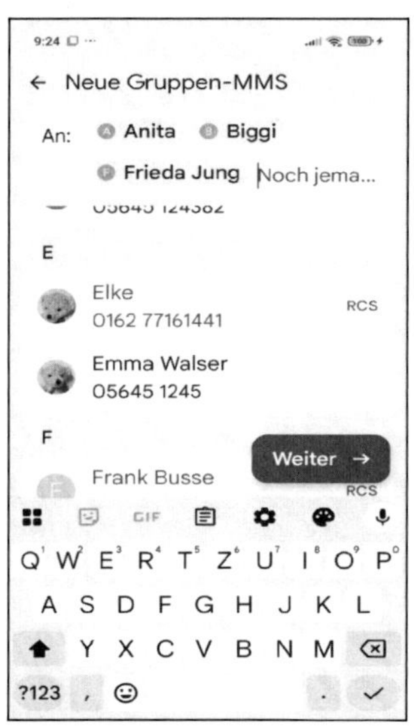

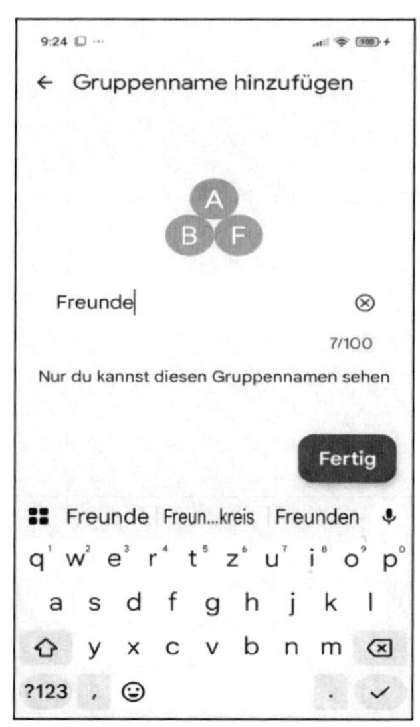

➊ Manchmal kommt es vor, dass eine Nachricht an mehrere Empfänger gehen soll. In diesem Fall tippen Sieauf *Gruppe erstellen* (Pfeil).

➋ Markieren Sie alle gewünschten Empfänger und gehen Sie auf *Weiter.*

➌ Zum Schluss vergeben Sie der Gruppe noch einen Namen und betätigen *Fertig.*

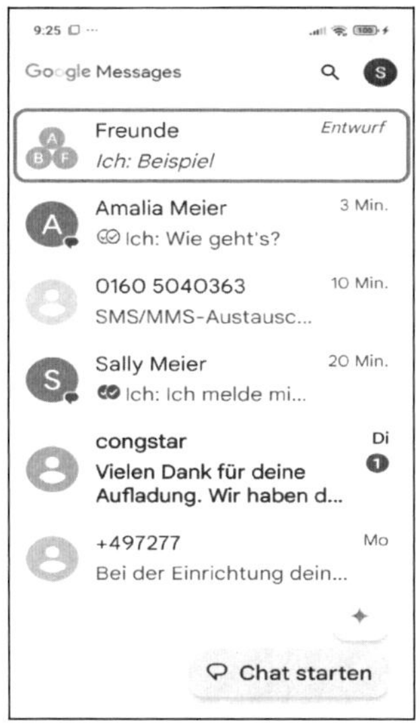

❶ Sie können nun die Nachricht erstellen und an alle Gruppenmitglieder versenden.

❷ In der Nachrichtenauflistung erscheint die Gruppe. Beachten Sie, dass Antworten auf Ihre Gruppen-SMS als einzelne Nachricht in der Auflistung erscheinen.

7.2.2 Kontakt aus Telefonbuch

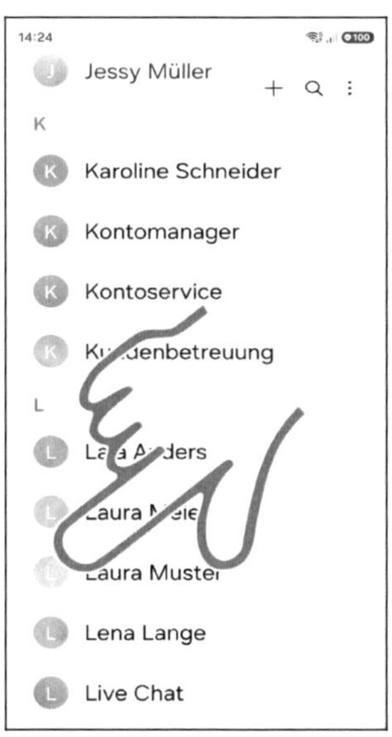

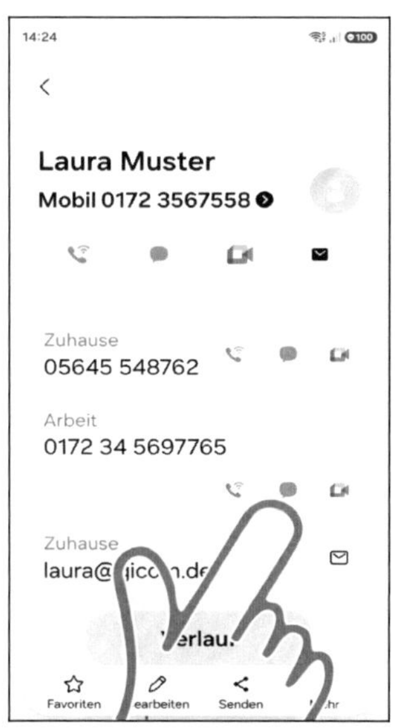

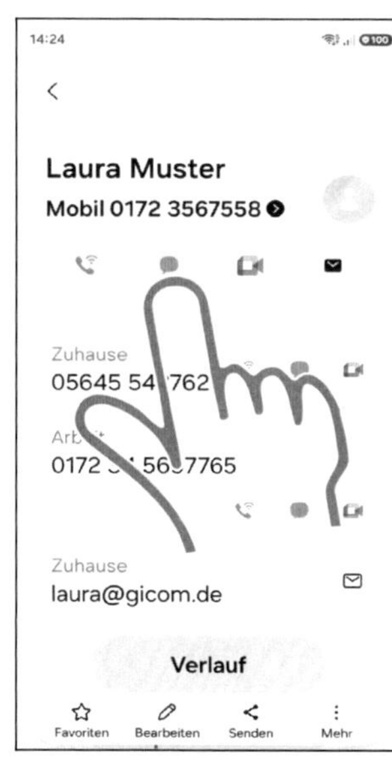

❶❷ Im einfachsten Fall tippen Sie im Telefonbuch (siehe Kapitel 8 *Telefonbuch*) auf einen Kontakt, worauf die Kontaktdetails erscheinen. Tippen Sie auf 💬.

❸ Alternativ betätigen Sie oben die 💬-Schaltfläche, falls Sie sich oben Handynummer befindet, der Sie schreiben möchten.

7.2.3 Nachricht aus Nachrichtenverlauf

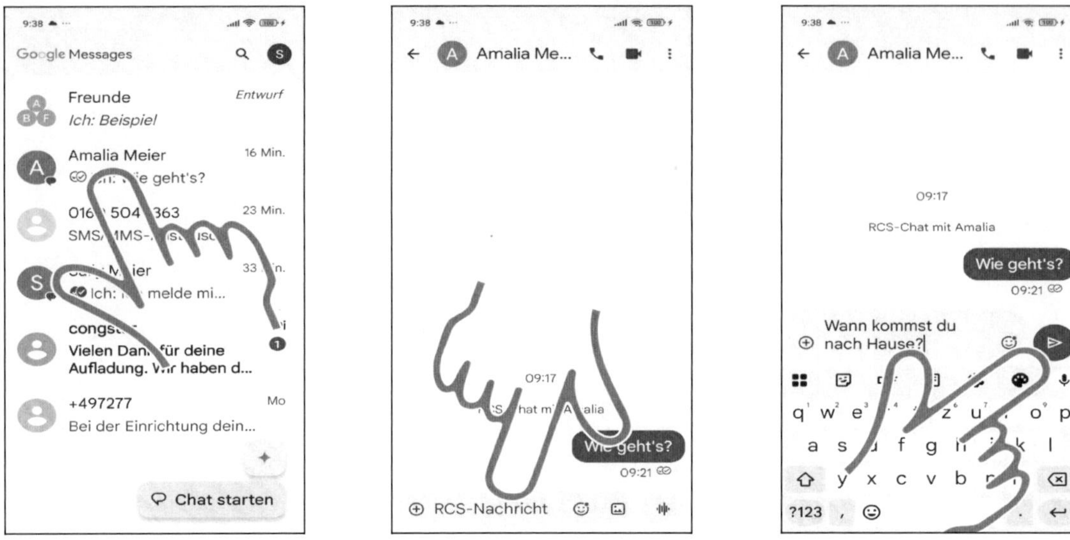

❶ Auch im Nachrichtenverlauf können Sie direkt eine Nachricht eingeben. Dazu tippen Sie den Verlauf an.

❷❸ Tippen Sie gegebenenfalls in das Eingabefeld und erfassen Sie Ihre Nachricht. Betätigen Sie nun ⊳. Damit ist Ihre SMS verschickt und eine weitere Sprechblase mit Ihrer Antwort erscheint im Nachrichtenverlauf.

7.2.4 Nachricht aus Anrufliste

In der Anrufliste der Telefonieoberfläche (siehe Kapitel *6.5 Anrufliste (Protokoll)*) ist ebenfalls der SMS-Versand möglich.

❶ Tippen Sie einen Eintrag an.

❷ Wählen Sie dann im Popup aus.

7.2.5 Senden planen

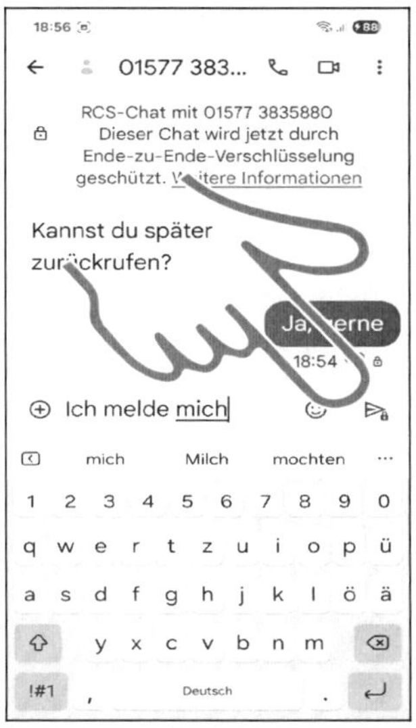

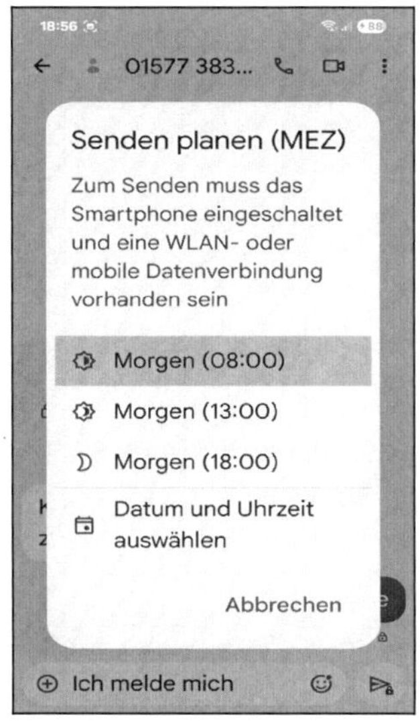

❶ Für das zeitverzögerte Senden tippen und halten Sie ⊳.

❷ Wählen Sie dann einen der angebotenen Zeitpunkte aus.

❸ Mit der ✕-Schaltfläche beenden Sie das zeitverzögerte Senden vorzeitig.

7.3 RCS

Bis vor etwa fünf Jahren schien es unwahrscheinlich, dass die SMS ernsthafte Konkurrenz durch Messenger-Dienste wie WhatsApp, Telegram oder Signal bekommen würde. Um ihre Gewinne zu maximieren, führten Mobilfunkanbieter sogar die SMS-Erweiterung MMS ein. Diese ermöglichte den Versand von Fotos, kurzen Videos und Dateien, war jedoch mit Kosten von mindestens 0,39 Euro pro Nachricht verbunden. Aufgrund dieser hohen Gebühren konnte sich die MMS nie wirklich durchsetzen – insbesondere, da der Dateiversand über Dienste wie WhatsApp oder E-Mail nahezu kostenlos ist. Mittlerweile haben alle deutschen Netzbetreiber die MMS-Unterstützung eingestellt. Im Ausland könnte MMS teilweise noch unterstützt werden.

Als Reaktion auf WhatsApp & Co wurde deshalb **RCS (Rich Communication Services)** entwickelt. Sobald Sie mit jemanden SMS austauschen, dessen Endgerät ebenfalls RCS unterstützt, schaltet Ihr Handy automatisch in den RCS-Modus. Sie dürfen dann auch Fotos und andere Dateien dem Gesprächspartner senden beziehungsweise empfangen. Im Gegensatz zur SMS beziehungsweise MMS erfolgt die Kommunikation nicht über einen separaten Datenkanal, sondern über das Internet. Die übertragenen Daten rechnet Ihr Netzbetreiber daher auf Ihr im Mobilfunkvertrag inkludiertes Datenvolumen an.

RCS hat im Vergleich zur SMS den Nachteil, dass eine Internetverbindung vorhanden sein muss, was in vielen Gegenden nicht der Fall ist. SMS können Sie dagegen fast immer empfangen, sofern eine halbwegs stabile Mobilfunkverbindung besteht. Uns liegen leider keine Erfahrungen vor, ob bei Empfangsschwierigkeiten eine automatische Umschaltung von RCS auf SMS erfolgt, Sie können RCS allerdings in den Einstellungen deaktivieren (siehe Kapitel *7.9 Konfiguration*).

Für WhatsApp und die anderen Messenger-Dienste spricht im Vergleich zur RCS der größere Bedienkomfort. So lassen sich beispielsweise Fotos vor dem Senden noch bearbeiten. Auf jedem Handy sieht zudem die WhatsApp-Benutzeroberfläche gleich aus, während Sie sich beim Wechsel des Handyherstellers eventuell an eine neue SMS/RCS-Anwendung gewöhnen müssen.

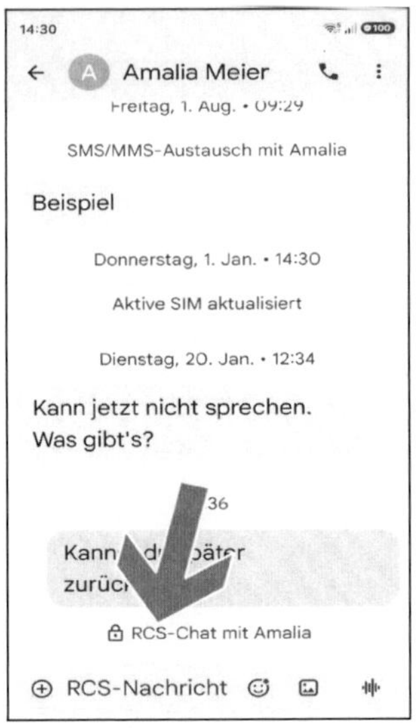

❶ Ob Ihr Handy gerade RCS nutzt, lässt sich am Hinweis *RCS-Chat mit xxx* (Pfeil) erkennen. Im Eingabefeld steht zudem »*RCS-Nachricht*«. Darüber hinaus ist der Hintergrund farbig.

❷ Unterstützt das Handy des Kommunikationspartners dagegen nur SMS, so finden Sie den Hinweis *SMS/MMS-Austausch mit xxx (Pfeil).*

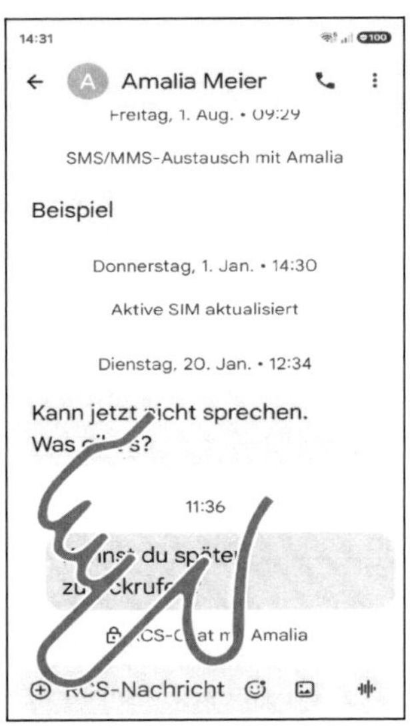

❶❷ Die Dateifunktionen rufen Sie im Nachrichteneditor über + beziehungsweise 🖼 auf.

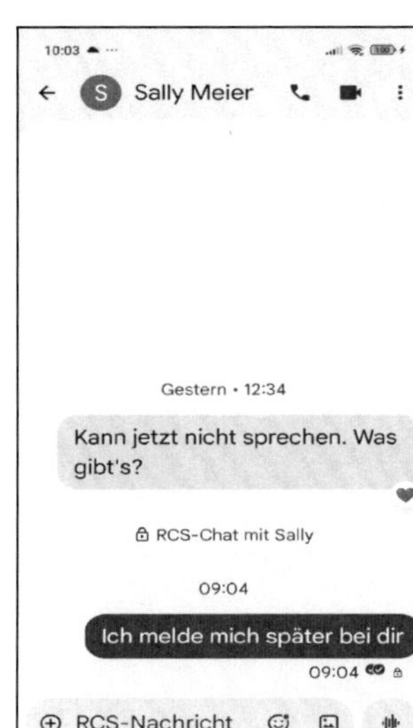

❶ Sie können Nachrichten auch mit einem sogenannten Emoticon beantworten. Dazu tippen und halten Sie mit dem Finger auf einer Nachricht, bis das Popup erscheint.

❷❸ Wählen Sie ein Emoticon aus, das dann unter der Nachricht angezeigt wird.

7.4 Entwürfe

❶ Manchmal ist es notwendig, eine Nachricht, die man erst später absenden möchte, als Entwurf zwischenzuspeichern. In diesem Fall geben Sie die Nachricht wie gewohnt ein, betätigen dann aber die ∨- beziehungsweise ‹-Taste (sofern das Tastenfeld eingeblendet ist, müssen Sie diese zweimal betätigen).

❷ Die Nachrichtenanwendung wechselt nun in den Hauptbildschirm zurück. Die zuvor erstellte SMS wurde nicht gesendet und *Entwurf* (Pfeil) weist auf den Entwurfsstatus hin. Zum Versenden tippen Sie den Nachrichtenverlauf erneut an und betätigen dann ➤ zum Senden.

7.5 Empfangsbestätigung (Zustellungsbericht)

Nicht immer stellen die Netzbetreiber die SMS sofort zu. Wir haben beispielsweise schon erlebt, dass SMS erst einen Tag später ankamen, obwohl wir sie nicht zu »Stoßzeiten« wie beispielsweise Silvester versandt hatten. Deshalb bieten die Netzbetreiber eine kostenlose Empfangsbestätigung an, die auch als »Zustellungsbericht« oder »Übermittlungsbestätigung« bezeichnet wird. Zu beachten ist allerdings, dass damit noch nicht sicher ist, dass der Empfänger Ihre SMS auch liest beziehungsweise versteht!

Beachten Sie bitte, dass die Zustellungsbestätigung nur einen Effekt bei der Kommunikation mit einfachen Handys hat. Bei vielen Smartphones kommt inzwischen der Chat über RCS zum Einsatz, bei dem standardmäßig der Empfang automatisch bestätigt wird. Siehe Kapitel *7.3 RCS*.

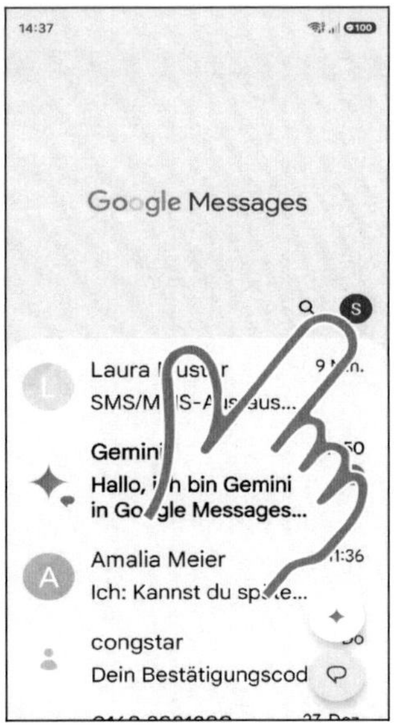

➊ So aktivieren Sie die Empfangsbestätigung: Tippen Sie auf das runde Kontosymbol.

➋ Wählen Sie *Messages-Einstellungen.*

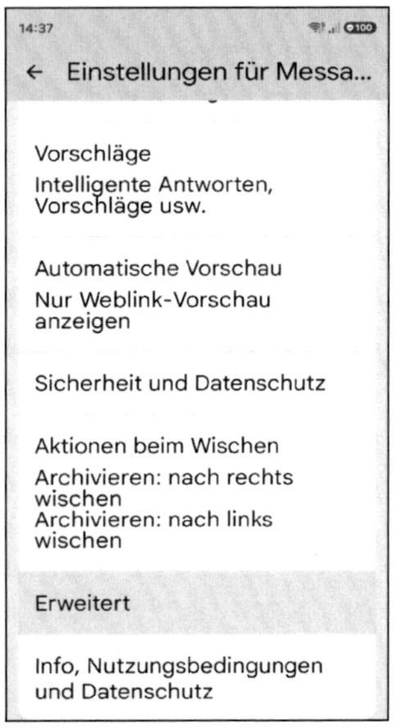

➊ Gehen Sie auf *Erweitert.*

➋ Aktivieren Sie *SMS-Zustellberichte erhalten.* Sie können danach den Bildschirm schließen.

➌ Ⓥ erscheint, sobald Ihre Nachricht den Empfänger erreicht hat. Es ändert sich zu ✔, sobald der Empfänger die Nachricht liest.

7.6 Alte Nachrichten löschen

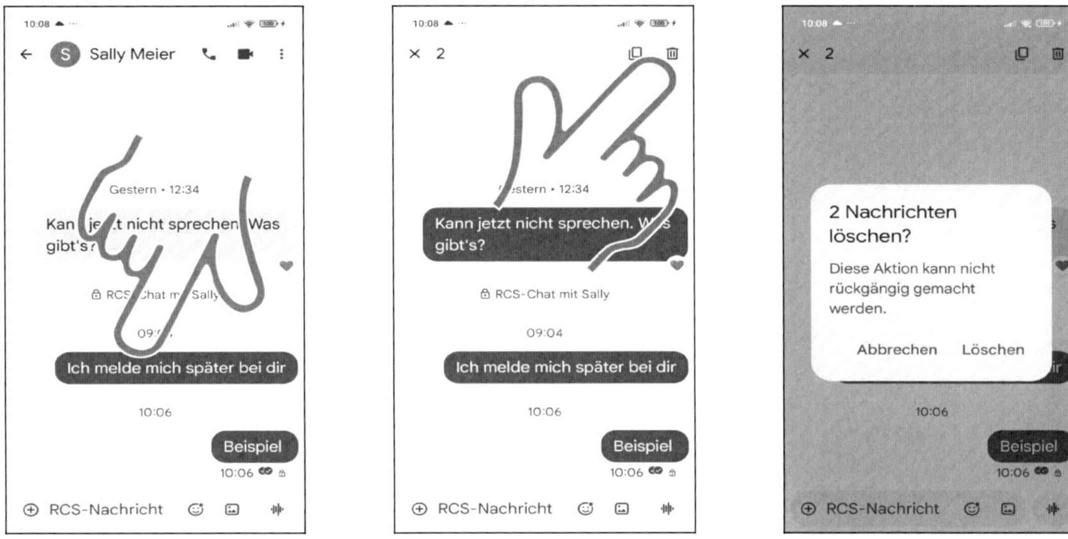

❶ Markieren Sie eine SMS zum Löschen, indem Sie den Finger darauf gedrückt halten, bis sie markiert ist (das Popup mit den sogenannten Emoticons können Sie ignorieren).

❷ Gehen Sie dann auf 🗑.

❸ Den Vorgang bestätigen Sie mit *Löschen.*

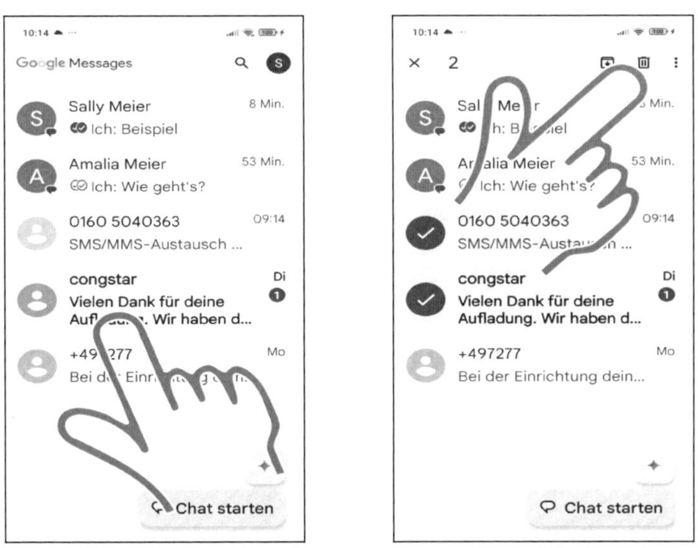

❶❷ Im Hauptmenü lassen sich einzelne oder mehrere Nachrichtenverläufe durch Tippen und Halten markieren und dann über 🗑 löschen.

7.7 Weitere Funktionen

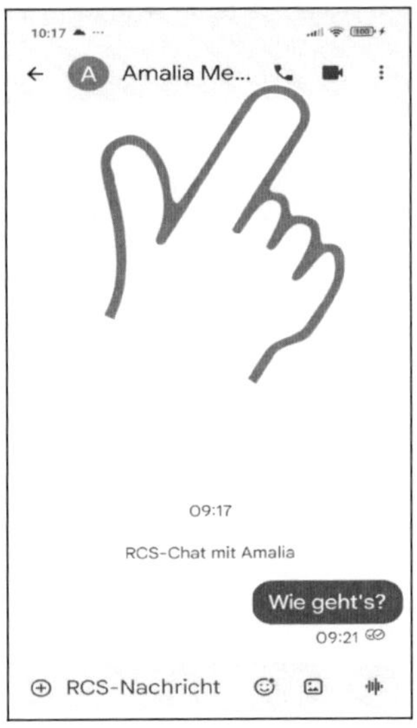

❶ Die Bedeutung der Schaltflächen am oberen Bildschirmrand:

- : Telefongespräch durchführen.
- : Videotelefonie über Google Meet starten (siehe Kapitel *11.5 Meet*). Diese Schaltfläche wird nur angezeigt, wenn der Kontakt ebenfalls ein Android-Handy nutzt.

❷ Das ⋮-Menü:

- *Personen hinzufügen*: Weitere Person der Konversation hinzufügen.
- *Details* (❸):
  - *Farben ändern*: Hintergrund- und Schriftfarbe für diesen Chat anpassen.
  - *Chat stummschalten*: Sie erhalten für den eingestellten Zeitraum keine Benachrichtigungen, wenn die Person Ihnen geschrieben hat.
  - *Benachrichtigungen*: Stellen Sie die Benachrichtigungsform ein. Wir raten von Änderungen ab, weil Sie sonst keine Infos zu neu vorliegenden SMS erhalten.
  - *Nur SMS und MMS senden*: Wie im Kapitel *7.3 RCS* erläutert, schaltet das Handy automatisch auf die RCS-Funktion um, wenn Ihr Kommunikationspartner diesen Standard unterstützt. Möchten Sie weiterhin nur SMS senden, dann aktivieren Sie hier *Nur SMS und MMS senden*. Wir raten allerdings davon ab.
  - *Blockieren und als Spam melden*: Sie erhalten keine Anrufe und SMS mehr von der jeweiligen Person. (siehe Kapitel *7.8.1 Schwarze Liste*).
  - *Ende-zu-Ende-Verschlüsselung; Verschlüsselung prüfen*: Die Kommunikation über RCS erfolgt verschlüsselt, das heißt kein Dritter hat Zugriff auf die ausgetauschten Nachrichten. Vor dem Austausch wichtiger Nachrichten können Sie über die mit *Verschlüsselung prüfen* angezeigten Zahlenfolge die Sicherheit überprüfen. Bei Ihrem Gesprächspartner müssen dazu die gleichen Zahlen angezeigt werden.
  - *Gruppe erstellen*: Der Konversation weitere Teilnehmer hinzufügen.
- *Suchen:* In den ausgetauschten Nachrichten nach einem Text suchen.
- *Farben ändern: Hintergrund- und Schriftfarbe für diesen Chat anpassen.*
- *Archivieren*: Den Nachrichtenverlauf ins Archiv übernehmen. Wir gehen darauf nicht ein, weil Sie alte Nachrichten in der Regel löschen werden.
- *Löschen*: Nachrichtenverlauf entfernen.
- *Blockieren und als Spam melden*: Künftig erhalten Sie keine Nachrichten mehr vom Absender.
- *Hilfe & Feedback*

7.8 SMS empfangen

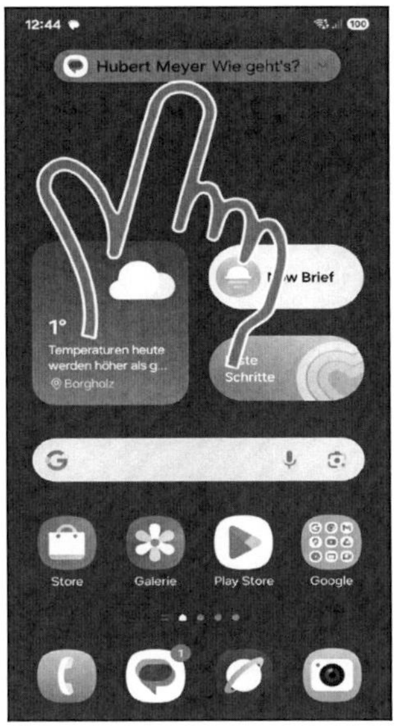

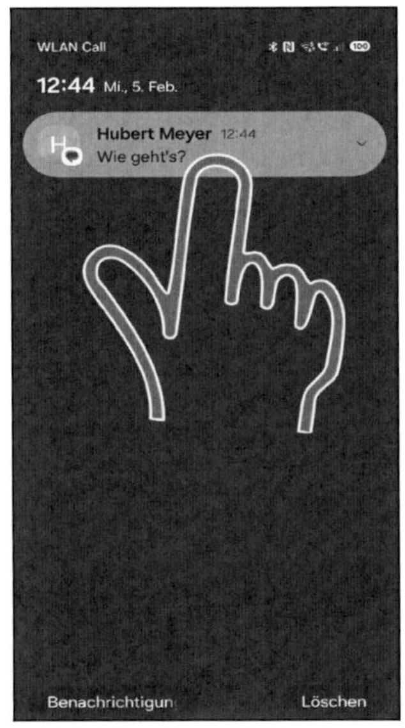

❶ Wenn Sie eine neue SMS erhalten haben, erscheint für einige Sekunden ein Popup, das Sie Antippen, um die Nachricht anzusehen.

❷ Alternativ erhalten Sie auch über das Benachrichtigungsfeld Infos zu den empfangenen Nachrichten. Das Benachrichtigungsfeld erscheint, wenn Sie den Finger auf die Titelleiste setzen und dann herunterziehen. Gehen Sie nun auf die Nachricht, was den zugehörigen Nachrichtenverlauf anzeigt.

7.8.1 Schwarze Liste

Sofern Sie Ihre Handynummer an viele Kontakte weitergeben, wird früher oder später der Zeitpunkt kommen, ab dem Sie SMS von einigen Leuten erhalten, die nur nerven. Solche Personen setzen Sie einfach auf die »schwarze Liste«.

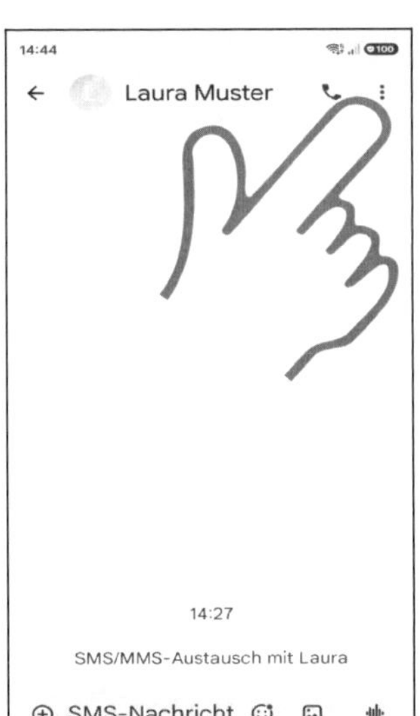

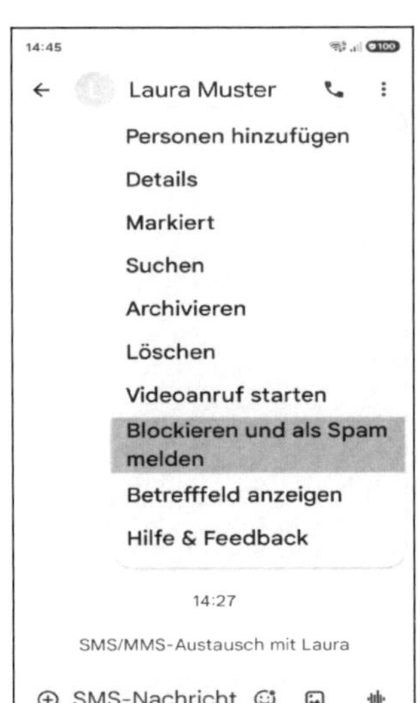

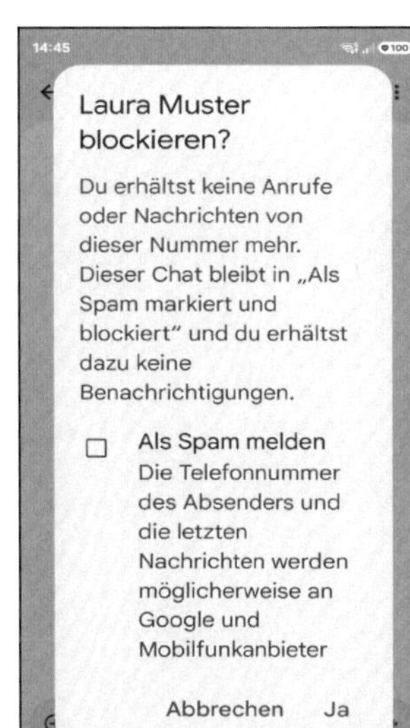

❶ Rufen Sie im Chat das ⋮-Menü auf.

❷ Wählen Sie *Details.*

❸ Nach Betätigen von *Ja* landen künftig alle SMS des Absenders nicht mehr in der Messaging-Anwendung, sondern in der schwarzen Liste.

❶❷❸ Die schwarze Liste verwalten Sie, indem Sie durch Antippen des Kontosymbols das Ausklappmenü aktivieren und dort auf *Als Spam markiert* gehen.

❶ Sie möchten wissen, was ein blockierter Kontakt geschrieben hat? Dann wählen Sie den zugehörigen Eintrag aus.

❷ Über *Blockierung aufheben* heben Sie die Filterung wieder auf.

7.9 Konfiguration

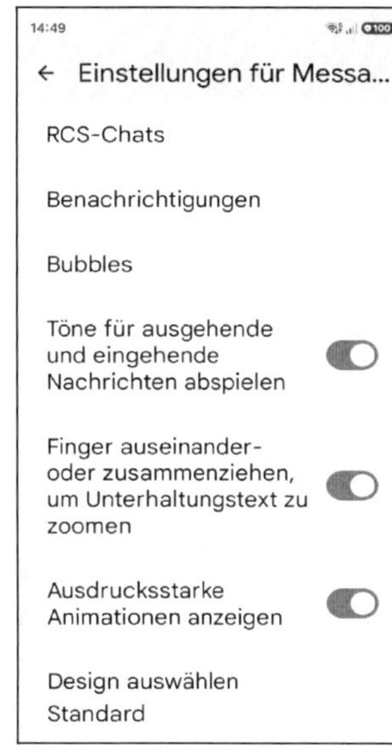

❶ Tippen Sie auf das runde Kontosymbol.

❷❸ Wählen Sie *Messages-Einstellungen*. Die Optionen:

- *RCS-Chats*: Auf die Chatfunktion geht Kapitel *7.3 RCS* ein. Lassen Sie sie aktiviert.
- *Benachrichtigungen*: Legt fest, in welcher Form Sie über neue SMS informiert werden. Wir empfehlen, nichts zu ändern.
- *Bubbles*: In den sogenannten Blasen informiert das Handy über neue SMS. Hier sollten Sie nichts ändern.
- *Fotos schneller senden*: Reduziert die Auflösung von versandten Bildern.
- *Töne für ausgehende und eingehende Nachrichten abspielen*: Ein Signal weist auf erfolgreichen SMS-Versand hin.
- *Finger auseinander- oder zusammenziehen, um Unterhaltungstext zu zoomen*: Über die im Kapitel *7.1 Nachrichtenanzeige* beschriebene Kneifgeste können Sie die Anzeige verkleinern/vergrößern.
- *Ausdrucksstarke Animationen anzeigen*: Standardmäßig werden diese Emoticons nach dem Einfügen automatisch animiert: 👍 – Daumen hoch; ❤ – Rotes Herz; 😂 – Gesicht mit Freudentränen; 😮 – Gesicht mit offenem Mund; 😡 – Wütendes Gesicht; 👎 – Daumen runter; 💩 – Pile of Poo; 🎉 – Party-Popper; 😠 – Wütendes Gesicht; 😢 – Weinendes Gesicht.
- *Design auswählen*: Sie können zwischen der hellen und invertierten Bildschirmdarstellung wählen.
- *Aktuelles Land*: Die Messaging-Anwendung verwendet im Ausland automatisch ein geeignetes Mobilfunknetz.
- *Transkript von Sprachnachrichten*: Google stellt automatisch zu Sprachnachrichten eine Transkription bereit.
- *Gemini in Messages*: Sie können die Gemini-Schaltfläche (der Stern) im Hauptmenü deaktivieren, falls Sie ihn nicht nutzen. Auf dem Redmi Note 15 wird diese Funktion nicht unterstützt.
- *Vorschläge*: Die Messages-Anwendung schlägt automatisch bei der Eingabe mögliche Antworten vor. Deaktivieren Sie *Intelligente Antwort* beziehungsweise *Vorschläge für Aktionen*, wenn Sie das stört.
- *Automatische Vorschau*: Ihnen zugesandte Webseitenlinks zeigt die Messages-Anwendung als Vorschaubild.
- *Sicherheit und Datenschutz*: Filtert unerwünschte SMS, beispielsweise Werbung. In

Deutschland spielen allerdings Werbe-SMS kaum eine Rolle.

- *Aktionen beim Wischen*: Wischen Sie auf einer Nachricht im Hauptmenü nach rechts oder links, um sie zu löschen oder zu archivieren.
- *Erweitert*:
    - *Gruppennachrichten*: Sofern Sie mehrere Empfänger in einer SMS angegebenen haben, erhalten alle Gruppenmitglieder ihre Nachrichten. Bitte beachten Sie, dass für jedes Mitglied der übliche SMS-Versandtarif anfällt, was sehr teuer werden kann.
    - *MMS automatisch herunterladen; Bei Roaming MMS automatisch herunterladen*: Auf die MMS geht dieses Buch nicht ein, da dieser Dienst von den Mobilnetzen inzwischen weitgehend eingestellt wurde.
    - *Einfache Zeichen verwenden*: Lassen Sie die Voreinstellung deaktiviert. Diese Einstellung ist nur für fremdsprachliche Nachrichten eventuell nötig.
    - *SMS-Zustellberichte verwenden*: Sie bekommen, sobald Ihre SMS beim Empfänger eingetroffen ist, einen Zustellhinweis.
    - *Servicenachrichten*: Der Netzbetreiber sendet gegebenenfalls eine Konfigurationsnachricht, wenn Sie die SIM-Karte wechseln.
    - *iPhone-Reaktionen als Emoji anzeigen*: Passt die Anzeige der von iPhones empfangenen Nachrichten an.
    - *Notfallbenachrichtigungen für Mobilgeräte*: Die Behörden senden über den sogenannten Cell-Broadcast Katastrophenhinweise.
    - *Nachrichten auf SIM-Karte*: Falls Sie ein alte SIM-Karte nutzen, finden Sie hier vielleicht noch einige dort gespeicherte SMS. Android unterstützt das Speichern von SMS auf SIM-Karte dagegen nicht.
    - *SMS auf anderen Galaxy-Geräten*: Nicht von Samsung dokumentiert.
    - *Telefonnummer*
    - *SMSC*: Hier sollten Sie nichts ändern, weil die Voreinstellungen zum Senden/Empfangen automatisch anhand der eingelegten SIM-Karte vorgenommen werden.

8. Telefonbuch

Das Telefonbuch speichert, wie der Name schon sagt, alle Kontakte und deren Rufnummern, E-Mail-Adressen und Adressen. Andere Anwendungen, beispielsweise die Nachrichten-Anwendung und die Telefonoberfläche, greifen auf diese Daten zurück. Das Galaxy zeigt auch SIM-Kontakte (auf der SIM-Karte gespeicherte Rufnummern) im Telefonbuch an.

Vor der ersten Nutzung des Telefonbuchs sollten Sie das eigene Google-Konto auf dem Galaxy einrichten (siehe Kapitel *22 Das Google-Konto*). Ihre angelegten Kontakte werden dann nämlich im Google-Konto gesichert und lassen sich nach einem Zurücksetzen beziehungsweise Datenverlust jederzeit wieder herstellen.

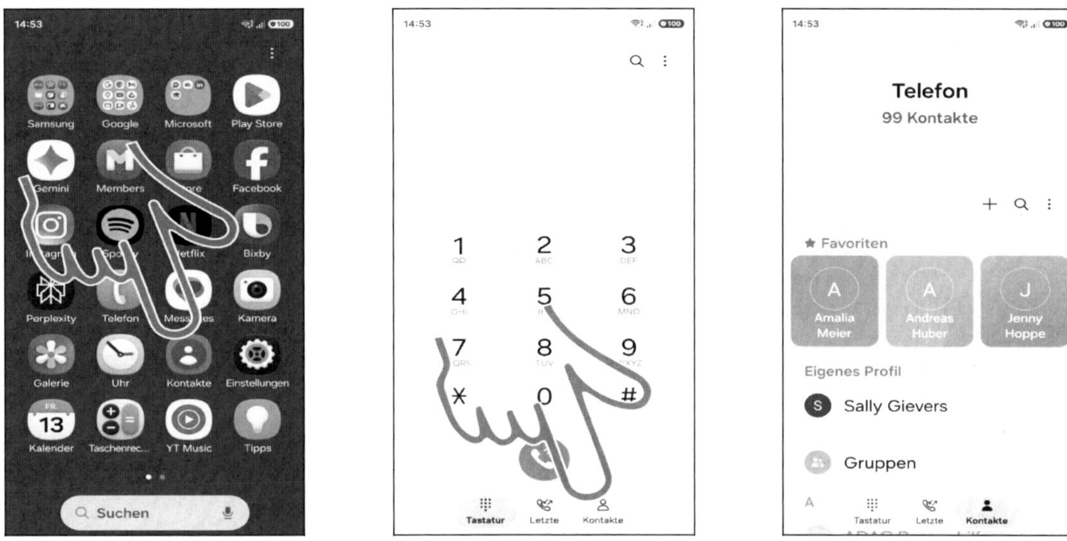

❶ So gelangen Sie ins Telefonbuch: Gehen Sie im Hauptmenü auf *Kontakte*.

❷❸ Alternativ aktivieren Sie in der Telefonoberfläche das *Kontakte*-Register (Pfeil). Bitte beachten Sie, dass hier nicht alle Funktionen des Telefonbuchs vorhanden sind.

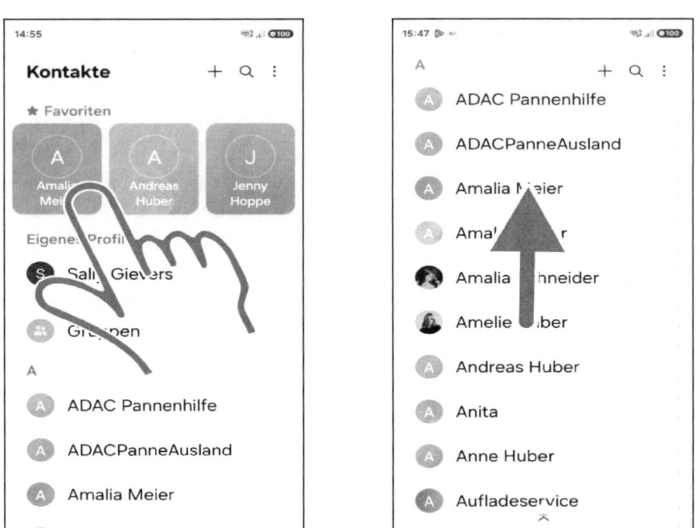

❶ Unter *Favoriten* sind von Ihnen als wichtig eingestufte Kontakte zu finden, worauf Kapitel *8.6 Favoriten* noch eingeht. Auf einem neu in Betrieb genommenen Handy sind natürlich noch keine Favoriten vorhanden.

❷ Die eigentliche Kontaktliste, die Sie nach ein- oder mehrmaligen Wischen zu Gesicht bekommen, ist alphabetisch sortiert (❸).

Bei Kontakten, denen ein Foto zugewiesen wurde (siehe *8.4 Kontaktfoto und Klingelton*), erscheint dieses auch in der Auflistung statt des Platzhalters.

8.1 Kontakterfassung

Im Folgenden wird beschrieben, wie Sie Rufnummern im Telefonbuch speichern.

8.1.1 Kontakt im Telefonbuch eingeben

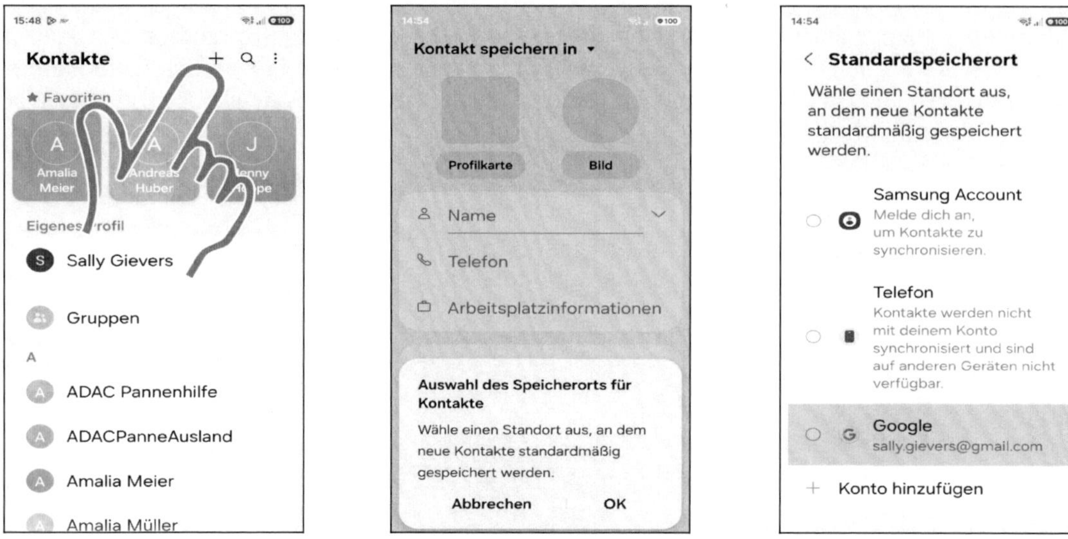

❶ Neue Kontakte werden über + (Pfeil) angelegt.

❷❸ Beim ersten Mal werden Sie gefragt, in welchem Speicher Ihre Kontakte landen sollen. Nach betätigen von *OK* wählen Sie Ihr Google-Konto (*Google*) aus.

> Die Option *Telefon* belässt alle Kontakte auf dem Handy. Geht dieses verloren, sind auch Ihre Kontakte weg! Die Option *SIM 1* hat den Nachteil, dass Sie darin nur eine Rufnummer und eine E-Mail-Adresse speichern können. Auch hier erfolgt keinerlei Datensicherung. Beim *Samsung-Konto* (nur angezeigt, wenn Sie beim Samsung-Konto angemeldet sind, siehe Kapitel *23 Das Samsung-Konto*) erfolgt die Datensicherung auf Samsung-Servern im Internet. Bei der *Google*-Einstellung haben Sie dagegen den Vorteil, dass nicht nur eine Datensicherung im Internet erfolgt, sondern Ihnen die Kontaktdaten auf jedem Android-Gerät zur Verfügung stehen, auf dem Sie sich mit Ihrem Google-Konto anmelden.

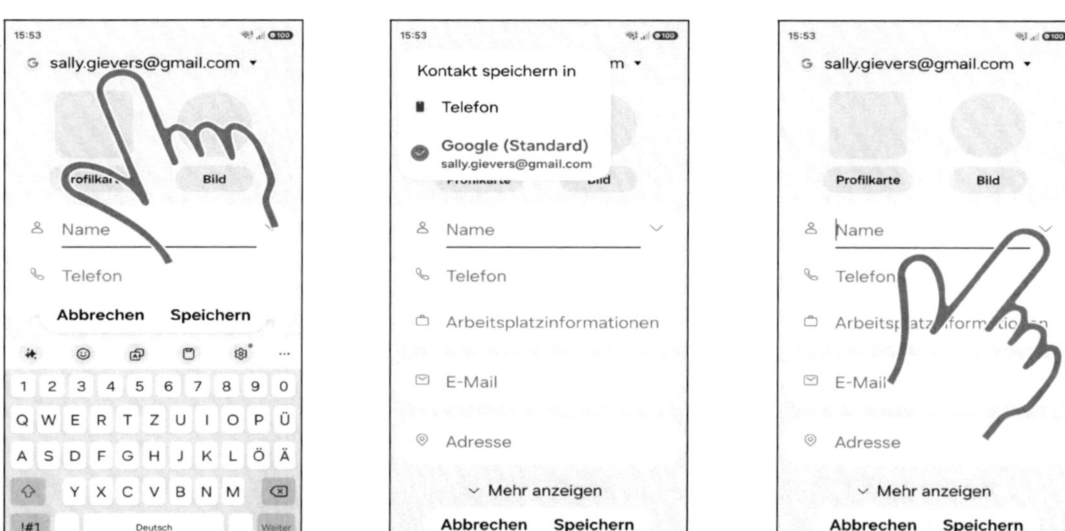

❶❷ Achten Sie auch in Zukunft immer darauf, dass als Speicherort Ihr Google-Konto (*Name@gmail.com*) eingestellt ist. Gegebenenfalls müssen Sie Ihr Konto erst festlegen. Tippen Sie dazu einfach auf den Kontonamen.

❸ Füllen Sie nun die Eingabefelder aus. Sofern Sie mehrteilige Namen erfassen müssen (»Jasmina Maria Müller« oder »Max Graf von Strach und Witz«), tippen Sie die ∨-Schaltfläche (Pfeil) an. Sie können nun den mehrteiligen Namen eingeben.

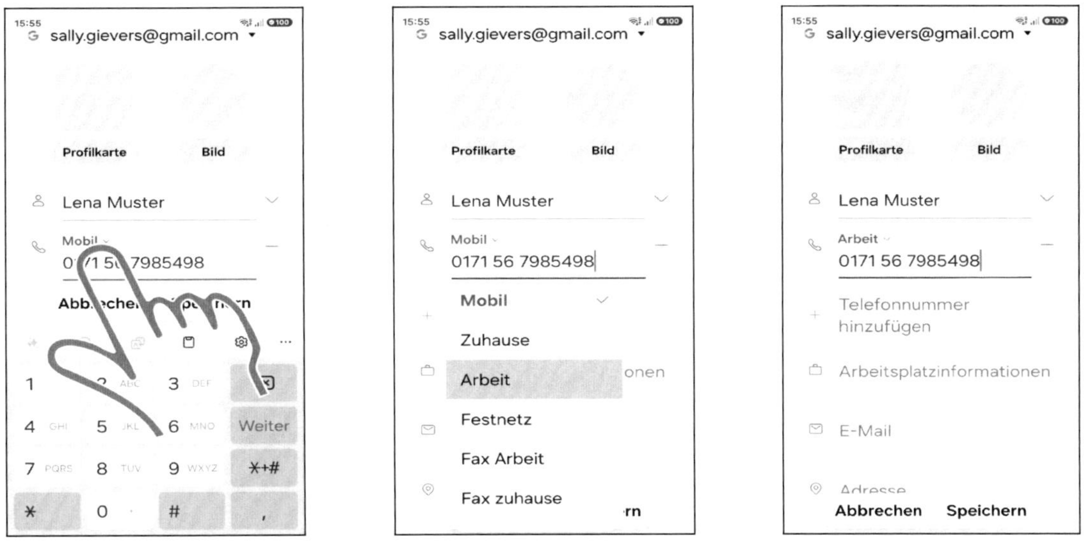

❶ Nachdem Sie eine Rufnummer eingegeben haben, tippen Sie auf den Rufnummerntyp (Pfeil).

❷ Stellen Sie die Art der Rufnummer ein, zum Beispiel *Arbeit*.

❸ Um das automatisch aufklappende Tastenfeld wieder zu schließen, betätigen Sie die ‹-Schaltfläche. Betätigen Sie *Speichern*, was den Kontakt ins Telefonbuch übernimmt.

8.1.2 Weitere Eingabefelder

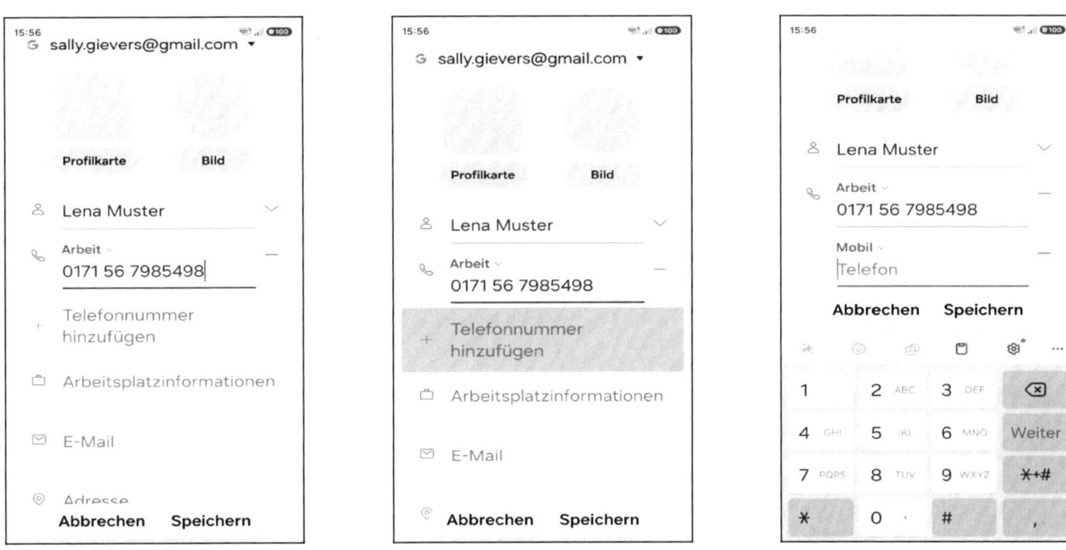

❶ Weitere Felder:

- *E-Mail:* E-Mail-Adresse des Kontakts.
- *Gruppen*: Weist den Kontakt einer Gruppe zu.

❷❸ Das Telefonbuch unterstützt mehrere Eingabefelder. Die *Telefonnummer hinzufügen*-Schaltfläche (Pfeil) blendet ein neues Eingabefeld ein. Die Minus-Schaltfläche entfernt dagegen ein Feld wieder.

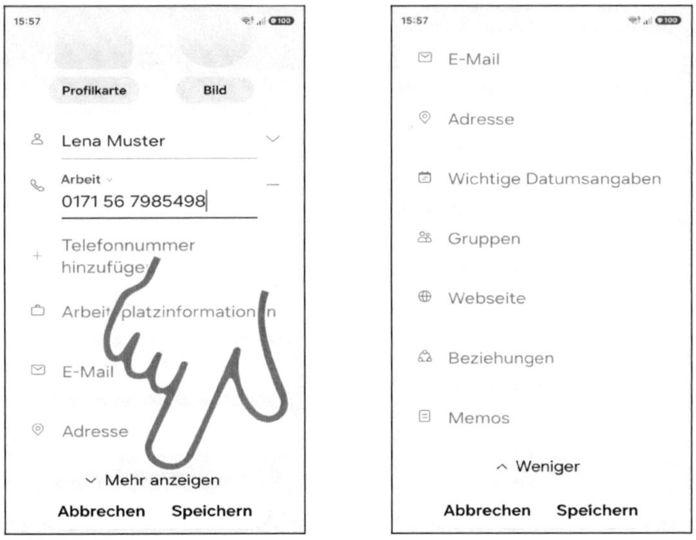

❶❷ Über *Mehr anzeigen* (Pfeil) erstellen Sie weitere Eingabefelder, beispielsweise mit der Kontaktadresse.

8.1.3 Kontakt aus Telefonoberfläche übernehmen

❶❷ Sie können in der Telefonoberfläche eine von Ihnen eingegebene Rufnummer über die +-Schaltfläche (Pfeil) ins Telefonbuch übernehmen. Danach wählen Sie aus, ob ein neuer Kontakt erstellt oder die Nummer einem bestehenden Kontakt zugewiesen wird.

❸ Wenn Sie ein Telefonat mit jemandem geführt haben, der sich noch nicht in Ihrem Telefonbuch befindet, können Sie mit *Zu Kontakten hinzufügen* ebenfalls die Rufnummer speichern.

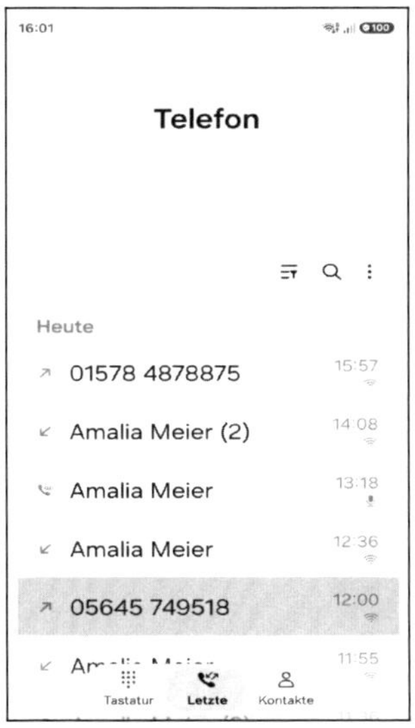

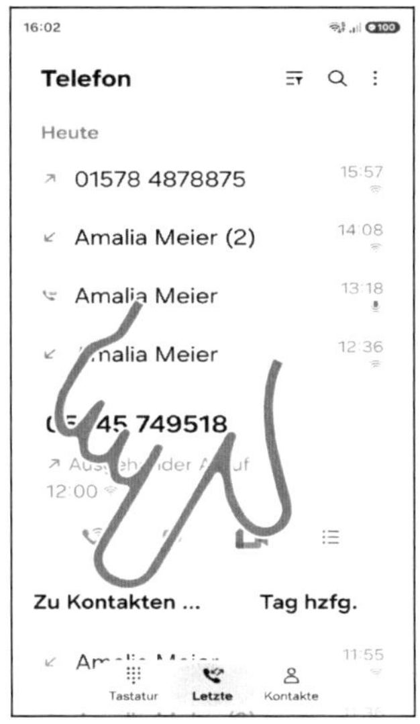

❶ Über die Anrufliste (siehe Kapitel *6.5 Anrufliste (Protokoll)*) der Telefonoberfläche ist es ebenfalls möglich, Rufnummern in die Kontaktverwaltung zu übernehmen. Tippen Sie dafür den Rufnummerneintrag an.

❷ Betätigen Sie *Zu Kontakten hinzufügen.*

8.2 Kontakt bearbeiten

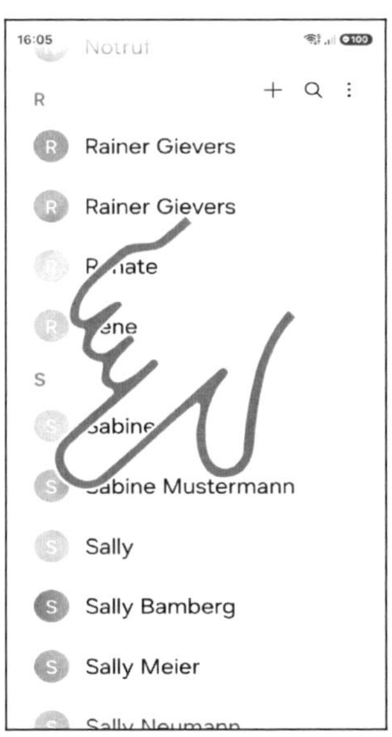

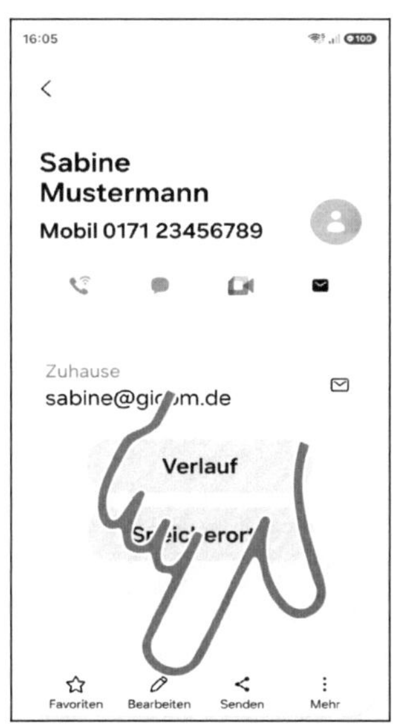

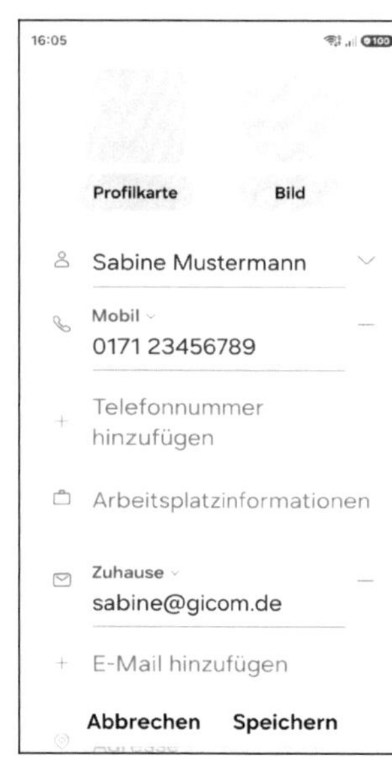

❶ Tippen Sie das runde Symbol vor dem Kontakteintrag an.

❷❸ Bearbeiten Sie den Kontakt mit *Bearbeiten*. Alternativ entfernen Sie ihn über ⁝/*Löschen*.

8.3 Listen- und Detailanzeige

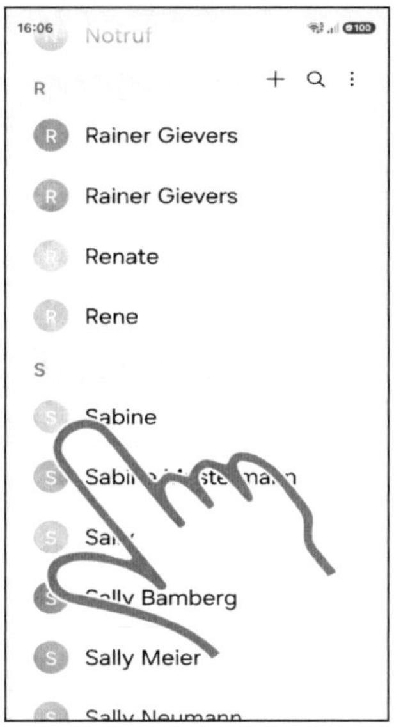

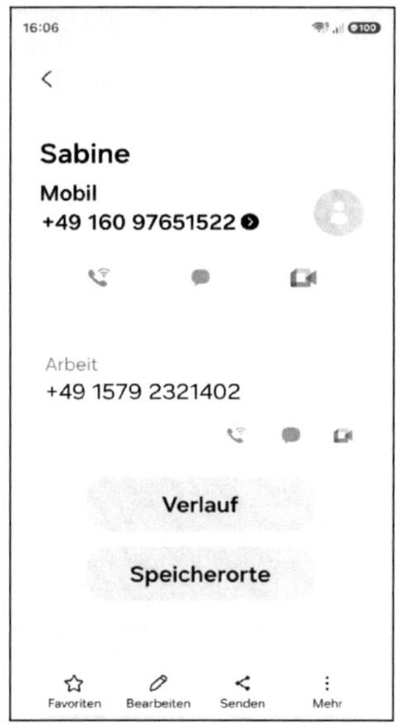

❶ Die Kontakte werden standardmäßig in einer alphabetisch sortierten Liste, nach Namen sortiert, angezeigt. Tippen Sie kurz auf das runde Symbol vor einem beliebigen Kontakteintrag.

❷ Es erscheinen nun die Kontaktdetails.

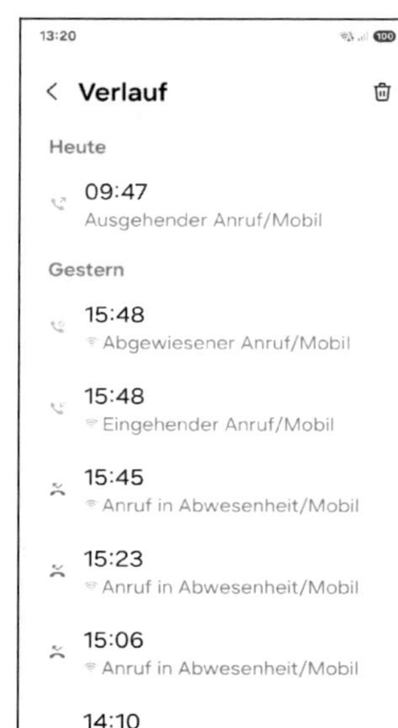

❶ *Verlauf* listet alle Anrufe und SMS eines Kontakts auf.

❷ Sie müssen nun zweimal im Popup *Zulassen* betätigen.

❸ Antippen eines Anrufeintrags beschränkt die Auflistung auf die Telefonate des jeweiligens Tags. Tippen Sie auf eine SMS, wenn Sie den zugehörigen Nachrichtenverlauf anzeigen möchten.

8.4 Kontaktfoto und Klingelton

Jedem Kontakt können Sie ein Kontaktfoto und einen Klingelton zuordnen, welche bei eingehenden Anrufen angezeigt beziehungsweise abgespielt werden. Dank des für jeden Kontakt unterschiedlich festgelegten Klingeltons wissen Sie sofort, wer anruft, ohne das Handy aus der Tasche zu nehmen.

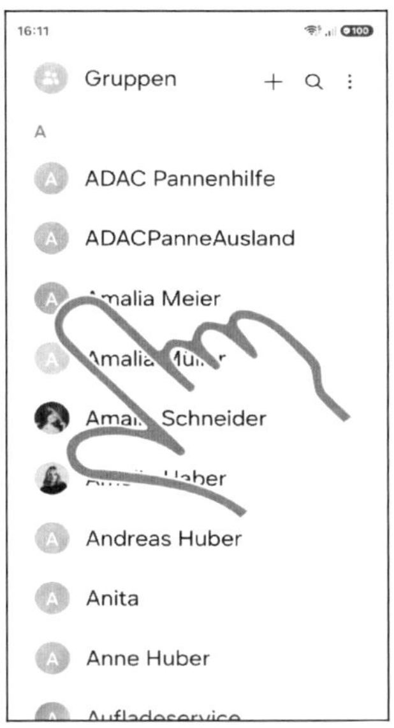

➊ Tippen Sie in der Auflistung auf das runde Symbol vor einem Kontakt.

➋ Gehen Sie auf *Bearbeiten.*

➌ Tippen Sie oben auf das **linke** Symbol. Schließen Sie das folgende Popup mit *Vollen Zugriff zulassen.*

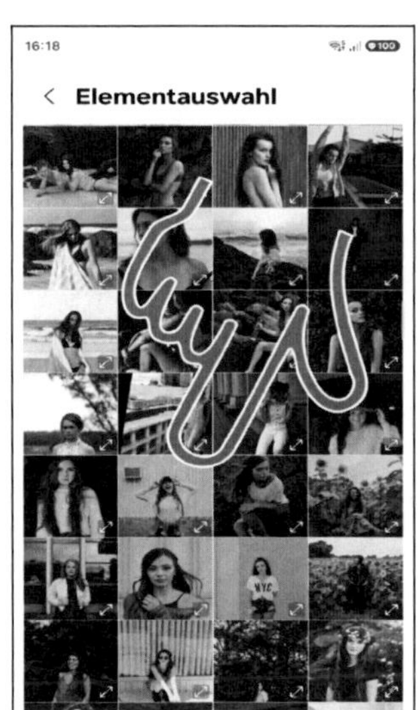

➊ Das Handy bietet Ihnen mehrere Gestaltungsmöglichkeiten beim Kontaktbild, darunter KI-generierte Bilder, Sticker oder sogenannte Avatare. In unserem Beispiel möchten wir aber ein Foto verwenden. Gehen Sie dafür auf *Kamera.*

➋ Wählen Sie ein Foto aus.

❶ Schließen Sie das Popup mit *OK.*

❷ Das Handy zeigt eine Vorschau an, in der Sie mit einer Kneif- oder Wischgeste die Darstellung anpassen. Betätigen Sie dann *OK.*

❸ Vergessen Sie jetzt nicht, den Vorgang mit *Speichern* abzuschließen.

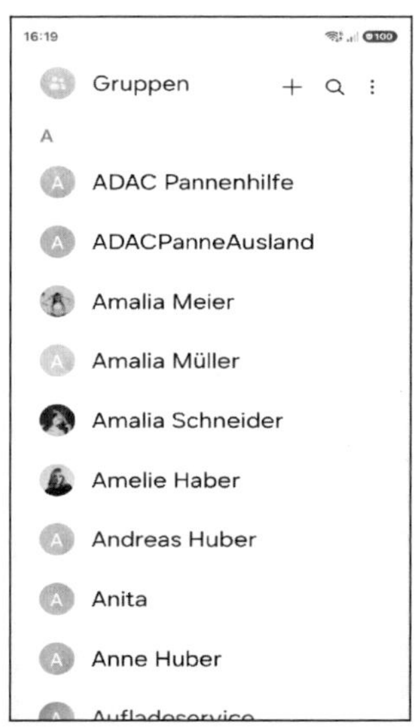

❶❷ In den Kontaktdetails und der Kontaktauflistung erscheint das Kontaktfoto.

❸ Künftig wird das Kontaktfoto bei Anrufen angezeigt.

Sie können ein Kontaktfoto auch mit der Galerie-Anwendung erstellen. Siehe Kapitel *18.3.1 Weitere Optionen.*

❶ Das Handy verwaltet das Kontaktfoto und das Hintergrundbild (beides hatten sie zuvor gleichzeitig eingerichtet) separat. Sie können also das Kontaktbild ändern. Dazu tippen Sie in den Kontaktdetails auf das kleine Profilbild.

❷ Tippen Sie erneut auf das Kontaktsymbol und wählen Sie dann das gewünschte Bild aus.

> Falls Sie das bei Anrufen angezeigte Hintergrundbild generell bei allen Anrufen ändern möchten, gehen Sie wie im Kapitel *6.7.9 Anrufhintergrund* gezeigt vor.

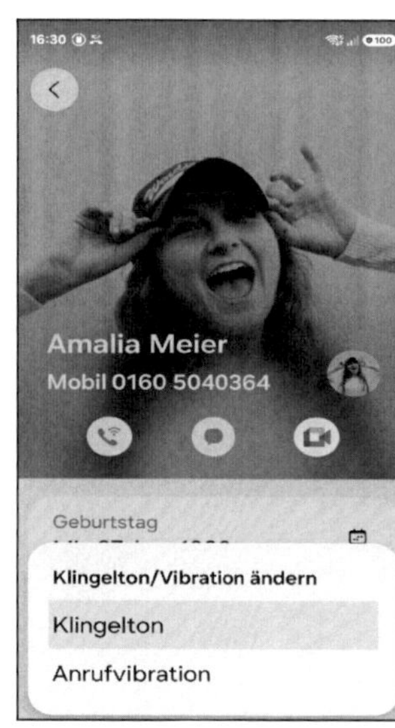

❶ Der Klingelton wird im Kontaktdetails-Bildschirm eingestellt. Gehen Sie hier auf *Mehr*.

❷❸ Wählen Sie *Klingelton/Vibration ändern* und dann *Klingelton*.

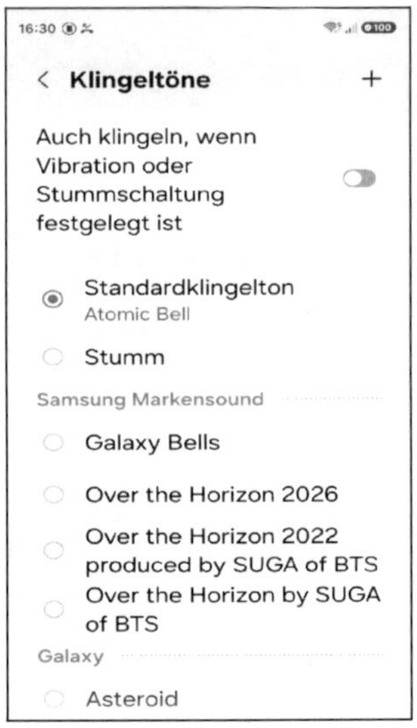

Sie können nun die Klingeltonmelodie einstellen. Schließen Sie den Bildschirm dann mit der ‹-Taste.

> Für das Zurücksetzen des Klingeltons auf die Standardmelodie rufen Sie diesen Bildschirm erneut auf und stellen wieder auf *Standardklingelton.*

Geht ein Anruf ein, wird das Kontaktfoto angezeigt und der zugehörige Klingelton abgespielt.

> Wie Sie eigene Audiodateien als Klingeltöne auf dem Galaxy einrichten, erfahren Sie im Kapitel *4.14.1 Signaltöne.*
>
> Der kontaktabhängige Klingelton funktioniert natürlich nur, wenn der Anrufer seine Rufnummer nicht unterdrückt.

8.5 Suchen

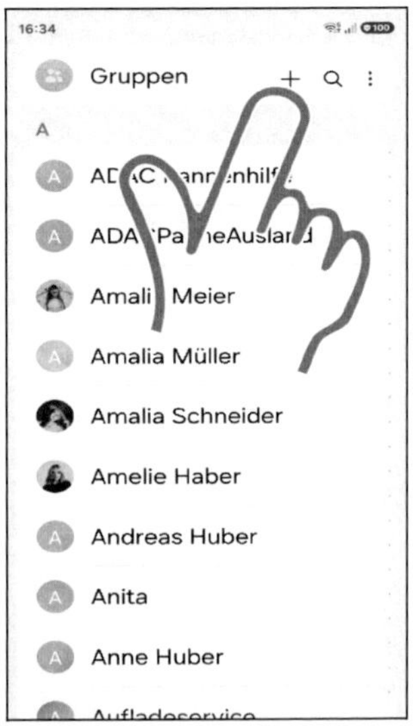

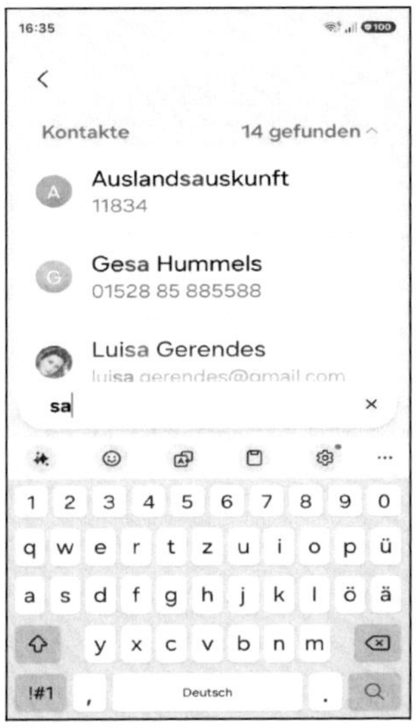

❶ Es ist nicht unbedingt notwendig, umständlich durch Halten und Ziehen des Fingers in der Kontaktauflistung zu blättern. Tippen Sie oben auf 🔍.

❷ Geben Sie den aufzufindenden Namen ein. Zu den eingegebenen Buchstaben beziehungsweise Namen, zeigt das Handy die passenden Kontakte an. Dabei werden Nach- und Vorname der Kontakte durchsucht. Tippen Sie eine der Fundstellen an, um dessen Details anzuzeigen. Die

Suche beenden Sie mit der X-Schaltfläche neben dem Suchfeld.

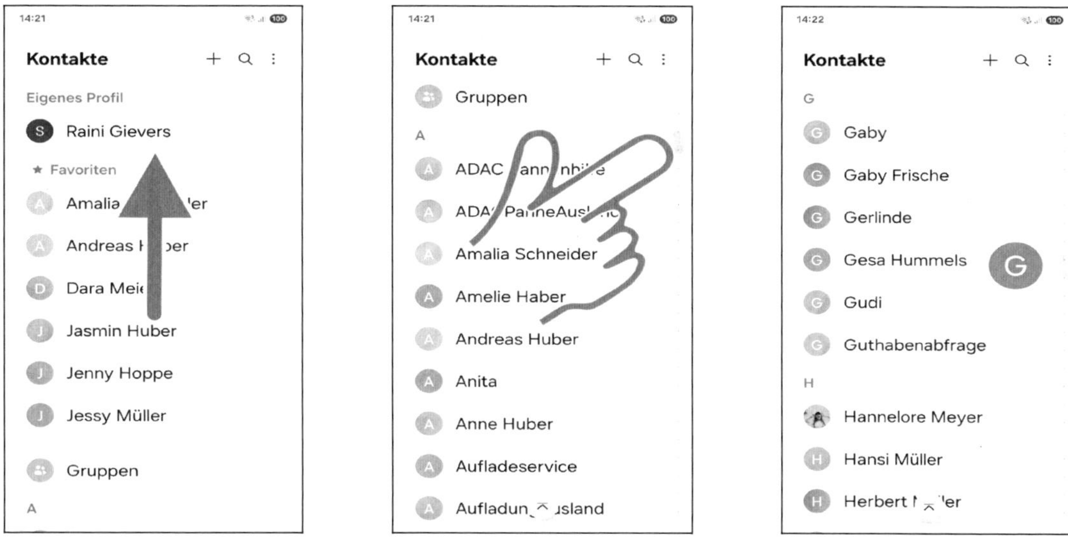

➊ Alternativ wischen Sie einmal in den Kontakten.

➋➌ Auf der rechten Seite erscheint eine Leiste. Halten Sie dort den Finger angedrückt und ziehen Sie nun nach oben oder unten. In der Bildschirmmitte zeigt das Telefonbuch währenddessen den Anfangsbuchstaben an, zu dem Sie nach Loslassen des Fingers springen. Alternativ tippen Sie direkt einen Buchstaben an, zu dem Sie springen möchten.

8.6 Favoriten

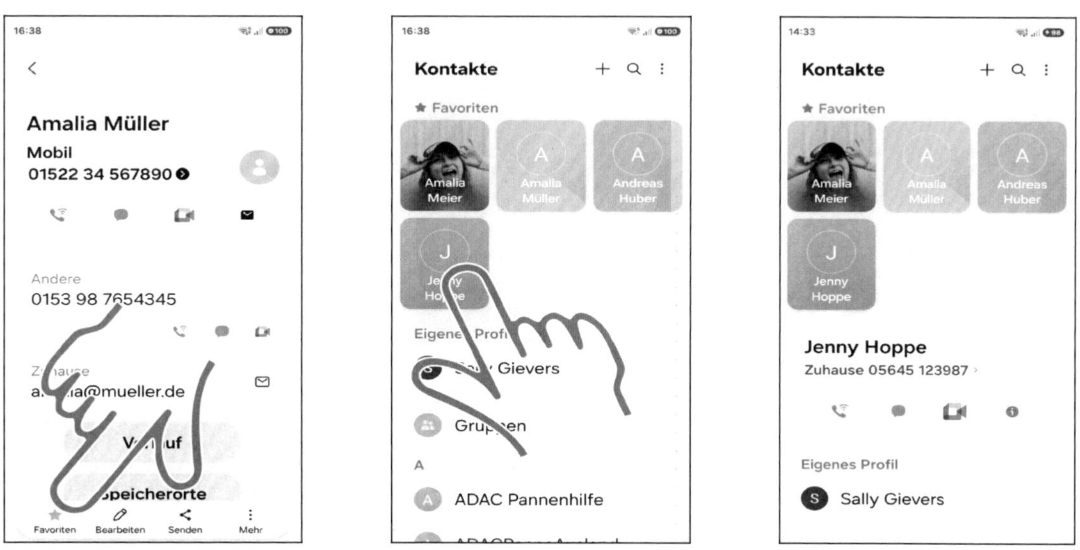

➊ Kontakte, mit denen Sie häufiger zu tun haben, sollten Sie als Favoriten markieren. Dazu aktivieren Sie in den Kontaktdetails jeweils den Stern. Erneutes Antippen des Sterns deaktiviert den Favoritenstatus wieder.

➋ Das Telefonbuch zeigt die Favoriten ganz oben in der Kontaktauflistung an.

8.7 SIM-Kontakte

Das Telefonbuch blendet die Telefonnummern auf der SIM-Karte (»SIM-Kontakte«) ein. Beachten Sie, dass Sie bei den SIM-Kontakten auf Komfortfunktionen darunter die Option, ein Kontaktfoto zuzuweisen, verzichten müssen.

Früher sprach für die SIM-Kontakte, dass man die SIM-Karte einfach aus dem Handy nahm, in ein anderes Handy einsteckte und dann sofort wieder die SIM-Kontakte im Telefonbuch hatte. Dies hat sich inzwischen geändert, denn die modernen SIM-Karten sind nicht für häufigen Handywechsel ausgelegt.

Android-Handys wie das Galaxy speichern die Telefonbuchkontakte im Google-Konto auf einem Internetserver ab; die Kontakte werden dann automatisch auf ein anderes Android-Handy übernommen, sobald man sich dort mit dem gleichen Google-Konto anmeldet (siehe dazu auch Kapitel *22 Das Google-Konto*).

Die meisten SIM-Karten enthalten vordefinierte SIM-Kontakte, beispielsweise mit Rufnummern von Auskunftsdiensten, ADAC-Pannenhilfe, Hotelvermittler oder diverse Service-Hotlines. Weil die Nutzung der SIM-Kontakte auf einem modernen Handy keinen Sinn macht, zeigen wir in diesem Kapitel nur, wie Sie die bereits vom Mobilnetzbetreiber vordefinierten SIM-Kontakte anzeigen und nutzen.

Falls Sie eine eSIM verwenden, stehen keine SIM-Kontakte zur Verfügung, denn die eSIM dient ausschließlich der Identifikation im Mobilfunknetz. Siehe auch Kapitel *2.3 Die SIM-Karte*.

❶ Sie finden die SIM-Nummern in der Kontaktverwaltung und Telefonoberfläche zwischen den »normalen« Telefonkontakten. Tippen Sie dort auf das runde Symbol vor dem Kontakt.

❷ Ein Symbol weist in den Kontaktdetails darauf hin, dass es sich um einen SIM-Kontakt handelt.

❸ Auch beim Bearbeiten erkennt man schnell, dass es sich um einen SIM-Kontakt handelt, denn es gibt meistens nur ein Eingabefeld für die Rufnummer.

8.8 Kontakte im Startbildschirm

Im Startbildschirm lassen sich Verknüpfungen auf Kontakte anlegen, um den Zugriff zu erleichtern. Zum Einsatz kommen dabei sogenannte Widgets (weitere Infos zu den Widgets finden Sie im Kapitel *4.7.2 Widgets*).

8.8.1 Direktwahl

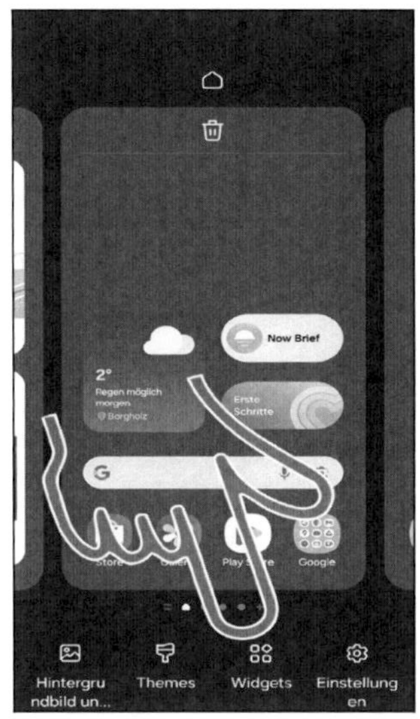

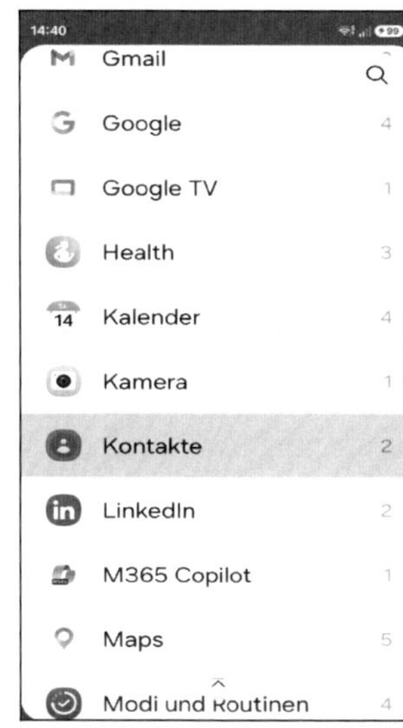

❶ Wechseln Sie zuerst mit mehreren Wischgesten nach links oder rechts in eine freie Seite des Startbildschirms (löschen Sie gegebenenfalls, wie im Kapitel *4.7.1 Schnellzugriffe anlegen und verwalten* beschrieben, nicht benötigte Widgets auf einer Startbildschirmseite). Führen Sie dann eine Kneifgeste durch und rufen Sie *Widgets* auf.

❷ Aktivieren Sie das *Widgets*-Register.

❸ Blättern Sie mit einer Wischgeste nach oben durch die Widgets. Tippen Sie dann auf *Kontakte.*

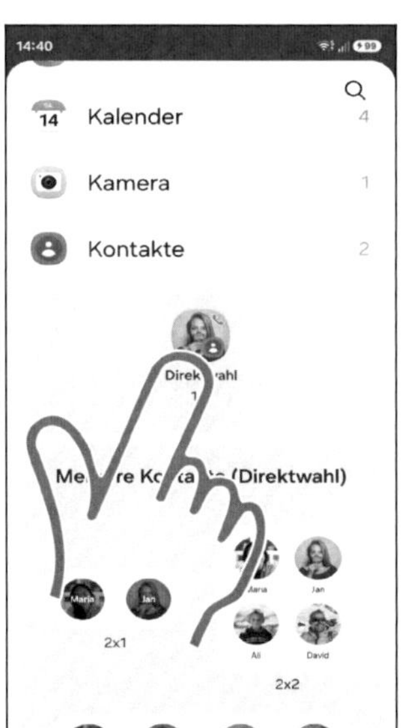

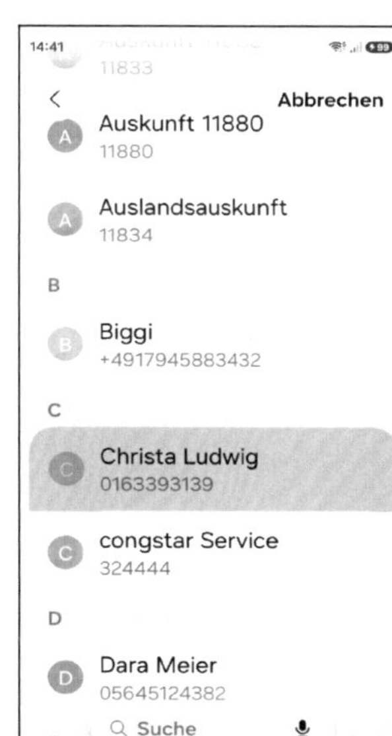

❶ Es stehen mehrere Kontakte-Widgets zur Verfügung, zwischen denen Sie auswählen können. In unserem Beispiel tippen und halten wir den Finger auf *Direktwahl,* bis das Handy auf den Startbildschirm umschaltet.

❷ Platzieren Sie das Widget in den gewünschten Bildschirmbereich und lassen Sie den Finger los.

❸ Sie müssen nun den Kontakt auswählen.

❶❷ Antippen des Kontakts im Startbildschirm startet die Anwahl.

8.9 QR-Code

Die QR-Codes sind zweidimensionale Barcodes, die von vielen Handys ohne zusätzliche Software über die Kamera eingelesen und weiterverarbeitet werden können. Das Samsung Galaxy bietet die Möglichkeit, Kontaktdaten aus einem QR-Code einzulesen und umgekehrt Kontaktdaten als QR-Code darzustellen.

QR-Codes müssen nicht unbedingt gedruckt auf Papier vorliegen, sondern lassen sich auch direkt von einem Bildschirm einlesen.

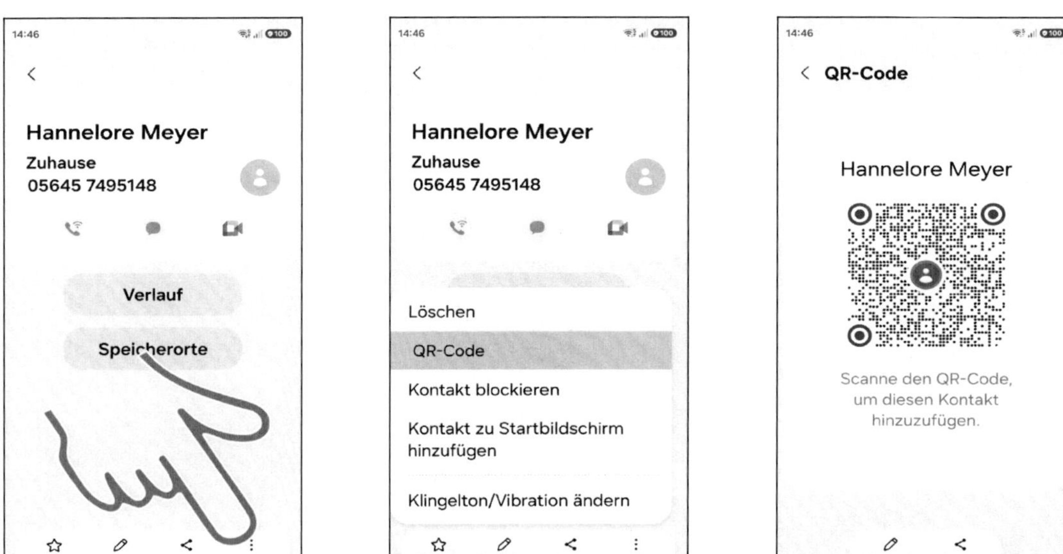

❶❷ In unserem Beispiel möchten wir einen QR-Code von einem Kontakt erzeugen. Dazu gehen wir in die Kontaktdetails und rufen *Mehr/QR-Code* auf.

❸ Eine andere Person muss nun sein QR-Code-Leseprogramm auf seinem Handy aktivieren und hält dann dessen Kamera auf den angezeigten QR-Code. Bei einem iPhone erkennt die Kamera-Anwendung automatisch QR-Codes und bietet den Import ins Telefonbuch an.

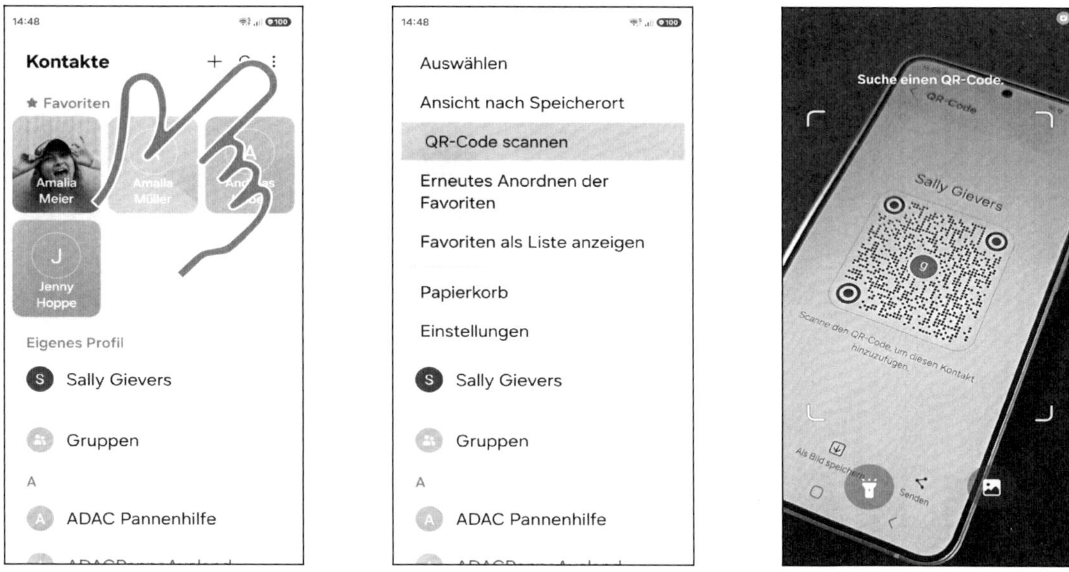

❶❷❸ Das Einlesen eines QR-Codes erfolgt auf jedem Samsung-Handy mit ⁝/*QR-Code scannen* in der Kontaktauflistung (Pfeil).

8.10 Einstellungen

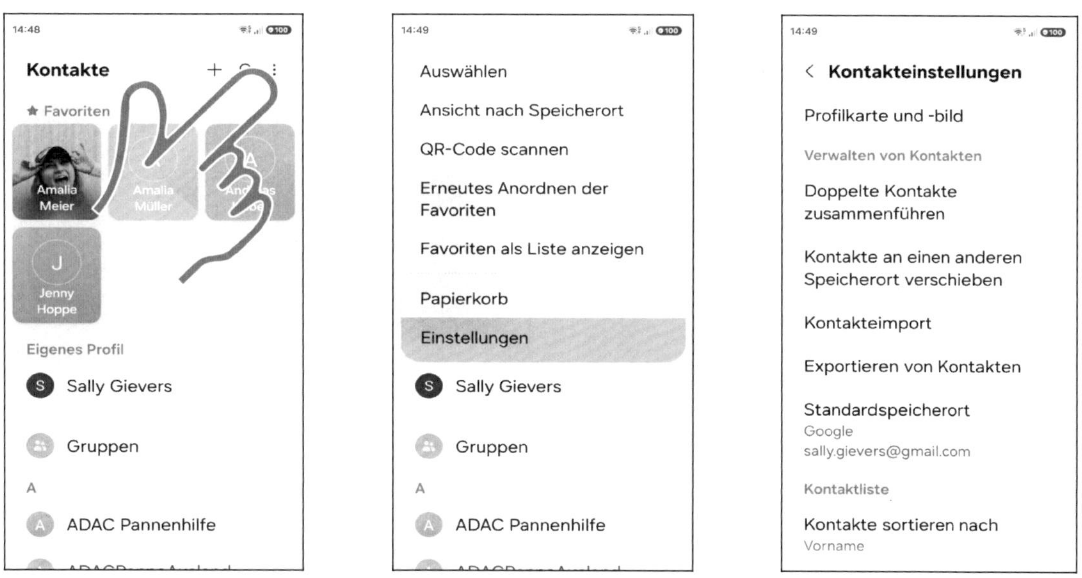

❶❷ Öffnen Sie das Ausklappmenü und gehen Sie auf ⁝/*Einstellungen*.

❸ Die verfügbaren Optionen:

- *Profilfreigabe und -bild*: Über die *Profilfreigabe* können Sie Ihre persönlichen Daten den Kontakten in Ihrem Telefonbuch zugänglich machen. Weil dies nur mit Samsung-Handys funktioniert, gehen wir in diesem Buch nicht darauf ein.

Unter *Verwalten von Kontakten*:

- *Doppelte Kontakte zusammenführen*: Kontakteinträge, welche die gleiche Rufnummer enthalten, führt das Handy zu einem Kontakt zusammen.
- *Kontakte an einen anderen Speicherort verschieben*: Kontakte können im Telefon, Google-Konto (empfohlen), Samsung-Konto oder der SIM-Karte gespeichert sein. Hiermit verschieben Sie einzelne Kontakte zwischen den Speicherbereichen.
- *Kontakteimport*: Kontakte von SIM-Karte oder aus einer Textdatei ins Telefonbuch importieren.
- *Exportieren von Kontakten*: Kontakte als Textdatei abspeichern.
- *Standardspeicherort*: Neu angelegte Kontakte werden im Google-Konto abgelegt. Dies

sollten Sie nicht ändern.

Unter *Kontaktliste*:

- *Kontakte sortieren nach*: Sortierung der Kontaktliste nach *Vorname* oder *Nachname*.
- *Namensformat*: Namen nach Vorname, Nachname oder umgekehrt auflisten.
- *Häufig kontaktierte anzeigen*: Diese Option listet alle Kontakte, die Sie mehrmals angerufen haben, als erstes in der Kontaktliste auf.

Unter *Weitere Einstellungen*:

- *Papierkorb*: Gelöschte Kontakte werden zunächst im Papierkorb abgelegt, den Sie über das Ausklappmenü erreichen.
- *Drittanbieteroptionen anzeigen*: Nicht von Samsung dokumentiert.
- *Kontakte synchronisieren*: Zeigt das Google-Konto an, in dem das Handy Ihre Kontakte sichert.

9. Internet einrichten und nutzen

Ihr Galaxy ist ein wahres Kommunikationsgenie. Sie können damit im Internet surfen, E-Mails und SMS verarbeiten. Um die Konfiguration des Internetzugangs brauchen Sie sich in der Regel nicht zu kümmern, da dies vom Galaxy automatisch erledigt wird.

Sie brauchen dieses Kapitel nicht durchzuarbeiten, um Internet über Ihren Mobilnetzbetreiber zu nutzen. Lesen Sie aber mindestens Kapitel *9.2.1 WLAN aktivieren/deaktivieren* durch, wo erklärt wird, wie Sie zwischen WLAN- und Mobilfunk-Internet umschalten.

9.1 Internetzugang einrichten

Sie können das Internet über WLAN oder Mobilnetzwerk nutzen.

9.1.1 WLAN

Heutzutage gibt es an vielen Orten beispielsweise Flughäfen, Hotels oder Bars, WLAN-Hotspots, über die Sie kostenlos online gehen können. Auch in Innenstädten findet man häufig »offene« WLANs, die kostenlos nutzbar sind, weil einige ihr WLAN absichtlich oder unabsichtlich unverschlüsselt zur Verfügung stellen.

Sobald Sie Ihr Handy manuell mit einem WLAN-Zugangspunkt verbunden haben, stellt es künftig automatisch eine Verbindung her, sobald Sie sich erneut in dessen Reichweite befinden. Weitere Einstellungen sind dafür nicht erforderlich.

9.1.2 Datenflatrate des Netzbetreibers

Das Galaxy-Handy ist wegen seiner Kommunikationsfunktionen auf eine dauerhafte Internetverbindung über das Mobilfunkinternet angewiesen. Sofern Sie ihr Gerät im Handy-Shop erworben haben, wird Sie der Verkäufer mit Sicherheit darauf aufmerksam gemacht haben, eine ausreichende Datenflatrate mit zu buchen. Für die meisten Nutzer reichen unserer Ansicht nach übrigens 2 GB/Monat an inkludiertem Übertragungsvolumen aus.

Sobald das im Paket enthaltene Datenvolumen überschritten wird, reduzieren die Netzbetreiber in der Regel die Übertragungsgeschwindigkeit auf ein niedrigeres Niveau. Dies macht sich im Webbrowser beispielsweise durch einen sehr langsamen Seitenaufbau bemerkbar.

Damit Sie den Datenverbrauch nachverfolgen können, empfehlen wir Ihnen, die von Ihrem Netzbetreiber bereitgestellte Anwendung aus dem Play Store (siehe Kapitel *26.1 Play Store*) zu installieren, welche den monatlichen Datenverbrauch anzeigt.

Zwar ist es möglich, die Option »*Mobile Daten*« zu deaktivieren (siehe Kapitel *9.2.2 Mobilfunk-Internet aktivieren/deaktivieren*), damit kein Mobilfunk-Internet genutzt wird, damit geht aber ein großer Teil des Charmes vom Galaxy-Handy verloren.

9.1.3 Automatische Einrichtung

Sobald Sie das Handy nach dem Einlegen einer neuen SIM-Karte einschalten, werden alle Mobilnetz-abhängigen Einstellungen, darunter Mailbox, SMS-Konfiguration und mobiles Internet automatisch konfiguriert.

9.2 Umschaltung WLAN und Mobilfunk-Internet

Sie können einstellen, dass alle Internetverbindungen über WLAN oder eine Mobilfunkverbindung ablaufen. Beachten Sie aber, dass Sie unterwegs nur bei einer Mobilfunkverbindung immer das Internet nutzen können, da WLAN nur an bestimmten Orten, beispielsweise in Hotels, Bars, Flughäfen usw. zur Verfügung steht. Meist finden Sie an den mit WLAN ausgestatteten Orten auch entsprechende Hinweisschilder.

Leider hat Samsung die WLAN-Verwaltung verwirrend gelöst. Abhängig davon, ob Sie bereits mal die Verbindung mit einem WLAN hergestellt hatten – was beispielsweise bei der Ersteinrichtung der Fall ist – verhält sich das WLAN-Menü unterschiedlich.

9.2.1 WLAN aktivieren/deaktivieren

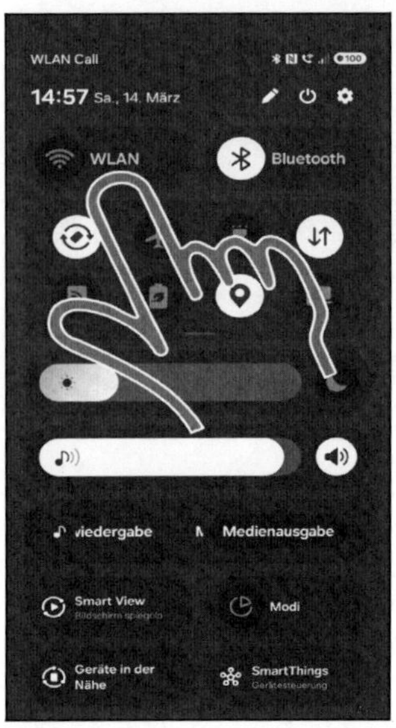

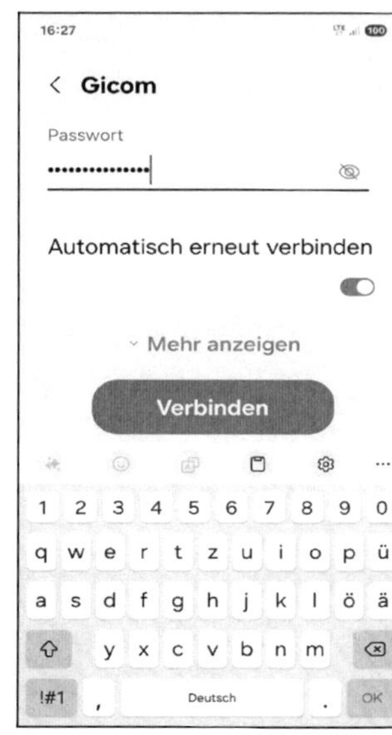

❶ Nach Aktivierung des Schnelleinstellungsbereichs betätigen Sie ᯤ (Pfeil).

❷❸ Falls Sie zuvor noch keinen WLAN-Zugangspunkt eingestellt hatten, erscheint dieses Menü: Wählen Sie einen der gefundenen WLAN-Zugangspunkte aus. Sofern dieser verschlüsselt ist, fragt Sie das Galaxy nach dem Passwort, das Sie eventuell vom WLAN-Betreiber erfragen müssen. Betätigen Sie dann *Verbinden.*

Vielleicht haben Sie bereits einen WLAN-Zugangspunkt auf dem Galaxy eingerichtet? In diesem Fall erscheint nicht das WLAN-Auswahlmenü, sondern das Handy baut sofort die Verbindung zum WLAN-Zugangspunkt auf.

Weitere Hinweise zur WLAN-Nutzung finden Sie im Kapitel *10 WLAN*.

Wenn Sie WLAN am Galaxy ausschalten und später erneut einschalten, baut das Gerät automatisch eine Verbindung zum WLAN-Zugangspunkt auf. Das benötigte Passwort wird nicht erneut abgefragt.

9.2.2 Mobilfunk-Internet aktivieren/deaktivieren

Haben Sie keinen Mobilfunkvertrag mit Datenflatrate, dann sollten Sie das Mobilfunk-Internet am Galaxy ausschalten.

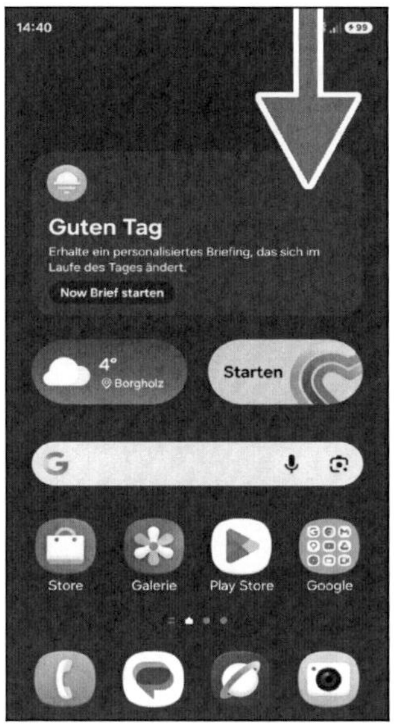

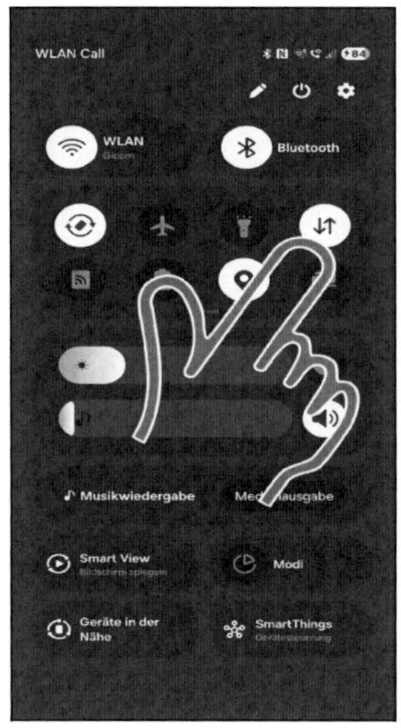

➊ Die Aktivität des Mobilfunk-Internets steuern Sie über den Schnelleinstellungsbereich. Führen Sie dafür eine Wischgeste von oben rechts nach unten durch.

➋ Deaktivieren Sie ↓↑, um das Mobilfunk-Internet abzuschalten (auf dem gleichen Wege lässt sich Mobilfunk-Internet auch wieder aktivieren).

9.3 Empfangsstärke Mobilfunk und WLAN

Für eine gute und unterbrechungsfreie Datenübertragung über WLAN oder Mobilfunknetz ist eine hohe Signalstärke jeweils Voraussetzung.

Die Mobilfunknetzsignalstärke erkennen Sie .ıl in der Titelleiste (Pfeil). Wenn ein oder mehrere der Balken fehlen, besteht kein optimaler Empfang, das heißt, Sie befinden sich zu weit vom Mobilfunkmast entfernt. Die Balkenangaben sind naturgemäß recht ungenau, was aber meistens keinen Beinbruch darstellt.

Auch die Qualität des WLAN-Empfangs lässt sich mit einem Symbol ablesen: [WLAN-Symbol]. Die kleine Zahl »5« im WLAN-Symbol informiert über das verwendete Übertragungsprotokoll, hat aber in der Praxis keinen Nutzen.

10. WLAN

Seit mehr als zwei Jahrzehnten gehört Internet über WLAN (Wireless Local Area Network) zu unserem Alltag. Die Vorteile dieses drahtlosen Standards gegenüber dem Mobilfunk-Internet sind offensichtlich: Neben der meist höheren Übertragungsgeschwindigkeit bietet WLAN auch die Möglichkeit, unterschiedliche Geräte wie Drucker und PCs und Handys miteinander zu koppeln – aber das soll nicht Thema dieses Buchs sein.

WLAN wird im Privatbereich fast ausschließlich dazu genutzt, um PCs, Notebooks, Handhelds usw. ans Internet anzuschließen. Dazu benötigt man nur einen sogenannten WLAN-DSL-Router, wie er heute schon für weniger als hundert Euro zu haben ist. Unterwegs kann man auch sogenannte WLAN-Hotspots (»WLAN-Zugangspunkte«) nutzen, die man in zahlreichen Hotels, Flughäfen, Bars usw. findet.

An vielen Orten finden Sie »offene« WLAN-Zugangspunkte, bei denen Unternehmen als Kundenbindung die Nutzung Ihres WLANs erlauben. Beachten Sie, dass einige kommerzielle WLAN-Zugangspunkte kostenpflichtig sind und Sie erst nach Bezahlung das Passwort dazu erhalten.

10.1 WLAN-Verbindung aufbauen

Wenn Sie das erste Mal WLAN nutzen, müssen Sie erst das WLAN-Modul am Galaxy einschalten und dann eine Verbindung zum WLAN-Zugangspunkt aufbauen, was in diesem Kapitel beschrieben wird.

> Beachten Sie auch Kapitel *9.2.2 Mobilfunk-Internet aktivieren/deaktivieren*, in dem erläutert wird, wie Sie zwischen WLAN- und Mobilfunk-Internet umschalten.

10.1.1 WLAN über die Einstellungen einrichten

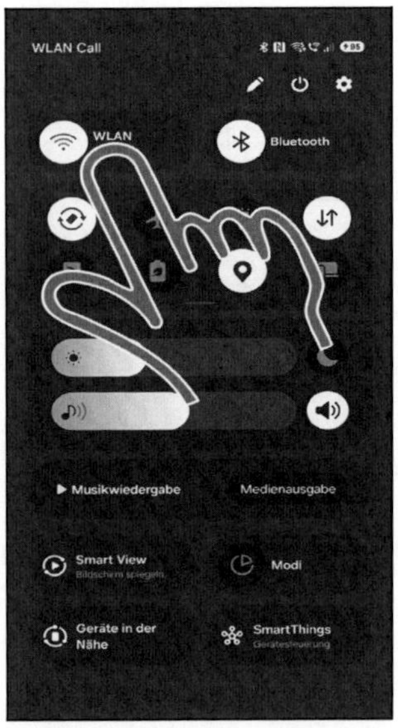

❶ Nach Aktivierung des Schnelleinstellungsbereichs tippen Sie an (Pfeil). Das -Symbol sollte sich hell färben. Falls WLAN bereits aktiv war, müssen Sie also erneut betätigen.

❷ Warten Sie, bis die gefundenen WLANs anzeigt werden, wovon Sie einen auswählen.

Vielleicht haben Sie bereits einen WLAN-Zugangspunkt auf dem Galaxy eingerichtet? In diesem Fall erscheint nicht das WLAN-Auswahlmenü, sondern das Handy baut die Verbindung zum WLAN-Zugangspunkt auf.

❸ Sofern das WLAN verschlüsselt ist, fragt Sie das Galaxy nach dem Passwort, das Sie eventuell vom WLAN-Betreiber erfragen müssen. Betätigen Sie dann *Verbinden.*

10.1.2 WLAN-Zugangspunkte wechseln

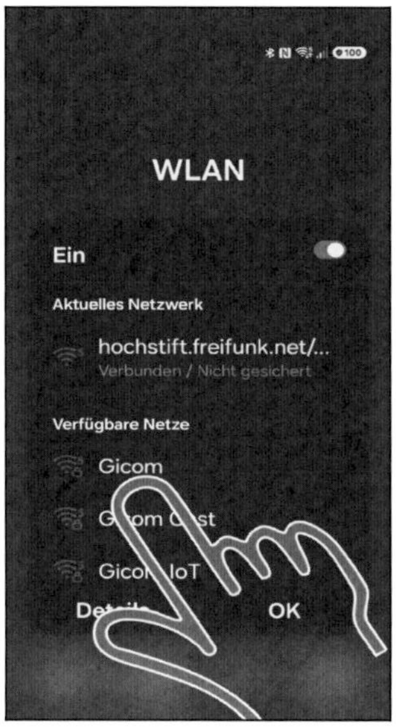

➊ Sie möchten einen anderen WLAN-Zugangspunkt verwenden? Aktivieren Sie den Schnelleinstellungsbereich, dann tippen und halten Sie die ᯤ-Schaltfläche.

➋ Wählen Sie einen der aufgelisteten Zugangspunkte aus.

10.2 WLAN-Verwaltung

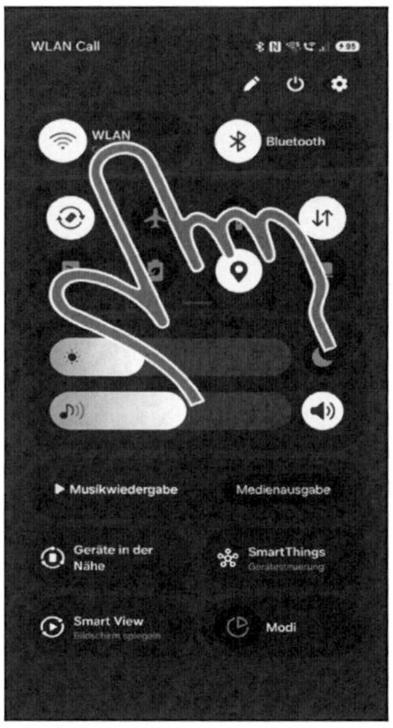

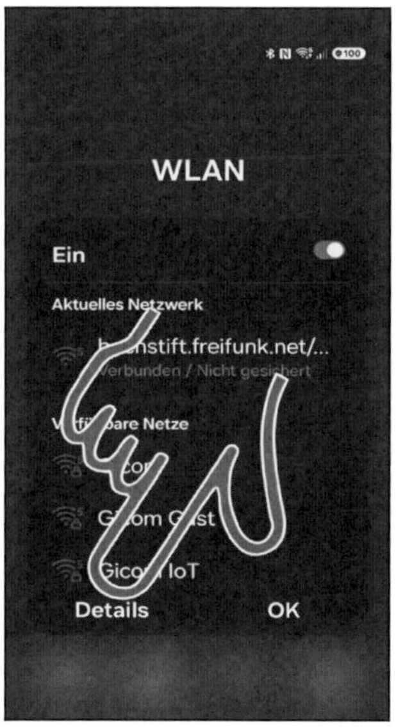

➊ Aktivieren Sie den Schnelleinstellungsbereich, dann tippen und halten Sie die ᯤ-Schaltfläche.

➋ Gehen Sie auf *Details.*

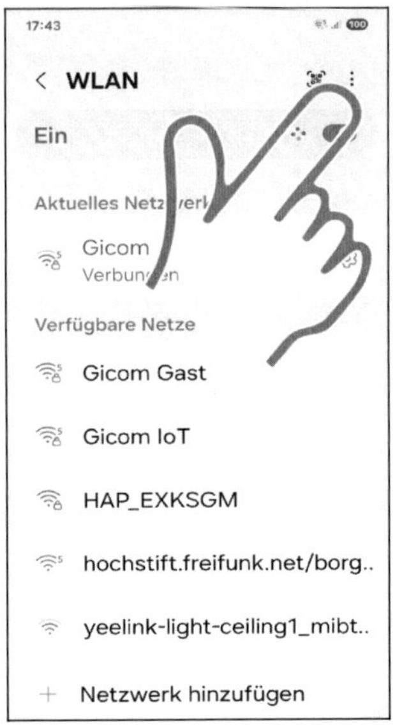

❶ Nun gehen Sie auf ⁝/*Erweiterte Einstellungen.*

❷ Die Optionen:

- *Mit Samsung Cloud synchronisieren*: Das Handy synchronisiert alle WLAN-Zugangsdaten mit dem im Kapitel *23 Das Samsung-Konto* vorgestellten Konto. Diese Funktion ist nützlich, wenn Sie mal in der Zukunft Ihr aktuelles Samsung-Handy gegen ein neues austauschen. Die bereits angelegten WLAN-Zugangsdaten werden dann auf das neue Samsung-Handy übernommen und müssen nicht erneut eingegeben werden.

Unter *Netzeinstellungen*:

- *Netzwerke verwalten*: Listet die bereits von Ihnen genutzten WLAN-Zugangspunkte auf.
- *Verlauf für WLAN ein-/aus*: Einige Programme, die hier aufgelistet werden, können selbsttätig das WLAN ein- und ausschalten.
- *Hotspot 2.0*: Dieser Standard soll den Verbindungsaufbau mit WLAN-Zugangspunkten von Drittanbietern, beispielsweise von Mobilfunkunternehmen, erleichtern. Derzeit gibt es allerdings noch keinen Anbieter, der diese Funktion unterstützt.
- *WEP-Netzwerke zulassen*: Einige ältere WLAN-Zugangspunkte nutzen ein veraltetes Sicherheitsprotokoll. Das Risiko für Sie ist allerdings gering.
- *Netzwerkzertifikate installieren*: Einige Programme benötigen Verschlüsselungszertifikate, beispielsweise in Unternehmensnetzwerken, welche Sie hiermit installieren.

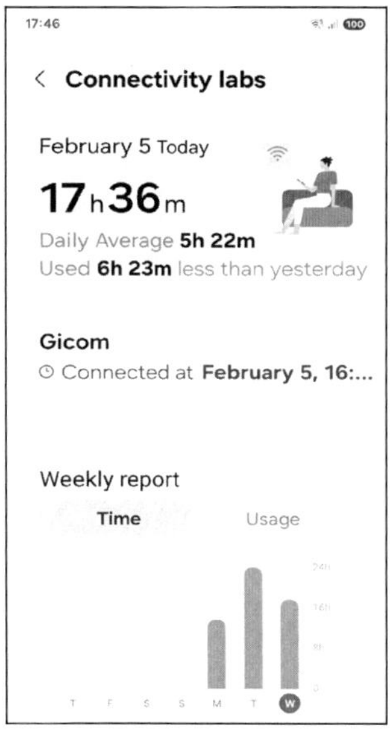

➊➋ Die Einstellungen unter *Intelligent Wi-Fi*:

- *Zu mobilen Daten wechseln*: Bei schlechter WLAN-Verbindung wechselt das Handy automatisch auf das Mobilfunkinternet. Diese Option ist nur aktiv, wenn Sie *Mobile Daten* (= Internet über die Mobilfunkverbindung) aktiviert haben (siehe Kapitel *9.2.2 Mobilfunk-Internet aktivieren/deaktivieren*).
- *Zu besseren WLANs wechseln*: Wenn an einem Standort mehrere WLAN-Zugangspunkte vorhanden sind (mit denen Sie sich jeweils bereits mal verbunden hatten), wechselt das Handy automatisch zu dem mit dem besseren Empfang.
- *Automatisches Einschalten von WLAN*: Wenn Sie sich im Empfangsbereich eines WLANs befinden, den Sie schon mal genutzt haben, aktiviert sich WLAN automatisch.
- *Verdächtige Netzwerke erkennen*: Das Handy identifiziert Aktivitäten, die auf Datendiebstahl hinweisen und blockiert diese.
- *Automatische Hotspot-Verbindung*: Dies ist eine Komfortfunktion, die nur Samsung-Handys und Tablets unterstützen. Beispiel: Sie nutzen zwei Samsung-Geräte (beide mit dem gleichen Samsung-Konto, siehe Kapitel *23 Das Samsung-Konto*) und eines der Geräte hat keinen Internetempfang. Das zweite Samsung-Gerät eröffnet dann automatisch seinen Hotspot und gibt seine Internetverbindung für das erste Handy frei.
- *Intelligent Wi-Fi*: Wenn Sie diesen Eintrag fünfmal hintereinander antippen, schalten Sie das Menü *Connectivity Labs* frei (➌). Dieses listet unter anderem Infos zur Verbindungsqualität und Übertragungsgeschwindigkeit des verbundenen WLAN-Zugangspunkts auf.

11. Gmail

Wie bereits im Kapitel *2.1 Das ist bei Android anders* erläutert, dient das von Ihnen angelegte Google-Konto – im Format *(Ihr Name)@gmail.com* auch als E-Mail-Adresse. Mit der in diesem Kapitel vorgestellten Gmail-Anwendung können Sie E-Mails senden, empfangen und verwalten.

Falls Sie bereits eine eigene E-Mail-Adresse (beispielsweise von Ihrem Arbeitgeber, oder ein E-Mailkonto bei GMX, T-Online usw.) besitzen, verwenden Sie die im Kapitel *12 Outlook E-Mail* vorgestellte Anwendung. Die Gmail-Anwendung dürfte nur für Nutzer interessant sein, die Gmail bereits auf ihrem vorherigen Handy im Einsatz hatten.

❶❷ Gehen Sie im Hauptmenü oder Startbildschirm in den *Google*-Ordner und dann auf *Gmail.*

❶❷ Betätigen Sie beim ersten Start *OK* und dann *WEITER ZU GMAIL.*

❸ Das Popup schließen Sie mit *Zulassen.*

❶❷❸ Zwischendurch – wenn Sie die Gmail-Anwendung bereits einige Zeit nutzen – werden Sie gefragt, ob Sie die Automatiken nutzen möchten. Betätigen Sie jeweils *Weiter* und dann *Speichern.*

Google wertet künftig die E-Mail-Inhalte aus und ordnet beispielsweise E-Mails den Kategorien *Werbung* oder *Soziale Netzwerke* zu.

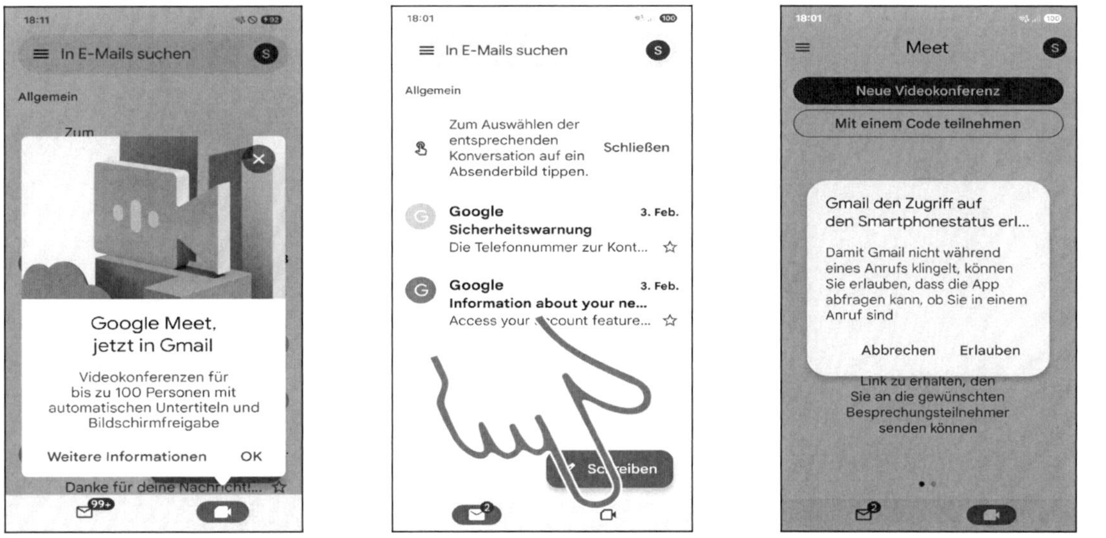

❶ Schließen Sie den einmaligen Hinweis auf Google Meet mit *OK.*

❷❸ Am unteren Bildschirmrand sind nun zwei Register vorhanden, mit denen Sie zwischen *E-Mail* und der Videokonferenzfunktion *Meet umschalten. Wir gehen* auf Letzteres *noch im Kapitel 11.5 Meet ein.* Schließen Sie auch hier die einmaligen Poups mit *Erlauben* und *Zulassen.*

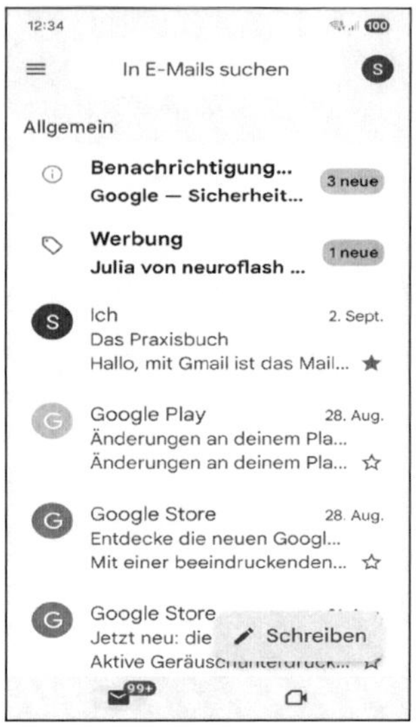

Die großen bunten Symbole vor den einzelnen Nachrichten enthalten jeweils den ersten Buchstaben des Absenders, im Beispiel also »G« für Google usw.

Sie sollten Ihren Bekanntenkreis bitten, Ihnen E-Mails an Ihr Gmail-E-Mail-Adresse (= Ihr Google-Konto) zu senden. Auf diesem Wege können Sie die folgenden Bedienungsanweisungen direkt nachvollziehen.

11.1 Gmail in der Praxis

11.1.1 E-Mails abrufen

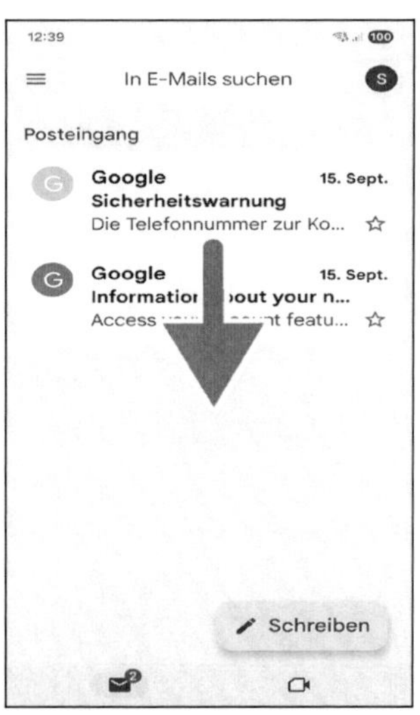

❶ Für die Synchronisierung der E-Mails in der Gmail-Anwendung mit dem E-Mail-Konto führen Sie eine Wischgeste von oben nach unten in der E-Mail-Oberfläche durch (dies ist in der Regel aber nicht nötig, weil neue Nachrichten automatisch abgerufen werden).

❷❸ Alternativ können Sie sich die neuen E-Mails auch auf einem weiteren Wege anzeigen: Wenn neue Nachrichten vorliegen, erscheint in der Titelleiste ein M-Symbol (Pfeil). Öffnen Sie das Benachrichtigungsfeld (siehe Kapitel *4.8 Die Titelleiste*) und tippen Sie auf *x neue Nachrichten*, worauf der Gmail-Posteingang angezeigt wird. Sofern nur eine neue Nachricht empfangen wurde, zeigt Gmail diese statt des Posteingangs an. Auch das Archivieren (siehe Kapitel *11.2.4 Archivieren*) und Beantworten einer Nachricht ist direkt über zwei Schaltflächen im Benachrichtigungsfeld möglich.

Die Gmail-Anwendung arbeitet speicheroptimiert, das heißt beim Blättern in der Nachrichtenauflistung lädt sie automatisch die als nächstes anzuzeigenden Mails nach. Dies kann bei einer langsamen Mobilfunkverbindung manchmal einige Sekunden dauern. Sie sehen dann »*Konversationen werden geladen*«.

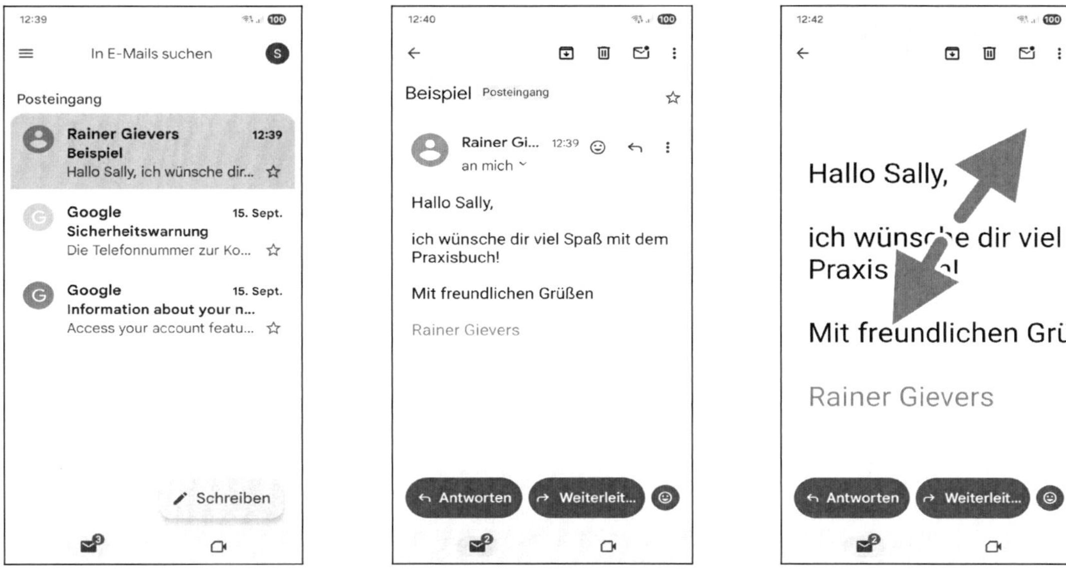

❶ Alle noch ungelesenen Nachrichten erscheinen in Fettschrift. Tippen Sie nun eine Nachricht an, die Sie lesen möchten.

❷ Die Bedeutung der Schaltflächen am oberen Bildschirmrand:

- (Archivieren): Entfernt eine Nachricht aus dem Posteingang, ohne sie zu löschen. Siehe auch Kapitel *11.2.4 Archivieren*.
- : Nachricht löschen.
- (Ungelesen): Setzt den Nachrichtenstatus auf »ungelesen« und schaltet wieder auf den Posteingang um.

❸ Über eine Kneifgeste (zwei Finger, beispielsweise Daumen und Zeigefinger, gleichzeitig auf das Display drücken), können Sie die Ansicht vergrößern/verkleinern. Verschieben Sie bei Bedarf dann mit dem Finger den angezeigten Bildschirmausschnitt. Alternativ tippen Sie zweimal schnell hintereinander auf den Nachrichtentext.

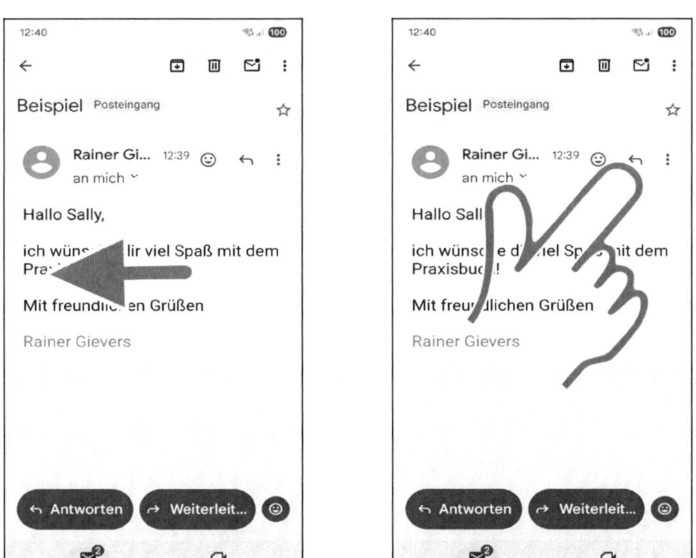

❶ Ziehen Sie mit angedrücktem Finger nach links/rechts, um zur nächsten älteren/neueren Nachricht zu blättern.

❷ Die ↰-Schaltfläche erstellt eine Antwort-Nachricht an den Absender.

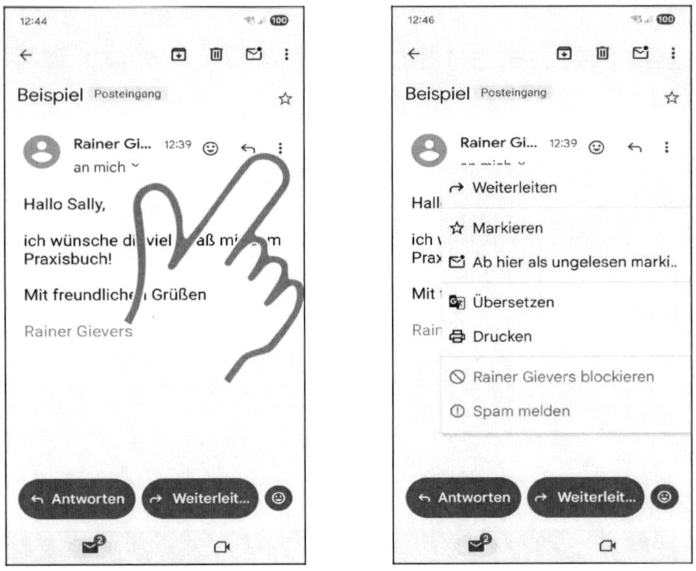

❶❷ Das ⋮-Menü:

- *Allen antworten*: Sofern die E-Mail mehrere Empfänger enthält, können Sie Ihre Antwort-Nachricht an alle Empfänger senden. Wir raten davon aber ab, weil dies unter Umständen zu peinlichen Situationen führen kann, beispielsweise, wenn ein Kunde die interne Kommunikation eines Unternehmens zugesandt bekommt.
- *Weiterleiten*: Erstellt eine neue Nachricht mit dem Nachrichtentext.
- *Markieren; Markierung entfernen*: Markiert eine Nachricht als Favoriten beziehungsweise entfernt die Markierung wieder. Siehe Kapitel *11.2.7 Markierungen.*
- *Ab hier als ungelesen markieren*: Setzt den »Gelesen«-Status für diese und alle früher empfangenen Nachrichten wieder zurück.
- *Übersetzen*: Fremdsprachlichen E-Mail-Text nach Deutsch übersetzen.
- *Drucken*: Auf die Druckausgabe geht dieses Buch nicht ein.
- *Ab hier als ungelesen markieren*: Setzt den »Gelesen«-Status für diese und alle früher empfangenen Nachrichten wieder zurück.
- *xxx blockieren*: Künftig landen alle E-Mails des Absenders im *Spam*-Ordner.
- *Spam melden*: Blockieren und bei Google als Spam melden.

11.1.2 Dateianlagen

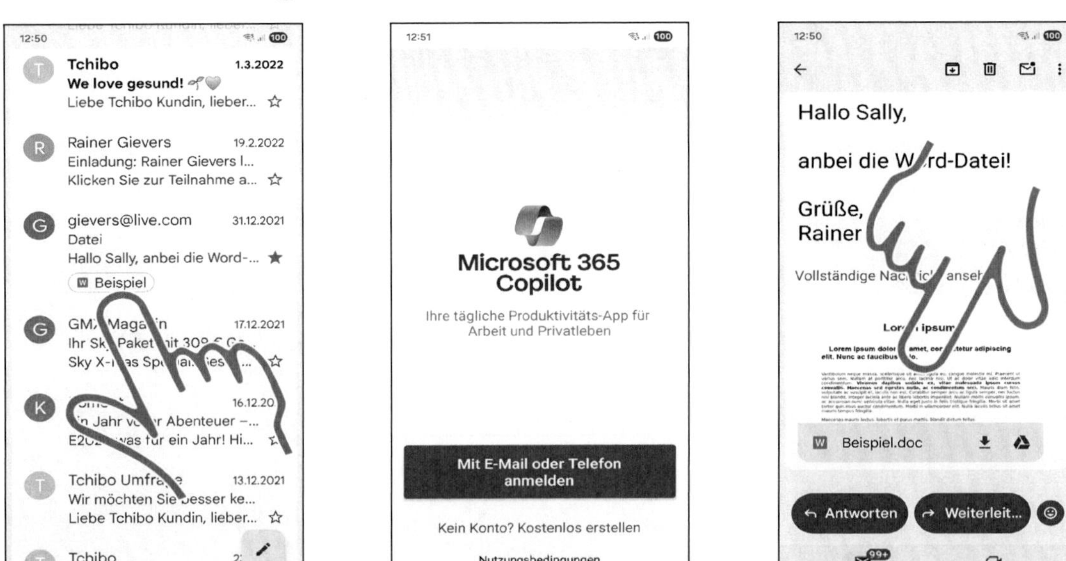

❶❷ Nachrichten mit Dateianlagen erhalten einen Hinweis (Pfeil) in der Nachrichtenauflistung.

Tippen Sie sie an für die Anzeige.

❸ Alternativ tippen Sie einen Dateianhang in der Nachrichtenanzeige an.

Heruntergeladene Dateianlagen landen im Verzeichnis *Download* auf dem Handy.

11.1.3 Labels

Labels haben bei Gmail die gleiche Funktion wie Ordner. Deshalb werden auch die klassischen E-Mail-Ordner *Postausgang*, *Entwürfe*, *Gesendet* usw. bei Gmail als »Label« bezeichnet. Man darf einer Mail mehrere Labels gleichzeitig zuweisen.

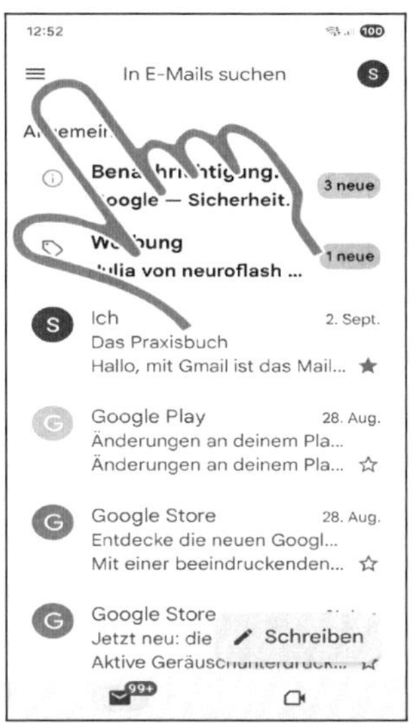

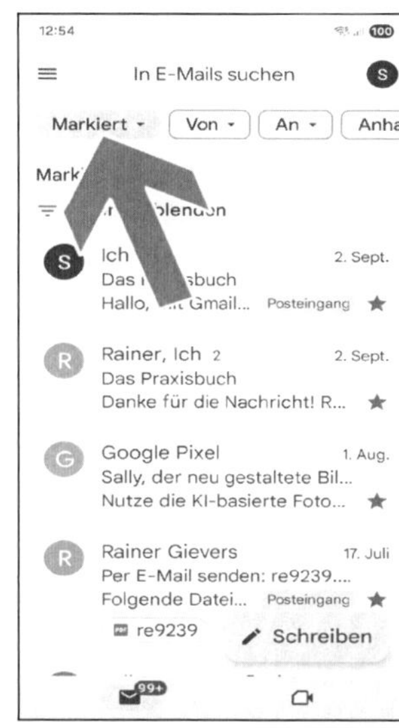

❶❷ Zur Anzeige der E-Mails eines Labels tippen Sie oben links (Pfeil) für das Ausklappmenü:

Die Nachrichten sind eingeteilt nach:

- *Alle Posteingänge*: Falls Sie mehrere Google-Konten nutzen, können Sie diese alle zusammen anzeigen.
- *Allgemein:* Nachrichten von Freunden und Verwandten sowie sonstige Nachrichten, die nicht in einem der anderen Labels angezeigt werden.
- *Werbung*: Werbeaktionen, Angebote und sonstige Werbe-E-Mails.
- *Soziale Netzwerke*: E-Mails aus sozialen Netzwerken, Plattformen zum Teilen von Inhalten, Online-Partnervermittlungen, Spieleplattformen oder anderen sozialen Websites.
- *Benachrichtigungen:* Benachrichtigungen wie Bestätigungen, Belege, Rechnungen und Kontoauszüge.
- *Foren:* E-Mails aus Online-Gruppen, Diskussionsforen und Mailinglisten.

Unter *Alle Labels* finden Sie:

- *Markiert*: Der »Markiert«-Status kann Nachrichten oder Konversationen zugewiesen werden. Siehe dazu auch Kapitel *11.2.7 Markierungen*.
- *Zurückgestellt*: Sie können sich an Nachrichten, die Sie erst später bearbeiten wollen, erinnern lassen. Siehe Kapitel *11.2.3 Zurückstellen*.
- *Wichtig*: Gmail erkennt automatisch Nachrichten, die für Sie interessant oder wichtig sind und ordnet sie unter *Wichtig* ein. Siehe auch Kapitel *11.2.6 Wichtig-Ordner*.
- *Gesendet*: Versandte Nachrichten.
- *Postausgang*: Zum Versand bereitstehende Nachrichten.
- *Entwürfe*: Nachrichten, die bereits vorbereitet, aber noch nicht versandt wurden.
- *Alle E-Mails*: Zeigt alle Mails sortiert als sogenannte Konversationen an.

- *Spam*: Als Spam erkannte Mails.
- *Papierkorb*: Von Ihnen gelöschte Mails.

Tippen Sie ein Label, deren zugeordneten E-Mails Sie ansehen möchten, an.

❸ Am oberen Bildschirmrand (Pfeil) sehen Sie, in welchem Ordner Sie sich gerade befinden.

> Auf die Funktion der einzelnen Label gehen die folgenden Kapitel ein. Nicht genutzte Label blendet die Gmail-Anwendung aus.
>
> Befinden Sie sich in einem anderen Ordner als *Allgemein*, dann kehren Sie mit der ‹-Taste wieder zu *Allgemein* zurück.

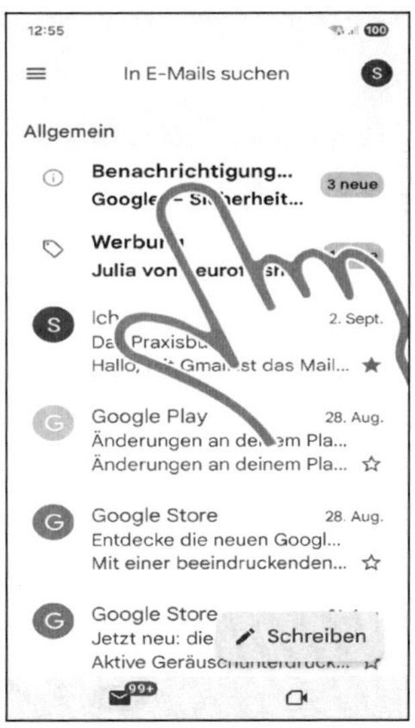

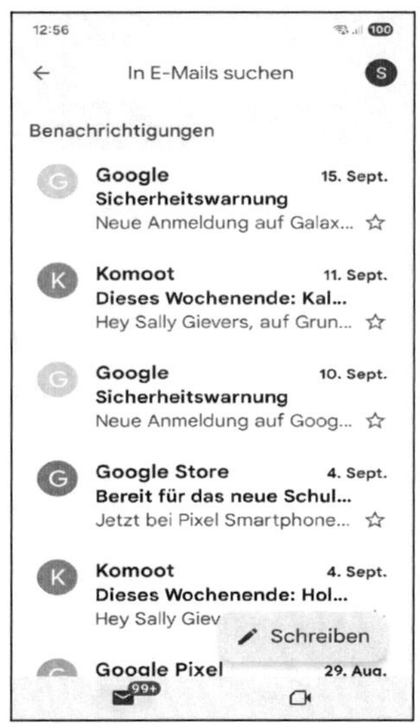

❶❷ Im Beispiel wurden E-Mails von Gmail automatisch dem Label *Benachrichtigungen* zugewiesen. Tippen Sie ein Label an, um dessen Inhalt aufzulisten.

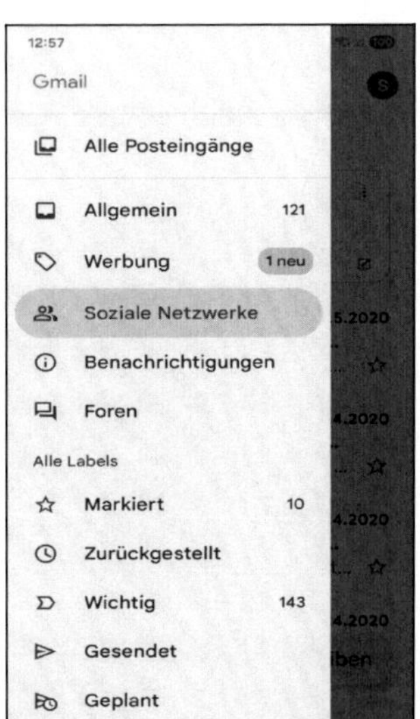

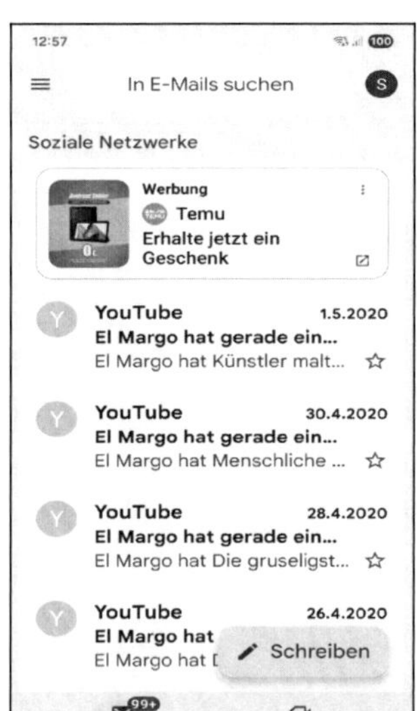

❶❷ Alternativ gehen Sie im Ausklappmenü auf das Label.

Die ‹-Taste bringt Sie wieder in die E-Mail-Gesamtansicht zurück.

11.1.4 E-Mails beantworten

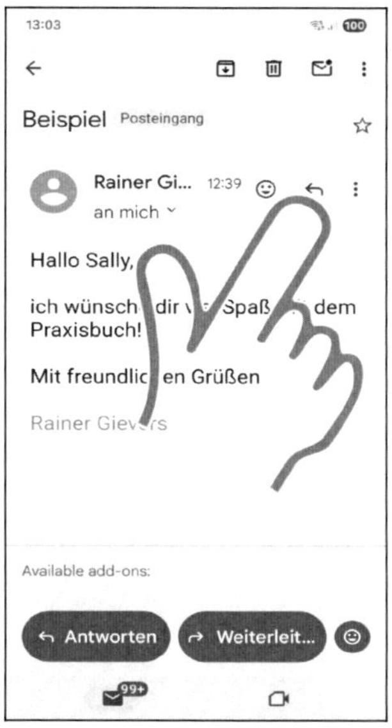

❶ Zum Beantworten einer gerade angezeigten E-Mail betätigen Sie einfach die ↰-Schaltfläche (Pfeil). Alternativ gehen Sie auf *Antworten* am Ende des E-Mail-Textes.

❷ Geben Sie nun den Nachrichtentext ein und betätigen Sie ⊳. Es erscheint dann für einige Sekunden der Hinweis »*Nachricht wird gesendet*«, während die Nachricht verschickt wird.

❸ Die von Ihnen verschickte E-Mail erscheint unter dem Nachrichtentext der beantworteten Nachricht. Verlassen Sie den Bildschirm mit der ‹-Taste.

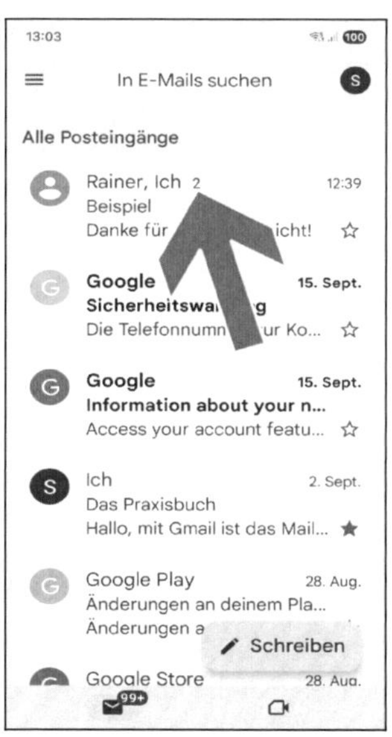

❶ Gmail verwaltet die Nachrichten als »Konversationen«, das heißt, alle Nachrichten, die Sie mit einem Kommunikationspartner austauschen, werden unter einem Eintrag zusammengefasst. Sie erkennen die Konversationen daran, dass beim Betreff ein »*ich*« und die Zahl der ausgetauschten Nachrichten erscheint. Tippen Sie den Betreff an, um die Konversation anzuzeigen.

❷❸ Es erscheinen Karteireiter mit den Nachrichten, die Sie mit dem Kommunikationspartner ausgetauscht haben. Tippen Sie einen Karteireiter an, um die zugehörige Nachricht auszufalten. Erneutes Antippen eines Karteireiters blendet die Nachricht wieder aus. Mit einer vertikalen Wischgeste können Sie zudem durch die aufgeklappten Nachrichten rollen.

11.1.5 E-Mail neu schreiben

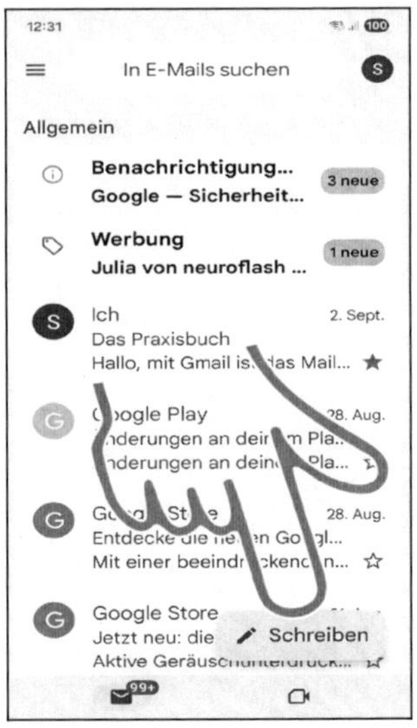

➊ Betätigen Sie die bunte *Schreiben*-Schaltfläche (Pfeil).

➋ Im *An*-Feld erfassen Sie nun den Empfänger.

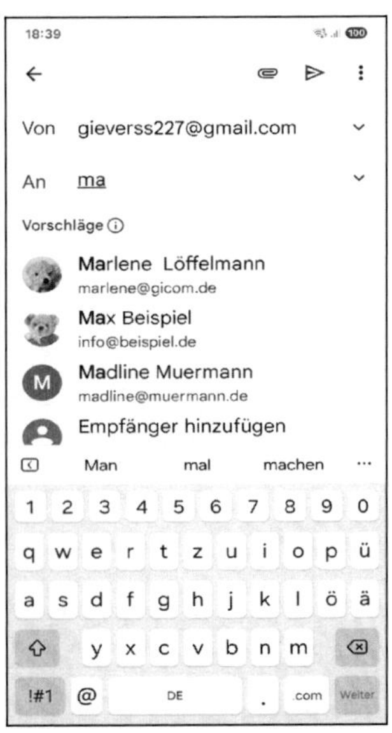

➊ Gmail sucht bereits bei der Eingabe des Kontaktnamens passende E-Mail-Adressen und listet diese auf. Tippen Sie einfach die Gewünschte an.

➋ Die E-Mail-Adresse landet im Empfängerfeld. Falls Sie einen weiteren Empfänger hinzufügen möchten, geben Sie diesen einfach dahinter ein. Geben Sie nun Betreff und Nachrichtentext ein und betätigen Sie ⊳ (oben rechts) zum Senden.

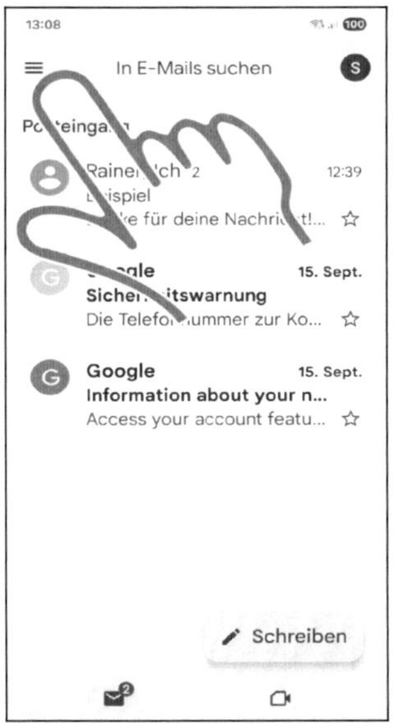

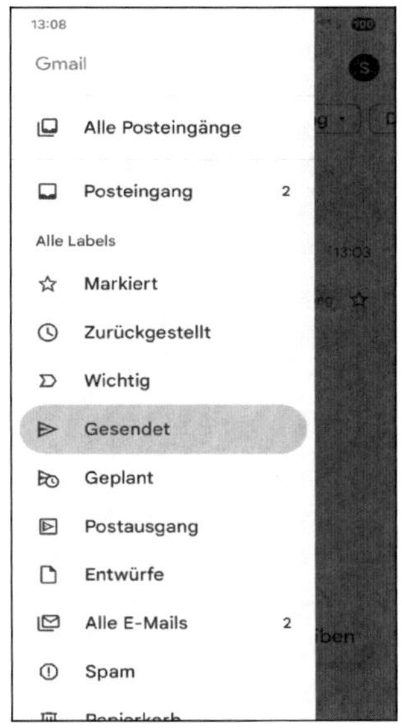

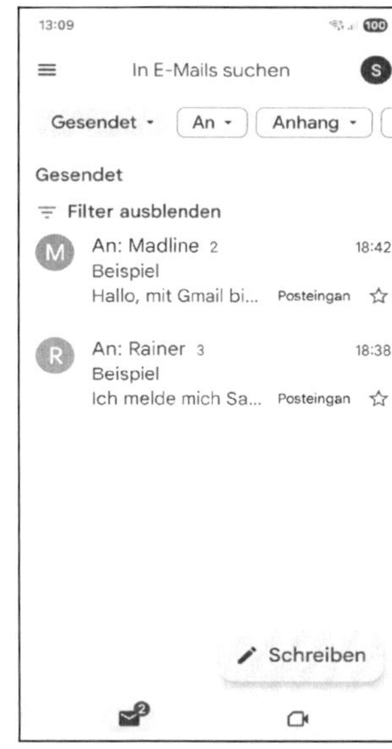

➊ Die versandte Mail finden Sie im *Gesendet*-Ordner. Aktivieren Sie dafür das Ausklappmenü (Pfeil).

➋➌ Wählen Sie *Gesendet* aus, worauf die versandten Nachrichten aufgelistet werden.

11.1.6 Weitere Funktionen bei der E-Mail-Erstellung

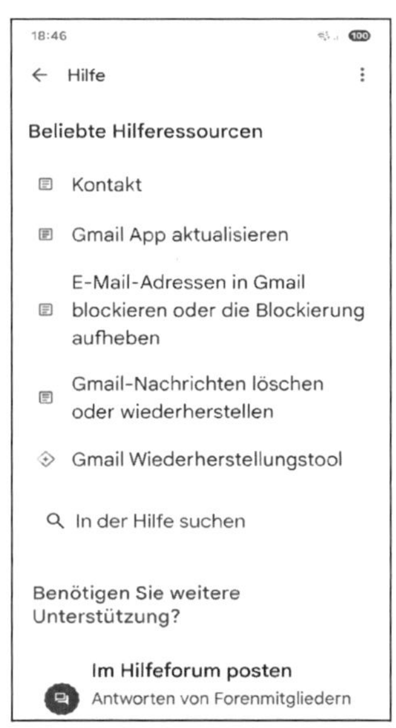

➊ Im E-Mail-Editor finden Sie im ⁝-Menü folgende Optionen:

- *Senden planen*: E-Mail nicht sofort versenden, sondern zu einem anderen Zeitpunkt.
- *Aus Kontakten hinzufügen*: Fügt einen weiteren Empfänger hinzu (nur wenn Sie sich gerade im Empfänger-Eingabefeld befinden).
- *Modus „Vertraulich"*: Damit schränken Sie den Handlungsspielraum des Empfängers ein. Dieser kann die E-Mail nicht weiterleiten und benötigt zum Öffnen gegebenenfalls einen Sicherheitscode. Hat der Empfänger keine Gmail-Adresse, so erhält er einen Link, über den er die E-Mail auf der Gmail-Webseite öffnet.
- *Entwurf speichern*: Speichert die E-Mail als Entwurf. Siehe Kapitel *11.1.7 Entwürfe*.
- *Verwerfen*: Nachricht ohne zu Senden verwerfen.
- *Einstellungen*: Die Einstellungen werden bereits Kapitel *11.3 Einstellungen* beschrieben.
- *Hilfe & Feedback* (➋): Ausführliche Hilfeseiten. Falls Ihnen etwas an Gmail auffällt, das Ihnen nicht gefällt können Sie es außerdem an Google senden.

11.1.6.a Cc/Bcc

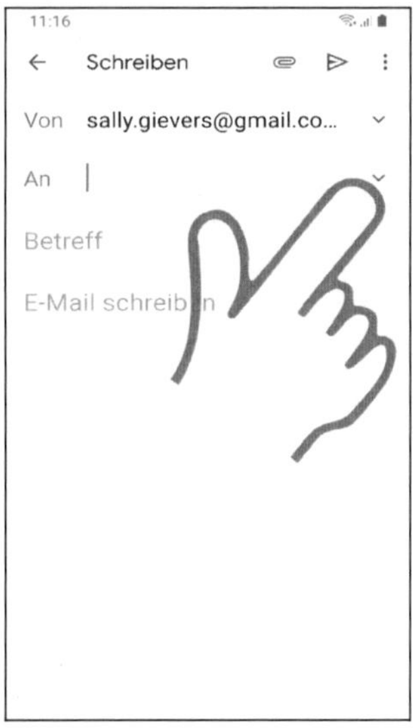

❶❷ Über ∨ (Pfeil) hinter dem *An*-Eingabefeld aktivieren Sie zusätzliche Eingabefelder. Deren Bedeutung:

- *Cc*: Der Begriff Cc steht für »Carbon Copy«, zu deutsch »Fotokopie«. Der ursprüngliche Adressat (im *An*-Eingabefeld) sieht später die unter *Cc* eingetragenen weiteren Empfänger. Die *Cc*-Funktion ist beispielsweise interessant, wenn Sie ein Problem mit jemandem per E-Mail abklären, gleichzeitig aber auch eine zweite Person von Ihrer Nachricht Kenntnis erhalten soll.
- *Bcc*: Im *Bcc* (»Blind Carbon Copy«)-Eingabefeld erfassen Sie weitere Empfänger, wobei der ursprüngliche Adressat im *An*-Feld nicht mitbekommt, dass auch noch andere Personen die Nachricht erhalten.

11.1.6.b Dateianlage

❶ Mit (Pfeil) fügen Sie Ihrer E-Mail eine Datei als Anhang hinzu.

❷ Wählen Sie dann aus:

- *Foto*: Ein mit der Kamera erstelltes Foto verwenden.
- *Kamera*: Foto mit der Kamera erstellen und einfügen.
- *Dateien*: Eine beliebige Datei (zum Beispiel ein Word-Dokument).
- *Drive*: Eine Datei aus dem Online-Speicherdienst Google Drive (siehe Kapitel *21.10 Google Drive*) übernehmen.

In unserem Beispiel gehen wir auf *Dateien*.

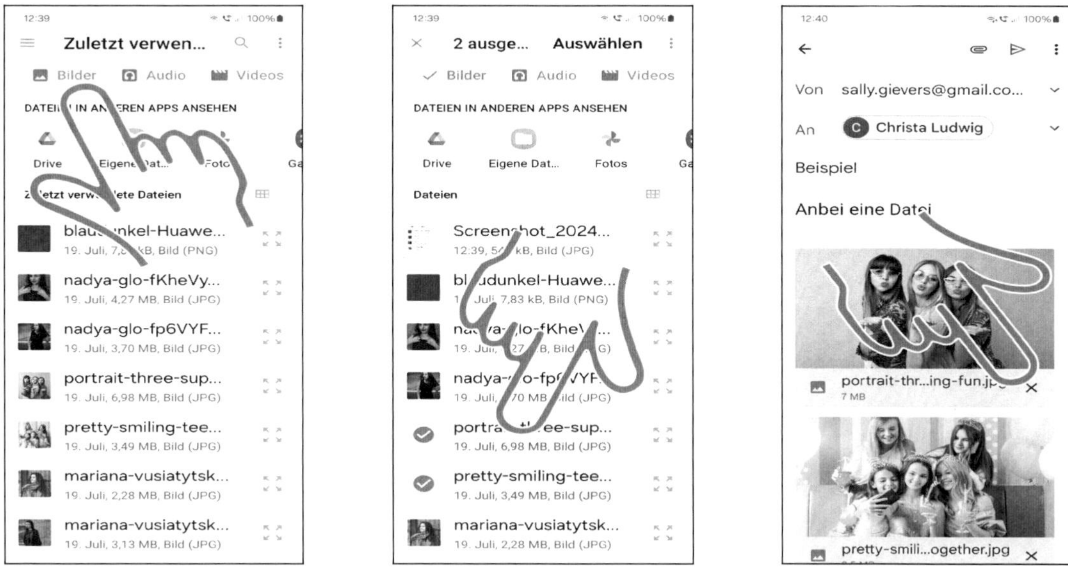

❶ Gmail listet die zuletzt auf das Gerät kopierten beziehungsweise genutzten Dateien auf, wovon Sie die gewünschte antippen. Alternativ wählen Sie einen Dateityp aus, in unserem Beispiel *Bilder*.

❷ Tippen und halten Sie den Finger über der ersten Datei, bis diese markiert ist, danach markieren Sie weitere Dateien durch kurzes Antippen. Betätigen Sie dann oben rechts auf dem Bildschirm *Auswählen.*

❸ Zum Entfernen der Bilddatei tippen Sie auf die ✕-Schaltfläche (Pfeil).

11.1.7 Entwürfe

Manchmal kommt es vor, dass man eine fertige Nachricht erst später verschicken möchte. Dafür bietet sich die Entwürfe-Funktion an.

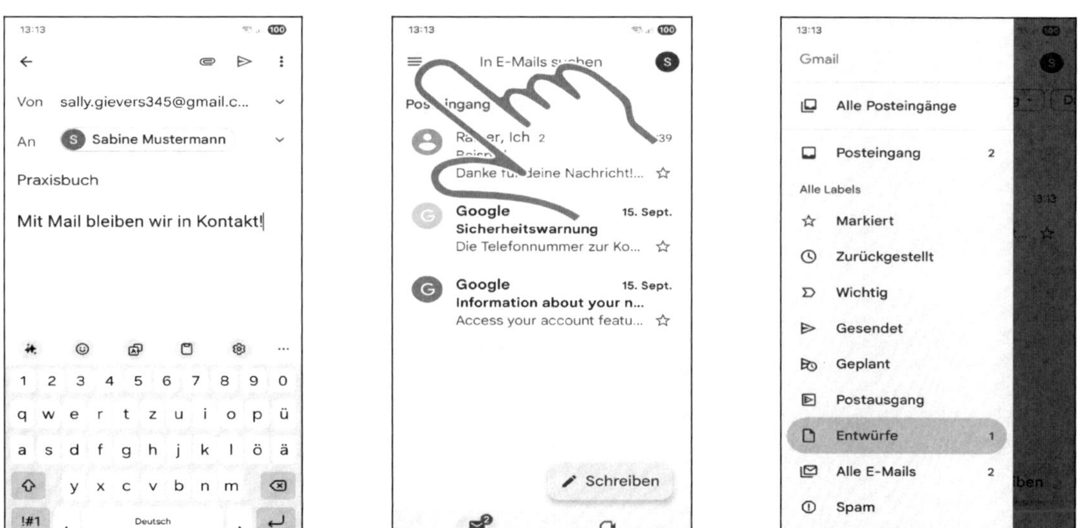

❶ Geben Sie die Nachricht wie gewohnt ein. Danach betätigen Sie zweimal die ∨- beziehungsweise ‹-Taste, worauf die Meldung »*Nachricht als Entwurf gespeichert*« erscheint und Gmail zur Nachrichtenübersicht zurückkehrt.

❷❸ Aktivieren Sie das Ausklappmenü und rufen Sie darin *Entwürfe* auf.

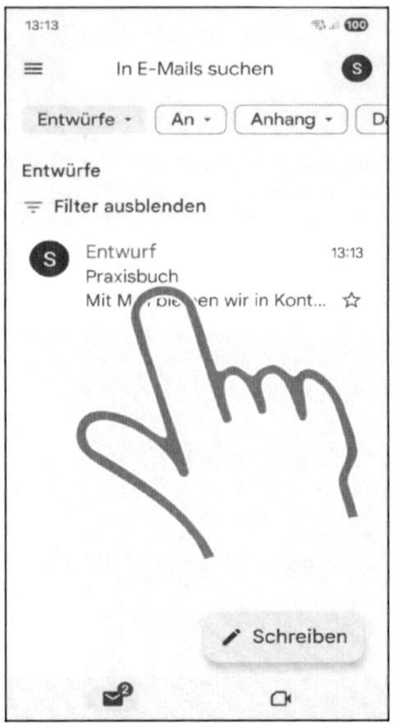

❶ Tippen Sie in der Auflistung des *Entwürfe*-Ordners eine Nachricht an, die Sie bearbeiten und später verschicken möchten.

❷ Zum Bearbeiten und späteren Senden des Entwurfs tippen Sie ✎ an.

❸ Eine Besonderheit gibt es bei Nachrichten, die man als Antwort geschrieben hat und dann als Entwurf speichert: In diesem Fall wird der Entwurf in die Konversation eingebettet und es erscheint dort der Hinweis »*Entwurf*«.

11.1.8 E-Mails löschen

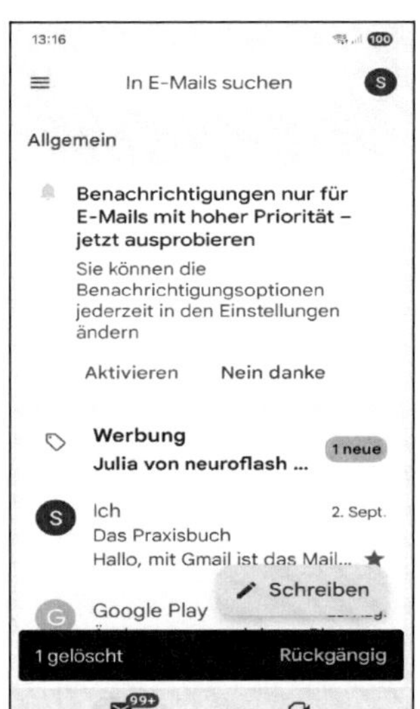

❶ Zum Entfernen einer E-Mail oder Konversation verwenden Sie in der E-Mail-Detailansicht 🗑.

❷ Die Nachricht ist dann entfernt und Gmail schaltet in den Posteingang um. Falls Sie sich mit dem Löschen vertan haben, ist es noch möglich, den Löschvorgang durch Antippen von *Rückgängig machen* am unteren Bildschirmrand rückgängig zu machen. Dieser Hinweis verschwindet allerdings, wenn Sie im E-Mail-Programm weiterarbeiten, also beispielsweise eine Nachricht öffnen oder den E-Mail-Ordner wechseln.

Wenn Sie zum ersten Mal eine Nachricht löschen, fragt Sie das Handy, wie nach dem Löschen verfahren werden soll. Tippen Sie *Konversationsliste* an, damit Gmail dann in die Nachrichtenansicht zurückkehrt.

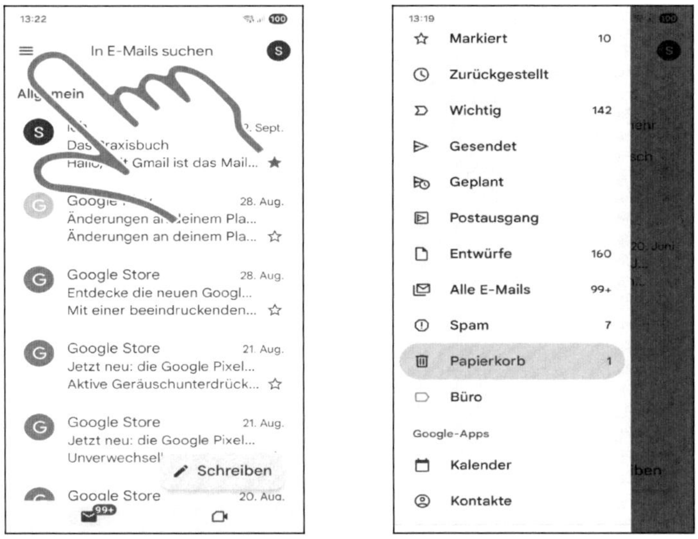

❶❷ Die gelöschten Mails sind aber noch nicht verloren, sondern werden im *Papierkorb*-Ordner zwischengespeichert. Diesen erreichen Sie, indem Sie ins Ausklappmenü gehen (Pfeil) und dann das *Papierkorb*-Label auswählen.

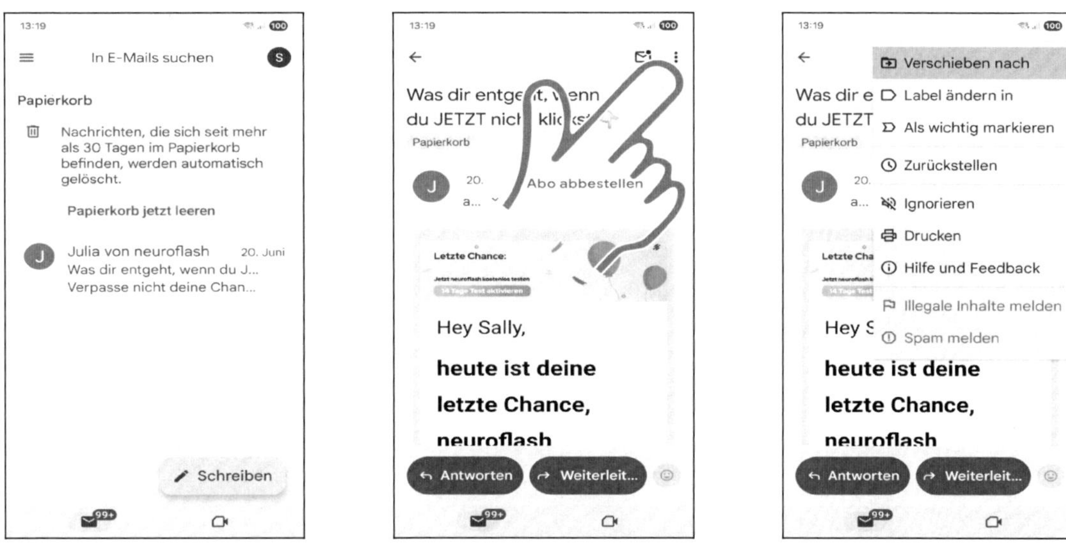

❶ Im Prinzip verhält sich der *Papierkorb*-Ordner ähnlich wie der *Posteingang*, das heißt, Sie können hier die Nachrichten noch einmal ansehen. Die gelöschten Nachrichten werden im Papierkorb für 30 Tage vorgehalten.

❷❸ Zum »Retten« einer Nachricht aus dem Papierkorb verschieben Sie sie einfach wieder in den Posteingang. Gehen Sie in der Nachrichtenansicht auf ⋮/*Verschieben nach* und wählen Sie *Allgemein* aus.

11.2 Weitere Funktionen

11.2.1 Nachrichten durchsuchen

❶ Tippen Sie in das Eingabefeld am oberen Bildschirmrand, wenn Sie die Nachrichten eines Ordners durchsuchen möchten.

❷ Die 🔍-Taste (Pfeil) im Tastenfeld führt dann die Suche durch. Alternativ wählen Sie einen der Suchvorschläge aus.

❸ Tippen Sie eine Nachricht an, die Sie lesen möchten. Die <-Taste bringt Sie wieder in die Nachrichtenauflistung zurück.

11.2.2 E-Mail aus Telefonbuch senden

❶ Auch das Senden von Nachrichten über das Telefonbuch (siehe Kapitel *8 Telefonbuch*) ist möglich. Tippen Sie einfach kurz einen Kontakteintrag an.

❷ Gehen Sie dann auf die E-Mail-Adresse.

11.2.3 Zurückstellen

Sie kennen das Szenario, dass Sie häufig Nachrichten erhalten, die zum aktuellen Zeitpunkt nicht relevant sind. Damit Sie nicht den Überblick verlieren, können Sie sie zurückstellen. Die jeweilige Nachricht verschwindet dann für einen einstellbaren Zeitraum aus dem Posteingang.

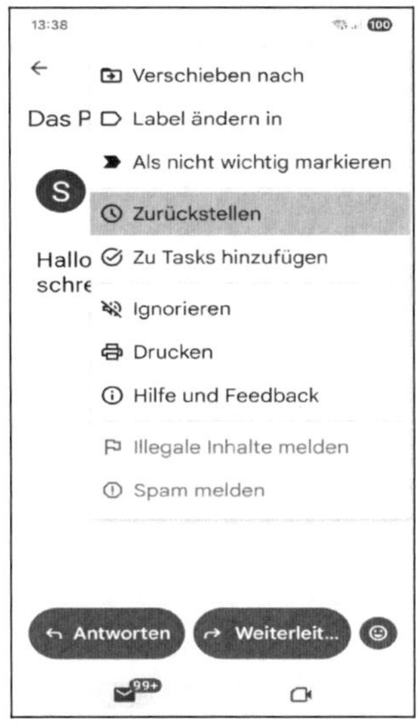

❶❷ In der Nachricht gehen Sie auf ⁝/*Zurückstellen.*

❸ Wählen Sie den Zeitraum aus. Die Nachricht verschwindet aus dem Posteingang und wird nach einiger Zeit wieder eingeblendet.

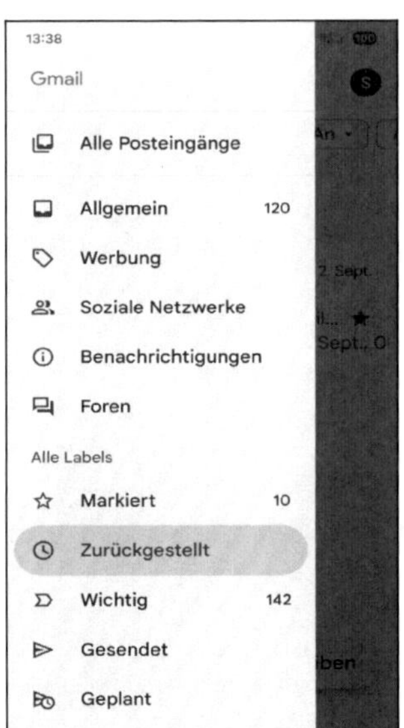

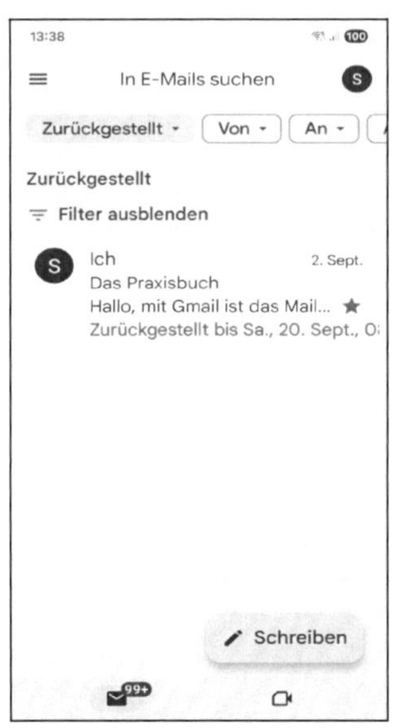

❶❷ Die zurückgestellten Nachrichten finden Sie im Ausklappmenü unter *Zurückgestellt.* Dort können Sie sie auch bearbeiten beziehungsweise beantworten.

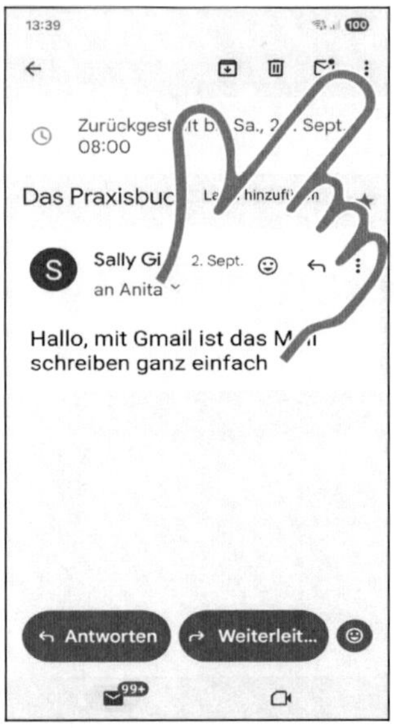

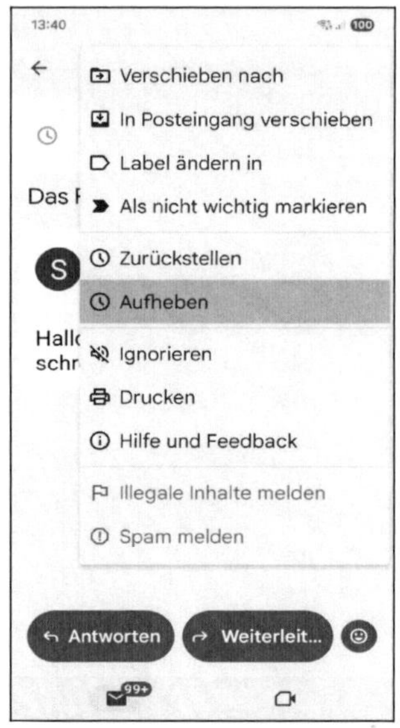

➊➋ Eine zurückgestellte Nachricht können Sie jederzeit über ⋮/*Aufheben* vorzeitig wieder in den Posteingang zurückbefördern. Alternativ verändern Sie mit ⋮/*Zurückstellen* den Zurückstellungszeitpunkt.

11.2.4 Archivieren

Obwohl Gmail Nachrichten, die mit dem gleichen Empfänger ausgetauscht wurden, als »Konversationen« in einem Eintrag zusammenfasst, kann der Posteingang unübersichtlich werden. Unwichtige Nachrichten/Konversationen lassen sich deshalb im Posteingang ausblenden, was mit der Archivieren-Funktion geschieht.

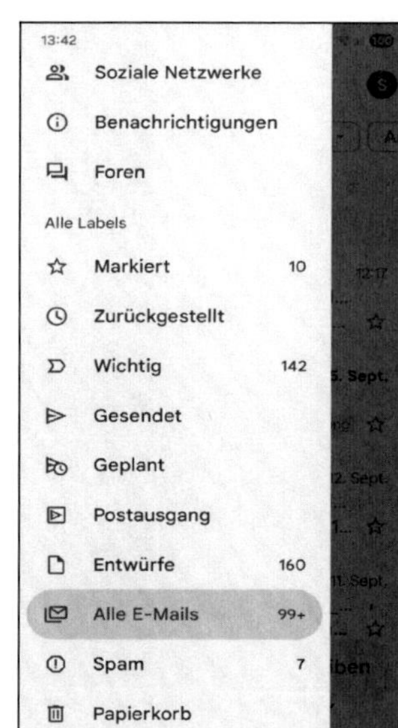

➊ Betätigen Sie in der E-Mail-Detailansicht [Archivieren-Symbol] (Pfeil). Die Nachricht ist nun »archiviert« und Gmail schaltet wieder auf den Posteingang um.

➋ Zum Anzeigen der archivierten Nachrichten aktivieren Sie das Ausklappmenü.

➌ Wählen Sie *Alle E-Mails* aus.

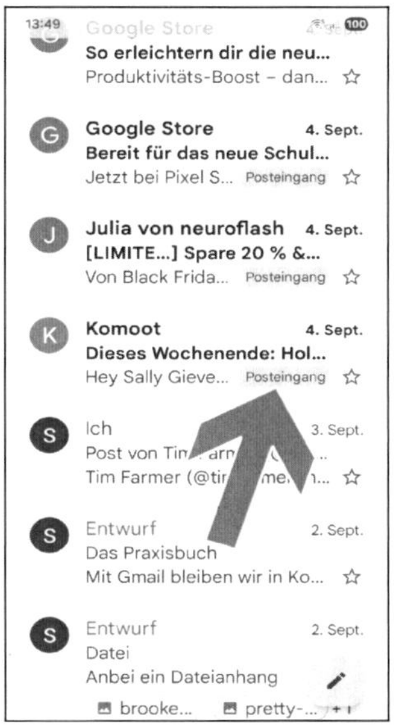

Gmail zeigt nun alle Nachrichten, das heißt, neben den archivierten auch die aus *Entwürfe*, *Gesendet* usw. an.

Alle Nachrichten, die im Posteingang vorhanden sind, sind mit einem grauen »*Posteingang*« markiert.

Betätigen der <-Taste oder erneutes Aktivieren des Ausklappmenüs und Auswahl von *Allgemein* bringt Sie wieder in den Posteingang zurück.

Antwortet jemand auf eine archivierte Nachricht/Konversation, so verschiebt Gmail diese automatisch wieder in den Posteingang.

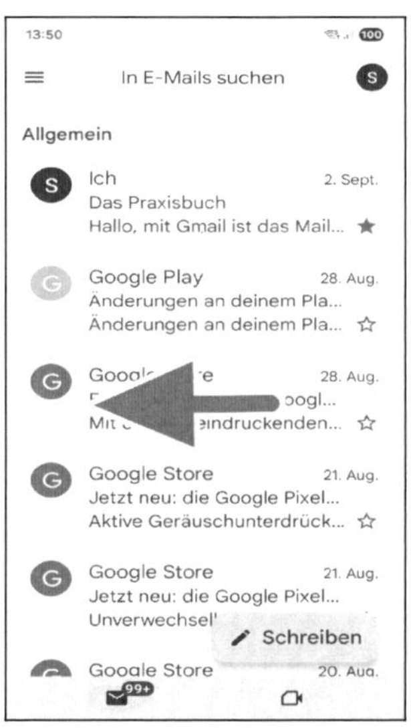

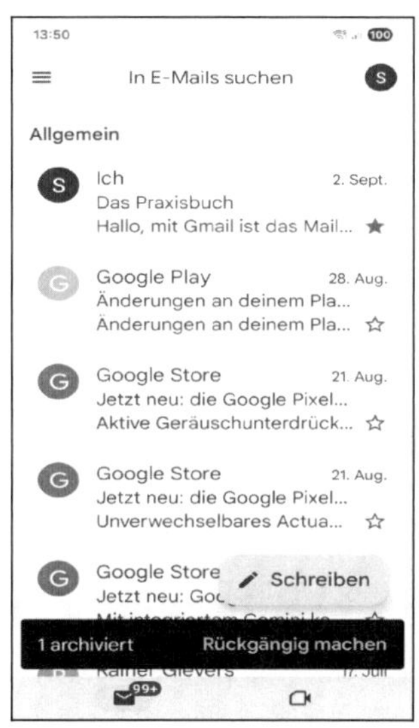

❶❷ Das Archivieren ist auch über eine Wischgeste in der Nachrichtenauflistung möglich. Wischen Sie dort einfach über einem E-Mail-Eintrag von rechts nach links beziehungsweise umgekehrt.

11.2.5 Unterdrücken

Die zuvor erwähnte Archivieren-Funktion mag zwar sehr praktisch sein, wenn Sie aber laufend Nachrichten einer Konversation (beispielsweise auf einer Mailing-Liste) erhalten, die Sie überhaupt nicht interessieren, ist es sehr lästig, immer wieder erneut die einzelnen Nachrichten zu archivieren.

Mit der Unterdrücken-Funktion lassen sich dagegen alle Nachrichten einer Konversation automatisch archivieren, das heißt, wenn neue Nachrichten in einer unterdrückten Konversation eingehen, werden diese automatisch ebenfalls archiviert. Sie sollten die Unterdrücken-Funktion aber vorsichtig einsetzen, weil Sie ja von neuen Nachrichten einer unterdrückten Konversation nichts mitbekommen. Dies ist aber meist nicht weiter schlimm, denn wenn Ihre E-Mail-Adresse im Feld »*An*« oder »*Cc*« enthalten ist, wird die Konversation wieder in Ihren Posteingang eingeordnet. Sie verpassen also keine Nachrichten, die direkt an Sie adressiert sind.

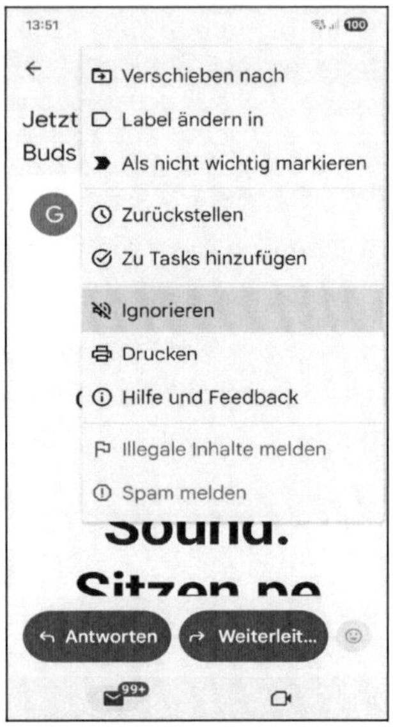

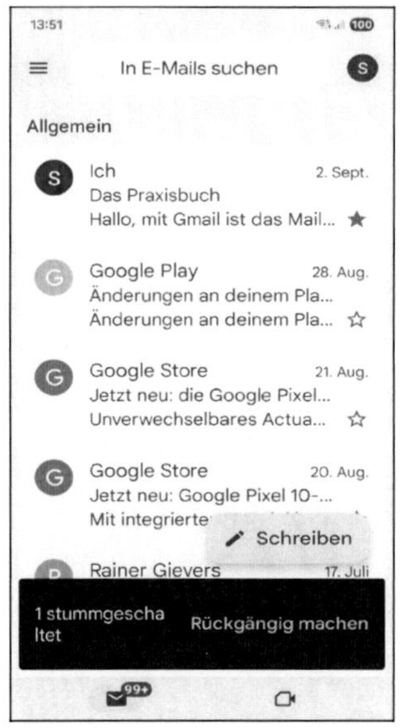

❶❷ In der Nachrichtenansicht rufen Sie ⁝/*Ignorieren* auf. Die Nachricht/Konversation verschwindet aus dem Posteingang.

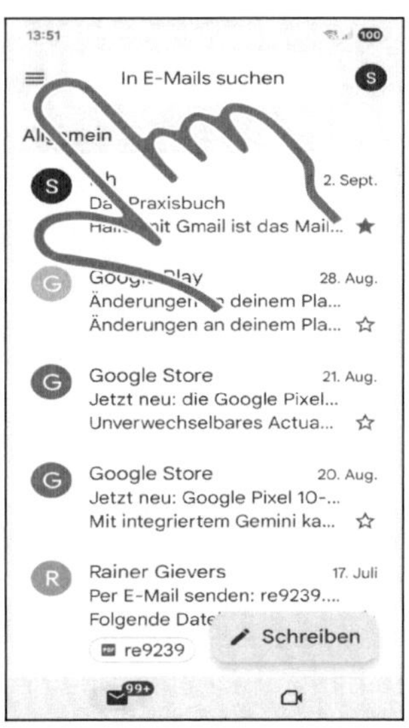

❶ Zum Anzeigen der ignorierten Nachrichten aktivieren Sie das Ausklappmenü (Pfeil).

❷ Wählen Sie *Alle E-Mails* aus.

❸ Unterdrückte Nachrichten sind mit dem Label *Ignoriert* markiert (Pfeil).

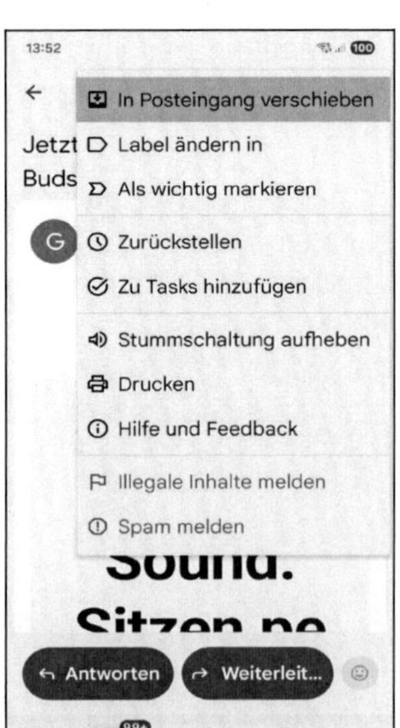

So verschieben Sie unterdrückte Nachrichten wieder in den Posteingang: Gehen Sie in die Nachrichtenansicht und rufen Sie ⁝/*In den Posteingang verschieben* auf.

11.2.6 Wichtig-Ordner

Erhalten Sie extrem viele Nachrichten, unterstützt Sie Gmail dabei, die lesenswerten von den weniger lesenswerten Nachrichten zu unterscheiden. Die lesenswerten Nachrichten landen dann im *Wichtig*-Ordner. Aber wie funktioniert diese Filterung genau? Dazu schreibt Google:

Gmail berücksichtigt automatisch eine Reihe von Signalen, um festzustellen, welche eingehenden Nachrichten wichtig sind, unter anderem:

- An wen Sie E-Mails senden: Falls Sie viele E-Mails an Thomas senden, sind E-Mails von Thomas für Sie höchstwahrscheinlich wichtig.
- Welche Nachrichten Sie öffnen: Nachrichten, die Sie öffnen, sind höchstwahrscheinlich wichtiger als ungeöffnete Nachrichten.
- Welche Themen Ihre Aufmerksamkeit wecken: Falls Sie Nachrichten über Fußball regelmäßig lesen, ist eine E-Mail zum Thema Fußball für Sie höchstwahrscheinlich wichtig.
- Welche E-Mails Sie beantworten: Falls Sie Nachrichten von Ihrer Mutter immer beantworten, sind ihre Nachrichten für Sie höchstwahrscheinlich wichtig.
- Wie Sie die Funktionen "Markieren", "Archivieren" und "Löschen" verwenden: Nachrichten, die Sie markieren, sind höchstwahrscheinlich wichtiger als Nachrichten, die Sie ungeöffnet archivieren.

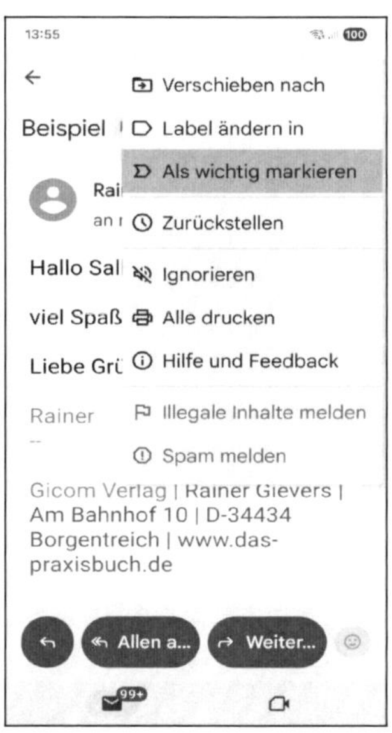

❶❷ Über ⋮/*Als wichtig markieren* beziehungsweise ⋮/*Als nicht wichtig markieren* in der Nachrichtenansicht nehmen Sie Einfluss auf die automatische Einordnung weiterer E-Mails vom gleichen Absender.

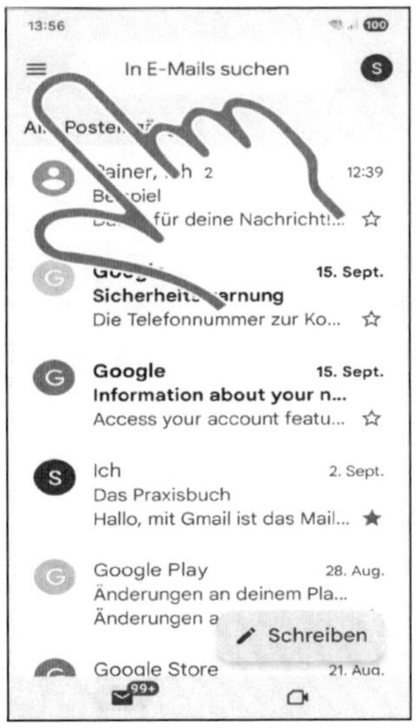

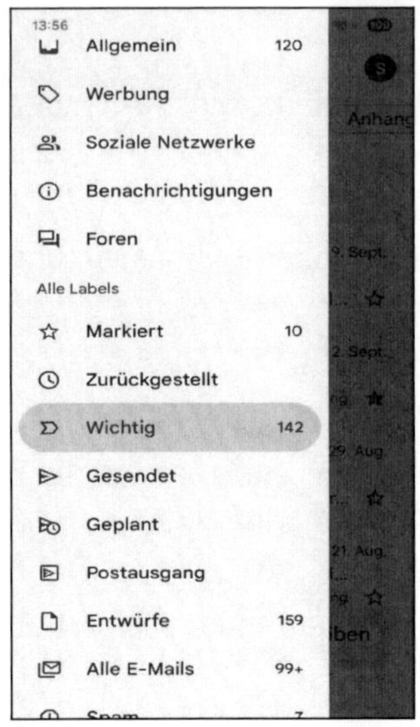

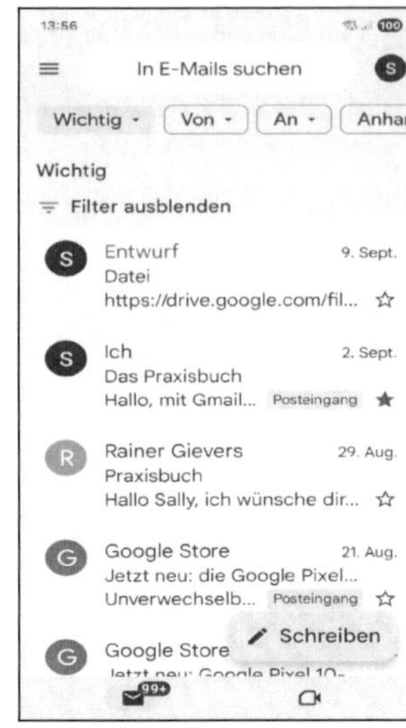

❶❷❸ Möchten Sie, dass Gmail nur die als wichtig eingestuften Nachrichten auflistet, dann rufen Sie das Ausklappmenü auf und wählen *Wichtig*. Umgekehrt zeigen Sie mit *Allgemein* wieder alle Nachrichten an.

11.2.7 Markierungen

Nachrichten, die für Sie wichtig sind, heben Sie einfach durch Markierung mit einem »Stern« hervor.

❶ Um einen Stern zu setzen, tippen Sie einfach den ausgeblendeten Stern hinter einer Nachricht an. Ein zweites Antippen deaktiviert den Stern wieder.

❷ Auch in der Nachrichtenanzeige können Sie den Stern setzen/entfernen (Pfeil).

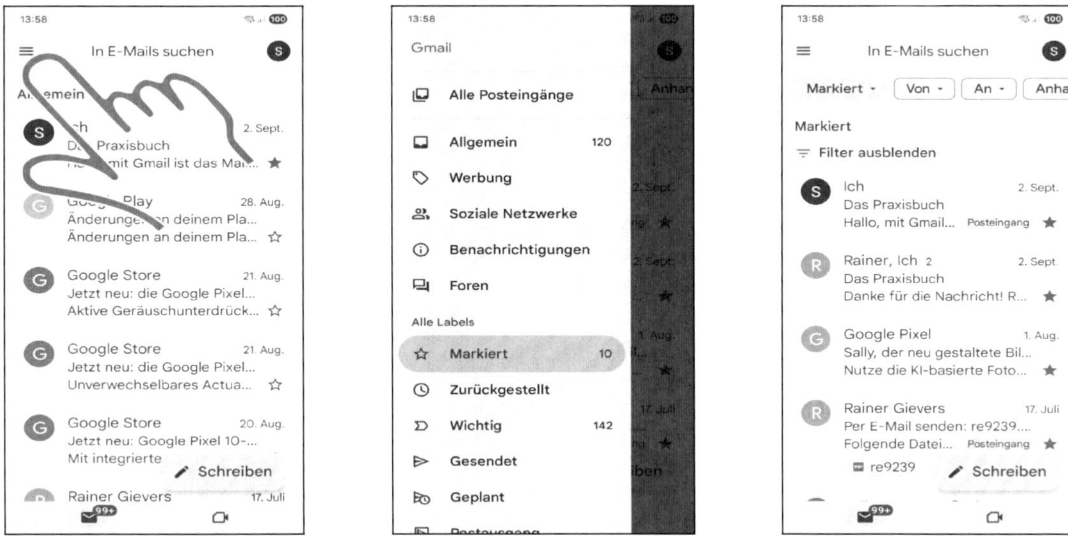

❶❷❸ Die Anzeige beschränken Sie mit *Markiert* im Label-Ausklappmenü auf die markierten Nachrichten.

11.2.8 Spam

Unter Spam versteht man unerwünschte Werbemails. Abhängig davon, ob Sie Ihre E-Mail-Adresse irgendwo einmal auf einer Website hinterlassen haben oder durch Zufall ein Spam-Versender Ihre Gmail-Adresse mit Ausprobieren erraten hat, können pro Tag einige Dutzend oder Hundert Werbemails in Ihrem E-Mail-Konto auflaufen. Damit Ihre wichtige Kommunikation nicht im ganzen Spam untergeht, verfügt Ihr Gmail-Konto über einen automatischen Spam-Filter. Alle Spam-Mails landen dabei im *Spam*-Ordner.

Damit Google weiß, was für Sie Spam ist, müssen Sie die unerwünschten Mails einzeln als Spam markieren

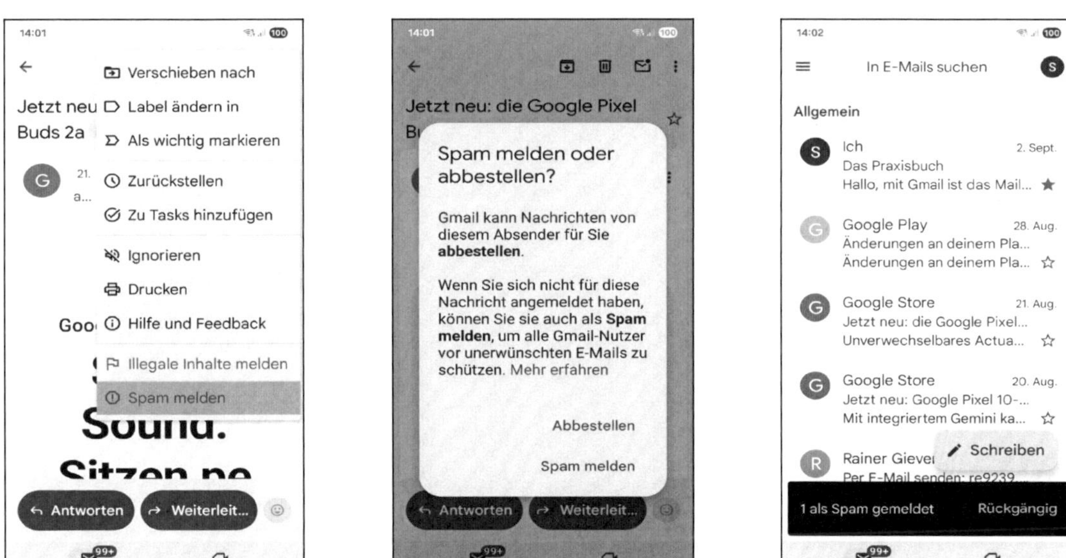

❶ Rufen Sie in der Nachrichtenansicht ⁝/*Spam melden* auf.

❷ Sollte es sich um einen seriösen Absender handeln, so wird Gmail Sie darauf hinweisen. *Abbestellen* führt in dem Fall eine Abmeldung von einem Newsletterversender durch. In unserem Fall betätigen wir aber *Spam melden*, um den weiteren Empfang von unerwünschten E-Mails zu verhindern.

❸ Die betreffende Nachricht wird aus dem *Posteingang* entfernt und landet im *Spam*-Ordner.

Nutzen Sie die Option ⁝/*Illegale Inhalte melden* bei Nachrichten, die ganz offenbar auf Ihre Daten aus sind. Beliebt sind unter anderem vorgeschobene Warnungen vor Kontosperrungen, weshalb man seine Kontodaten eingeben müsse.

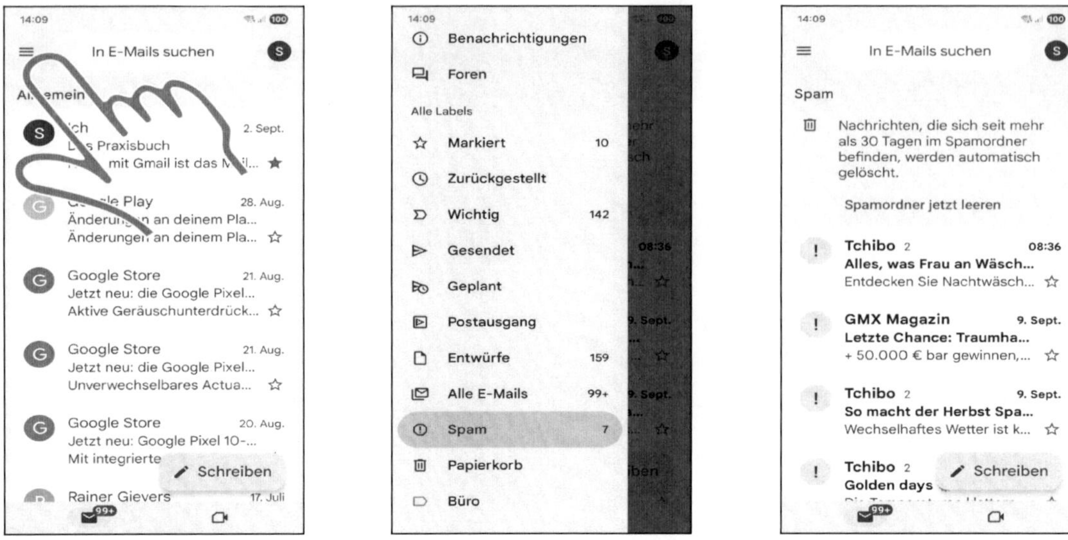

❶❷❸ So zeigen Sie den *Spam*-Ordner an: Aktivieren Sie das Label-Ausklappmenü, worin Sie *Spam* auswählen.

Wenn Sie meinen, dass eine Nachricht doch kein Spam ist, dann gehen Sie in die Nachricht und betätigen die *Kein Spam*-Schaltfläche.

Es ist sehr **wichtig**, dass im *Spam*-Ordner wirklich nur unerwünschte Mails enthalten sind. Gmail vergleicht nämlich eingehende Nachrichten mit denen im Spam-Ordner und ordnet sie als Spam ein, wenn eine große Ähnlichkeit besteht. Schauen Sie deshalb ab und zu mal in Ihren *Spam*-Ordner, um falsche Einordnungen wieder rückgängig zu machen.

11.2.9 Stapelvorgänge

Wenn eine Aktion, wie Label ändern, Löschen, Markierung hinzufügen usw. auf mehrere Nachrichten anzuwenden ist, verwenden Sie die Stapelvorgänge.

❶ Zum Markieren tippen Sie auf die bunten Symbole vor den Nachrichten. Über die Schaltflächen am oberen Bildschirmrand können Sie dann die Nachrichten archivieren, löschen, einem Label zuweisen, auf gelesen/ungelesen setzen oder als Favoriten markieren.

❷ Den Markierungsmodus verlassen Sie gegebenenfalls mit der ←-Schaltfläche (Pfeil). Alternativ betätigen Sie die ‹-Taste.

Die Funktion »Stapelvorgänge« können Sie in den Einstellungen über *Kontrollkästchen ausblenden* deaktivieren, siehe Kapitel *11.3 Einstellungen*.

11.2.10 Wischgeste zum Archivieren

❶ Mit einer Wischgeste nach links oder rechts über einer Nachricht archivieren Sie diese.

❷ Über die *Rückgängig*-Schaltfläche können Sie den Vorgang wieder zurücksetzen.

Welche Aktion die Wischgeste durchführt, legen Sie unter ⋮*/Einstellungen/Allgemeine Einstellungen* fest. Gehen Sie dort auf *Gmail-Standardaktion*, bei der Sie die Wahl zwischen *Löschen* und *Archivieren* haben.

11.3 Einstellungen

11.3.1 Allgemeine Einstellungen

❶❷❸ Rufen Sie zunächst *Einstellungen* im Ausklappmenü auf und gehen dann auf *Allgemeine Einstellungen.*

- *Design*: Schaltet die Bildschirmanzeige um zwischen heller und invertierter Darstellung. Letzteres ist sinnvoll, wenn Sie das Handy in einer dunklen Umgebung nutzen, um nicht geblendet zu werden. Siehe auch Kapitel *27.5 Dunkelmodus (Dark Mode).*
- *Standardaktion für Benachrichtigungen:* Nicht von Google dokumentiert.
- *Benachrichtigungen verwalten*: Hier können Sie einstellen, ob bei eingegangenen Nachrichten ein Signalton ertönt und ein Hinweis in der Titelleiste erscheint. Wir raten davon ab, Änderungen an den Voreinstellungen vorzunehmen.
- *Konversationsansicht*: Wenn Sie E-Mails beantworten beziehungsweise jemand auf Ihre E-Mails antwortet, so fasst Gmail diese in einer sogenannten Konversation zusammen.
- *Kompaktheitsgrad der Konversationsliste*: Wählen Sie die Auflistung im Posteingang aus:
  - *Standard*: Zeigt die Kontaktsymbole vor den Nachrichten und enthaltene Dateianhänge an.
  - *Normal*: Dateianhänge werden nicht in der Auflistung angezeigt.
  - *Schmal*: Verzichtet auf die Kontaktsymbole in der Auflistung.
- *Aktionen beim Wischen*: Konfiguriert die Wischgeste (siehe *11.2.10 Wischgeste zum Archivieren*). Wählen Sie aus, was passiert, wenn Sie in der Nachrichtenauflistung auf einem Eintrag nach links oder rechts wischen. Standardmäßig ist *Archivieren* aktiv.
- *Navigation am unteren Rand beim Scrollen ausblenden*: Beim Durchrollen der Nachrichtenauflistung erscheinen Schaltflächen für die einfachere Navigation.
- *Standardaktion beim Antworten*: Sofern in einer beantworteten Nachricht mehrere weitere Empfänger enthalten sind, können Sie diesen mit der *Allen-Antworten*-Option neben dem ursprünglichen Empfänger ebenfalls Ihre Antwort-Mail zukommen lassen. Wir raten allerdings davon ab, *Allen Antworten* zu aktivieren, da sonst Außenstehende Ihre E-Mails erhalten könnten, die nicht für sie bestimmt sind.
- *Nachrichten automatisch anpassen*: Normalerweise zeigt die Gmail-Anwendung alle Nachrichten in Originalgröße an, sodass Sie im Nachrichtentext mit dem Finger rollen müssen. Aktivieren Sie *Nachrichten autom. anpassen,* wenn stattdessen die Nachrichten auf Bildschirmbreite verkleinert werden sollen.
- *Automatisch fortfahren*: Konfiguriert, wie sich Gmail verhält, wenn Sie eine Nachricht archivieren oder löschen. Standardmäßig landen Sie dann wieder in der Nachrichtenauflistung (*Konversationsliste*).

- *Weblinks in Gmail öffnen*: Die Anzeige von angetippten Links erfolgt nicht in einem Webbrowser, sondern direkt in der Gmail-Anwendung.

Unter *Aktionsbestätigungen:*

- *Vor dem Löschen bestätigen; Vor dem Archivieren bestätigen; Vor dem Senden bestätigen*: Die Aktionen Archivieren, Löschen und Senden erfolgen bei Gmail ohne Rückfrage. Falls Sie das stört, aktivieren Sie hierüber die Sicherheitsabfrage.

11.3.1.a Kompaktheitsgrad der Konversationsliste

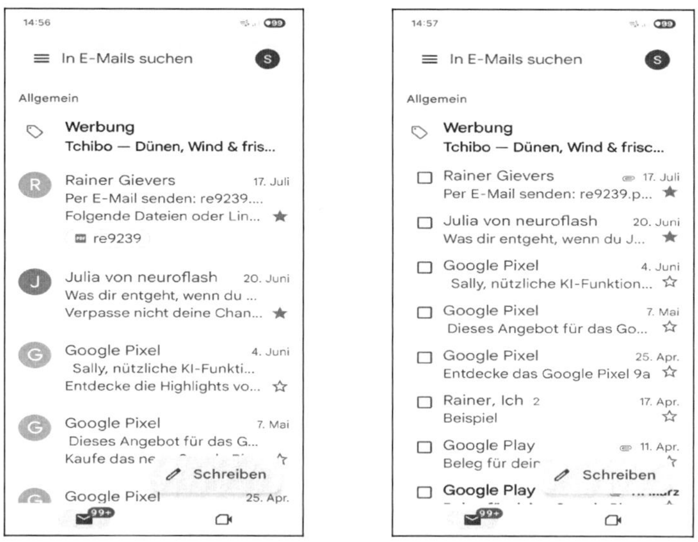

Die Unterschiede zwischen *Standard* (❶) und *Schmal* (❷) bei der Option *Kompaktheitsgrad der Konversationsliste.*

11.3.2 Konto-Einstellungen

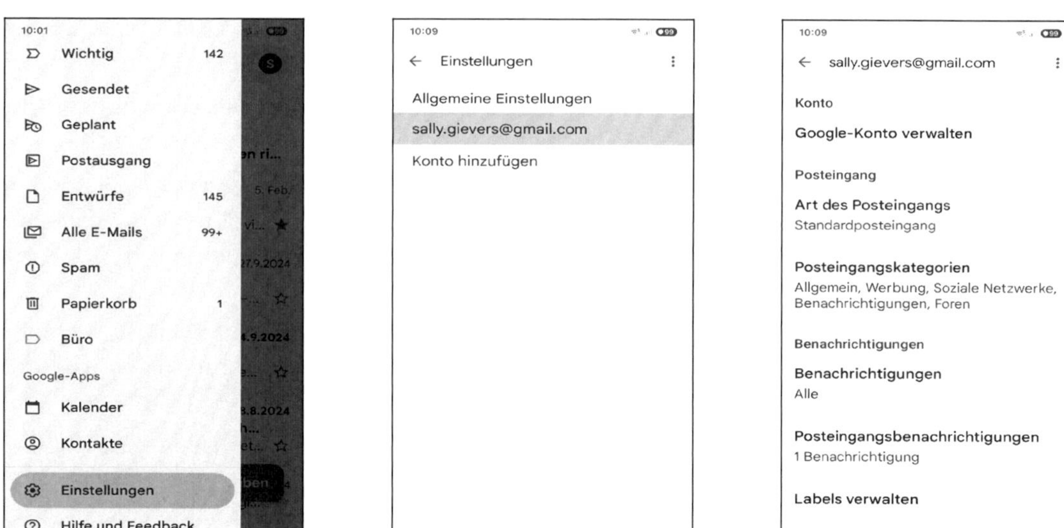

❶ Aktivieren Sie das Ausklappmenü und wählen Sie *Einstellungen*.

❷❸ Über *(Ihr Google-Konto)* konfigurieren Sie:

Unter *Konto*:

- *Google-Konto verwalten*: Diverse Sicherheitseinstellungen, die nichts mit der Gmail-Anwendung zu tun haben.

Unter *Posteingang:*

- *Art des Posteingangs*: Wählen Sie darin *Sortierter Eingang*, dann zeigt Gmail nicht mehr alle erhaltenen Nachrichten an, sondern nur solche, die als *Wichtig* markiert sind (siehe dazu Kapitel *11.2.6 Wichtig-Ordner*).

- *Posteingangskategorien:* Gmail sortiert Werbung, Nachrichten sozialer Netzwerke usw. automatisch unter bestimmte Label ein. Siehe auch Kapitel *11.3.2.b Automatisch zugewiesene Labels.*

Unter *Benachrichtigungen*:

- *Benachrichtigungen*: Wenn neue Nachrichten empfangen wurden, meldet Gmail dies in der Titelleiste. Deaktivieren Sie *E-Mail-Benachrichtigung*, um diese Benachrichtigungen auszuschalten.
- *Posteingangsbenachrichtigungen*: Benachrichtigungseinstellungen für Gmail.
  - *Labelbenachrichtigungen*: Muss aktiv sein, damit Sie Gmail über neue Nachrichten informiert.
  - *Bei jeder E-Mail benachrichtigen*: Nicht von Google dokumentiert.
- *Labels verwalten*: Legen Sie fest, welche Label mit Ihrem Gmail-Konto synchronisiert werden. Normalerweise brauchen Sie hier nichts zu ändern.
- *Benachrichtigungstöne*: Wählen Sie aus, auf welche Art Sie über neue E-Mails benachrichtigt werden.
- *Benachrichtigungen verwalten*: Hier können Sie einstellen, ob bei eingegangenen Nachrichten ein Signalton ertönt und ein Hinweis in der Titelleiste erscheint. Wir raten davon ab, Änderungen an den Voreinstellungen vorzunehmen.

Unter *Allgemein*:

- *Chat*: Die Chat (engl. Gespräch)-Funktion dient dem Austausch von Textnachrichten, ähnlich WhatsApp.
- *Standardaktion beim Antworten*: Die Voreinstellung *Antworten* sollten Sie nicht ändern. In E-Mails können mehrere Empfänger enthalten sein, die ihre Antwort, ebenfalls erhalten, wenn Sie *Allen antworten* einstellen. Dies kann den unerwünschten Effekt haben, dass Außenstehende Ihre Nachricht erhalten.
- *Mobile Signatur*: Die Signatur ist ein Text, den Gmail automatisch beim Erstellen einer neuen Nachricht einfügt. Nutzen Sie sie, um den Empfängern Ihrer E-Mails weitere Kontaktmöglichkeiten wie Telefonnummern oder Ähnliches mitzuteilen.
- *Konversationsansicht*: Wenn Sie E-Mails beantworten beziehungsweise jemand auf Ihre E-Mails antwortet, fasst Gmail diese in einer sogenannten Konversation zusammen.
- Smarte Funktionen: Nutzt die Daten aus Ihren E-Mails in anderen Google-Anwendungen. Beispielsweise werden beispielsweise Restaurant-Reservierungen in Google Maps (siehe Kapitel *16 Google Maps*) angezeigt oder Sie werden auf die Fälligkeit von Rechnungen hingewiesen.
- *Smarte Funktionen in Google Workspace*: Aktivieren Sie in diesem Menü die Option *Smarte Funktionen in Google Workspace aktiviert lassen*, damit die einzelnen Google-Anwendungen Daten untereinander austauschen können.
- *Paketverfolgung*: Falls Sie im Google Store einen Artikel bestellt haben, erhalten Sie Informationen zur Sendungsverfolgung.
- *Intelligentes Schreiben*: Gmail lernt aus Ihren Eingaben und macht Ihnen nach einiger Zeit Textvorschläge, die Sie übernehmen können.
- *Intelligente Antwort*: Wenn Sie eine Nachricht anzeigen, schlägt Gmail automatisch drei mögliche Antworten vor. Diese sind vom Nachrichtenkontext abhängig. Derzeit ist diese Funktion nur in englischer Sprache verfügbar.
- *Abwesenheitsnotiz*: Ein sehr nützliches Feature, wenn Sie mal nicht erreichbar sind und Personen, die Ihnen geschrieben haben, automatisch über Ihre Abwesenheit informiert werden sollen.

Unter *Meet*:

- *Google Meet-Tab für Videoanrufe anzeigen*: damit deaktivieren Sie die beiden Register *E-Mail* und *Meet* am unteren Bildschirmrand in der Benutzeroberfläche.
- *Weitere Diagonoseinformationen*: Sendet Meet-Nutzungsdaten an Google.
- *Datennutzung beschränken*: Reduziert die übertragenen Daten, falls Ihr Mobilfunkvertrag die monatliche Datenmenge begrenzt.
- *Anrufe ohne Teilnehmer verlassen*: Anrufe ohne Teilnehmer werden nach einiger Zeit automatisch beendet.
- *Unterwegs-Modus automatisch*: Nicht von Google dokumentiert.
- *Klingelton*: Der Ton, der ertönt, wenn Sie über Google Meet zu einem Gespräch eingeladen werden.

Unter *Automatische Erinnerungen*:

- *Antworten und abklären*: Gmail erkennt den Nachrichtenkontext und macht Ihnen Beantwortungsvorschläge. Diese Funktion wird derzeit nur im englischen Sprachraum unterstützt.

Unter *Tipps im Posteingang:*

- *Einstellungen für Inbox-Tipps*: Bei einigen Massen-E-Mail-Sendungen blendet Gmail eine Schaltfläche ein, über die Sie sich aus dem E-Mail-Verteiler abmelden können.

Unter *Datenverbrauch:*

- *Gmail synchronisieren*: Diese Schaltfläche führt Sie in die Kontenverwaltung, welche Kapitel *22.2 Google-Konto entfernen* beschreibt, worin Sie unter anderem den Datenabgleich mit dem Google-Konto steuern können. Für die meisten Nutzer dürfte es aber keinen Sinn machen, dort den E-Mail-Abruf vom Google-Mail-Konto zu deaktivieren.
- *E-Mails: Zu synchronisierende Tage*: Legt fest, wie lange empfangene Nachrichten von der Gmail-Anwendung aufbewahrt werden. Ältere Nachrichten werden natürlich nicht gelöscht, sondern sind weiterhin über die Weboberfläche von Gmail (*mail.google.com*) im Webbrowser anzeigbar.
- *Anhänge herunterladen*: Dateianhänge sind häufig mehrere Megabyte groß, weshalb diese nur automatisch heruntergeladen werden, wenn eine WLAN-Verbindung besteht. Lassen Sie diese Option am Besten aktiviert, da sonst beim Öffnen von Dateianhängen längere Wartezeiten entstehen.
- *Bilder*: Standardmäßig lädt Gmail immer alle eingebetteten Bilder aus dem Posteingang herunter und zeigt diese an. Dies betrifft vor allem Werbe-E-Mails von Unternehmen (Newsletter, u.ä.). Sie können aber auch diese Einstellung auf *Vor dem Anzeigen erst fragen* stellen, sodass Sie die Bilderanzeige in jeder betroffenen E-Mail erst bestätigen müssen.
- *Dynamische E-Mails aktivieren*: Der Absender Mail kann interaktive Inhalte in einer E-Mail bereitstellen, beispielsweise Kataloge, die man durchblättern kann oder editierbare Dokumente. In der Praxis machen nach unseren Informationen nur einige wenige Werbetreibende Unternehmen davon Gebrauch.

11.3.2.a Abwesenheitsnotiz

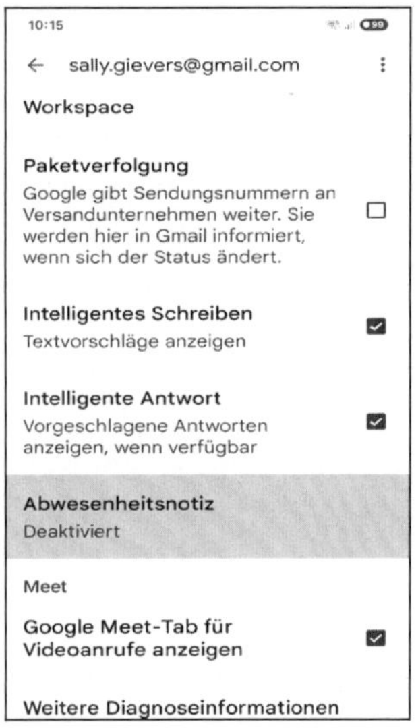

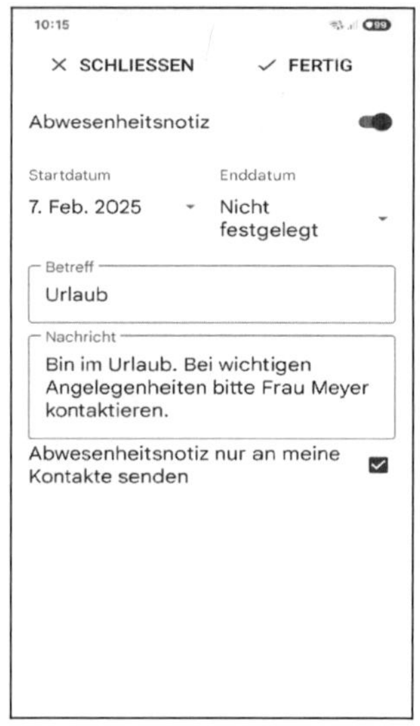

❶❷ Unter *Abwesenheitsnotiz* geben Sie einen Text ein, der während des eingestellten Zeitraums an alle E-Mail-Sender geschickt wird. Aktivieren Sie *Nur an meinen Kontakte senden*, damit nur Ihnen bekannte (im Telefonbuch gespeicherte) Kontakte die Abwesenheitsnotiz erhalten. Vergessen Sie nicht, zum Schluss die Abwesenheitsnotiz über den Schalter oben rechts zu aktivieren!

11.3.2.b Automatisch zugewiesene Labels

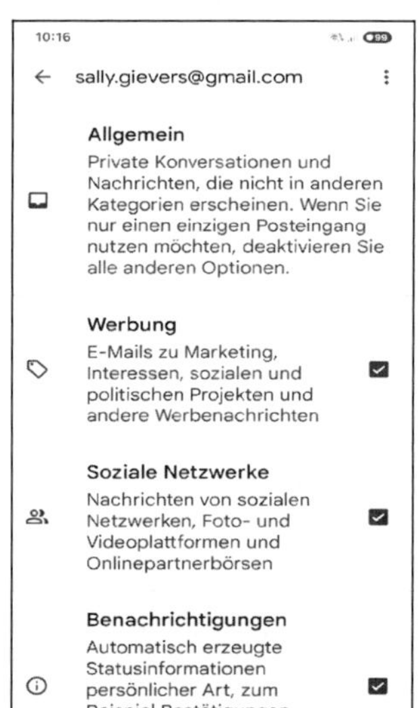

❶❷ Gmail weist Nachrichten, die von einem bestimmten Typ sind, automatisch Labeln zu. Dazu zählen laut Google:

- *Allgemein*: Nachrichten von Freunden und Verwandten sowie sonstige Nachrichten, die nicht in einem der anderen Tabs angezeigt werden
- *Werbung*: Werbeaktionen, Angebote und sonstige Werbe-E-Mails
- *Soziale Netzwerke*: E-Mails aus sozialen Netzwerken, Plattformen zum Teilen von Inhalten, Online-Partnervermittlungen, Spieleplattformen oder anderen sozialen Websites
- *Benachrichtigungen*: Benachrichtigungen wie Bestätigungen, Belege, Rechnungen und Kontoauszüge
- *Foren*: E-Mails aus Online-Gruppen, Diskussionsforen und Mailinglisten.

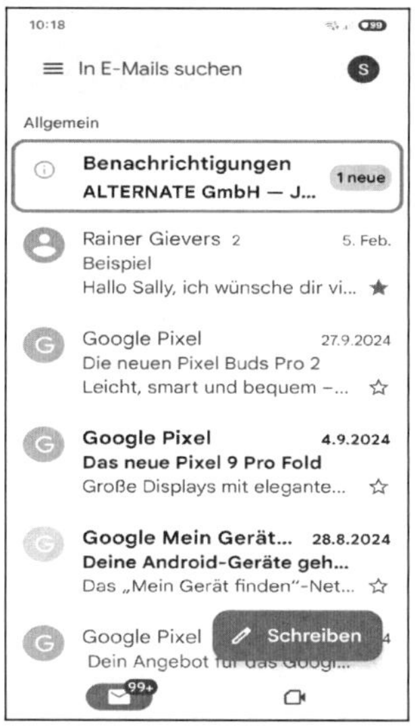

Die automatisch zugewiesenen Labels listet Gmail als erstes im Ausklappmenü auf. Labels, die keine Nachrichten enthalten, werden ausgeblendet.

Haben Sie dagegen alle automatisch zugewiesenen Labels deaktiviert, ordnet Gmail die empfangenen Nachrichten dem Label *Posteingang* zu.

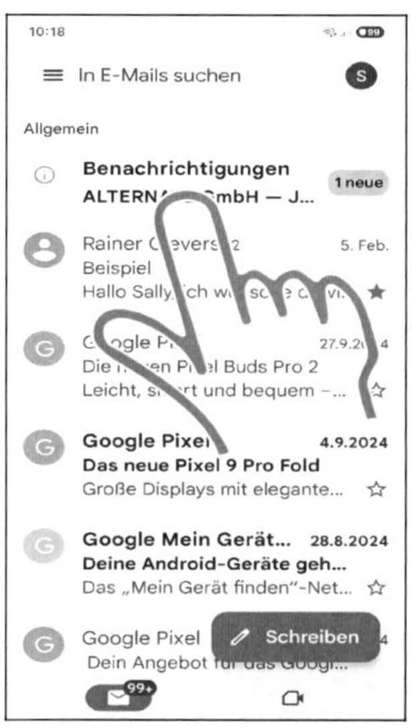

❶❷ Der *Allgemein*-Ordner erscheint sehr aufgeräumt, wenn die automatisch zugewiesenen Label aktiv sind. Schaltflächen weisen dann im Allgemein-Ordner auf neu vorhandene Nachrichten in den Labels hin. Wählen Sie ein Label aus, um die zugewiesenen Nachrichten anzuzeigen

11.4 Zugriff auf Gmail vom Startbildschirm

Auf dem Samsung Galaxy lässt sich ein direkter Zugriff auf die Gmail-Ordner/Labels vom Startbildschirm aus einrichten.

Beachten Sie zu den Widgets auch Kapitel *4.7.2 Widgets*.

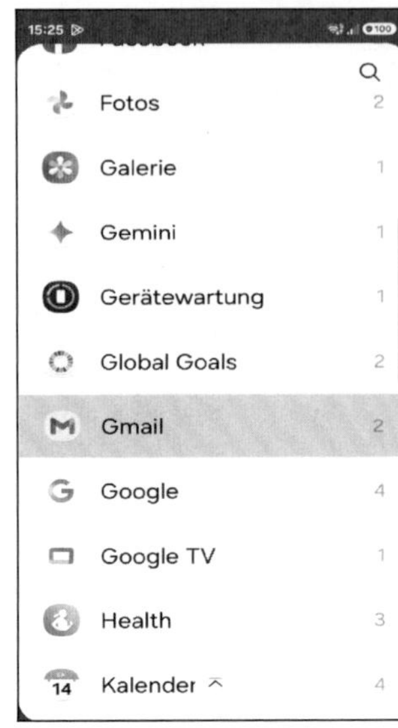

➊ Blättern Sie mit einer Wischgeste nach links oder rechts im Startbildschirm zu einem noch freien Bildschirm beziehungsweise entfernen Sie nicht benötigte Widgets (siehe auch Kapitel *4.7.2 Widgets*). Rufen Sie mit einer Kneifen-Geste (zwei Finger auf das Display halten und zusammen ziehen) den Bearbeitungsbildschirm auf. Beim ersten Mal benötigen Sie dazu mit Sicherheit mehrere Versuche.

➋ Betätigen Sie *Widgets* (Pfeil).

➌ Tippen Sie auf *Gmail* (Sie müssen vorher mit einer Wischgeste nach oben mehrmals durch die aufgelisteten Widgets blättern).

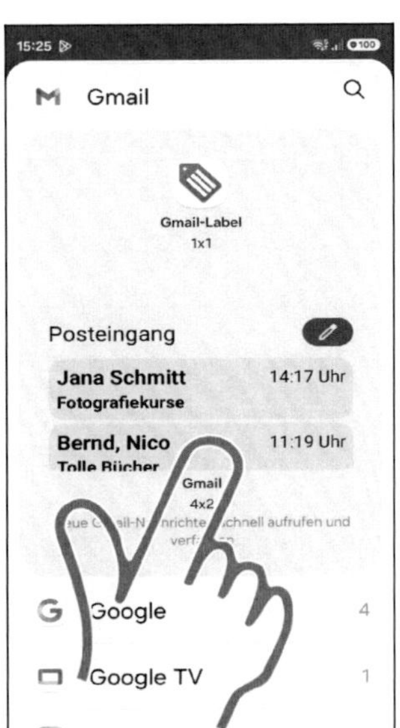

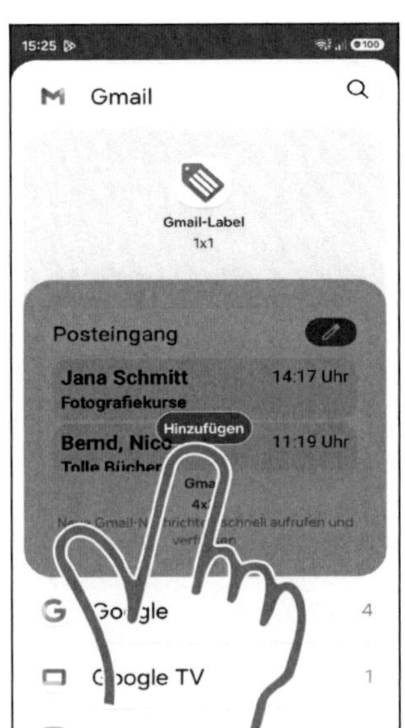

➊ Tippen Sie auf das Gmail-Vorschaubild.

➋ Danach betätigen Sie *Hinzufügen.*

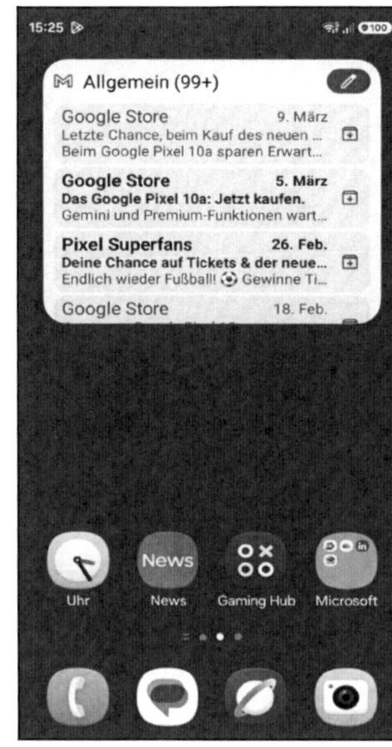

❶ Wählen Sie einen Ordner, idealerweise den Ordner *Allgemein*, aus.

❷❸ Zum Schluss sollten Sie noch die Widget-Größe anpassen: Halten und ziehen Sie die hellblauen Ränder nach außen. Schließen Sie mit der ‹-Taste den Vorgang ab.

Auch nachträglich ist jederzeit eine Größenänderung des Gmail-Widgets möglich, indem Sie den Finger auf dem Widget halten, bis es hervorgehoben ist und dann loslassen.

❶❷ Zur Anzeige der zweiten Bildschirmseite wischen Sie im Startbildschirm einfach nach links.

11.5 Meet

Meet (engl. »Treffen«) ist eine Videotelefonielösung für bis zu 100 Teilnehmer (in der Profiversion werden bis zu 250 Teilnehmer unterstützt). Videotelefonie hat gegenüber normalen Telefonaten den Vorteil größerer Vertrautheit, da man sich ja von Angesicht zu Angesicht sieht. Kosten fallen übrigens keine an, denn die Übertragung erfolgt über das Internet.

Damit andere Personen mit Ihnen über Meet kommunizieren können, müssen diese Gmail auf Ihrem Handy installiert haben. Dies ist bei Android immer der Fall; auf dem iPhone muss Gmail aus dem App Store installiert werden. Alternativ nutzt man Meet im Webbrowser, wobei der jeweilige PC mit Kamera und Mikrofon ausgestattet sein muss. Ideal sind dafür deshalb Notebooks, die bereits entsprechende Hardware besitzen.

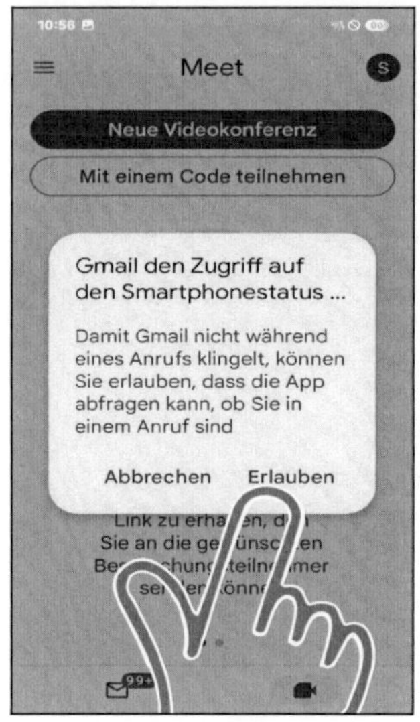

❶❷❸ Wenn Sie *Meet* das erste Mal aufrufen, erscheint ein Popup, in dem Sie *Erlauben* und dann *Zulassen* auswählen. Sie sorgen damit dafür, dass eingehende Telefonanrufe während der Meet-Nutzung automatisch stumm geschaltet werden.

11.5.1 Videokonferenz einleiten

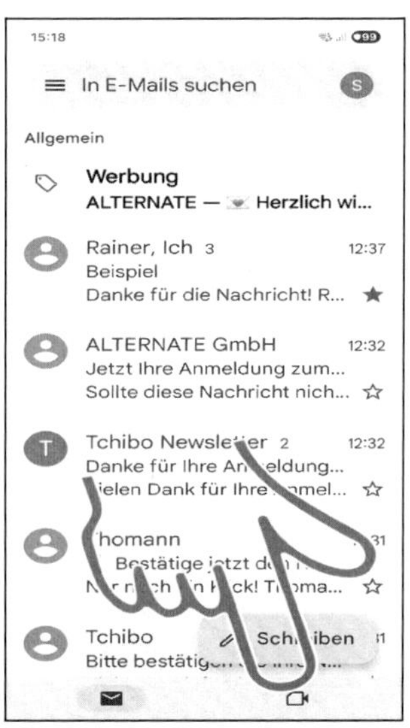

❶ Aktivieren Sie das *Meet*-Register. Sie müssen nun über mehrere Popups dem Handy den Zugriff mit *Erlauben* beziehungsweise *Zulassen* gestatten.

❷ In unserem Fall möchten wir selbst ein Videotelefonat beginnen und gehen daher auf *Neue Videokonferenz.*

❸ Wählen Sie *Sofortbesprechung starten.*

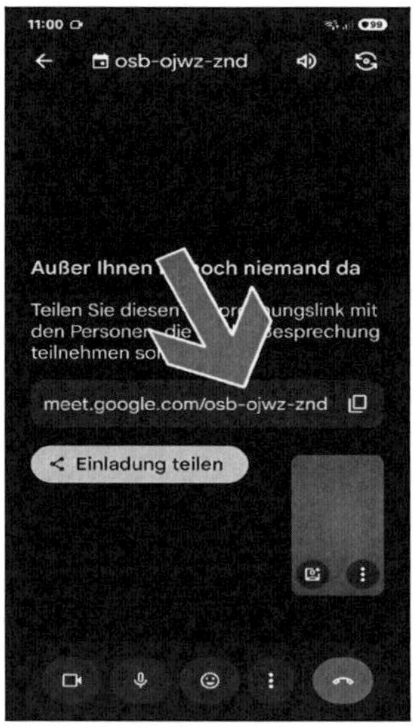

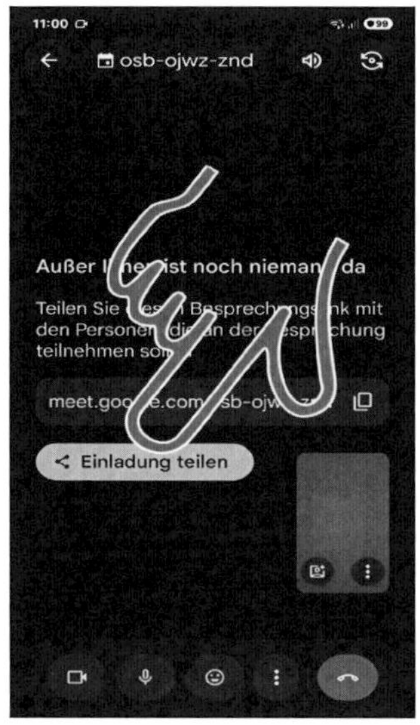

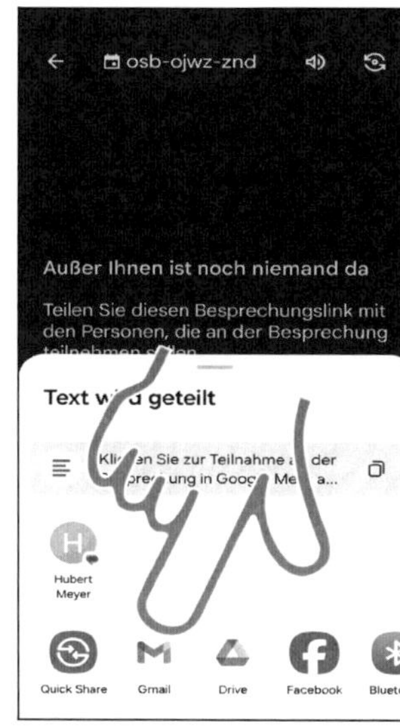

❶ Sie erhalten eine Webadresse angezeigt, über die andere Personen teilnehmen können (Pfeil).

❷❸ Wenn Sie möchten, geben Sie die Webadresse über *Einladung teilen* beispielsweise per E-Mail weiter.

Die angezeigte Webadresse *meet.google.com/osb-ojwz-znd* enthält übrigens den Freigabecode, in unserem Beispiel *osb-ojwz-znd*. Darauf kommen wir noch zurück.

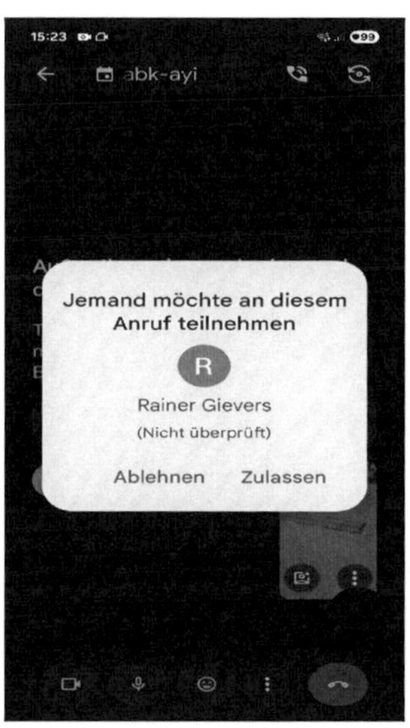

❶ Sobald jemand anders sich an Ihrer Videokonferenz anmeldet, müssen Sie ihn erst mit *Zulassen* freigeben.

❷ Über die vier Schaltflächen am unteren Bildschirmrand steuern Sie das Telefonat:

- Eigenes Kamerabild ein/ausschalten
- Mikro ein/ausschalten
- Hand heben – für Konferenzen mit vielen Teilnehmern
- Auflegen (Videokonferenz beenden)

Achtung: Machen Sie die anderen Teilnehmer darauf aufmerksam, dass sie ihr Mikro immer ausgeschaltet lassen und es erst aktivieren, wenn sie sprechen möchten. Danach sollten sie es wieder ausschalten. Es kommt sonst zu sehr unangenehmen Rückkopplungen.

11.5.2 An Videokonferenz teilnehmen

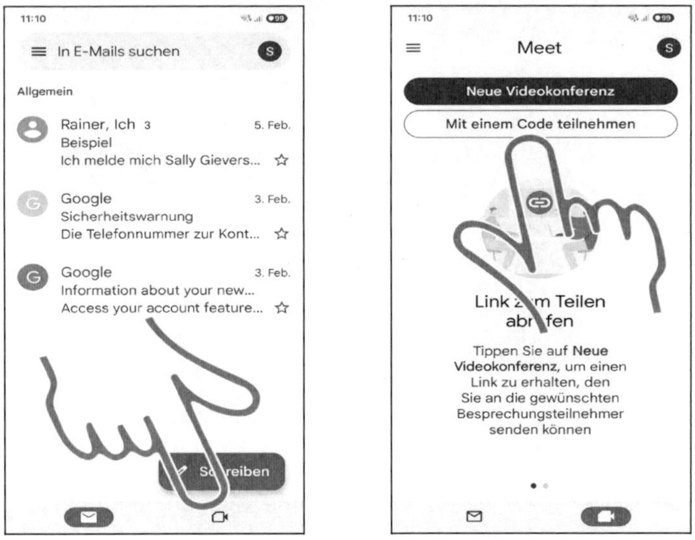

❶❷ So nimmt jemand Ihre Videokonferenz an: Nach dem Gmail-Aufruf aktiviert er das *Meet*-Register und betätigt *Mit einem Code teilnehmen.*

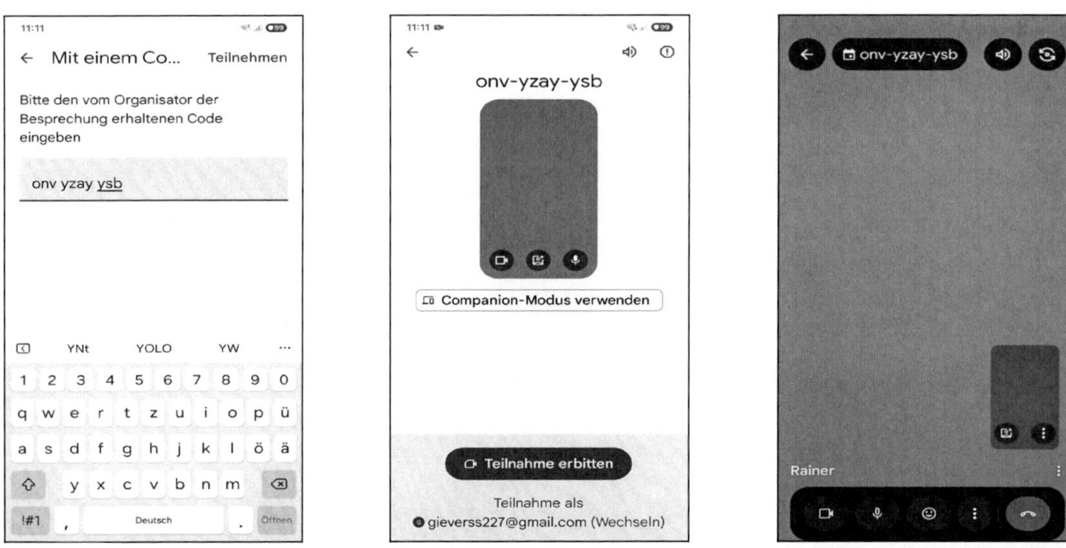

❶ Nun ist der oben erwähnte Code einzugeben (die Bindestriche können Sie einfach weglassen) und *Teilnehmen* zu betätigen.

❷❸ *Teilnahme erbitten* aktiviert die Videokonferenz.

12. Outlook E-Mail

Über die E-Mail-Anwendung verwalten, senden und empfangen Sie E-Mails. Zuvor müssen Sie den Internetzugang, wie im Kapitel *9 Internet einrichten und nutzen* beschrieben, richtig konfiguriert haben. Anwender, die mehrere E-Mail-Konten, zum Beispiel privat und geschäftlich nutzen, können problemlos auch mehrere Konten anlegen.

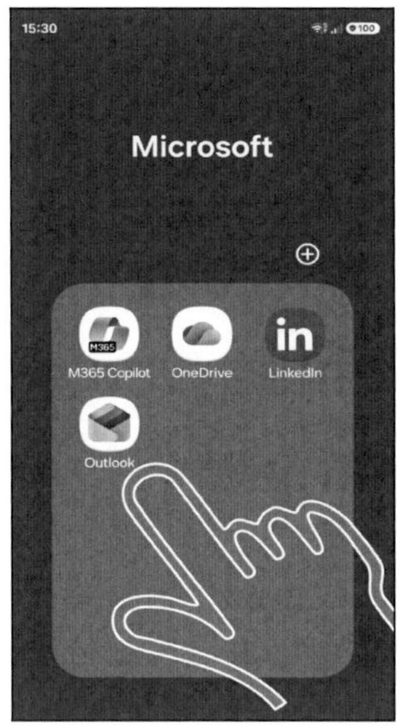

❶❷ Starten Sie die *Outlook*-Anwendung aus dem *Microsoft*-Ordner des Hauptmenüs. Beim ersten Aufruf wird ein Popup erscheinen, das Sie mit *Zulassen* beantworten.

❸ Gehen Sie auf *KONTO HINZUFÜGEN.*

12.1 E-Mail-Einrichtung

12.1.1 E-Mail-Konto automatisch einrichten

Die E-Mail-Anwendung kennt bereits die wichtigsten kostenlosen E-Mail-Dienste wie beispielsweise GMX, Outlook.de, Web.de und T-Online. Sie brauchen für diese Anbieter nur Ihre E-Mail-Adresse und das Passwort einzugeben.

Besitzen Sie dagegen eine Website mit eigener E-Mail-Adresse, ist häufig eine automatische Einrichtung nicht möglich. Lesen Sie in diesem Fall im Kapitel *12.1.2 E-Mail-Konto manuell einrichten* weiter.

> Von einigen E-Mail-Anbietern wird im Google Play Store (siehe Kapitel *26.1 Play Store*) auch eine spezielle E-Mail-Anwendung angeboten. Suchen Sie im Play Store einfach nach dem Namen des E-Mail-Anbieters.

❶ Tippen Sie in das Eingabefeld.

❷ Im Beispiel wird ein E-Mail-Konto für den kostenlosen E-Mail-Anbieters GMX eingerichtet: Geben Sie Ihre E-Mail-Adresse ein und betätigen Sie *WEITER*.

❸ Falls nach dem E-Mail-Protokoll gefragt wird, wählen Sie *IMAP*. Das ältere POP3 wird nicht mehr von allen E-Mail-Anbietern unterstützt!

In den meisten Fällen kennt Outlook bereits Ihren E-Mail-Anbieter und füllt die verschiedenen Eingabefelder korrekt aus. Sie selbst müssen nur noch eingeben:

- *Kennwort*: Passwort Ihres E-Mail-Kontos für den Nachrichtenabruf.
- *Anzeigename*: Wird in Ihren E-Mails als Absender angegeben.

Gehen Sie zum Schluss auf ✓.

Sollten Sie zuvor POP3 ausgewählt haben, so müssen Sie hier das gleiche Kenntwort bei *POP3-Kennwort* und *SMPT-Kennwort* eingeben.

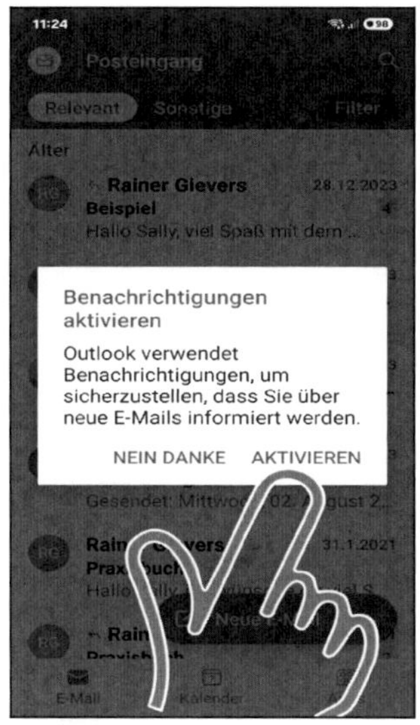

❶ Betätigen Sie *VIELLEICHT SPÄTER.*

❷❸ Die einmalig angezeigten Popups schließen Sie mit *AKTIVIEREN* und *Zulassen.*

Ihr Posteingang wird geladen und Sie können nun mit dem Programm arbeiten.

Auf die Kalenderfunktionen von Outlook geht dieses Buch nicht ein, weil Sie damit nicht mehr von den Vorteilen der Kalender-Anwendung (siehe Kapitel *20 Kalender*) profitieren. Dazu zählt die zentrale Sicherung Ihrer Daten im Google-Konto und die nahtlose

12.1.2 E-Mail-Konto manuell einrichten

Hier wird beschrieben, wie Sie eine E-Mail-Adresse einrichten, wenn Sie eine Website mit einem eigenen E-Mail-Konto besitzen.

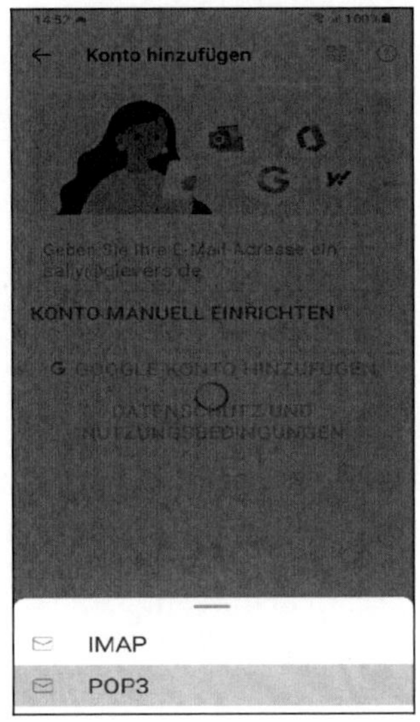

❶ Geben Sie zuerst Ihre E-Mail-Adresse ein, danach betätigen Sie *WEITER.*

❷ Zur Auswahl stehen nun als Kontotyp *POP3*-Konto und *IMAP-Konto.* In diesem Fall wählen wir *POP3.*

❸ In den meisten Fällen kennt Outlook bereits Ihren E-Mail-Anbieter und füllt die verschiedenen Eingabefelder korrekt aus. Sie selbst müssen nur noch eingeben:

- *Anzeigename*: Wird in Ihren E-Mails als Absender angegeben.
- *POP-Kennwort*: Passwort Ihres E-Mail-Kontos für den Nachrichtenabruf.
- *SMTP-Kennwort*: Passwort Ihres E-Mail-Kontos für das Nachrichtensenden. Das *SMTP-Kennwort* entspricht fast immer dem *POP-Kennwort.*

Haben Sie zuvor IMAP als Protokoll gewählt, dann brauchen das Kennwort nur einmal einzugeben.

❶ Gehen Sie zum Schluss auf ✓.

❷ Betätigen Sie *VIELLEICHT SPÄTER.*

❶ Betätigen Sie *VIELLEICHT SPÄTER.*

❷ Die Abfrage zu den Benachrichtigungen schließen Sie mit *AKTIVIEREN* und *Zulassen.*

❸ Ihr Posteingang wird geladen und Sie können nun mit dem Programm arbeiten.

Outlook enthält auch weitere Funktionen, darunter eine Kalenderverwaltung. Darauf geht dieses Buch nicht ein, weil Sie damit nicht mehr von den Vorteilen der Google Kalender-Anwendung (siehe Kapitel 20 Kalender) profitieren. Dazu zählt die zentrale Sicherung Ihrer Daten im Google-Konto und die nahtlose Synchronisation zwischen mehreren Android-Geräten.

12.2 E-Mail-Konto bearbeiten

12.2.1 Allgemeine Einstellungen

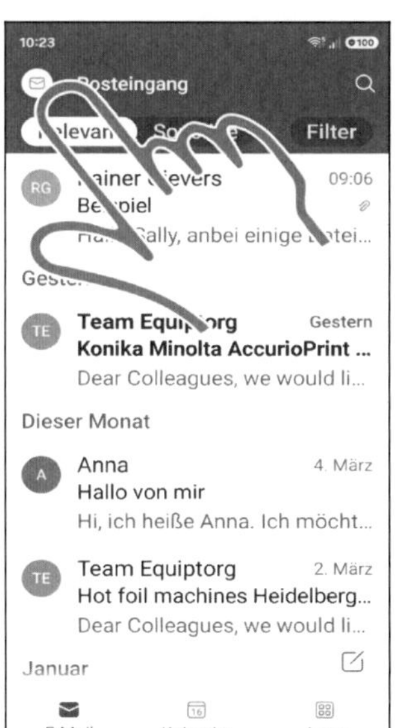

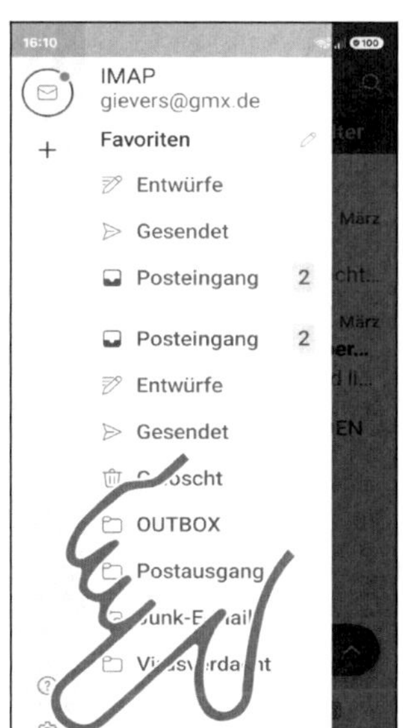

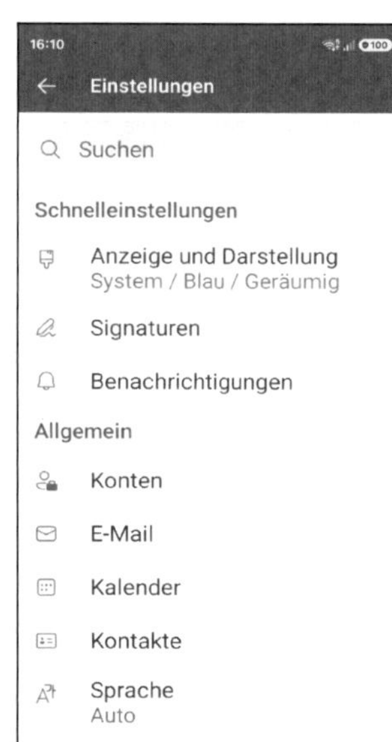

❶❷❸ Die für **alle** Konten verwendeten Voreinstellungen finden Sie unter ⚙ im Ausklappmenü.

Unter *Schnelleinstellungen*:

- *Anzeige und Darstellung*: Das verwendete Farbschema und die Art der Nachrichtenauflistung.
- *Signaturen*: Die Signatur erscheint unter allen von Ihnen erstellten E-Mails. Geben Sie darin beispielsweise alternative Kontaktmöglichkeiten an.
- *Benachrichtigungen*: Wählen Sie in dem Menü aus, in welcher Form das Handy bei neu vorliegenden Nachrichten informiert. Hier sollten Sie nichts ändern.

Unter *Allgemein*:

- *Konten*: Die von Ihnen angelegten E-Mail-Konten. Hier können Sie auch weitere Konten einrichten.
- *E-Mail*:
  - *Posteingang mit Relevanz*: Outlook erkennt anhand Ihres Nutzungsverhaltens relevante (=wichtige) Nachrichten. Siehe Kapitel *12.3.10 Relevante Nachrichten.*
  - *E-Mail-Organisation*:
    - *E-Mails nach Unterhaltung gruppieren*: Fasst alle mit einem Dritten ausgetauschten Nachrichten in einem Eintrag zusammen, was die Übersicht im Posteingang erhöht.
    - *Den Lesebereich anordnen*: Anzeigereihenfolge (älteste zuerst oder neueste zuerst)
  - *Wischoptionen*: Konfiguriert, welche Aktion Outlook bei einer Wischgeste im Posteingang durchführt. Darauf gehen wir im Kapitel *12.3.11 Wischgeste* ein.
  - *Zwischen Unterhaltungen wischen*: Blättern Sie mit einer Wischgeste zwischen den angezeigten Nachrichten.
  - *E-Mail-Autofortschaltung*: Wählen Sie aus, was passiert, wenn Sie eine Nachricht löschen oder archivieren.
  - Schriftart

… die weiteren Menüpunkte sind für die tägliche Arbeit mit Outlook nicht relevant.

12.2.2 Konto-Einstellungen

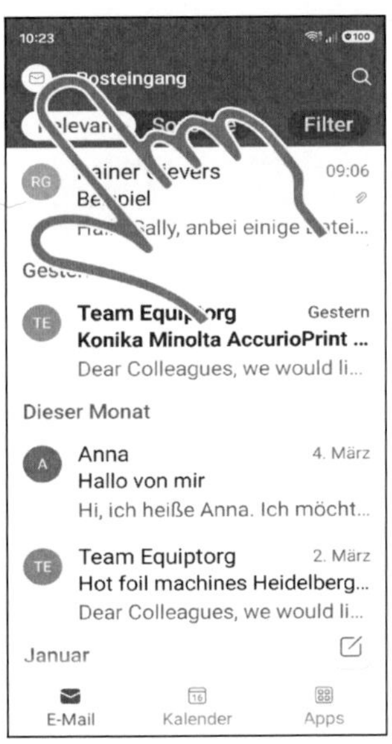

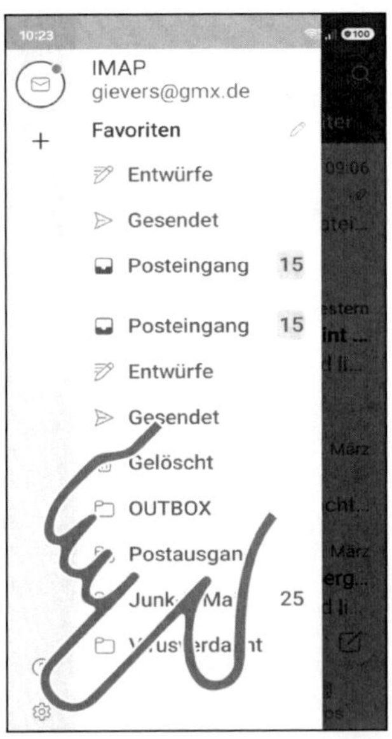

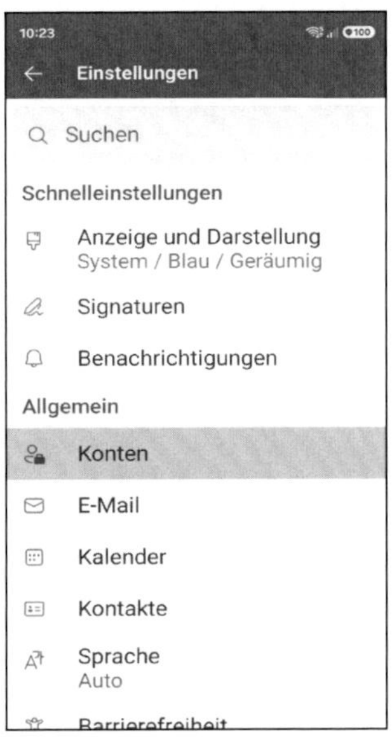

❶❷ Rufen Sie das Ausklappmenü auf und gehen Sie darin auf ⚙.

❸ Wählen Sie *Konten.*

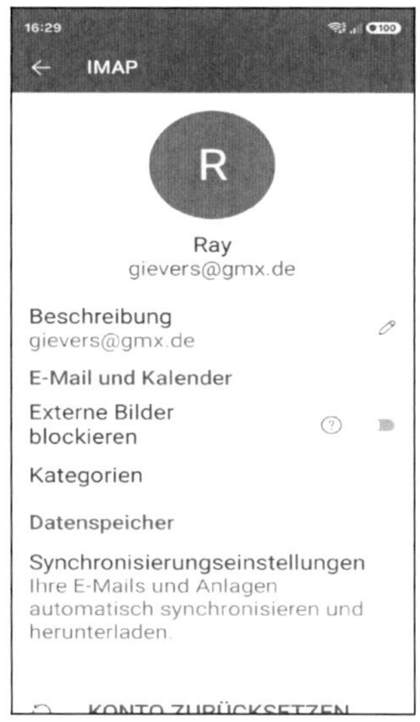

➊ Wählen Sie das Konto aus.

➋ Die Parameter:

- *Kontobeschreibung*
- *Externe Bilder blockieren*: Aus Datenschutzgründen lädt Outlook standardmäßig keine Bilder aus dem Internet, weil damit der Absender weiß, dass Sie seine Nachricht gelesen haben. Mitgeschickte Bilder zeigt Outlook dagegen an.
- *Kategorien*: Stehen nur bei Outlook-E-Mail-Konten zur Verfügung.
- *KONTO ZURÜCKSETZEN*: Löscht den Datenspeicher und lädt die E-Mails neu vom Server. Eventuell nützlich, falls es Probleme bei der E-Mail-Verarbeitung gibt.
- *KONTO ENTFERNEN*: Löscht das E-Mail-Konto in der Outlook-Anwendung. Alle E-Mails im Internet-E-Mail-Konto bleiben dabei erhalten.

Sofern Sie ein Konto der Microsoft-Dienste einsetzen, stehen einige weitere Optionen zur Verfügung, beispielsweise zur verwendeten Sprache und zur Kategorisierung Ihrer E-Mails.

12.3 E-Mail-Anwendung in der Praxis

12.3.1 E-Mail-Ordner

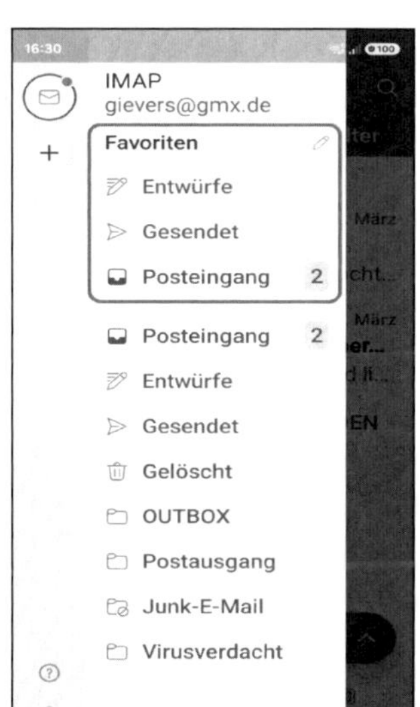

➊ Die Nachrichten verwaltet die E-Mail-Anwendung in Ordnern, zwischen denen man über das Ausklappmenü (Pfeil) umschaltet.

➋ Unter *Favoriten* (Markierung) finden Sie häufiger benötigte E-Mail-Ordner.

Welche Ordner angezeigt werden, hängt von Ihrem E-Mail-Konto ab. Ordner, die Sie in der Weboberfläche des jeweiligen Anbieters angelegt hatten, erscheinen auch hier. Standard sind:

- *Posteingang*: Empfangene E-Mails.
- *Entwürfe*: E-Mails, die Sie für späteren Versand erstellt haben.
- *Archiv*: E-Mails, die Sie gelesen haben und für spätere Verwendung abgelegt haben.
- *Gesendet:* Verschickte E-Mails
- *Gelöscht*: Gelöschte E-Mails.
- *Junk-E-Mail*: Als Spam eingeordnete Nachrichten (nur bei Konten von Microsoft-E-Mail-Diensten).

12.3.2 E-Mails abrufen

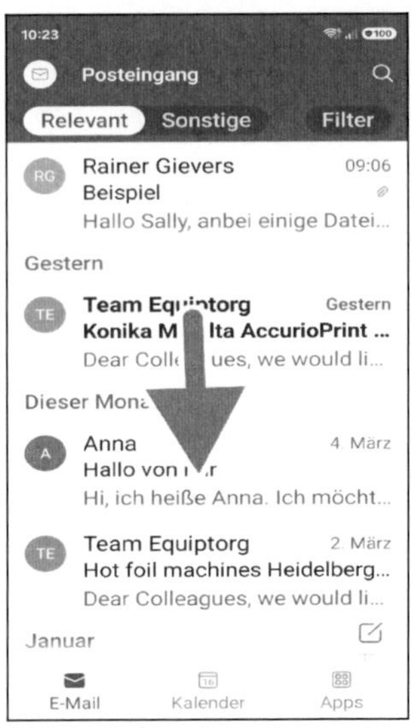

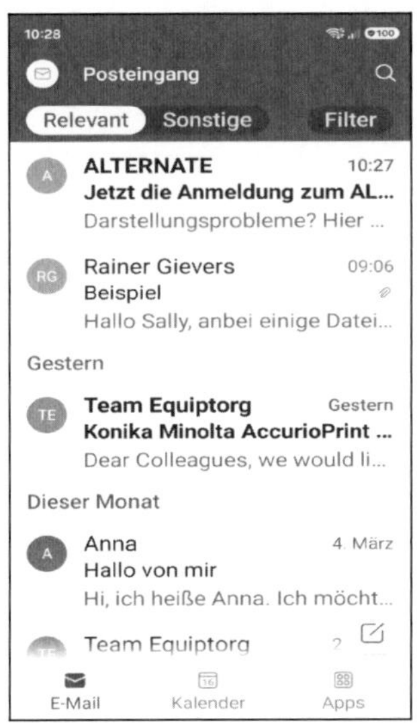

❶ Führen Sie eine Wischgeste nach unten durch für den E-Mail-Abruf. Alternativ können Sie auch in den Einstellungen (siehe Kapitel *12.2.2 Konto-Einstellungen*) festlegen, wie häufig der automatische Mail-Abruf erfolgt.

❷ Hat der Abruf geklappt, dürfte es im Fenster ungefähr so wie hier aussehen. Alle Nachrichten werden mit Absender, Empfangsdatum und Betreff angezeigt. Gelesene Nachrichten hebt die E-Mail-Anwendung mit grauer Schrift hervor. Tippen Sie eine Nachricht an, so wird sie angezeigt.

12.3.3 E-Mails lesen und beantworten

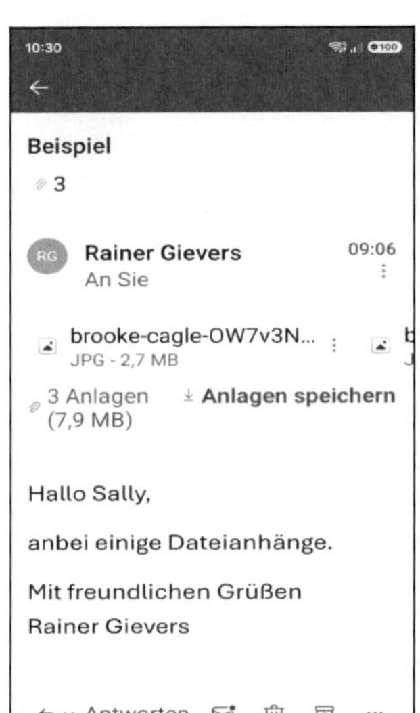

❶❷ Tippen Sie die anzusehende E-Mail an.

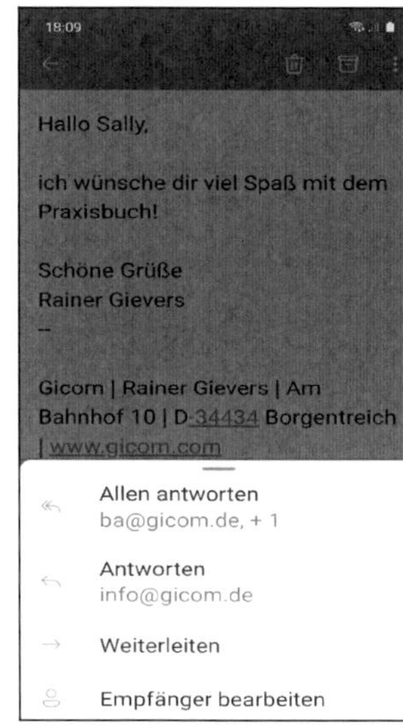

❶❷ Weitere Funktionen erhalten Sie über die Schaltflächen (Pfeil):

- *Antworten*: Erstellt eine Antwort-Nachricht an den Absender.
- ↰ ⌄:
  - *Antworten*
  - *Weiterleiten*: E-Mail an einen weiteren Empfänger weiterleiten.
  - *Empfänger bearbeiten*: E-Mail beantworten, vorher aber weitere Empfänger hinzufügen.

❸ *Allen Anworten* steht zur Verfügung, wenn die empfangene E-Mail weitere Empfänger hat. Diese erhalten dann ebenfalls Ihre Anwort. Bitte kontrollieren Sie vor dem Absenden, ob wirklich alle Empfänger Ihre Nachricht erhalten sollten.

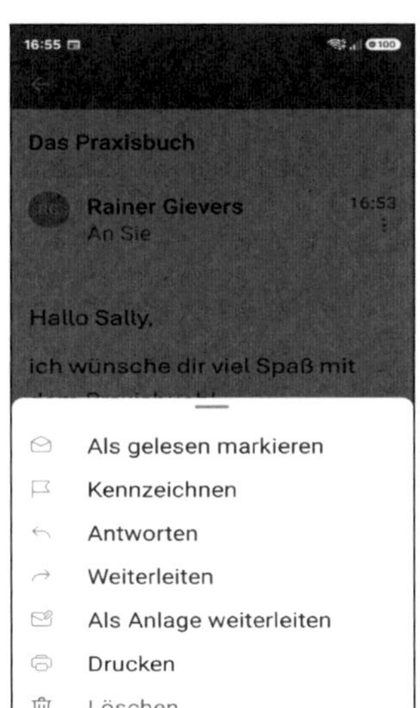

❶❷ Das ⋮-Menü (das ⋮-Symbol ist schwer mit dem Finger zu treffen; gegebenenfalls mehrfach probieren):

- *Als ungelesen markieren*: Setzt den Lesestatus auf »ungelesen« zurück.
- *Kennzeichnen*: Hebt eine Nachricht farbig im Posteingang hervor.
- *Antworten; Weiterleiten*
- *Als Anlage weiterleiten*: Die beantwortete Nachricht wird als Dateianhang mitgeschickt.
- *Drucken*: Speichert die E-Mail-Nachricht als PDF-Datei.
- *Löschen*

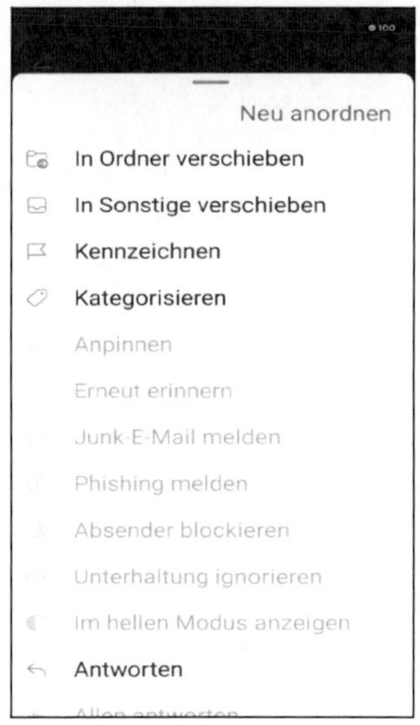

❶❷ Die Schaltflächen am unteren Bildschirmrand:

- : Setzt den Lesestatus auf »ungelesen« zurück – anschließend Wechsel zum Posteingang).
- : Nachricht löschen.
- : Nachricht archivieren.
- Das ⋮-Menü:
  - *In Ordner verschieben*: E-Mail zwischen den Ordnern verschieben.
  - *In Sonstige verschieben*: Darauf geht Kapitel *12.3.10 Relevante Nachrichten* ein.
  - *Kennzeichnen*: Nachricht farbig im Posteingang hervorheben.
  - *Kategorisieren*: Die Zuweisung von Labels ist nur bei Outlook-Konten möglich.

❶ Zur nächsten/vorherigen Nachricht wechseln Sie mit einer Wischgeste.

❷ Ziehen Sie zwei gleichzeitig auf dem Display gedrückte Finger auseinander beziehungsweise zusammen, so vergrößert/verkleinert das Handy die Nachrichtenanzeige. Mit einem Fingerwischen ändern Sie dann den angezeigten Bildausschnitt.

12.3.4 E-Mails löschen

Das Löschen in der E-Mail-Anwendung ist eine Philosophie für sich... Empfangene E-Mails werden standardmäßig nicht vom Internet-E-Mail-Konto gelöscht und lassen sich somit erneut mit dem E-Mail-Programm auf dem Desktop-PC abrufen oder auf der Weboberfläche des E-Mail-Anbieters anzeigen.

❶ Löschen Sie eine E-Mail, beispielsweise mit 🗑 in der Nachrichtenansicht, so verschwindet die E-Mail nicht sofort aus der Nachrichten-Anwendung, sondern landet im *Papierkorb*-Ordner.

❷ Falls Sie sich übrigens beim Löschen vertan haben, können Sie es mit *RÜCKGÄNGIG* widerrufen.

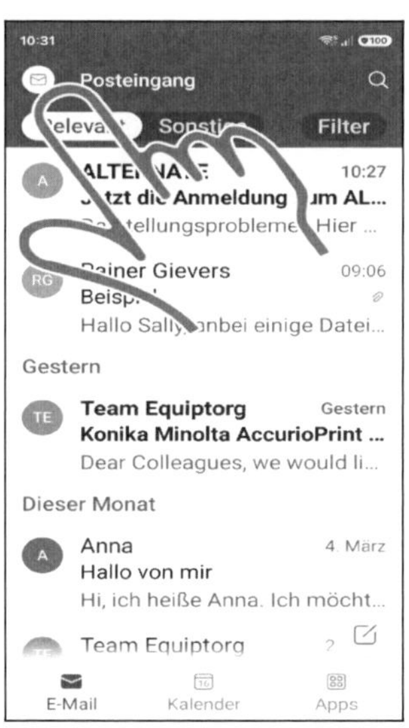

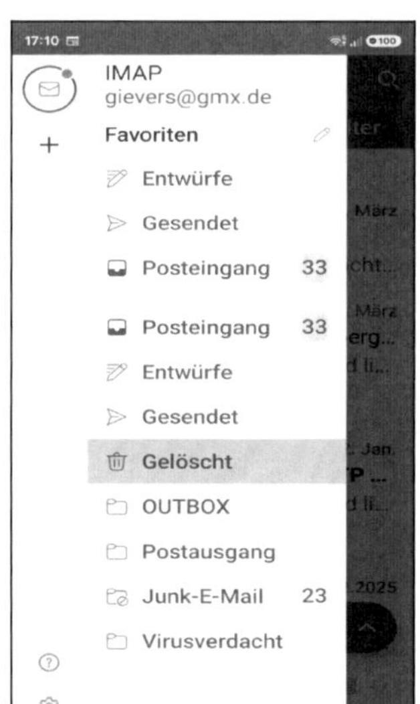

❶❷❸ Sie können sich davon auch selbst überzeugen, indem Sie die Seitenleiste (Ausklappmenü) aktivieren und dann auf *Gelöscht* gehen.

Viele E-Mail-Programme auf dem PC löschen standardmäßig alle empfangenen E-Mails vom Internet-E-Mail-Konto. Die E-Mail-Anwendung auf dem Galaxy erkennt das und entfernt bei sich die gelöschten Nachrichten ebenfalls. Wundern Sie sich also nicht, wenn auf dem Galaxy nach dem E-Mail-Abruf plötzlich Mails verschwunden sind!

12.3.5 Dateianlagen

In E-Mails enthaltene Dateianlagen kann man anzeigen und weiterverarbeiten.

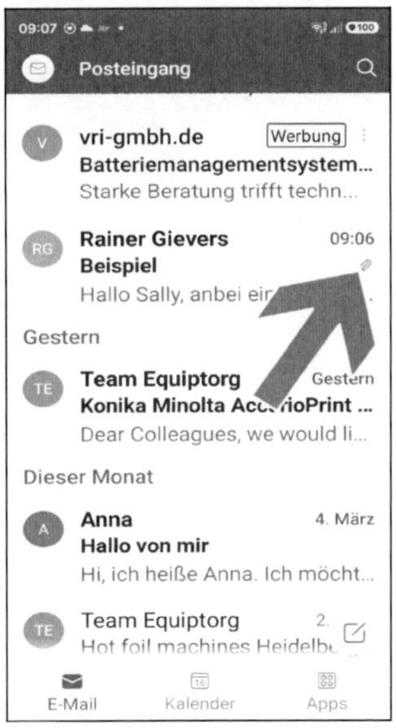

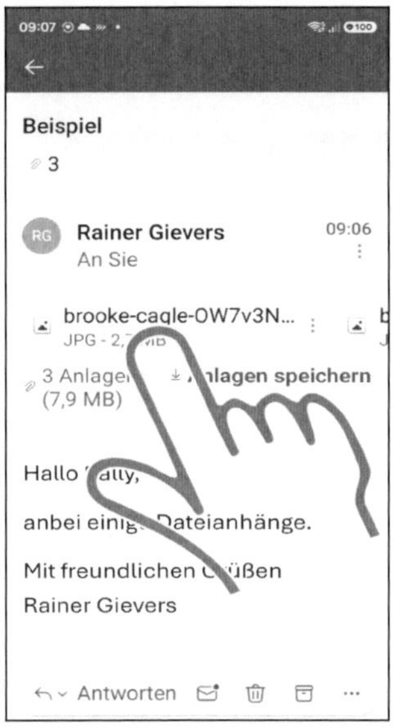

❶ Über Dateianlagen informiert 📎 (Pfeil) in der Nachrichtenauflistung.

❷❸ Zum Anzeigen in der jeweiligen Anwendung tippen Sie die Datei an.

12.3.6 Favoriten (»gekennzeichnet«)

Sie können Nachrichten, die in irgendeiner Weise wichtig sind, als »Favoriten« kennzeichnen, um sie später schneller wiederzufinden.

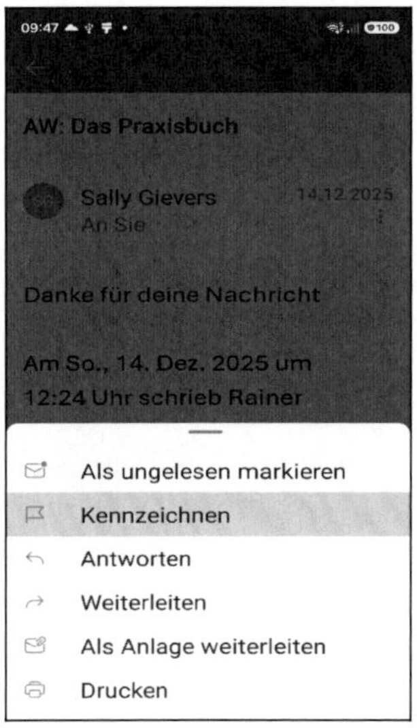

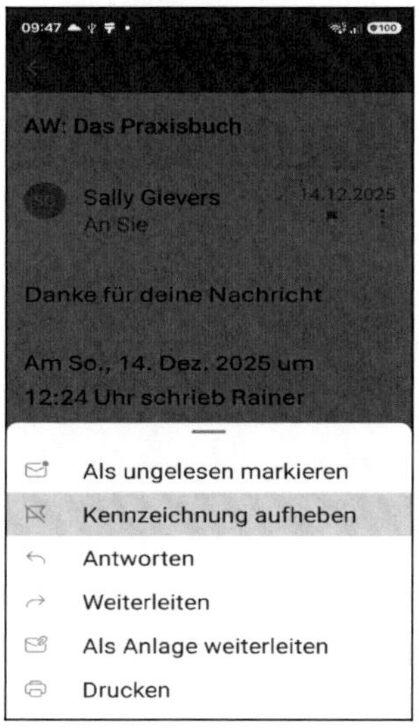

❶❷ Rufen Sie das ⋮-Menü auf und gehen Sie auf *Kennzeichnen.*

❸ Erneuter Aufruf des ⋮-Menüs und Auswahl von *Kennzeichnung aufheben* entfernt dagegen später die Favoriten-Kennzeichnung.

❶❷ Eine »Flagge« informiert über die Favoriten-Kennzeichnung und auch im Posteingang wird die Nachricht hervorgehoben.

Tipp: Mit der im Kapitel *12.3.7 Filter* beschriebenen Funktion beschränken Sie die Nachrichtenauflistung im Posteingang auf gekennzeichnete Nachrichten.

12.3.7 Filter

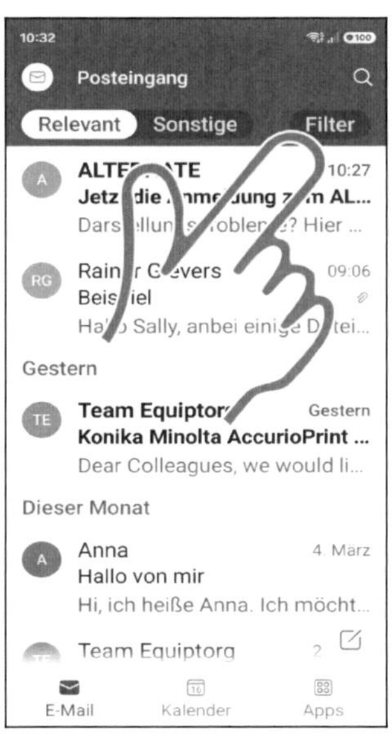

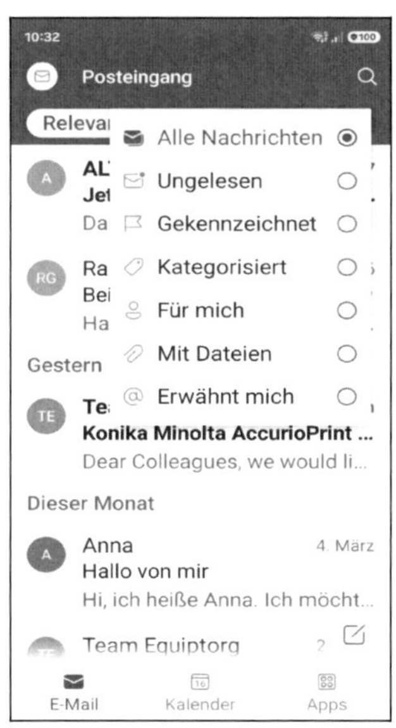

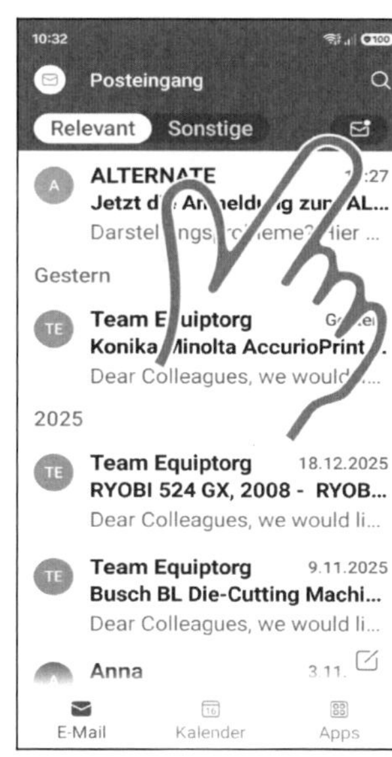

❶❷ *Filter* (Pfeil) beschränkt die Anzeige auf ungelesene, gekennzeichnete (siehe Kapitel *12.3.6 Favoriten (»gekennzeichnet«)*) oder Nachrichten mit Dateianhang (siehe Kapitel *12.3.5 Dateianlagen*)

❸ Antippen (Pfeil) beendet die Filterung.

12.3.8 Suche

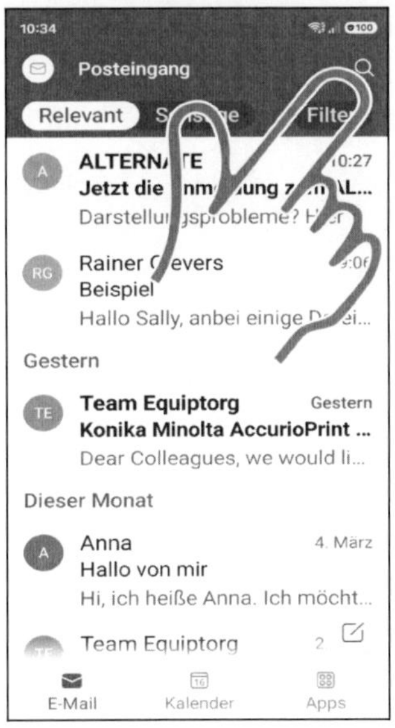

❶ Gehen Sie auf 🔍 am oberen Bildschirmrand.

❷❸ Geben Sie oben den Suchbegriff ein und betätigen Sie »*Nach "xxx" suchen*«. Mehrmaliges Betätigen der <-Taste schließt den Suchbildschirm und kehrt in den Posteingang zurück.

12.3.9 Stapelvorgänge

Wenn eine Aktion wie Löschen, Favoriten-Kennzeichnung hinzufügen, Archivierung usw. auf mehrere Nachrichten anzuwenden ist, verwenden Sie die Stapelvorgänge.

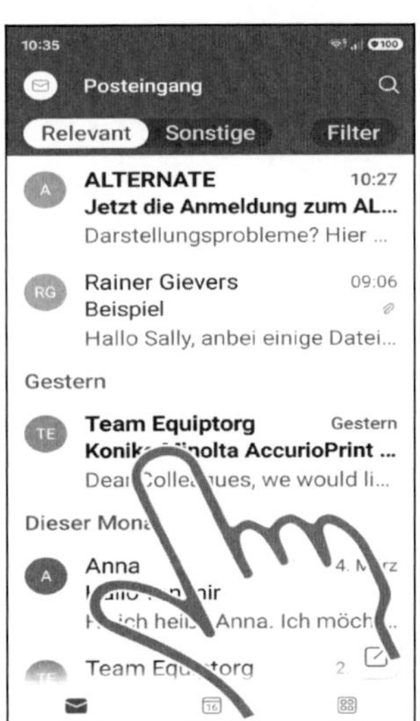

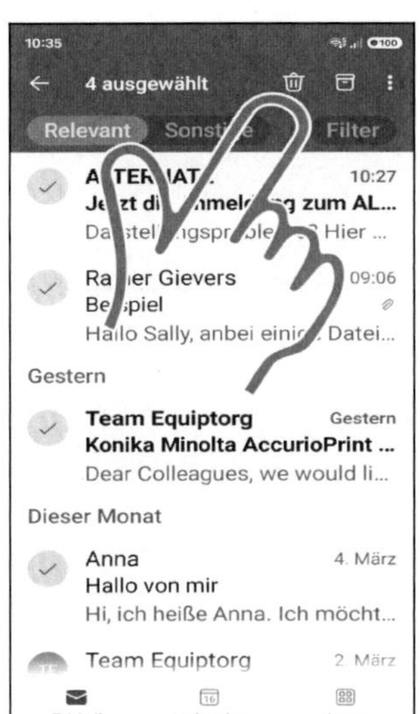

❶❷ Zum Markieren tippen Sie auf das runde Symbol vor einer Nachricht, wodurch diese »abgehakt« wird. Danach lassen sich weitere Nachrichten durch Antippen markieren. Über die 🗑-Schaltfläche am oberen Bildschirmrand können Sie dann die Nachrichten entfernen. Den Markierungsmodus verlassen Sie gegebenenfalls mit der <-Taste.

12.3.10 Relevante Nachrichten

Für Überblick in den E-Mails sorgt eine automatische Filterfunktion, die E-Mails als »relevant« oder »andere« einordnet. Dabei wertet Outlook aus, mit welchen Absendern Sie interagieren.

> Falls Sie die Funktion »relevante Nachrichten« nicht nutzen möchten, deaktivieren Sie sie in den Einstellungen (siehe Kapitel *12.2.1 Allgemeine Einstellungen*, Option *Posteingang mit Relevanz*).

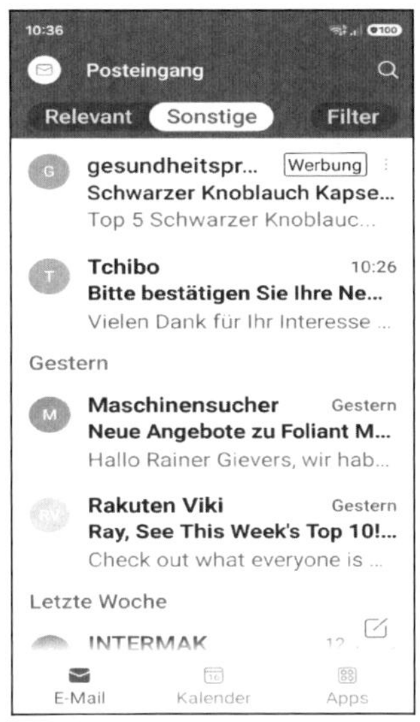

❶❷ Über die Schaltflächen *Relevant* (für Sie wichtig) und *Sonstige* (für Sie unwichtig) schalten Sie die Anzeige um.

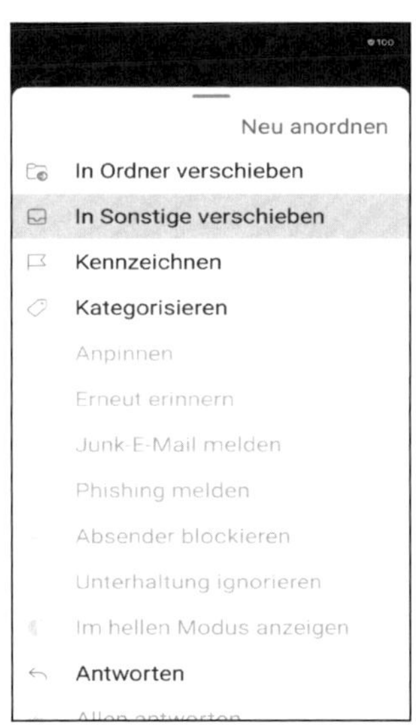

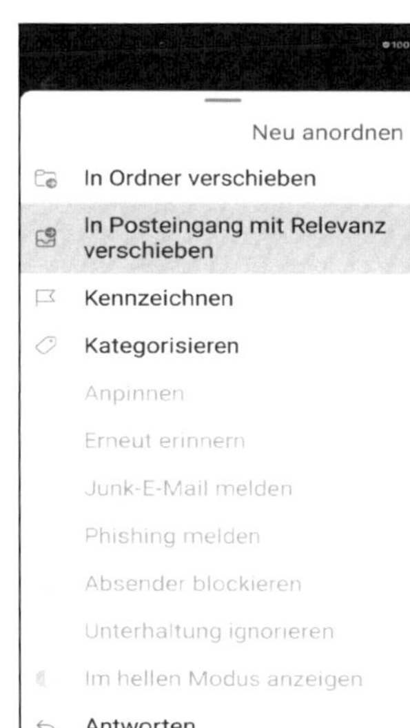

❶❷ ⋮/*In Sonstige verschieben* beziehungsweise *In Posteingang mit Relevanz verschieben* sortieren die Nachrichten in den Relevant/Sonstige-Ordner ein. Sie können dann über ein Popup auswählen, ob nur diese Nachricht oder auch alle Nachrichten des Absenders in den jeweiligen Ordner verschoben werden.

12.3.11 Wischgeste

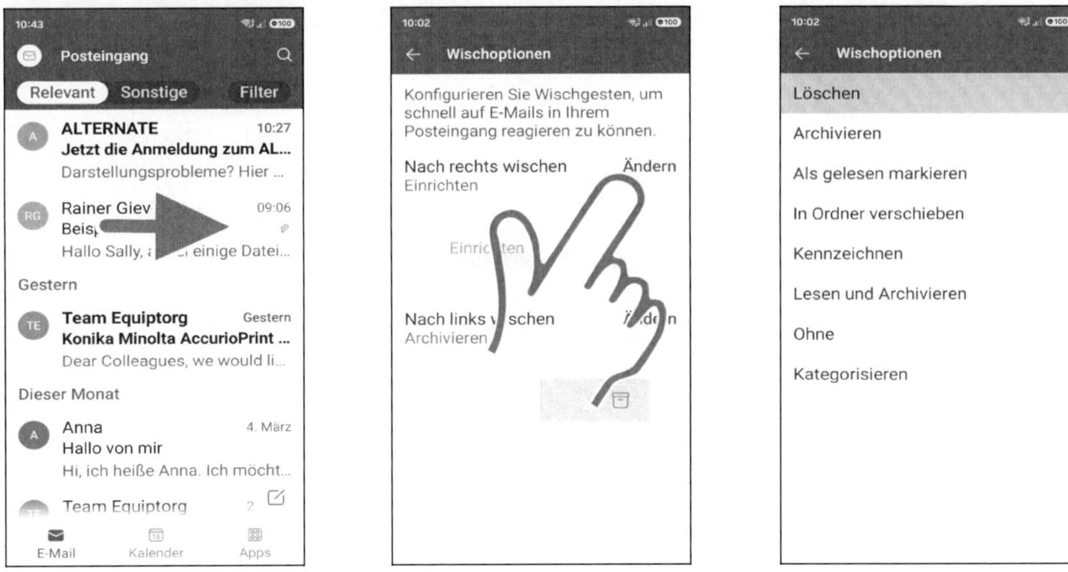

❶ Wischen Sie im Posteingang über eine Nachricht nach rechts.

❷❸ Sie können nun über *Ändern* (Pfeil) festlegen, welche Aktion Outlook bei einer Wischgeste nach rechts durchführen soll. Wir empfehlen die Option *Löschen*.

12.4 E-Mail erstellen und senden

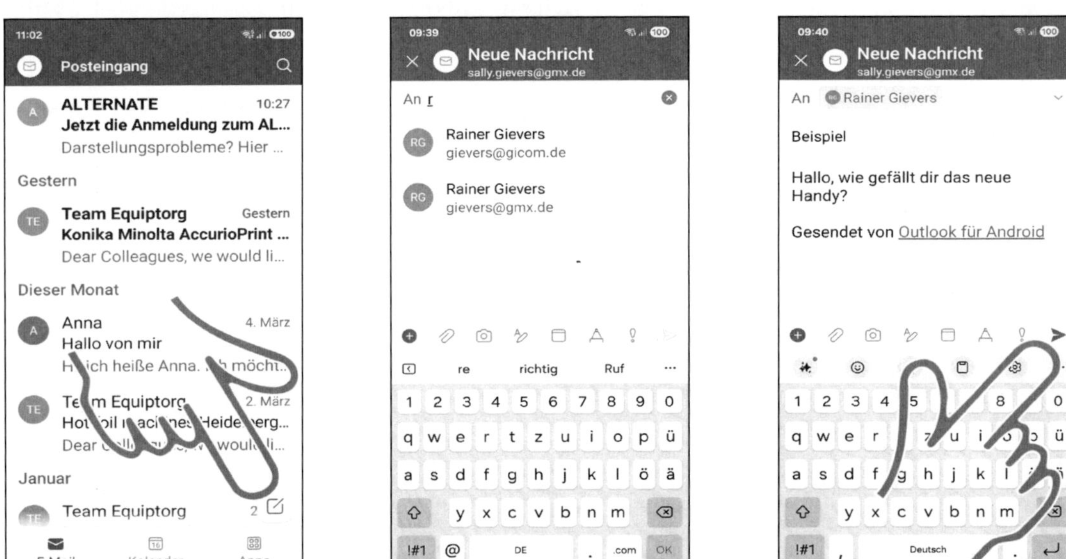

❶ Die -Schaltfläche (Pfeil) erstellt eine neue Nachricht.

❷ Sobald Sie einige Buchstaben in das *An*-Feld eingetippt haben, öffnet sich die Empfängerliste. Dabei greift Outlook allerdings nicht auf das Telefonbuch (siehe Kapitel *8 Telefonbuch*) zu, sondern nur auf E-Mail-Adressen, mit denen Sie schon mal Nachrichten ausgetauscht haben.

❸ Geben Sie noch Betreff und Nachrichtentext ein, dann betätigen Sie ➤. Outlook schaltet wieder auf in den Posteingang um, während der Versand im Hintergrund erfolgt.

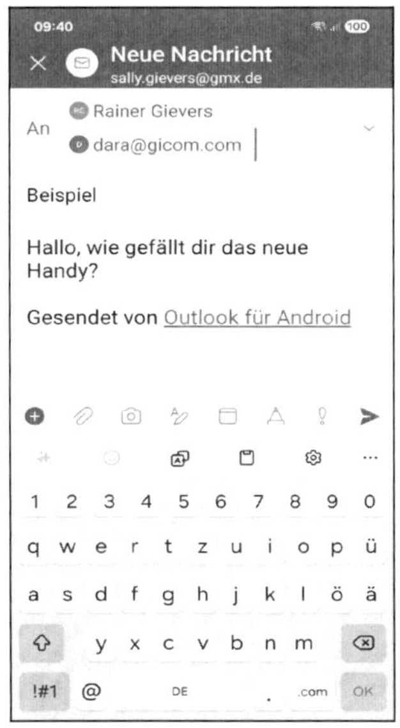

❶❷ Weitere Empfänger lassen sich bei Bedarf übrigens hinzufügen, indem Sie in das *An*-Eingabefeld (Pfeil) tippen und dann einfach die Mail-Adresse eingeben.

12.4.1 Cc/Bcc

❶❷ Eine Besonderheit sind die *Cc/Bcc*-Eingabefelder, die Sie über die ∧-Schaltfläche (Pfeil) aktivieren:

- *Cc*: Der Begriff Cc steht für »Carbon Copy«, zu deutsch »Fotokopie«. Der ursprüngliche Adressat (im *An*-Eingabefeld) sieht später die unter *CC* eingetragenen weiteren Empfänger. Die *Cc*-Funktion ist beispielsweise interessant, wenn Sie ein Problem mit jemandem per E-Mail abklären, gleichzeitig aber auch eine zweite Person von Ihrer Nachricht Kenntnis erhalten soll.
- *Bcc*: Im Bcc (»Blind Carbon Copy«)-Eingabefeld erfassen Sie weitere Empfänger, wobei der ursprüngliche Adressat im *An*-Feld nicht mitbekommt, dass auch noch andere Personen die Nachricht erhalten.

12.4.2 Entwürfe

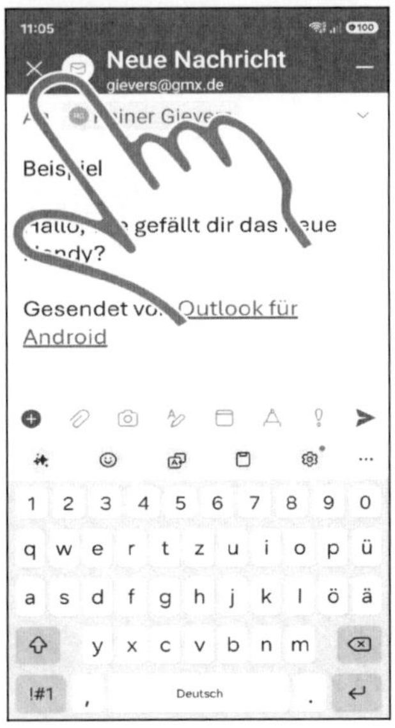

❶❷ Betätigen Sie während der Nachrichtenerstellung statt ➤ die ✕-Schaltfläche (Pfeil). Die Nachricht wird als Entwurf gespeichert und Outlook kehrt in den Posteingang zurück.

❶ Möchten Sie den Entwurf später senden, rufen Sie das Ausklappmenü auf.

❷❸ Dann gehen Sie in den *Entwürfe*-Ordner. Die hier abgelegten Nachrichtenentwürfe können Sie nach dem Antippen wie gewohnt bearbeiten und dann verschicken.

12.4.3 E-Mail-Anhänge

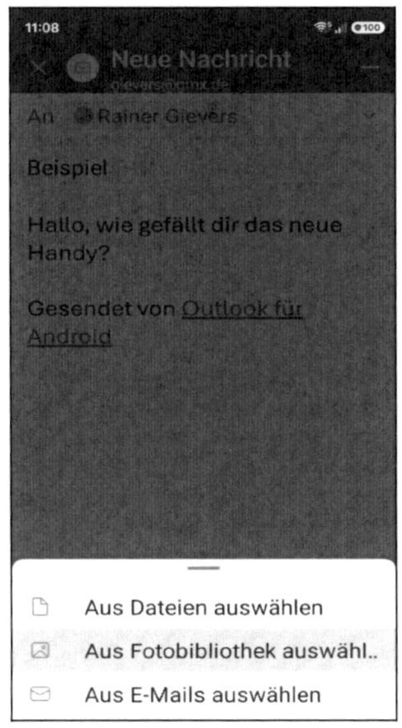

❶ Über fügen Sie eine Datei als Anhang hinzu.

❷ Zur Auswahl stehen:

- *Aus Dateien auswählen*: Stellt Dateien zur Verfügung, die Sie zuvor mal in E-Mails empfangen hatten.
- *Aus Fotobibliothek auswählen*: Fotos im Kameraordner zur Auswahl auflisten.
- *Aus E-Mails auswählen*: Fügt den Inhalt einer E-Mail als Dateianhang hinzu.

In unserem Beispiel gehen wir auf *Aus Fotobibliothek auswählen*.

❶ Tippen Sie auf ein Bild, um es zu markieren. Markieren Sie auf diesem Wege bei Bedarf weitere Bilder, die Sie versenden möchten.

❷ Betätigen Sie *Hinzufügen*.

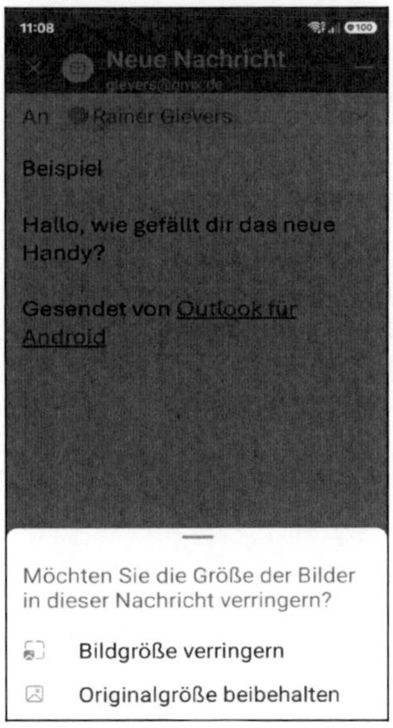

❶ Wählen Sie anschließend aus, ob das Bild verkleinert werden soll, was bei langsamen Mobilfunkverbindungen empfehlenswert ist.

❷ Das Bild befindet sich in der E-Mail und kann verschickt werden.

12.5 E-Mails auf dem Startbildschirm

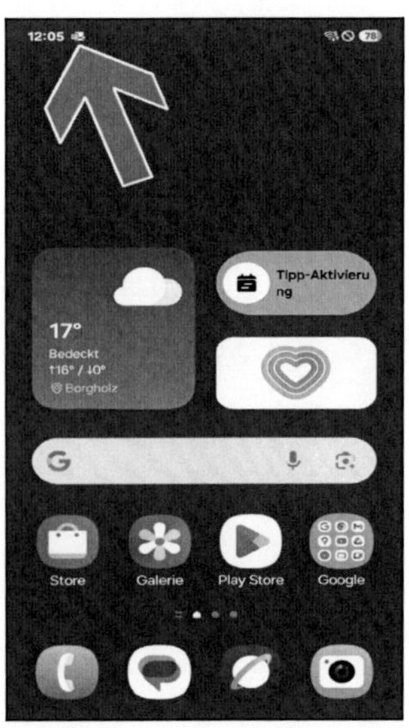

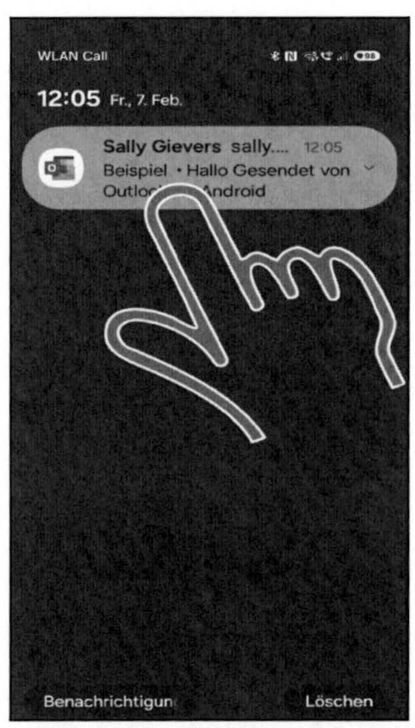

❶ Über neu vorhandene E-Mails informiert die Titelleiste (Pfeil).

❷❸ Öffnen Sie das Benachrichtigungsfeld und gehen Sie auf den E-Mail-Eintrag, worauf die Nachricht anzeigt wird.

13. Samsung Webbrowser

Das Galaxy besitzt, neben dem hier vorgestellten Webbrowser, mit »Chrome« (siehe Kapitel *14 Chrome-Webbrowser*) gleich zwei Webbrowser, die sich kaum unterscheiden.

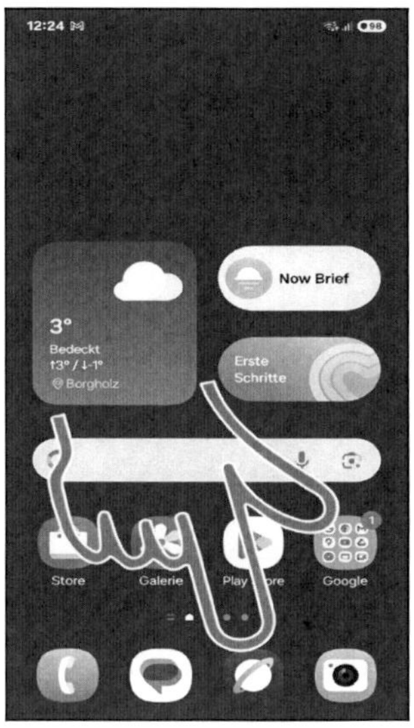

❶ Sie starten die *Internet*-Anwendung aus dem Startbildschirm oder Hauptmenü.

❷ Beim ersten Start erscheint ein Hinweis, den Sie mit *Mehr* und *Weiter* schließen. Auch in der eventuellen Abfrage zum Standard-Browser wählen Sie *Fortsetzen.*

Sofern Sie den Browser bereits mal nach den Anweisungen im Kapitel *4.10.5 Die Seitenleiste (Ausklappmenü)* gestartet hatten, erscheint direkt die Benutzeroberfläche.

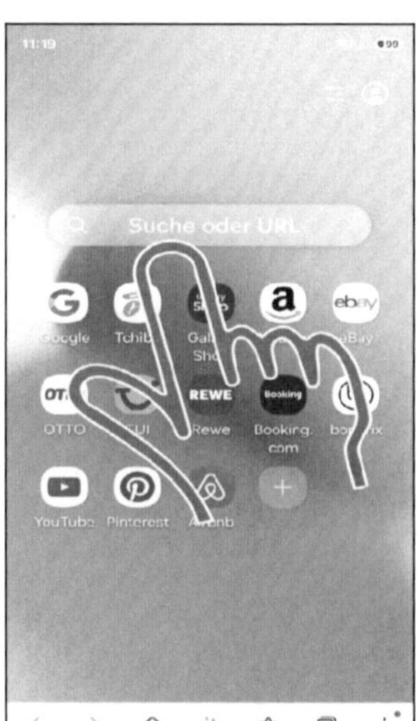

❶❷ Beim Start zeigt der Browser die zuletzt geöffnete Webseite an – beim ersten Aufruf wird dagegen nur ein leerer Bildschirm mit Lesezeichenvorschlägen angezeigt. Tippen Sie in die Adresszeile, um eine Webadresse einzugeben (wenn gerade eine größere Webseite angezeigt wird, ist eventuell die Adresszeile nicht sichtbar, führen Sie dann eine vertikale Wischgeste von oben nach unten durch). Betätigen Sie dann die *Öffnen*-Taste (Pfeil) auf dem Tastenfeld.

❸ Die Webadresse wird geladen und angezeigt. Sie sehen natürlich nur einen Teilausschnitt, den Sie einfach ändern, indem Sie mit dem Finger auf den Bildschirm drücken und dann in die gewünschte Richtung ziehen.

Besonders bei der Webseitenanzeige kann eine horizontale Bildschirmorientierung optimaler sein. Halten Sie dafür einfach das Galaxy waagerecht statt aufrecht.

Auch das sogenannte »Kneifen« wird unterstützt: Tippen und halten Sie Mittelfinger und Daumen gleichzeitig auf dem Bildschirm und ziehen Sie beide auseinander, was in die Webseite herein zoomt. Ziehen Sie dagegen die beiden Finger zusammen, zoomen Sie wieder heraus. Es ist egal, ob Sie nun vertikal oder waagerecht »kneifen«.

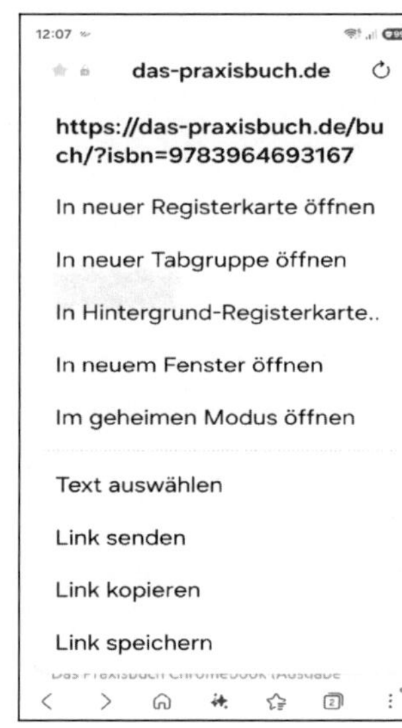

❶❷ Einem Link folgen Sie, indem Sie ihn antippen.

❸ Tippen und halten Sie den Finger über einem Link für weitere Funktionen:

- *In neuer Registerkarte öffnen*: Öffnet den Link in einem neuen Browser-Tab und zeigt diesen an.
- *In neuer Tabgruppe öffnen*: Erstellt eine sogenannte Tabgruppe, der mehrere Tabs zugewiesen werden können. In diesem Buch gehen wir nicht weiter darauf ein, weil die »normalen« Tabs in der Praxis völlig ausreichen.
- *In Hintergrund-Registerkarte öffnen*: Öffnet den Link in einem neuen Browser-Tab im Hintergrund.
- *In anderem Fenster öffnen*: Der Browser-Bildschirm wird zweigeteilt und der Link im unteren Bildschirmbereich geöffnet.
- *In geheimen Modus öffnen*: Im geheimen Modus werden keine Website-Daten (Cookies) gespeichert und einige weitere Sicherheitsmaßnahmen aktiviert. Wenn Sie den geheimen Modus verlassen löscht der Browser alle Website-Daten.
- *Text auswählen*: Markiert die Link-Beschreibung, damit Sie diese in die Zwischenablage einfügen können. Siehe Kapitel *34.7 Texte kopieren, ausschneiden und einfügen*.
- *Link senden*: Link an jemand anders senden, beispielsweise per E-Mail.
- *Link kopieren*: Kopiert die Webadresse des Links in die Zwischenablage, von wo man sie später in andere Anwendungen wieder einfügen kann.
- *Link speichern*: Speichert die Webseite als HTML-Datei im Verzeichnis *Download* des Gerätespeichers.

❶❷ Die Schaltflächen am unteren Bildschirmrand sind häufig ausgeblendet und erscheinen erst nach einer Wischgeste von oben nach unten.

Die Schaltflächen:

- ‹ (Zurück): Zur letzten Webseite zurückkehren. Verwenden Sie dafür alternativ die ‹-Taste unterhalb des Bildschirms. Beachten Sie aber, dass der Browser verlassen wird, wenn Sie die ‹-Taste drücken, während die zuerst aufgerufene Seite angezeigt wird.
- › (Vorwärts): Bringt Sie eine Seite vorwärts (dies funktioniert nur, wenn Sie zuvor eine Seite zurückgeblättert hatten).
- ⌂ (Startseite): Startseite, standardmäßig die Samsung-Website, anzeigen. Die Startseite ändern Sie in den Einstellungen (siehe Kapitel *13.4.2 Startseite*).
- ✨: Eine KI (künstliche Intelligenz) fasst den Inhalt der angezeigten Webseite in einem kurzen Text zusammen. Weil die KI das sogenannte Samsung-Konto voraussetzt, gehen wir darauf im Kapitel *24.3 KI in Samsung Internet* ein.
- ⧉ (Tabs): Geöffnete Browser-Tabs auflisten (siehe Kapitel *13.1 Tabs (Registerkarten)*).
- ⋮ (Menü): Diverse Einstellungen, auf die Kapitel *13.4 Einstellungen* eingeht.

❸ Bereits während der Eingabe einer Webadresse macht der Browser Vorschläge. Wählen Sie in der Liste einfach die anzuzeigende Webseite aus.

13.1 Tabs (Registerkarten)

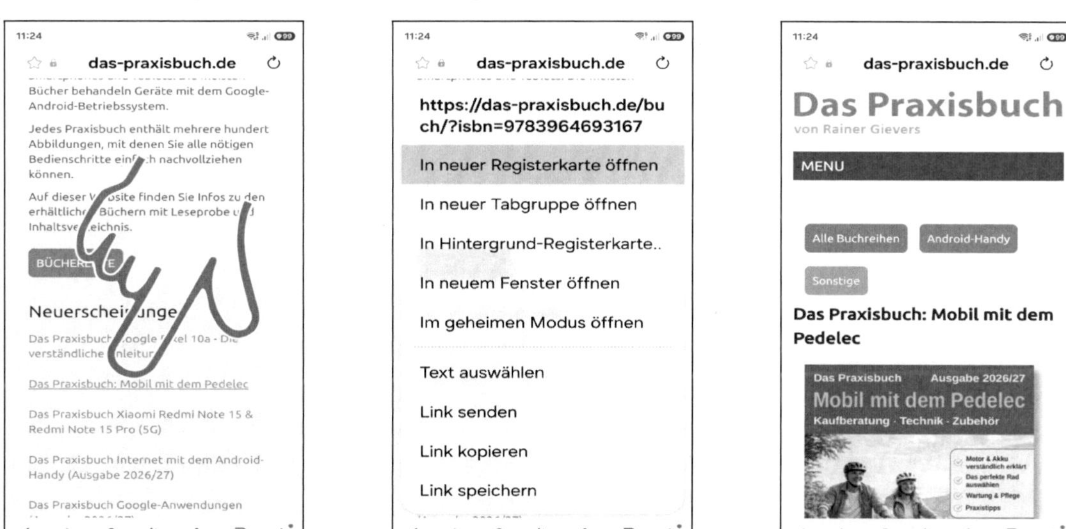

❶❷ Manchmal ist es sinnvoll, mehrere Browserfenster (»Tabs«) gleichzeitig offen zu haben. In diesem Fall tippen und halten Sie einen Finger über dem Link, bis das Popup-Menü erscheint.

Wählen Sie dann *In neuer Registerkarte öffnen.*

❸ Sie befinden sich nun im neu geöffneten Browserfenster.

❶ So wechseln Sie zwischen den Browser-Tabs: Gehen Sie auf ⧉ (Tabs) am unteren Bildschirmrand.

❷ Es erscheint die Vorschau der aktiven Fenster, worin Sie das anzuzeigende antippen.

Weitere Funktionen erhalten Sie über die Schaltflächen am unteren Bildschirmrand:

- *Geheimen Modus einschalten*: Aktiviert den sogenannten Inkognito-Modus. Sie browsen anonym, das heißt, der Browser speichert nach Verlassen des Inkognito-Tabs keine Daten und löscht von Websites angelegte Cookies.
- *Neue Registerkarte*: Öffnet einen neuen leeren Tab.

❸ Die ✕-Schaltflächen schließen jeweils einen Tab, alternativ führen Sie über dem Tab eine Wischgeste durch.

Es dürfen maximal 16 Browser-Tabs gleichzeitig geöffnet sein.

❶❷ Zwischen den Tabs schalten Sie alternativ mit einer Geste um: Wischen Sie einfach über die Adressleiste nach links oder rechts.

13.2 Lesezeichen

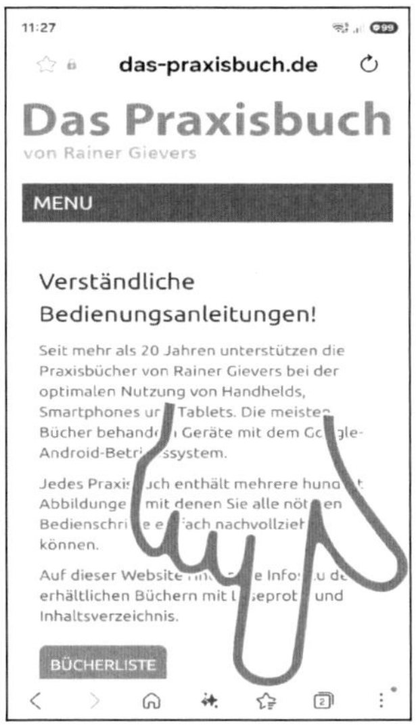

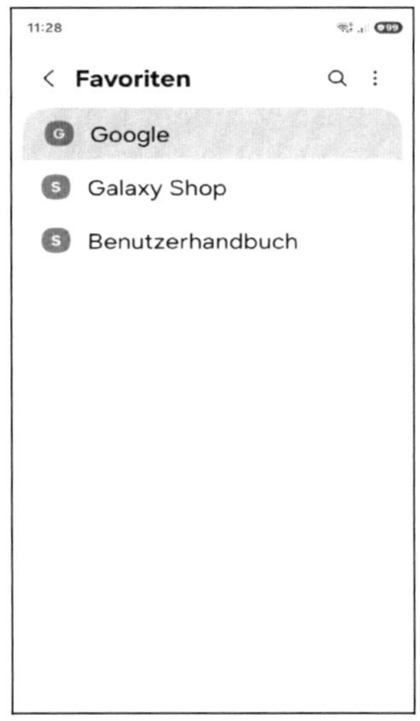

❶ Für die Lesezeichenverwaltung (Favoriten) betätigen Sie die ☆-Schaltfläche (Pfeil).

❷❸ Kurzes Antippen eines Lesezeichens öffnet die zugehörige Webseite.

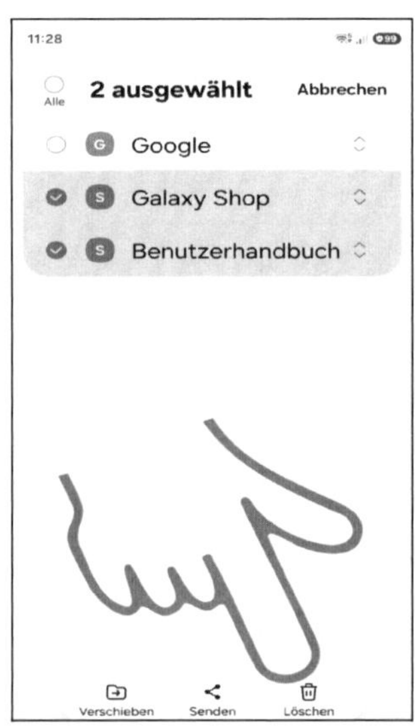

❶ Tippen und halten Sie den Finger über einem Lesezeichen, worauf die Lesezeichenverwaltung auf den Markierungsmodus umschaltet.

❷ Markieren Sie bei Bedarf weitere Lesezeichen durch Antippen, anschließend entfernt *Löschen* die markierten Lesezeichen.

❶❷ Tippen Sie auf den Stern neben der Adressleiste, um eine angezeigte Webseite als Lesezeichen zu speichern.

13.3 Dateien herunterladen

❶ Wenn Sie einen Link antippen, der auf eine Datei verweist, müssen Sie eventuell beim ersten Mal das Herunterladen zulassen.

❷ Wählen Sie anschließend das Anzeigeprogramm aus beziehungsweise ob die Datei in den Gerätespeicher heruntergeladen wird.

Alle heruntergeladenen Dateien landen im Verzeichnis *Download* im Gerätespeicher.

13.4 Einstellungen

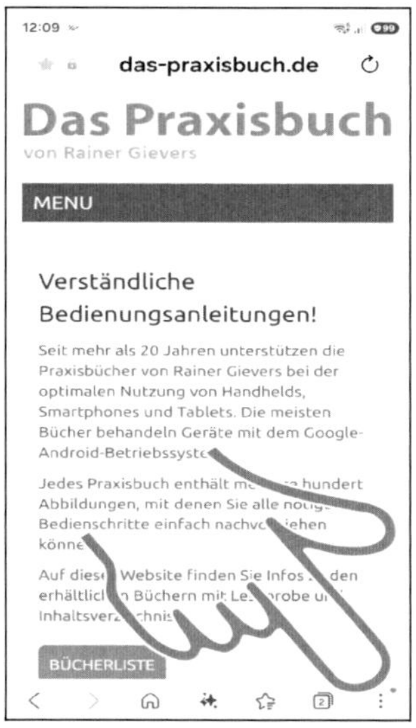

❶ Für die Browserkonfiguration gehen Sie auf die ☰-Schaltfläche.

❷ Die hier angebotenen Optionen:

- *Verlauf*: Listet die zuletzt besuchten Webseiten auf.
- *Downloads*: Von Ihnen heruntergeladene Dateien (siehe Kapitel *13.3 Dateien herunterladen*).
- *Gespeicherte Seiten*: Von Ihnen auf das Handy heruntergeladene Webseiten.
- *Seite hinzufügen zu*: Aktion auf die gerade geöffnete Webseite durchführen:
  - *Favoriten*: Als Lesezeichen (siehe Kapitel *13.2 Lesezeichen*) speichern.
  - *Schnellzugriff*: Die Schnellzugriffe werden aufgelistet, wenn Sie oben in das Adressfeld tippen. Siehe Kapitel *13.5 Schnellzugriffe.*
  - *Startbildschirm*: Lesezeichen als Verknüpfung auf dem Startbildschirm ablegen.
  - *Gespeicherte Seiten*: Webseite auf dem Gerät abspeichern.
- *Einstellungen*: Darauf gehen wir unten ein.
- *Desktop-Webseite*: Schaltet zwischen der Handyansicht (*Mobile Version*) und Desktop-Ansicht (*Desktopversion*) um. Siehe Kapitel *13.4.1 Desktop-Anzeige.*
- *Add-Ons*: Über Add-Ons (engl. Erweiterungen) erweitern Sie die Funktionalität des Webbrowsers. Derzeit stehen *Amazon Assistant* (Preissuche im Amazon Online-Shop) und *Werbesperren* (Addblocker) zur Verfügung.
- *Werbesperren*: Aktivieren Sie einen der angebotenen Werbeblocker, damit keine Werbeanzeigen mehr angezeigt werden. Beachten Sie bitte, dass viele Webseiten Werbeblocker erkennen und dann nur eingeschränkt nutzbar sind.
- *Datenschutz*: Informiert über sogenannte Tracker (engl. Verfolger). Über diverse Mechanismen verfolgen damit beispielsweise Werbeanbieter Ihre Nutzungsgewohnheiten, um Ihnen passende Werbung anzuzeigen. Wir raten davon ab, hier irgendetwas zu ändern, weil dann manche Webseiten nicht mehr nutzbar sind.
- *Dunkle Seiten*: Zwischen Nachtmodus (dunkle Bildschirmfarben) und Tagmodus umschalten. Damit dies funktioniert, müssen Sie *Dark Mode* im Schnelleinstellungsbereich aktiviert haben (siehe Kapitel *4.9.1 Schnelleinstellungsbereich*).
- *Auf Seite suchen*
- *Textgröße*: Die Textgröße sollten Sie nicht ändern, weil sonst einige Webseiten nicht mehr korrekt angezeigt werden.
- *Zoom*: Textgröße an die eigenen Sehgewohnheiten anpassen.

- *Drucken/PDF*: Auf die Druckausgabe gehen wir im Kapitel *32.15 Drucken* ein.
- *Vorlesen*: Eine lispelnde Frauenstimme liest den Text auf der Webseite vor. Nützlich für Anwender mit Sehproblemen.

❶❷❸ Gehen Sie auf *Einstellungen* im ⋮-Menü:

- *Mit Samsung Cloud synchronisieren*: Die Lesezeichen legt der Browser im Samsung-Konto ab, auf das Kapitel *23 Das Samsung-Konto* eingeht.
- *Browsing-Assistent; Creative Studio*: Auf die KI-Funktionen des Handys geht Kapitel *24.3 KI in Samsung Internet* ein.
- *Startseite*: Sie stellen hier ein, welche Webseite beim Browserstart als Startseite angezeigt wird. Sie können sie jederzeit auch über die ⌂-Taste am unteren Bildschirmrand aufrufen.
- *Adressleistensuche*: Zu Ihren Eingaben in der Adressleiste macht der Browser Vorschläge von der hier eingestellten Suchmaschine. Die Voreinstellung ist dabei *Google*.
- *Nicht verwendete Tabs automatisch schließen*: Sie können einstellen, dass nicht genutzte Tabs (siehe Kapitel *14.3 Tabs*) nach 7 oder 30 Tagen automatisch geschlossen werden.
- *Layout und Menüs:* Sie können die angezeigten Bedienelemente im Browser an Ihre Vorlieben anpassen:
  - *Adressleiste unten anzeigen*: Wählen Sie aus, ob die Adressleiste unten oder oben angezeigt wird.
  - *Registerkartenleiste anzeigen*: Blendet die geöffneten Tabs als Schaltflächen im Browser ein.
  - *Lesezeichenleiste anzeigen*: Blendet unter dem Adressfeld eine sogenannte Lesezeichenleiste ein, in der Sie häufig aufgerufene Webseiten hinterlegen. Anschließend können Sie dieser Lesezeichen für den schnelleren Aufruf zuweisen. Wir gehen darauf im Kapitel *14.4 Lesezeichen* ein.
  - *Menüleisten beim Scrollen anzeigen*: Der Browser zeigt auch beim Blättern in Webseiten weiterhin die Menüleiste an – damit steht aber weniger Platz für die angezeigte Webseite zur Verfügung.
  - *Statusleiste ausblenden*: Blendet die Titelleiste aus. Wenn Sie eine Webseite durchrollen, wird die Titelleiste wieder angezeigt.
  - *Menüs anpassen*: Schaltflächen im ⋮-Menü anpassen.
- *Webseitenansicht und Bildlauf*:
  - *Schaltfläche „Nach oben"; Schaltfläche „Nach unten"*: Wenn Sie durch eine Webseite rollen, erscheint am unteren Bildschirmrand eine Schaltfläche, über die Sie zum Seitenanfang beziehungsweise Seitenende springen.

  - *Webseiten-Aktualis.: abwärtsziehen*: Um eine angezeigte Webseite zu aktualisieren: halten Sie den Finger auf die Webseite und ziehen Sie ihn sofort nach unten, dann lassen Sie den Finger wieder los.
  - *Modus für hohen Kontrast*: Invertierter Bildschirm, damit Sie das Handydisplay bei Dunkelheit nicht blendet.
  - *Dark Mode*: Invertiert die Bildschirmdarstellung, was besonders Abends angenehmer für die Augen ist. Siehe auch Kapitel *27.5 Dunkelmodus (Dark Mode)*.
  - *Textgröße der Webseite*: Falls Sie Probleme mit der Lesbarkeit von einigen Webseiten haben, können Sie hier die Größe bis auf 200% verändern. Beachten Sie bitte, dass Sie dann noch mehr durch die Webseiten rollen müssen, weil nicht mehr soviel Text auf den Bildschirm passt.
  - *Zum Zoomen Finger zusammenziehen*: Halten Sie zwei Finger (Daumen und Zeigefinger) auf eine Webseite und ziehen Sie diese auseinander oder zusammen für eine Vergrößerung/Verkleinerung der Ansicht.
  - *Desktopseiten anfordern*: Aktiviert die im Kapitel *13.4.1 Desktop-Anzeige* beschriebene Anzeige.
- *Sicherheit und Datenschutz*: Darauf gehen wir weiter unten ein.
- *Persönliche Browserdaten*:
  - *Browserdaten löschen*: Alle vom Webbrowser zwischengespeicherten Daten (unter anderem Liste der besuchten Webseiten und Cookies) löschen.
  - *Automatisches Ausfüllen von Formularen*:
    - *Benutzernamen und Passwörter*: Der Browser speichert automatisch Anmeldedaten (Login und Passwort) von Websites die Sie besuchen, damit Sie sich leichter einloggen können. Falls Sie das nicht wünschen, müssen Sie *Anmeldedaten speichern* und *Automatische Anmeldung* deaktivieren.
    - *Profile*: Hier können Sie Adressen hinterlegen, die automatisch in Formularen übernommen werden.
    - *Kredit- und Debitkarten*: Hinterlegen Sie hier Ihre Kreditkartendaten, damit der Browser bei Bedarf automatisch Zahlungsfelder beim Online-Shopping ausfüllt. Weil in Europa (im Gegensatz zu anderen Ländern) Kreditkarten keine Rolle spielen, wird diese Funktion in der Praxis nicht benötigt.
  - *Einstellungen für geheimen Modus*: Im »geheimen« Modus löscht der Browser automatisch alle zwischengespeicherten Daten. Im Alltag macht der »geheime« Modus allerdings keinen Sinn, weil Sie trotzdem im Internet identifizierbar bleiben.
- *Webseiten und Downloads*: Erweiterte Optionen, auf die wir unten eingehen.
- *Benachrichtigungen*: Sie gestatten damit dem Browser zum Beispiel Hinweise auf abgeschlossene Downloads zu geben.
- *Nützliche Funktionen*:
  - *Automatische Videowiedergabe zulassen*: In Webseiten eingebettete Videos spielt der Browser sofort ab.
  - *Videoassistent*: Steuerungsschaltflächen bei Videos in Webseiten einblenden.
  - *Hintergrundwiedergabe*: Audio und Video werden weiter abgespielt, auch wenn Sie einen anderen Tab geöffnet haben. Diese Option ist standardmäßig deaktiviert.
  - *Lesemodus-Schaltfläche anzeigen*: Blendet oben rechts in einigen Webseiten eine Schaltfläche ein, über die Sie eine vereinfachte Textdarstellung aktivieren.
  - *Labs*: Hier finden Sie experimentelle Funktionen der Entwickler, die später einmal Eingang in den Browser finden könnten.
  - *Such-Widget zum Startbildschirm hinzugefügt; Lesezeichen zum Startbildschirm hinzufügen*: Fügen dem Startbildschirm ein Widget hinzu.

Unter *Datenschutz*:

- *Datenschutzhinweis*
- *Berechtigungen*: Listet die vom Browser genutzten Handy-Funktionen auf.
- *Samsung Browser nicht mehr verwenden*: Löscht alle vom Browser gespeicherten Daten und deaktiviert anschließend den Browser, sodass Sie ihn nicht mehr weiter nutzen können. Dies ist für Nutzer gedacht, die einen anderen Webbrowser installiert haben.
- *Info zu Samsung Browser*; *Kontaktieren Sie uns*

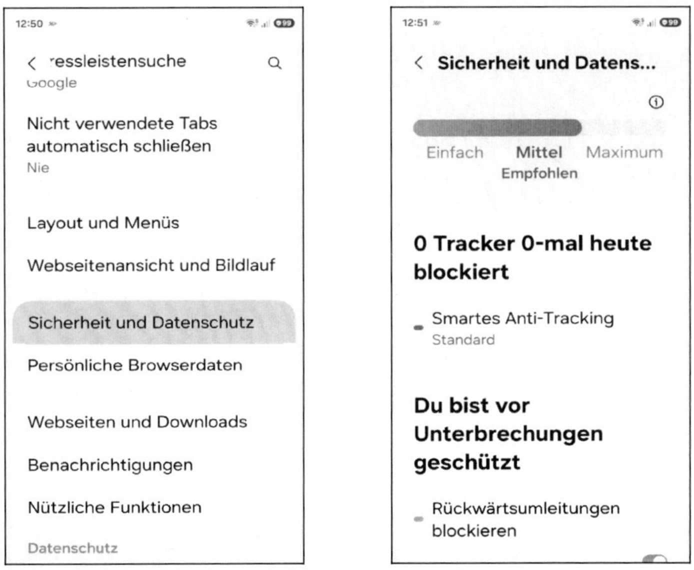

❶❷ Das *Sicherheit und Datenschutz*-Menü informiert Sie über blockierte Elemente in Webseiten.

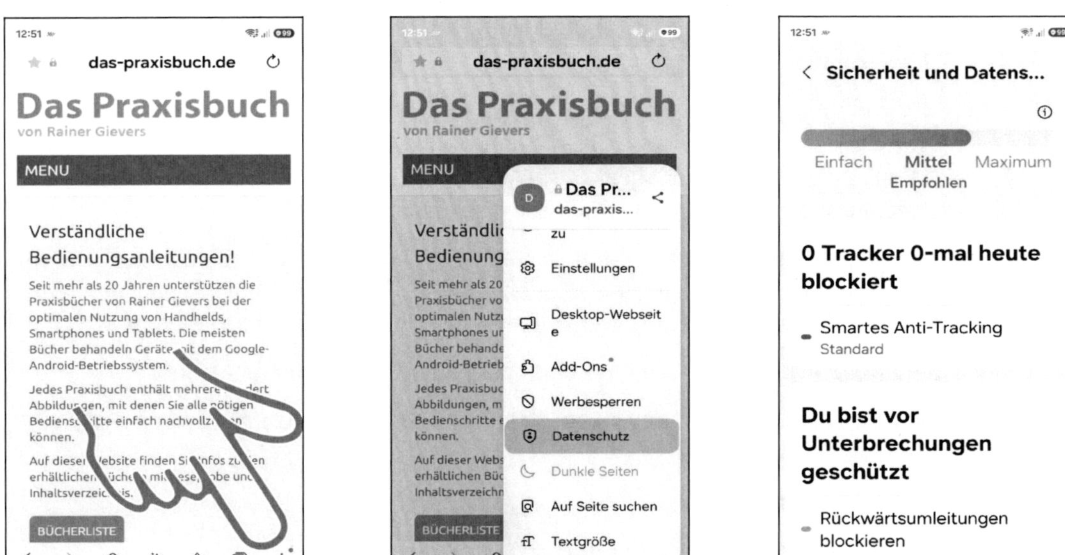

❶❷ Das gleiche Menü rufen Sie allerdings einfacher direkt im Browser auf: Öffnen Sie mit ⋮ (Pfeil) das Menü und gehen Sie auf *Datenschutz*.

❸ Für das Verständnis dieses Menüs müssen Sie wissen, dass viele Websites das Verhalten ihrer Besucher auswerten, was unter Datenschutzgesichtspunkten kritisch zu bewerten ist. Auch gibt es einige böswillige Website-Betreiber, die Ihnen mit Tricks Schadprogramme unterschieben möchten.

Sie können hier einstellen:

- *Smartes Anti-Tracking*: Blockiert Versuche von Werbetreibenden, Ihre Webseitenbesuche zu verfolgen. Sie haben die Wahl zwischen *Ein, Nur „Geheimer Modus"* (siehe Kapitel *13.1 Tabs (Registerkarten)*) oder *Aus.* Sollte es Fehlermeldungen geben oder Webseiten nicht wie gewünscht funktionieren, sollten Sie das *Smartes Anti-Tracking* deaktivieren.

- *Rückwärtsumleitungen blockieren*: Einige betrügerische Websites bieten keine Rückkehr auf die zuvor besuchten Seiten an. Auf dieses Problem werden Sie aber nur sehr selten stoßen.
- *Pop-ups blockieren*: Viele Websites öffnen Popup-Fenster, beispielsweise mit Werbung, wenn man sie besucht. Deshalb werden Popup-Fenster standardmäßig blockiert.
- *Verhindern, dass Apps deinen Browser öffnen*: Auf dem Handy installierte Programme dürfen normalerweise Webseiten in diesem Browser öffnen. Das wird häufig genutzt, um Bedienungsanleitungen anzuzeigen. Im *Apps hindern, „Internet" zu öffnen*-Menü legen Sie fest, welche Programme dies dürfen.
- *Vor schädlichen Webseiten warnen*: Der Browser zeigt eine Warnung an, wenn Sie eine Webseite öffnen, die möglicherweise Schadcode enthält.
- *Automatische Downloads sperren*: Einige Websites starten ungefragt Downloads, die Sie hiermit blockieren.
- *Öffnen externer Apps blockieren*: In Links können direkte Verweise auf Apps enthalten sein, die dann beim Antippen des Links geöffnet würden. Diese Option verhindert das.
- *Zu sicherer Verbindung (HTTPS) wechseln*: Der Aufruf Websites ohne Unterstützung von verschlüsselten Verbindungen wird mit einem Warnhinweis quittiert. Wir raten von der Aktivierung dieser Option ab, da sie keine zusätzliche Sicherheit bietet, denn fast alle Websites, die Verschlüsslung unterstützen schalten automatisch beim ersten Aufruf darauf um.
- *Datenschutzeinstellungen zurücksetzen*

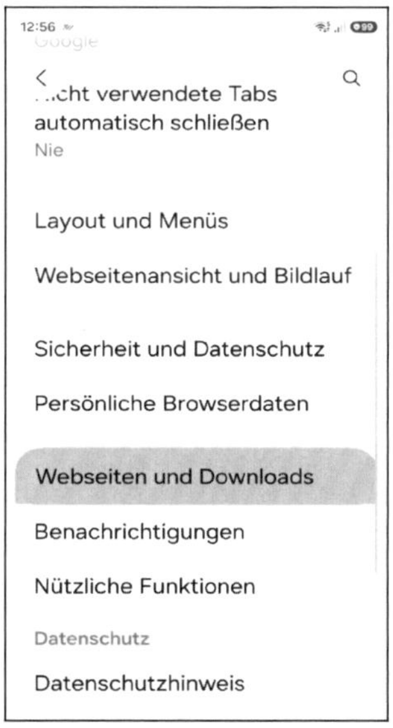

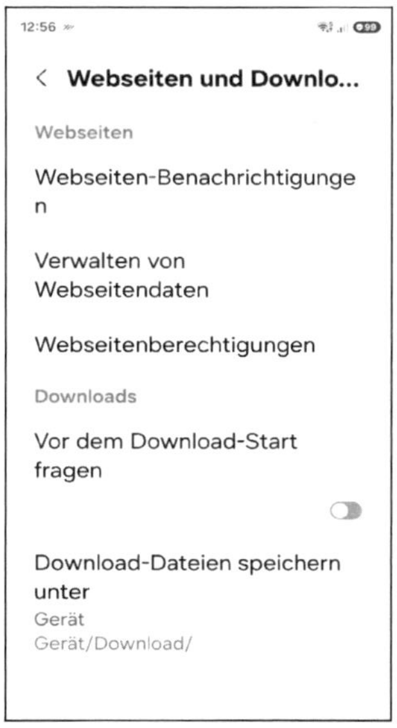

❶❷ Das *Webseiten und Downloads*-Menü konfiguriert:

Unter *Webseiten*:

- *Benachrichtigungen:* Einige Websites nutzen sogenannte Web-Benachrichtigungen, um Sie über Dinge zu informieren, die Ihre Aufmerksamkeit erfordern. Beispielsweise könnte eine Kalender-Website Sie über Termine informieren.
- *Verwalten von Webseitendaten*: Webseiten können sogenannte Cookies hinterlegen, die Sie hierüber löschen. Dies dürfte in der Praxis nie nötig sein.
- *Webseitenberechtigungen*: Hier legen Sie fest, auf welche Funktionen und Gerätedaten Webseiten zugreifen dürfen:
  - *Cookies*: Cookies sind wichtig, damit man von Webseiten eindeutig zugeordnet werden kann. Insbesondere Websites, in die man sich über Login und Passwort ein-loggen kann, sowie Webshops, sind häufig auf Cookies angewiesen. Sie sollten in dem Menü also keine Änderungen durchführen.
  - *JavaScript zulassen*: JavaScript ist eine Programmiersprache, die in Webseiten ein-

gebettet sein kann, um dort interaktive Funktionen zu realisieren. Dazu gehören zum Beispiel Eingabefeldprüfungen. Weil sonst viele Webseiten nicht mehr funktionieren, sollten Sie JavaScript immer aktiviert haben.

- *Kamera; Standort; Mikrofon*: Beim Zugriff auf diese Gerätefunktionen erfolgt immer eine Sicherheitsabfrage des Browsers.

Unter *Downloads*:

- *Vor dem Download-Start fragen*: Vor jedem Download, beispielsweise von PDF- oder Word-Dateien, erscheint eine Sicherheitsabfrage.
- *Download-Dateien speichern unter*: Sie können hier einen anderen Speicherort für heruntergeladene Dateien festlegen.

13.4.1 Desktop-Anzeige

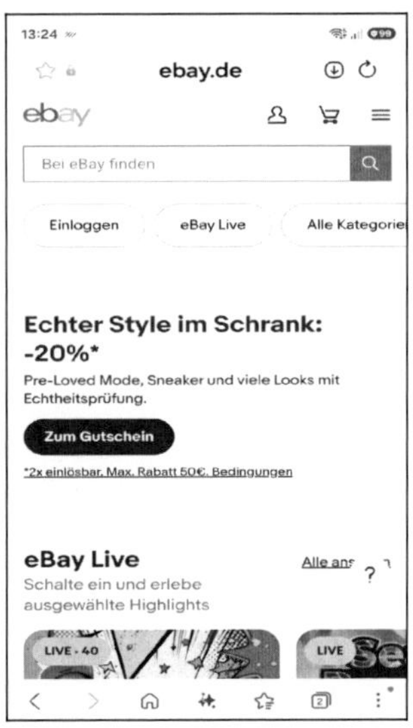

Viele Websites werten den verwendeten Browser aus und optimieren dann die Webseitenanzeige für die Besucher entsprechend. Ein gutes Beispiel ist Ebay, wo man mit Smartphones nur eine vereinfachte Weboberfläche zu sehen bekommt.

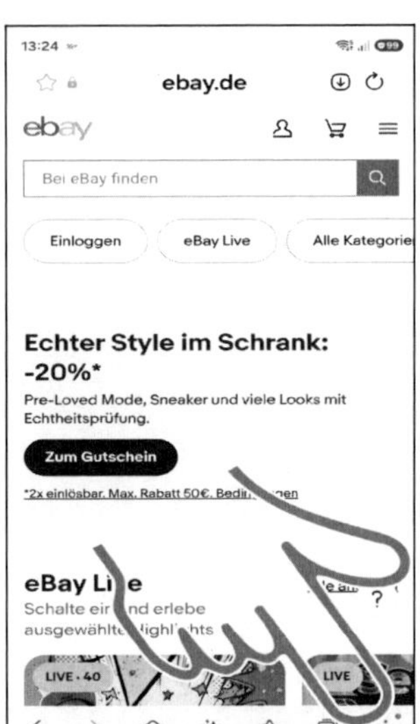

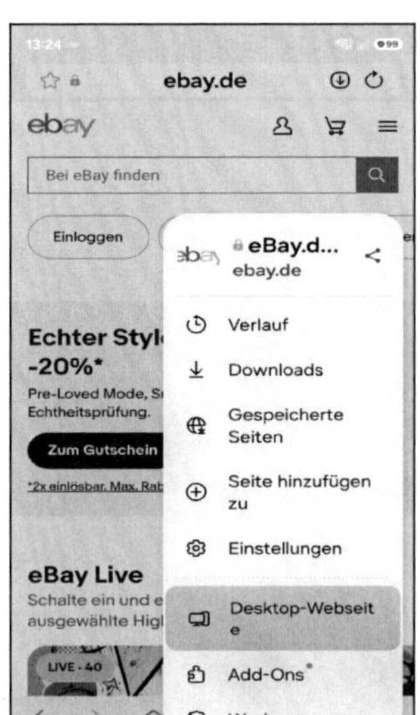

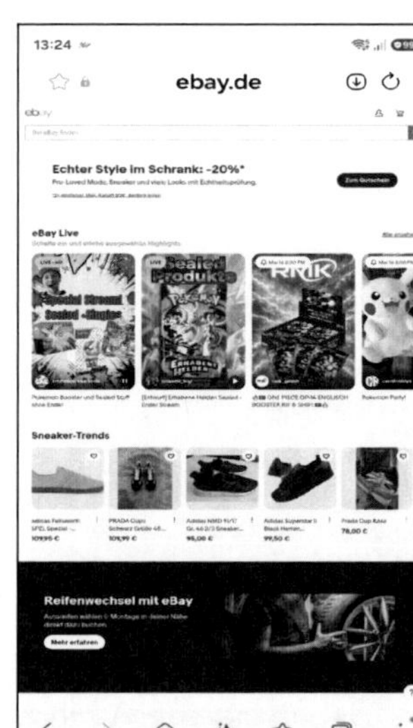

❶❷ Aktivieren Sie das ⁝-Menü und gehen Sie auf *Desktopversion*.

❸ Die für PC-Browser optimierte Webseite wird angezeigt. *Mobile Webseite* aus dem ⁝-Menü schaltet die Darstellung wieder auf die Handybrowser-Version um.

13.4.2 Startseite

Sie haben mit Sicherheit eine Lieblingswebseite, die Sie regelmäßig besuchen. Dies kann beispielsweise eine Seite mit Lokalnachrichten oder ein soziales Netzwerk sein. Wenn Sie Ihre Lieblingswebseite als sogenannte Startseite festlegen, können Sie sie mit einer Schaltfläche schnell aufrufen.

❶❷ Gehen Sie auf *Einstellungen* im ⁝-Menü.

❸ Wählen Sie *Startseite*.

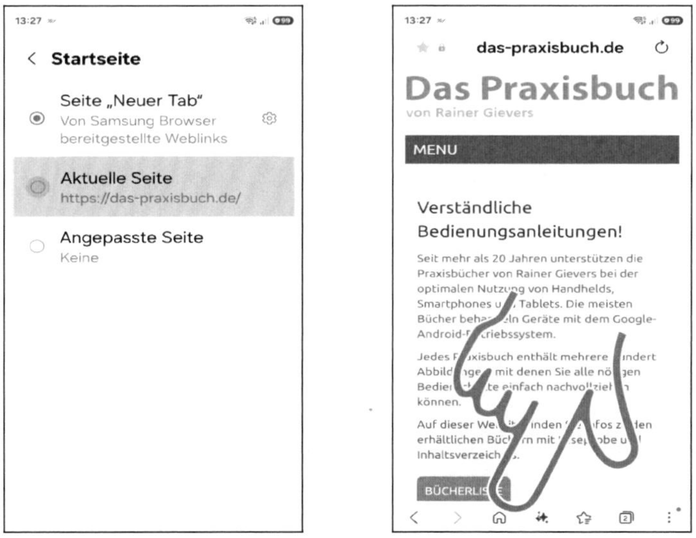

❶ In unserem Beispiel möchten wir die gerade angezeigte Webseite als Startseite übernehmen und gehen daher auf *Aktuelle Seite*. Sie können nun das Menü verlassen.

❷ Antippen der ⌂-Schaltfläche öffnet die zuvor eingestellte Startseite.

13.5 Schnellzugriffe

Der Webbrowser unterstützt zwar Lesezeichen (»Favoriten«), in der Praxis werden Sie aber meistens die Schnellzugriffe nutzen.

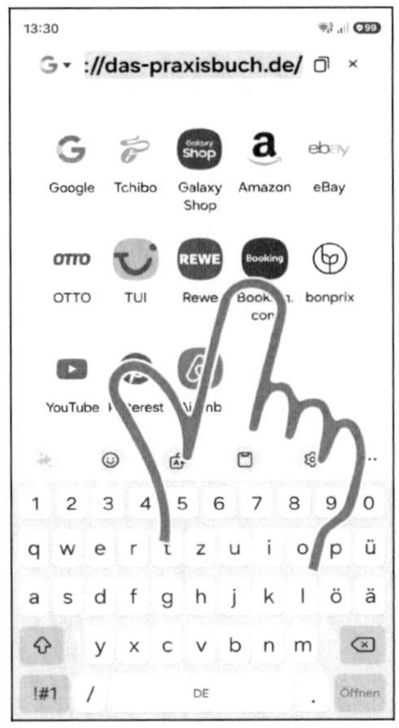

❶ Die Schnellzugriffe zeigt der Browser an, sobald Sie in die Adressleiste tippen.

❷ Hier wählen Sie die aufzurufende Webseite aus.

Die vorgegebenen Lesezeichen wurden von den jeweiligen Unternehmen »gekauft«, weshalb nur große Online-Shops vertreten sind.

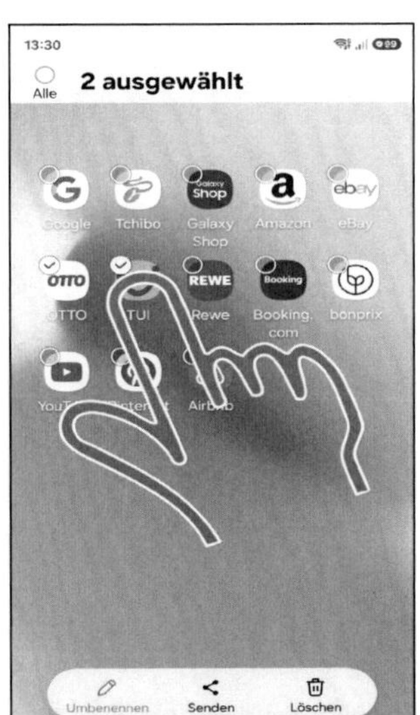

❶ So passen Sie die Schnellzugriffe an: Gehen Sie auf *Bearbeiten* (schließen Sie eventuell vorher das Tastenfeld mit der ∨-Taste).

❷ Im Beispiel markieren wir einige nicht benötigte Schnellzugriffe, die wir anschließend mit *Löschen* (am unteren rechten Bildschirmrand) entfernen.

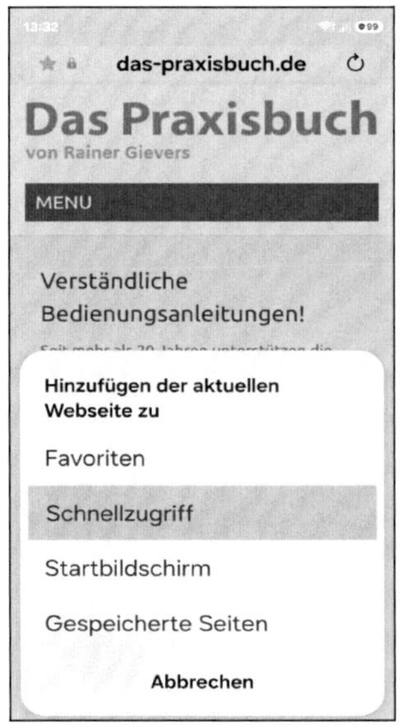

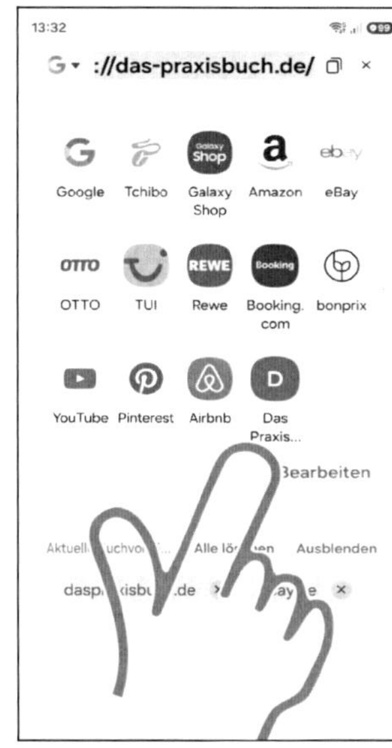

❶ Weitere Webseiten lassen sich einfach den Schnellzugriffen hinzufügen. Tippen und halten Sie den Finger auf der ☆-Schaltfläche.

❷ Wählen Sie *Schnellzugriff.*

❸ Künftig rufen Sie die Webseite aus den Schnellzugriffen direkt auf.

Sie müssen erst einige der Schnellzugriffe löschen (wie zuvor beschrieben), bevor Sie weitere hinzufügen können.

13.6 Lesezeichenleiste

Die Lesezeichenleiste ist eine Alternative zu den im vorherigen Kapitel vorgestellten Schnellzugriffen. Von Ihnen selbst festgelegte Webseiten lassen sich dabei über Schaltflächen unterhalb der Adresszeile aufrufen.

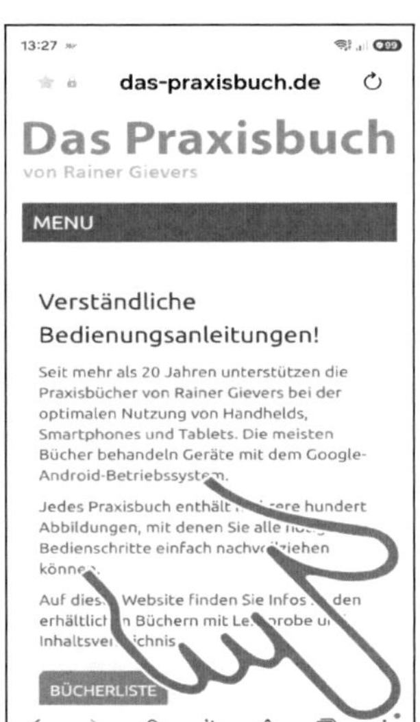

❶❷ Zuerst müssen Sie die Lesezeichenleiste aktivieren. Gehen Sie auf *Einstellungen* im ⁝-Menü.

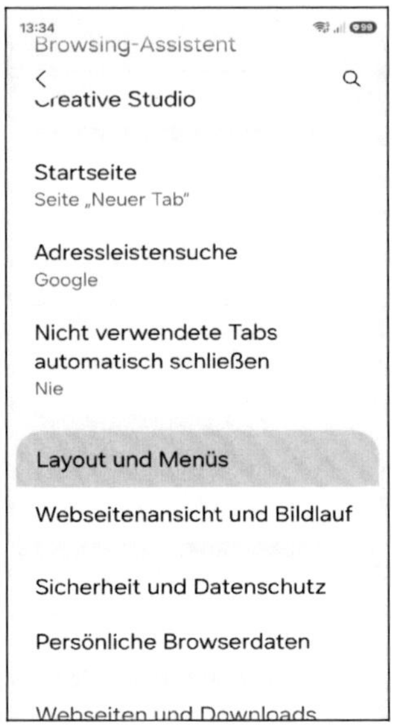

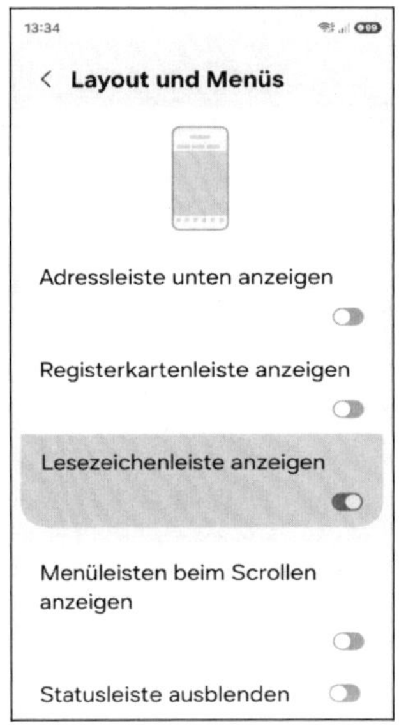

❶ Rufen Sie *Layout und Menüs* auf.

❷ Aktivieren Sie *Lesezeichenleisten anzeigen.* Verlassen Sie dann die Einstellungen.

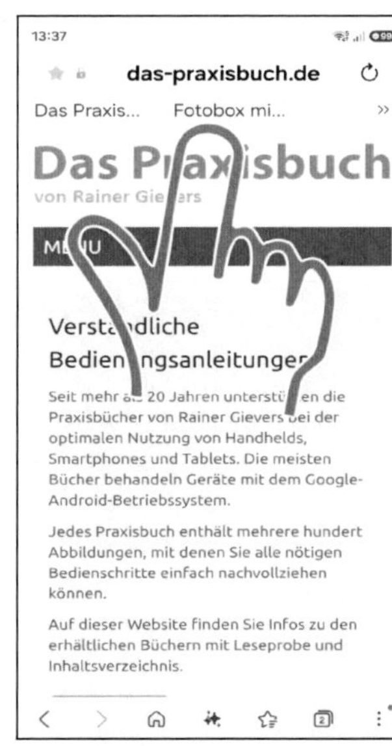

❶❷ Sie fügen ein Lesezeichen einfach hinzu, indem Sie den Finger auf ☆ tippen und halten, bis das Popup erscheint. Darin wählen Sie *Lesezeichenleiste*.

❸ Künftig rufen Sie die jeweilige Webseite über die Schaltfläche unterhalb der Adresszeile auf.

❶❷ So löschen Sie ein Lesezeichen in der Lesezeichenleiste: Tippen und halten Sie den Finger auf dem Lesezeichen, bis das Popup erscheint und wählen Sie *Löschen.*

13.7 Werbung im Webbrowser deaktivieren

Die meisten Nachrichtenportale und viele weitere Websites finanzieren sich durch Werbung, die zwischendurch auf ihren Webseiten eingeblendet wird. Die Werbung hat aber für Sie als Nutzer gleich mehrere Nachteile, denn zum einen verzögert sie den Seitenaufbau teilweise massiv, zum anderen geht dafür unnötig das Datenvolumen Ihres Mobilfunkvertrags drauf. Davon abgesehen sind Webseiten ohne Werbung wesentlich einfacher zu lesen.

Der Internet-Browser von Samsung verfügt standardmäßig über einen Werbeblocker, den Sie nur aktivieren müssen. Beachten Sie, dass Sie für diese Funktion zuvor ein Samsung-Konto eingerichtet haben müssen, worauf Kapitel *23 Das Samsung-Konto* eingeht.

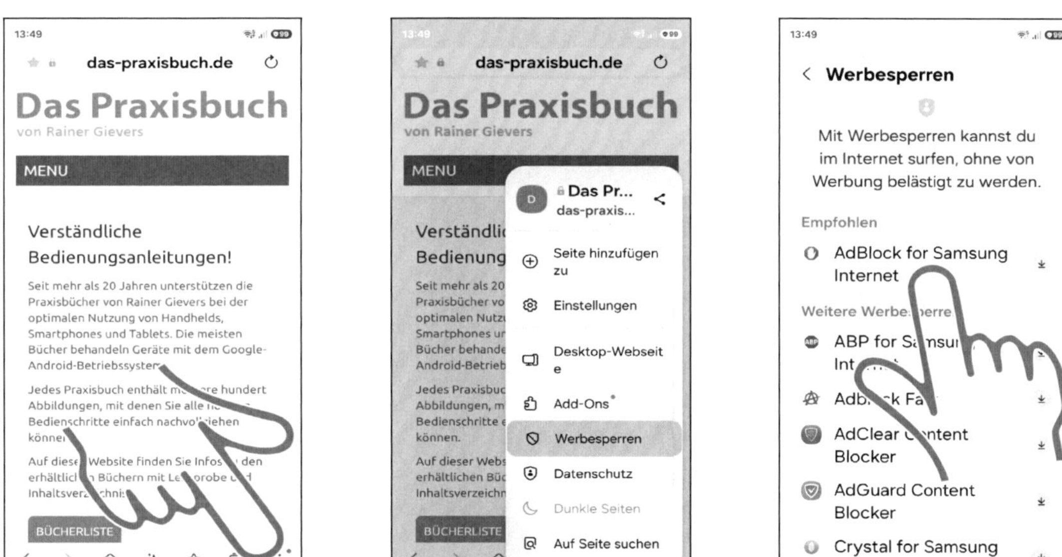

❶ Rufen Sie den Browser auf und gehen Sie auf *Einstellungen* im ⁝-Menü.

❷ Gehen Sie auf *Werbesperren.*

❸ Aktivieren Sie *AdBlock for Samsung Internet*. Betätigen Sie danach *Installieren.*

Sie können den Bildschirm verlassen.

> Falls es Probleme mit *AdBlock for Samsung Internet* gibt, beispielsweise Webseiten nicht richtig angezeigt werden, können Sie es im *Werbesperren*-Menü jederzeit deaktivieren oder einen anderen Werbeblocker auswählen.

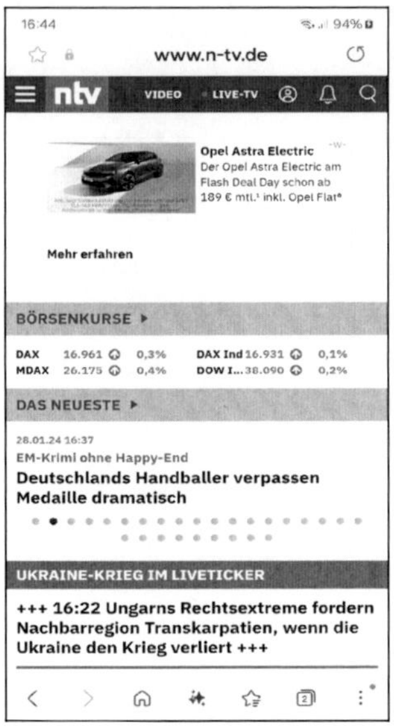

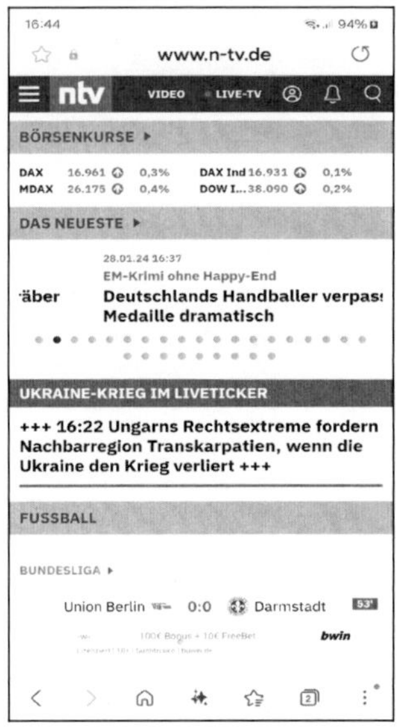

Eine Webseite ohne (❶) und mit aktiviertem Werbeblocker (❷).

14. Chrome-Webbrowser

Den Chrome-Browser werden Sie vermutlich nur verwenden, wenn Sie ihn bereits auf dem PC nutzen. Sonst empfehlen wir Ihnen die im Kapitel *13 Samsung Webbrowser* vorgestellte Anwendung.

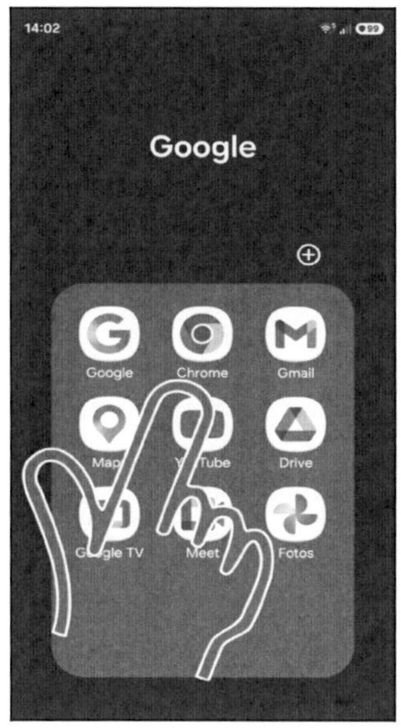

❶❷ Gehen Sie in den *Google-Ordner* und rufen Sie *Chrome* auf.

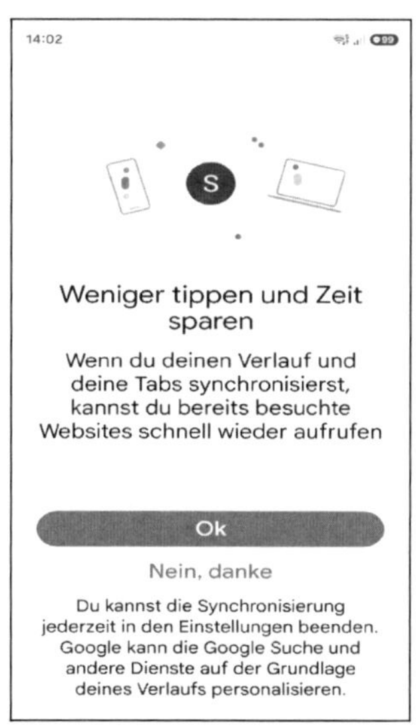

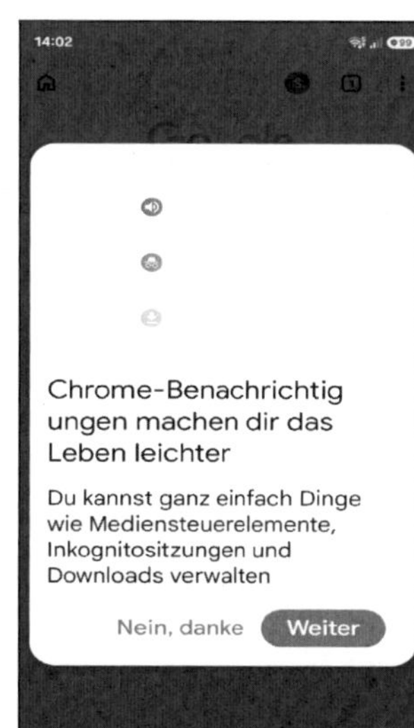

❶❷ Beim ersten Aufruf gehen Sie auf *Als xxx fortfahren* und *Ok.*

❸ Gehen Sie auf *Weiter* und schließen Sie das Popup mit *Zulassen.*

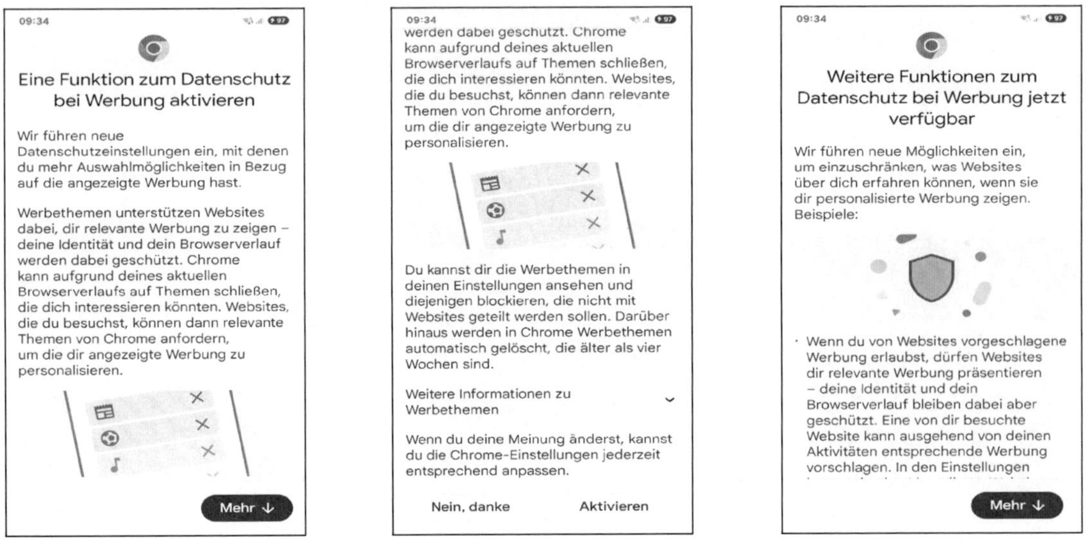

❶❷ Zwischendurch fragt der Chrome-Browser, ob Sie Datenschutzfunktionen aktivieren möchten. Betätigen Sie *Mehr* und dann *Aktivieren.*

❸ Die folgenden Hinweise schließen Sie mit *Mehr* und *OK*.

14.1 Erster Start

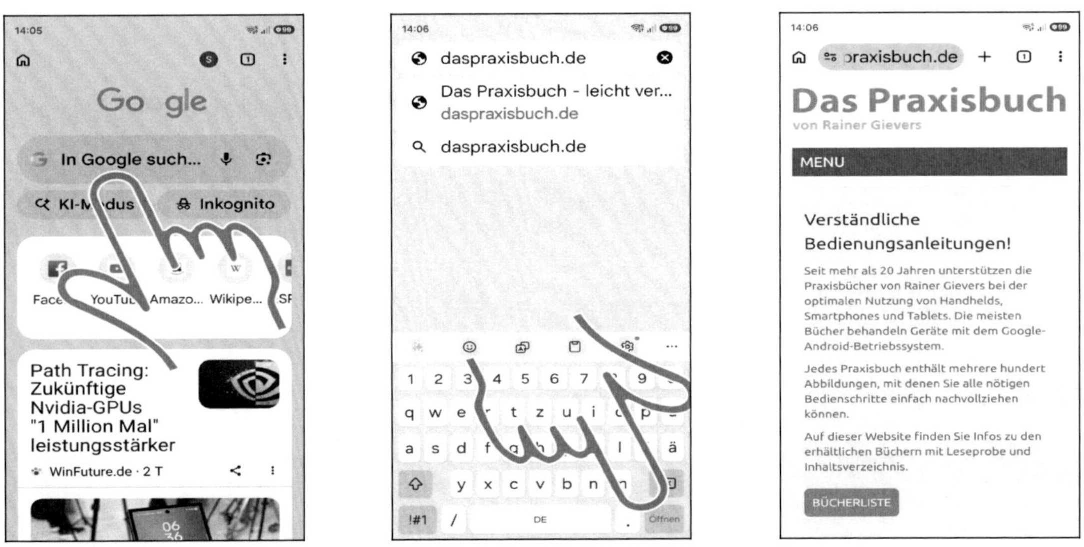

❶ Tippen Sie in das Eingabefeld am oberen Bildschirmrand.

❷❸ Geben Sie einen Suchbegriff oder eine Webadresse ein und betätigen Sie die *Öffnen*-Taste auf dem Tastenfeld. Alternativ können Sie auch einen der Vorschläge unterhalb des Eingabefelds auswählen.

14.2 Weitere Nutzung

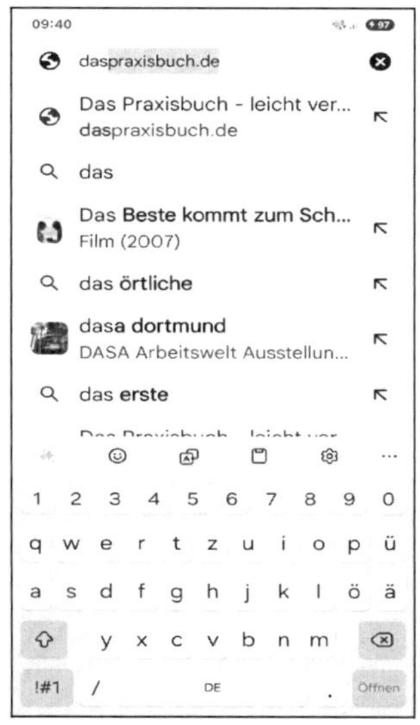

➊ Das Adressfeld steht Ihnen künftig am oberen Bildschirmrand zur Verfügung. Tippen Sie einfach dort hinein, wenn Sie eine andere Webseite aufrufen möchten.

➋➌ Erfassen Sie eine Webadresse oder Suchbegriffe, wobei unter dem Eingabefeld Vorschläge erscheinen, von denen Sie einen antippen.

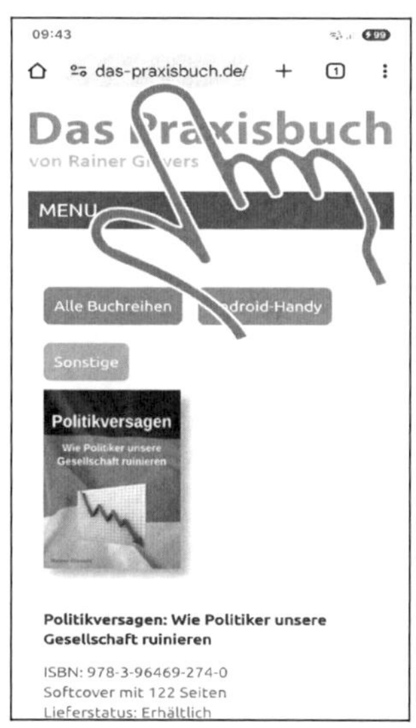

➊➋ Wird eine umfangreichere Webseite angezeigt, müssen Sie später eventuell erst mit dem Finger auf dem Bildschirm nach unten ziehen (Wischgeste), um die Adressleiste anzuzeigen. Tippen Sie dann in das Eingabefeld.

❶ Durch »Kneifen« ändern Sie die Anzeige: Tippen und halten Sie Mittelfinger und Daumen gleichzeitig auf dem Bildschirm und ziehen Sie beide auseinander, was in die Webseite hereinzoomt. Ziehen Sie dagegen die beiden Finger zusammen, zoomen Sie wieder heraus. Es ist egal, ob Sie nun vertikal oder waagerecht »kneifen«.

❷ Die ⇱-Schaltfläche bei den Vorschlägen verzweigt auf weitere Vorschläge.

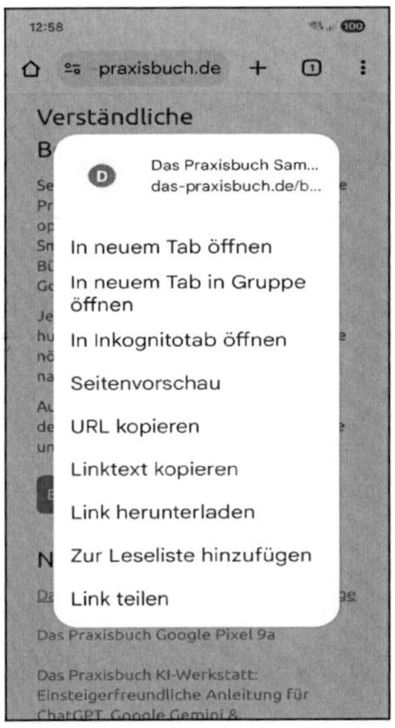

❶ Einem Link folgen Sie, indem Sie ihn antippen.

❷ Tippen und halten Sie den Finger über einem Link für weitere Funktionen:

- *In neuem Tab in Gruppe öffnen*: Öffnet den Link in einem neuen Browser-Tab als Gruppe. Diese werden separat von den »normalen« Browser-Tabs verwaltet.
- *In neuem Tab öffnen*: Öffnet den Link in einem neuen Browser-Tab.
- *In Inkognitotab öffnen*: Öffnet den Link im privaten Modus, bei der alle Cookies oder andere Daten wieder gelöscht werden, wenn man den Tab später schließt.
- *Seitenvorschau*: Verlinkte Seite in einem Vorschaufenster anzeigen.
- *URL kopieren; Linktext kopieren*: Kopiert die Webadresse beziehungsweise den Linktext in die Zwischenablage, von wo man sie später in andere Anwendungen wieder einfügen kann.
- *Link herunterladen*: Speichert die Webseite auf dem Gerät.
- *Zur Leseliste hinzufügen*: Der Chrome-Browser fügt die Webseite den Lesezeichen hinzu, sodass Sie sie später noch aufrufen können.
- *Link teilen*: Webadresse an jemand anders per E-Mail, Bluetooth usw. senden.

Verwenden Sie die ‹-Taste, um zur letzten angezeigten Seite zurückzukehren. Beachten Sie aber, dass der Browser verlassen wird, wenn Sie die ‹-Taste drücken, während die zuerst aufgerufene Seite angezeigt wird.

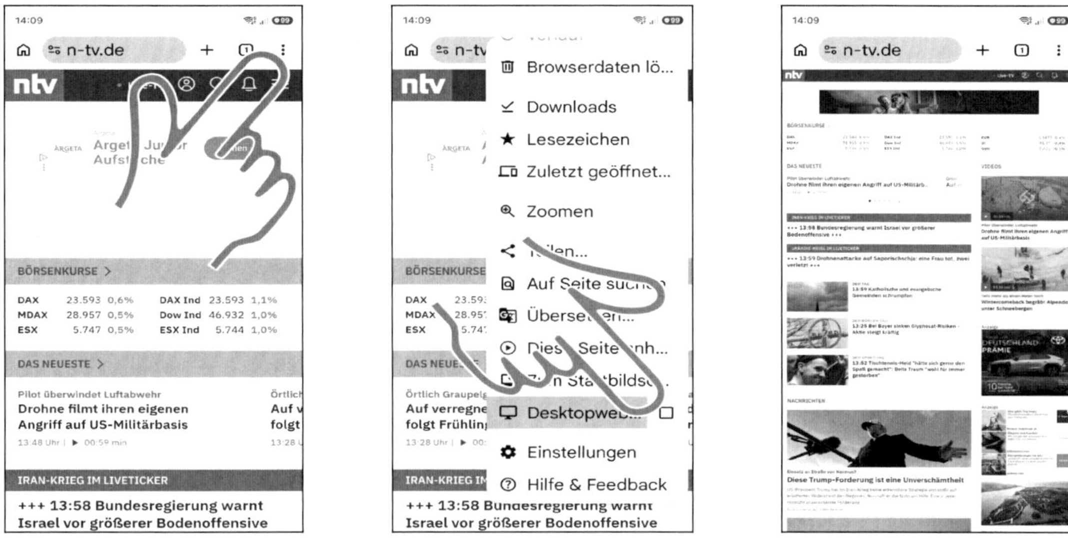

❶❷❸ Praktisch alle Webseiten sind heute für das Handy-Display optimiert: Text und Bilder werden vergrößert angezeigt, was die Lesbarkeit erhöht. Eine vollwertige Anzeige erhalten Sie im Browser, wenn Sie ⋮/*Desktopwebsite* aktivieren. Beachten Sie, dass sich dann häufig die Ladezeiten erhöhen.

14.3 Tabs

Jeder PC-Webbrowser bietet die Möglichkeit, mehrere Webseiten gleichzeitig anzuzeigen, wobei die sogenannten Tabs zum Einsatz kommen. Dies ist auch mit dem Chrome-Browser möglich.

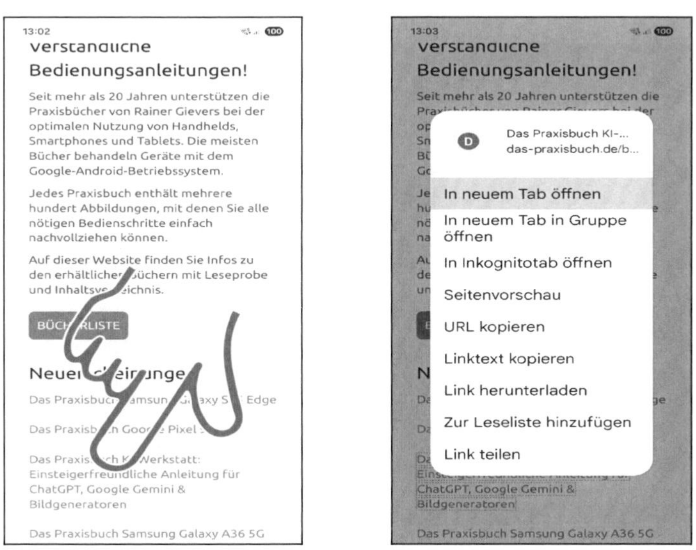

❶ Im einfachsten Fall öffnen Sie einen neuen Tab, indem Sie den Finger auf einem Link gedrückt halten, bis das Popup erscheint.

❷ Wählen Sie darin *In neuem Tab öffnen*.

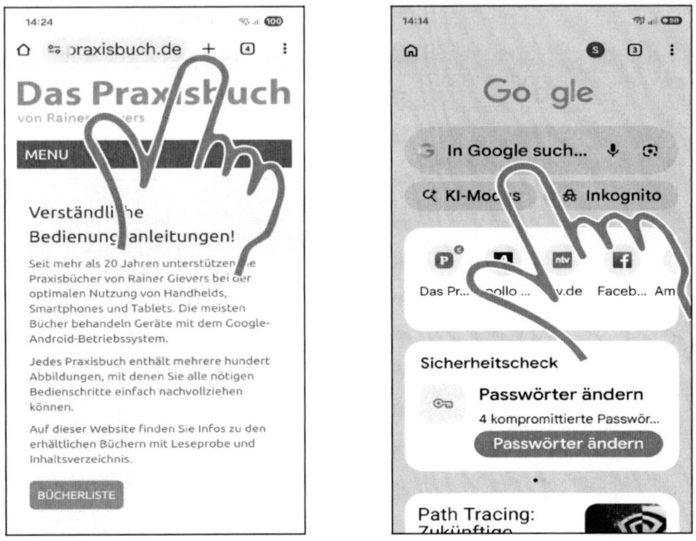

❶ Alternativ tippen Sie auf +, was einen leeren Tab öffnet.

❷ Im Eingabefeld erfassen Sie dann eine Webadresse oder Suchbegriffe.

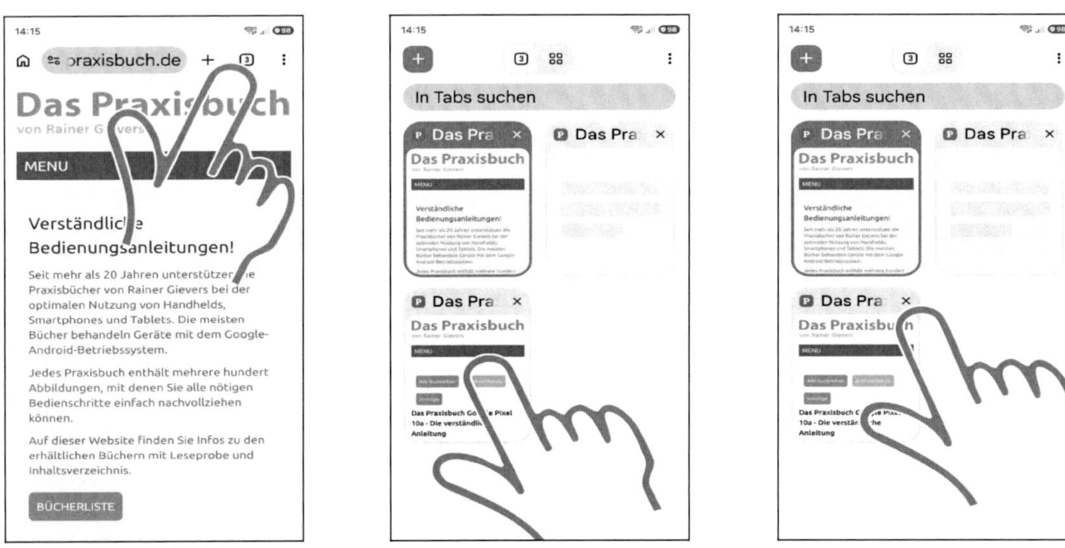

❶ Die geöffneten Tabs zeigt dann die 2-Schaltfläche (Pfeil) an.

❷ Tippen Sie einen Tab an, den Sie wieder im Browser anzeigen möchten.

❸ Die ✕-Schaltflächen löschen Tabs.

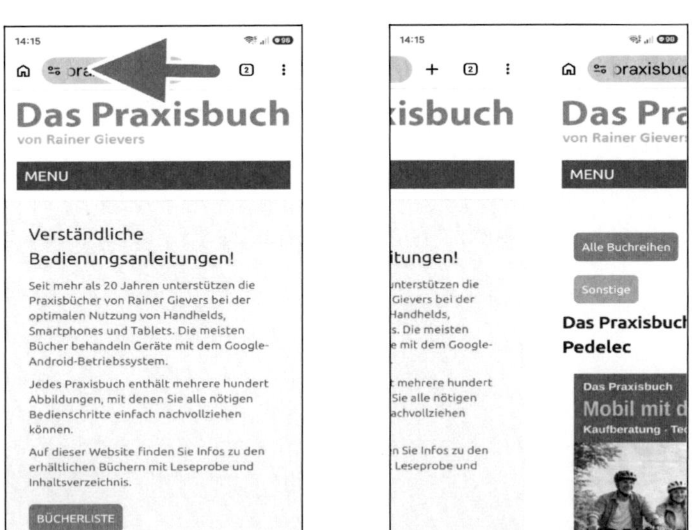

❶❷ Auch mit einer Wischgeste über die Adressleiste ist der Tab-Wechsel möglich.

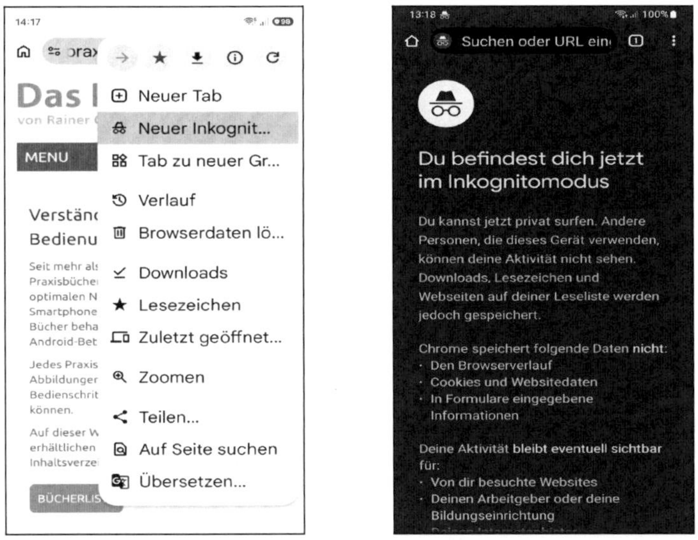

❶❷ Eine Besonderheit ist der Inkognito-Modus, den Sie über ⋮/*Neuer Inkognito-Tab* aktivieren: In diesem Tab surfen Sie anonym, das heißt, der Browser speichert nach Verlassen des Inkognito-Tabs keine Daten und löscht von Websites angelegte Cookies.

❶❷ Den Inkognito-Modus verlässt man, indem Sie die 2-Schaltfläche (Pfeil) antippen und dann die ✕-Schaltfläche betätigen.

14.4 Lesezeichen

Häufig besuchte Webseiten werden Sie als sogenanntes Lesezeichen abspeichern, damit Sie die entsprechende Webadresse nicht immer neu eingeben müssen. Stattdessen rufen Sie einfach das Lesezeichen auf.

❶ So speichern Sie ein Lesezeichen: Aktivieren Sie das ⋮-Menü und tippen Sie auf ★. Das Lesezeichen wird angelegt.

❷❸ Falls Sie es noch bearbeiten möchten (zum Beispiel einen anderen Namen geben) dann tippen Sie auf das Popup. Schließen Sie den Bildschirm über die ←-Schaltfläche oben links.

❶ Mit ⋮/*Lesezeichen* öffnen Sie die Lesezeichenverwaltung.

❷ Gehen Sie auf *Mobile Lesezeichen*, sofern Sie sich noch nicht darin befinden.

❶ Tippen Sie in der Lesezeichenverwaltung ein Lesezeichen an, damit die zugehörige Webadresse im Browser geladen wird.

❷ Halten Sie den Finger über einem Lesezeichen für den Markierungsmodus gedrückt. Bei Bedarf können Sie nun weitere Lesezeichen durch kurzes Antippen markieren. Die Bedeutung der Schaltflächen:

- : Lesezeichen bearbeiten (es darf nur ein Lesezeichen markiert sein).
- : Lesezeichen in einen anderen Ordner verschieben.
- : Lesezeichen löschen.

Die <-Taste beendet den Markierungsmodus.

Die Lesezeichen werden mit Ihrem Google-Konto synchronisiert, das heißt, wenn Sie sich auf einem anderen Android-Gerät bei Ihrem Google-Konto anmelden, sind dort im Browser Ihre Lesezeichen verfügbar.

14.5 Dateien herunterladen

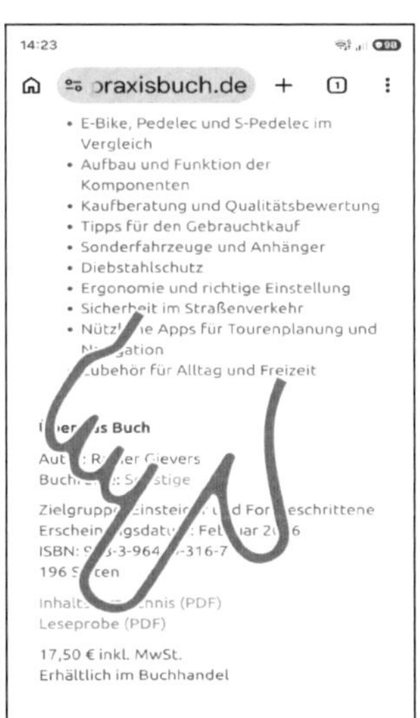

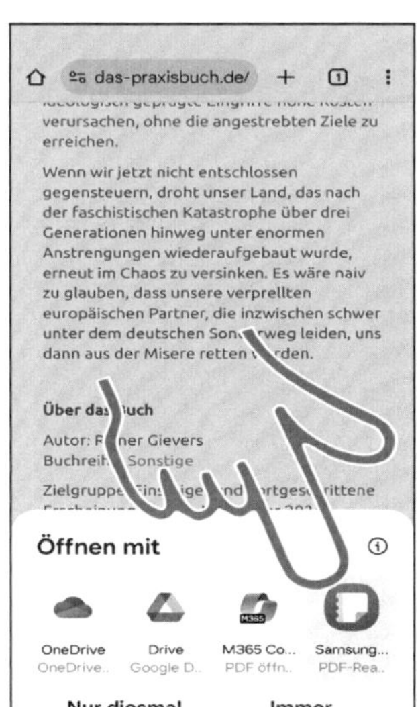

❶ Tippen Sie auf eine zum Herunterladen angebotene Datei, im Beispiel eine PDF.

❷❸ Eventuell erfolgt eine Abfrage nach der App, mit dem Sie die Datei öffnen möchten. Dies geschieht, wenn mehr als eine vorinstallierte Anwendung den gleichen Dateityp verarbeiten kann. Wählen Sie eine der Optionen aus. Für PDF-Dateien ist beispielsweise die *Samsung Notes*-App keine schlechte Wahl. Betätigen Sie dann *Immer*. Die Datei wird angezeigt.

15. WhatsApp

WhatsApp ist eine beliebte Anwendung, mit der man ganz einfach Nachrichten, Bilder, Videos und Sprachnachrichten an Freunde senden kann. Damit ersetzt WhatsApp die früher beliebte SMS, ist im Gegensatz dazu aber kostenlos.

WhatsApp ist einfach zu bedienen und weltweit verbreitet. Man braucht nur eine Handynummer zur Anmeldung, und die Anwendung synchronisiert automatisch die Kontakte aus dem Telefonbuch. Außerdem gibt es Funktionen wie Status-Updates, die ähnlich wie Stories auf Instagram oder Facebook funktionieren.

15.1 Erster Start

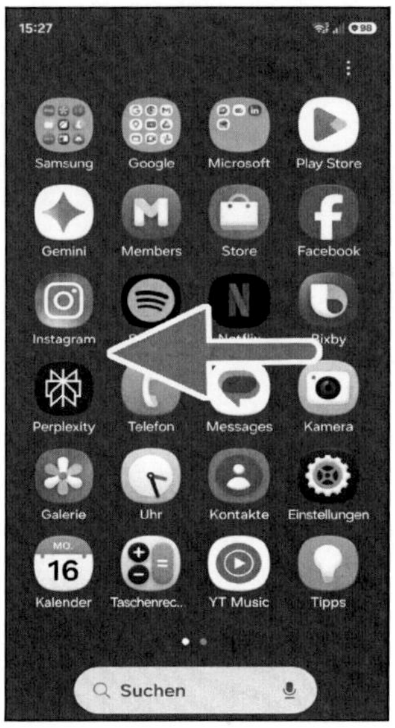

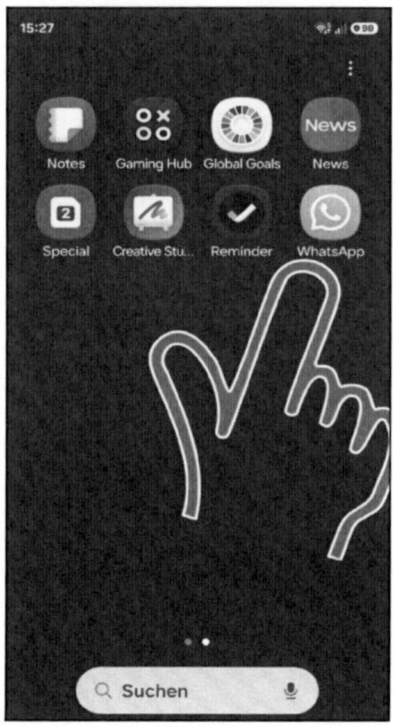

❶ Suchen und installieren Sie *WhatsApp Messenger* aus dem Google Play Store (siehe Kapitel *26.1 Play Store*).

❷❸ Sie finden das installierte Programm im Hauptmenü. Wechseln Sie gegebenenfalls mit einer Wischgeste nach links auf die zweite Bildschirmseite. Dort starten Sie dann *WhatsApp*.

❶ Gehen Sie auf *Zustimmen und fortfahren.*

❷ Schließen Sie das Popup mit *Zulassen.*

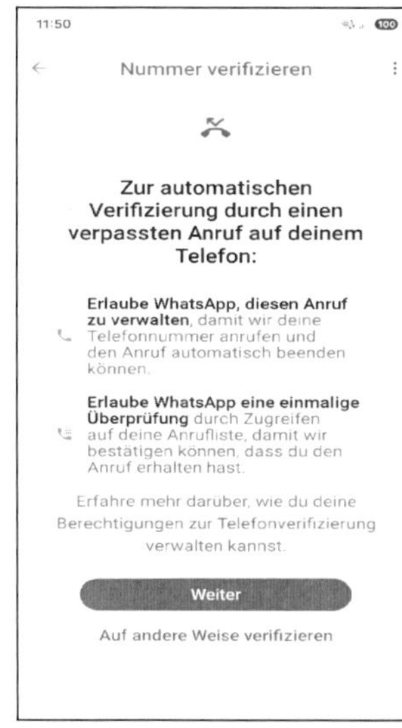

➊ Dann müssen Sie sich erst beim WhatsApp-Netzwerk identifizieren, was über eine SMS geschieht. Geben Sie Ihre Handynummer ein und schließen Sie den Vorgang mit der *Weiter*-Schaltfläche ab.

➋ Betätigen Sie die Sicherheitsabfrage mit *OK.*

➌ Die Bestätigung Ihrer Handynummer kann unterschiedlich erfolgen. Bei neuen Nutzern erfolgt in der Regel der Versand einer SMS oder ein Anruf im Hintergrund. Folgen Sie einfach den Anweisungen!

➊ Betätigen Sie *Weiter.*

➋ Schließen Sie die folgenden Popups mit *Zulassen* beziehungsweise *Vollen Zugriff zulassen.*

➌ Falls Sie bisher noch kein WhatsApp genutzt hatten, betätigen Sie hier *Überspringen,* sonst *Berechtigung gewähren.*

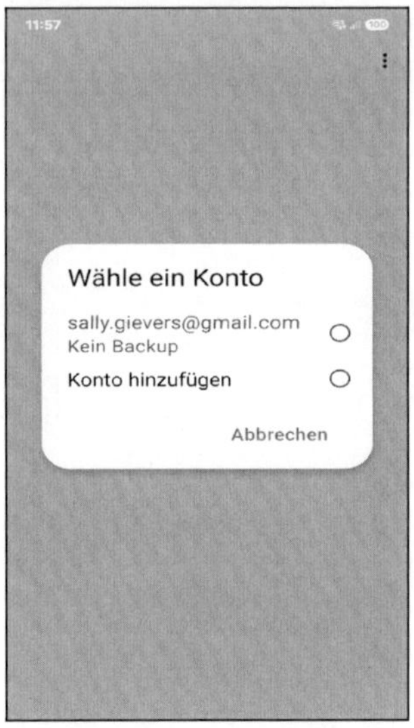

Sofern Sie zuvor *Berechtigung gewähren* gewählt hatten, erscheint ein Popup, in dem Sie das Google-Konto auswählen, wo die Datensicherung hinterlegt ist. Folgen Sie dann den Anweisungen.

In diesem Fall wurde keine Datensicherung gefunden, weshalb Sie auf *Abbrechen* gehen (worauf Sie wieder im vorherigen Dialog landen, den Sie nun mit *Überspringen* schließen).

❶ Erfassen Sie Ihren Namen und tippen Sie auf *Weiter*.

❷ Das Angebot, eine E-Mail-Adresse zu hinterlegen, können Sie mit *Überspringen* ablehnen.

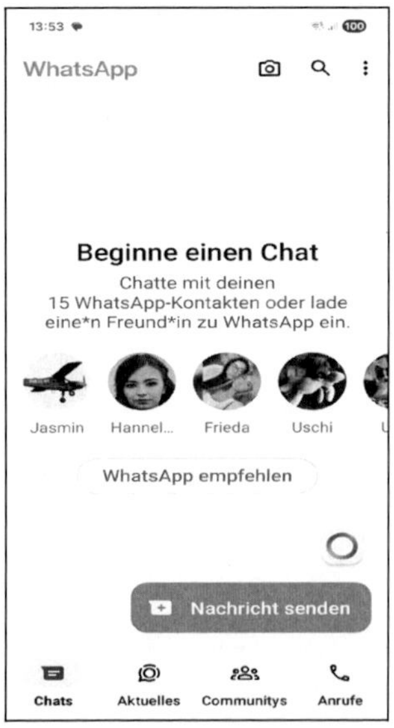

❶ Sie können nun das Programm nutzen!

❷ Die Register am unteren Bildschirmrand schalten um zwischen:

- *Chats*: Schreiben Sie mit anderen WhatsApp-Nutzern. Dabei ist es auch möglich, Sprachaufnahmen und Dateien zu versenden.
- *Aktuelles*: WhatsApp-Nutzer haben die Option, Fotos, Videos und Texte einzustellen, die dann für alle ihrer Kontakte für 24 Stunden angezeigt werden.
- *Communitys*: Verwaltet Gruppen, in denen sich mehrere WhatsApp-Nutzer austauschen können.
- *Anrufe*: Sie können mit anderen WhatsApp-Nutzern telefonieren. Dabei baut das Handy keine Sprachverbindung über das Mobilfunknetz auf, sondern die Sprachübertragung erfolgt über das Internet. Deshalb fallen keine Telefonkosten an.

15.2 Datensicherung wiederherstellen

Falls Sie WhatsApp zuvor auf einem anderen Handy genutzt haben, können Sie dessen Chatverläufe sehr einfach auf dem neuen Handy wiederherstellen. Kontrollieren Sie bitte vorher, ob Sie nicht die Chatverläufe bereits wiederhergestellt haben, als Sie WhatsApp auf dem neuen Handy eingerichtet haben. Das erkennen Sie ganz einfach daran, dass die Benutzeroberfläche alle zuletzt durchgeführten Chats inklusive Bildern auflistet.

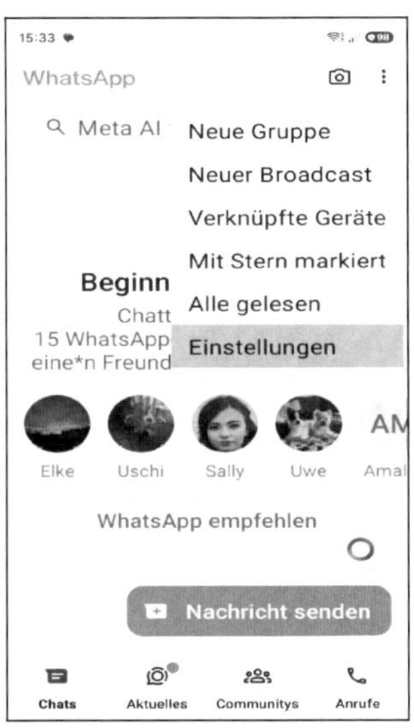

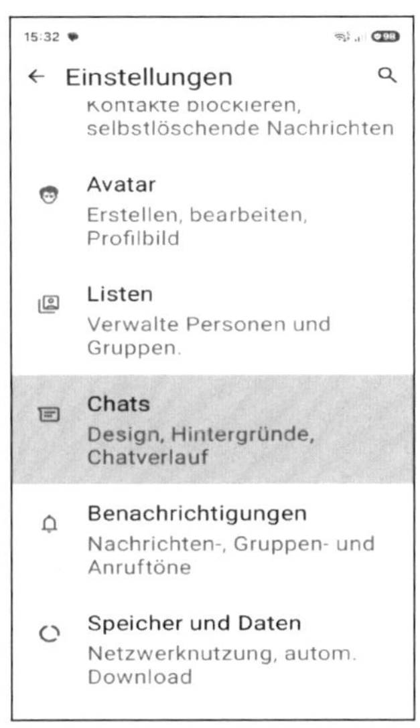

Kontrollieren Sie zunächst, ob auf Ihrem alten Handy die Datensicherung im Google-Konto durchgeführt wurde. Dazu müssen Sie gegebenenfalls noch mal die SIM-Karte aus dem neuen Handy herausnehmen und im alten Handy einlegen.

❶ Rufen Sie auf Ihrem alten Handy WhatsApp auf und gehen Sie auf ⋮/*Einstellungen*.

❷ Wählen Sie *Chats* und dann *Chat-Backup*.

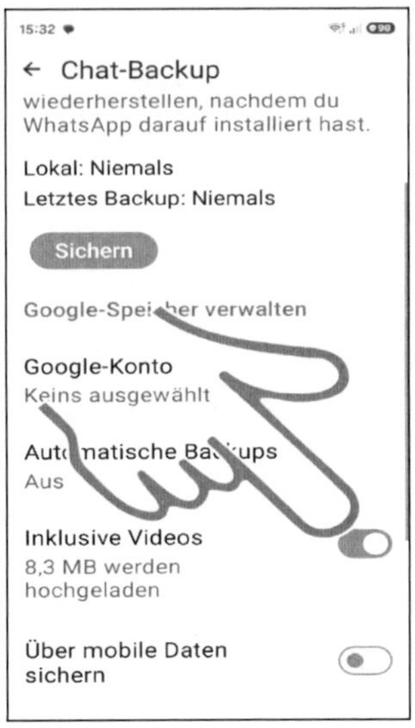

Deaktivieren Sie auf jeden Fall die Option *Inklusive Videos*! Diese benötigen viel Speicherplatz und können dazu führen, dass die Datensicherung misslingt. Fotos sichert WhatsApp natürlich weiterhin. Danach betätigen Sie *Sichern* und warten, bis das Backup durchgelaufen ist.

Danach können Sie die SIM-Karte aus dem alten Handy entfernen und wieder in das neue Handy einstecken.

Tipp: Sie finden Ihre mit WhatsApp empfangenen und gesendeten Dateien auf dem alten (und neuen) Handy im Verzeichnis *media\com.whatsapp\WhatsAppMedia*. Sie können sie von dort auf Ihren PC kopieren (siehe Kapitel *29 Gerätespeicher*).

So geht es auf dem neuen Handy weiter: Deinstallieren Sie WhatsApp, falls Sie es bereits installiert hatten und installieren Sie es erneut. Beim erneuten Aufruf gehen Sie die oben beschriebenen Einrichtungsschritte durch und bekommen dann die Option zur Wiederherstellung angeboten.

15.3 Nachrichten schreiben

Damit Sie einer anderen Person per WhatsApp schreiben können, muss er sich mit seiner Handynummer in Ihrem Telefonbuch (siehe Kapitel *8 Telefonbuch*) befinden. Außerdem ist es notwendig, auf seinem Handy oder Tablet ebenfalls WhatsApp zu installieren.

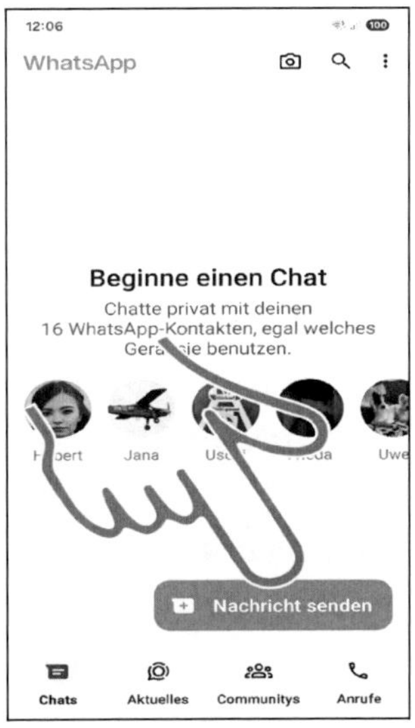

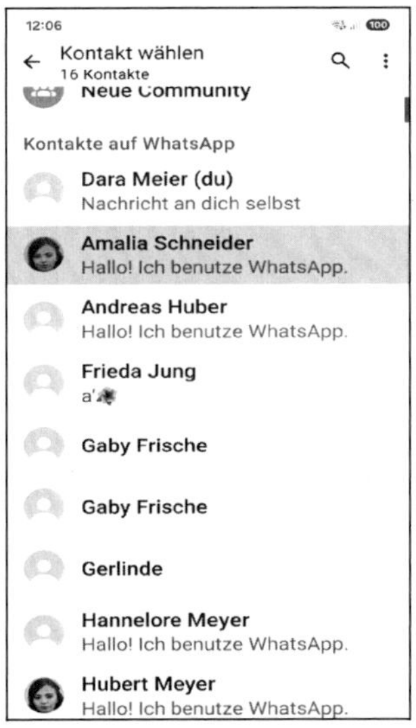

➊ Betätigen Sie .

➋ WhatsApp listet alle Kontakte auf, die das soziale Netzwerk nutzen, aus denen Sie einen auswählen.

➌ Nach Eingabe eines Textes versenden Sie ihn mit ➤.

❶ Ein Haken hinter jeder Ihrer Nachrichten informiert über den Versandstatus:

- ✓: Nachricht wurde erfolgreich versandt, aber noch nicht dem Empfänger zugestellt (beispielsweise weil er sich gerade in einem Funkloch befindet oder sein Handy ausgeschaltet hat).
- ✓✓: Der Doppelhaken erscheint zunächst grau, sobald die Nachricht den Empfänger erreicht. Hat der Empfänger sie gelesen, wird der Doppelhaken blau eingefärbt.

❷ Der Hinweis »online« beziehungsweise die Uhrzeit (Pfeil) informiert am oberen Bildschirmrand darüber, ob und wann der Empfänger zuletzt online war.

Wenn die Häkchen bei Ihnen grau bleiben, kann das folgende Gründe haben:

- Lesebestätigungen deaktiviert: Sowohl Sie als auch der Empfänger können in den Einstellungen von WhatsApp die Lesebestätigungen deaktivieren. Prüfen Sie bitte unter *Einstellungen/Datenschutz/Lesebestätigungen*, ob die Funktion bei Ihnen aktiviert ist. Wichtig: Wenn Sie die Lesebestätigungen deaktivieren, können Sie auch nicht sehen, ob andere Ihre Nachrichten gelesen haben.
- Der Empfänger hat die Lesebestätigungen deaktiviert: Auch wenn Ihre Einstellungen korrekt sind, werden die Häkchen grau bleiben, wenn der Empfänger die Funktion deaktiviert hat.
- Der Empfänger hat WhatsApp nicht geöffnet: Blaue Häkchen erscheinen erst, wenn der Empfänger WhatsApp öffnet und die Nachricht ansieht. Falls er die App längere Zeit nicht benutzt, bleiben die Häkchen grau.
- Gruppenchats: In Gruppenchats erscheinen blaue Häkchen erst, wenn alle Teilnehmer die Nachricht gelesen haben. Solange nicht alle die Nachricht angesehen haben, bleiben die Häkchen grau.

15.4 Nachrichten empfangen

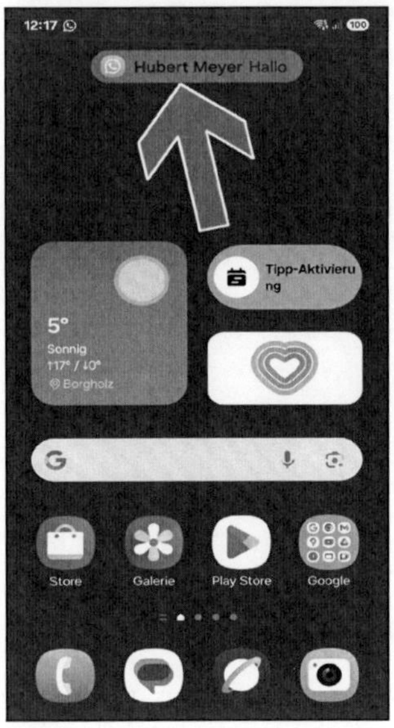

❶ Sie müssen die WhatsApp-Anwendung nicht permanent geöffnet haben, da auch wenn Sie gerade nicht damit arbeiten, informiert Sie das Handy mit akustischem Signal und Popup über neu vorliegende Nachrichten.

❷❸ Starten Sie dann entweder die WhatsApp-Anwendung oder gehen Sie im Benachrichtigungsfeld auf den WhatsApp-Eintrag.

15.5 Weitere Funktionen

❶❷ Auf die Konversationen mit Ihren Kontakten greifen Sie über die Auflistung im Hauptmenü zu.

❶ Besonders beliebt ist die Option, Fotos oder Sprachaufnahmen zu verschicken, was über die Schaltflächen am unteren Bildschirmrand (Pfeil) erfolgt.

❷❸ Beim Fotoversand knipsen Sie zunächst mit der runden Schaltfläche (Pfeil) ein Bild, danach erfolgt mit ➤ der Versand.

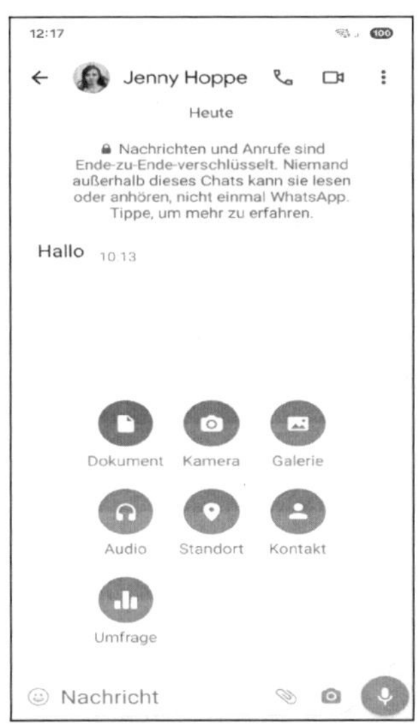

❶❷ Andere Dateien, darunter auch bereits auf dem Handy vorhandene Fotos, verschicken Sie dagegen über die 📎-Schaltfläche.

15.6 Telefonie mit WhatsApp

Wie bereits erwähnt, bietet WhatsApp eine Telefonie-Funktion, welche über das Internet statt über eine Mobilfunk-Sprachverbindung erfolgt und deshalb kostenlos ist.

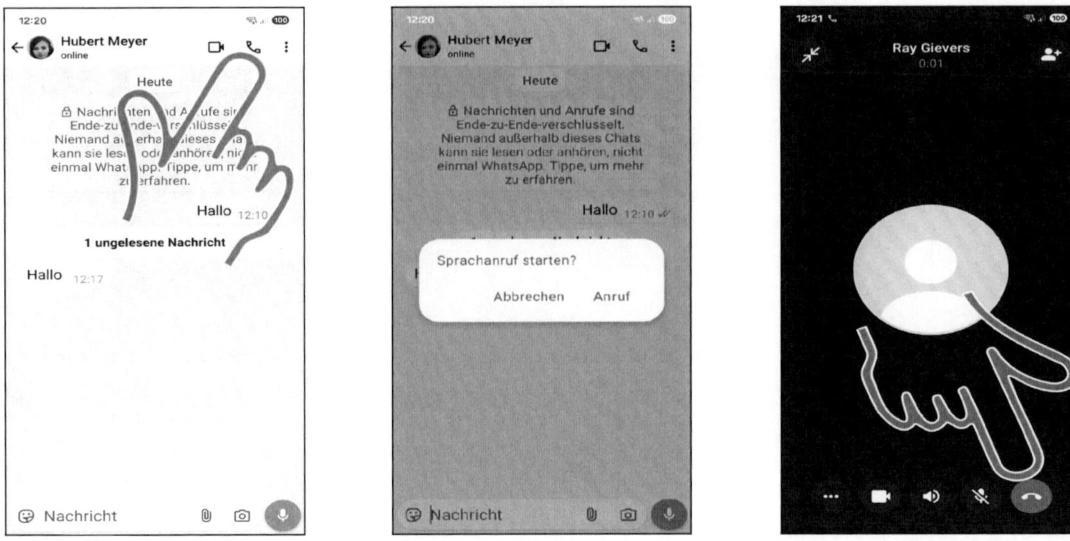

❶❷ Anrufe führen Sie jederzeit in einem Chat über die 📞-Schaltfläche (Pfeil) durch (die Schaltfläche daneben dient Videoanrufen). Schließen Sie die folgenden Popups mit *Anruf* beziehungsweise *Weiter* und *Bei Nutzung der App*.

❸ Die rote Schaltfläche im unteren Bildschirmdrittel beendet später das Gespräch.

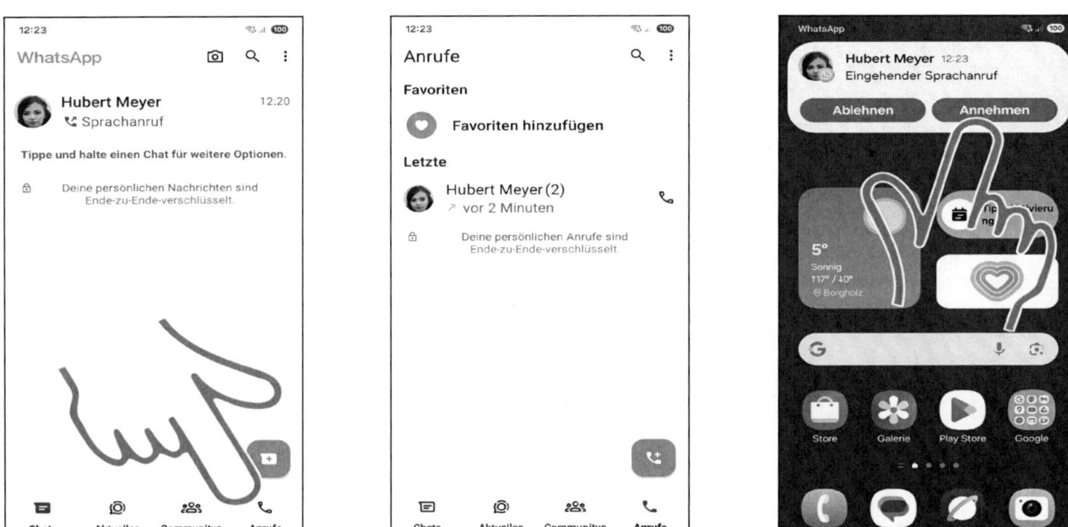

❶❷ Die durchgeführten Anrufe listet das *Anrufe*-Register (Pfeil) auf.

❸ Nehmen Sie eingehende Anrufe über *Annehmen* im Popup am oberen Bildschirmrand an.

15.7 Videotelefonie mit WhatsApp

Die Videotelefonie ähnelt der oben vorgestellten Telefonie, allerdings sehen Sie die beiden Kommunikationspartner. Dadurch wird das Gespräch persönlicher.

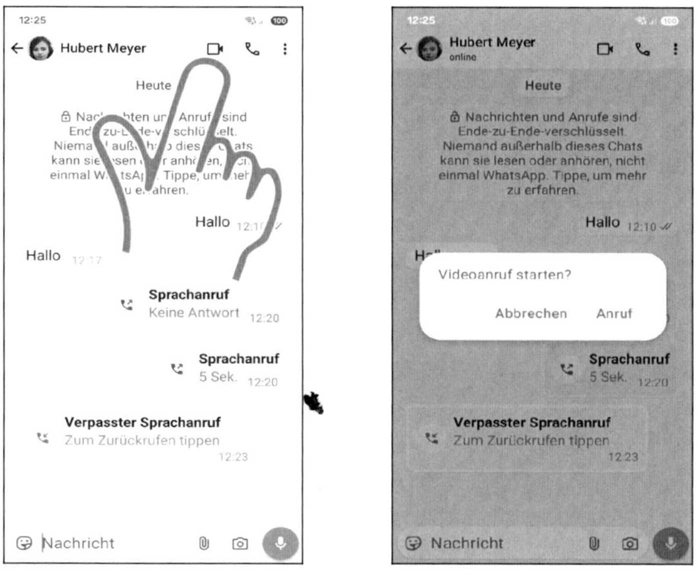

❶❷ Betätigen Sie die -Schaltfläche und bestätigen Sie mit *Anruf.* Die folgenden Abfragen beantworten Sie mit *Weiter* beziehungsweise *Bei Nutzung der App.*

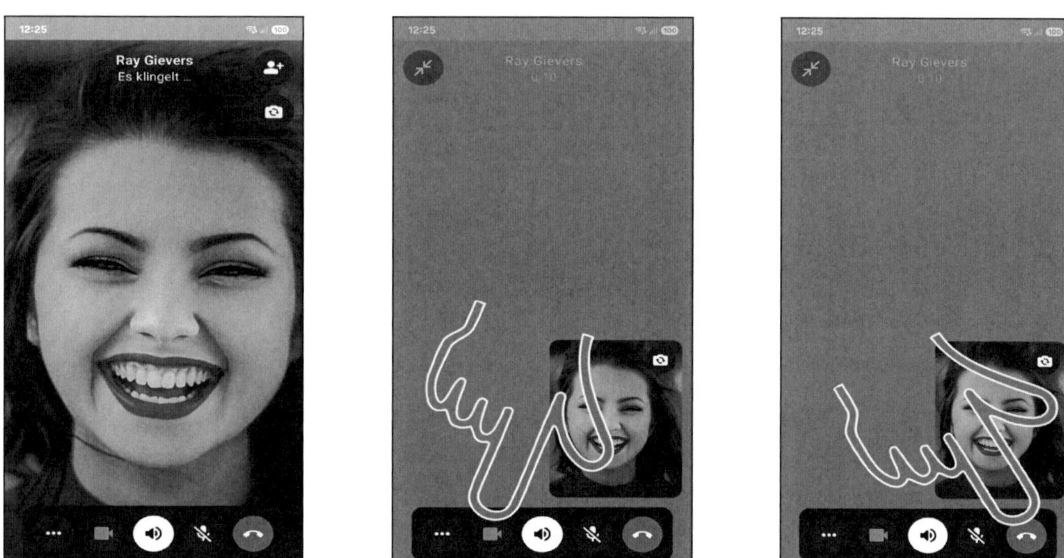

❶ Während Sie warten, dass der Angerufene annimmt, sehen Sie bereits Ihr eigenes Videobild.

❷ Antippen Ihres Videobilds bringt Ihr eigenes Bild in den Vordergrund, während das Bild Ihres Gegenübers als »Briefmarke« erscheint.

Die Schaltflächen am unteren Bildschirmrand:

- : Videoanzeige umschalten
- : Eigenes Videobild ausschalten
- : Eigenes Video stumm schalten

❸ Die rote Schaltfläche beendet das Gespräch.

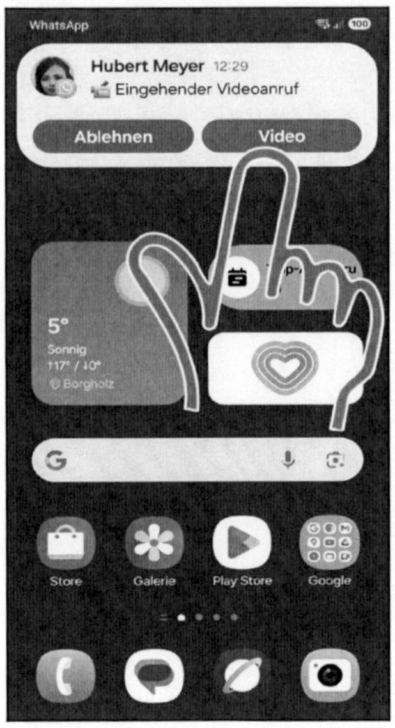

Das Handy informiert über eingehende Videoanrufe mit einem Popup. Betätigen Sie dort *Video*.

15.8 Eigene Kontaktinfos

Sie haben die Möglichkeit, Ihr eigenes WhatsApp-Konto zu personalisieren.

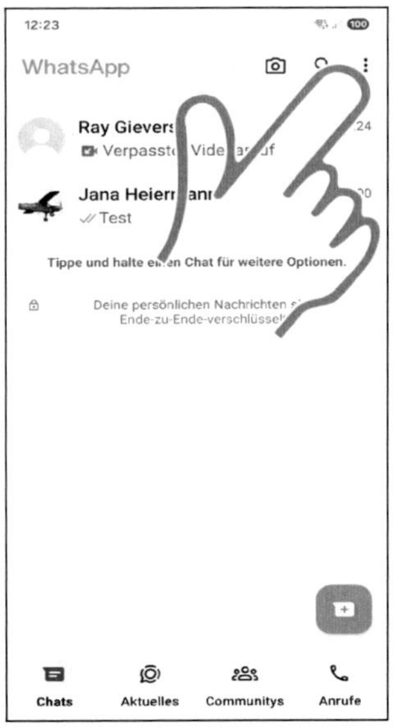

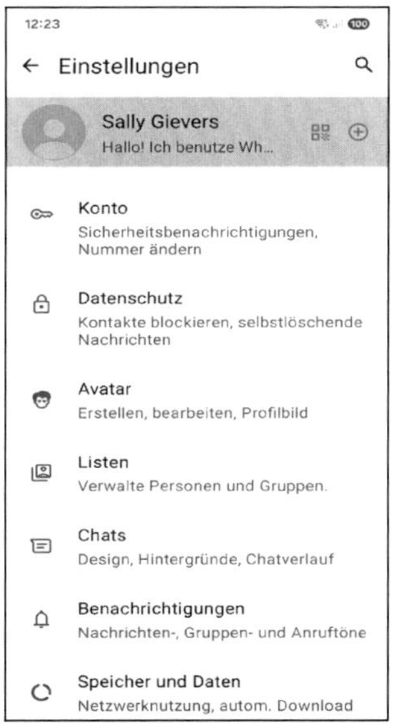

❶❷ Rufen Sie ⋮/*Einstellungen* auf.

❸ Hier gehen Sie auf das erste Menü.

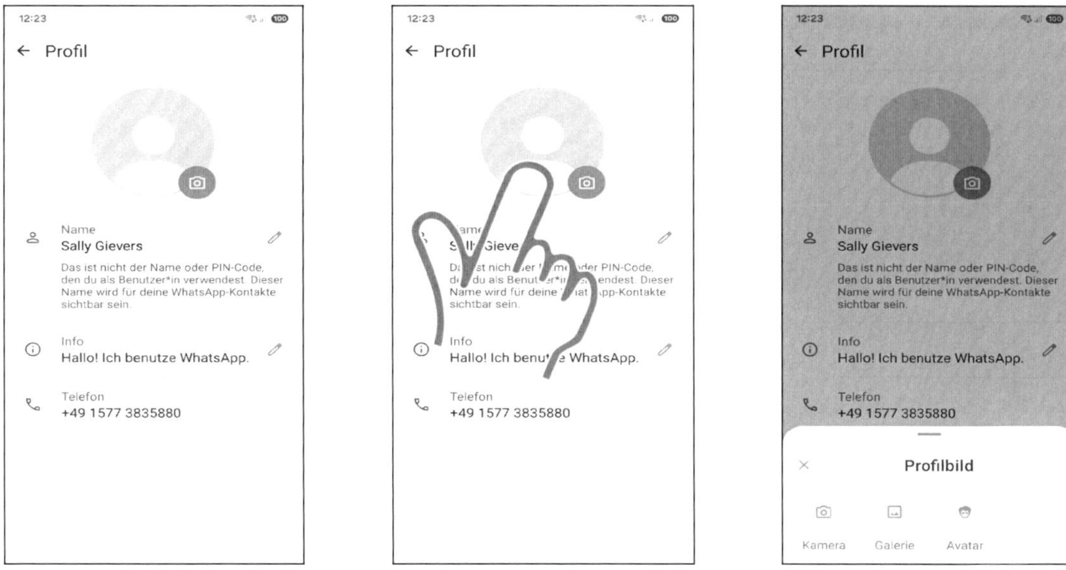

➊ In diesem Bildschirm können Sie bei Bedarf Ihren Namen (den Sie bei der Ersteinrichtung von WhatsApp eingegeben hatten) ändern. Unter *Info* erfassen Sie weitere Infos, beispielsweise Hinweise zur Erreichbarkeit oder über Ihre Person.

➋ Sie möchten Ihr Foto bei WhatsApp hinterlegen, damit Gesprächspartner sofort wissen, wer Sie sind? Dann tippen Sie oben ins runde Kontaktsymbol.

➌ Folgende Optionen stehen zur Auswahl:

- *Kamera*: Foto mit der Kamera erstellen.
- *Galerie*: Ein bereits zuvor geknippstes Foto verwenden.
- *Avatar*: Eine Art Comicfigur erstellen.

In unserem Beispiel verwenden wir *Kamera*.

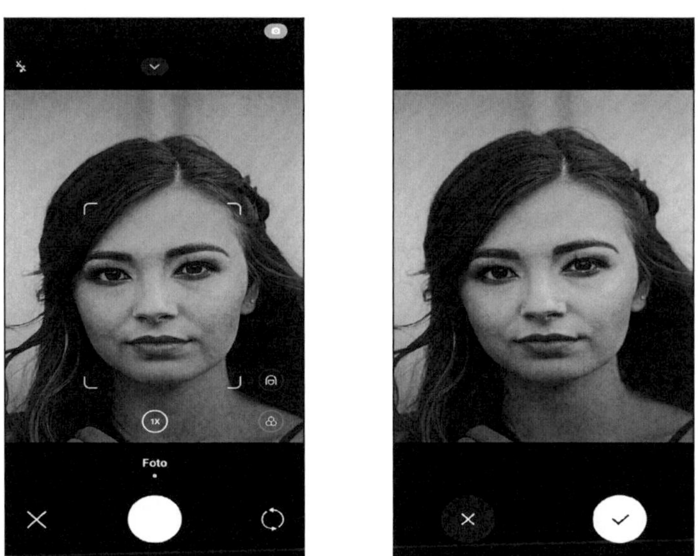

➊ Halten Sie die Kamera auf das Motiv und betätigen Sie die weiße Schaltfläche.

➋ Falls Sie mit dem Foto nicht zufrieden sind, tippen Sie auf ✕, sonst erneut auf die weiße Schaltfläche.

❶ Verschieben Sie die Begrenzungen auf den gewünschten Bildausschnitt und gehen Sie auf *Fertig.*

❷ Das Profilfoto ist nun bei allen Ihren Gesprächspartnern sichtbar.

16. Google Maps

Google Maps zeigt nicht nur Straßenkarten, sondern auch Satellitenansichten an und dient als mobiles Navigationsgerät. Beachten Sie, dass Google Maps die Kartenausschnitte jeweils aus dem Internet lädt, also eine WLAN- oder Mobilfunkverbindung bestehen muss.

Google Maps können Sie auch auf dem Desktop-PC im Webbrowser nutzen: Geben Sie dort *maps.google.de* als Webadresse ein.

Google Maps können Sie auch auf dem Desktop-PC im Webbrowser nutzen: Geben Sie dort *maps.google.de* als Webadresse ein.

16.1 Google Maps nutzen

❶❷ Gehen Sie im Startbildschirm oder Hauptmenü auf den *Google*-Ordner und darin auf *Maps*.

❸ Wir empfehlen Ihnen jetzt, das Handy neu zu starten (siehe Kapitel *4.16 Handy ausschalten oder neu starten*). Rufen Sie dann Google Maps erneut auf. Sie stellen damit sicher, dass das Programm seine Benutzeroberfläche korrekt einrichtet.

❶❷ Schließen Sie jetzt mit einer Wischgeste nach unten das Ausklappmenü.

❶❷ Sie müssen für Google Maps Ihre GPS-Position einmalig freigeben. Dazu tippen Sie auf den Kompass und schließen das Popup mit *Bei Nutzung der App*. Sie gestatten damit Google Maps den Zugriff auf Ihren aktuellen Standort.

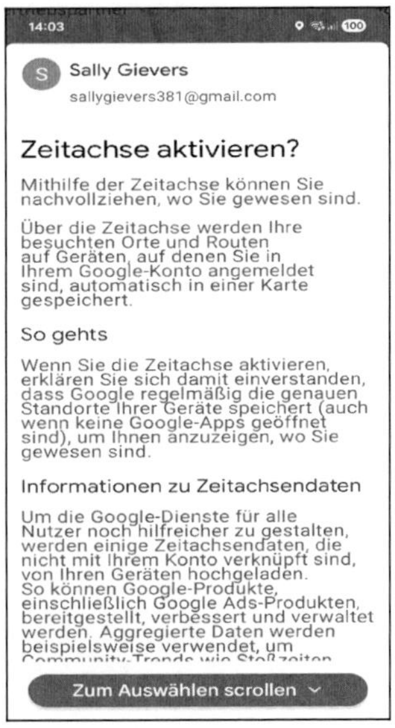

❶❷ Falls dieser Bildschirm erscheint, rollen Sie durch den Text und betätigen *Aktivieren*. Über die Zeitachse können Sie auch noch einige Zeit später nachvollziehen, wo Sie mal gewesen sind.

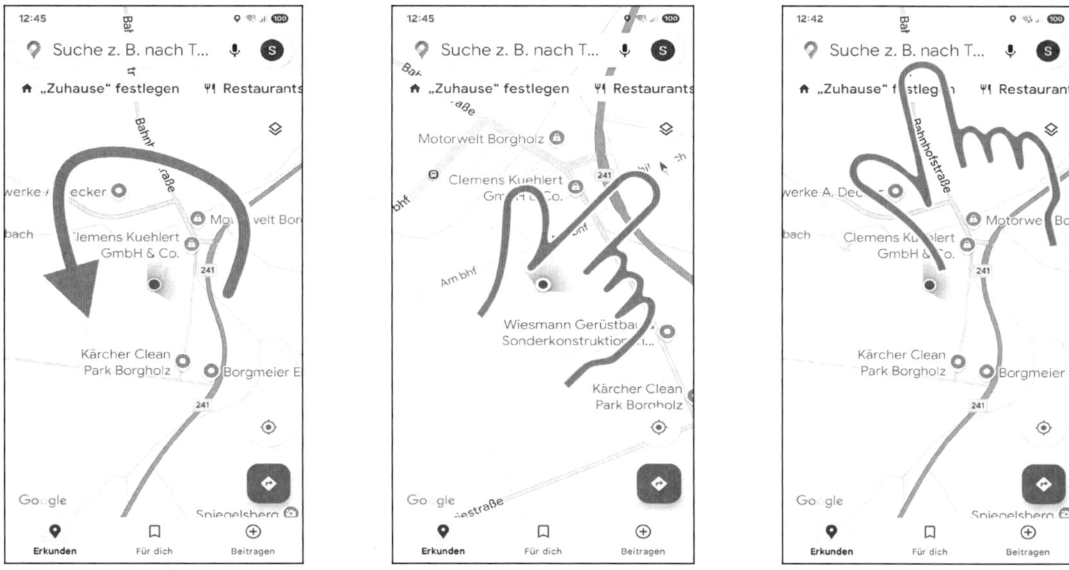

➊ Bei Google Maps ist Norden standardmäßig oben. Fußgänger dürfen deshalb die Drehfunktion begrüßen: Tippen Sie mit zwei Fingern, zum Beispiel Daumen und Zeigefinger, auf das Display und drehen Sie beide Finger dann um sich selbst. Der Kartenausschnitt dreht sich mit. Als Fußgänger richten Sie so den Kartenausschnitt genau in Gehrichtung aus.

➋ Eine Kompassnadel oben rechts zeigt nun die Nord/Süd-Achse an. Tippen Sie darauf, richtet sich der Kartenausschnitt wieder nach Norden aus.

➌ Die Bedienelemente:

- Suchfeld (Pfeil): Nach Orten, Firmen, Adressen oder Sehenswürdigkeiten suchen.
- 🎙 (im Suchfeld): Sprechen Sie einen Ort oder einen Point of Interest, nach dem Google Maps suchen soll.
- ⌖ (»Mein Standort«, unten rechts im Bildschirm): Zeigt nach Antippen Ihre vom GPS-Empfänger ermittelte Position auf der Karte an. Dazu muss allerdings der GPS-Empfang (siehe nächstes Kapitel) aktiviert sein.
- ◆ (»*Los*«): Plant eine Route und gibt Ihnen eine Wegbeschreibung.

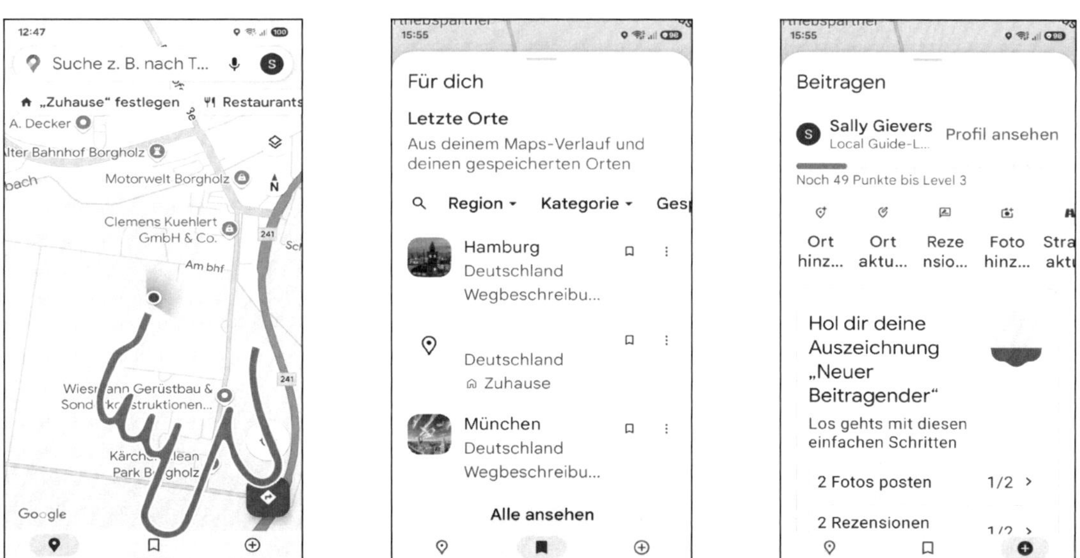

➊ Die Register am unteren Bildschirmrand:

- *Erkunden*: Die standardmäßige Kartenanzeige.
- *Für dich* (➋): Verwaltet die von Ihnen zuletzt besuchten Orte und die als Favoriten markierten Points of Interest, worauf Kapitel *16.8.1 Markierungen* noch eingeht.
- *Beitragen* (➌): Google legt großen Wert auf Nutzerbeteiligung. Beispielsweise dürfen Sie

fehlerhafte Daten melden und Rezensionen zu Restaurants, Läden usw. schreiben.

Für die in diesem Buch beschriebene Kartennutzung aktivieren Sie das *Erkunden*-Register.

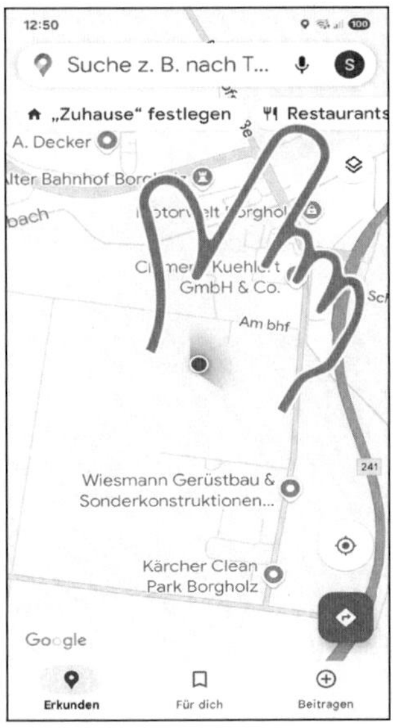

❶❷ Google Maps kennt fast alle Firmen, Geschäfte und Gastronomiebetriebe. Die Schaltflächen am oberen Bildschirmrand listen diese auf – aber darauf kommen wir noch später (Kapitel *16.8 Google Local*).

16.2 Eigene Position

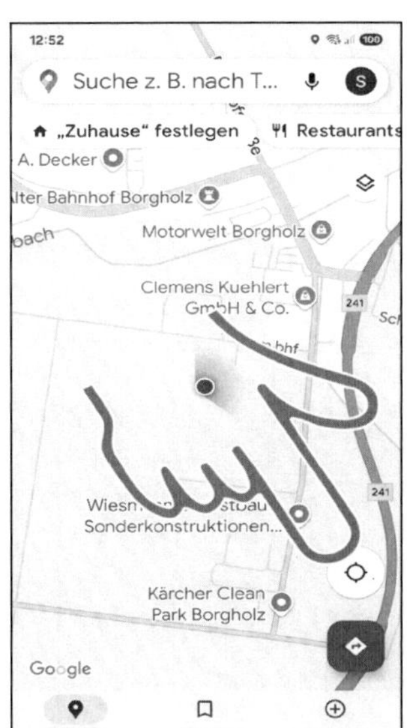

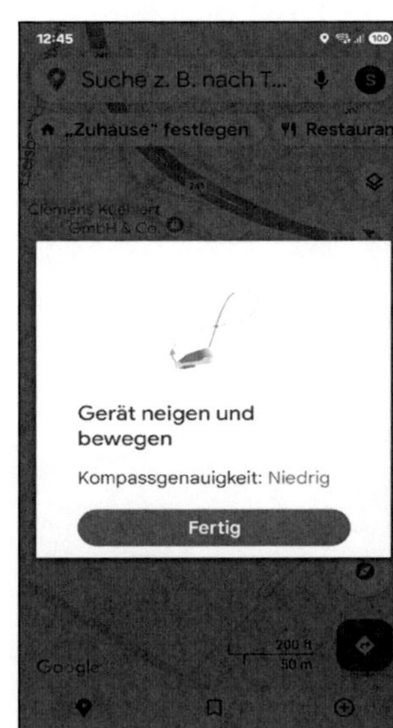

❶ Vielleicht ist Ihnen schon der kleine blaue Punkt aufgefallen, der Ihren aktuellen Standort anzeigt. Der vom blauen Punkt ausgehende Schweif zeigt Ihre ungefähre Blickrichtung (genauer: die Richtung, in die Sie das Handy halten) an.

❷ Sie haben mit Wischgesten die Kartenansicht geändert? Dann bringt Sie einmaliges Antippen von ⌖ wieder zum aktuellen Standort zurück.

❸ Beim ersten Mal wird Sie das Handy zur Kompasskalibrierung auffordern, dem Sie nachkommen sollten. Betätigen Sie dann *Fertig*.

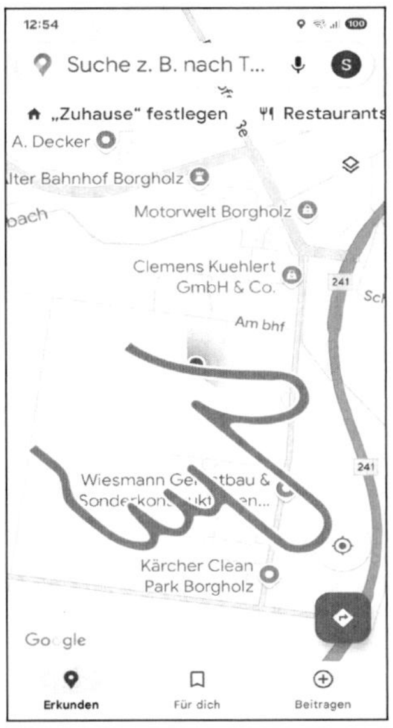

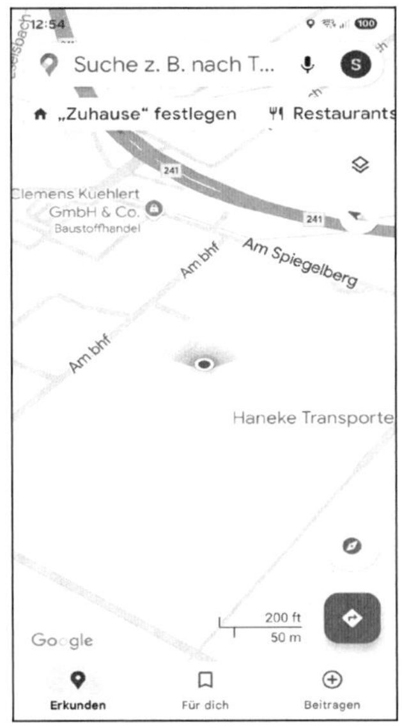

❶❷ Falls Sie zu Fuß unterwegs sind, dürfte die sogenannte isometrische Ansicht für Sie interessant sein: Tippen Sie auf , worauf sich die Bildschirmanzeige an die Richtung orientiert, in die Sie das Handy halten. Betätigen von schaltet wieder auf die Standardansicht um.

16.3 Parken

Falls Sie häufiger Ihr Auto an verschiedenen Orten mit Ihrem Auto parken müssen, dürften Sie manchmal nach Ihrem Gefährt später länger gesucht haben. Abhilfe schafft die Parken-Funktion von Google Maps.

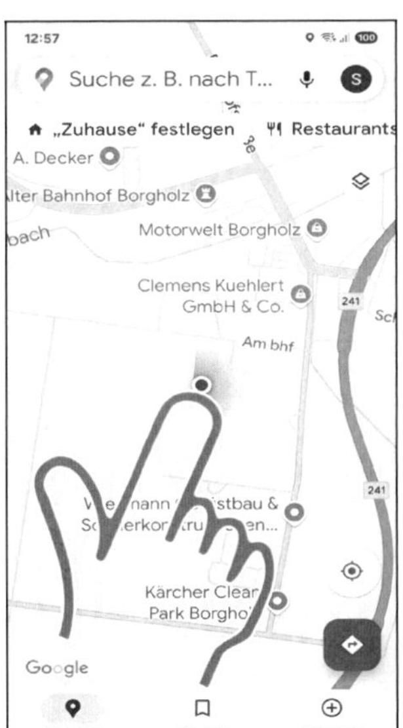

❶ Tippen Sie auf die blaue Standortanzeige.

❷❸ Wischen Sie auf den Schaltflächen nach links und gehen Sie auf *Parkplatz speichern.*

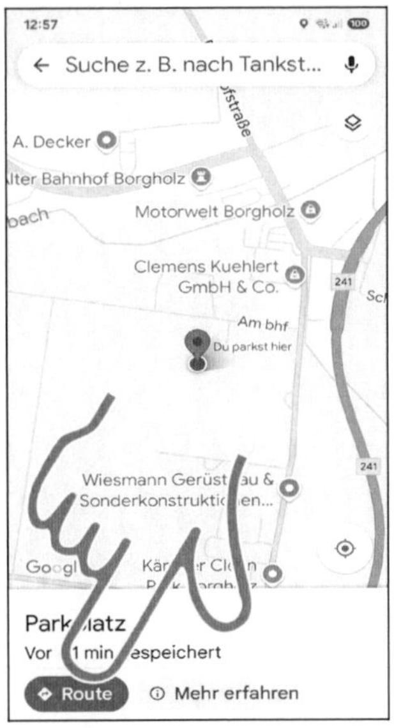

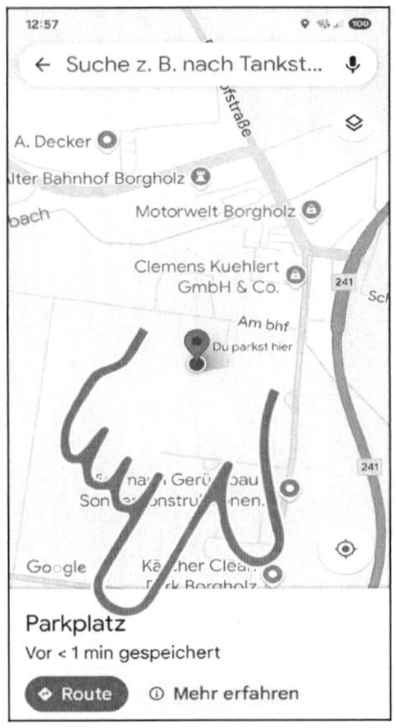

❶ Google Maps informiert mit einer Markierung in der Karte über Ihren Parkplatz. *Route* am unteren linken Bildschirmrand führt Sie später wieder zu Ihrem Gefährt zurück.

❷❸ Antippen von *Parkplatz* öffnet das Menü, in dem Sie unter *Verbleibende Zeit* einen nützlichen »Wecker« einstellen, damit Sie sich kein Bußgeld für die Überziehung der Parkzeit einhandeln. *Löschen* beendet die Parkplatz-Funktion.

16.4 Kartenausschnitt auf dem Gerät speichern

Google Maps hat gegenüber normalen Navis den Vorteil, immer tagesaktuelle Karten bereitzustellen, welche aus dem Internet nachgeladen werden. Problematisch wird es nur, wenn man das Handy unterwegs nutzt, da dann ja das Fehlen des WLAN-Empfangs die Kartenaktualisierung verlangsamt, denn häufig steht dann nur eine langsame Mobilfunkverbindung zur Verfügung, mit der Google Maps kaum Spaß macht. Deshalb unterstützt Google Maps die lokale Speicherung der Kartendaten auf dem Gerät.

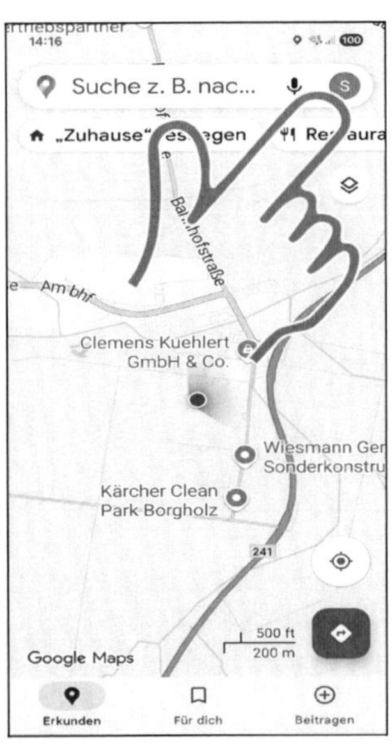

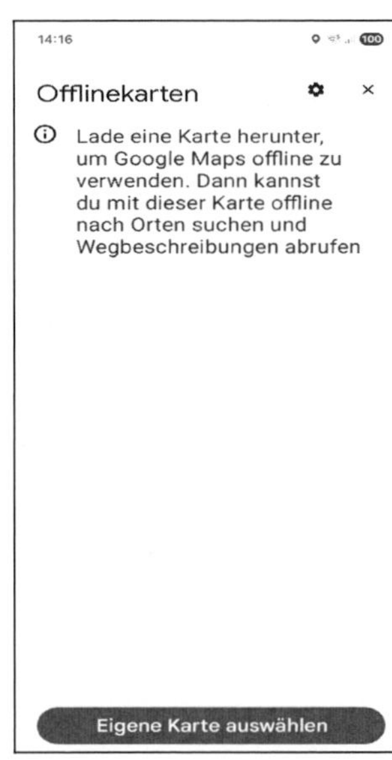

❶ Tippen Sie auf das runde Kontosymbol.

❷ Rufen Sie *Offlinekarten* auf.

❸ Tippen Sie auf *Eigene Karte auswählen.*

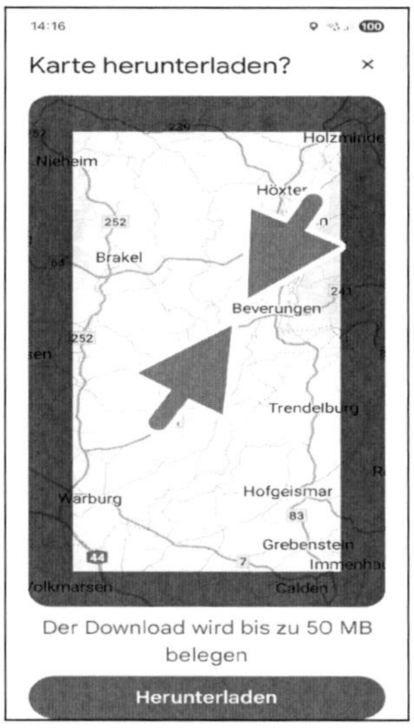

❶❷ Die Größe des lokal gespeicherten Kartenausschnitts stellen Sie ein, indem Sie den Kartenausschnitt vergrößern oder verkleinern (mit zwei Fingern auf das Display halten und dann beide auseinander-/zusammenziehen). Betätigen Sie dann *Herunterladen.* Schließen Sie den Bildschirm mit der ‹-Taste. Das Herunterladen geschieht im Hintergrund.

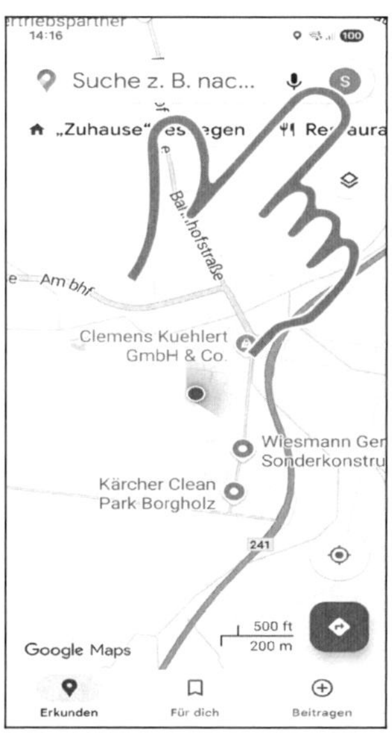

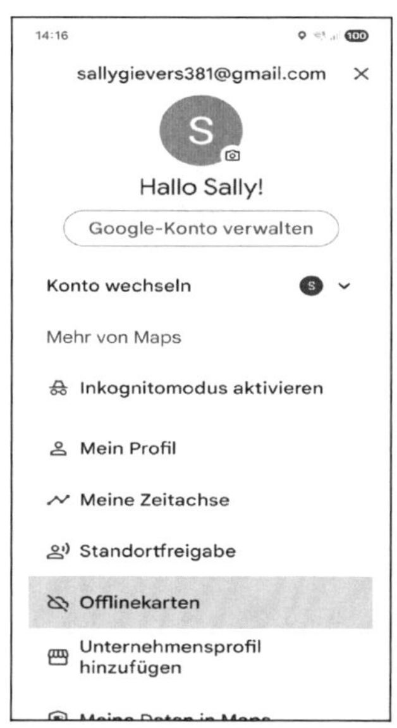

❶ So aktualisieren beziehungsweise löschen Sie die Kartendaten: Tippen Sie auf das runde Kontosymbol.

❷ Rufen Sie *Offlinekarten* auf.

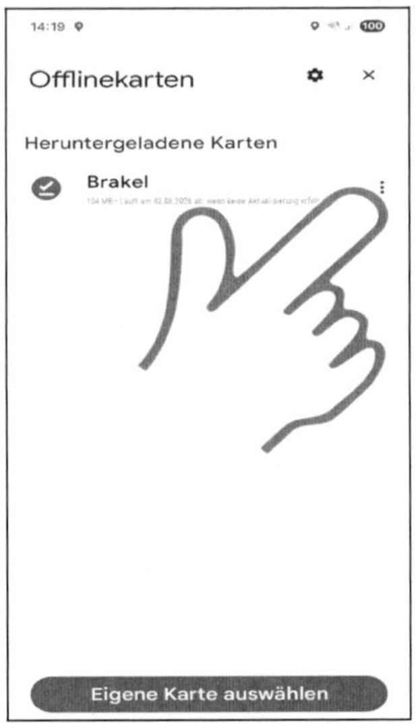

❶❷ Öffnen Sie das ⋮-Menü. Sie können die Kartendaten nun löschen oder aktualisieren.

16.5 Suche

❶ Gehen Sie ins Suchfeld (Pfeil), um Adressen oder Sehenswürdigkeiten (Points of Interest) aufzufinden.

❷ Geben Sie eine Adresse ein und bestätigen Sie mit 🔍 im Tastenfeld. Google Maps macht hier während der Eingabe auch Vorschläge, die Sie direkt auswählen können.

➊ Google Maps zeigt die Adresse mit einer Markierung in der Karte an. Am unteren Bildschirmrand erscheint ein Ortshinweis, daneben die Fahrtzeit mit dem Auto. Tippen Sie auf den Ortshinweis (Pfeil).

➋ Es öffnet sich ein Dialog mit weiteren Bedienelementen:

- *Route*: Fahrtrouten vorschlagen.
- *Starten:* Zum Ort navigieren (siehe Kapitel *16.6 Navigation*).
- *Speichern*: Den Ort als Favorit speichern. Siehe Kapitel *16.8.1 Markierungen.*
- *Teilen*: GPS-Position als Web-Link beispielsweise per SMS oder E-Mail versenden.

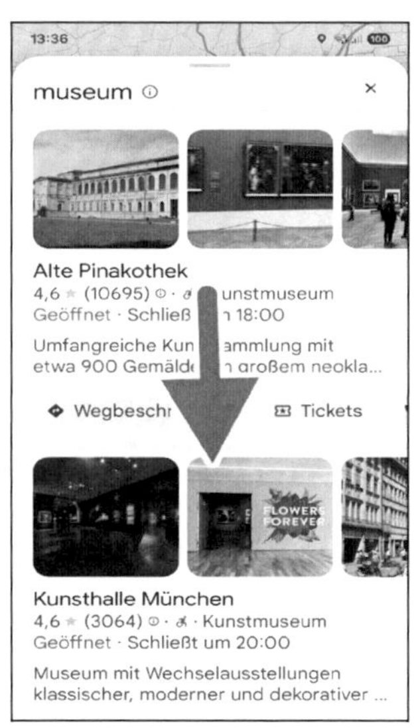

➊ Häufig findet Google Maps auch mehrere Orte oder Points of Interest, die dann aufgelistet werden. Führen Sie in der Liste eine Wischgeste von unten nach oben durch, um die Listeneinträge zu durchblättern. Tippen Sie einen Eintrag für weitere Infos an.

➋➌ Umgekehrt schließen Sie die Liste, indem Sie (gegebenenfalls mehrfach) von oben nach unten wischen, worauf Sie wieder zur Kartenansicht gelangen. Hier stellt Google Maps alle Fundstellen mit Symbolen dar. Wenn Sie weitere Infos über einen Point of Interest haben möchten, tippen Sie ihn an. Zum Löschen der Suchergebnisse in der Karte tippen Sie oben rechts neben dem Suchfeld die ✕-Schaltfläche an.

Möchten Sie beispielsweise wissen, welche Sehenswürdigkeiten es in einer bestimmten Region/Stadt gibt, dann wechseln Sie zuerst den entsprechenden Kartenausschnitt (Sie können auch die Stadt suchen) und geben im Suchfeld einen allgemeinen Begriff wie »Museum« ein.

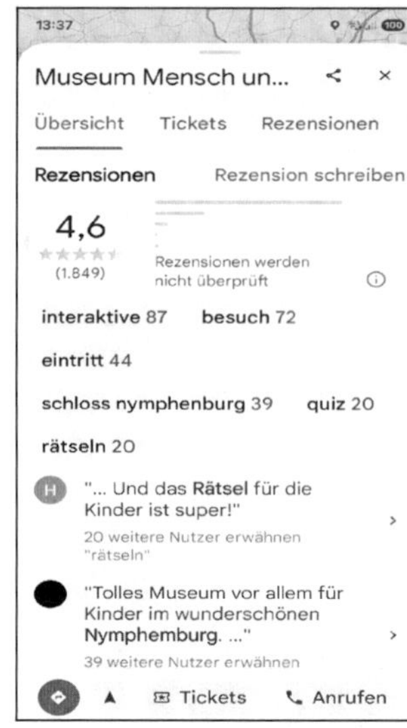

❶ Tippen Sie in der Auflistung am unteren Bildschirmrand auf einen Eintrag für weitere Infos zum Standort, Öffnungszeiten, Bewertungen usw..

❷❸ Weitere Infos stehen Ihnen mit einer Wischgeste von unten nach oben zur Verfügung.

✕ (Pfeil) beendet die Suche.

16.5.1 Suche über Schaltflächen

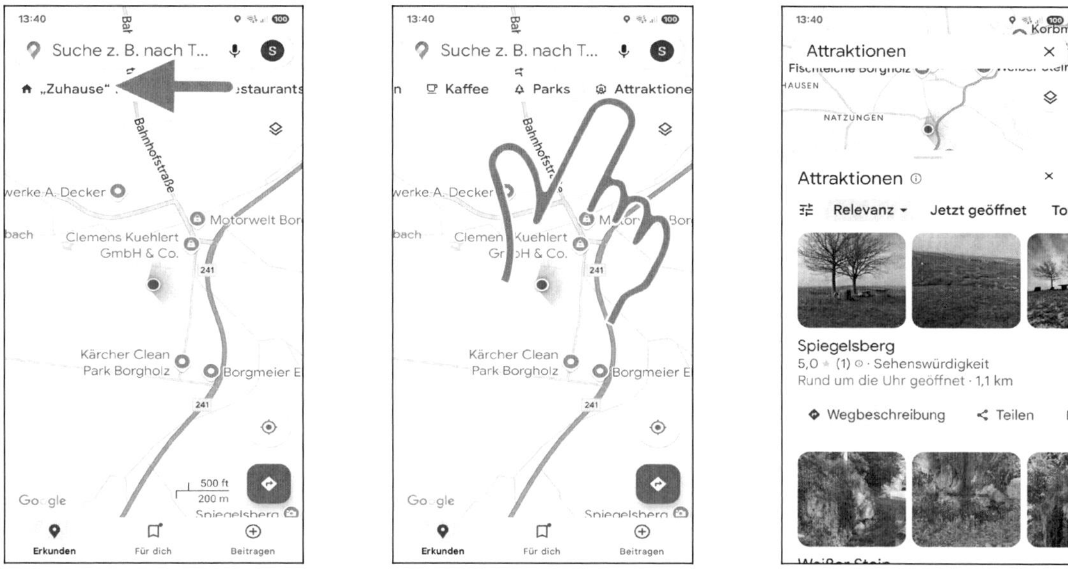

❶ Häufig gesuchte Handels- und Gastronomiebetriebe zeigen die Schaltflächen am oberen Bildschirmrand an. Mit einer Wischgeste nach links/rechts blättern Sie darin.

❷❸ Tippen Sie den gesuchten Begriff, im Beispiel *Attraktionen*, für die Auflistung aller touristischen Aktivitäten an.

16.6 Navigation

Google Maps Navigation stellt eine vollwertige Alternative zu Autonavigationsgeräten dar, wobei man allerdings den Nachteil in Kauf nehmen muss, dass laufend Kartenmaterial aus dem Internet nachgeladen wird. Für den Praxiseinsatz empfiehlt sich der Kauf einer Universal-Halterung für das Auto.

Beachten Sie, dass die Routenführung von Google Maps manchmal extrem schlecht ist. Achten Sie deshalb immer auf die Beschilderung, damit Sie sich nicht verirren oder auf unbefahrbaren Feldwegen landen.

16.6.1 Routenplaner

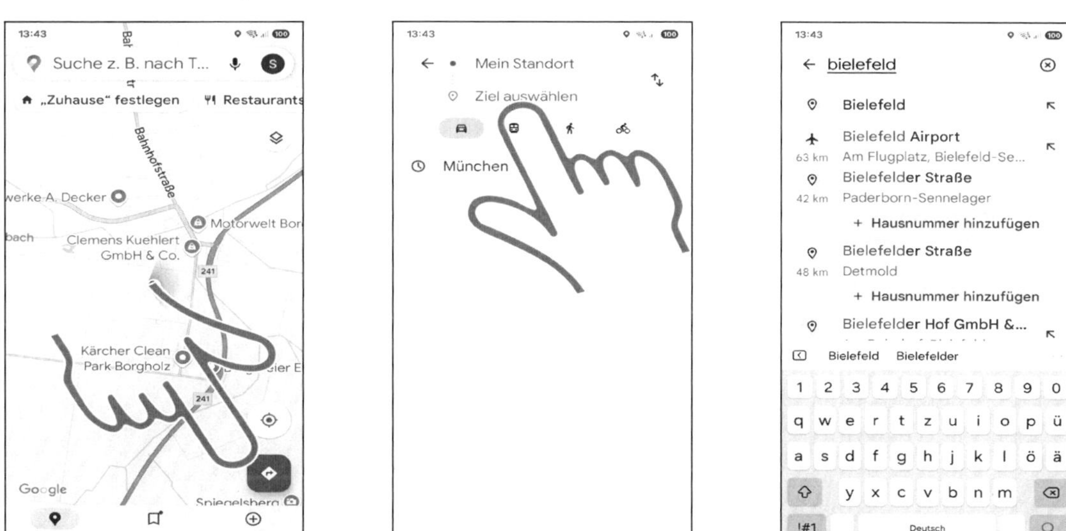

❶ ◈ (Pfeil) berechnet den optimalen Fahrtweg zwischen zwei Orten.

❷ Tippen Sie auf *Ziel auswählen.*

❸ Geben Sie auch hier eine Adresse beziehungsweise eine Stadt ein und schließen mit 🔍 auf dem Tastenfeld ab.

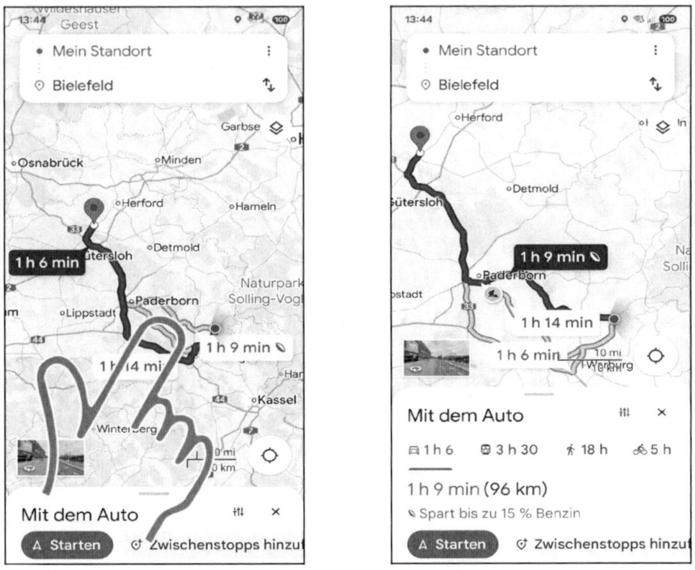

❶❷ Die Route wird berechnet und angezeigt. Bei längeren Strecken existieren häufig Alternativrouten, die Sie durch Antippen in der Kartenansicht auswählen.

Hinweis: Die farbigen Strecken (rot oder orange) weisen auf die aktuelle Verkehrslage hin. Die Daten stammen von anderen Android-Handys, welche in anonymer Form ihre Position und Geschwindigkeit an Google-Server übermitteln, woraus Google den Verkehrsfluss berechnet.

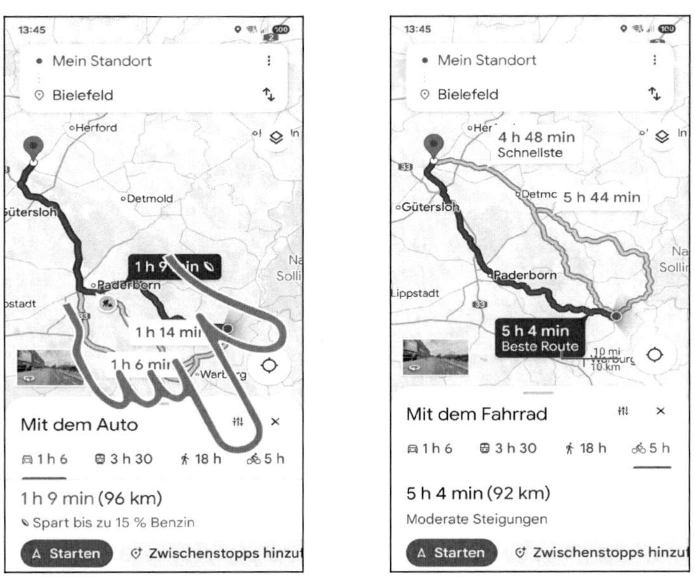

❶❷ Über die Piktogramme am oberen Bildschirmrand (Pfeil) wählen Sie die Art Ihres Fahrzeugs (Auto, öffentliche Verkehrsmittel, Fußgänger oder Fahrrad), was direkte Auswirkungen auf die empfohlene Route hat.

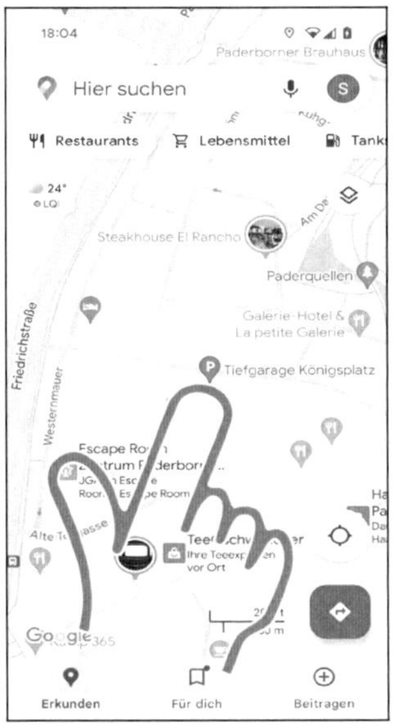

➊ Alternativ tippen und halten Sie den Finger auf einem Point of Interest beziehungsweise Kartenbereich, bis am unteren Bildschirmrand das Popup erscheint.

➋ Danach gehen Sie auf *Route*, worauf der zuvor im Popup angezeigte Ort als Zielort übernommen wird. Wählen Sie, falls nötig wie zuvor bereits beschrieben, einen der Routenvorschläge aus.

➊ Betätigen Sie *Starten*, worauf Google Maps in den Navigationsmodus wechselt.

➋ Beim ersten Aufruf der Navigationsfunktion schlägt Google vor, die Benachrichtigungen zu aktivieren. Bestätigen Sie mit *Zulassen* und betätigen Sie auch *Zulassen* im Popup.

Da die Navigation innerhalb von Google Maps abläuft, stehen dort viele der bereits ab Kapitel *16.1 Google Maps nutzen* beschriebenen Funktionen zur Verfügung. Zum Beispiel können Sie mit angedrücktem Finger den Kartenausschnitt verschieben, oder durch »Kneifen« mit zwei Fingern im Kartenmaterial heraus- und hineinzoomen.

Praktisch: Ist ein Unternehmen, Restaurant oder eine Freizeitattraktion zur Ankunftszeit bereits geschlossen, erfolgt ein entsprechender Hinweis.

Das Ändern der Route während der Navigation ist nicht möglich. Sie müssen für diesen Fall den Navigationsmodus mit der X-Taste unten links beenden und dann die Routenplanung erneut aufrufen.

16.6.2 Navigation in der Praxis

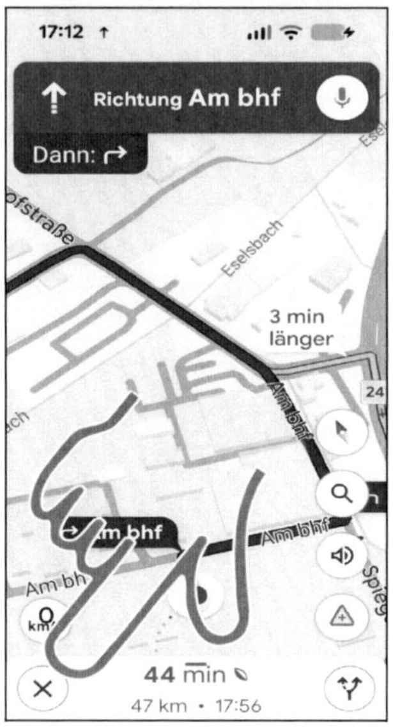

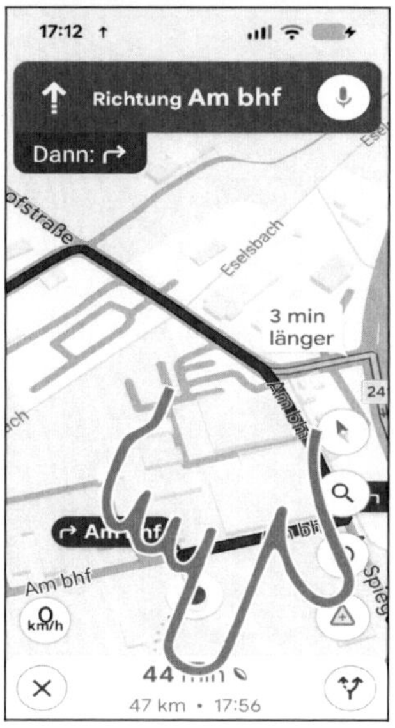

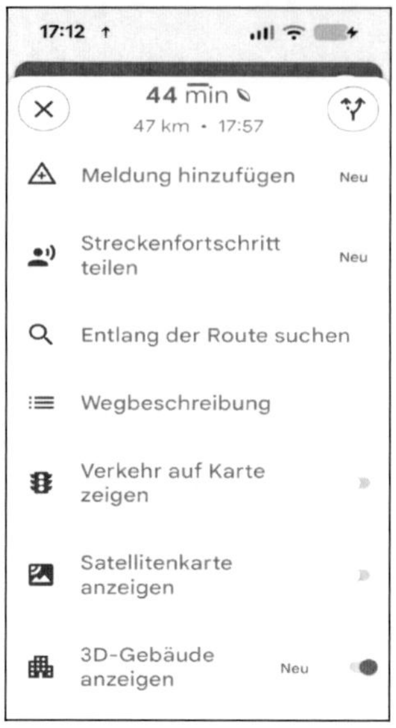

❶ ✕ (unten links) beendet die Navigation.

❷❸ Tippen Sie auf die Fahrtzeitanzeige für weitere Optionen:

- *Meldung hinzufügen*: Google wertet für die Routenplanung die Fließgeschwindigkeit des Verkehrs sowie offizielle Quellen aus. Falls Sie auf eine Verkehrsbehinderung stoßen, die nicht auf Google Maps verzeichnet ist, können Sie Google darüber in Kenntnis setzen.
- *Streckenfortschritt teilen*: Ausgewählte Personen sehen Ihre aktuelle Position.
- *Entlang der Route suchen*: Lassen Sie sich Tankstellen, Restaurants usw. in Routennähe auf der Karte anzeigen.
- *Wegbeschreibung*: Auflistung der Fahrtanweisungen
- *Verkehr auf Karte anzeigen*: Google Maps informiert in der Karte mit Symbolen über das Verkehrsgeschehen.
- *Satellitenkarte anzeigen*: Satellitenbild einblenden. Beachten Sie, dass dabei das aus dem Internet übertragene Datenvolumen stark ansteigt!
- *3D-Gebäude anzeigen*: Die eingeblendeten Gebäude erleichtern die Orientierung.
- *Fahreravatar*: Standardmäßig zeigt Google Maps die aktuelle Position mit einem blauen Pfeil an, Sie können hier aber auch ein anderes Symbol auswählen.
- *Einstellungen*: Darauf gehen wir unten ein.

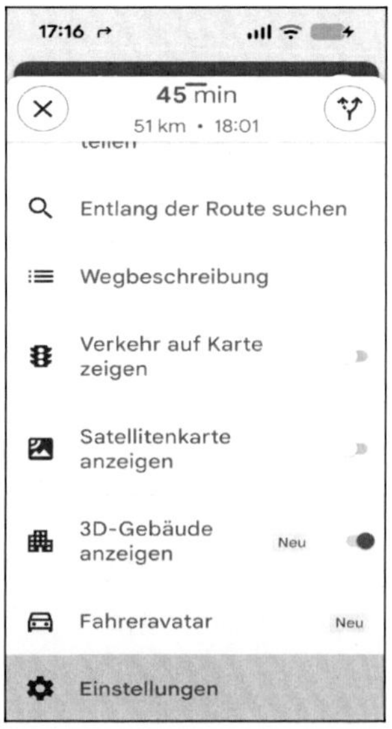

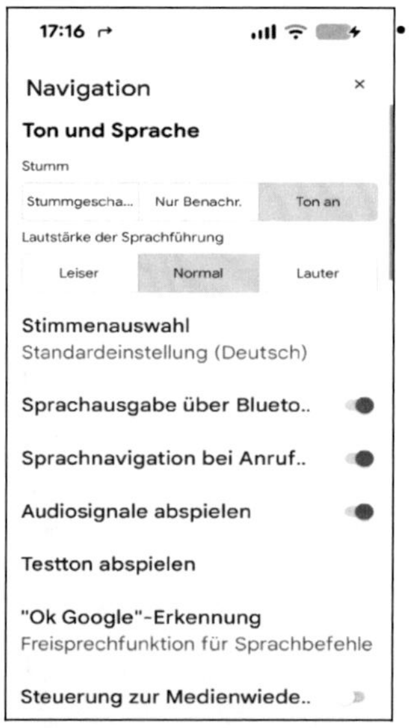

❶❷ Im *Einstellungen*-Menü finden Sie die Optionen:

- Unter *Ton und Sprache*:
- *Stumm*: Wählen Sie aus, wie gesprächig die Navigation abläuft.
- *Lautstärke der Sprachführung*: Die Lautstärke lässt sich in drei Stufen einstellen.
- *Stimmenauswahl*: Stellt die verwendete Sprache ein.
- *Sprachausgabe über Bluetooth*: Die Navigationsanweisungen werden über ein Bluetooth-Gerät abgespielt (siehe Kapitel *31.4 Bluetooth-Headset / Freisprecheinrichtung verwenden*).
- *Sprachnavigation bei Anrufen*: Auch während Sie telefonieren erfolgen Sprachanweisungen durch Google Maps.
- *Audiosignale abspielen*: Ein kurzer Ton weist Sie darauf hin, dass gleich eine Sprachanweisung folgt oder ein Abbiegevorgang ansteht. Auch bei Routenneuberechnungen, Verkehrsmeldungen und Warnungen hören Sie ein Signal.
- *Testton abspielen*: Prüfen Sie die Lautstärke der Sprachanweisungen.
- *"Ok Google"-Erkennung*: Legen Sie fest, ob die Sprachsteuerung während der Navigation aktiv ist.
- *Standard-Medien-App*: Wählen Sie eine Musikanwendung aus, die während der Navigation aktiv ist.
- Unter *Benachrichtigungsoptionen*: Sie erhalten Hinweise, wenn auf Ihrer geplanten Route Verkehrsbehinderungen zu erwarten sind.
- Unter *Routenoptionen* können Sie bestimmte Strecken von der Navigation ausschließen:
- *Autobahnen vermeiden*
- *Mautstraßen vermeiden*
- *Fähren vermeiden*
- *Kraftstoffsparende Routen bevorzugen*: Es werden Routen bevorzugt, die aufgrund der nötigen Fahrweise Sprit sparen. Dazu werden beispielsweise Strecken mit vielen Ampeln oder zähflüssigem Verkehr werden gemieden.
- *Meine Fahrzeuge*: Wählen Sie einen Motortyp Ihres Autos aus, für den die Routenvorschläge optimiert werden.
- Unter *Kartendarstellung*:
- *Farbschema*: Google Maps schaltet automatisch – abhängig von der Uhrzeit – zwischen Tag- und Nachtansicht um. Letztere verwendet eine dunkle Farbgebung, um Blendung im dunklen Auto zu vermeiden.
- *Entfernungseinheiten:* Entfernungsangaben in der Sprachausgabe beziehungsweise in den Bildschirmanzeigen richten sich nach dem Land, in dem Sie sich befinden. Bei Bedarf können Sie aber auch *Kilometer* oder *Meilen* fest einstellen.
- *Norden immer oben*: Kartenansicht folgt nicht Richtungsänderungen. Wir raten von dieser Einstellung ab.
- *3D-Gebäude anzeigen*: Die eingeblendeten Gebäude erleichtern die Orientierung.
- Unter *Schnellinfos zur Route beim Navigieren*:
- *Aktualisierte voraussichtliche Ankunftszeiten…*: Google Maps informiert Sie über die Ankunftszeit und über den Zeitpunkt der nächsten Abzweigung.
- Unter *Optionen für Kraftfahrzeuge:*
- *Tachometer*: Blendet die aktuelle – per GPS ermittelte – Geschwindigkeit ein.
- *Benachrichtigungen beim Fahren*: Nicht von Google dokumentiert.
- *Bluetooth-Beacons für Tunnel*: Einige Tunnelbetreiber betreiben spezielle Bluetooth-Sender für GPS-Signale.

- *Energiesparmodus*: Betätigen Sie während der Fahrt die Ein-/Austaste auf der rechten Geräteseite. Das Display ist dann ausgeschaltet, aber Sie erhalten weiterhin Navigationshinweise.
- Unter *Fußwegoptionen*:
- *Live View*: Im Fußgängermodus zeigt Google Maps Fotos von Straßenansichten an.
- *Detailierte Sprachführung*: Diese Funktion ist nur bei der Fußgängernavigation aktiv.

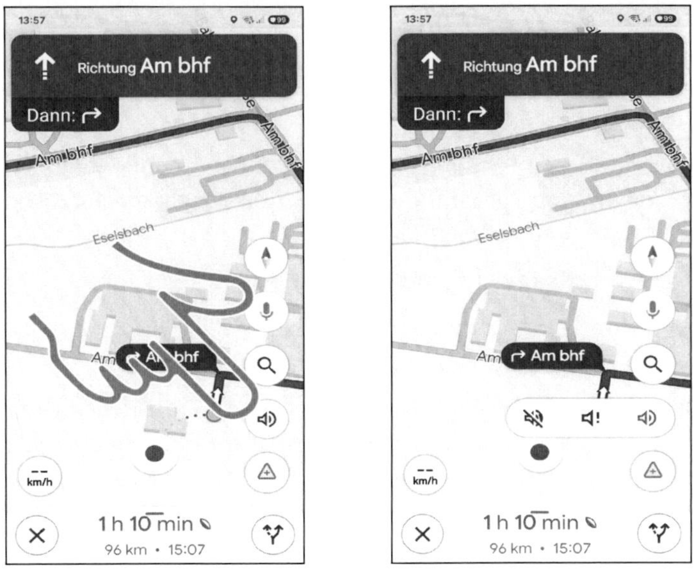

❶❷ 🔊 (Pfeil) klappt zwei Schaltflächen aus, mit denen Sie die Sprachausgabe abschalten oder nur Benachrichtigungen zulassen (beispielsweise »*Kein Empfang*«) oder alle Ansagen wieder erlauben.

16.6.3 Schnelle Navigation

Die Strecke zwischen Wohnort und Arbeit dürften die meisten Anwender am häufigsten fahren. Während Pendler, die nur wenige Kilometer zur Arbeitsstelle zurücklegen, dafür kein Navi brauchen, sieht es für längere Strecken anders aus. Häufig lohnt es sich dann die Navigation über Google Maps, weil es das aktuelle Verkehrsgeschehen berücksichtigt.

16.6.3.a Ersteinrichtung der Pendelstrecke

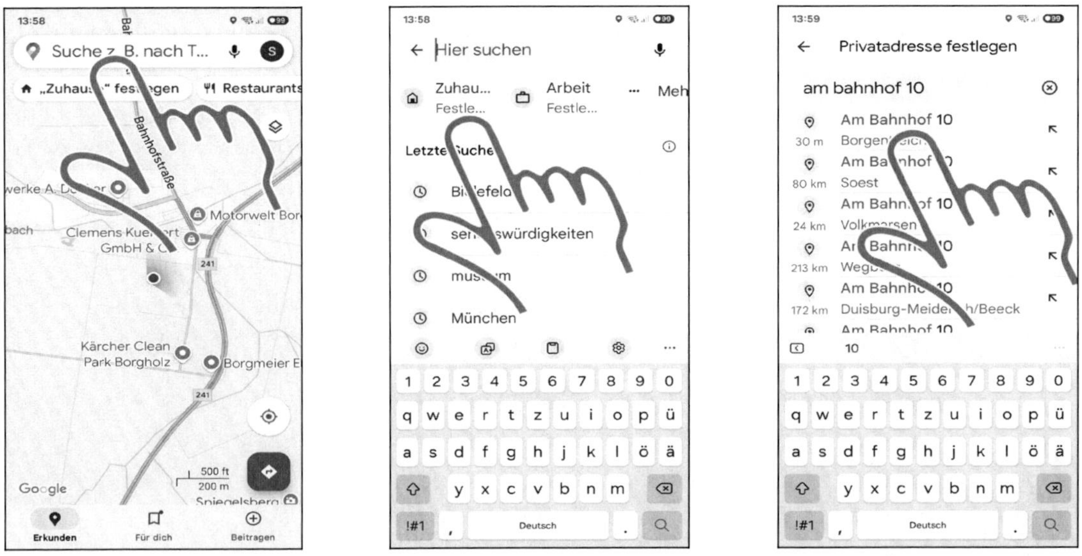

❶ Tippen Sie ins Suchfeld.

❷❸ Hier gehen Sie auf *Zuhause* und erfassen Ihre Privatadresse im Format »Straße Hausnummer PLZ Ort«. Google Maps schlägt unter dem Eingabefeld passende Adressen vor, von denen Sie eine auswählen können.

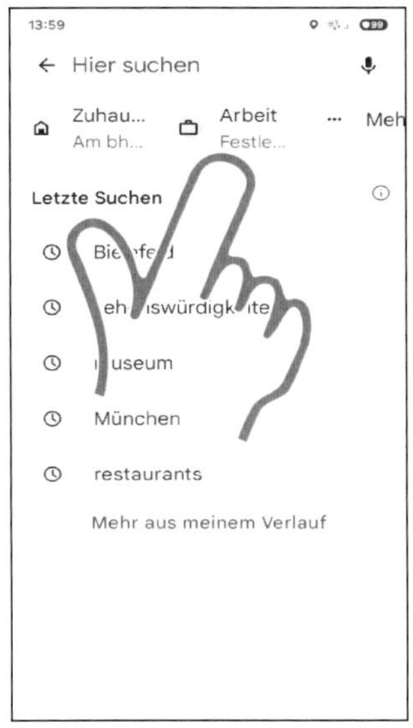

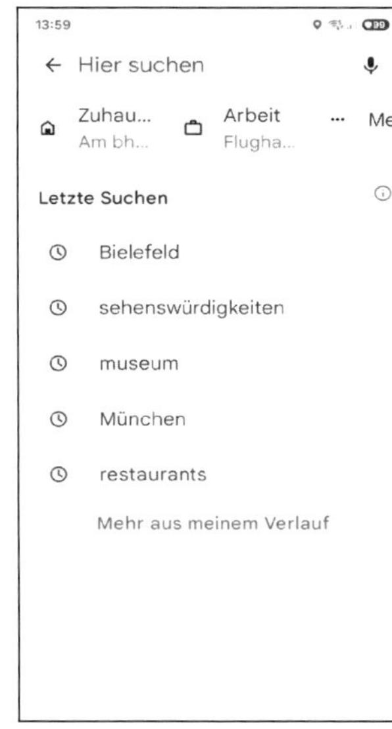

➊ Schließen Sie den Bildschirm mit *Fertig.*

➋ Sie befinden sich wieder im Suchbildschirm, wo Sie auf *Arbeit* gehen und die Adresse Ihres Arbeitsplatzes erfassen.

➌ Verlassen Sie den Bildschirm mit der ᐸ-Taste.

Wenn Sie später mal die bei *Arbeitsplatz* hinterlegte Adresse ändern möchten, dann tippen Sie einfach darauf und geben Sie die neue Adresse ein.

16.6.3.b Praxiseinsatz der schnellen Navigation

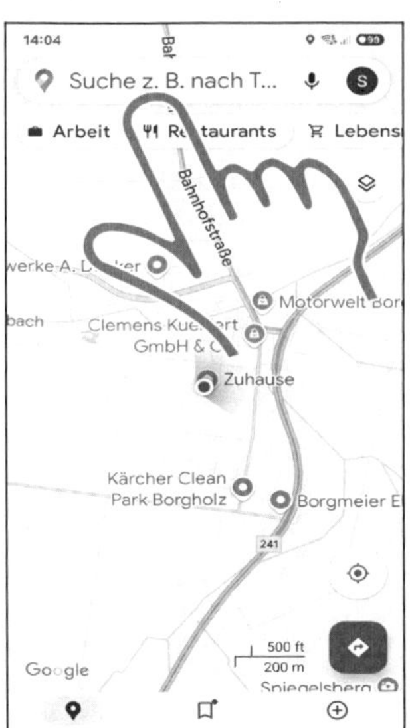

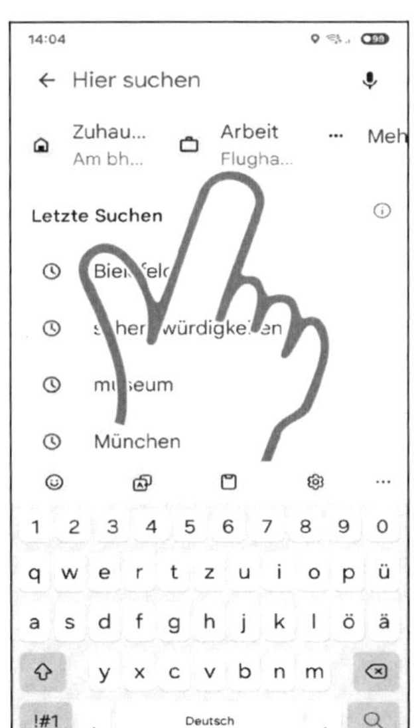

➊➋ Zum Navigieren gehen Sie ins Suchfeld und tippen auf *Zuhause* beziehungsweise *Arbeit.*

➌ Betätigen Sie *Starten*, worauf die Navigation startet.

Wenn Sie später mal die bei *Arbeitsplatz* hinterlegte Adresse ändern möchten, dann tippen Sie einfach darauf und geben Sie die neue Adresse ein.

16.7 Ansichten

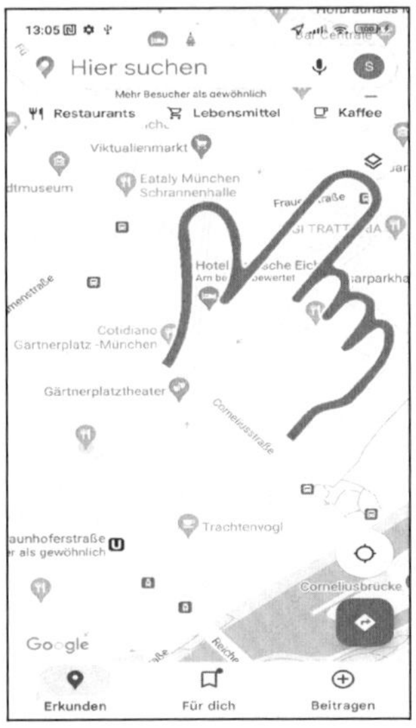

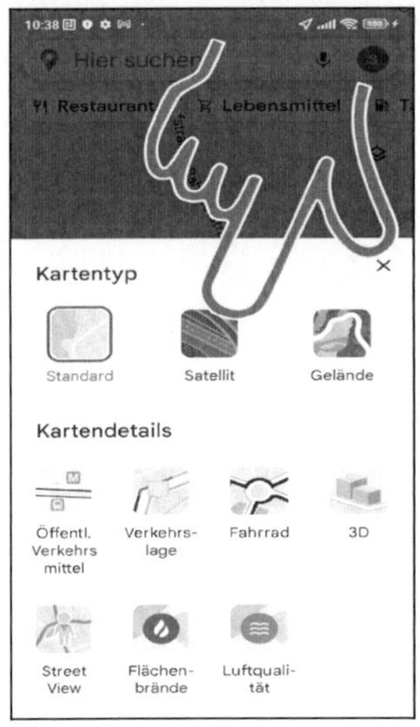

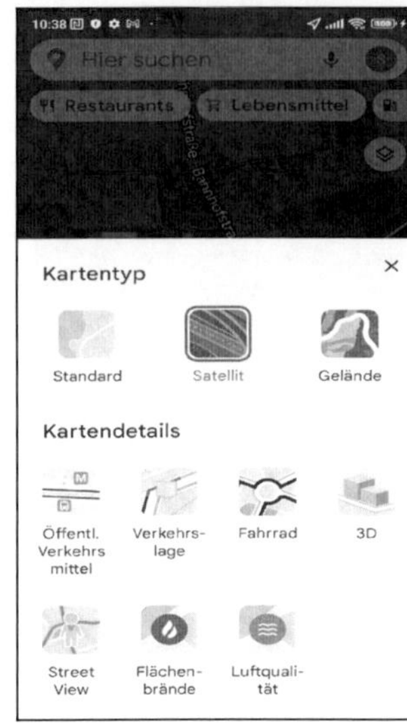

❶❷ Aktivieren Sie über ◈ (Pfeil) das Menü, worin Sie auf *Satellit* gehen. Die Satellitenansicht ist insbesondere dann praktisch, wenn man sich genau orientieren will, weil die normale Kartenansicht kaum Hinweise auf die Bebauung und markante Geländemerkmale gibt.

❸ Das Popup-Menü schließen Sie mit der <-Taste – alternativ tippen Sie auf einen Kartenbereich neben dem Popup.

Um die eingestellten Ansichten wieder auszuschalten, tippen Sie einfach im Popup erneut darauf.

Die Optionen *Flächenbrände* und *Luftqualität* werden in Deutschland nicht unterstützt.

Beachten Sie, dass die Satellitenansicht auf einige Jahre alten Luftbildern basiert. Sensible Zonen und Gebäude, darunter Militär- und Regierungsgebäude, sind teilweise digital verfälscht, damit potenzielle Angreifer keine Planungsgrundlage erhalten.

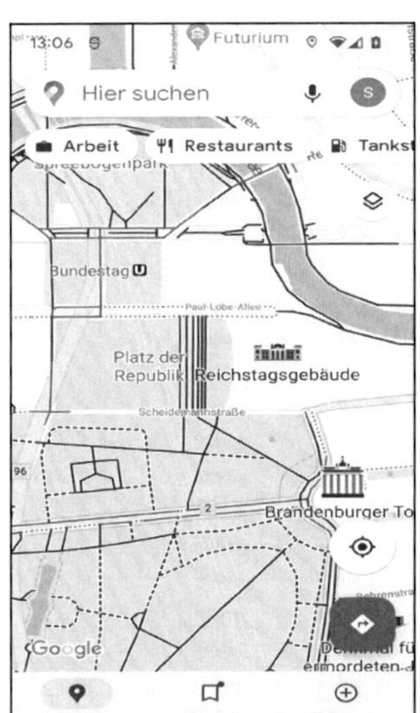

❶ *Verkehrslage* aus dem Dialog blendet die aktuelle Straßenlage in der Kartenanzeige ein, wobei das Verkehrsgeschehen mit orange/rot (zähflüssig/Stau) oder grün (freie Fahrt) bewertet wird. Für die Staudaten, welche Google Maps im Minutentakt aktualisiert, wertet Google das Bewegungsprofil von Android-Handys aus. Jedes Android-Gerät sendet in der Tat in anonymisierter Form im Minutenabstand seine aktuelle, per GPS ermittelte Position an die Google-Server, woraus sich dann ein Bewegungsmuster errechnen lässt.

❷ Verwenden Sie *Fahrrad* aus dem Dialog, um Fahrradtouren anhand der ausgewiesenen Fahrradwege zu planen.

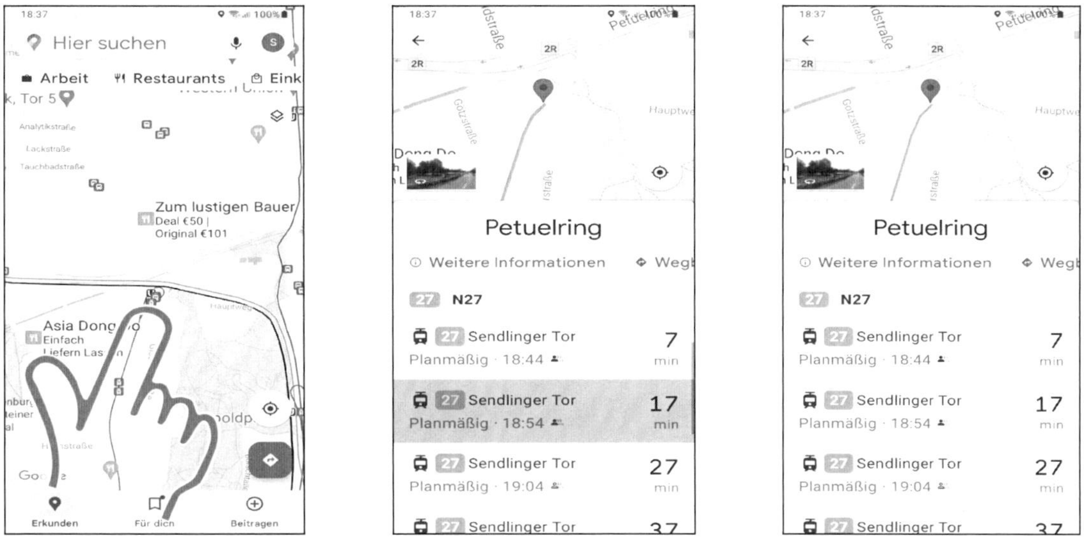

❶ Ebenfalls praktisch ist die Ansicht *Öffentl. Verkehrsmittel*. Google Maps zeichnet dann alle Routen und Haltestellen öffentlicher Verkehrsmittel ein. Tippen Sie auf eine Haltestelle in der Kartenansicht.

❷❸ Tippen Sie eine Linie an, zu der Sie die Route erfahren möchten.

16.8 Google Local

Der Suchmaschinenbetreiber Google führt eine riesige Datenbank mit den Standorten von »Points of Interest« (POIs), darunter Unternehmen, Sehenswürdigkeiten, Restaurants usw. Wenn Sie eine Suche, beispielsweise nach »Restaurant«, in Google Maps durchführen, greift Google Maps auf diese Datenbank zurück und listet die Fundstellen auf. Mit einem Fingerdruck kann man sich dann die Position eines Restaurants in der Karte, sowie weitere Infos, darunter auch Kundenbewertungen, Öffnungszeiten und Telefonnummern anzeigen. Diese Suche beschreibt bereits Kapitel *16.5 Suche*. Google Local vereinfacht die Suche und arbeitet mit Google Maps zusammen, um die Kartenposition anzuzeigen.

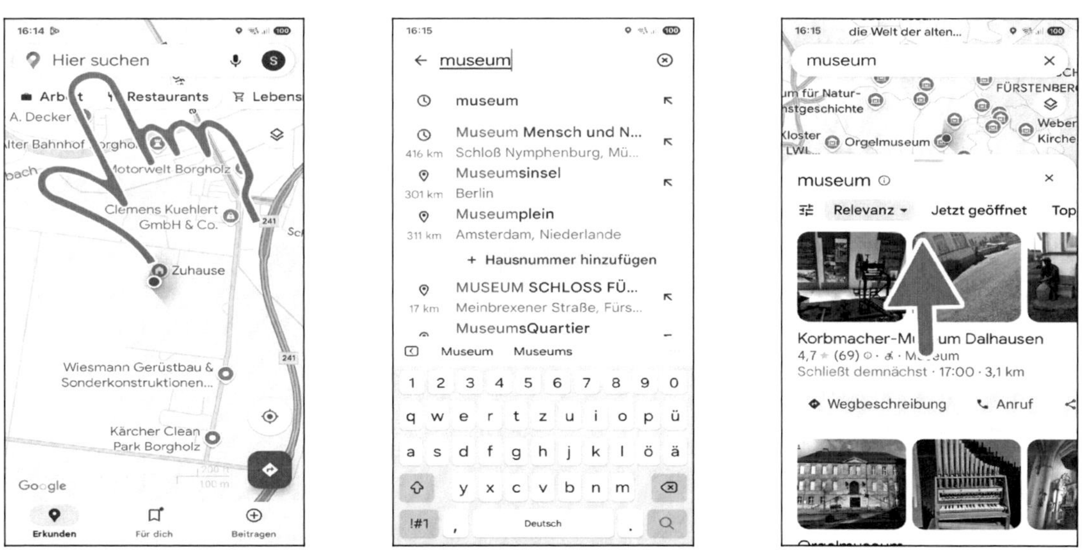

❶ Die Funktionen von Google Local stehen automatisch nach Antippen der Suchleiste zur Verfügung.

❷ Sie haben nun zwei Möglichkeiten; Entweder geben Sie einen Suchbegriff ein oder Sie wählen Sie eine der vorgegebenen Kategorien unterhalb des Suchfelds aus.

❸ Blättern Sie mit einer Wischgeste durch die Einträge und wählen Sie denjenigen aus, zu dem Sie mehr Infos wünschen. Alternativ beschränken Sie über die Filter am oberen Bildschirmrand jeweils die Anzeige auf eine bestimmte Kategorie, beispielsweise *Jetzt geöffnet* oder *Top bewertet*.

Etwas simpler ist die Option, einfach in den Kartenbereich zu wechseln, für den Sie Points of Interest suchen (zum Beispiel mit der im Kapitel *16.5 Suche* beschriebenen Suchfunktion), die Suche mit X beenden, die Suchleiste erneut antippen und dann eine der Schaltflächen, beispielsweise für Restaurants zu betätigen.

Alle Point of Interest erscheinen zudem direkt in der Karte, wenn Sie tief genug hereinzoomen.

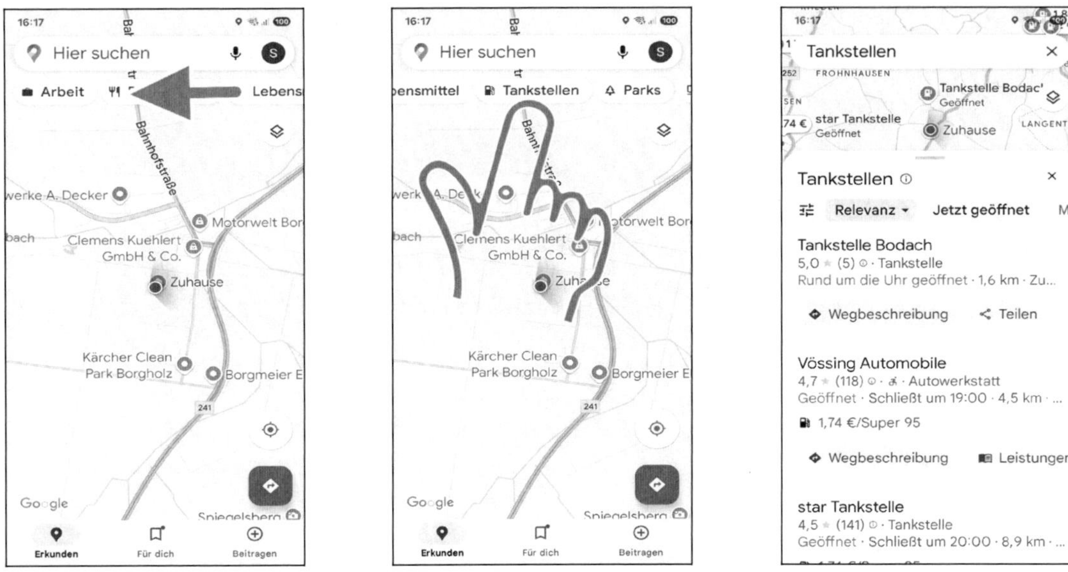

❶ Alternativ nutzen Sie die Vorschläge unter dem Eingabefeld: Mit einer Wischgeste »blättern« Sie in den Schaltflächen.

❷❸ Tippen Sie dann eine Schaltfläche an, beispielsweise *Tankstellen*, wenn Ihnen mal unterwegs der Sprit ausgeht.

16.8.1 Markierungen

Points of Interest, die Sie häufiger benötigen, können Sie für spätere Verwendung markieren. Die Markierungen werden dann in Ihrem Google-Konto und nicht nur lokal auf Ihrem Galaxy gespeichert.

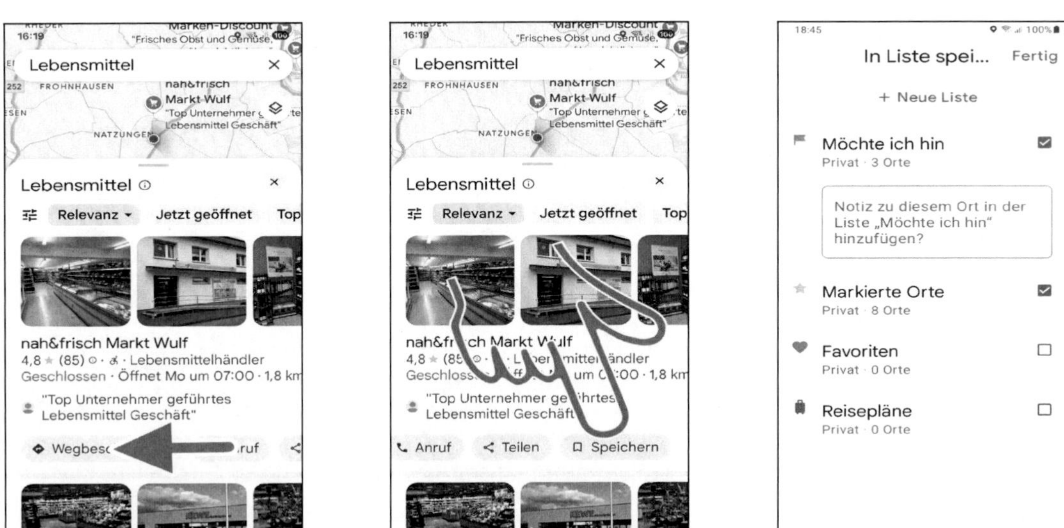

❶❷ In der Auflistung wischen Sie auf den Schaltflächen nach links und betätigen Sie *Speichern*.

❸ Anschließend wählen Sie die Favoriten-Art aus.

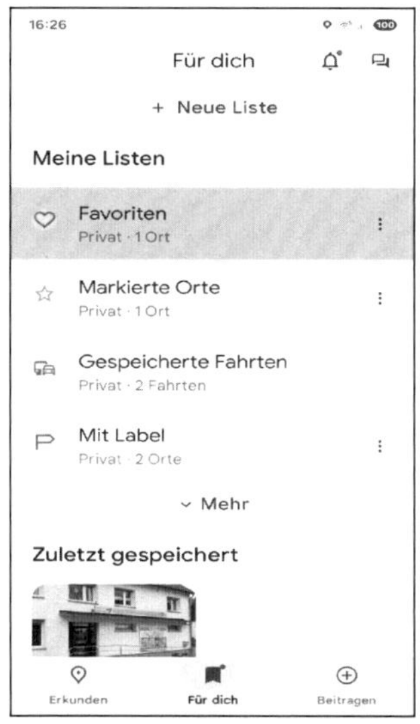

❶ Die von Ihnen gespeicherten Orte finden Sie im *Für dich*-Register.

❷❸ Wählen Sie einen Favoritentyp aus, worauf Sie die Favoritenauflistung erhalten.

16.9 Adressen aus dem Telefonbuch

Google verknüpft alle von Ihnen auf dem Handy verarbeiteten Daten. Dies trifft auch auf Ihre Kontakte zu, die in Google Maps angezeigt werden.

❶❷ Haben Sie zu einem Kontakt im Telefonbuch eine Adresse hinterlegt, dann können Sie direkt dort hin navigieren, indem Sie diese antippen.

16.10 Einstellungen

❶ Tippen Sie auf das runde Profilsymbol.

❷ Gehen Sie auf *Einstellungen.*

❸ Die verfügbaren Optionen:

- *App- und Anzeigeeinstellungen*:
  - *App-Sprache*: Anwender, die des Deutschen nicht mächtig sind, können die Benutzeroberfläche inklusive Sprachausgabe auf eine andere Sprache umstellen.
  - *Design*: Das Aussehen der Benutzeroberfläche lässt sich zwischen einem hellen und dunklen Design umschalten. Siehe auch Kapitel *27.5 Dunkelmodus (Dark Mode).*
  - *Entfernungseinheiten*: Sie können die Anzeige zwischen Meilen und Kilometer umschalten.
  - *Maßstab auf der Karte anzeigen*: Informiert beim Zoomen in der Karte über den gerade aktiven Kartenmaßstab.
  - *Maps in Satellitenansicht starten*: Die Satellitenansicht benötigt eine schnelle Internetverbindung und verbraucht in kurzer Zeit ein hohes Datenvolumen, weshalb wir von deren Nutzung abraten.
  - *Videovorschau automatisch abspielen*: Wenn Sie sich Orte ansehen (zum Beispiel Restaurants, Sehenswürdigkeiten oder Parks), finden Sie dort oft Fotos und kurze Videos, die von »Local Guides« hochgeladen wurden. Die Videos werden dann automatisch abgespielt.
  - *Nur WLAN*: Hiermit reduzieren Sie die über eine Mobilfunkverbindung heruntergeladene Datenmenge. Beachten Sie, dass dann unterwegs keine Kartenanzeige erfolgt. Sie sollten die Option deshalb nicht aktivieren.
  - *App in Satellitenansicht starten*: Die Anzeige von Satellitenkarten erhöht das heruntergeladene Datenvolumen erheblich. Nicht für Nutzer mit Verträgen geeeignet, die nur ein geringes Datenvolumen inkludiert haben.
  - *Informationen zur Barrierefreiheit*: Rollstuhlgerechte Merkmale werden in den Ortsinformationen hervorgehoben.
  - *Schütteln, um Feedback zu senden*: Falls Sie Verbesserungsvorschläge haben oder auf einen Programmfehler stoßen, können Sie ihn den Entwicklern melden.
- *Navigation*: Diese Einstellungen beschreiben wir bereits detailiert im Kapitel *16.6.2 Navigation in der Praxis.*
- *Meine Fahrzeuge*:
  - *Motortyp*: Geben Sie an, welche Fahrzeugart Sie nutzen (Benzin, Diesel, Hybrid, Elektro), damit Sie bei der Navigation Empfehlungen für verbrauchsarme Routen

erhalten.

    ◦ *Fahreravatar*: Statt des blauen Pfeils können Sie in der Navigation ein anderes Symbol verwenden. Wir raten allerdings von einer Änderung ab.

- *Standort und Datenschutz*: Die meisten Einstellungen in diesem Menü sollten Sie nicht ändern, weil sich sonst Google Maps nicht mehr nutzen lässt.
- *Offlinekarten*: Google Maps hält sein Kartenmaterial nicht auf dem Handyspeicher vor, sondern lädt es aus dem Internet. Damit das Kartenmaterial auch zur Verfügung steht, wenn Sie mal keinen Internetzugang haben (zum Beispiel bei der Navigation wichtig), sollten Sie die folgenden Offline-Einstellungen aktiviert haben.
    - *Offlinekarten automatisch aktualisieren*: Durch die Aktualisierung berücksichtigt Google auch das aktuelle Verkehrsgeschehen und gesperrte Straßen in der Navigation.
    - *Empfohlene Karten automatisch herunterladen*: Lädt Kartendaten automatisch bei Bedarf herunter. Dies geschieht, sobald Sie sich einen Kartenausschnitt ansehen oder die Navigationsfunktion verwenden.
    - *Downloadeinstellungen*: Falls dies Ihr Mobilfunkvertrag hergibt, können Sie Aktualisierung von Offline-Karten (siehe Kapitel *16.4 Kartenausschnitt auf dem Gerät speichern*) nicht nur über WLAN, sondern auch über Mobilfunkinternet durchführen lassen.
    - *Über Offlinekarten*: Weitere Informationen anzeigen.
- *Benachrichtigungen*: Sie erhalten in der Karte Benachrichtigungen für Situationen, die sich auf Ihre Touren auswirken. Die Voreinstellungen sollten Sie nicht ändern.
- *Informationen und Bedingungen*

17. Kamera

Ihr Galaxy verfügt über mehrere Kameralinsen. Diese sind nicht permanent aktiv, sondern werden abhängig vom gewählten Motivprogramm genutzt. Auch wenn Sie den Zoom verwenden, schaltet die Kamera-Anwendung nahtlos zwischen den Linsen um.

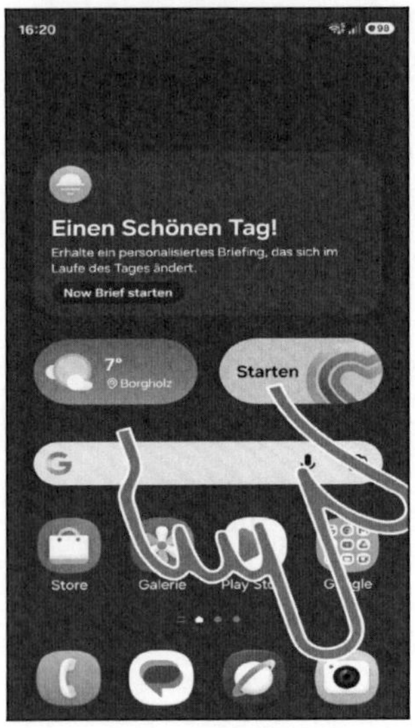

➊ Sie rufen die *Kamera*-Anwendung aus dem Startbildschirm oder Hauptmenü auf.

➋ Auch aus dem Sperrbildschirm ist ein Kamera-Aufruf möglich. Ziehen Sie einfach vom Kamera-Symbol aus nach oben.

Die Kamera legt die Fotos und Videos auf dem Gerät im Verzeichnis *DCIM\Camera* ab.

➊➋ Die Frage zum Geotagging erscheint nach einiger Nutzungszeit. Beantworten Sie sie mit mit *Einschalten* und dann *Bei Nutzung der App*. Das Handy speichert nun in den Fotos die GPS-Koordinaten des Aufnahmeorts.

In der Kamera-Oberfläche steuern Sie alle Funktionen über die Schaltflächen:

Die Schaltflächen auf der linken Seite:

- : Diverse Bildverfremdungen.
- : Bewegungsaufnahme: In den Fotos speichert die Kamera einige Sekunden Video, die später im Bildanzeiger abgespielt werden können. Weil dies nur auf dem Handy selbst möglich ist und zudem sehr große Bilddateien erzeugt werden, raten wir davon ab.
- **12M**: Schaltet die Fotoauflösung zwischen 12 und 50 Megapixel (Galaxy S26) beziehungsweise 50 oder 200 Megapixel um. Bitte beachten Sie, dass im 50/200 Megapixel-Modus kein Zoom zur Verfügung steht und die Fotodateien sehr groß werden.
- : LED-Blitz ein/aus/automatisch.
- : Weitere Einstellungen.

Mit den Registern auf der rechten Seite schalten Sie zwischen verschiedenen Modi um:

- *PORTRAIT*: Für Personenfotos, wobei mehrere Fotofilter zur Verfügung stehen.
- *FOTO*: Die Standardeinstellung, in der Sie die meisten Fotos erstellen werden.
- *VIDEO*: Videos aufnehmen.
- *MEHR*:
  - *ESSEN*: Stellt einen runden Bereich (beispielsweise um einen Teller) scharf.
  - *PORTRAITVIDEO*: Videos mit einem künstlichen Tiefenschärfe-Effekt (Bokeh) aufnehmen. Das Hauptmotiv wird dabei scharf gestellt, während der Hintergrund in Echtzeit weichgezeichnet wird.
  - *PRO-VIDEO*: Video mit frei einstellbaren Parametern (ISO, Belichtung, Weißabgleich und Farbton).
  - *HYPERLAPSE*: Erstellt Zeitraffer-Videos.
  - *PRO:* Im Pro-Modus dürfen Sie viele Bildeinstellungen selbst vornehmen, darunter ISO, Belichtung und Fokus.
  - *ZEITLUPE*: Videos mit hoher Bildzahl aufnehmen, die dann erheblich langsamer abgespielt werden.
  - *EXPERT-RAW*: Speichert Ihre Fotos im sogenannten RAW-Format. Für den normalen Anwender macht das keinen Sinn, weil RAW-Dateien mehrere dutzend Megabyte groß sind und zur Anzeige und Weiterverarbeitung auf dem Spezialprogramme benötigt werden.
  - *PANORAMA*: Aus mehreren Einzelfotos ein Panorama erstellen.

Die Schaltflächen auf der rechten Seite:

- : Zwischen Front- und Rückkamera umschalten. Alternativ wischen Sie einfach auf dem Bildschirm nach links oder rechts.
- (Weiße Schaltfläche): Foto erstellen.
- (Vorschaubild): Zeigt das zuletzt erstellte Foto an. Tippen Sie darauf, um das Foto in der Galerie-Anwendung anzuzeigen.

Die Kameraelektronik benötigt relativ viel Strom, weshalb sich die Kamera-Anwendung bei Nichtnutzung automatisch beendet.

Abhängig davon, wie Sie das Handy halten, erscheinen die SchaltflächeSchaltflächen bei Ihnen auf der jeweils gegenüberliegenden Bildschirmseite.

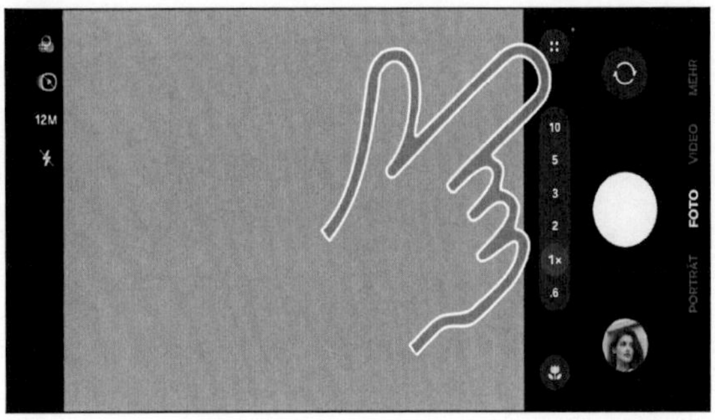

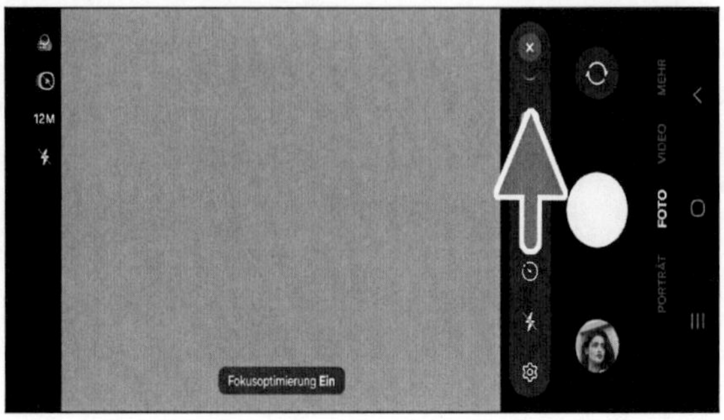

❶ Weitere Optionen sind nach Betätigen von ⁚⁚ verfügbar.

❷ Mit einer Wischgeste ändern Sie die angezeigten Schaltflächen (einige der hier vorhandenen Funktionen sind bereits über die Schaltflächen auf der rechten Seite verfügbar):

- ⚙: Darauf geht Kapitel 17.4 Einstellungen ein.
- ⚡: LED-Blitz ein/aus/automatisch.
- ⏲: Timer für zeitversetzte Aufnahme (2, 5 oder 10 Sekunden).
- 4:3: Bildformat zwischen 4:3, 16:9, 1:1 und Full (»Vollformat«) umschalten. Falls Sie vorhaben, Ihre Bilder später bei einem Fotodienstleister drucken zu lassen, sollten Sie die Voreinstellung 4:3 nicht verändern. Bei anderen Formaten wird sonst möglicherweise der Rand auf 4:3 abgeschnitten.
- Schaltet die Fotoauflösung zwischen 12 und 50 Megapixel (Galaxy S26) beziehungsweise 50 oder 200 Megapixel um. Bitte beachten Sie, dass im 50/200 Megapixel-Modus kein Zoom zur Verfügung steht und die Fotodateien sehr groß werden.
- ◐: Belichtung einstellen.
- ⊘: Bewegungsaufnahme: In den Fotos speichert die Kamera einige Sekunden Video, die später im Bildanzeiger abgespielt werden können. Weil dies nur auf dem Handy selbst möglich ist und zudem sehr große Bilddateien erzeugt werden, raten wir davon ab.
- ❀: Diverse Bildverfremdungen.
- ☺: Selfie beziehungsweise Portraitfoto erstellen.

17.1 Fotomodus auswählen

❶❷ Die Aufnahmemodi sind größtenteils selbsterklärend, weshalb wir nur auf einige wichtige in diesem Buch eingehen. Zur Modus-Auswahl wählen Sie einfach eines der Register am rechten Rand aus.

17.2 Foto erstellen

❶ Tippen Sie zuerst auf den scharf zu stellenden Bereich im Sucher. Meistens ist dies übrigens nicht nötig, weil die Kamera automatisch auf das Objekt in der Bildschirmmitte scharf stellt.

❷ Anschließend betätigen Sie die weiße Schaltfläche auf der rechten Seite. Alternativ betätigen Sie eine der Lautstärketasten auf der rechten Geräteseite. Die Kamera speichert das Foto und kehrt sofort in den Fotomodus zurück.

❶ Das erstellte Foto erscheint unten rechts als Vorschau. Tippen Sie es für die Vollbildschirmansicht an.

❷ Tippen Sie gegebenenfalls auf das Foto, um die Bedienelemente zu aktivieren:

- ♡: Als Favorit markieren.
- ✎: Fotoeditor aufrufen.
- ✦: Foto mit KI-Funktionen bearbeiten. Darauf geht Kapitel *24.7 KI-Bildbearbeitung in der Galerie* ein.
- <: Foto an eine andere Person per E-Mail usw. senden.
- 🗑: Foto ohne Speichern verwerfen.
- ⟳: Foto an ein anderes Android-Gerät übertragen.

Die <-Taste bringt Sie wieder in die Kamera-Anwendung zurück.

Beim Fotografieren gibt es angesichts der vollautomatischen Aufnahmesteuerung moderner Digitalkameras eigentlich nicht viel zu beachten. Trotzdem ruinieren viele Anwender ihre Aufnahmen.

Unsere Tipps: Wischen Sie vor jedem Fotografieren die Kameralinse mit einem Mikrofasertuch ab, damit Ihre Aufnahmen nicht durch »Nebel« entstellt werden. Zum Zweiten sollten Sie nach Möglichkeit Ihre Motive immer so fotografieren, dass die Sonne in Ihrem Rücken steht. Sie überfordern sonst die Belichtungssteuerung.

17.3 Weitere Funktionen

Die nachfolgend beschriebenen Features unterstützen Sie beim Fotografieren.

17.3.1 Zoom

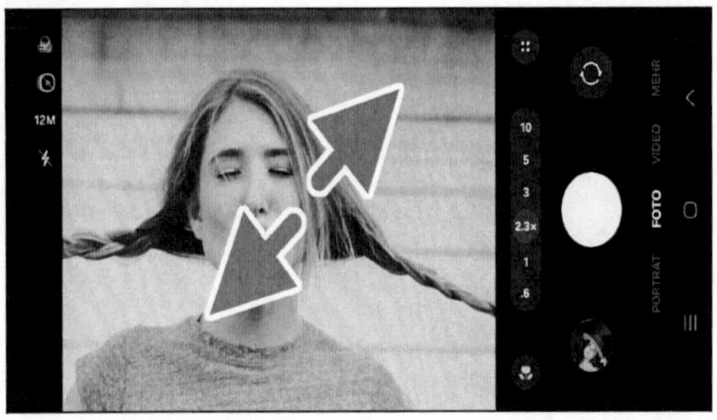

Zoomen Sie mit einer Kneifgeste (zwei Finger gleichzeitig auf das Display halten und auseinander/zusammenziehen).

Ab einer gewissen Zoom-Stufe sollten Sie ein Stativ verwenden oder sich abstützen.

Alternativ betätigen Sie eine der Schaltflächen mit der gewünschten Zoom-Stufe (beim S26 und S26+ wird bis 3-fach-Zoom, beim S26 Ultra bis 10-fach-Zoom unterstützt).

Mit der 0.6-Schaltfläche aktivieren Sie den Ultra-Weitwinkel.

17.3.2 Lokale Helligkeit

❶ Wie bereits gezeigt, stellt das Handy automatisch auf die im Vorschaubild angetippte Stelle scharf. Dabei wird auch die Helligkeit passend eingestellt.

❷ Für den Fall, dass dann andere Bildbereiche überstrahlen oder zu dunkel ausfallen, können Sie dann selbst mit einer Wischgeste die gewünschte Helligkeit einstellen (vorher einmal in der Vorschau auf eine Stelle tippen).

> Tipp: Halten Sie den Finger für einige Sekunden auf einen Bereich im Vorschaubild für die AF-Sperre. Wenn Sie anschließend die Kamera vom Objekt weg/zum Objekt bewegen, wird die Schärfe nicht mehr angepasst. Antippen von »*AF Sperre*« deaktiviert diese wieder.

17.3.3 Texterkennung

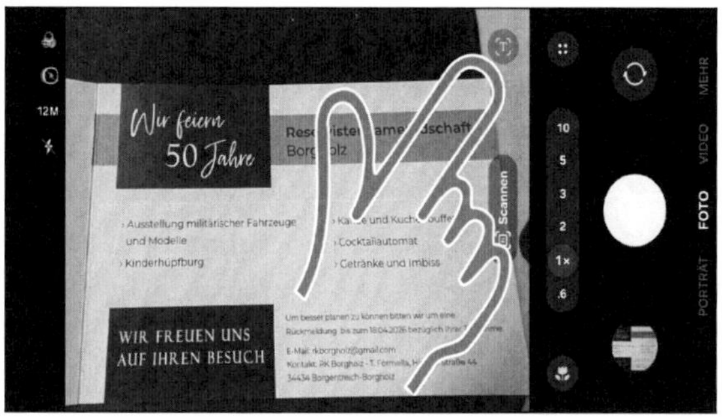

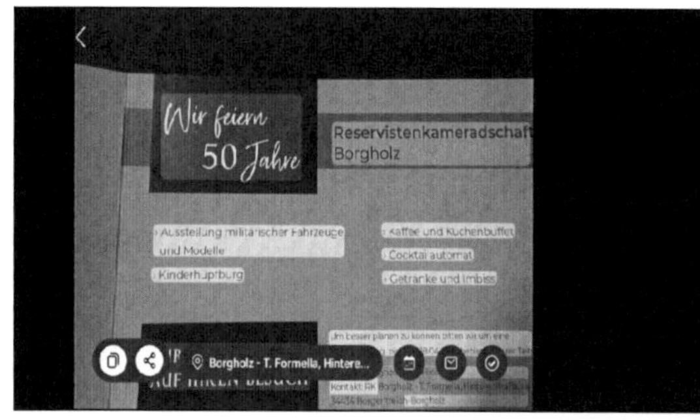

❶❷ Die Kamera erkennt automatisch Texte, worauf die gelbe Schaltfläche hinweist. Betätigen Sie sie, um den Text einzuscannen und weiterzuverarbeiten.

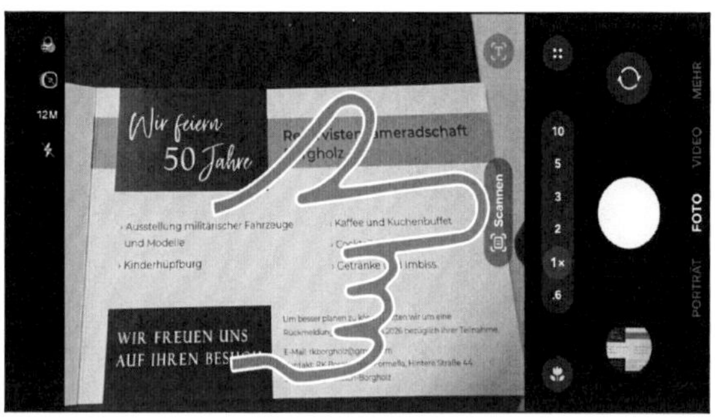

❶❷ Alternativ betätigen Sie *Scannen*, worauf das Dokument fotografiert und perfekt ausgerichtet wird.

17.4 Einstellungen

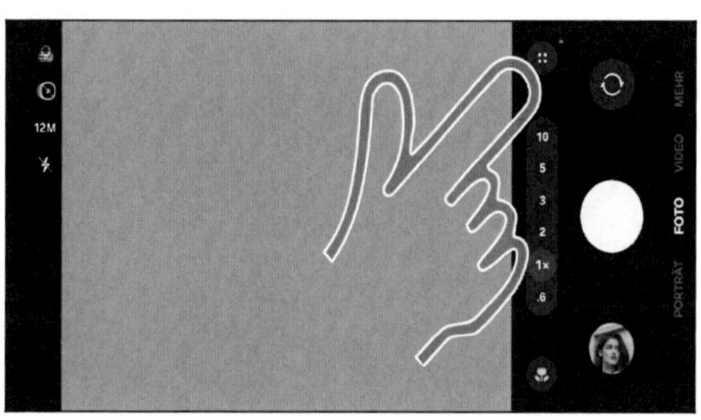

❶❷ Betätigen Sie ⁚⁚ und dann ⚙ (Pfeil) für weitere Einstellungen.

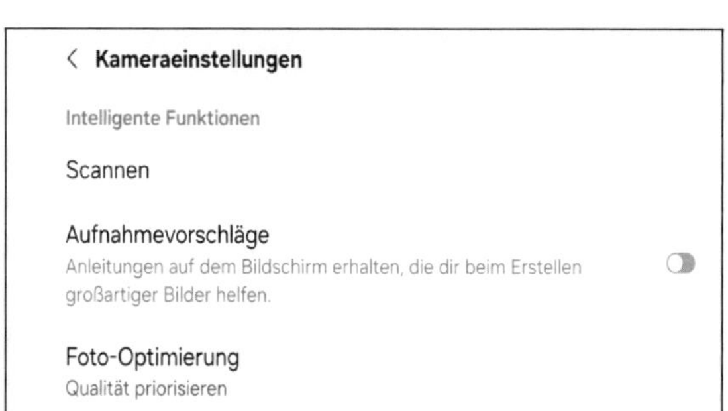

Unter *Intelligente Funktionen:*

- *Scannen*:
  - *Dokumentenscan*: Die Kamera zeigt automatisch bei Dokumenten eine *Scannen*-Schaltfläche an, die Sie betätigen. Das Dokument wird anschließend automatisch perspektivisch korrekt ausgerichtet.

   - *Text scannen*: Wenn Sie die Kamera auf ein Dokument halten, können Sie über die T-Schaltfläche (oben rechts) den Text einscannen und in anderen Anwendungen weiterverarbeiten (siehe vorheriges Kapitel).
   - *QR Codes scannen*: In vielen Werbeanzeigen und auf Plakaten werden sogenannte QR-Codes abgedruckt. Halten Sie die Kamera darauf, erscheint ein Popup, das Sie antippen, worauf der Webbrowser die im QR-Code enthaltene Website öffnet.
- *Aufnahmevorschläge*: Die Kamera weist darauf hin, wenn das Motiv optimal scharf gestellt ist.
- *Foto-Optimierung*: Standardmäßig führt das Handy nach der Fotoaufnahme eine Optimierung der Bilddarstellung durch. Dies kann einige Sekundenbruchteile dauern, weshalb Sie die Optimierungszeit reduzieren können.
- *Angepasste Filter*: Sie können in der Filterliste weitere Filter hinzufügen.

Unter *Fotos*:

- *Fotoformat*:
   - *HEIF-Bilder (Foto)*: Das HEIF-Dateiformat ist eine Alternative zu JPEG. Wir raten von dessen Verwendung ab, weil es nur von wenigen Bildverarbeitungsprogrammen und Bildanzeigern unterstützt wird.
   - *Pro-Modus-Bildformat*: Die Kamera erzeugt standardmäßig JPG-Dateien. Alternativ lassen sich RAW-Dateien erstellen. Das RAW-Dateiformat ist für Profis interessant, da es mehr Bildinformationen (Farben in 16 Bit statt 8 Bit) enthält. Zur Weiterverarbeitung sind allerdings Spezialprogramme nötig, weshalb wir von dieser Option abraten. Außerdem belegen RAW-Fotodateien sehr viel Speicherplatz.
- *Wasserzeichen*: Fügt einen Text unten in den Fotos ein. Wir raten davon ab, denn das Wasserzeichen lässt sich nicht nachträglich entfernen.
- *Bewegungsfotos*: Diese Option ermöglicht es Ihnen, nicht nur ein einzelnes Foto aufzunehmen, sondern auch die Sekunden unmittelbar vor und nach dem Auslösen als kurze Videosequenz festzuhalten. Damit fangen Sie spontane Bewegungen ein. Nach der Aufnahme können Sie in der Galerie das Hauptfoto betrachten und bei Bedarf die kurze Videosequenz abspielen oder ein anderes Standbild aus der Sequenz auswählen.

Unter *Videos*:

- *Videoformat*:
   - Sie haben die Wahl zwischen *HEVC (hohe Effizienz)* und *H.264 (höchste Kompatibilität)*: Videoaufnahmen werden in einem hochoptimierten Format gespeichert, das Speicherplatz spart. Beachten Sie allerdings, dass einige ältere Geräte später die Videos nicht abspielen können, weil sie das neue HVEC-Videoformat nicht unterstützen.
   - *Videos mit hoher Bitrate*: Die Bitrate und damit die Videoqualität bei der Videoaufnahme erhöhen. Achtung! Dies führt zu sehr großen Videodateien.
   - *HDR*: Aktiviert *Videos mit hoher Effizienz* und erhöht durch ein spezielles Verfahren den Bildkontrast und Farbqualität.
   - *Log*: Erweiterter Dynamikbereich im Pro-Videomodus
   - *APV*: Aufnahme von Videos in Kinoqualität. Beachten Sie dass die damit erzeugten Videos extrem groß sind (ca. 1,5 GB pro Minute!).
- *Automatischer FPS-Wert:* Reduziert bei Videoaufnahmen unter schlechten Lichtverhältnissen die Bildrate, sodass der Auslöser länger offen ist. Dies ergibt hellere Videos.
- *Videostabilisierung*: Korrigiert leichte Ruckler, sodass aufgenommene Videos ruhig wirken.
- *Dual-Aufnahmen*: Ermöglicht es Ihnen, mit zwei Kameras gleichzeitig ein Video aufzunehmen. Wählen Sie aus, ob Sie die Aufnahmen in einem Video zusammenführen oder in zwei getrennten Videodateien speichern möchten.

- *Audio-Optionen*:
  - *Audio-Zoom*: Wenn Sie den Zoom verwenden (siehe Kapitel *17.3.1 Zoom*) erhöht das Handy automatisch die Aufnahmelautstärke. Damit erhalten auch weiter entfernt aufgenommene Szenen den passenden Ton.
  - *360-Audioaufnahme*: Spezialfunktion für Besitzer der Bluetooth-Kopfhörer Galaxy Buds Pro: Diese nehmen Audio auf und sorgen somit für Videos mit 360-Grad-Effekt. Bitte überprüfen Sie vor dem Kauf von Galaxy Buds-Kopfhörern, ob diese die 360-Grad-Aufnahme unterstützen.
  - *Audiowiedergabe*: Musik- beziehungsweise Audiowiedergabe auf dem Galaxy während der Videoaufnahme weiter ablaufen lassen. Sie vertonen so sehr einfach ein Video schon während der Aufnahme!
- *In externen Speicher speichern*: Legen Sie Fotos und Videos in einem angeschlossenen USB-C-Speicherstick ab.

Unter *Allgemein*:

- *Verfolgungs-Autofocus*: Die Kamera stellt automatisch auf ein bewegtes Motiv scharf. Dies kann beispielsweise ein Fahrzeug oder Sportler sein.
- *Kompositionsanleitung*: Blendet Gitterlinien oder eine Wasserwaage im Sucher ein, was bei einigen Motiven, zum Beispiel Architektur, die optimale Kamerapositionierung erleichtert.
- *Geotagging*: Wenn eingeschaltet, werden in jedem Foto die GPS-Koordinaten Ihrer aktuellen Position mitgespeichert. Später können Sie sich in der Galerie-Anwendung die Aufnahmeorte anzeigen lassen.
- *Selfies wie angezeigt speichern*: Selfies (Fotos von Gesichtern) werden nicht passend gedreht gespeichert.
- *Auf Vorschau nach oben/unten str.*: Wischen Sie auf dem Bildschirm, um zwischen den Kameras umzuschalten.
- *Auslöser:*
  - *Drücken der Lautstärketaste*:
    - *Bild oder Video aufnehmen*: Betätigen Sie eine der beiden Lautstärketasten auf der linken Seite, um ein Foto aufzunehmen.
    - *Heran- oder Herauszoomen*: Mit den Lautstärketasten verändern Sie den Zoom (siehe Kapitel *17.3.1 Zoom*).
    - *Systemlautstärke steuern*: Stellt die Standardfunktion der Lautstärketasten ein.
  - *Sprachbefehle*: Mit den Befehlen »*Lächeln*«, »*Bitte lächeln*«, »*Klick*« oder »*Aufnahme*« macht die Kamera ein Foto. »*Video aufnehmen*« erstellt ein Video.
  - *Schwebender Auslöser*: Eine zweite Aufnahme-Taste lässt sich frei auf dem Bildschirm platzieren.
  - Zeigen der Handfläche: Halten Sie kurz die Handfläche über der Kamera und ziehen Sie sie weg. Die Kamera wartet ca. 2 Sekunden und erstellt dann das Foto.
- *Zu behaltende Einstellungen*: Die Kamera verbleibt im zuletzt gewählten Modus, wenn Sie sie beenden und später erneut aufrufen.
- *Vibrationsfeedback*: Ihre Aktionen werden mit einer Vibration bestätigt.
- *Camera Assistant*: Installiert die Camera Assistant-App, mit der Sie Profi-Einstellungen an der Kamera-App vornehmen.
- *Berechtigungen*
- *Einstellungen zurücksetzen*: Alle Einstellungen auf den Auslieferungszustand des Handys zurücksetzen.
- *Info zu Kamera*: Versionsinformation und Update durchführen.

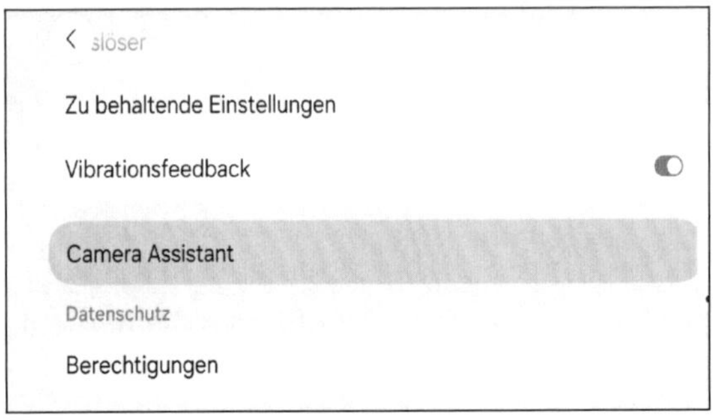

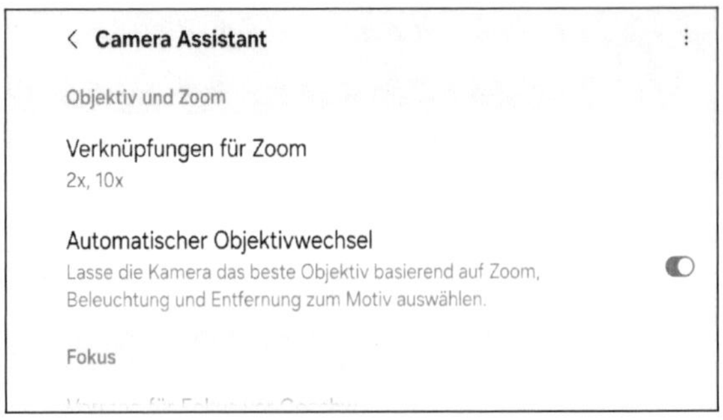

❶❷ Nach dem Aufruf von *Camera Assistant* müssen Sie einmalig die zugehörige App installieren und haben dann Zugriff auf weitere Spezialfunktionen. Wir raten allerdings von Änderungen im Menü ab, weil die Kamera-App bereits optimal eingerichtet ist.

17.5 Positionsdaten

Das Galaxy hinterlegt in den Fotos die jeweiligen Positionsdaten, sodass man später jederzeit anzeigen kann, wo genau die Bilder entstanden sind. Interessant ist so etwas zum Beispiel für Wanderer, Urlauber oder Bootsfahrer, die dann auch gleich ihre genommene Route erfahren.

❶ Zuerst müssen Sie dafür sorgen, dass die Kamera die GPS-Koordinaten speichert. Gehen Sie, wie im vorherigen Kapitel *17.4 Einstellungen* beschrieben, in die Einstellungen.

❷ Prüfen Sie ob Geotagging aktiviert ist (Schalter ist blau) und schließen Sie den Bildschirm mit der ᐸ-Taste. Beantworten Sie das folgende Popup mit *Bei Nutzung der App.*

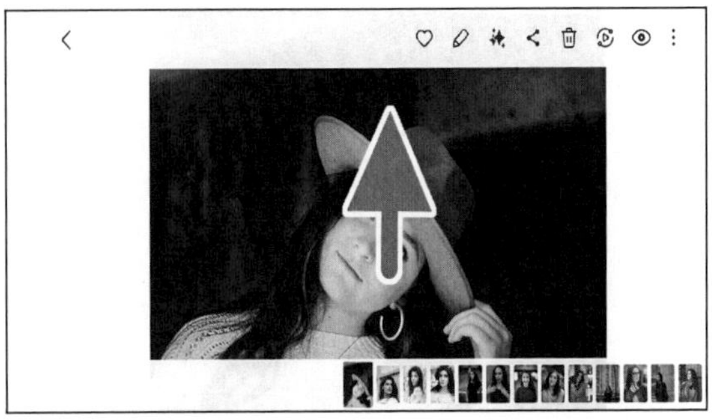

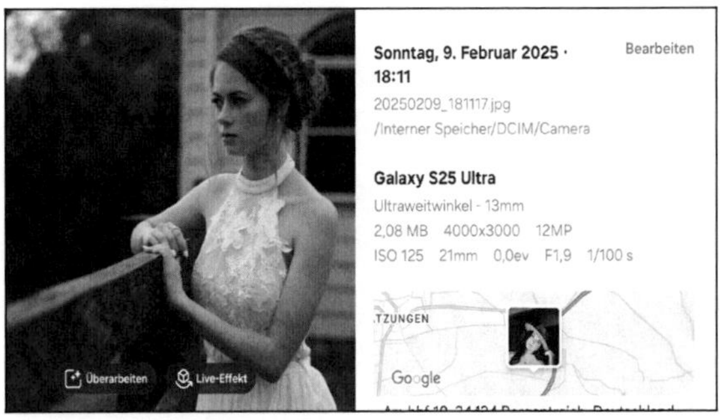

❶ Sie können zum Standort, an dem das Foto entstand, über die Galerie-Anwendung (siehe Kapitel *18 Galerie*) anzeigen: Rufen Sie dort die Vollbildansicht auf und wischen Sie nach oben. Alternativ betätigen Sie oben die ⓘ-Schaltfläche.

❷ Tippen Sie auf den Kartenausschnitt, worauf die Kartenanwendung Google Maps startet und die Aufnahmeposition anzeigt.

17.6 Motivprogramme

Die Galaxy-Kamera unterstützt diverse Motivprogramme, über die Sie Ihrer Kreativität freien Lauf lassen können. Wir empfehlen allerdings, während des Fotografierens auf Effekte zu verzichten und sie erst später im Bildanzeiger (siehe Kapitel *18 Galerie*) anzuwenden.

❶ Betätigen Sie die -Schaltfläche.

❷ Über die Schaltflächen (Pfeil) wählen Sie zwischen den Filtern. Betätigen Sie nun den Auslöser, um ein Foto mit den Einstellungen aufzunehmen.

17.7 Selfies

Die Frontkamera (über dem Display) hat zwei Funktionen: Zum einen verwendet man sie für Videotelefonie (siehe zum Beispiel Kapitel *15 WhatsApp*), zum erstellen Sie damit Selbstportraits, die auch als »Selfies« (self = engl. »selbst«) bezeichnet werden.

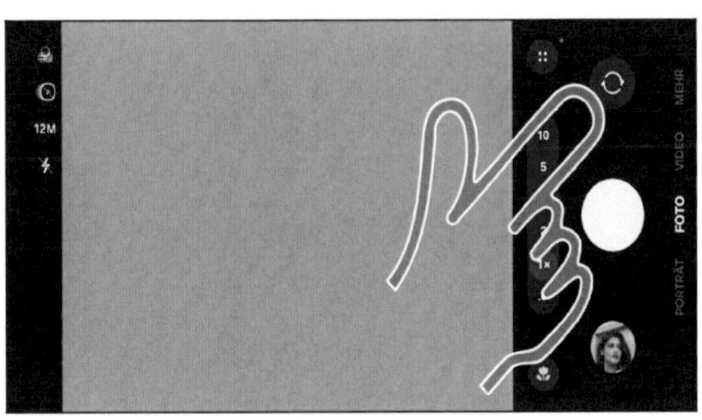

❶❷ Auf die Frontkamera schalten Sie mit der -Schaltfläche um. Alternativ wischen Sie einfach nach links oder rechts auf dem Bildschirm. Genauso schalten Sie den Selfie-Modus wieder ab.

17.8 Video-Funktion

❶ Aktivieren Sie das *VIDEO*-Register.

❷ Tippen Sie die ●-Schaltfläche (Pfeil) an, worauf die Aufnahme startet. Mit der Stopp- und Pause-Taste beenden beziehungsweise pausieren Sie die Aufnahme.

Viele Funktionen im Videomodus sind identisch zur Kamerafunktion, auf die bereits die vorhergehenden Kapitel eingehen.

18. Galerie

Mit der Galerie-Anwendung zeigen Sie Bilder und Videos auf dem Handy an.

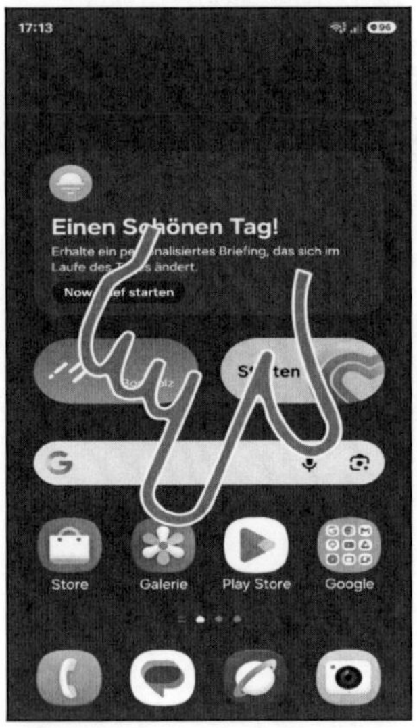

❶❷ Sie starten die *Galerie*-Anwendung aus dem Startbildschirm oder Hauptmenü.

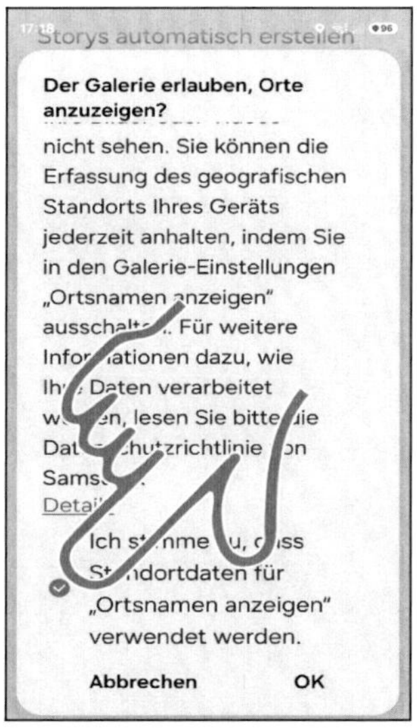

❶ An dieser Stelle können Sie bereits die eine erste Einrichtung vornehmen, damit Ihnen die Galerie-Anwendung Infos zu den Aufnahmeorten Ihrer Fotos anzeigt: Betätigen Sie *Jetzt Einschalten.*

❷ Aktivivieren Sie *Ortsnamen anzeigen.*

❸ Im Popup haken Sie *Ich stimme zu…* ab und schließen mit *OK* ab.

18.1 Ansichten

❶ Die Sortierung in der Galerie ist über die Register (Pfeil) umschaltbar zwischen:

- *Bilder*: Datumssortierung.
- *Alben* (❷): Bei den Alben handelt es sich um Verzeichnisse.
- *Kollektionen*: Von Ihnen zusammengestellte Fotoalben.

❶❷ Über eine Kneifgeste (mit zwei Fingern gleichzeitig auf den Bildschirm halten und dann auseinander oder zusammenziehen) verkleinern/vergrößern Sie die Bildervorschau.

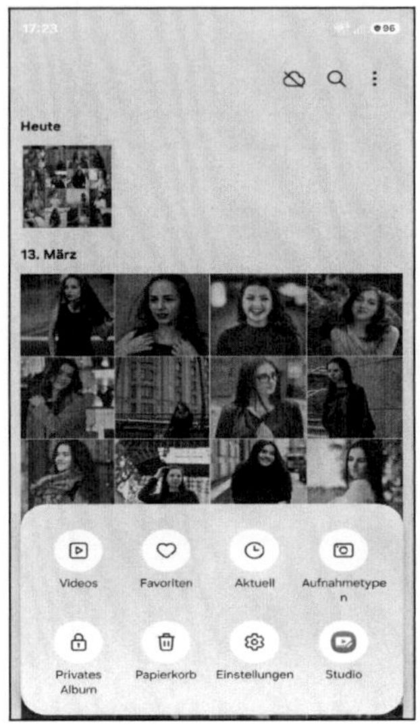

➊➋ Weitere Funktionen finden Sie im *Menü* am unteren Bildschirmrand:

- *Videos*: Anzeige auf Videos beschränken.
- *Favoriten*: Nur als Favoriten markierte Fotos anzeigen.
- *Aktuell*: Nur die 100 aktuellsten Fotos anzeigen.
- *Aufnahmetypen*: Anzeigesortierung abhängig vom Motiv.
- *Privates Album*: Bestimmte Fotos/Videos ausblenden und mit Passwort schützen.
- *Papierkorb*: Im Papierkorb werden von Ihnen gelöschte Fotos bis zu 30 Tage aufbewahrt und dann automatisch gelöscht. Versehentlich gelöschte Fotos lassen sich aus dem Papierkorb wieder herstellen.
- *Einstellungen*: Anzeigeeinstellungen.
- *Studio*: Die Studio-Funktion erstellt aus Ihren Fotos Filme.

18.1.1 Datumssortierung

Die Datumssortierung ist praktisch, um Bilder wiederzufinden, von denen Sie das ungefähre Aufnahmedatum wissen.

➊ Aktivieren Sie gegebenenfalls das *Bilder*-Register.

➋ Die Bildervorschau durchrollen Sie mit einer Wischgeste.

18.2 Bilder verarbeiten

❶ Rufen Sie in der Bildervorschau das ⋮-Menü auf und gehen Sie auf *Auswählen*.

❷ Markieren Sie Elemente, indem Sie sie antippen (dabei nicht auf ⤢ tippen, weil damit die Vollbildansicht aufgerufen wird).

Über die Schaltflächen am unteren Bildschirmrand können Sie:

- *Erstellen:* GIF (animiertes Bild), Collage oder Film aus den markierten Fotos erstellen.
- *Senden*: Dateien per E-Mail oder andere Wegen versenden.
- *Löschen*: Dateien entfernen.

Zusätzliche Weiterverarbeitungsoptionen finden Sie im ⋮-Menü.

18.2.1 Gelöschte Dateien wiederherstellen

Es kommt schon mal vor, dass Sie aus Versehen Dateien löschen, die Sie eigentlich behalten möchten. Für solche (Un)Fälle können Sie sie noch einige Zeit retten.

❶❷ Wenn Sie ein oder mehrere Fotos/Videos löschen, erscheint eine Sicherheitsabfrage, die Sie mit *In den Papierkorb* beantworten.

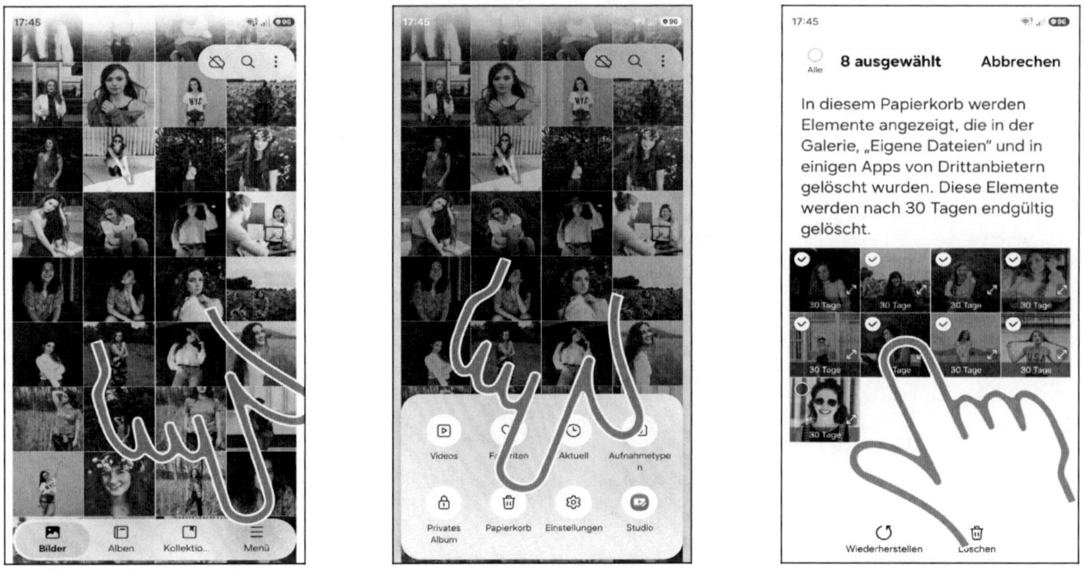

➊➋ So stellen Sie die gelöschten Dateien wieder her: Rufen Sie das Ausklappmenü auf und wählen Sie *Papierkorb.*

➌ Tippen und halten Sie den Finger über der ersten Datei, bis diese markiert ist, dann markieren Sie die weiteren Dateien mit kurzem Antippen. Nun gehen Sie unten auf *Wiederherstellen.*

18.3 Vollbildansicht

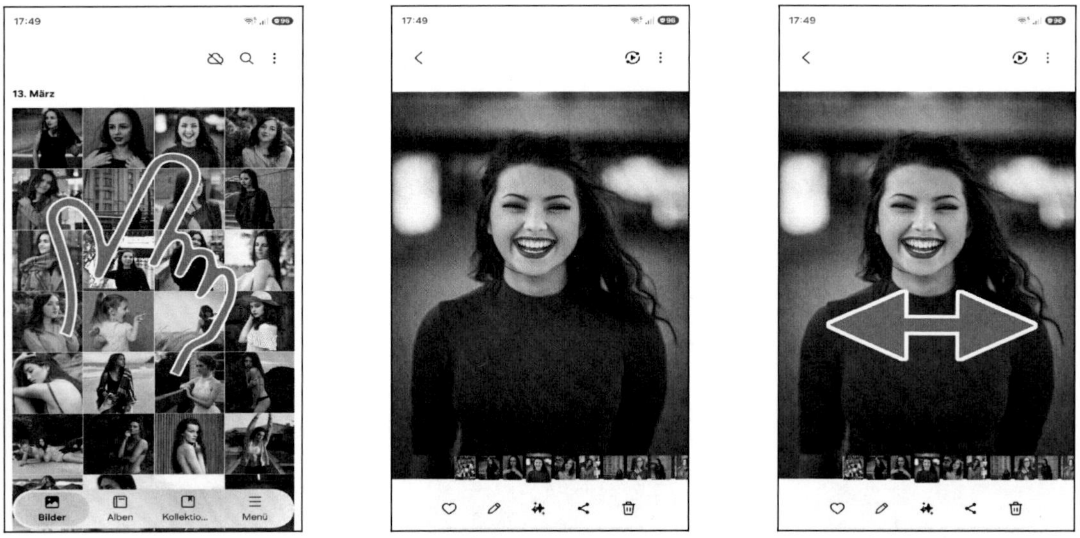

➊ Nach Antippen des Vorschaubilds (Pfeil) erscheint das Foto in der Vollbildansicht.

➋ Die Funktionen oben rechts:

- : Foto an ein anderes Android-Gerät übertragen.

Die Schaltflächen am unteren Bildschirmrand:

➋ Tippen Sie gegebenenfalls auf das Foto, um die Bedienelemente zu aktivieren:

- : Als Favorit markieren.
- : Fotoeditor aufrufen.
- : Foto mit KI-Funktionen bearbeiten. Darauf geht Kapitel *24.7 KI-Bildbearbeitung in der Galerie* ein.
- : Foto an eine andere Person per E-Mail usw. senden.
- : Foto löschen.

➌ Ziehen des angedrückten Fingers auf dem Foto nach links/rechts (»Wischgeste«): Vorheriges/nächstes Foto anzeigen.

Halten Sie das Handy um 90 Grad gedreht, um gegebenenfalls ein querformatiges Foto auf dem gesamten Bildschirm anzuzeigen.

❶❷ Das Samsung Galaxy unterstützt die »Kneifen«-Geste, um in Fotos herein- oder heraus zu zoomen: Tippen und halten Sie dazu gleichzeitig den Mittelfinger und Daumen einer Hand auf das Display und ziehen dann die beiden Finger auseinander beziehungsweise zusammen. Übrigens spielt es keine Rolle, ob Sie nun vertikal oder waagrecht »kneifen«.

Alternativ tippen Sie einfach mit einem Finger zweimal schnell hintereinander auf die gleiche Stelle auf dem Bildschirm.

18.3.1 Weitere Optionen

❶❷ Rufen Sie das ⋮-Menü auf:

- *Details*: Aufnahmedatum, Aufnahmeparameter und Dateigröße. Diese Infos erhalten Sie auch mit einer Wischgeste auf dem Foto nach oben.
- *In Ablage kopieren*: Kopiert das Bild in die Zwischenablage, wovon es sich anschließend in anderen Anwendungen wieder einfügen lässt.
- *Als Hintergrund festlegen*: Hintergrund für Displaysperre, Startbildschirm, oder Anrufbildschirm einstellen (siehe Kapitel *4.7.4 Hintergrundbild*).
- *Zu Sicherer Ordner verschieben*: Auf die geschützte Dateiablage gehen wir in diesem Buch nicht ein, weil sie in der Praxis keine Vorteile bringt. Sofern Sie die Gerätesperre nutzen (siehe Kapitel *30.2 Gerätesperre*), sind Ihre Dateien ohnehin vor fremden

Zugriff geschützt.

- *In privates Album verschieben*: Blendet das Foto/Video in der Galerie aus. Sie können Sie wieder anzeigen, indem Sie in der Bilderauflistung auf *Menü* gehen und dann *Privates Album* auswählen. Das private Album ist weniger geschützt als der oben erwähnte sichere Ordner.
- *Drucken*: Auf die Druckausgabe gehen wir im Kapitel *32.15 Drucken* ein.

18.3.2 Einzelnes Bild bearbeiten

❶ Rufen Sie mit den Bildbearbeitungsmodus auf.

❷ Über die Schaltflächen am unteren Bildschirmrand wählen Sie zwischen den Werkzeugen aus:

- : Ausrichtung ändern.
- : Farbe anpassen.
- : Helligkeit, Kontrast, Sättigung, Farbtemperatur oder Schärfe ändern.
- : Zeichnung, Sticker oder Text hinzufügen.
- : Auf die Spezialfunktionen gehen wir als Nächstes ein.

In der Fotobearbeitung haben Sie mit der -SchaltflächeSchaltfläche Zugriff auf KI-Funktionen. Diese beschreibt Kapitel *24.7 KI-Bildbearbeitung in der Galerie*.

❶❷ Besonders interessant sind die Funktionen, welche Sie mit der ∷-Schaltfläche aufrufen: Zur Verfügung stehen (wischen Sie nach links über die Schaltflächen, um weitere anzuzeigen):

- *Bereinigen*: Schatten oder Reflektionen aus dem Foto entfernen.
- *Gesichtseffekte*: Gesicht glätten, aufhellen, Flecken entfernen, Kinn, Beine, Kieferpartie bearbeiten, rote Augen entfernen.
- *Lasso*: Person oder Objekt ausschneiden (»freistellen«).
- *Punktfarbe*: In Schwarzweißfoto umwandeln und einzelne Bereiche farbig lassen.
- *Farboptimierung*

❶ Im Beispiel wählen wir *Gesichtseffekte.*

❷ Nach Auswahl eines Effekts schließen Sie den Bildschirm mit *OK.*

❸ Übernehmen Sie Ihre Änderungen mit der *Speichern*-Schaltfläche. Falls Sie das Originalfoto behalten möchten, gehen Sie stattdessen auf ⋮/*Als Kopie speichern.*

18.4 Videos

❶ Fotos und Videos listet die Galerie-Anwendung zusammen auf. Dabei erkennen Sie Videos anhand des ▶-Symbols. Tippen Sie ein Video an.

❷ Die Wiedergabe steuern Sie über einige Schaltflächen (Pfeil).

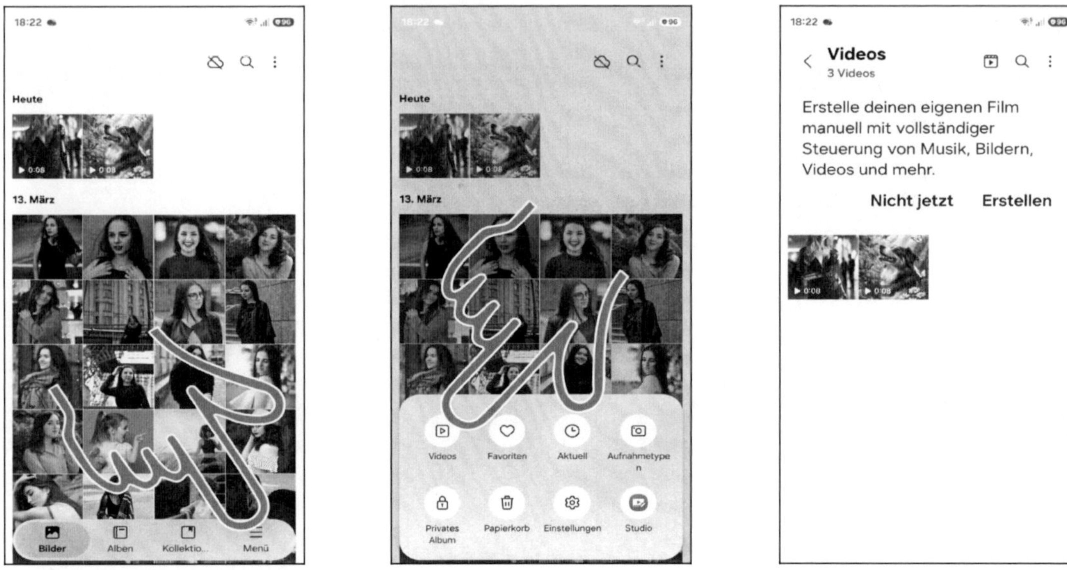

❶❷ Alternativ öffnen Sie das *Menü* und wählen *Videos.*

❸ Alle Videos werden aufgelistet.

18.5 Positionsdaten

Ihr Handy verfügt über einen eingebauten GPS-Empfänger, dessen Koordinaten in den Fotos Ihrer Kamera (siehe Kapitel *17 Kamera*) hinterlegt werden. Später lässt sich dann zu jedem Foto der Aufnahmeort herausfinden. Interessant ist so etwas zum Beispiel für Wanderer, Urlauber oder Bootsfahrer, die dann auch gleich ihre genommene Route erfahren.

In Kapitel *17.5 Positionsdaten* erfahren Sie, wie Sie mit der eingebauten Kamera Fotos mit eingebetteten GPS-Positionsdaten erstellen.

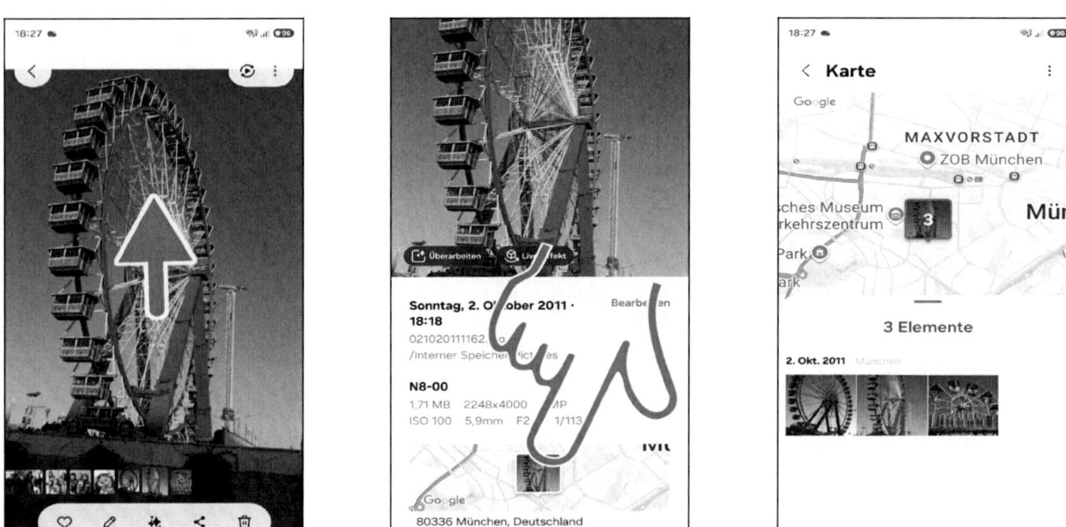

❶ In der Galerie-Anwendung wischen Sie, während ein Bild in der Vollbildansicht angezeigt wird, nach oben. Alternativ betätigen Sie unten die ⓘ-Schaltfläche.

❷ Tippen Sie die Kartenvorschau an.

❸ Anschließend wischen Sie unten in der Bilderauflistung nach rechts/links und wählen Sie davon eines der anzuzeigenden Fotos aus.

Beachten Sie bitte, dass die in den Fotos enthaltenen GPS-Koordinaten je nach GPS-Genauigkeit während des Fotografierens um mehrere hundert Meter von der Realität abweichen können.

18.6 Erstellen

Mit »Erstellen« können Sie Animationen, Collagen oder Videos kreieren.

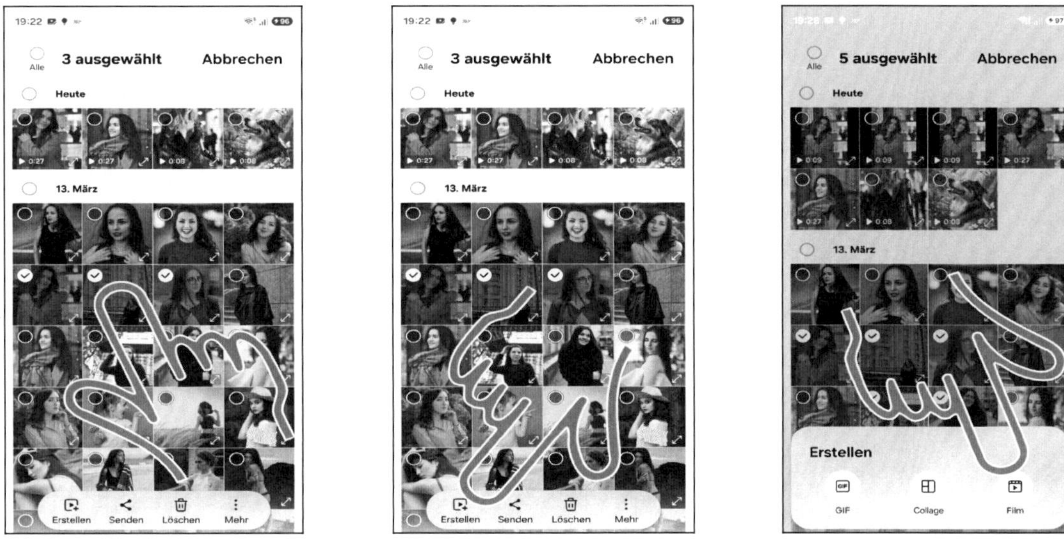

❶ Tippen und halten Sie den Finger über einem Bild, welches dann markiert ist. Markieren Sie weitere Bilder durch einfaches Antippen.

❷ Betätigen Sie *Erstellen.*

❸ Sie haben nun die Wahl zwischen GIF (animierte Grafik ohne Ton), Collage (mehrere Fotos in einem Bild) und *Film.* In unserem Beispiel wählen wir *Film.*

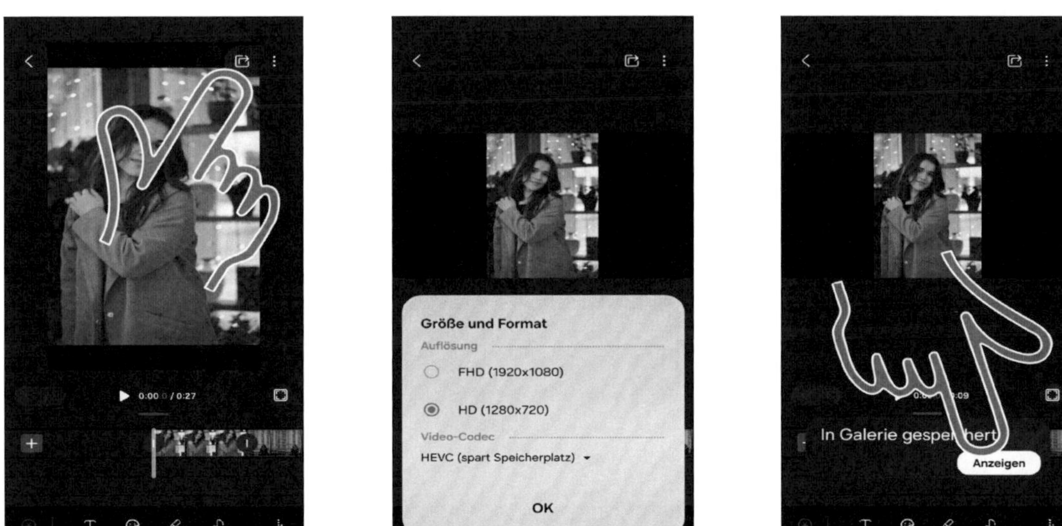

❶ Hier bearbeiten Sie die Inhalte. Schließen Sie mit ab.

❷ Wählen Sie die gewünschte Auflösung aus. HD ist in den meisten Anwendungsfällen ausreichend.

❸ Nach der Erstellung erscheint ein Popup, in dem Sie *Anzeigen* betätigen. Alternativ betätigen Sie die <-Taste.

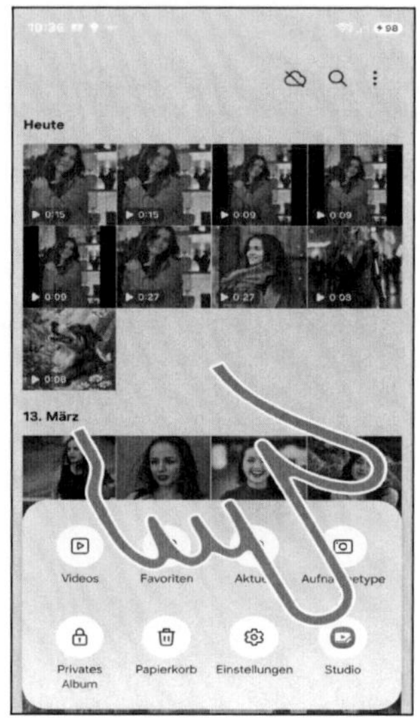

➊ Antippen der Vorschau startet das Video.

➋➌ Sie finden die erstellten Videos/Collagen/GIFs im *Fotos*-Register, können Sie aber auch im *Menü* unter *Studio* anzeigen.

18.7 Einstellungen

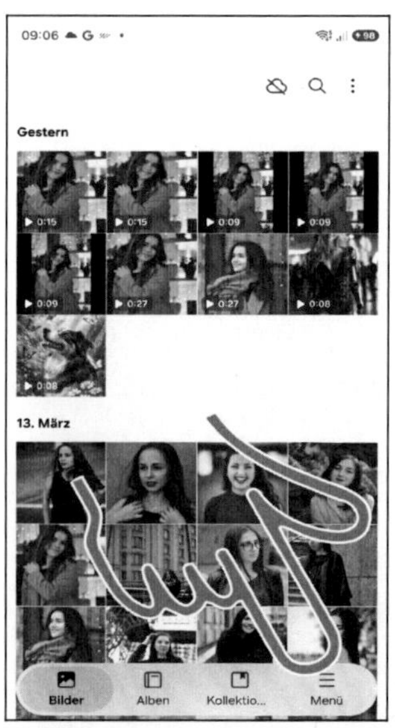

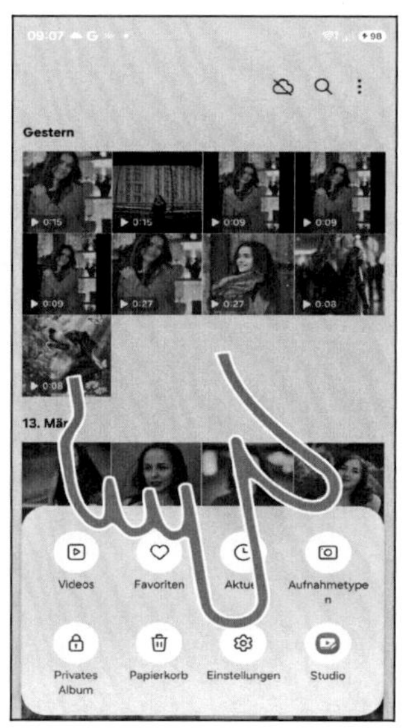

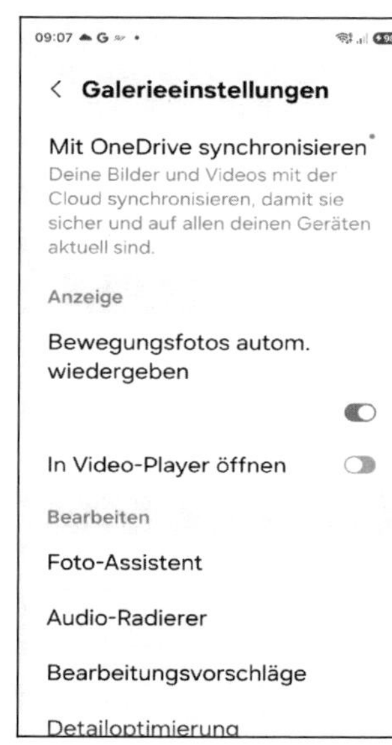

➊ Öffnen Sie das Ausklappmenü.

➋➌ Rufen Sie *Einstellungen* auf. Die Optionen:

- *Mit OneDrive synchronisieren*: Sie können – nach einmaliger Anmeldung – Ihre Fotos und Videos auf den OneDrive-Dienst von Microsoft sichern. Der kostenlose Speicherplatz von 5 GB ist sehr knapp bemessen, kann aber kostenpflichtig erweitert werden. Wir empfehlen stattdessen, das Handy, wie im Kapitel *29 Gerätespeicher* beschrieben, an einen PC anzuschließen und dann die Fotos/Videos herüber zu kopieren.

Unter *Anzeigeoptionen*:

- *Bewegungsfotos autom. wiedergeben*: Die Kamera-Anwendung speichert – je nach Einstellung – eventuell mehrere Fotos in einer Bilddatei. Diese gibt die Galerie-Anwendung dann schon in der Vorschau wieder.
- *Im Video-Player öffnen*: Videos nicht in der Galerie, sondern im separatem Video-Player abspielen.

Unter *Bearbeiten* werden die eingebauten KI-Bearbeitungsfunktionen vorgestellt, die später noch Kapitel *24.7 KI-Bildbearbeitung in der Galerie* beschreibt.

Unter *Storys*:

- *Stories automatisch erstellen*: Erstellt aus Ihren Fotos Alben, die Sie im *Kollektionen*-Register abspielen können.
- *Benachrichtigungen*: Die Galerie informiert Sie über neu erstellte Story-Alben.

Unter *Alben*:

- *Wichtige Alben*: Blenden Sie im *Alben*-Register nicht gewünschte Alben aus.
- *Zusammenführen von Alben*: Diese Funktion ist nur für Anwender nützlich, die Fotoverzeichnisse von einem anderen Gerät auf das Samsung kopieren. Unterverzeichnisse mit gleichem Namen zeigt das Handy dann als ein einziges Verzeichnis an.
- *Benachr. von freigegebenen Alben*: Nicht von Samsung dokumentiert.
- *Ortsnamen anzeigen*: Sofern in einem Foto die GPS-Daten hinterlegt sind, wird der Aufnahmeort angezeigt.

19. Musik

Der Musikmarkt hat in den letzten Jahrzehnten einen tiefgreifenden Wandel erlebt: In den 1980er-Jahren verdrängte die CD die Schallplatte, ab den 2000er-Jahren wurden Songs verstärkt online gekauft – und seit einiger Zeit dominiert das Streaming die Art, wie wir Musik genießen.

Beim Streaming werden Titel direkt aus dem Netz abgespielt, ohne dass sie lokal gespeichert werden. Der größte Vorteil liegt in der zentralen Archivierung: Auf Servern stehen mehrere Dutzend Millionen Songs bereit, die Sie jederzeit und geräteunabhängig abrufen können – sei es am PC, Smartphone oder per Smart Speaker. Eine Internetverbindung genügt; selbst eine durchschnittliche Bandbreite ist meist ausreichend.

Für eine monatliche Pauschale von etwa 5 bis 15 Euro erhalten Sie uneingeschränkten Zugriff auf das gesamte Angebot. Sie können eigene Playlists anlegen oder aus vorgefertigten Zusammenstellungen wählen, die jeden Musikgeschmack bedienen. Kündigen Sie Ihr Abo, erlöschen allerdings alle selbst erstellten Listen.

Einziges Manko: Die Musik bleibt Eigentum des Anbieters und kann ohne aktives Abo nicht genutzt werden – auch Offline-Downloads setzen ein gültiges Abonnement voraus, da die Dateien verschlüsselt sind. Zudem erlauben viele Tarife nur die gleichzeitige Wiedergabe auf einem Gerät: Beginnt die Musik in der Küche, stoppt sie automatisch im Wohnzimmer.

Zu den großen Streaming-Plattformen zählen Spotify, Apple Music, Deezer, Amazon Music und Google, daneben gibt es diverse kleinere Anbieter. Abspielen lässt sich die Musik flexibel im Webbrowser, über Smart Speaker (Google Home, Apple HomeKit, Amazon Alexa etc.) oder per App wie YouTube Music auf dem Mobilgerät.

19.1 Die Tarife von YouTube Music

- **YouTube Music**: Für diesen Dienst brauchen Sie sich nicht kostenpflichtig anzumelden oder irgendwas bezahlen, denn die Finanzierung erfolgt durch zwischendurch eingeblendete Werbung.
- **YouTube Music Premium**: Der günstigste Tarif kostet 10,99 Euro im Monat. Als Student können Sie bis zu ca. 4 Jahre den Tarif für 5,49 Euro pro Monat buchen. Jedes Jahr erfolgt dann eine Überprüfung.
- **YouTube Premium**: Falls Sie sehr häufig Videos auf YouTube (in der gleichnamigen App oder auf der Website) anschauen, dann dürfte YouTube Premium interessant sein. Auf YouTube gibt es dann keinerlei nervende Werbung und Sie erhalten Zugriff auf einige weitere exklusive Inhalte (»YouTube Originals«). Zur Anmeldung besuchen Sie *www.youtube.com/premium*. Die Kosten betragen 11,99 Euro.

19.2 YouTube Music-App

In diesem Buch können wir leider aus Platzgründen nur auf die wichtigsten Funktionen der YouTube Music-App eingehen. In der Regel werden Sie ausschließlich die Musikvorschläge nutzen, die bereits alle wichtigen Musikgeschmäcker bedienen.

❶❷ Rufen Sie *YT Music* auf. Betätigen Sie gegebenenfalls *Anmelden.*

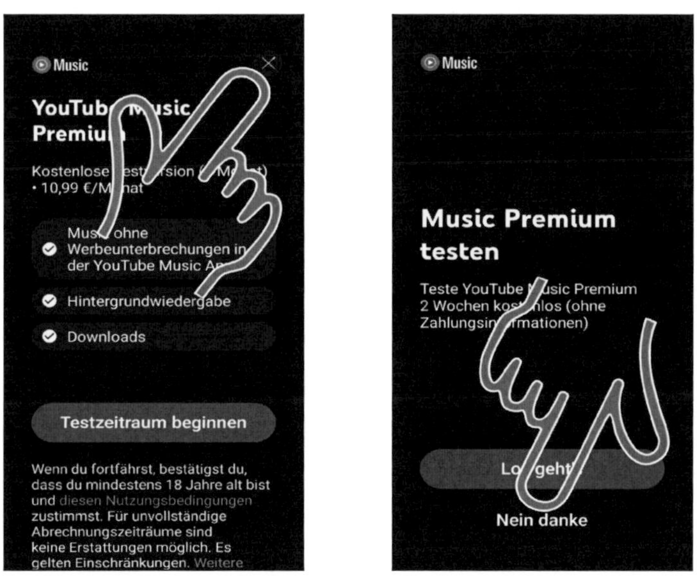

❶ Zunächst sollen Sie die Grundfunktionen der App kennenlernen, weshalb wir im Abo-Bildschirm die X-Schaltfläche (Pfeil) antippen.

❷ Schließen Sie die Abo-Frage mit *Nein danke* und das Popup mit *Zulassen.*

19.2.1 Grundfunktionen von YouTube Music

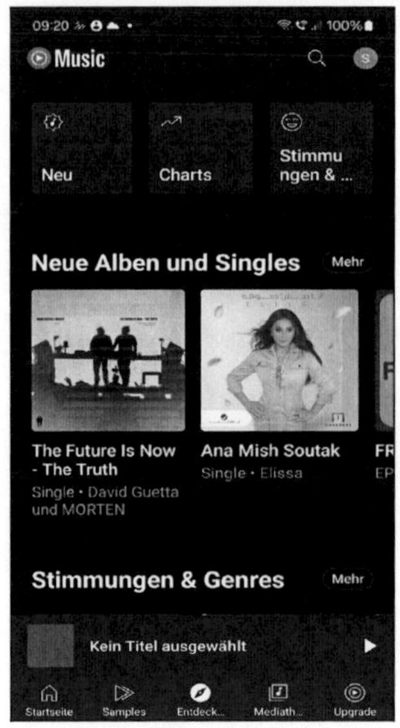

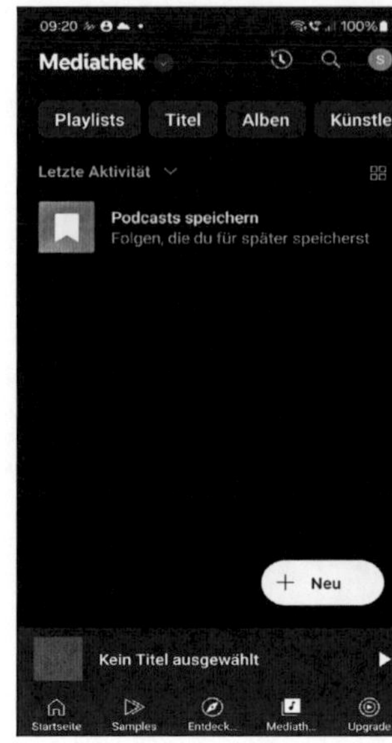

❶ Alle wichtigen Funktion verbergen sich in den Registern (Pfeil):

- *Start*: Schlägt ausgehend von Ihren Interessen und bisher abgespielten Songs passende Playlists und Songs vor.
- *Samples*: Stellt angesagte Musikvideos vor.
- *Entdecken* (❷): Angesagte Alben und Singles.
- *Bibliothek* (❸): Verwaltet Playlists, Alben, einzelne Musiktitel und Künstler, die Sie Ihrer Bibliothek hinzugefügt haben.
- *Upgrade*: Kostenpflichtiges YouTube Music-Abo aktivieren und verwalten. Darauf geht Kapitel *19.4 YouTube Music Premium* noch ein.

❶ In unserem Beispiel möchten wir im *Start*-Register vorgeschlagene Musik abspielen. Wischen Sie durch die Vorschläge.

❷ Tippen Sie auf einen der Interpreten/Bands, Alben oder Abspiellisten.

❸ Wahlweise tippen Sie einen abzuspielenden Titel an oder betätigen die ▶-Schaltfläche (Pfeil).

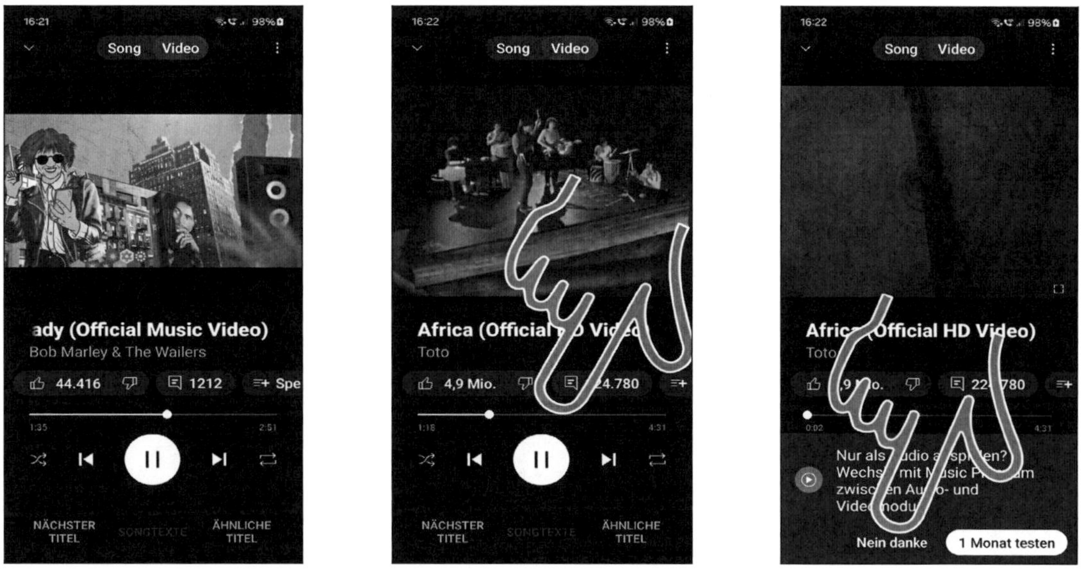

➊ Die Wiedergabe erfolgt.

➋ Tippen Sie in einen beliebigen Bereich des Fortschrittsbalkens (Pfeil), wenn Sie zu einem bestimmten Punkt im abgespielten Song springen möchten.

Weitere Funktionen:

- ⏮ / ⏭: Zum vorherigen/nächsten Titel springen (dies ist auch über eine Wischgeste nach links oder rechts möglich).
- ▶ / ⏸ : Starten/Pausieren der Wiedergabe.
- 🔀: Zufällige Wiedergabe der Titel in der Wiedergabeliste.
- 🔁: Abgespielten Titel wiederholen.

➌ Schließen Sie gegebenenfalls den Hinweis auf YouTube Music Premium mit *Nein danke*.

Die kostenlose Musiknutzung finanziert Google durch Werbeclips, die zwischendurch vor den Songs abgespielt werden.

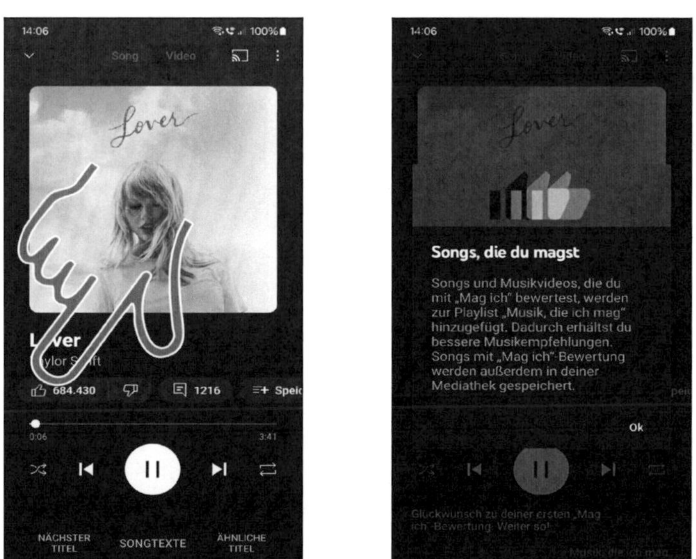

➊ Über die Schaltflächen 👎 👍 (»Mag ich/Mag ich nicht«) markieren Sie Songs, die ihnen gefallen oder nicht gefallen. Je mehr Songs Sie auf diese Weise bewerten, desto besser sind die automatischen Musikvorschläge.

➋ Beim ersten Mal weist Sie die App mit einem Popup auf die Vorteile hin. Schließen Sie es mit *OK*.

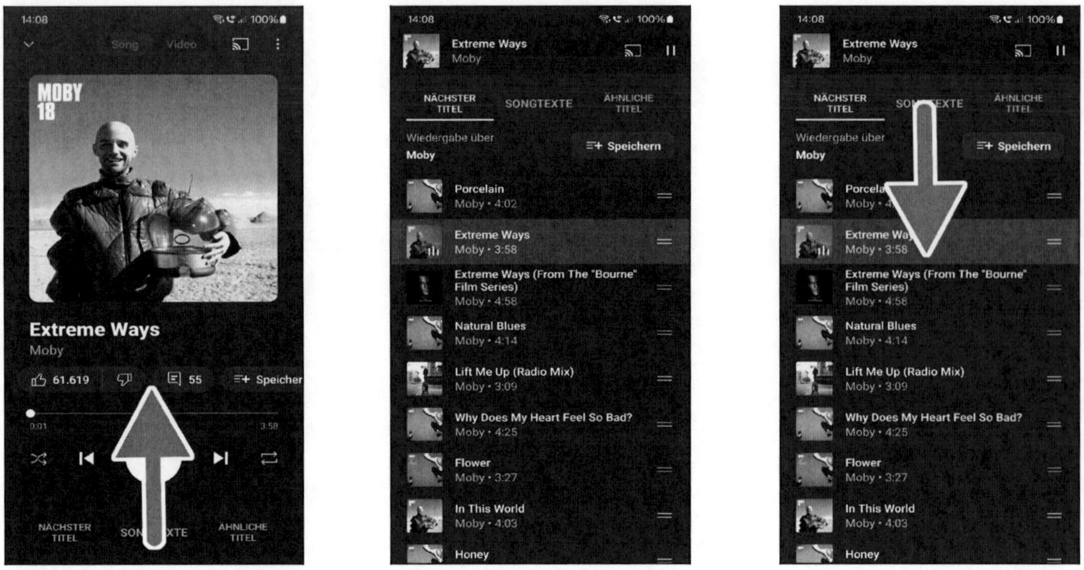

❶ Ihnen gefällt der gerade abgespielte Song eines Radios oder eine Playlist nicht? Dann wischen Sie im unteren Bildschirmrand nach oben.

❷ Antippen eines anderen Titels spielt ihn als Nächstes ab.

❸ Wischen über der »Lasche« nach unten schließt die Titelliste wieder.

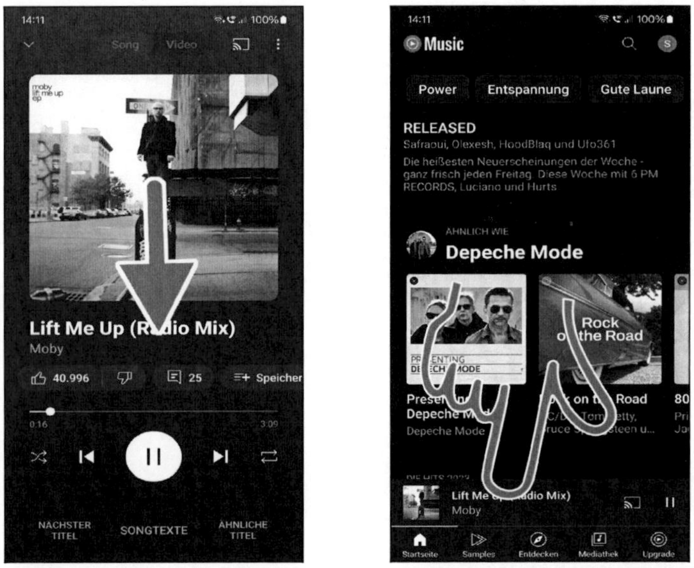

❶❷ Eine Wischgeste nach unten im oberen Bildschirmdrittel minimiert das Wiedergabefenster auf einen kleinen Balken. Antippen des Titels schaltet auf das Wiedergabefenster um, ⏸ pausiert und X beendet die Wiedergabe.

19.3 Radiosender

Der Begriff »Radiosender« ist etwas verwirrend, denn es handelt sich nicht um Sender, wie man sie vom klassischen Rundfunk kennt. Tatsächlich sind alle YouTube Music-Radiosender dynamische Playlists, welche sich an Ihre Hörgewohnheiten anpassen. Songs, die Sie überspringen, werden künftig nicht mehr so häufig oder überhaupt nicht mehr gespielt. Nach einiger Zeit spielt der jeweilige Radiosender nur noch Ihre Lieblingsmusik.

❶❷ Zu jeder Playlist existiert auch ein entsprechender Sender. Halten Sie einfach den Finger auf einer Playlist gedrückt, bis das Popup erscheint, in dem Sie auf *Radio starten* gehen.

❸ Die Wiedergabe startet.

Im Abspielbildschirm sind alle Funktionen verfügbar, die auch bereits Kapitel *19.2.1 Grundfunktionen von YouTube Music* vorstellt.

19.3.1 Favorisierte Songs

Jeder hat einen anderen Musikgeschmack. Damit Google Ihnen passende Songs/Alben/Interpreten vorschlagen kann und die angebotenen Radiosender nur Ihre Lieblingsmusik spielen, wertet Google einige »Signale« aus, wozu beispielsweise die abgespielten und übersprungenen Titel gehören.

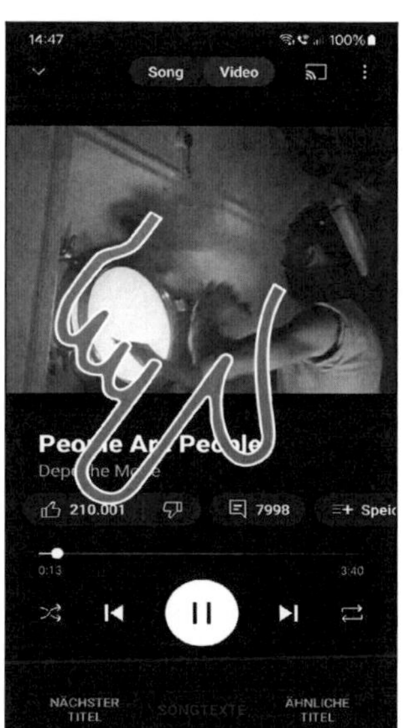

❶❷ Sie favorisieren einen Song mit 👍. Die 👎-Schaltfläche markiert dagegen einen Titel, der Ihnen nicht gefällt.

Je nach Nutzungsmuster wird YouTube Music schon nach einigen Tagen in den Radiosendern ausschließlich Ihre Lieblingsmusik spielen.

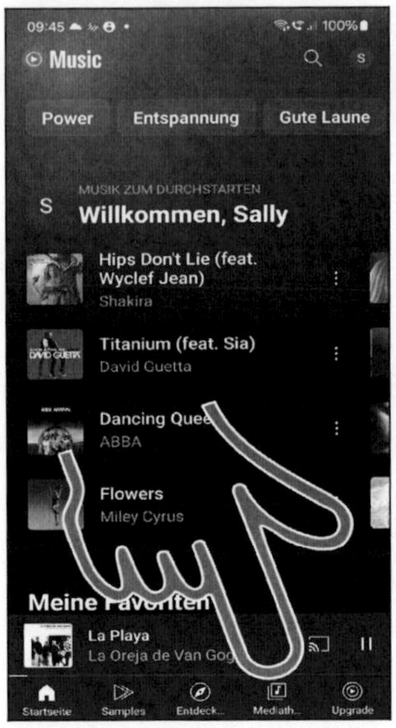

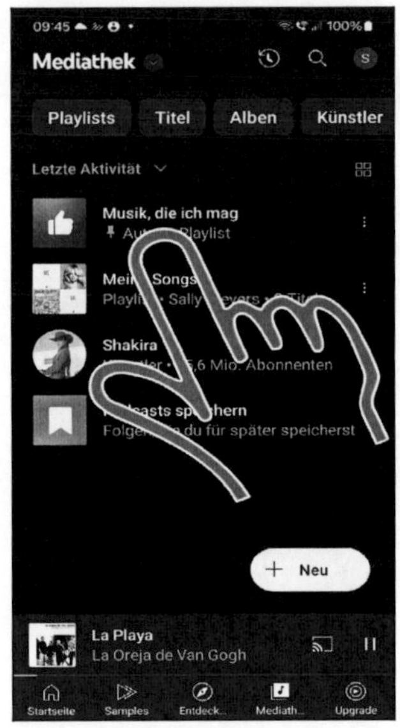

➊ Die favorisierten Songs finden Sie im *Mediathek*-Register, das Sie aktivieren.

➋ Gehen Sie auf *Musik, die ich mag.*

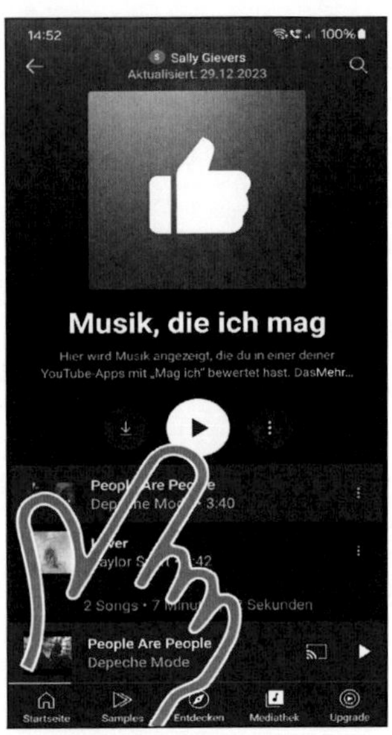

➊ Tippen Sie einen Titel an oder starten Sie die Wiedergabe über die weiße Schaltfläche.

➋ Ihnen gefällt ein Song nicht mehr? Dann gehen Sie auf 👍.

19.3.2 Suche

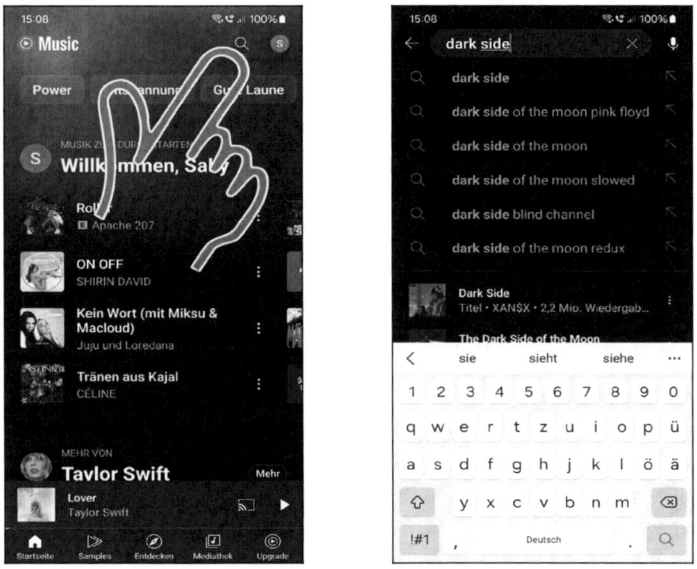

❶ Die Suchfunktion aktivieren Sie über 🔍.

❷ Bereits während der Eingabe erhalten Sie passende Vorschläge, wovon Sie einen auswählen.

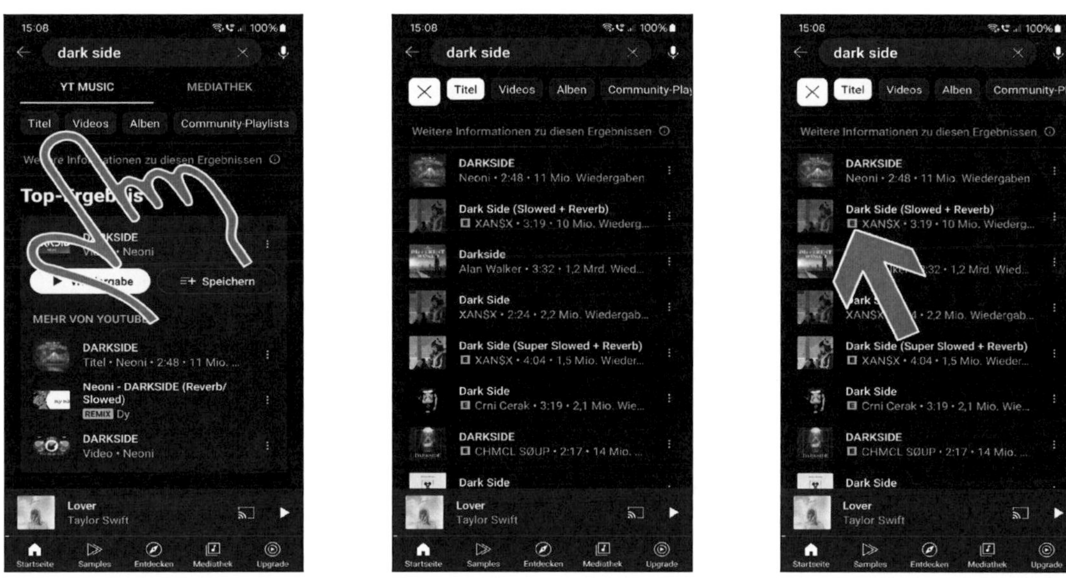

❶❷ Je nach Suchbegriff listet die App mehrere Tausend Ergebnisse auf. Mit den Schaltflächen (Pfeil) am oberen Bildschirmrand grenzen Sie die Suche ein. Wählen Sie dann einen Song, ein Album, Video oder Playlist aus, die dann abgespielt wird.

❸ In der Ergebnisliste wird bei einigen Alben und Songs ein »E« als »explicit« (Pfeil) angezeigt. Damit markiert Google Songs mit jugendgefährdenden Inhalten, beispielsweise Gewalt, Alkohol oder Sex.

19.4 YouTube Music Premium

Wie bereits erwähnt, kostet das Musikabo »YouTube Music Premium« standardmäßig 10,99 Euro im Monat. Dafür erhalten Sie folgende zusätzliche Funktionen:

- Keine lästige Werbung mehr.
- Wiedergabe im Hintergrund: Wenn Sie die App verlassen, läuft die Musik weiter.
- Musik herunterladen: Sie können Ihre Lieblingsmusik herunterladen, um Sie auch ohne Internetverbindung abzuspielen.
- Audiomodus: Die App spielt auch – sofern vorhanden – Musikvideos ab. Im Audiomodus

wird davon nur die Audiospur abgespielt, was bei schlechter Internetverbindung vorteilhaft ist.

19.4.1 YouTube Music Premium-Abo aktivieren

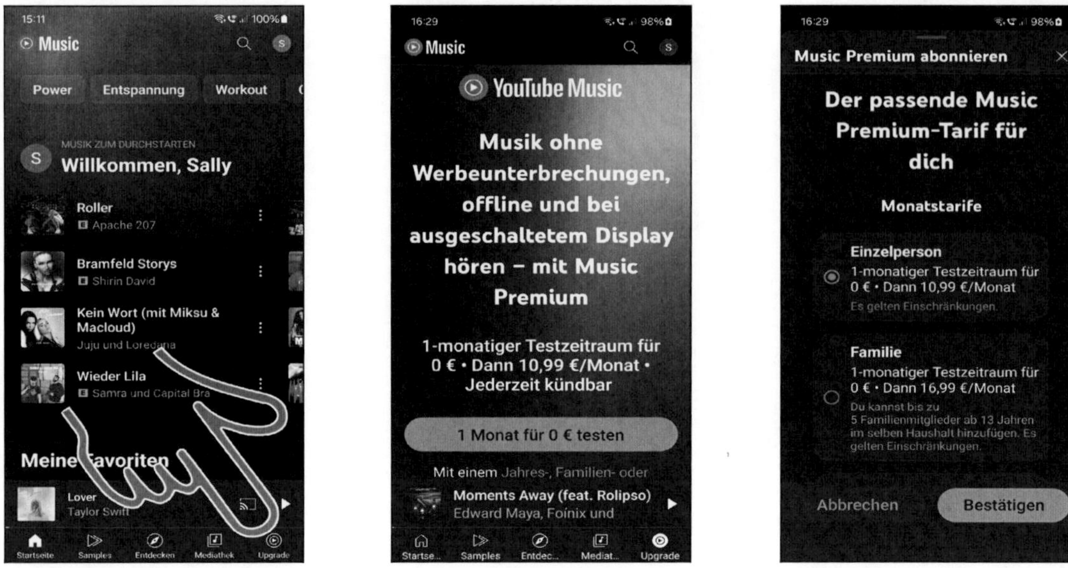

➊ Tippen Sie auf *Upgrade.*

➋ Gehen Sie auf *Testzeitraum beginnen* beziehungsweise 1 Monat für 0 € testen.

➌Wählen Sie den Musiktarif aus. Falls Sie nur Musik auf dem Handy hören möchten, dürfte *Einzelperson* ausreichen. Sie können jederzeit später noch den Tarif wechseln beziehungsweise beenden. Betätigen Sie dann *Bestätigen.*

19.4.2 YouTube Music Premium-Abo verwalten

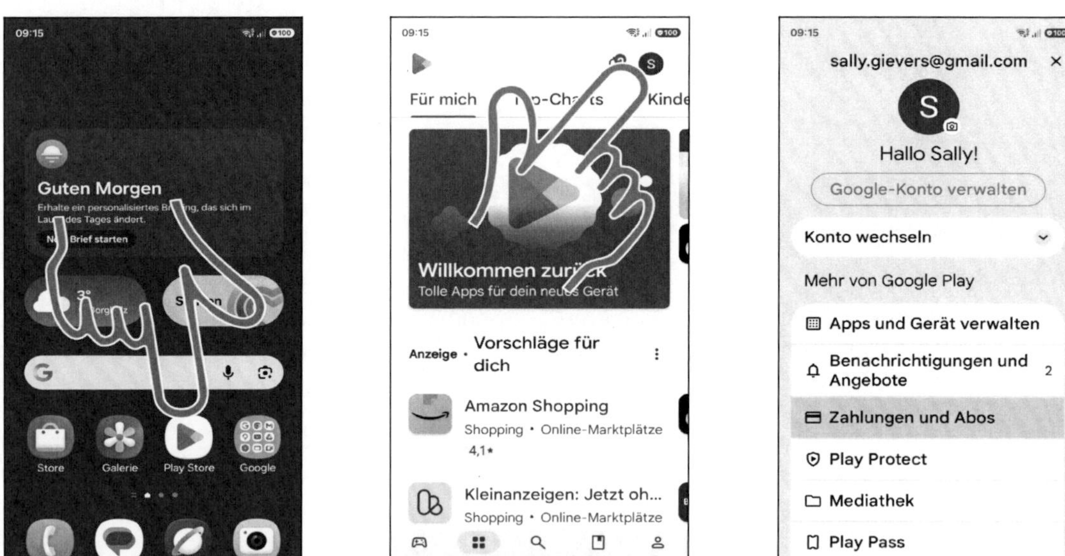

➊ Wir empfehlen, die zentrale Aboverwaltung des Play Stores zu nutzen. Rufen Sie dafür im Startbildschirm oder Hauptmenü den *Play Store* auf.

➋ Tippen Sie oben rechts auf das runde Konto-Symbol.

➌ Wählen Sie *Zahlungen und Abos.*

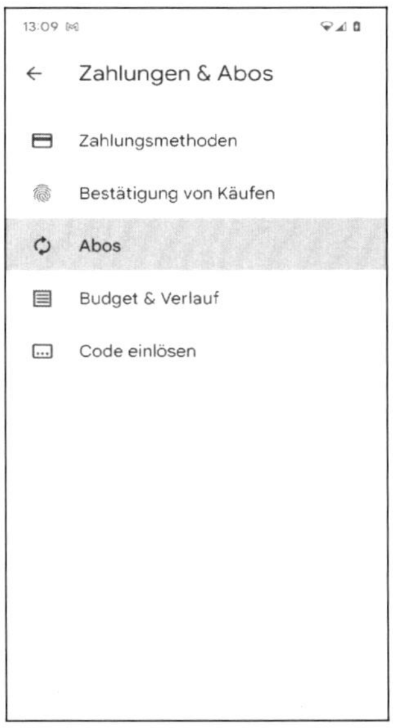

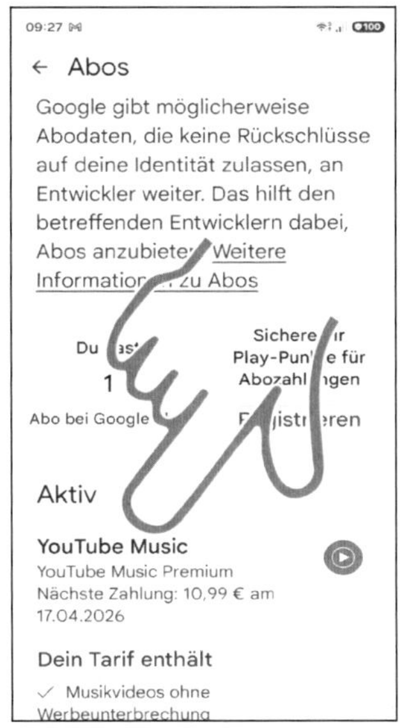

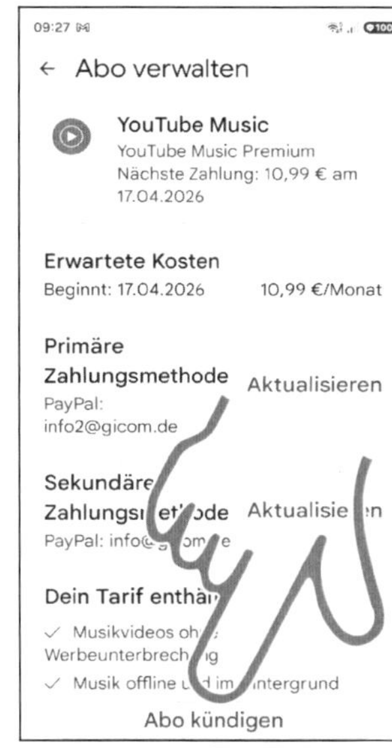

❶ Gehen Sie auf *Abos.*

❷ Hier werden alle aktiven Abos aufgelistet. Wählen Sie nun *YouTube Music* aus.

❸ *Abo Kündigen* beendet das Abo (Sie dürfen es jederzeit später erneut abschließen, haben dann aber keinen kostenlosen Probemonat). Betätigen Sie hier *Weiter.*

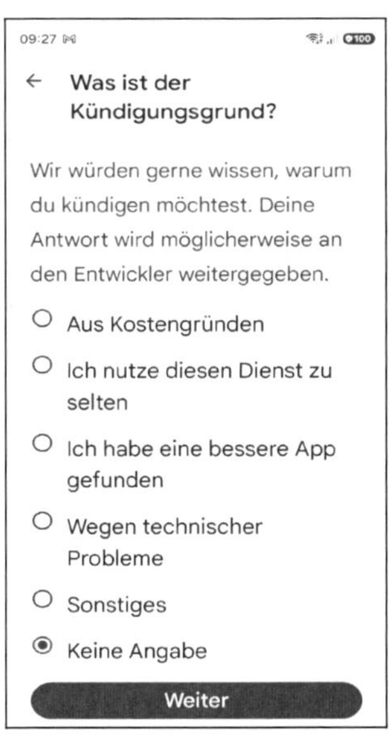

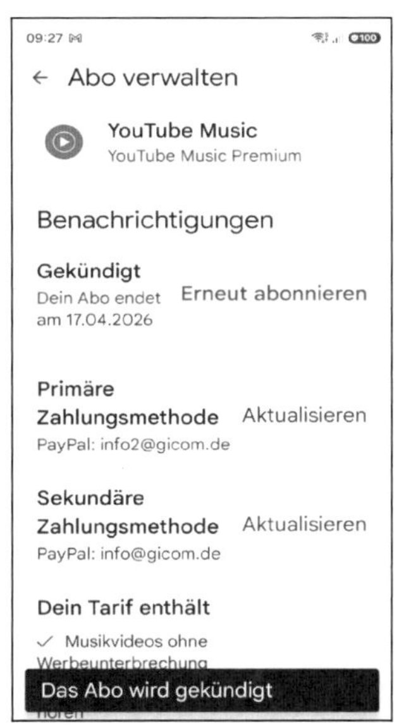

❶❷ Als Grund wählen sie einfach *Keine Angabe* und gehen auf *Weiter.* Damit ist das *YouTube Music*-Abo beendet. Wie oben erwähnt, haben Sie innerhalb des Probemonats keine weiteren Kosten.

19.5 Welcher Song ist das?

Sie kennen sicher das Problem, ab und zu im Radio, TV, Kaufhaus oder Club einen unbekannten Song zu hören, der Ihnen gefällt. Den Songtitel herauszufinden gestaltete sich dann schwierig. Als Problemlösung bietet sich eine Automatik an, die anhand eines mitgehörten Ausschnitts Interpret, Titel und Album ermittelt.

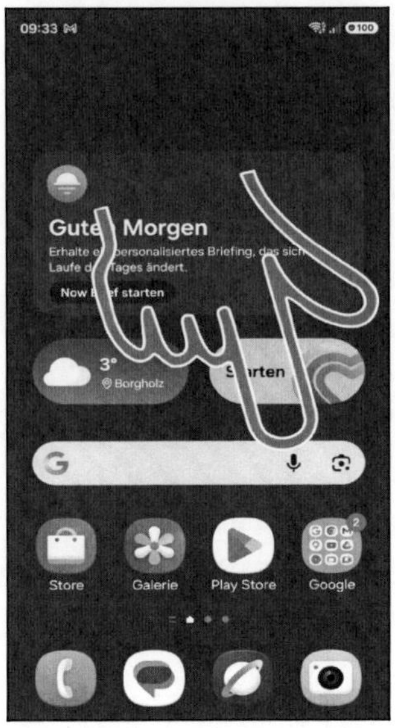

➊ Betätigen Sie – während die Musik gespielt wird – die 🎙-Schaltfläche im Google-Such-Widget (Pfeil) des Startbildschirms.

➋ Tippen Sie dann auf *Musik erkennen* (Pfeil).

➌ Google analysiert nun die Musik und zeigt Songtitel und Interpreten an.

20. Kalender

Der Kalender verwaltet Ihre Termine, die sich mit dem Google-Kalender synchronisieren lassen.

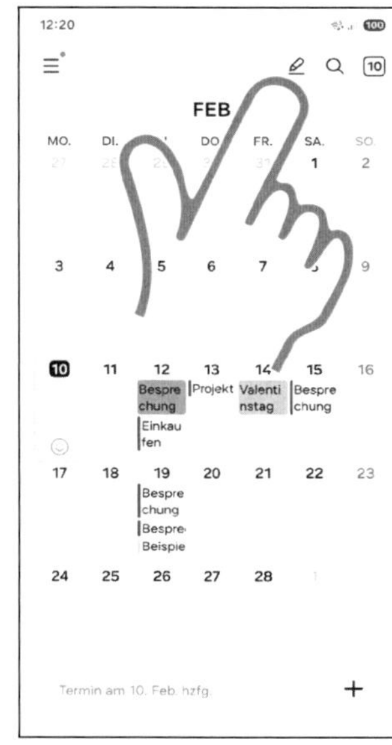

❶❷ Sie finden den *Kalender* im Hauptmenü (Pfeil).

❸ Beim Galaxy S26 Ultra wird ein Bedienstift (Stylus) mitgeliefert. Die Kalender-Anwendung bietet bei diesem Gerät einige zusätzliche Funktionen (Pfeil), auf die Kapitel *36.7 Zeichnungen im Kalender* eingeht.

Sofern Sie Ihr Google-Konto schon auf einem anderen Handy genutzt hatten, erscheinen in der Kalender-Anwendung schon beim ersten Aufruf diverse im Google-Kalender hinterlegte Termine.

20.1 Kalenderansichten

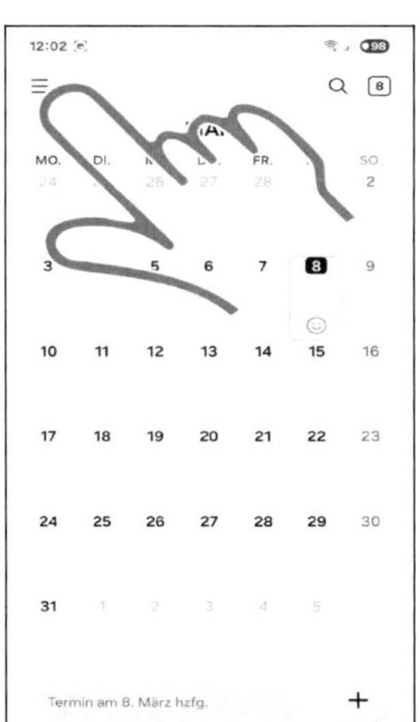

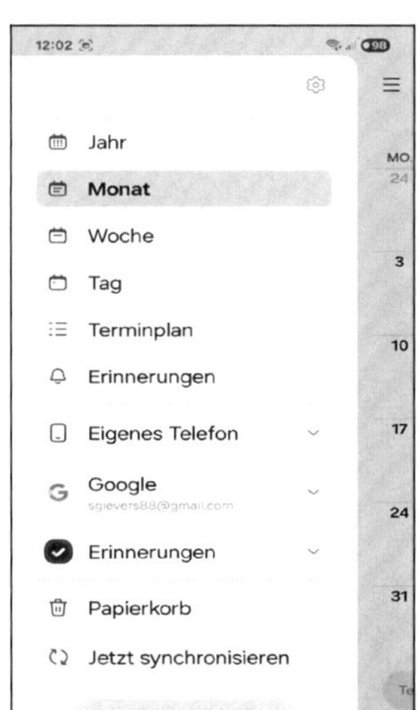

❶❷ Der Kalender zeigt beim Start standardmäßig den aktuellen Monat an. Um auf eine andere Kalenderansicht umzuschalten, aktivieren Sie die Seitenleiste und gehen Sie auf *Jahr Monat, Woche, Tag* oder *Erinnerungen*. Letzteres ist eine separate Anwendung zur Aufgabenverwaltung.

20.1.1 Jahresansicht

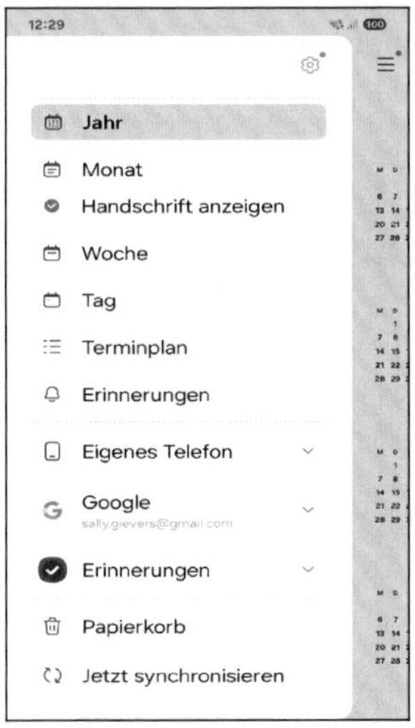

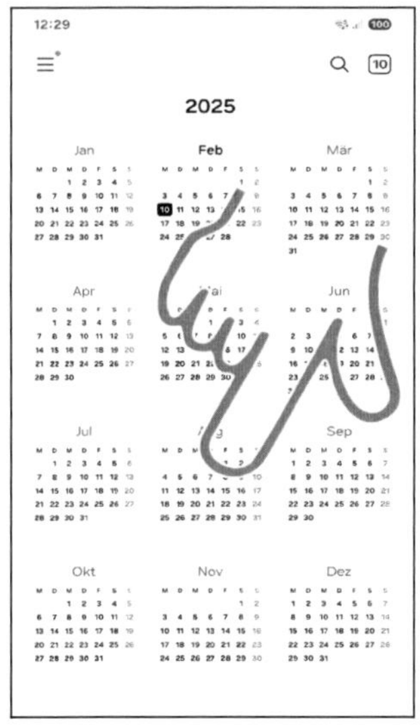

➊ Über *Jahr* im Ausklappmenü springen Sie schnell zu einem bestimmten Monat.

➋➌ Tippen Sie dann einfach einen Monat im angezeigten Kalender an.

20.1.2 Monatsansicht

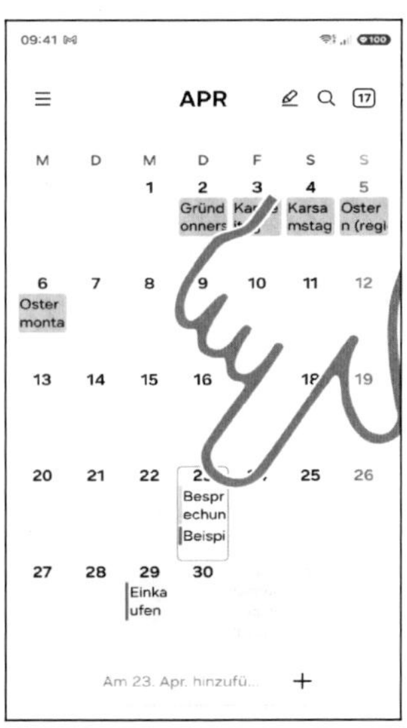

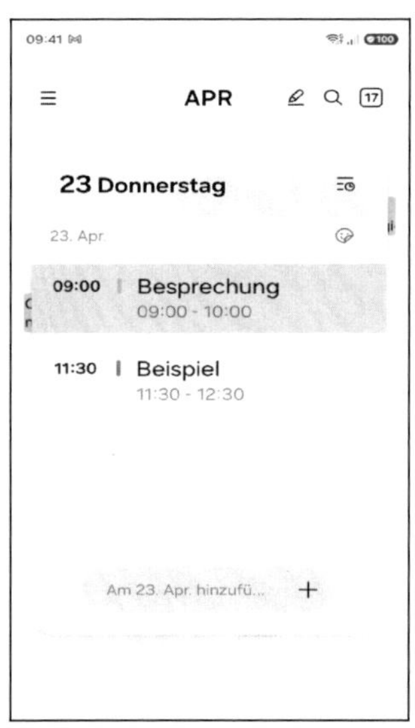

➊ Tippen Sie einen Kalendertag kurz an, so listet der Kalender alle zugehörigen Termine in einem Popup auf.

➋➌ Dort wählen Sie dann den anzuzeigenden Termin aus.

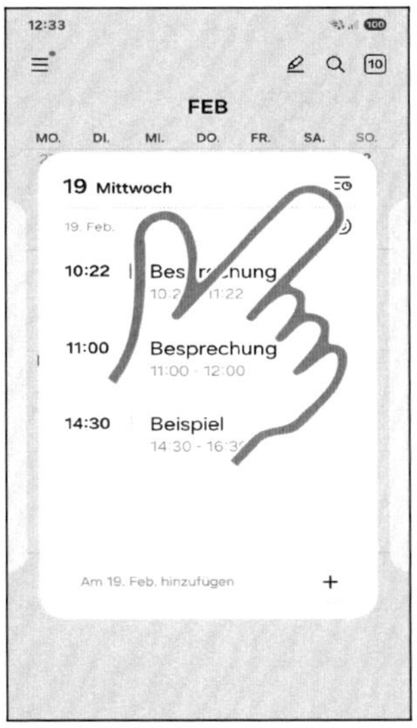

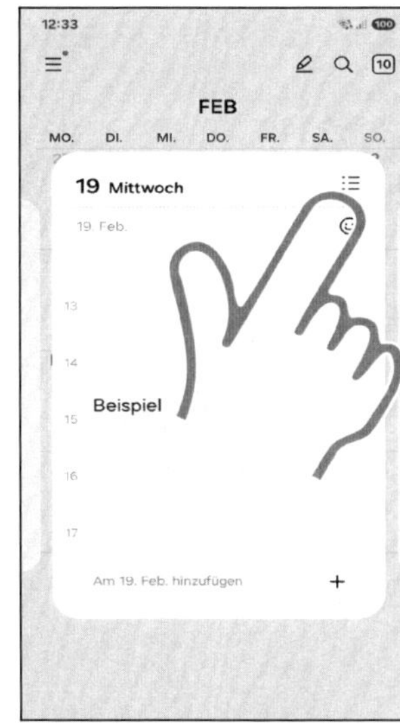

❶❷ ⩷◷ (Pfeil) schaltet auf eine alternative Ansicht um. Sie können dann mit einer Wischgeste in der Zeitachse des ausgewählten Tags blättern.

❸ ⁝☰ wechselt wieder zur Terminauflistung.

Auf die Bedeutung der ☺-SchaltflächeSchaltfläche geht später Kapitel *20.6 Sticker* ein.

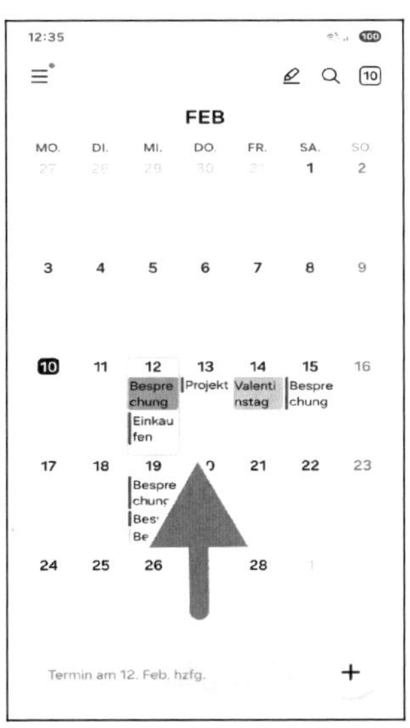

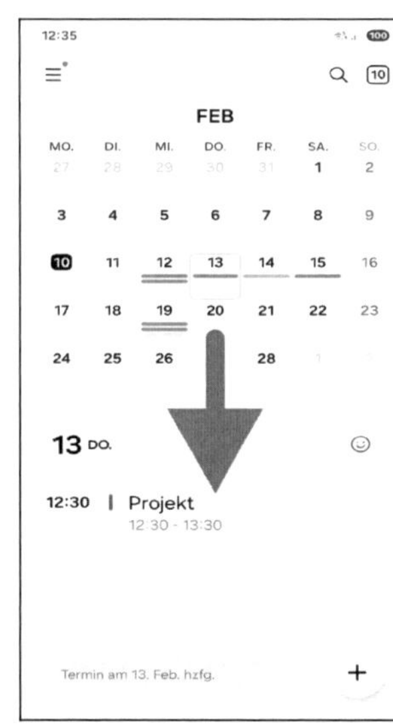

❶ Über eine Wischgeste von unten nach oben schalten Sie auf eine alternative Ansicht um.

❷ Tippen Sie einen Tag an, worauf im unteren Bildschirmdrittel die Tagestermine angezeigt werden.

❸ Wischen Sie nach unten, um die alternative Ansicht wieder auszuschalten.

20.1.3 Wochenansicht

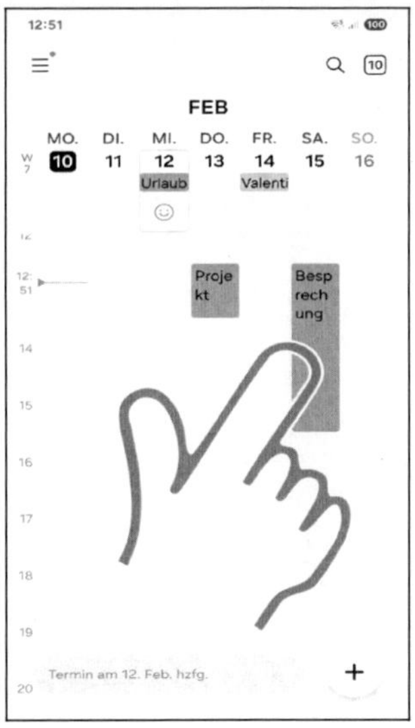

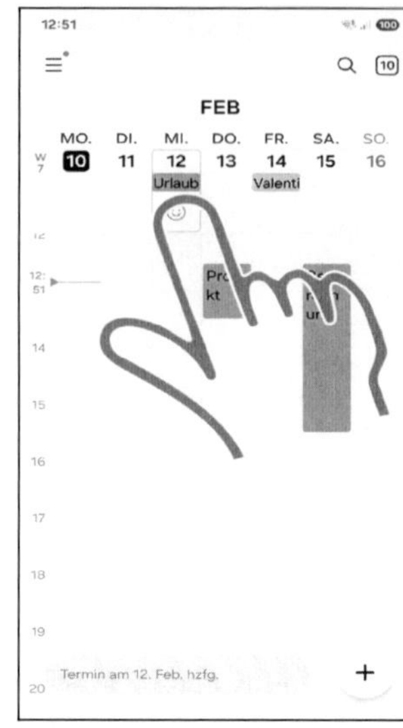

❶❷ In der Wochenansicht sind alle Termine als Balken auf einer Zeitachse angelegt. Man sieht auf diesem Wege sofort, ob und wo noch freie Zeiträume sind. Antippen eines Termins (Pfeil) zeigt diesen wiederum an.

❸ Ganztagstermine blendet der Kalender jeweils am oberen Bildschirmrand ein. Diese können Sie für Termindetails antippen.

20.1.4 Tagesansicht

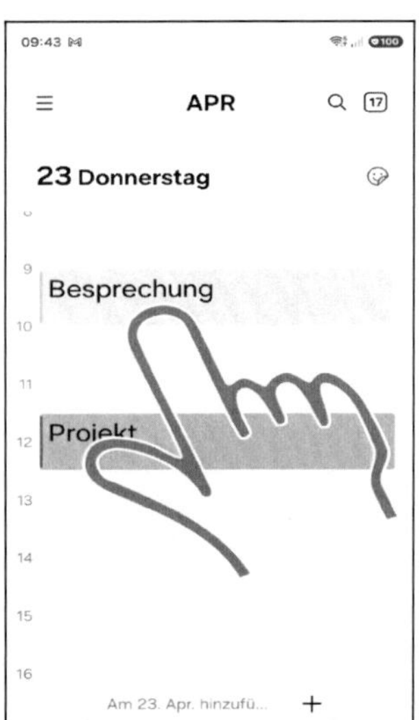

❶❷ Auch die Tagesansicht stellt die Termine in einer Zeitachse dar. Tippen Sie einen Termin (Pfeil) für die Detailansicht an.

20.2 Navigation im Kalender

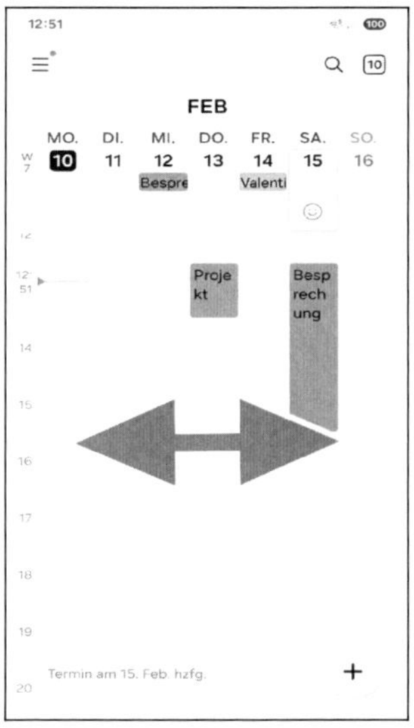

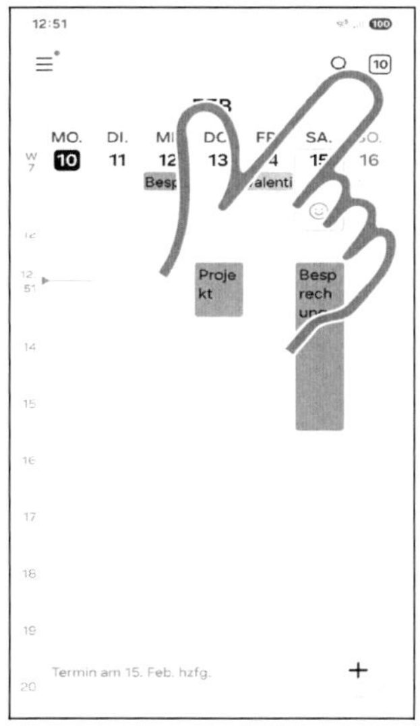

1 Mit einer Wischgeste nach links/rechts blättern Sie in den Terminen vor oder zurück.

2 Über die Schaltfläche am oberen rechten Bildschirmrand kehren Sie zum aktuellen Datum zurück.

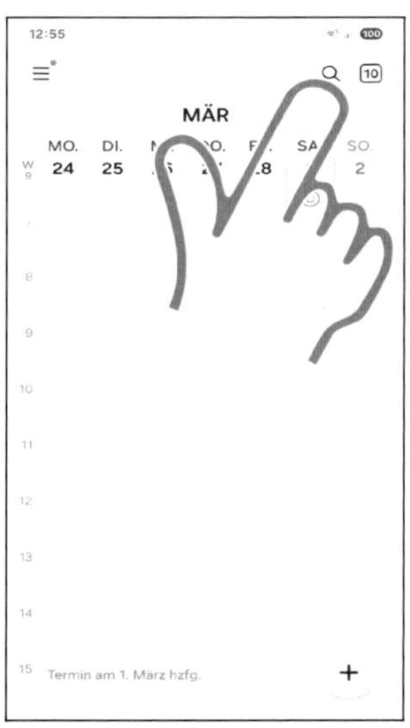

1 2 Als Hilfreich erweist sich die Suche mit 🔍. Bereits während der Eingabe werden Fundstellen angezeigt.

20.3 Neuen Termin hinzufügen

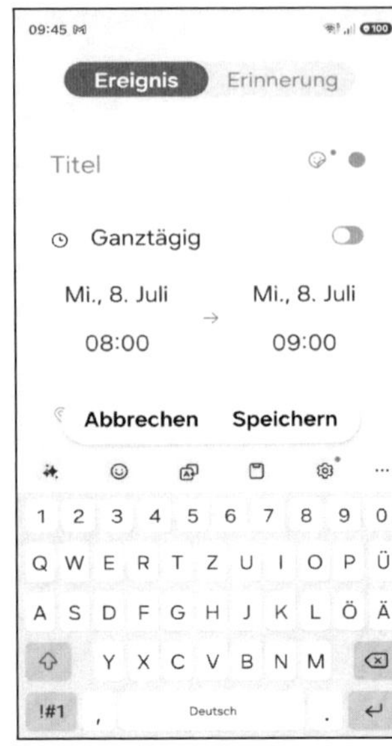

❶ In allen Kalenderansichten erzeugt die +-Schaltfläche einen neuen Termin.

❷ Sie ersparen sich so übrigens etwas Arbeit, indem Sie vor Betätigen der +-Schaltfläche kurz auf den Kalendertag (Monatsansicht) oder in die Zeitleiste (Wochen- und Tagesansicht) tippen (Pfeil). Der Kalendertag wird dann in den Termineditor übernommen.

Der Kalender unterstützt noch eine weitere Methode für die Terminerfassung: Doppeltippen Sie mit dem Finger auf einen Kalendertag beziehungsweise eine Uhrzeit in der Zeitleiste von Tages- oder Wochenansicht.

❸ Erfassen Sie im Bearbeitungsbildschirm die Termindaten. Sofern es sich um einen Termin ohne feste Uhrzeit, beispielsweise einen Geburtstag, handelt, aktivieren Sie *Ganzen Tag*.

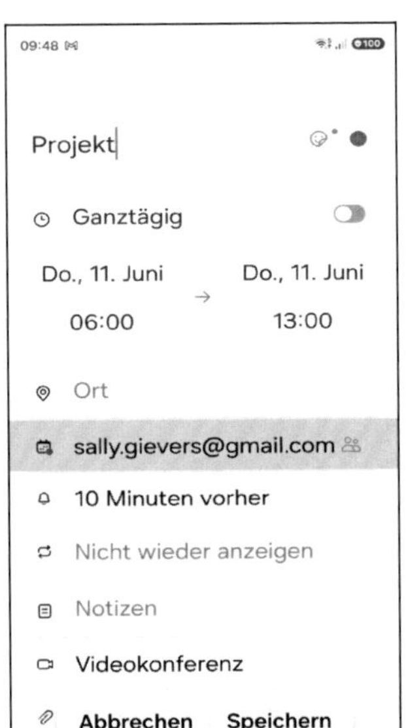

❶❷ Über das Auswahlmenü (Pfeil) stellen Sie ein, was mit den Daten geschieht:

- *Eigene Kalender*: Der Termin bleibt auf dem Gerät und wird weder mit dem Samsung-Konto noch dem Google-Konto abgeglichen.
- *Samsung Calendar*: Dieser Menüeintrag wird nur angezeigt, wenn Sie ein Samsung-Konto nutzen (siehe Kapitel *23 Das Samsung-Konto*). Wir gehen in diesem Buch nicht darauf ein.
- *(Ihr Konto)@gmail.com*: Datenabgleich des Termins mit Google Kalender über das Internet. Sie sollten immer Ihr Google-Konto verwenden, da die Speicherung auf dem Gerät keinen Sinn macht.

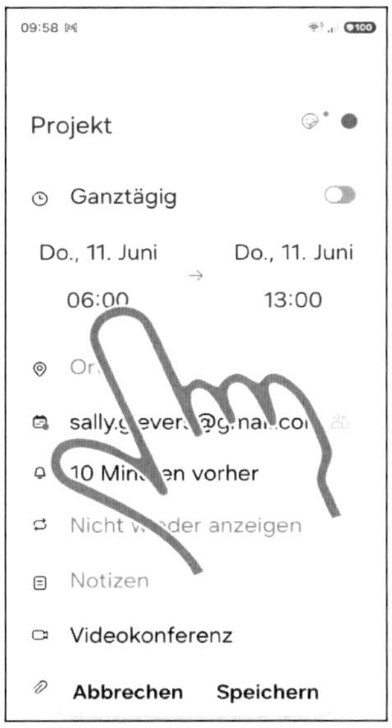

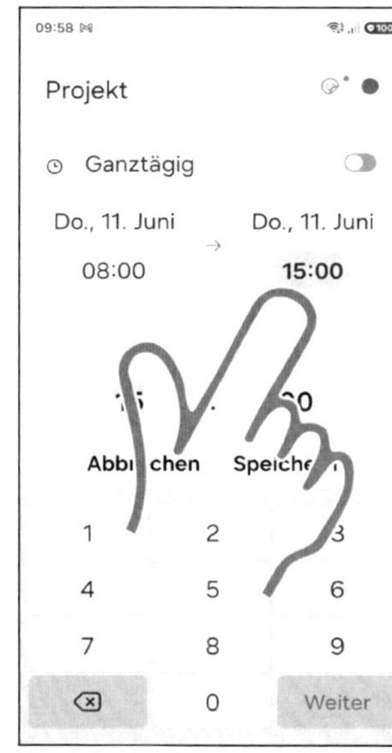

❶ Die Terminzeit stellen durch Antippen von Kalendertag beziehungsweise Uhrzeit ein.

❷ Wischen Sie einfach über die Uhrzeitziffern nach oben oder unten. Falls Sie die Uhrzeit lieber über ein Tastenfeld erfassen möchten, tippen Sie auf die Zahlen.

❸ Tippen Sie nun die Endzeit an, um diese einzustellen.

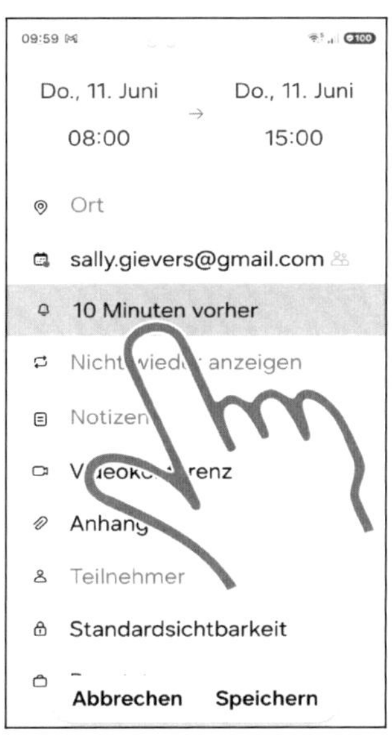

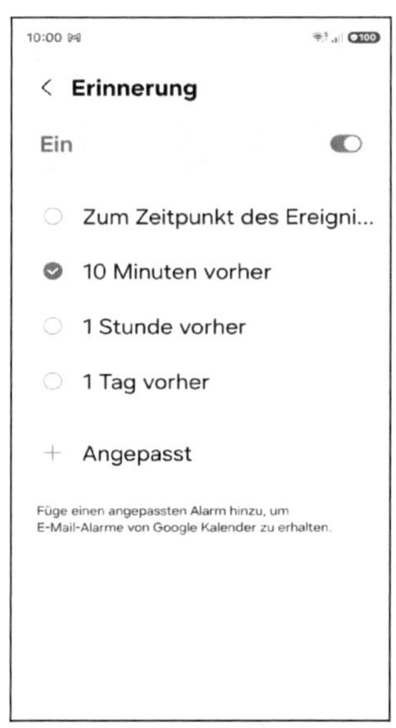

❶❷ Das Handy macht Sie standardmäßig auf den Termin 10 Minuten vorher aufmerksam. Diese Erinnerung können Sie durch Antippen jederzeit auf einen anderen Zeitraum ändern.

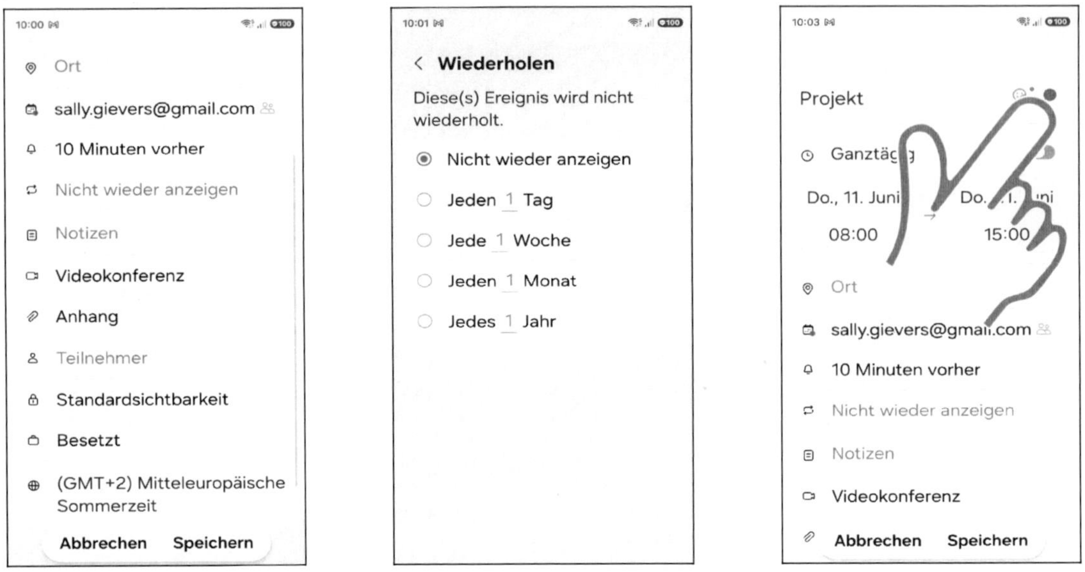

❶ Die Eingabefelder in der Übersicht:

- *Ort*: Wo der Termin stattfindet.
- *xxx@gmail.com*: Termine werden in Ihrem Google-Konto gespeichert.
- *10 Min. vorher*: Erinnerung erfolgt 10 Minuten vor dem Termin.
- *Nicht wieder anzeigen* (❷) ermöglicht es, den Termin in bestimmten Zeiträumen automatisch erneut anzusetzen, beispielsweise wöchentlich oder monatlich.
- *Notizen*
- *Videokonferenz*: Sofern Sie mit den unter Teilnehmer aufgeführten Personen eine Videokonferenz führen möchten, müssen Sie hierüber *Google Meet* freischalten.
- *Anhang*: Nicht von Samsung dokumentiert.
- *Teilnehmer*: Legen Sie Kontakte aus dem Telefonbuch fest, die automatisch über Terminupdates per E-Mail informiert werden. In diesem Buch gehen wir nicht weiter auf Termineinladungen ein.
- *Standardsichtbarkeit; Besetzt*: Diese Eingabefelder machen nur im Zusammenhang Kalendern Sinn, die mit anderen Personen geteilt wurden.
- *(GMT+1)*: Die Zeitzone ist ausschließlich für Anwender interessant, die Termine in anderen Ländern wahrnehmen. Standardmäßig rechnet der Kalender alle Terminuhrzeiten auf die jeweilige Lokalzeit des Aufenthaltslandes um. Wenn Sie dies nicht möchten, stellen Sie die Zeitzone entsprechend ein.

❸ Die Hintergrundfarbe des Termins in der Tages- und Wochenansicht legen Sie über die Schaltfläche oben rechts fest.

Betätigen Sie anschließend *Speichern* am unteren Bildschirmrand.

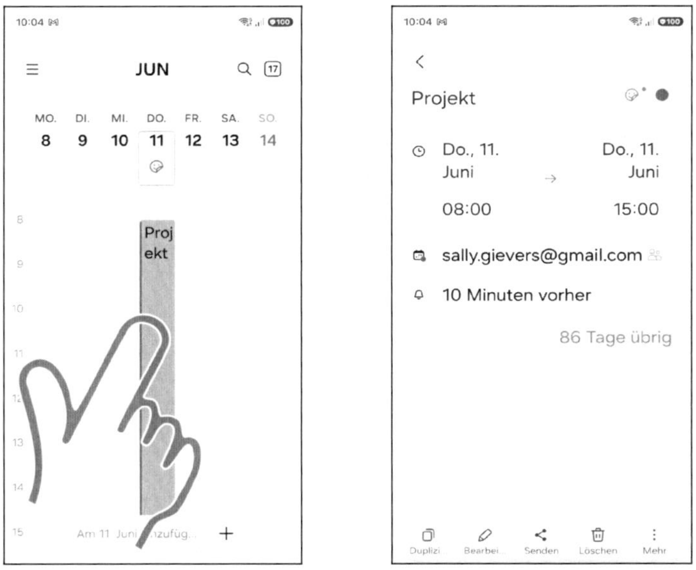

❶❷ Der Termin erscheint im Kalender. Tippen Sie ihn an für die Termindetails. Falls Sie ihn ändern möchten, tippen Sie einfach eines der angezeigten Datenfelder an, was automatisch in den Bearbeitungsmodus umschaltet.

20.4 Schneller Termin

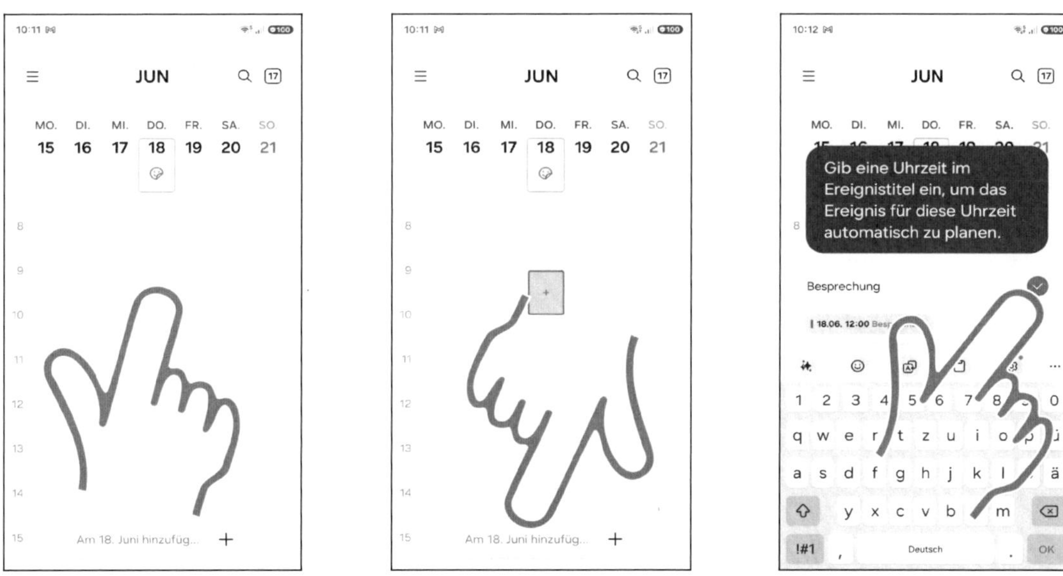

In der Tag-, Wochen- und Monatsansicht ist auch eine »schnelle Termineingabe« möglich:

❶ Beispielsweise tippen Sie in der Monatsansicht kurz auf einen Wochentag, zu dem Sie einen Termin anlegen möchten.

❷ Tippen Sie dann unten auf die Schaltfläche.

❸ Erfassen Sie den Termineintrag und schließen Sie mit der blauen Schaltfläche ab.

Standardmäßig wird ein Ganztagstermin erstellt. Einen normaler Termin erstellen Sie durch Angabe einer Uhrzeit, beispielsweise mit »*15:00 Mama abholen*« oder »*Besprechung um 15 Uhr*«.

20.5 Weitere Terminverwaltungsfunktionen

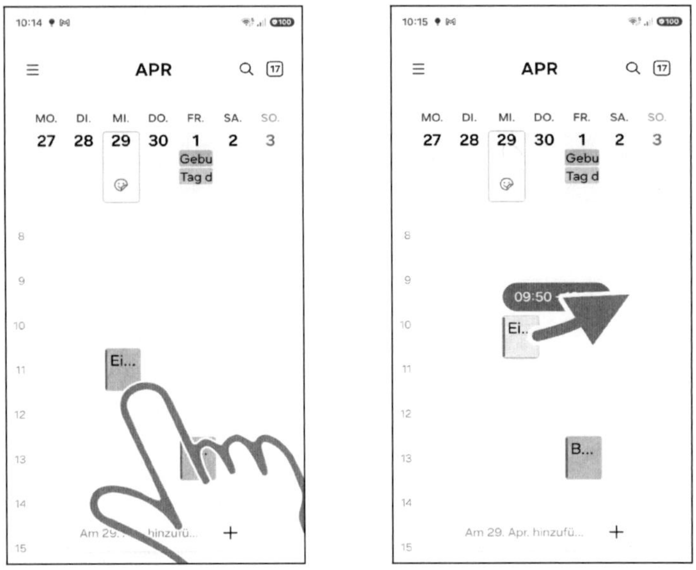

❶❷ In der Tages- und Wochenansicht lassen sich Termine sehr einfach auf eine andere Uhrzeit oder sogar ein anderes Datum verlegen, ohne dass man sie erst in der Bearbeitungsansicht öffnen muss: Tippen und halten Sie für einige Sekunden den Finger auf einem Eintrag und ziehen Sie ihn dann auf der Zeitachse an die gewünschte Position.

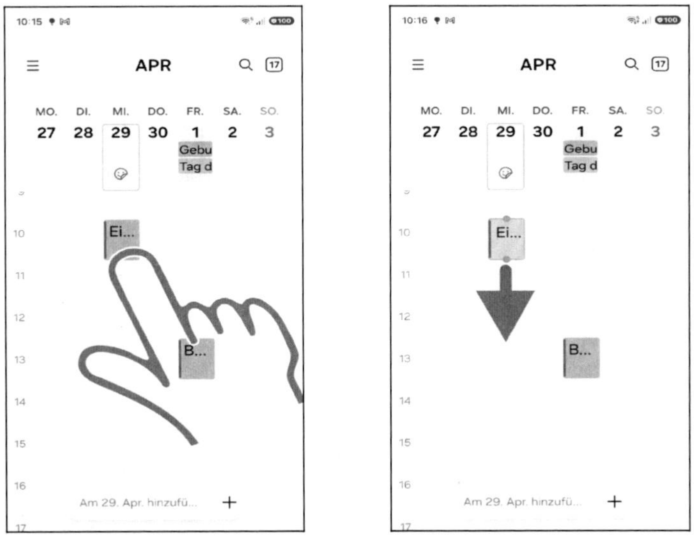

❶❷ Die Terminlänge lässt sich ebenfalls ändern: Tippen und halten Sie den Finger für einige Sekunden auf einem Termin, bis dieser »markiert« ist. Danach ziehen Sie unten oder oben an den Kugeln.

20.6 Sticker

Die sogenannten Sticker ersetzen keine Kalendertermine, sondern dienen als zusätzlicher Hinweis. Vielleicht haben Sie ja in Ihrem Papierkalender auch schon mal farbige Etiketten eingeklebt?

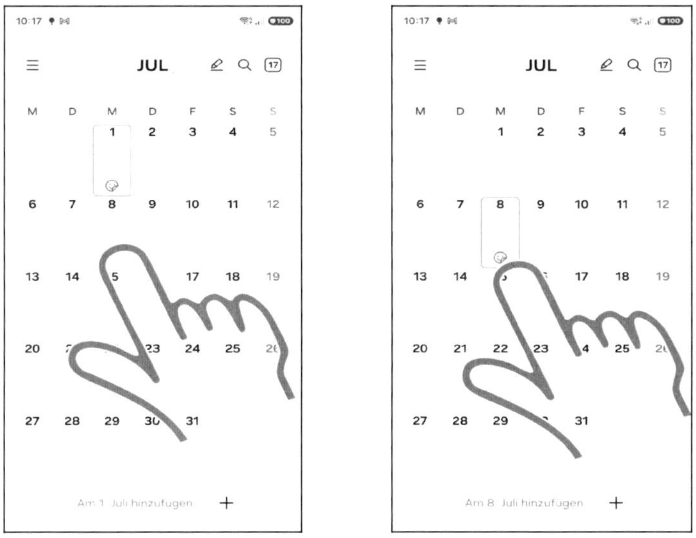

❶ In der Monatsansicht tippen Sie zunächst in den Tag, zu dem Sie einen Hinweis hinzufügen möchten.

❷ Nun betätigen Sie ☺.

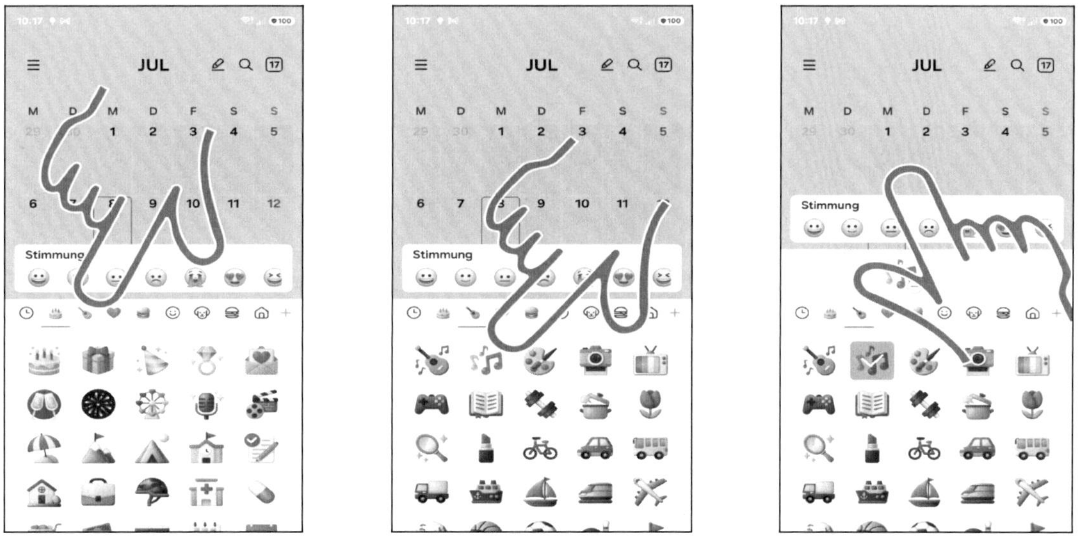

❶❷ Wählen Sie erst ein Register aus, danach tippen Sie auf eines der angebotenen Symbole.

❸ Schließen Sie das Menü, indem Sie entweder die <-Taste betätigen oder außerhalb des Menüs auf den Bildschirm tippen (Pfeil).

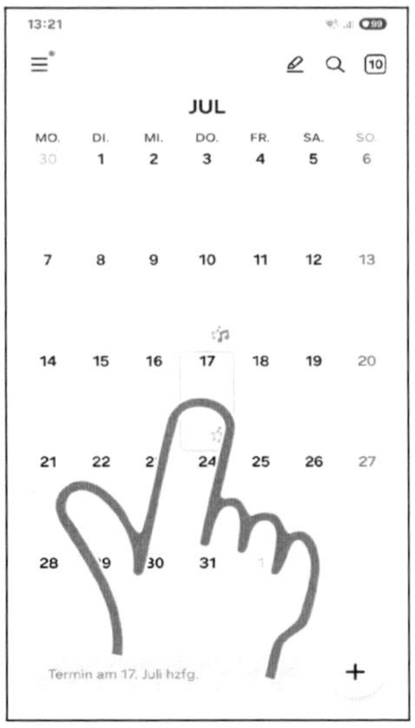

❶ Der Sticker wird in der Monatsansicht angezeigt. Tippen Sie den Wochentag an, um den Sticker wieder zu löschen.

❷❸ Tippen Sie auf den Sticker, anschließend betätigen Sie die Minus-Schaltfläche.

20.7 Terminerinnerung

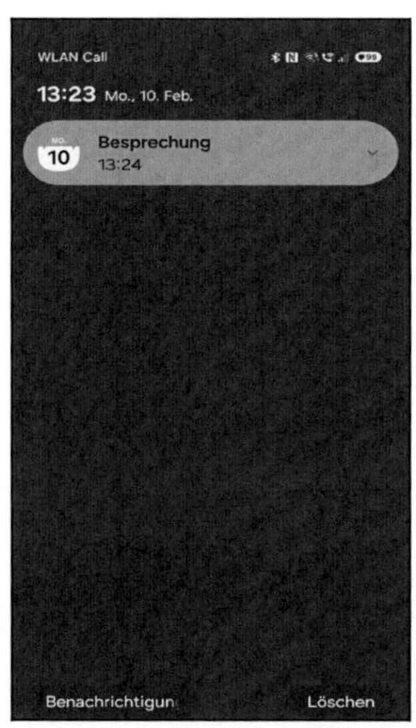

❶ Zum eingestellten Termin ertönt der Erinnerungston und ein Popup erscheint am oberen Bildschirmrand.

❷ Auch im Benachrichtigungsfeld ist ein Terminhinweis vorhanden.

Den Alarmton für Kalendertermine stellen Sie, wie im Kapitel *4.14 Medienlautstärke und Signaltöne* erläutert, ein.

20.8 Einstellungen

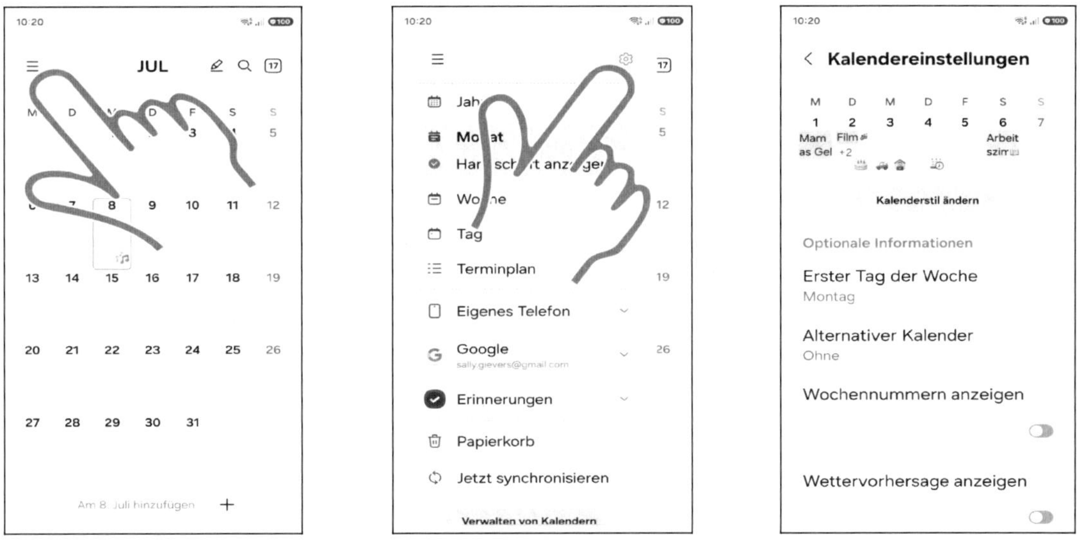

❶❷❸ ⚙ in der Seitenleiste öffnet die Einstellungen:

- *Kalenderstil ändern*: Hier passen Sie an (was die einzelnen Einstellungen bewirken wird in einer Vorschau angezeigt):
  - *Schriftgröße des Ereignistitels*: Allgemeine Schriftgröße.
  - *Ereignisfarben*: Die farbliche Hinterlegung von Terminen.
  - *Kurze Ereignisse hervorheben*: Besondere Hervorhebung für Termine in der Monatsansicht.
  - *Ereignistitel umbrechen lassen*: Lange Termintitel in den Kalenderansicht nicht abschneiden.
  - *Dark Mode*: Bildschirmdarstellung invertieren. Siehe auch Kapitel *27.5 Dunkelmodus (Dark Mode)*.

Unter *Optionale Informationen*:

- *Erster Tag der Woche*: In manchen Kulturkreisen beginnt die Woche bereits am Sonntag, was Sie hier festlegen.
- *Alternativer Kalender*: Kalender auf asiatische Gegebenheiten umstellen.
- *Wochennummern anzeigen*: Wochennummer in der Wochenansicht einblenden (oben im Bildschirm).
- *Wettervorhersage anzeigen*: Zeigt in der Wochen- und Tagesansicht an der Oberseite ein Symbol für das zu erwartende Wetter an. In der Monatsansicht erscheint das Wettersymbol direkt im Tageskästchen.
- *Abgeschlossene Erinnerungen anzeigen*: Dies betrifft Erinnerungen, die Sie mit Samsung Notizen angelegt haben.
- *Abgelehnte Ereignisse ausblenden*: Terminanfragen, die Sie ablehnen (in diesem Buch gehen wir nicht weiter darauf ein), blendet der Kalender aus.
- *Vergangene Ereignisse ausblenden*: Abgelaufene Termine werden nicht mehr im Kalender angezeigt.

Unter *Warnungen*:

- *Alarmtyp*: Wählen Sie das Aussehen der Terminerinnerung auf dem Bildschirm aus. Außerdem stellen Sie hier eine der vordefinierten Klangfolgen beziehungsweise die Vibration als Terminalarm ein.
- *Erinnerungshintergrund*: Bild oder Farbverlauf in der Terminerinnerung.
- *Standardalarmzeiten*: Legt die voreingestellte Terminerinnerung fest:
  - *Ereignisse*: Als Voreinstellung setzt der Kalender bei der Terminneuanlage jeweils

10 Minuten ein, können aber auch kürzere oder längere Zeiträume einstellen. Sie haben so genügend Zeit, um sich auf die Wahrnehmung Ihrer Termine zu konzentrieren.

  - *Ganztägige Ereignisse*: An einen ganztägigen Termin werden Sie um 17 Uhr des Vortags erinnert.
  - *Wichtige Daten der Kontakte*: In Kontakten (siehe Kapitel *8 Telefonbuch*) hinterlegte Geburtstage und Jahrestage.

- *Alarme von allen Geräten verwerfen*: Beenden Sie einen Terminalarm auf diesem Handy, dann wird er auch auf allen anderen Android-Geräten beendet. Dies funktioniert nur auf Samsung-Geräten und nur unter bestimmten Voraussetzungen. Wir gehen deshalb nicht weiter darauf ein.

Unter *Weitere Einstellungen*:

- *Verwalten von Kalendern*: In den Menü können Sie die Anzeige von Kalenderdaten ein/ausschalten:
  - *Eigenes Telefon*: Termine, die nicht mit Ihrem Google-Konto synchronisiert werden.
  - *Google*: Die in Ihrem Google-Konto abgelegten Termine. Wenn Sie, wie in diesem Buch beschrieben, Ihren ersten Termin angelegt haben, landen dieser und auch alle folgenden automatisch im Google-Konto.
  - *Erinnerungen*: Aufgaben (siehe Kapitel *20.9 Erinnerungen*).
- *Zeitzone festlegen*: Befinden Sie sich in einer anderen Zeitzone, so rechnet das Galaxy automatisch alle Termine von Mitteleuropäischer Zeit auf die besuchte Zeitzone um. Stellen Sie hier dagegen ein, in welcher Zeitzone Sie sich befinden, so erfolgt keine automatische Umrechnung der Terminzeiten.
- *Papierkorb*: Gelöschte Termine werden zunächst im sogenannten Papierkorb aufbewahrt, aus dem Sie sie wieder herstellen können. Sie finden den *Papierkorb* unten im Ausklappmenü.
- *Uhrzeit aus Titeln entfernen*: Nutzen Sie die im Kapitel *20.4 Schneller Termin* vorgestellte Funktion, dann wird die Uhrzeit aus dem Termintext entfernt.
- *Labs*: Weitere Funktionen, die testweise zur Verfügung stehen, aber möglicherweise später wieder entfernt werden.

Unter *Datenschutz*:

- *Ortsnamen anzeigen*: Wenn Sie diese Funktion freigeben und einen Ort im Termin hinterlegt haben, kommen Sie in den Genuß einiger praktischer Features: Bei der Terminbenachrichtigung weist der Kalender auf die Fahrzeit hin und zeigt das dortige Wetter an.
- *Berechtigungen*: Listet die Berechtigungen der Kalender-Anwendung auf.
- *Personalisierter Dienst*: Nicht von Samsung dokumentiert.

20.9 Erinnerungen

In der Kalender-App gibt es eine klare Trennung zwischen **Terminen** und **Erinnerungen**:

- Ein **Termin** ist zeitgebunden und blockiert einen bestimmten Zeitraum in Ihrem Tagesablauf.
- Eine **Erinnerung** ist aufgabenorientiert und fungiert als digitale To-Do-Liste.

20.9.1 Erinnerung anlegen

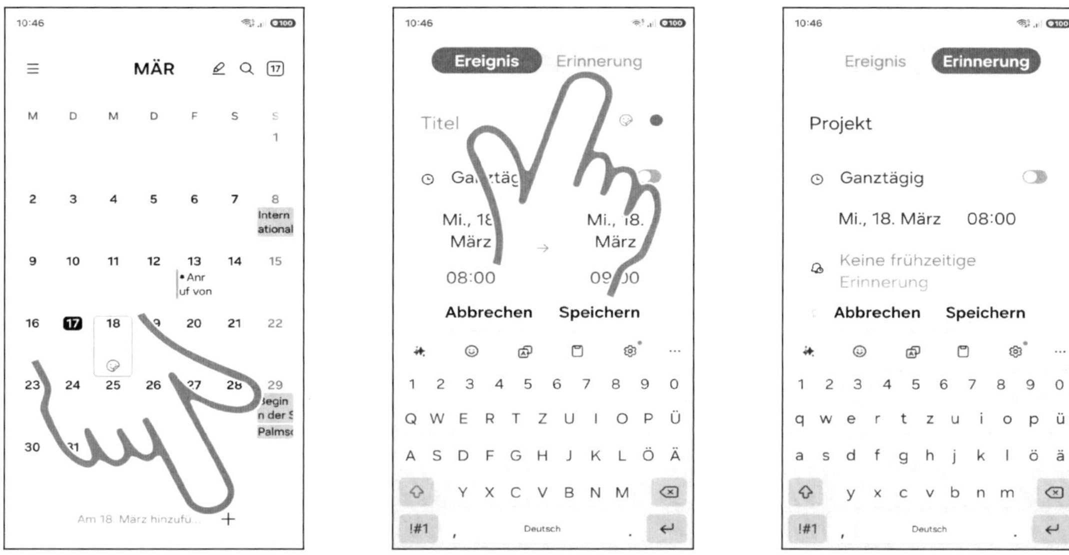

➊ Erinnerungen werden ähnlich wie normale Termine erfasst.

➋ Aktivieren Sie im Bildschirm die *Erinnerung.*

➌ Erfassen Sie den Termintext und betätigen Sie *Speichern.*

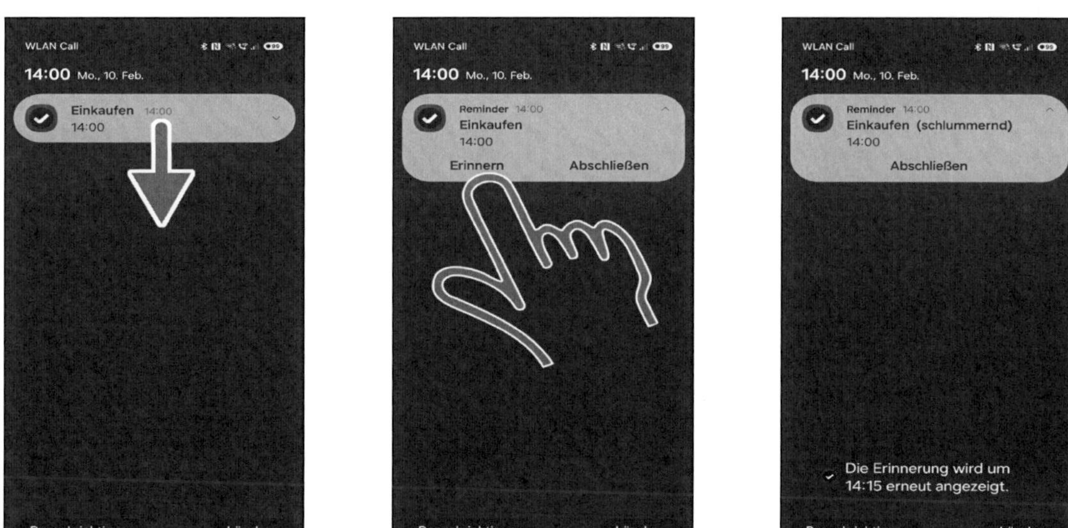

➊ Das Handy informiert Sie akustisch über eine fällige Erinnerungen. Öffnen Sie das Benachrichtigungsfeld für die Anzeige der Erinnerung. Möchten Sie erneut erinnert werden, dann wischen Sie über der Erinnerung nach unten.

➋➌ Betätigen Sie *Erinnern*, worauf Sie erneut nach 15 Minuten benachrichtigt werden.

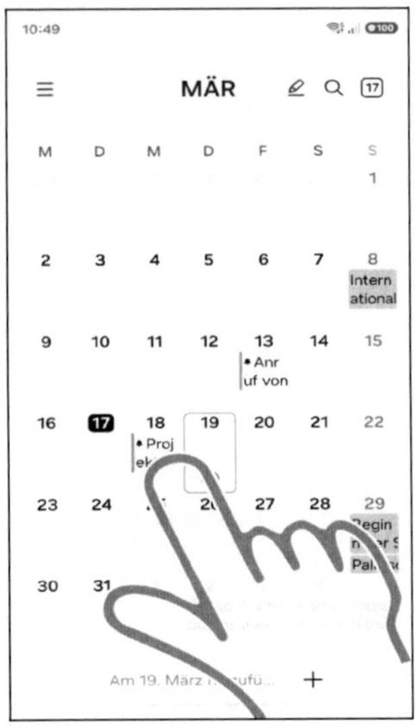

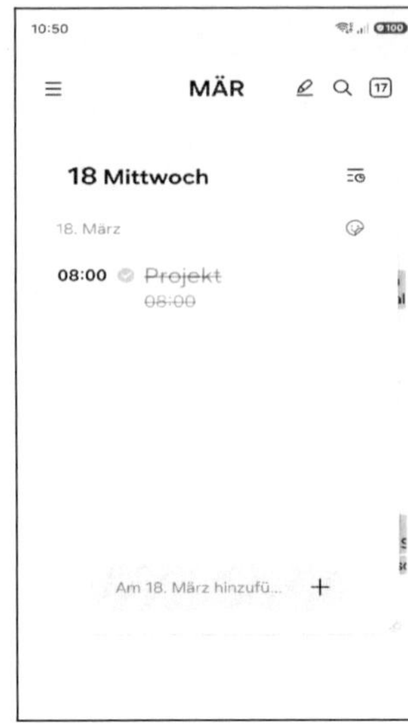

❶ So entfernen Sie erledigte Erinnerungen: Tippen Sie die jeweilige Erinnerung an.

❷❸ Tippen Sie das Abhakkästchen vor einer Erinnerung an, was diese aus der Liste entfernt.

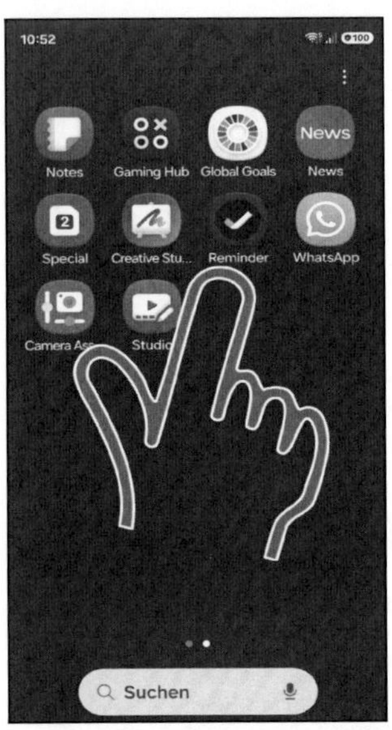

❶❷ Über *Reminder* lässt sich die Erinnerungsverwaltung auch im Hauptmenü aufrufen. Sie sollten zuvor mal eine Erinnerung in der Kalender-Anwendung angelegt haben.

20.10 Kalender im Startbildschirm

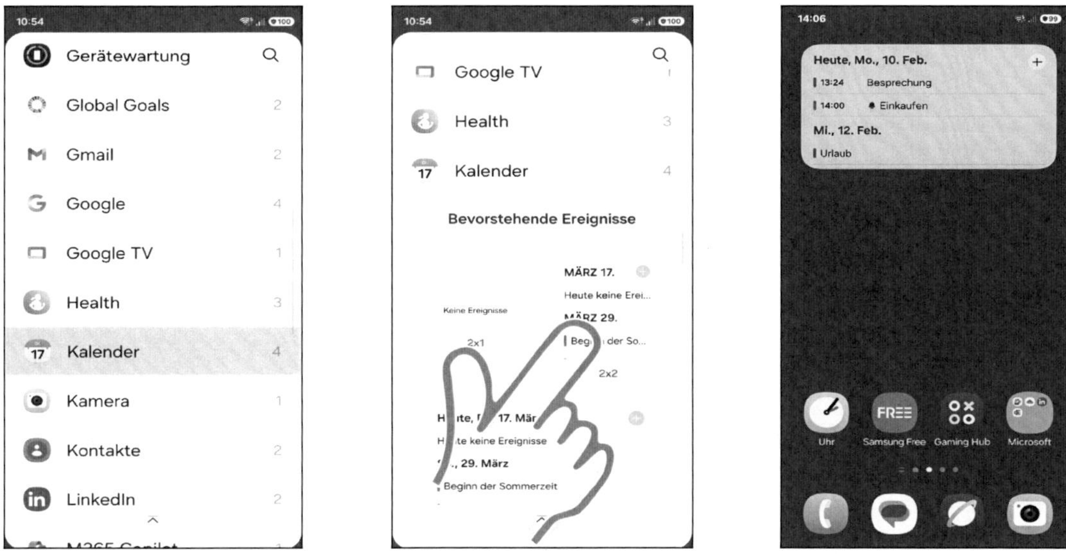

❶❷ Im Widget-Bildschirm stehen nach Antippen von *Kalender* drei verschiedene Kalender-Widgets zur Verfügung. Wählen Sie davon eines aus.

❸ Beispiel für das *Bevorstehende Ereignisse*-Widget.

> Die Widgets beschreibt bereits Kapitel *4.7.2 Widgets*. Weil das Widget meistens nicht auf die erste Startbildschirmseite passt, müssen Sie eine weitere anlegen, was im Zusammenhang mit dem E-Mail-Widget gezeigt wird (siehe Kapitel *12.5 E-Mails auf dem Startbildschirm*).

21. Weitere Programme

21.1 Taschenrechner

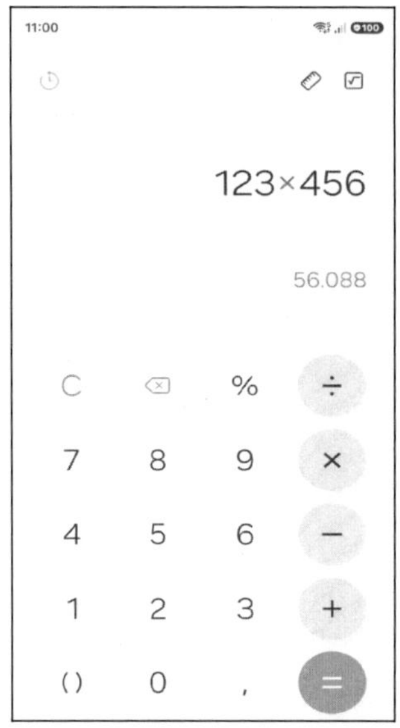

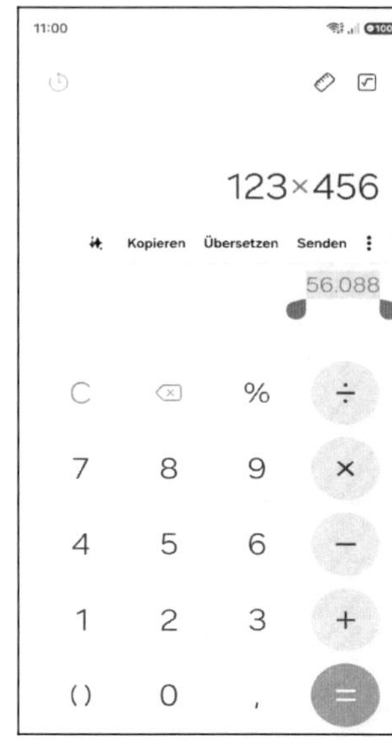

❶ Sie finden den *Taschenrechner* im Hauptmenü.

❷ Alle Eingaben erfolgen in natürlicher Schreibweise. Das Rechenergebnis erhalten Sie dann nach Betätigen der »=«-Taste auf dem Tastenfeld. Die ⌫-Taste löscht ein Rechenergebnis.

❸ Tippen und halten Sie den Finger auf den Ausgabebereich, um Rechenoperationen, beziehungsweise Ergebnisse in die Zwischenablage zu kopieren und in andere Anwendungen wieder einzufügen.

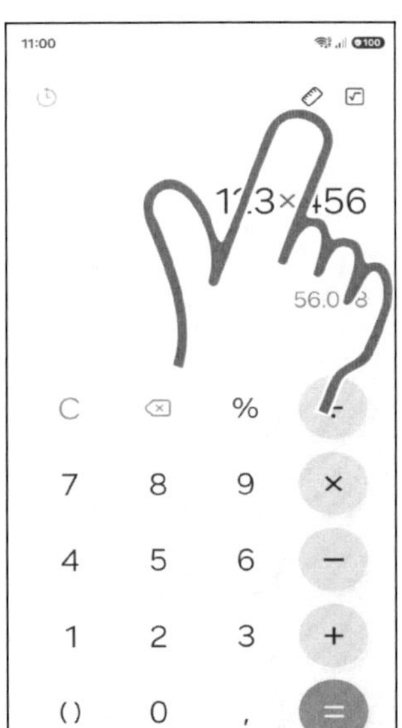

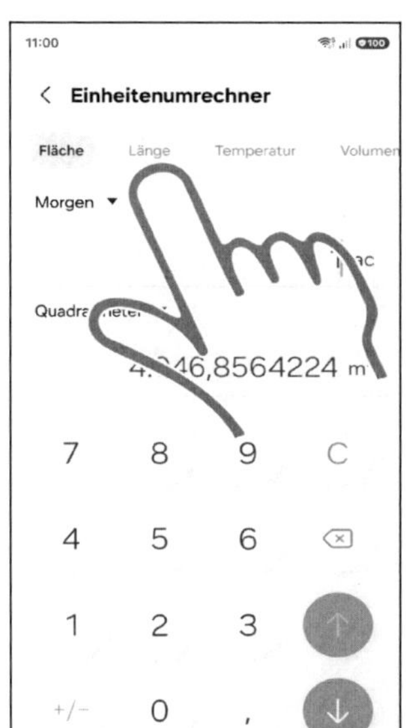

❶ Die ◇-Schaltfläche aktiviert den Einheitenumrechner, ☑ den wissenschaftlichen Rechner.

❷ Wählen Sie einen der angebotenen Umrechner aus. Die ‹-Taste bringt Sie in den Taschenrechner zurück.

21.2 Wetter

Das *Wetter*-Widget liefert aktuelle Wetter-Infos zu einem einstellbaren Standort.

❶❷ Das Wetter-Widget ist im Startbildschirm bereits vorinstalliert. Tippen Sie darauf für die aktuelle Vorhersage.

❸ Weitere Wetterdaten erhalten Sie über die Wischgeste nach oben.

Falls Sie sich wundern, dass das Wetter zu Ihrem Heimatort angezeigt wird: Die Wetter-Anwendung wertet den per GPS ermittelten Standort Ihres Handys aus.

21.3 YouTube

Die YouTube-Anwendung bietet eine ähnliche Funktionalität wie das Videoportal, das Sie unter *www.youtube.com* im Web finden.Die YouTube-Anwendung bietet eine ähnliche Funktionalität wie das Videoportal, das Sie unter *www.youtube.com* im Web finden.

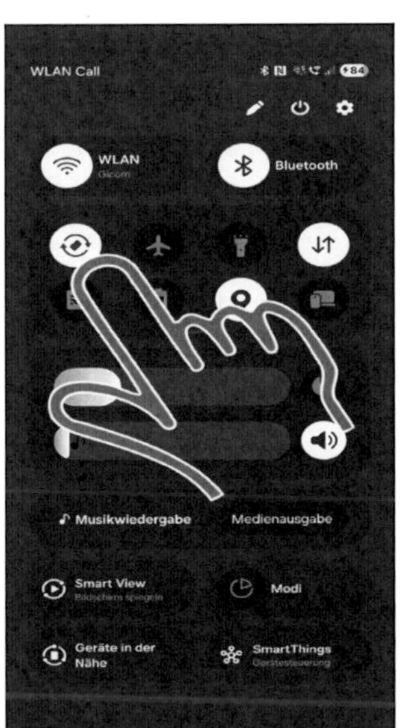

Achten Sie darauf, dass im Schnelleinstellungsbereich die Option *Bildschirm drehen* aktiv ist, damit Sie Videos auf YouTube im Querformat genießen können.

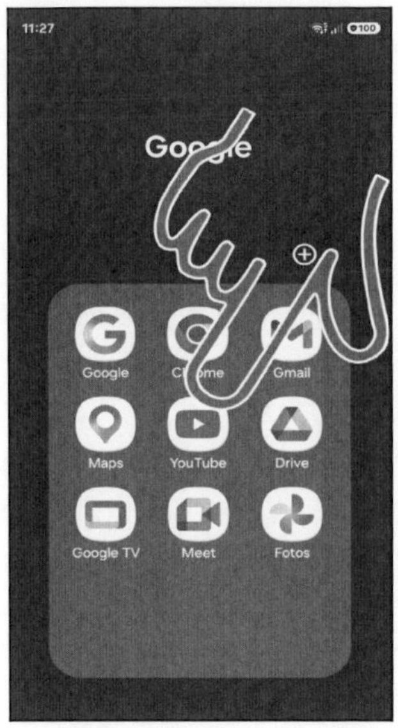

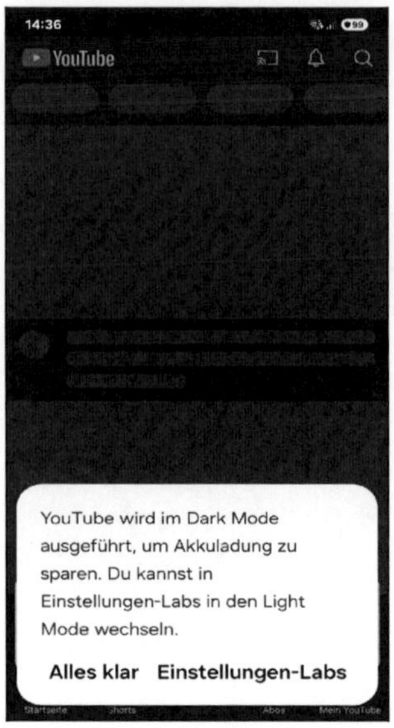

❶❷ Sie finden *YouTube* im *Google*-Ordner des Hauptmenüs.

❸ Schließen Sie die einmaligen Hinweise mit *Alles klar* beziehungsweise *Zulassen.*

Für optimale Nutzung empfehlen wir das Handy um 90 Grad gedreht zu halten, damit die abgespielten Videos den Bildschirm ausfüllen.

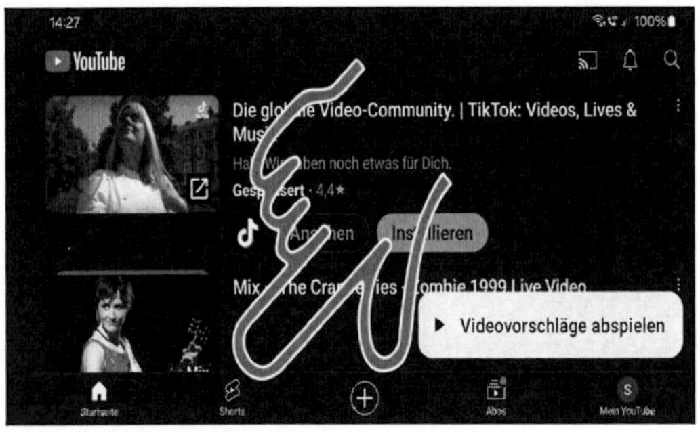

Über die Register schalten Sie um zwischen:

- *Start*: Startseite
- *Shorts*: »Shorts« (engl. »klein«) sind Kurzvideos mit maximal 60 Sekunden Dauer. Die Videos sind allerdings ein Ärgernis, da sie im Portrait-Modus ablaufen und man nicht in ihnen vor- oder zurückspulen kann!
- ⊕: Eigene Videos hochladen oder Video live streamen.
- *Abos*: Von Ihnen abonnierte Kanäle (=Anbieter).
- *Mein YouTube*:
  - *Verlauf*: Liste der bereits aufgerufenen Videos.
  - *Playlists*: Von Ihnen markierte Videos sowie zusammengestellte Playlists.
  - *Meine Videos*: Von Ihnen selbst hochgeladene Videos.
  - *Deine Filme & Serien*: Listet die von Ihnen erworbenen Filme und Kanäle auf.
  - *Premium-Mitglied werden*: Die werbefreie Nutzung ist über ein kostenpflichtiges Abo für 12,99 Euro pro Monat möglich. Im Tarif ist auch YouTube Music Premium (siehe Kapitel *19.1 Die Tarife von YouTube Music*) enthalten.
  - *Wiedergabezeit*: Nutzungsstatistik.

➊➋ Zum Auffinden von Videos tippen Sie oben auf 🔍, geben den Suchbegriff ein und betätigen 🔍 auf dem Tastenfeld. Tippen Sie in den Suchergebnissen das anzuzeigende Video an.

Die ersten Einträge in der Ergebnisliste sind meistens Werbung, durch die sich YouTube finanziert. Wischen Sie einfach nach oben, um die eigentlichen Suchergebnisse anzuzeigen.

➊➋ Die Wiedergabe erfolgt. Tippen Sie auf den Bildschirm, um Bedienelemente anzuzeigen. Die ‹-Taste bringt Sie wieder auf in das Hauptmenü. ⇲ (Pfeil) schaltet dagegen in ein kleines Videofenster um.

Bitte wundern Sie sich nicht, wenn ein Video nicht den gesamten Bildschirm ausfüllt, sondern ein schwarzer Rand bleibt. Bis vor 10 Jahren unterstützten TV-Sender und Aufnahmegeräte häufig nur das 3:4-Format (gelesen als »Länge zu Breite«), während heute 16:9 (HD-Format) üblich ist. Die von anderen YouTube-Nutzern hochgeladenen Videos im 3:4-Format stammen also aus älteren Quellen oder von veralteten Aufnahmegeräten.

➊➋ Navigationstasten werden standardmäßig ausgeblendet. Wischen einmal von außerhalb des Bildschirms nach links, um sie wieder anzuzeigen.

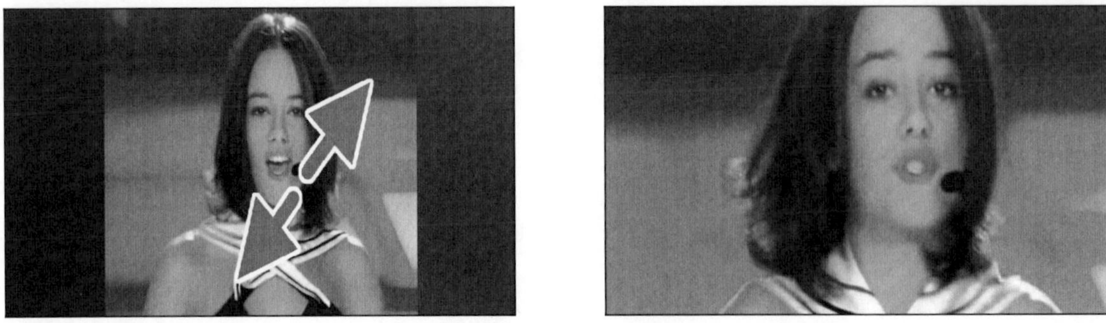

❶❷ Die Ansicht können Sie mit einer Kneifgeste nach außen (Zeigefinger und Daumen auf den Bildschirm setzen und dann auseinander ziehen) vergrößern.

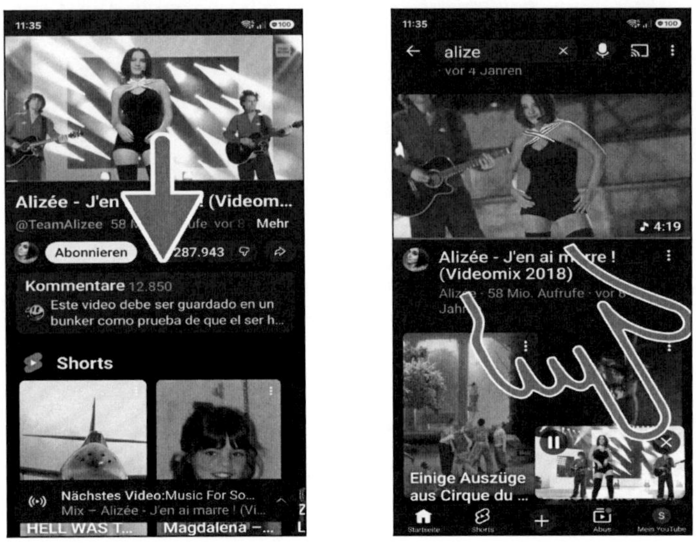

❶ Wenn Sie das Handy aufrecht halten, verkleinern Sie mit einer Wischgeste nach unten das Videofenster.

❷ Sie können dann in YouTube weiter stöbern, während das Video weiterläuft. ✕ beendet die Wiedergabe.

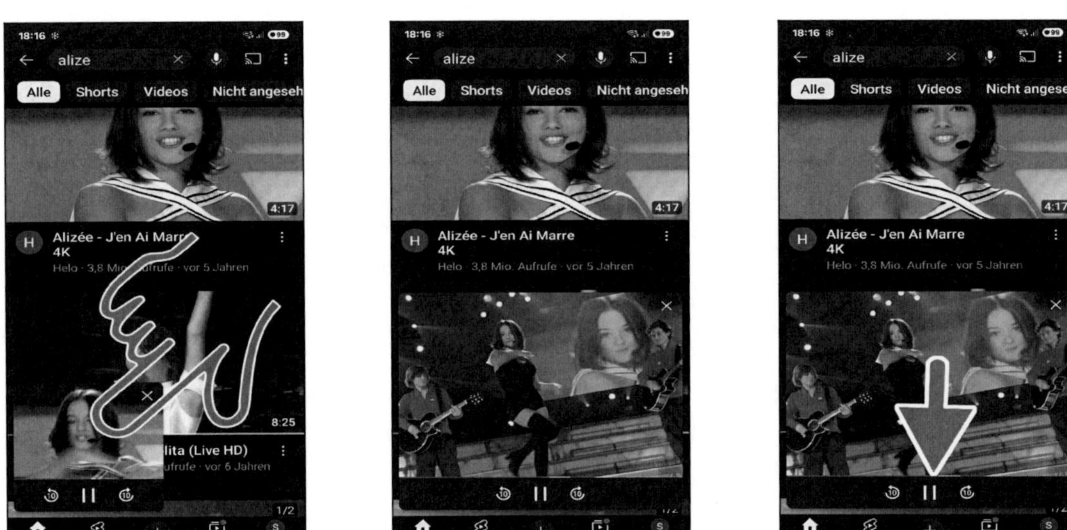

❶❷ Zweimaliges schnelles Tippen auf dem Videofenster vergrößert die Ansicht.

❸ Schließen Sie das Videofenster mit einer Wischgeste nach unten.

❶❷ Eine Besonderheit sind sogenannte »Shorts«, Videos im Hochformat, durch die Sie mit einer Wischgeste blättern.

21.3.1 Helles oder dunkles Design

Die Auswahl zwischen den beiden Designs haben Sie (auf einem Samsung-Handy) beim ersten Aufruf der YouTube-Anwendung vorgenommen: Dunkel (❶) oder hell (❷).

❶ So ändern Sie das »Design«: Tippen Sie das runde Kontosymbol unten rechts an.

❷ Betätigen Sie ⚙ für die Einstellungen.

❸ Im Menü gehen Sie auf *Allgemein.*

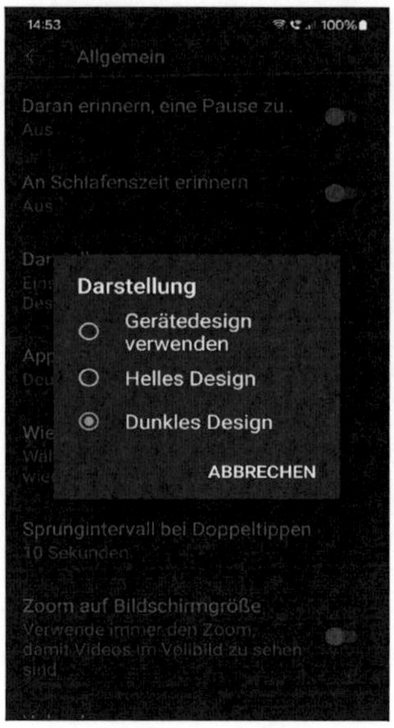

❶ Wählen Sie *Darstellung.*

❷ Am besten stellen Sie hier *Gerätedesign verwenden* ein. Die invertierte/weiße Darstellung orientiert sich dann an der globalen Voreinstellung.

21.4 Untertitel

❶❷ Viele Videos sind untertitelt. So schalten Sie die Untertitel an/aus: Tippen Sie einmal auf den Bildschirm, sodass die Schaltflächen angezeigt werden, dann betätigen Sie die CC-Schaltfläche.

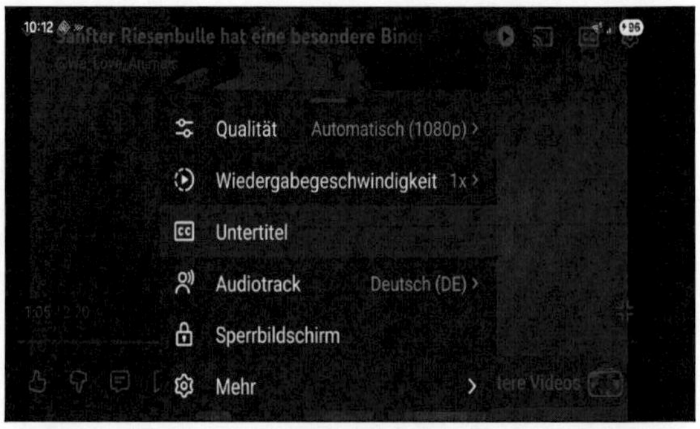

❶❷ Das Besondere an den Untertiteln: Sie können die Sprache auf Deutsch umstellen und damit auch ausländische Videos anschauen, die für Sie sonst unverständlich wären. Dazu tippen Sie auf ⚙ (vorher einmalig auf den Bildschirm tippen, falls die Schaltfläche nicht angezeigt wird) und gehen auf *Untertitel.*

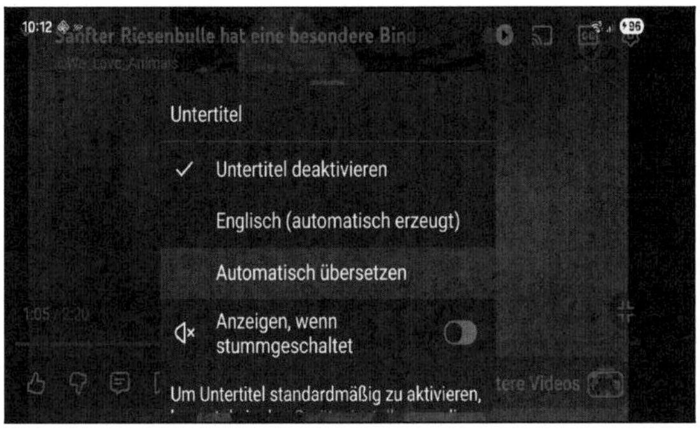

➊ Hat der Kanalbetreiber keine übersetzten Untertitel bereit gestellt, dann wählen Sie *Automatisch übersetzen* und gehen auf *Deutsch*. Beachten Sie, dass die Übersetzung in der Regel sehr holprig ist.

➋ Andernfalls wählen Sie einfach *Deutsch* aus.

21.5 Roboterstimme deaktivieren

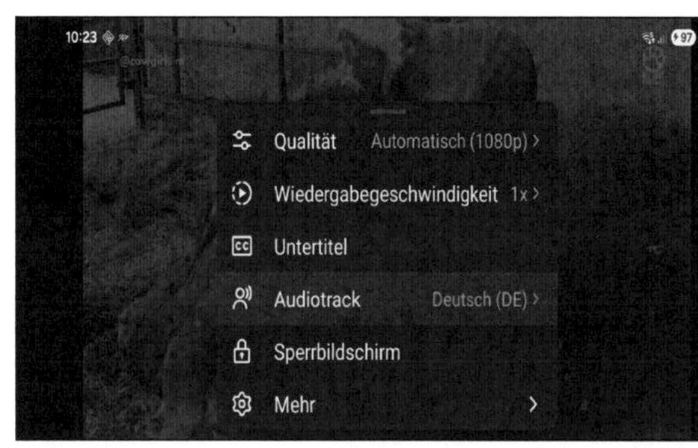

Falls Ihnen bei Videos eine künstlich wirkende Stimme oder eine ungewohnte Betonung auffällt, ist vermutlich eine KI am Werk: YouTube bietet für viele internationale Inhalte eine automatische deutsche Neuvertonung an.

➊ So deaktivieren Sie die Roboterstimme und aktivieren die Originalstimme: Tippen Sie auf ⚙.

➋ Wählen Sie im Menü *Audiotrack* aus.

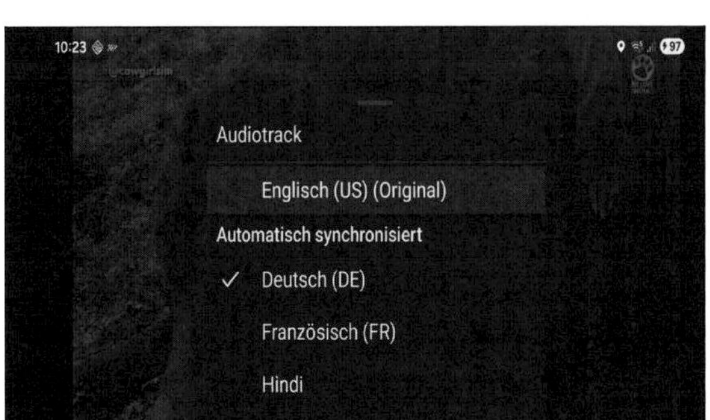

Die meisten Videos richten sich an ein internationales Publikum und haben daher eine englischsprachige Tonspur. In diesem Beispiel wählen wir *Englisch (US) (Original)* aus.

Ärgerlicherweise gibt es in YouTube keine Option zum dauerhaften Ausschalten der automatischen Übersetzung.

21.5.1 *KI-Videos auf YouTube*

Auf YouTube ist ein riesiges Fake-Video-Netzwerk aktiv, das ausschließlich KI-generierte Videos mit teilweise grauenhaften Fotomontagen und abstoßenden Falschmeldungen veröffentlicht. Zum Beispiel soll ein Video die Leiche eines Formel-1-Rennfahrers zeigen, ein anderes Mal wird behauptet, ein Tennis-Star habe seine eigene Tochter vergewaltigt. Mit mehr als

100 Millionen Abrufen sind die vermutlich aus Vietnam heraus betriebenen Videokanäle sehr erfolgreich. Inzwischen verbreiten die »Fake-Schleudern« nicht nur sensationsheischende Promi-News, sondern auch Bildungsinhalte.

Das Hauptmotiv hinter diesen Fake-Video-Netzwerken ist finanzieller Natur. Durch Clickbait (reißerische Überschriften und Vorschaubilder, die zum Klicken animieren) und die Teilnahme an Werbeprogrammen wollen die Betreiber Geld verdienen. Je mehr Aufrufe ein Video generiert, desto höher sind die Einnahmen. Dazu tragen reißerische Videobeschreibungen und Vorschaubilder bei. Man kann auch von »Ragebait« (engl. »Wut-Köder«) sprechen, das heißt, die Betreiber provozieren gezielt, worauf die Besucher des Kanals mit wütenden Kommentaren reagieren. Die Betreiber wissen, dass selbst negative Kommentare die YouTube-Algorithmen positiv beeinflussen und damit die Videos einem größeren Publikum vorgesetzt werden. Google hat bereits angekündigt, vermehrt gegen Clickbait in YouTube vorzugehen.

Bitte verzichten Sie auf die gezielte Suche nach Fake-Videos auf YouTube. Das Videoportal passt seine Empfehlungen an Ihr Sehverhalten an. Das bedeutet: Schauen Sie auch nur ein Fake-Videos an, werden Sie künftig vermehrt damit konfrontiert.

❶ KI-generierte Fake-Videos sind in der Regel bereits am hysterischen Titel erkennbar. Alles was sie dort sehen und hören hat die KI generiert, vermutlich stammt sogar die Idee zum Video von der KI…

❷ Einige Kanalbetreiber setzen KI auch für das Erzählen von unterhaltsamen Geschichten ein, sodass man hier nicht von »Betrug« sprechen sollte. Leider gibt es nie einen Hinweis, in welchem Maße die künstliche Intelligenz am Entstehungsprozess beteiligt war.

21.6 Kostenpflichtiges Abo

YouTube zeigt vor vielen Videos und auch zwischendurch Werbung an, die man nicht unterbrechen kann. Wenn Sie YouTube werbefrei nutzen möchten, müssen Sie ein Abo abschließen. Es gibt dazu drei verschiedene Tarife:

- **YouTube Premium Lite**: Für 5,99 Euro pro Monat sehen Sie bei einigen Musikvideos und in der Suche ab und zu Werbung.
- **YouTube Premium**: Der 12,99 Euro teure Monatstarif verzichtet vollständig auf Werbeunterbrechnungen. Sie erhalten Zugriff auf einige weitere exklusive Inhalte (»YouTube Originals«).
- Weitere Verbilligungen gibt es für Familien und Studenten, sowie Kunden, die einen Jahrestarif wählen.

Falls Sie gerne Musik hören, empfiehlt sich YouTube Premium, denn Sie können dann auch den Musik-Streaming-Dienst YouTube Music (siehe Kapitel *19 Musik*) werbefrei mitnutzen!

21.6.1 Abo abschließen

❶ Gehen Sie auf *Mein YouTube.*

❷❸ Wählen Sie *Premium-Mitglied werden* und gehen Sie auf *1 Monat für 0 € testen.*

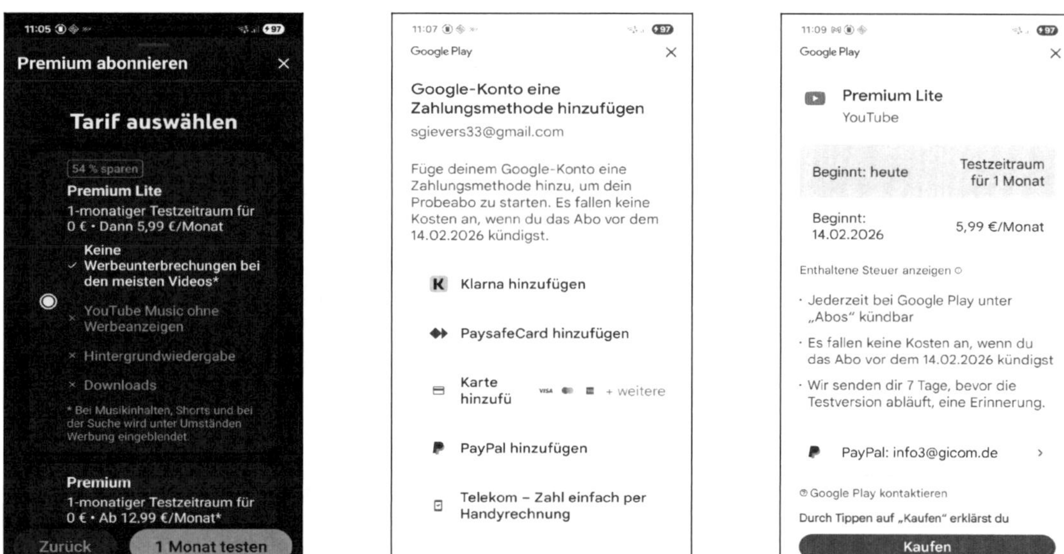

❶ Sie haben nun die Wahl zwischen *Premium Lite* und *Premium.* Wenn Sie hauptsächlich Dokumentationen und Influencer-Videos konsumieren, reicht *Premium Lite* für Sie vollkommen aus. Betätigen Sie *1 Monat testen.*

❷❸ Auch wenn Sie zunächst nur das kostenlose einmonatige Probeabo nutzen möchten, ist die Angabe einer Zahlungsmethode Pflicht. Wählen Sie einen der Vorschläge aus und wischen Sie im Fenster nach oben, worauf die *Kaufen*-Schaltfläche erscheint, die Sie betätigen. Bestätigen Sie im folgenden Bildschirm den Vorgang durch Eingabe des Passworts zu Ihrem Google-Konto.

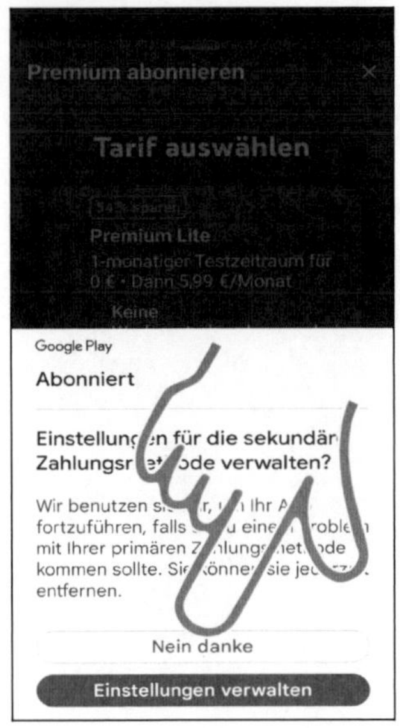

❶ Aktivieren Sie *Ja, immer*, damit niemand unautorisiert Käufe im Play Store auf Ihrem Handy durchführen kann. Betätigen Sie *OK*.

❷ Hier gehen Sie auf *Nein danke*.

❸ Schließen Sie den Bildschirm mit *Jetzt ansehen*. Sie nutzen nun YouTube werbefrei.

21.6.2 Abo kündigen

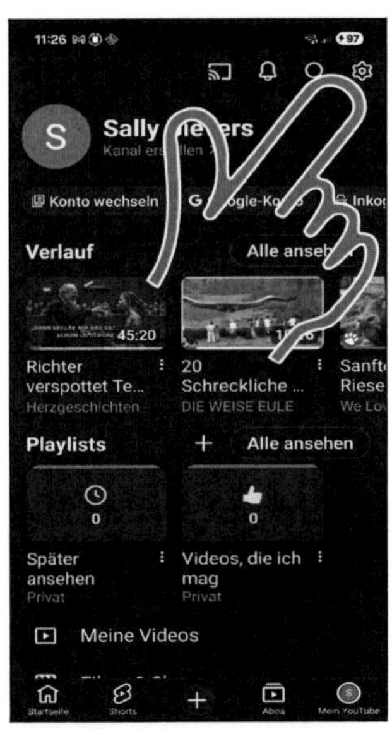

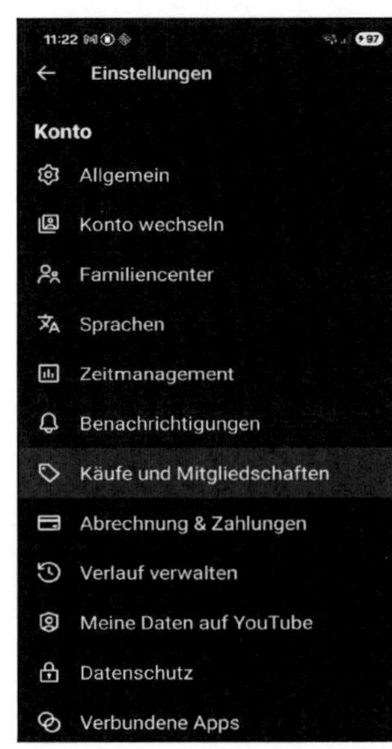

❶❷ Tippen Sie auf *Mein YouTube* und gehen Sie auf ⚙.

❸ Wählen Sie *Käufe und Mitgliedschaften.*

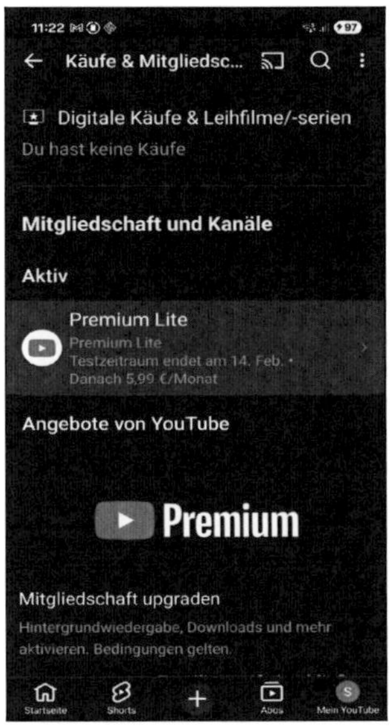

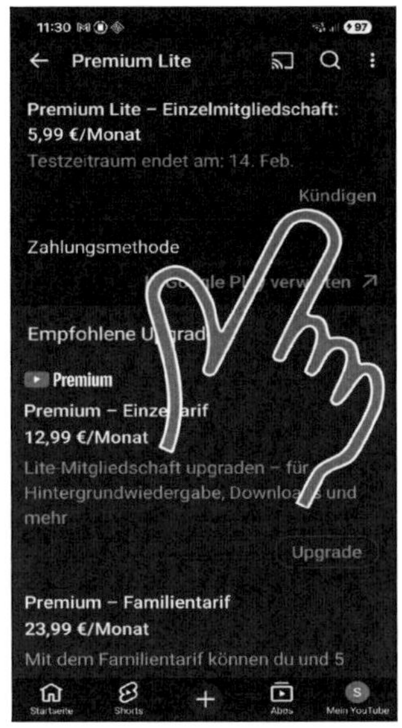

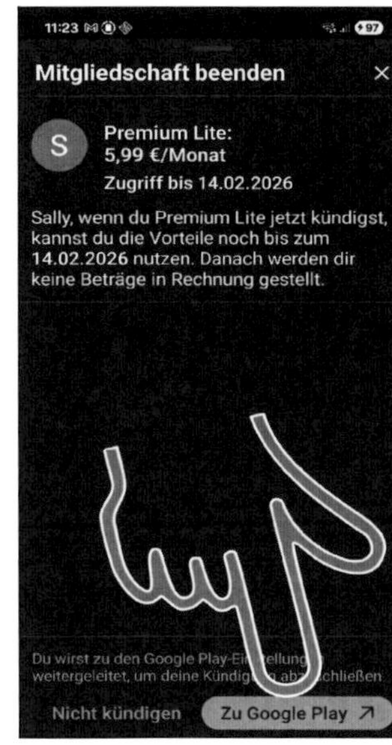

❶ Wählen Sie das Abo aus.

❷❸ Betätigen Sie *Kündigen* und rufen Sie *Zu Google Play* auf.

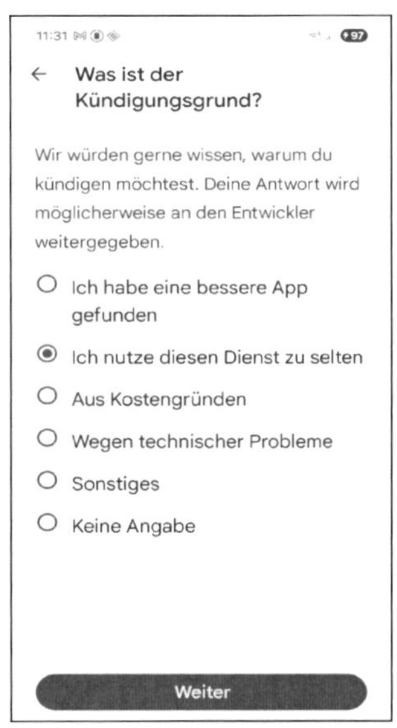

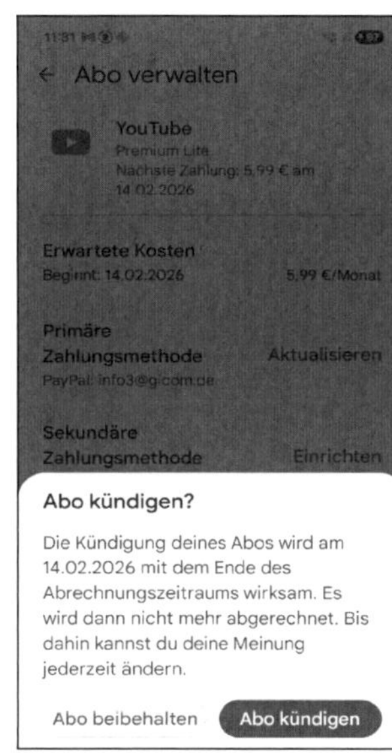

❶ Betätigen Sie *Abo kündigen.*

❷ Wählen Sie einen beliebigen Grund aus, betätigen Sie *Weiter.*

❸ Betätigen Sie *Abo kündigen.*

21.7 Gerätewartung

Die Gerätewartung fasst viele Infos, die sonst in den Einstellungen des Samsung Galaxy verborgen sind, in einem Programm zusammen. Darüber hinaus sind auch einige Wartungsfunktionen vorhanden.

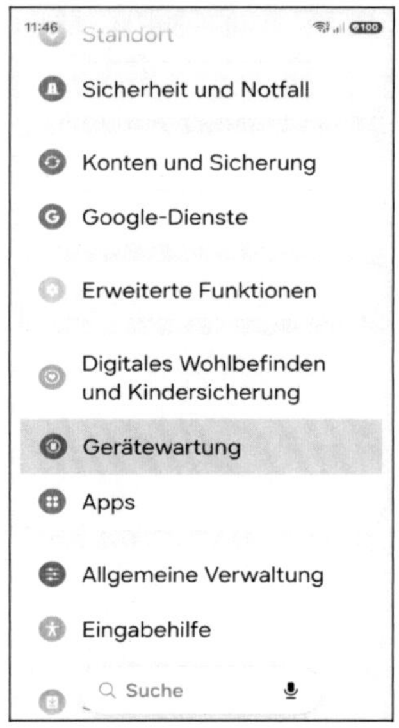

❶❷ Rufen Sie die Einstellungen aus dem Hauptmenü auf und gehen Sie darin auf *Gerätewartung*.

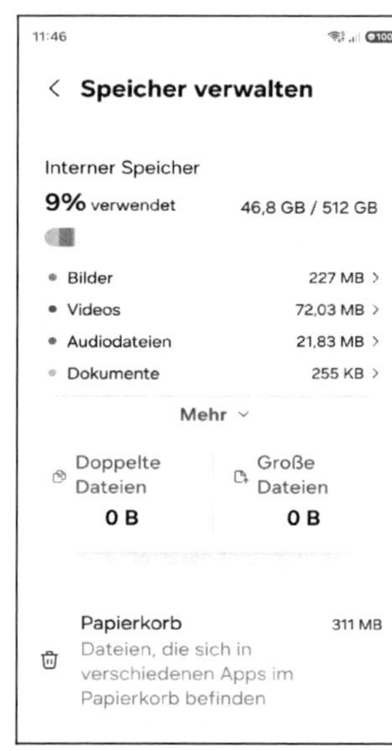

❶ Sie haben Zugriff auf die Menüs:

- *Akku* (❷): Informiert über den Akkuladezustand. Außerdem stellen Sie hier bei Bedarf einen *Energiesparen*-Modus ein, um die Akkubetriebsdauer zu erhöhen.
- *Speicherplatz* (❸): Belegten Gerätespeicher anzeigen und gegebenenfalls Speicher wieder freigeben.
- *Arbeitsspeicher*: Aktuell im Hintergrund laufende Programme auflisten. Sie können hier auch Programme beenden.
- *App-Schutz*: Hier finden Sie einen Virenscanner, der Schadsoftware auf Ihrem Handy aufspüren soll. Wir halten diesen aber für nutzlos, da Google selbst alle Programme, die Sie im Play Store (siehe Kapitel *26.1 Play Store*) herunterladen, regelmäßig auf Schadfunktionen überprüft.

Unter *Leistung*:

- *Leistungsprofil*: Zur Optimierung der Akkulaufzeit wählen Sie hier *Leicht*, was die Prozessorleistung reduziert. Auf Spiele hat die Einstellung keinen Einfluss.
- *Automatische Optimierung*: Die in dem Menü angebotene Optimierung wird in der Praxis nicht benötigt.

Unter *Zusätzliche Pflege*:

- *Software-Update*: Auf neue Betriebssystem-Updates prüfen und diese installieren.
- *Diagnose*: Öffnet die Gerätediagnose-Funktionen der Samsung Member-Anwendung (siehe Kapitel *21.11 Samsung Members*).
- *Wartungsmodus*: Falls Sie mal das Handy zur Reparatur einschicken müssen, können Sie es vorher mit einem Passwort schützen. Die Service-Techniker haben dann keinen Zugriff auf Ihre Daten.

Betätigen Sie *Jetzt optimieren*, damit das Samsung nicht benötigte Daten (beispielsweise von Programmen angelegte, aber nicht mehr genutzte Dateien) löscht.

21.8 Google-Anwendung

Die Google-Anwendung stellt die zum aktuellen Zeitpunkt wichtigen Infos auf einem Blick zur Verfügung. Dazu wertet das Programm das Nutzerverhalten im Hintergrund aus und versucht daraus Schlüsse zu ziehen, welche Infos für Sie gerade nützlich sein könnten.

Je nach Situation werden laut Google folgende Infos angezeigt:

- *Wetter*: Wetteraussichten
- *Verkehr*: Falls Sie unterwegs sind.
- *Öffentliche Verkehrsmittel*: Falls Sie sich in der Nähe einer Haltestelle öffentlicher Verkehrsmittel befinden.
- *Flüge*: Wird nach einer Flug-Suche angezeigt.
- *Sport*: Punktezahlen für eine Mannschaft, nach der gesucht wurde.
- *Nächster Termin*: Anstehende Kalendertermine.
- *Übersetzung*
- *Währung*: Währungsumrechnung.
- *Uhrzeit zu Hause*: Wenn Sie sich in einer anderen Zeitzone befinden.
- *Orte*: Points of Interest in der Nähe.

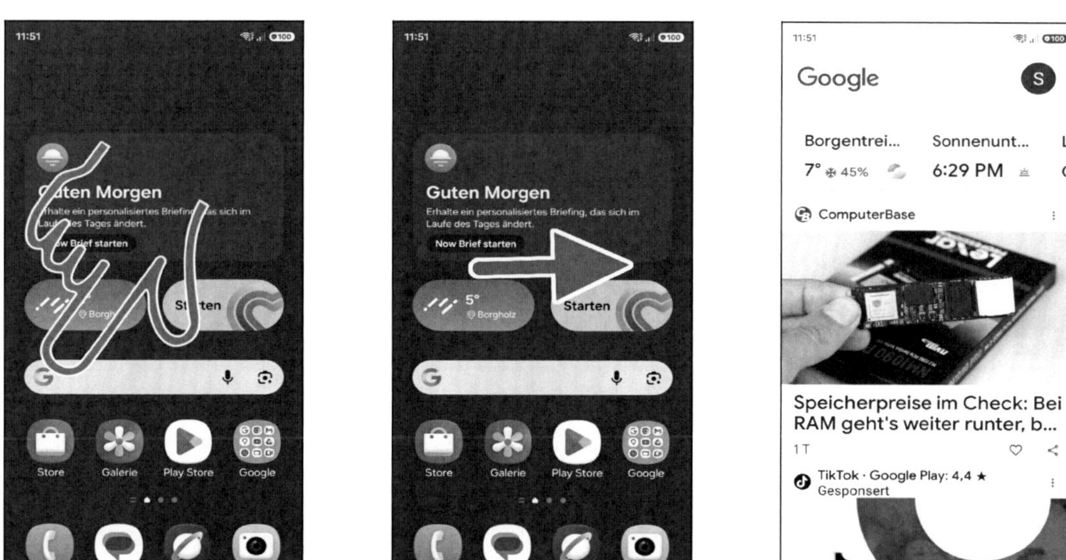

❶ Tippen Sie im Google-Widget auf das »G«.

❷ Alternativ wischen Sie im Startbildschirm nach rechts (Sie können dann allerdings die angezeigten Infos nicht über ein Menü beeinflussen).

❸ Rollen Sie mit einer Wischgeste durch die angezeigten »Notizkarten« und tippen Sie sie an, um den vollständigen Artikel zu lesen.

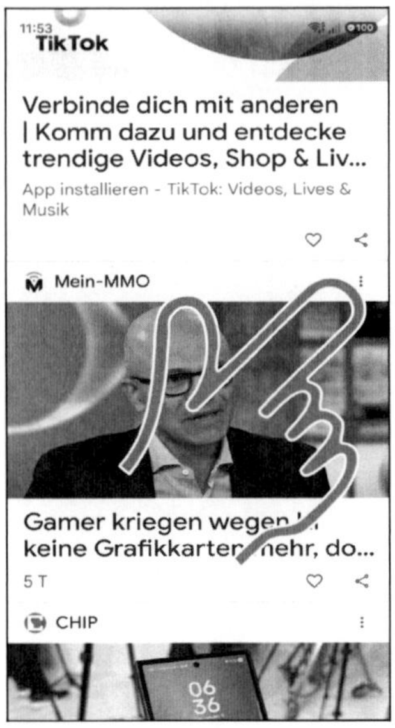

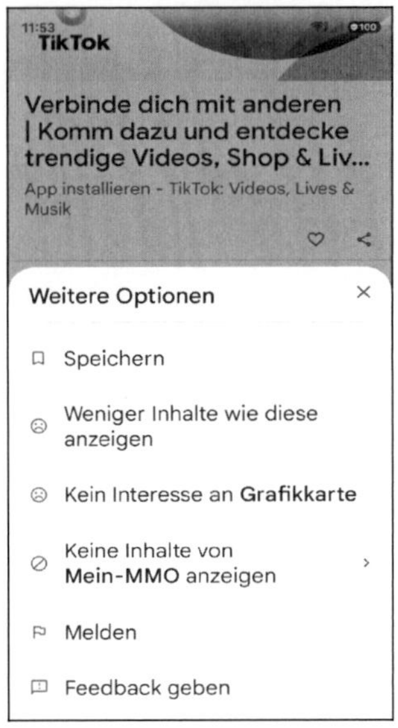

❶❷ Jede »Karte« lässt sich über das ⋮-Menü (Pfeil) anpassen.

In den ersten Tagen der Nutzung wird die Google-Anwendung zunächst nur kaum nützliche Infos anzeigen, was sich aber mit der Zeit ändert.

Die Google-Anwendung bringt auch eine Suche mit. Geben Sie einfach im Suchfeld am oberen Bildschirmrand den Suchbegriff ein beziehungsweise betätigen Sie die 🎤 für die Sprachbefehle.

21.9 Uhr

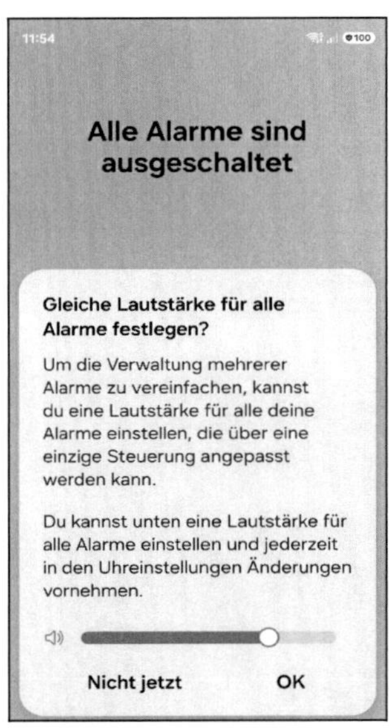

❶ Die *Uhr* starten Sie aus dem Hauptmenü.

❷ Beim ersten Aufruf erscheint ein Popup, das Sie mit *OK* schließen.

❸ Über das Register am unteren Bildschirmrand schalten Sie zwischen den Funktionen der Uhr-Anwendung um: *Alarm*, *Weltuhr*, *Stoppuhr* und *Timer*.

21.9.1 Alarm

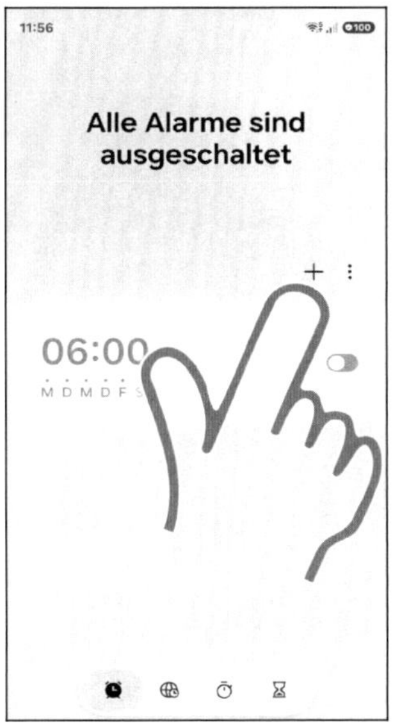

❶ Gehen Sie im (Alarm)-Register auf +.

❷ Stellen Sie hier ein:

- *(Uhrzeit)*: Tippen Sie die Ziffern an, um eine Alarmzeit einzustellen. Sofern Sie die Alarmzeit lieber über ein Tastenfeld eingeben möchten, tippen Sie einfach auf eine Zahl.
- *(Datum)*: Datum, ab dem der Alarm aktiv ist. Sie ändern das Datum über die -Schaltfläche.
- *(Wochentage)*: Die Wochentage, an denen der Alarm erfolgen soll.
- *Alarmbezeichnung*: Vergeben Sie dem Alarm bei Bedarf eine Bezeichnung.
- *Alarmton*: Alarm-Melodie und Lautstärke festlegen.
- *Vibration*: Vibrationsart
- *Schlummern*: Der Alarm ertönt nach der eingestellten Zeitspanne erneut, beziehungsweise wird x Mal wiederholt.
- *Alarm-Hintergrund*: Hintergrundbild bei der Alarmanzeige.

Gehen Sie zum Abschluss auf *Speichern*.

Wie man eigene Alarmtöne auf dem Galaxy einrichtet, erfahren Sie im Kapitel *32.2 Eigene Klingel- und Benachrichtigungstöne*.

❶ Einen Alarm aktivieren/deaktivieren Sie jederzeit über den Schalter (Pfeil). Zum Bearbeiten tippen Sie einen Alarm an.

❷ So entfernen Sie die Alarme wieder: Tippen und halten Sie den Finger auf einem Alarm, bis dieser markiert ist. Danach tippen Sie die weiteren Alarm-Einträge zum Markieren kurz an. *Löschen* entfernt dann die markierten Alarm-Einträge.

❸ Zum eingestellten Zeitpunkt ertönt der Alarm. Ziehen Sie zum Beenden des Alarms von X aus in eine beliebige Richtung. Die *5 min schlummern*-Schaltfläche oder Betätigen der Lautstärke-runter-Taste verzögern den Alarm für 5 Minuten.

21.10 Google Drive

Bei Google Drive handelt es sich um einen Online-Speicher, worin Sie beliebige Dateien ablegen. Das Arbeitsprinzip kennen Sie vielleicht schon von den Konkurrenten Dropbox oder Microsoft Onedrive. Google Drive ist mit Ihrem Google-Konto verknüpft.

Beachten Sie, dass Google Drive zwar 15 Gigabyte Online-Speicher zur Verfügung stellt, dieser aber mit anderen Google-Diensten wie Google Drive (siehe Kapitel *21.10 Google Drive*) und Gmail (siehe Kapitel *11 Gmail*) geteilt wird.

Die übliche Vorgehensweise:

1. Laden Sie von Ihrem Handy aus beliebige Dateien wie Fotos oder Office-Dokumente in Google Drive hoch.
2. Der Zugriff auf die Dateien lässt sich anschließend für andere Nutzer freigeben.
3. Über eine Weboberfläche (*drive.google.com*) ist auch die Dateiverwaltung über einen PC-Webbrowser möglich. Dort können Sie auch ein PC-Programm herunterladen, das Ihnen die Arbeit mit Google Drive erleichert.

Zusätzlich unterstützt Google Drive das Erstellen und Bearbeiten von Microsoft Office-Dateien (Word, Excel und PowerPoint). Dies geschieht über die Zusatzprogramme Google Docs, Google Tabellen und Google Präsentationen. Google Drive ist sehr umfangreich, weshalb wir hier nur auf die interessantesten Funktionen eingehen können.

❶❷ Das Programm *Drive* rufen Sie aus dem *Google*-Ordner im Hauptmenü auf.

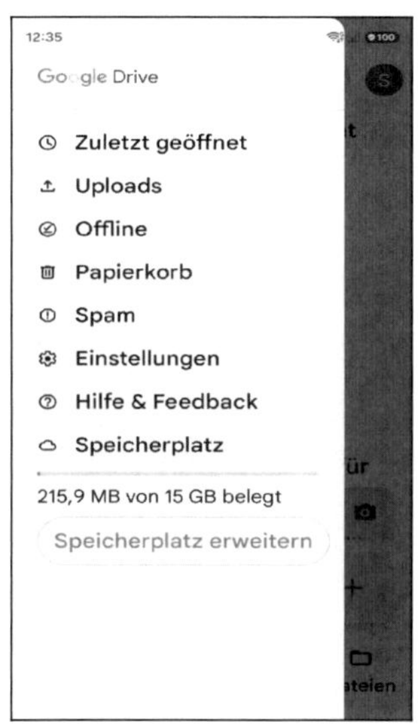

❶❷ Öffnen Sie die Seitenleiste. Die enthaltenen Funktionen:

- *Zuletzt geöffnet*: Dateien, auf die Sie zuletzt zugegriffen haben (Zugriffsverlauf).
- *Uploads*: Fortschritt und Status beim Upload von Dateien überwachen.
- *Offline*: Aus Google Drive heruntergeladene Dateien. Sie haben darauf auch offline – also ohne Internetverbindung – Zugriff.
- *Papierkorb*: Von Ihnen in Google Drive gelöschte Dateien.
- *Spam*: Hier finden Sie Dateien, die Dritte für Sie freigeben haben, aber von Google als unerwünscht eingestuft werden.
- *Einstellungen*: Diverse Datensicherungseinstellungen.
- *Hilfe & Feedback*
- *Speicherplatz*: Informiert über den freien und belegten Speicher und bietet die Möglichkeit, weiteren Speicherplatz dazu zu mieten.

❶❷ Die Register am unteren Bildschirmrand:

- *Start* (Hauptseite)
- *Markiert*: Von Ihnen als Favoriten markierte Dateien.
- *Freigegeben*: Von anderen Anwendern für Ihr Google-Konto freigegebene Dateien.
- *Dateien*: Von Ihnen ins eigene Google-Konto hochgeladene Dateien.

21.10.1 Dateien bei Google Drive hochladen

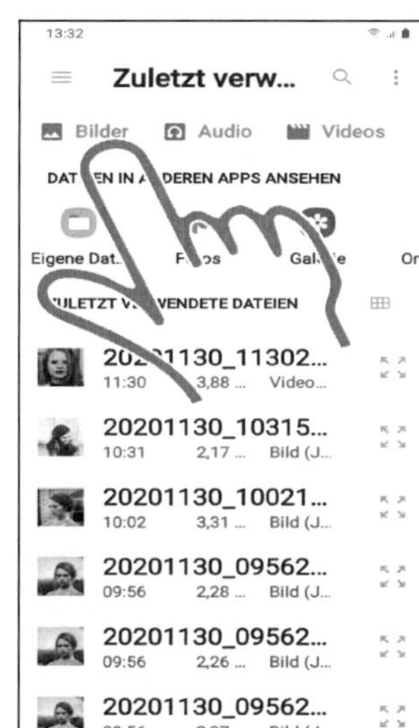

❶❷ Gehen Sie auf + und dann auf *Hochladen*.

❸Über die Schaltflächen am oberen Bildschirmrand wählen Sie den Dateityp, im Beispiel *Bilder*, aus.

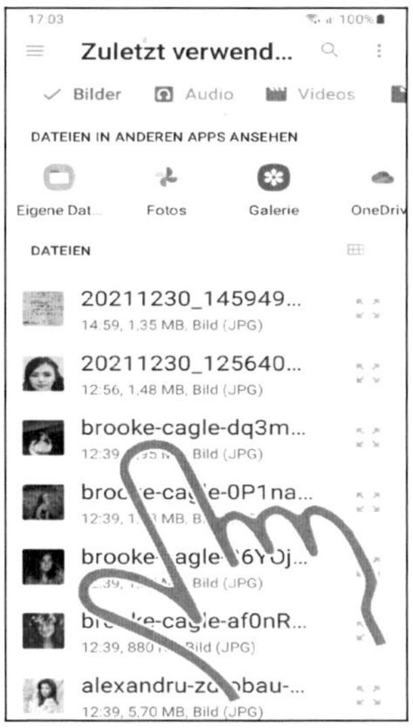

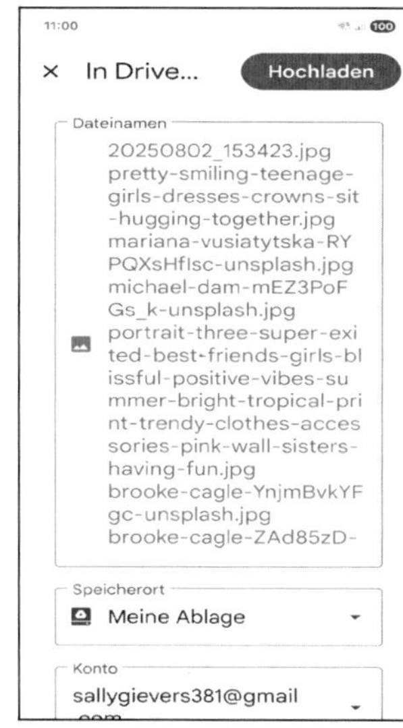

❶❷ Wählen Sie ein Foto aus. Sie können auch mehrere Bilder auf einmal hochladen, indem Sie zunächst den Finger auf einem Foto halten, bis dieses markiert ist und dann die restlichen Bilder kurz antippen. Schließen Sie den Vorgang mit *Auswählen* (Pfeil) ab. Sie müssen nun einmalig den Dateizugriff der Drive-Anwendung mit *Zulassen* freigeben.

❸ Schließen Sie den Bildschirm mit *Hochladen*.

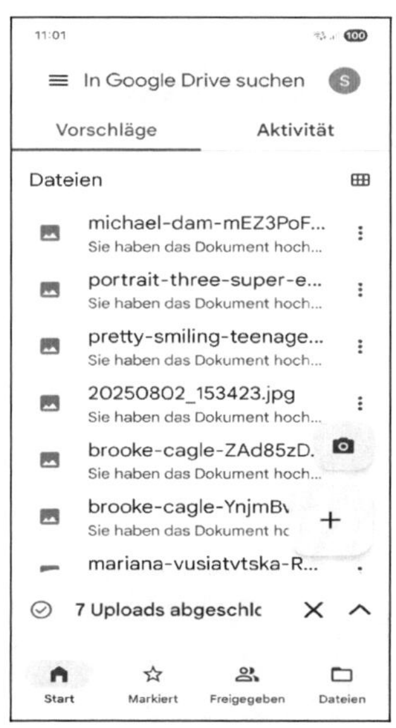

❶❷ Aktualisieren Sie die Ansicht mit einer Wischgeste nach unten. Die neu hochgeladenen Dateien werden angezeigt.

❶ Möchten Sie mehrere Dateien, in diesem Beispiel Fotos, bei Google Drive hochladen, dann empfehlen wir, die jeweils zuständige Anwendung zu bemühen. Starten Sie die *Galerie*-Anwendung aus dem Hauptmenü (siehe Kapitel *18 Galerie*). Hier tippen und halten Sie den Finger über dem ersten zu markierenden Foto, das dann ein Häkchen erhält. Markieren Sie anschließend weitere Fotos durch kurzes Antippen. Betätigen Sie dann *Senden.*

❷ Wählen Sie *Drive* in der Liste aus.

❸ Das Hochladen erfolgt über *Speichern.*

21.10.2 Anzeige

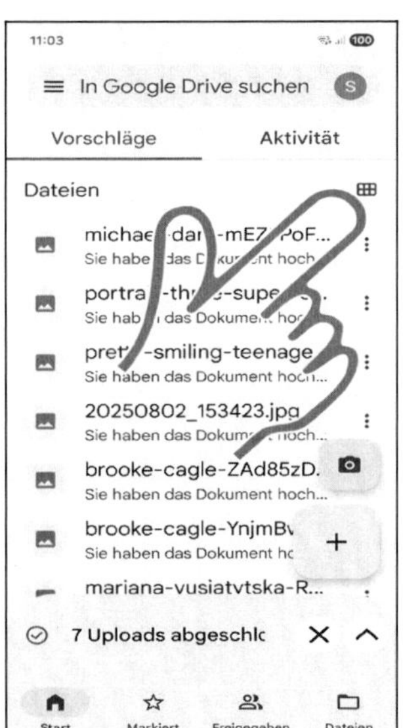

❶❷ Mit der Schaltfläche oben rechts wechseln Sie zwischen der Vorschau- und Listenansicht.

21.10.3 Office-Datei erstellen

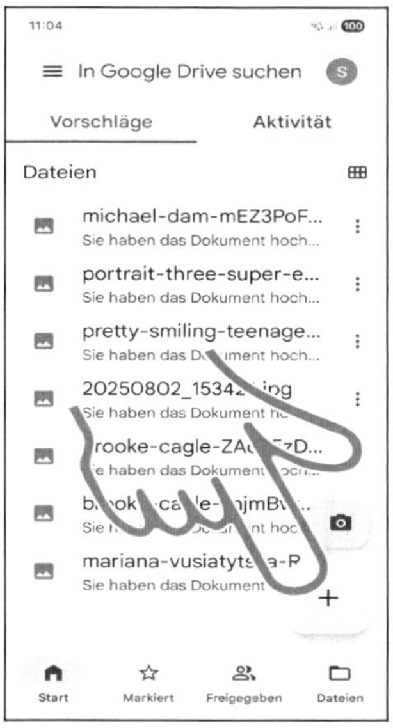

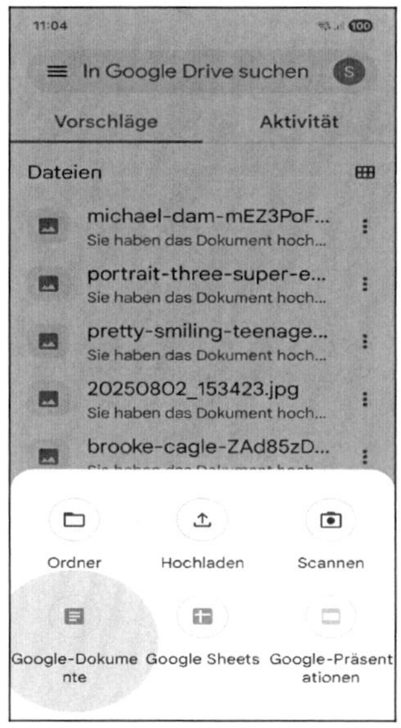

Google bietet Programme an, mit denen Sie Office-Dokumente auf dem Gerät, aber auch in Google Drive hochgeladene Office-Dateien bearbeiten können. Unterstützt werden dabei die Microsoft-Dateiformate Word, Excel und PowerPoint.

❶❷ Gehen Sie auf + und dann auf *Google-Dokumente*, *Google-Tabellen* oder *Google-Präsentationen*.

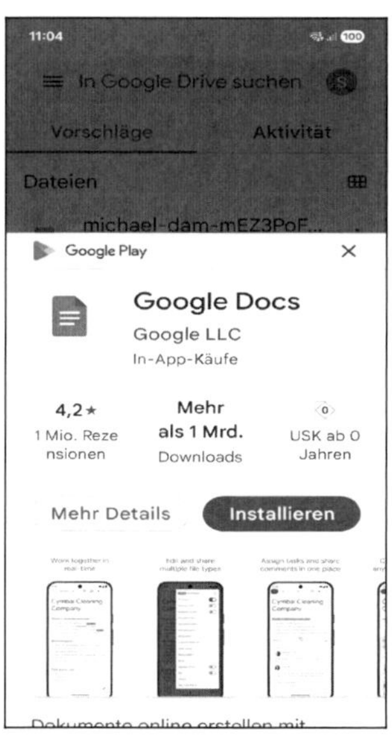

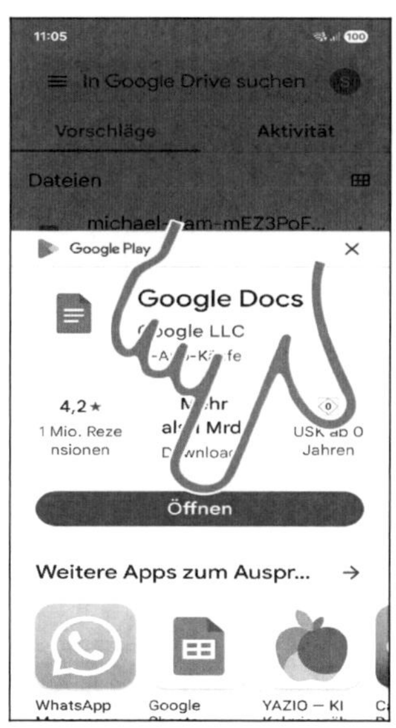

❶ Die Bearbeitungsfunktionen sind auf dem Galaxy nicht vorinstalliert. Sie werden daher beim ersten Aufruf gegebenenfalls aufgefordert, die Installation nachzuholen. Gehen Sie deshalb auf *Installieren*.

❷ Sie müssen nun warten, bis die Installation abgeschlossen ist. Betätigen Sie dann *Öffnen*.

➊ Betätigen Sie +.

➋➌ Das jeweilige Programm startet mit einem leerem Dokument/einer leeren Tabelle. Sie befinden Sie im Editor. Nach der Bearbeitung speichern Sie die Datei mit ✓ (Pfeil) und kehren mit ← nach Google Drive zurück. Sie finden die Datei im *Dateien*-Register von Google Drive.

Google-Dokumente, Google-Tabellen und Google-Präsentationen sind eigenständige Anwendungen. Sie brauchen also nicht den Umweg über Google Drive zu nehmen, sondern gehen einfach im Hauptmenü auf *Docs, Tabellen* oder *Präsentationen.*

➊➋➌ Für neu installierte Programme müssen Sie einmal im Hauptmenü nach links wischen. In unserem Beispiel rufen wir dann Google Docs über *Docs* auf.

21.10.4 Dateien freigeben

Standardmäßig haben nur Sie Zugriff auf Ihre in Google Drive abgelegten Dateien. Sie können aber Dateien oder Verzeichnisse für Dritte freigeben. Über einen Link, den Sie beispielsweise per E-Mail verschicken, können die Empfänger die jeweilige Datei im Webbrowser anzeigen.Dateien freigeben

Standardmäßig haben nur Sie Zugriff auf Ihre in Google Drive abgelegten Dateien. Sie können aber einzelne Dateien oder ganze Verzeichnisse für Dritte freigeben.

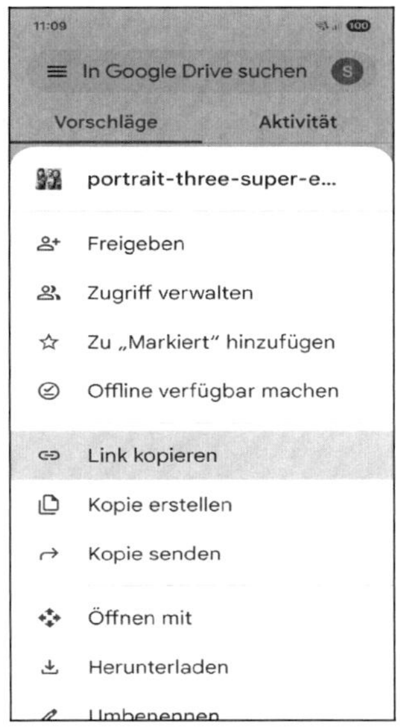

❶ Tippen Sie hinter dem Dateinamen auf ⋮ (Pfeil).

❷ Gehen Sie auf *Link kopieren*. Google Drive hat eine Webadresse (»Freigabelink«) in die Zwischenablage kopiert.

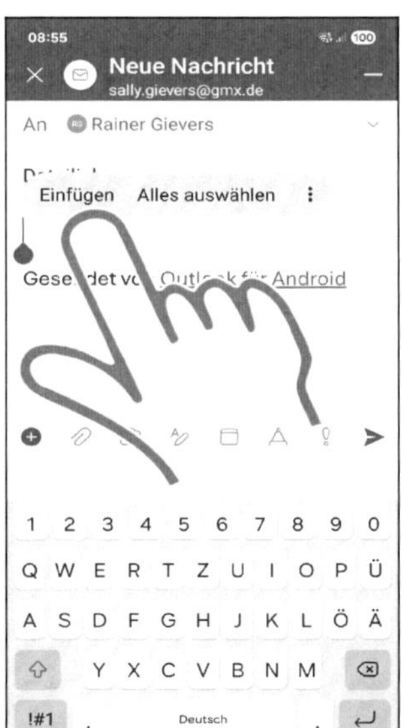

❶ In unserem Beispiel möchten wir jemand anderem die Datei per E-Mail zugänglich machen. Verlassen Sie Google Drive und rufen Sie eine E-Mail-Anwendung, im Beispiel Outlook, auf. Erstellen Sie dort eine neue Nachricht. Tippen und halten Sie den Finger in den Eingabebereich, bis das Popup erscheint, gehen Sie dann auf *Einfügen*.

❷ Sie können nun die E-Mail mit dem Link versenden.

21.11 Samsung Members

Samsung selbst beschreibt die Samsung Members (Members = engl. Mitglieder)-App so: »Samsung Members ist eine App für den Support sowie der Gerätediagnose und ermöglicht das Übermitteln von Fragen und Feedback. Sie können außerdem Informationen mit anderen Mitgliedern der Galaxy Community austauschen oder Neuigkeiten und Tipps zu verschiedenen Produkten und Aktionen einsehen«.

Melden Sie sich vor der Nutzung von Samsung Members bei Ihrem Samsung-Konto an (siehe Kapitel *23 Das Samsung-Konto*). Die meisten Funktionen stehen allerdings auch ohne Samsung-Konto zur Verfügung.

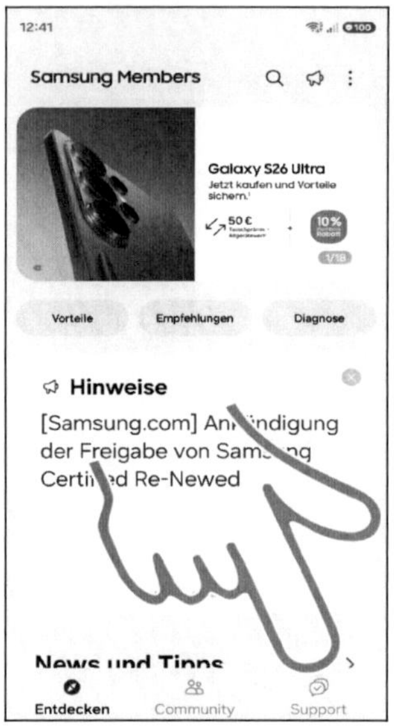

❶ Gehen Sie auf *Samsung Members* im Hauptmenü.

❷ So erhalten Sie Unterstützung bei Problemen: Aktivieren Sie das *Support*-Register.

❸ Sie können hier über *Telefondiagnose* die Gerätefunktionen automatisch überprüfen lassen. Außerdem ist über die Schaltfläche eine Kontaktaufnahme mit dem Samsung-Service möglich.

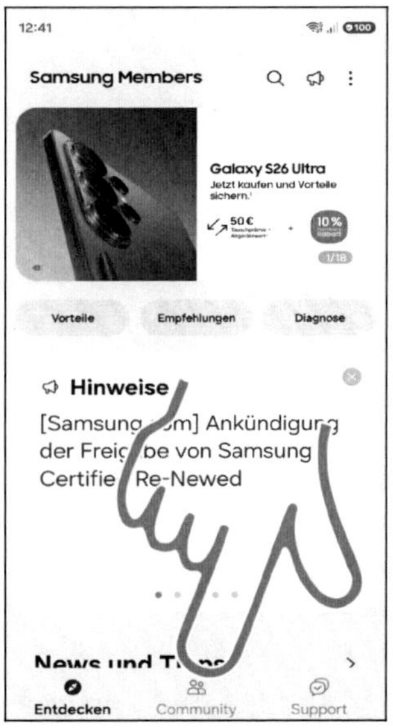

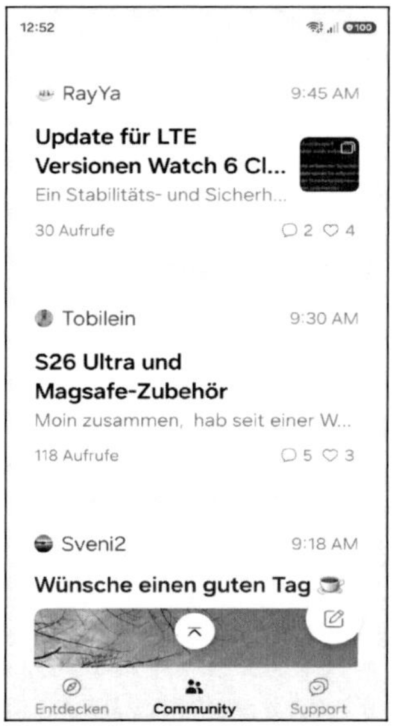

❶❷ Im *Community*-Register finden Sie das offizielle Samsung-Diskussionsforum. Sie müssen sich dafür mit Ihrem Samsung-Konto anmelden (siehe Kapitel *23 Das Samsung-Konto*).

Sie können das Samsung-Diskussionsforum auch in einem Webbrowser unter der Webadresse *eu.community.samsung.com/t5/German/ct-p/de* besuchen.

21.12 Samsung Notes

Über die Samsung Notes-Anwendung erstellen und verwalten Sie Notizen.

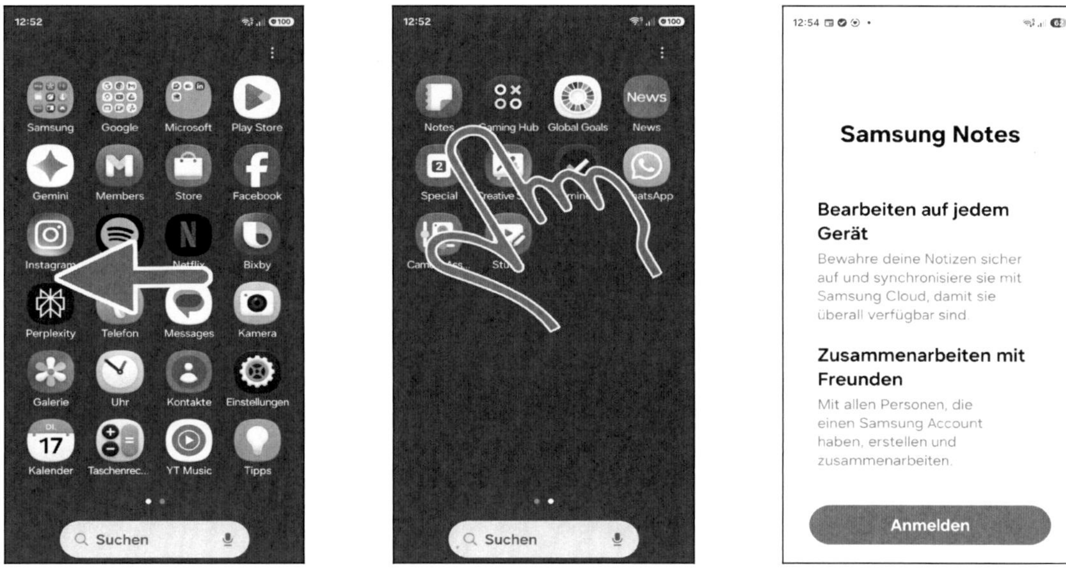

❶❷ Im Hauptmenü blättern Sie auf die zweite Bildschirmseite und gehen auf *Notes*.

❸ Zwar fordert die Anwendung Sie auf, sich mit dem Samsung-Konto (siehe Kapitel *23 Das Samsung-Konto*) anzumelden, dies ist aber tatsächlich nicht nötig – schließen Sie diesen Bildschirm einfach mit der ‹-Taste unterhalb des Bildschirms.

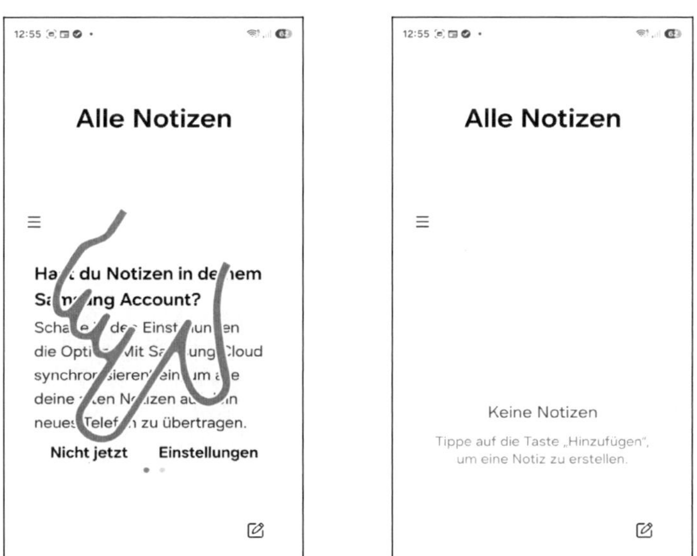

❶ Schließen Sie die beiden Hinweise mit *Nicht jetzt*.

❷ Sie können die Anwendung nutzen.

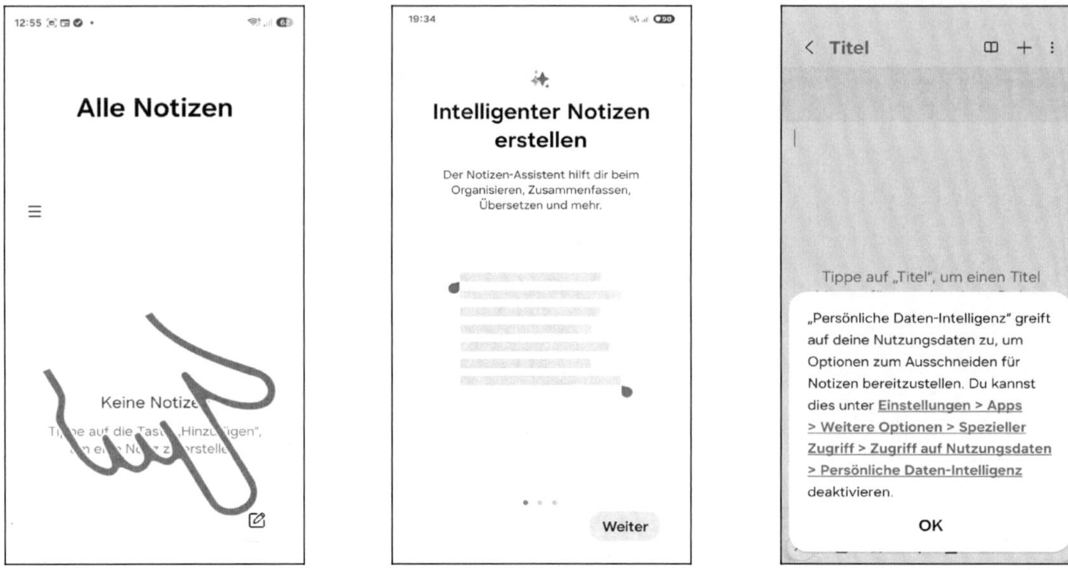

❶ Zunächst zeigt Samsung Notes nur einen leeren Bildschirm an. Gehen Sie auf (Pfeil), um Ihre erste Notiz anzulegen. Wenn Sie diese mit dem S Pen (nur Galaxy S26 Ultra) antippen, schaltet die Anwendung direkt in den Malmodus.

❷❸ Die einmaligen Hinweise schließen Sie mit *Weiter, Starten* beziehungsweise *OK.*

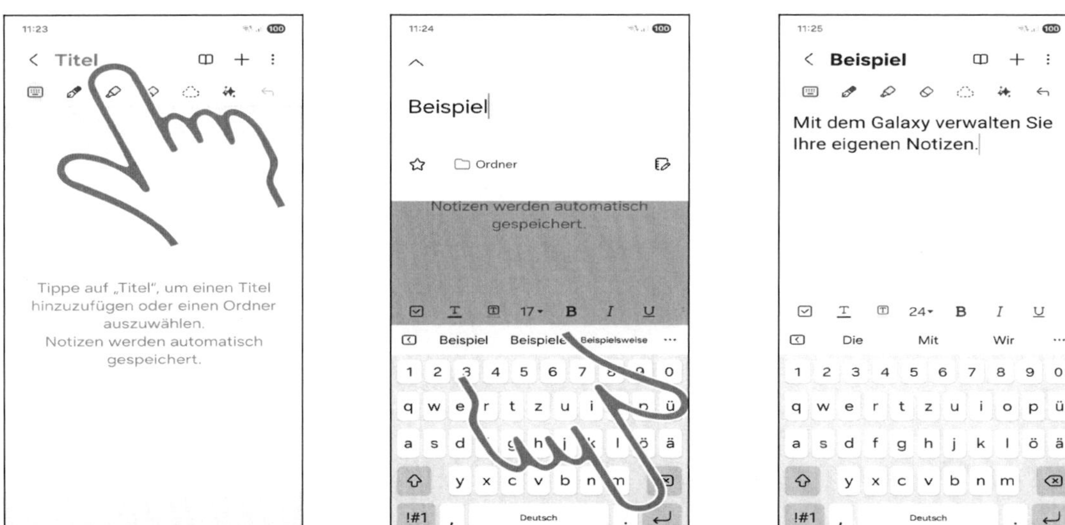

❶ Tippen Sie zunächst ins obere Eingabefeld, womit Sie der Notiz einen Titel vergeben.

❷ Danach schließen Sie den Vorgang mit ↵ auf dem Tastenfeld ab.

❸ Erfassen Sie die Notiz. Über die Schaltflächen am unteren Bildschirmrand fügen Sie bei Bedarf handschriftliche Notizen, Bilder oder Sprachaufnahmen hinzu.

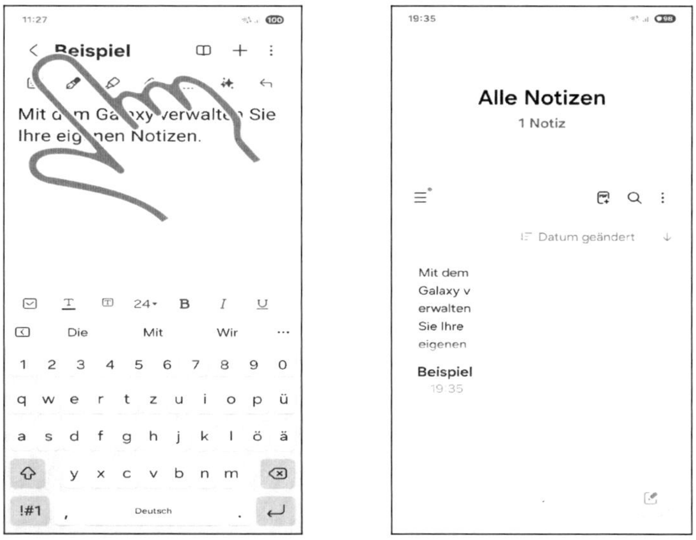

❶❷ Die ‹-Schaltfläche bringt Sie in den Hauptbildschirm zurück.

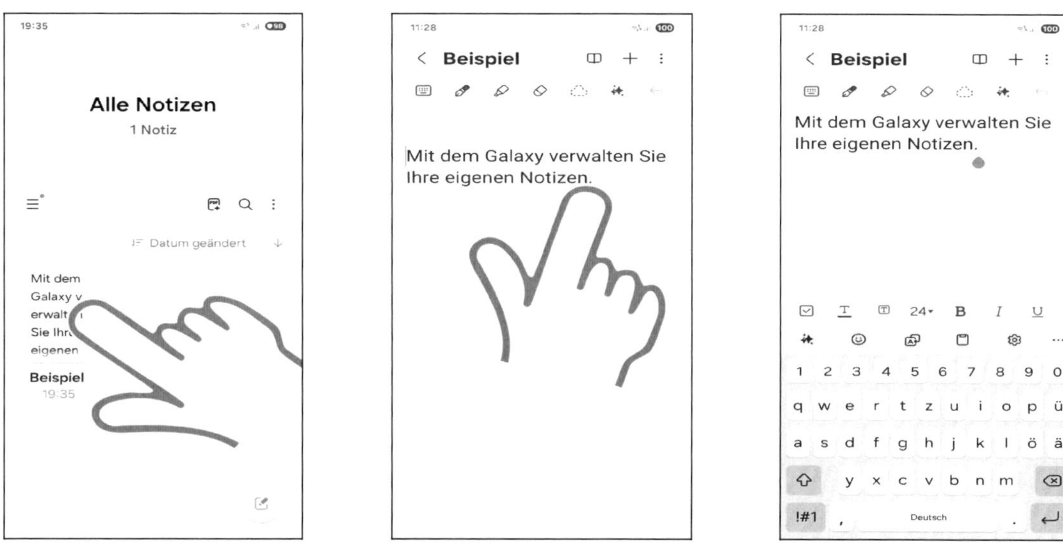

❶❷❸ Zum Editieren gehen Sie auf eine Notiz, danach tippen Sie an die Stelle, wo Sie sie bearbeiten möchten.

21.12.1 Handschriftliche Notiz

❶❷ Über ✐ oder ✎ am oberen Bildschirmrand wechseln Sie in den Notizenmodus. Sie können dann mit dem Finger auf dem Bildschirm malen. Beim Galaxy S26 Ultra verwenden Sie dafür allerdings den Bedienstift – sobald Sie ihn aus dem Handy herausziehen, wird automatisch in den Notizenmodus umgeschaltet.

❸ Den Mal/Schreibvorgang schließen Sie mit der ‹-Schaltfläche ab oder betätigen die ⌨-Schaltfläche.

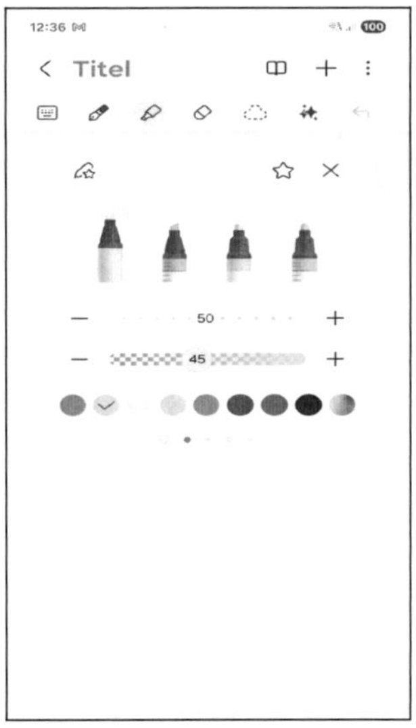

❶❷ Um einen anderen Pinsel, Stil oder eine Farbe auszuwählen, tippen Sie ein oder zweimal auf ein Werkzeug.

21.12.2 Notizen verwalten

❶❷ So entfernen Sie nicht mehr benötigte Notizen: Tippen und halten Sie den Finger auf einer Notiz im Hauptmenü, bis diese markiert ist. Anschließend markieren Sie gegebenenfalls weitere Notizen und gehen unten auf *Löschen.*

21.13 Google Lens

Google Lens analysiert Fotos und wertet Gegenstände, Orte, Barcodes und Texte aus. Je nach vermuteten Kontext schlägt Google Lens anschließend eine Aktion vor, beispielsweise bei Produkten eine Google-Suche nach der Produktbezeichnung. Google Lens passt sich an die Nutzung an (»künstliche Intelligenz«), deshalb ändern sich mit der Zeit eventuell die Ergebnisse.

Laut Google werden unter anderem folgende Funktionen unterstützt:

- Visitenkarte: Telefonnummer oder Adresse für einen Kontakt speichern.
- Buch: Rezensionen oder andere Informationen abrufen.

- Sehenswürdigkeit oder Gebäude: Weitere Informationen recherchieren.
- Gemälde in einem Museum: Weitere Informationen recherchieren.
- Pflanze oder Tier: Weitere Informationen recherchieren.
- Flyer oder Plakat für Veranstaltung: Ereignis im Kalender hinzufügen.

❶ Starten Sie die Google Lens-Funktion mit der -Schaltfläche im Startbildschirm.

❷❸ Beim ersten Aufruf betätigen Sie *Bei Nutzung der App* oder *Vollen Zugriff zulassen.*

Die ‹-Taste bringt Sie jederzeit in den Google Lens-Hauptbildschirm beziehungsweise in den Startbildschirm zurück.

21.13.1 Galerie-Bild untersuchen

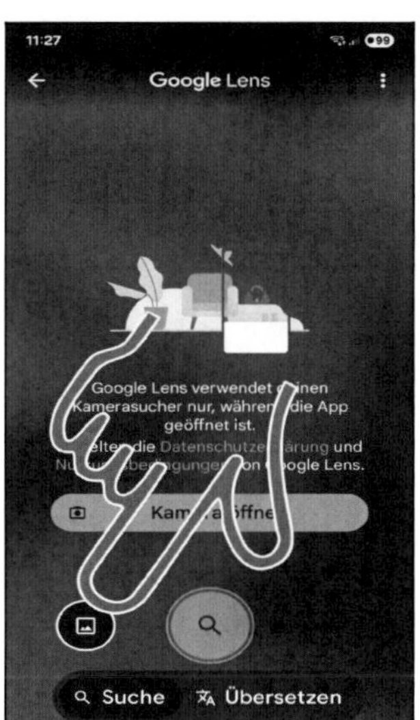

❶ Sofern die Galerie-Fotos noch nicht angezeigt werden, betätigen Sie die runde Schaltfläche.

❷ Betätigen Sie dann *Vollen Zugriff zulassen.*

❸ Wischen Sie durch die Vorschaufotos und tippen Sie eines an.

➊ Im Beispiel möchten wir ein bereits vorhandenes Bild, das wir mal mit der Kamera-Anwendung aufgenommen hatten, untersuchen. Tippen Sie es in der Auflistung an.

➋➌ Abhängig vom Bildtyp stehen weitere Bearbeitungsfunktionen am unteren Bildschirmrand bereit. In unserem Beispiel hat Google das Riesenrad auf dem Münchner Oktoberfest erkannt. Google listet Fundstellen auf. Mit einer Wischgeste blättern Sie durch die Ergebnisse.

21.13.2 Kamera-Bild untersuchen

➊ Für die Auswertung der Liveanzeige von der Kamera gehen Sie auf *Kamera öffnen.*

➋ In der Kamera-Ansicht tippen Sie dagegen auf die runde Vorschau, um wieder die Galerie-Bilder anzuzeigen.

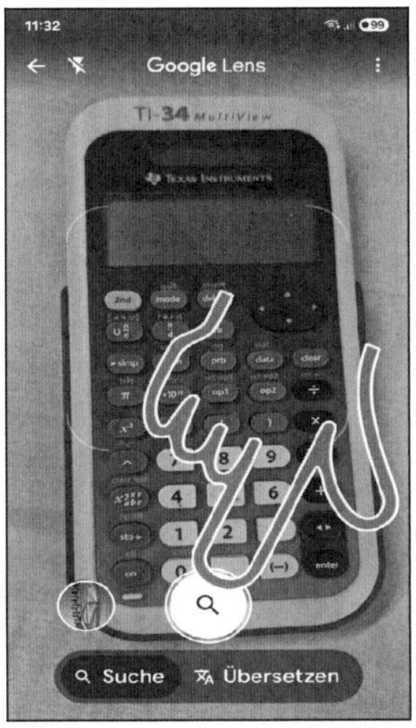

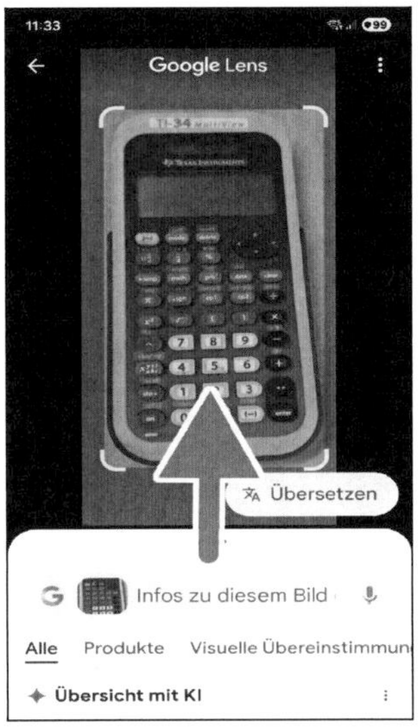

❶ Halten Sie die Kamera auf einen Gegenstand und tippen Sie auf die weiße Schaltfläche.

❷ In diesem Beispiel wird der Gegenstand identifiziert und das Handy zeigt Fotos aus der Suche an. Eine Wischgeste nach oben listet weitere Fotos auf.

22. Das Google-Konto

Google betreibt im Internet zahlreiche kostenlose Online-Dienste, wovon natürlich die Google-Suchmaschine die bekannteste ist. Weitere Web-Anwendungen sind unter anderem Gmail (E-Mail), Google Maps (Karten und Navigation), YouTube (Videos) und Google Fotos (Bilder und Videos). Android bietet mit den gleichnamigen Anwendungen die Möglichkeit, Googles Web-Anwendungen direkt auf dem Handy zu nutzen.

Damit Sie Fotos, Dokumente, Kontakte, Termine usw. auf verschiedenen Geräten (PC-Webbrowser, Android-Handy und Android-Tablet) nutzen können, hat Google das sogenannte **Google-Konto** ersonnen: Sie sind dabei permanent mit Ihrem Google-Konto auf dem Tablet/Handy angemeldet. Legen Sie beispielsweise auf dem Handy einen neuen Kontakt oder einen neuen Termin an, so wird dieser im Google-Konto gespeichert und steht auch auf allen anderen Android-Geräten und im PC-Webbrowser zur Verfügung. Der dazu nötige Datenabgleich erfolgt automatisch über Googles Internetserver im Hintergrund. Einzige Voraussetzung ist, dass Sie auf den anderen Geräten ebenfalls mit Ihrem Google-Konto angemeldet sind.

Ein anderes Beispiel: Sie können tagsüber während der Arbeit auf dem Handy E-Mails mit der Gmail-Anwendung verarbeiten, am Abend loggen Sie sich auf dem Desktop-PC-Webbrowser in die Gmail-Oberfläche ein und sehen den gleichen Nachrichtenstand wie auf dem Handy.

Auch wenn Sie kein Fan von Google sind, kommen Sie nicht darum herum, ein Google-Konto zu eröffnen, denn Sie benötigen es spätestens, wenn Sie über den Google Play Store (siehe Kapitel *26.1 Play Store*) weitere Spiele oder Anwendungen auf dem Gerät installieren wollen.

22.1 Einrichtung in einer Google-Anwendung

Wenn Sie eine Google-Anwendung wie Gmail, Play Store usw. starten, werden Sie aufgefordert, sich mit Ihrem Google-E-Mail-Konto anzumelden, sofern Sie dies nicht schon vorher getan hatten. Die Anmeldung mit der Gmail-Adresse ist nur einmalig notwendig. Danach können sie Gmail, Google Play Store usw. ohne erneute Anmeldung nutzen.

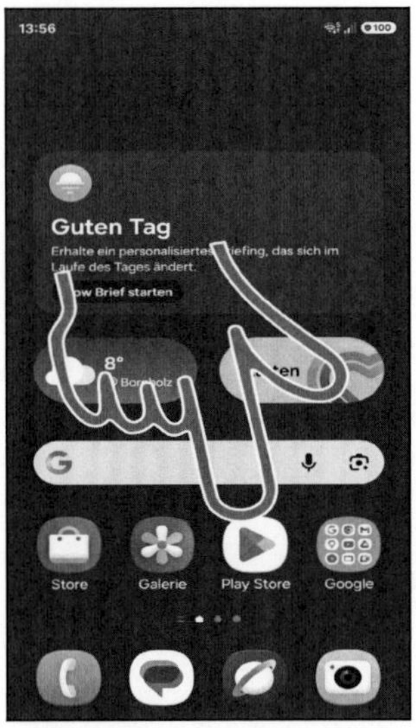

❶ Starten Sie jetzt eine Anwendung, die ein Google-Konto benötigt, im Beispiel *Play Store*, aus dem Startbildschirm.

❷ Betätigen Sie *Anmelden.*

Falls direkt die Benutzeroberfläche des Programms angezeigt wird, ohne dass Ihre Kontodaten abgefragt werden, dann haben Sie bereits die nur einmalig notwendige Anmeldung durchgeführt, beispielsweise bei der Inbetriebnahme (siehe Kapitel *3 Erster Start*).

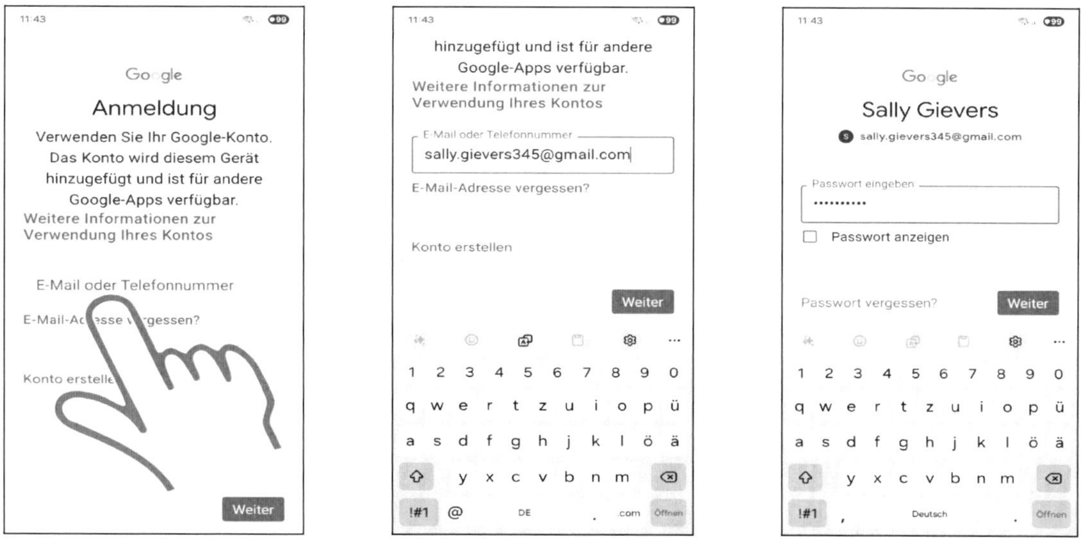

❶❷ Nach Antippen des entsprechenden Eingabefelds erfassen Sie Ihr Google-Konto und betätigen Sie *Weiter* (falls Sie die *Weiter*-Schaltfläche nicht sehen, müssen Sie das Tastenfeld mit der ∨-Taste schließen).

❸ Erfassen Sie das Passwort Ihres Google-Kontos und gehen Sie auf *Weiter.*

Sie brauchen nur den ersten Teil Ihrer Google-Mail-Adresse vor dem »@« einzugeben, denn »@gmail.com« wird automatisch ergänzt, wenn Sie ins Passwortfeld wechseln.

Die Anmeldung mit der Gmail-Adresse ist nur einmalig notwendig. Danach können sie Gmail, Google Play Store usw. ohne erneute Anmeldung nutzen.

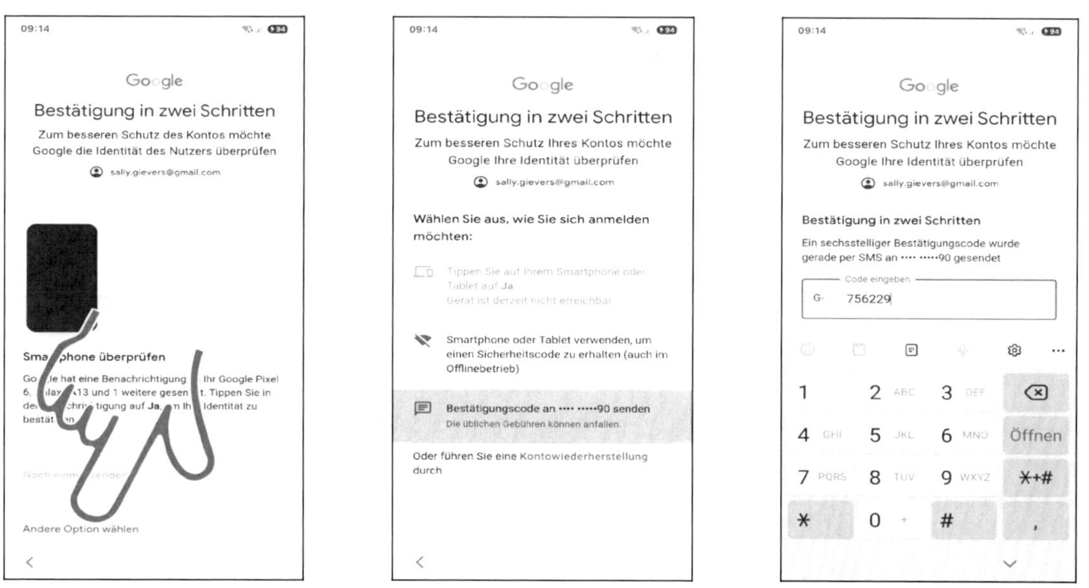

Google möchte sicherstellen, dass kein Unbefugter Ihr Google-Konto nutzt. Deshalb wird eine Authentifizierung verlangt.

❶ Das Google-Konto haben Sie ja bereits auf Ihrem alten Handy genutzt. Dort können Sie es mit *Ja, das bin ich* freigeben. Falls Sie das alte Handy nicht zur Verfügung haben und deshalb eine andere Authentifizierung nötig ist, gehen Sie auf *Andere Option wählen* (Pfeil).

❷ In unserem Beispiel haben wir uns für die dritte Option entschieden: Der Code wird per SMS an unsere Handynummer gesendet. Die Handynummer hat Google bei der Erstanmeldung Ihres Google-Kontos erfahren.

❸ Den empfangenen Code geben Sie ein und betätigen *Öffnen* (auf dem Tastenfeld) beziehungsweise *Weiter.*

➊ Betätigen Sie *Ich stimme zu.*

➋ Falls dieser Hinweis erscheint, haben Sie bereits Daten auf dem Gerät eingegeben, die noch nicht im Google-Konto gesichert werden. *Sicherung aktivieren* behebt das Problem.

➌ Betätigen Sie *Nicht jetzt.*

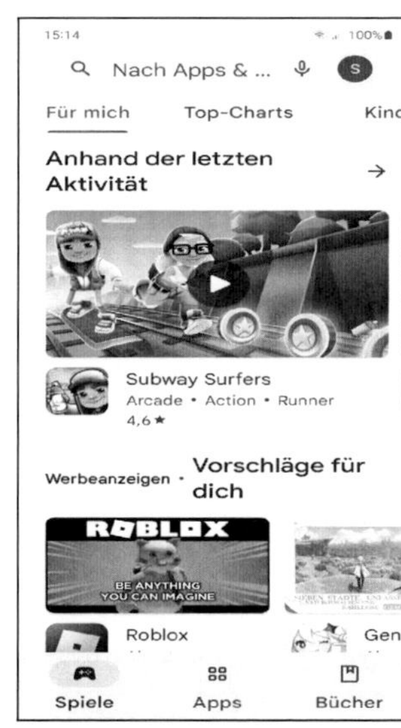

➊ Im nächsten Bildschirm wischen Sie einmal nach oben und gehen auf *Akzeptieren.*

➋ Der Google Play Store schützt Sie vor Betrug, indem Sie Käufe jedes Mal mit dem Passwort freigeben müssen. Betätigen Sie *Passwort verwenden* und bestätigen Sie mit Ihrem Ihres Google-Konto-Passwort.

➌ Sie befinden sich im Play Store.

22.2 Google-Konto entfernen

Es dürfte nur sehr selten nötig sein, das eigene Google-Konto zu entfernen. Alle in Ihrem Google-Konto im Internet hochgeladenen Daten bleiben erhalten und werden auf einem anderen Gerät wieder hergestellt, wenn Sie sich dort erneut mit dem gleichen Google-Konto anmelden.

Falls Sie vorhaben, Ihr Handy an einen Dritten abzugeben, dann sollten Sie nicht Ihr Google-Konto vom Gerät entfernen, weil sich dann noch alle Daten im Gerätespeicher befinden, sondern, das Handy, wie im Kapitel *35.2 Allgemeine Verwaltung* beschrieben, komplett auf den Werkszustand zurücksetzen.

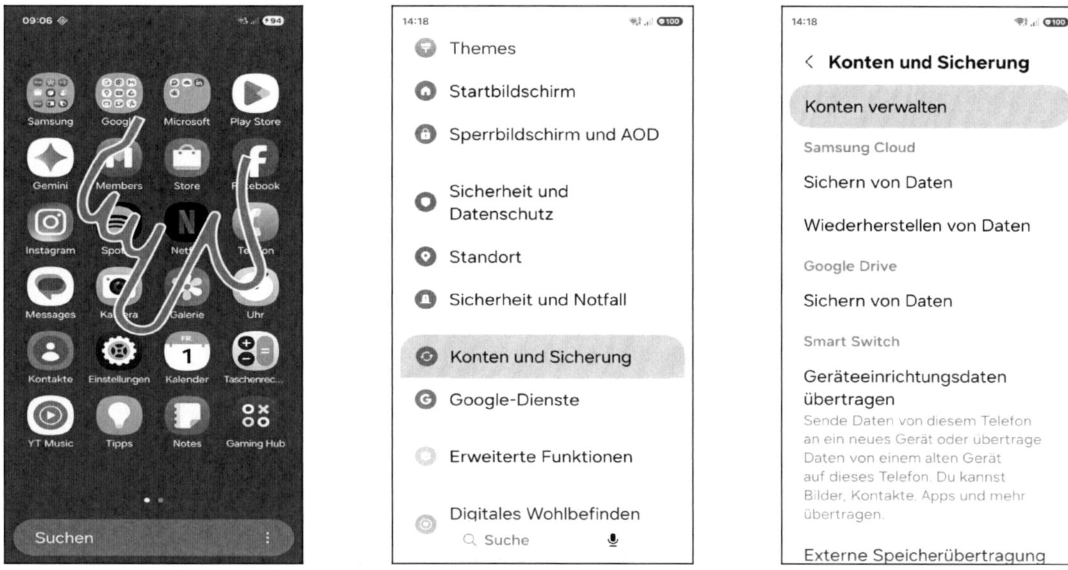

❶ Rufen Sie *Einstellungen* im Hauptmenü auf.

❷❸ Rollen Sie mit einer Wischgeste durch die Menüauflistung und gehen Sie auf *Konten und Sicherung* und dann auf *Konten verwalten*.

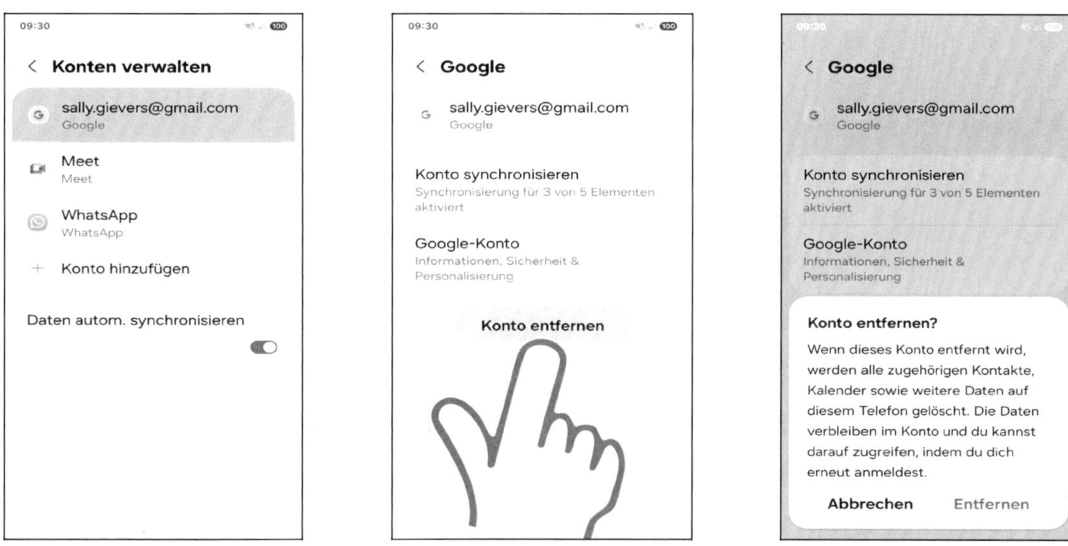

❶ Wählen Sie Ihr Google-Konto aus.

❷❸ Betätigen Sie *Konto entfernen* und im Popup erneut *Konto entfernen.*

23. Das Samsung-Konto

Einige Funktionen auf dem Galaxy setzen die vorherige Einrichtung eines sogenannten Samsung-Kontos voraus, wozu Galaxy Store (siehe Kapitel *26.2 Galaxy Store*) und Find My Mobile (siehe Kapitel *30.5 Maßnahmen gegen Diebstahl* zählen.

Neben den oben erwähnten Funktionen dient das Samsung-Konto dazu, einige Daten aus den Samsung-eigenen Anwendungen im Internet zu sichern. Unterstützt werden dabei die Anwendungen Kontakte (Telefonbuch), Kalender, Notes, Samsung Internet (Webbrowser) und einige mehr.

Bis zum Jahr 2024 war die Nutzung eines Samsung-Kontos überhaupt nicht nötig. Nun ist jedoch für viele KI-Funktionen Ihres Smartphones eine Anmeldung erforderlich. Samsung plant, bestimmte erweiterte KI-Funktionen künftig kostenpflichtig anzubieten, während grundlegende Features weiterhin kostenlos bleiben sollen. Beachten Sie dazu auch Kapitel *24 KI-Funktionen*.

23.1 Anmeldung

Die nachfolgenden Schritte führen Sie sowohl bei der Erstanmeldung eines Samsung-Kontos als auch bei einer erneuten Anmeldung (Samsung-Konto wurde bereits auf einem anderen Galaxy-Gerät angelegt) durch.

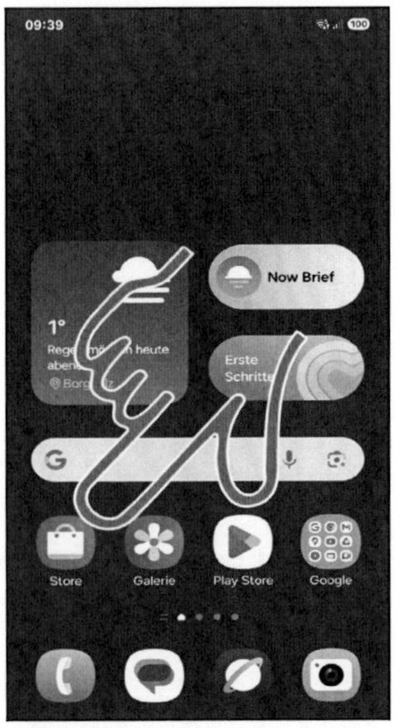

➊ Rufen Sie im Startbildschirm oder Hauptmenü *Store* auf.

➋ Betätigen Sie *Anmelden.*

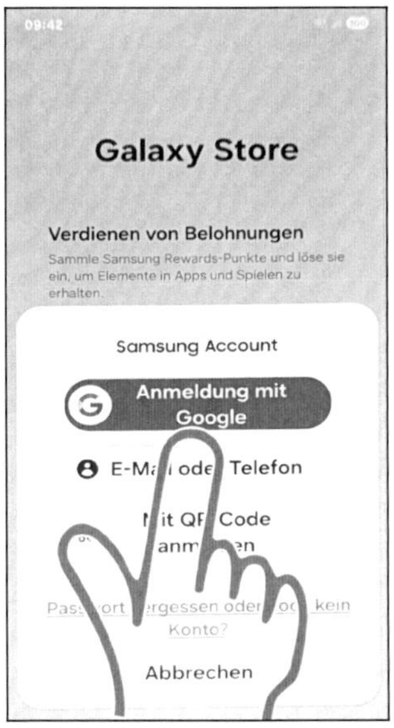

❶❷ Betätigen Sie *Anmeldung mit Google* und wählen Sie Ihr Konto aus.

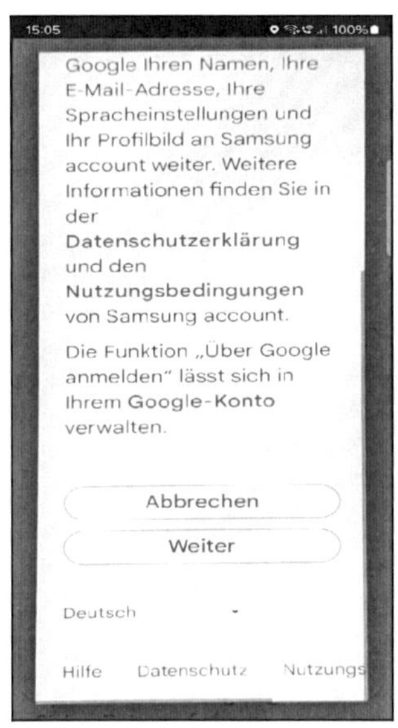

❶❷ Blättern Sie mit einer Wischgeste nach oben und gehen Sie auf *Weiter*.

❶❷ *Aktivieren Sie Alle auswählen,* wischen Sie durch die Liste und betätigen Sie *Weiter*.

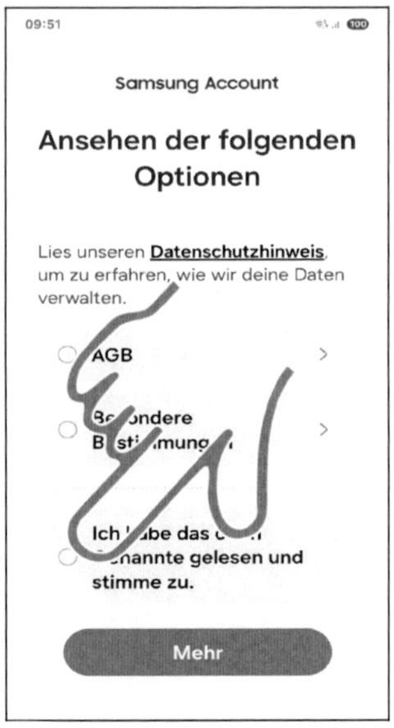

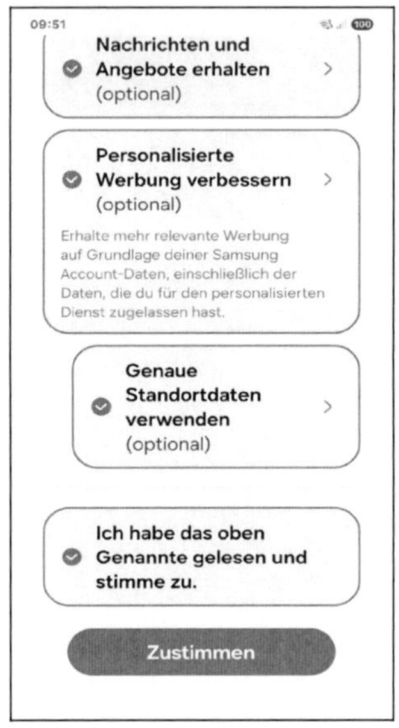

➊➋ Aktivieren Sie das Abhakkästchen bei *Ich habe das oben Genannte gelesen und stimme zu*, dann betätigen Sie *Mehr* und *Zustimmen.*

➌ Bestätigen Sie mit *OK.*

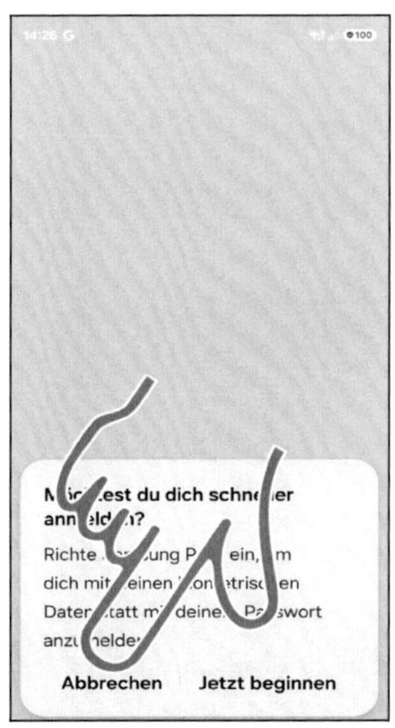

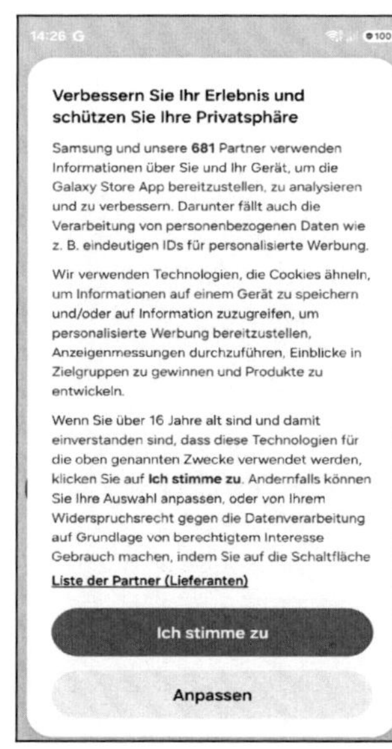

➊➋ Betätigen Sie *OK* und schließen Sie das Popup mit *Abbrechen.*

➌ Betätigen Sie *Ich stimme zu*, worauf Sie sich im Galaxy Store befinden. Schließen Sie den Bildschirm mit der ᐸ-Taste.

23.2 Abmeldung von Ihrem Samsung-Konto

Wenn Sie Ihr Galaxy in einigen Jahren mal durch ein neues Handy ersetzen möchten, werden Sie Ihr Galaxy S26 zunächst zurücksetzen, damit der neue Nutzer nicht Zugriff auf Ihre persönlichen Daten erhält. Dazu müssen Sie allerdings vorher Ihr Samsung-Konto vom Gerät entfernen. In diesem Kapitel zeigen wir Ihnen, wie das geht.

Das Entfernen Ihres Samsung-Kontos von Ihrem Galaxy-Gerät führt nicht zum Verlust Ihrer Daten. Alle lokal gespeicherten Informationen bleiben erhalten. Melden Sie sich später auf einem neuen Gerät erneut mit Ihrem Samsung-Konto an, werden die darin gesicherten Daten automatisch wiederhergestellt. Alle weiteren Daten stellt Ihr Smartphone wieder her, sobald Sie sich mit Ihrem Google-Konto anmelden.

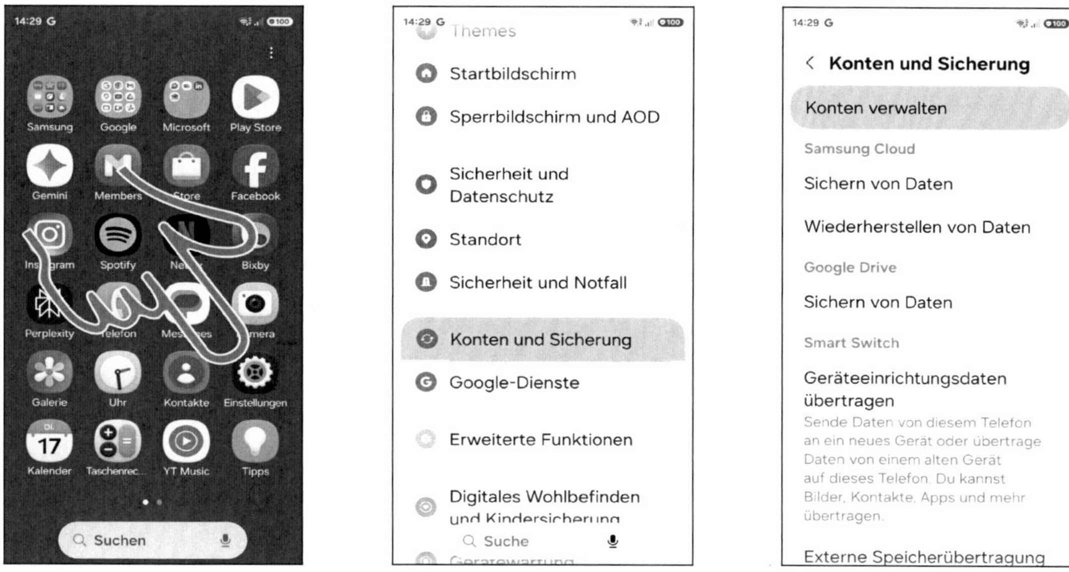

❶ Rufen Sie *Einstellungen* im Hauptmenü auf.

❷❸ Gehen Sie auf *Konten und Sicherung* und dann *Konten verwalten.*

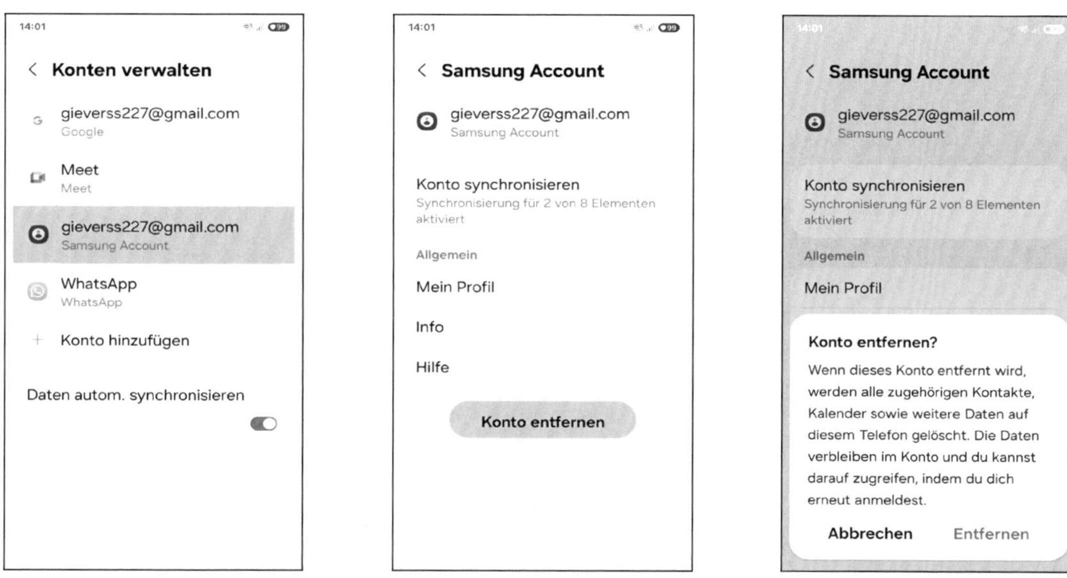

❶ Wählen Sie das Samsung-Konto aus. Sie unterscheiden es anhand des ⊙-Symbols von den anderen Konten.

❷ Betätigen Sie *Konto entfernen.*

❸ Die Sicherheitsabfrage beantworten Sie mit *Entfernen.*

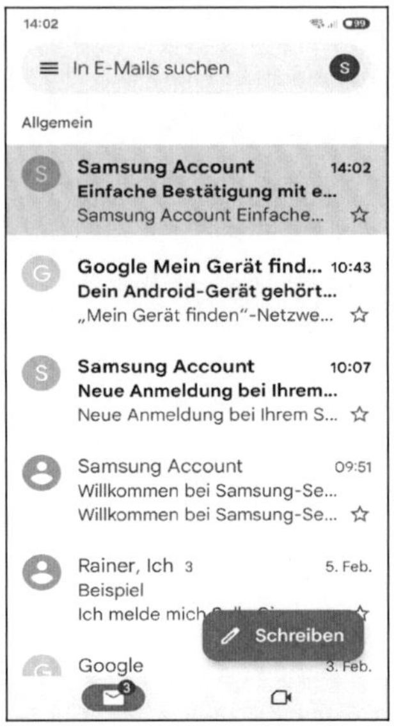

➊ Es wird automatisch die Gmail-Anwendung aufgerufen. Warten Sie, bis eine Samsung-Accout-Nachricht auftaucht, die Sie anzeigen.

➋ Tippen Sie auf *Fortsetzen mit xxx*. Damit ist Ihr Samsung-Konto entfernt.

23.3 Samsung-Konto in der Praxis

In zwei Samsung-Anwendungen des Galaxy-Handys (siehe Kapitel *8 Telefonbuch* und Kapitel *20 Kalender*) können Sie die Kontakte beziehungsweise Termine dem Samsung-Konto statt dem Google-Konto zuordnen. Das Samsung-Konto hat allerdings den Nachteil, dass es nur auf Samsung-Geräten funktioniert, während Ihr Google-Konto auf Android-Geräten aller Hersteller genutzt werden kann.

Trotzdem ist das Samsung-Konto nützlich, falls Sie mehrere Samsung-Geräte, beispielsweise ein Tablet neben dem Galaxy-Handy, verwenden. Sind Sie auf beiden Geräten mit dem gleichen Samsung-Konto angemeldet, stehen die Lesezeichen des Samsung-Webbrowsers (siehe Kapitel *13 Samsung Webbrowser*) auf beiden Geräten zur Verfügung.

Falls Sie die erweiterten KI-Funktionen Ihres Handys nutzen möchten, kommen Sie um die Einrichtung des Samsung-Kontos allerdings nicht herum.

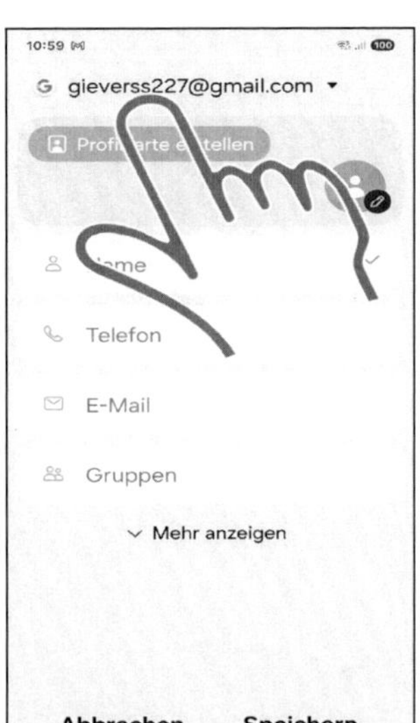

➊➋ Sie möchten dennoch das Samsung-Konto statt dem Google-Konto für die Sicherung von Kontakten und Terminen nutzen? Dann achten Sie darauf, das Konto während der Kontakt-/Terminanlage entsprechend einzustellen.

24. KI-Funktionen

Künstliche Intelligenz (KI) bezieht sich auf Systeme oder Maschinen, die in der Lage sind, Aufgaben zu erledigen und Entscheidungen zu treffen, die normalerweise menschlicher Intelligenz vorbehalten waren. Diese Systeme basieren häufig auf Algorithmen und lernen aus Datenmengen. Dabei werden bestimmte Muster erkannt und Verbindungen zwischen Informationen hergestellt.

Ein wichtiges Merkmal von KI ist ihre Fähigkeit zur Selbstoptimierung. Das bedeutet, dass sie in der Lage ist, durch Erfahrungen und Feedback kontinuierlich dazuzulernen und sich weiterzuentwickeln. Dadurch können sie immer bessere Ergebnisse erzielen und auch komplexe Probleme lösen.

Der obige Text wurde tatsächlich von einer KI geschrieben!

Für die Verwendung aller angebotenen KI-Funktionen müssen Sie sich mit Ihrem Samsung-Konto auf dem Handy angemeldet haben. **Falls Sie bisher noch kein Samsung-Konto genutzt beziehungsweise noch keines eingerichtet haben, holen Sie dies bitte jetzt, wie im Kapitel *23 Das Samsung-Konto* beschrieben, nach.**

Die KI-Grundfunktionen sind kostenlos, Samsung bietet aber auch ein Abo mit einer verbesserten KI an, die Sie aber nicht unbedingt benötigen.

Die wichtigsten Features:

- Tastatur: Schreibstil- und Grammatik ändern, sowie Übersetzung von Texten.
- Telefon: Live-Übersetzung von Gesprächen.
- Samsung Notes: Notizen formatieren, korrigieren, übersetzen oder zusammenfassen.
- Samsung Internet: Texte auf Webseiten zusammenfassen oder übersetzen.
- Galerie: Foto-Editor mit KI.
- Dolmetscher: Fremdsprachliche Konversationen übersetzen.

Aus Platzgründen können wir in diesem Buch nur auf im Alltag wichtigen KI-Hilfsmittel ein. Meistens erschließt sich allerdings die Vorgehensweise von selbst, nachdem Sie sich einige Zeit damit beschäftigt haben.

24.1 KI-Tastatur

Die Tastatur korrigiert Ihren Schreibstil und behebt Grammatikfehler in Ihren Texten.

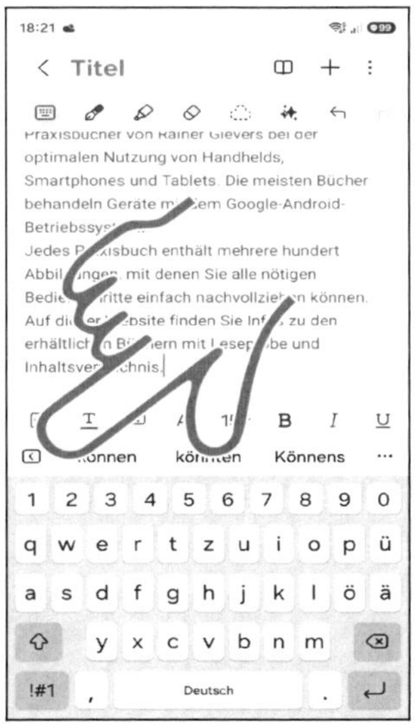

Beispiel für die Überarbeitung eines Texts in der Notes-Anwendung (siehe Kapitel *21.12 Samsung Notes*).

❶ Schalten Sie gegebenenfalls mit der -Schaltfläche auf die Symbolleiste um.

❷ Betätigen Sie die ✨-Schaltfläche.

❸ Beim ersten Aufruf erscheint ein Hinweis, den Sie mit *OK* schließen.

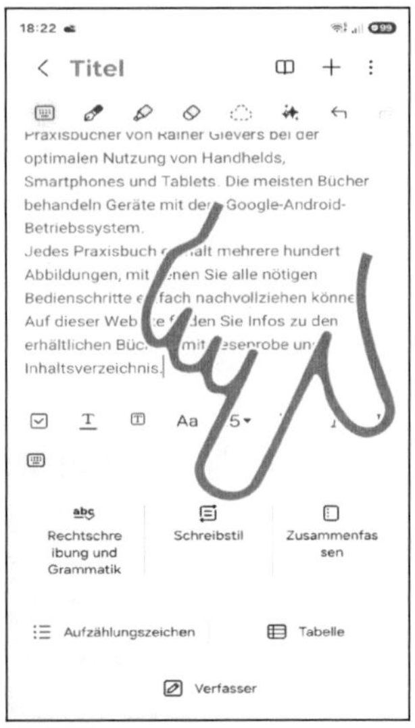

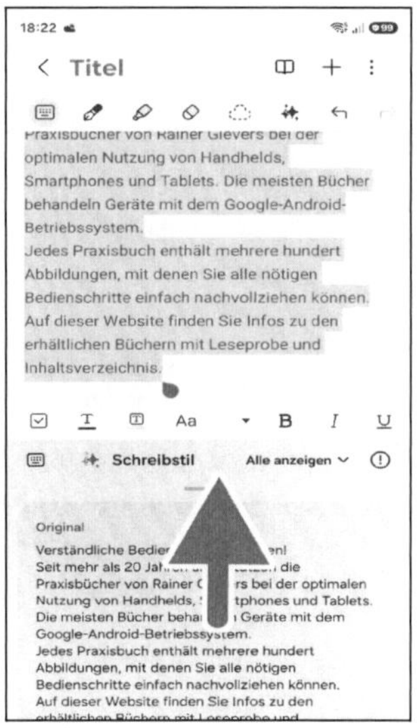

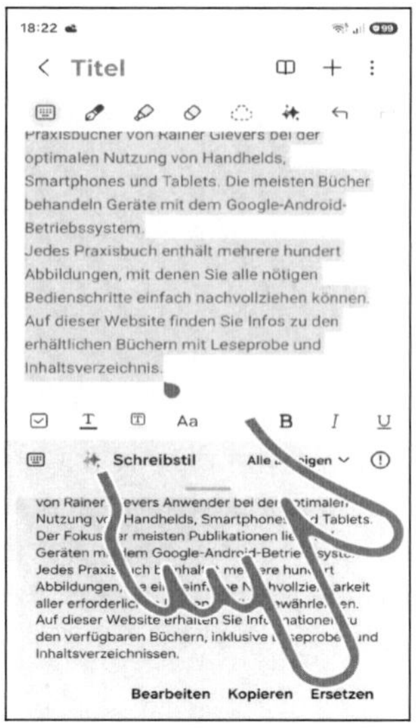

❶ Für die Textoptimierung stehen Ihnen *Rechtschreibung und Grammatik* oder *Schreibstil* zur Verfügung. *Verfasser* erstellt dagegen einen neuen Text anhand Ihrer Stichworte. In unserem Beispiel wählen wir *Schreibstil*.

❷ Blättern Sie mit einer Wischgeste durch die Vorschläge.

❸ *Ersetzen* übernimmt einen Vorschlag.

Die KI markiert automatisch den vollständigen Text im Eingabebereich beziehungsweise der Eingabezeile und führt darüber die Analyse durch. Falls Sie nur einen Absatz per KI optimieren möchten, markieren Sie ihn vorher, wie wir unten zeigen.

❶ Sie möchten nur einen Absatz von der KI bearbeiten lassen? Dann markieren Sie ihn vorher. Dazu tippen und halten Sie den Finger auf das erste Wort des Absatzes, bis dieses markiert ist.

❷ Ziehen Sie dann an der Lasche, bis der Absatz markiert ist.

❸ Betätigen Sie ✨.

In den Kommunikationsanwendungen (siehe Kapitel *7 SMS mit Messages* und *15 WhatsApp*) steht eine Übersetzungsfunktion zur Verfügung.

❶ In unserem Beispiel haben wir eine englischsprachige Nachricht in der WhatsApp-Anwendung erhalten. Tippen Sie in das Eingabefeld.

❷ Gehen Sie auf ✨ und wählen Sie *Chat-Übersetzung*.

❸ Die Übersetzung erscheint unter dem Originaltext.

❶❷ So antworten Sie in einer Fremdsprache: Tippen Sie in das kleine Eingabefeld oberhalb des Tastenfelds. Geben Sie den deutschen Text ein, der automatisch als Übersetzung erscheint.

24.2 KI in Samsung-Notes

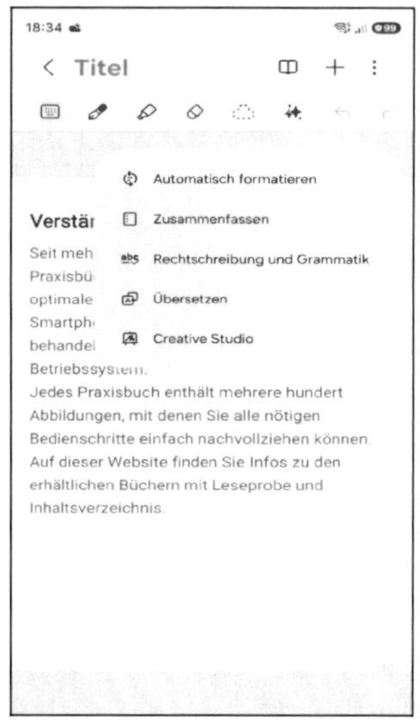

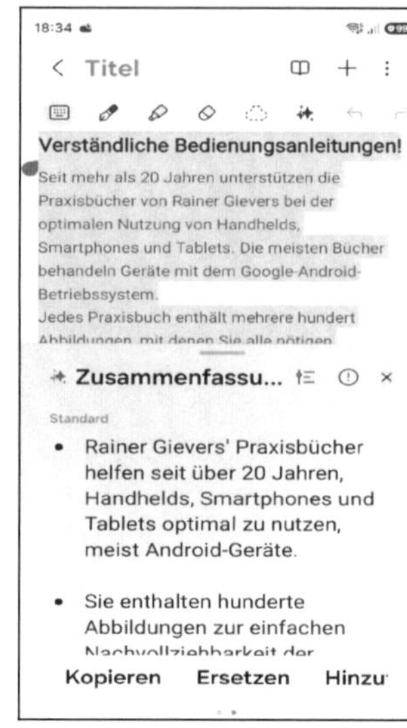

❶ In der Notizen-Anwendung (siehe Kapitel *21.12 Samsung Notes*) betätigen Sie während der Texteingabe die ✨-Schaltfläche – bitte nicht mit ✨ oberhalb der Tastatur verwechseln! Schließen Sie das einmalig angezeigte Popup mit *Mehr* und *OK*.

❷ Wählen Sie zwischen:

- *Automatisch formatieren*
- *Zusammenfassen*
- *Rechtschreibung und Grammatik*
- *Übersetzen*
- *Creative Studio*

❸ Beispiel für eine Zusammenfassung. Über die Schaltflächen am unteren Bildschirmrand kopieren Sie den Textvorschlag in die Zwischenablage (siehe Kapitel *34.7 Texte kopieren, ausschneiden und einfügen*), ersetzen den alten Text oder fügen die Zusammenfassung hinzu.

Die KI markiert automatisch den vollständigen Text und führt darüber die Analyse durch. Falls Sie nur einen Absatz per KI optimieren möchten, markieren Sie ihn vorher. Dazu tippen und halten Sie den Finger auf ein Wort und ziehen dann die »Laschen« der Markierung, bis der Text markiert ist.

24.3 KI in Samsung Internet

❶ Im Webbrowser (siehe Kapitel *13 Samsung Webbrowser*) aktivieren Sie die KI über ✨.

❷ Wählen Sie zwischen *Zusammenfassen, Übersetzen* und *Highlights vorlesen.*

❸ Beispiel für eine Zusammenfassung.

❶❷ Für die Übersetzung fremdsprachlicher Webseiten betätigen Sie ✨ und gehen auf *Übersetzen.*

❸ Die kleine Schaltfläche am oberen Bildschirmrand schaltet die Übersetzung aus.

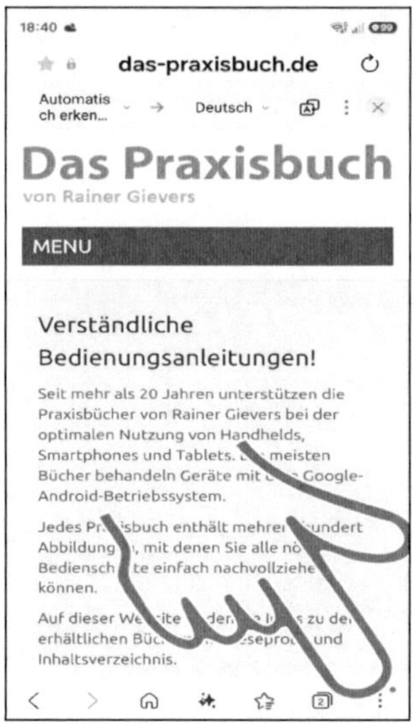

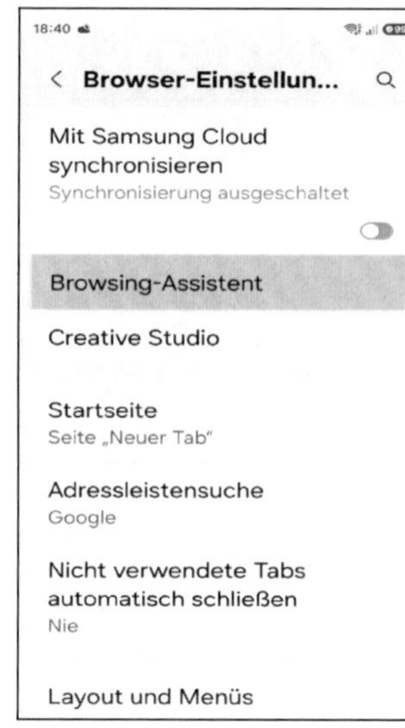

❶❷ Zur Einrichtung der KI-Funktionen rufen Sie das Menü auf und gehen auf *Einstellungen*. ❸ Wählen Sie *Browsing-Assistent*.

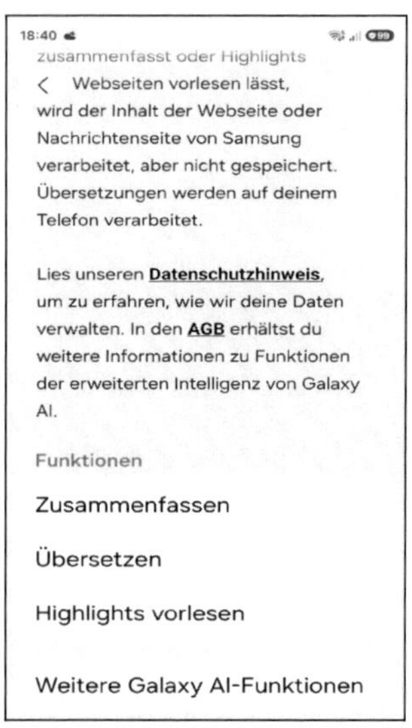

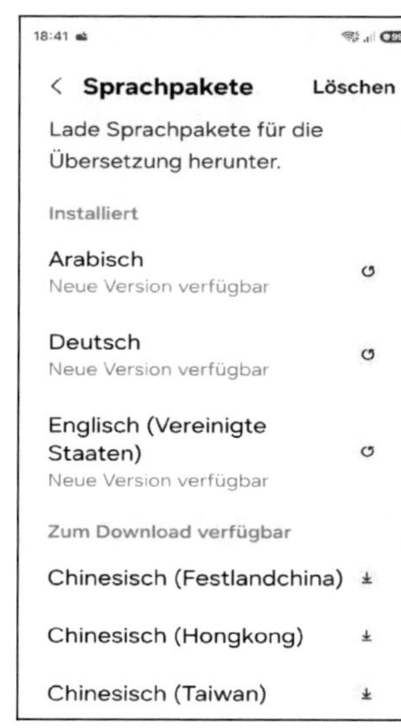

❶ Die Menüs:

- *Zusammenfassen*: Außer dem Ein-/Ausschalten dieser Funktion können Sie keine Einstellungen vornehmen.
- *Übersetzen* (❷❸): Installation der Sprachpakete für die Übersetzungsfunktion.
- *Highlights vorlesen*: Wählen Sie Sprache und Stimme für die Vorlesefunktion aus.
- *Weitere Galaxy AI-Funktionen*: Verweist auf einige KI-Hilfsmittel des Handys, die Kapitel *24 KI-Funktionen* genauer vorstellt.

24.4 Now Brief

Die Anwendung Now Brief (engl. »jetzt kurz«) bietet dreimal am Tag eine personalisierte Zusammenfassung wichtiger Informationen. Dazu gehören Wettervorhersagen, anstehende Termine, Erinnerungen usw. Laut Samsung erfolgt die Datenauswahl durch eine KI.

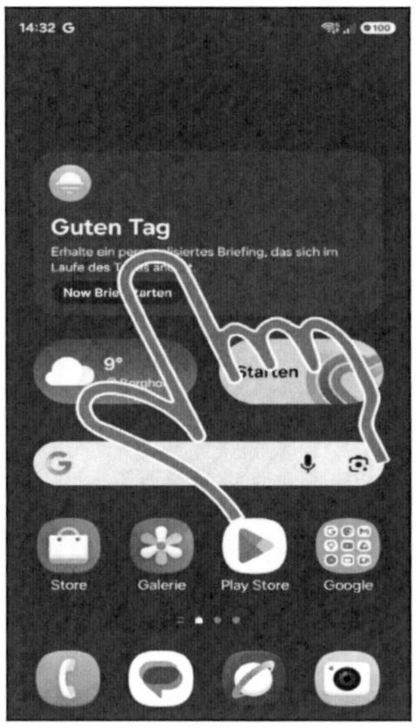

➊➋ Sie rufen *Now Brief* einfach über das Widget im Startbildschirm auf. Falls bei Ihnen dieses Widget fehlt, können Sie es einfach erneut einrichten, wie Kapitel *4.7.2 Widgets* zeigt.

➌ In der Gerätesperre finden Sie eine sogenannte Now Bar, nach deren Antippen Sie ebenfalls die Now Brief-Infos erhalten.

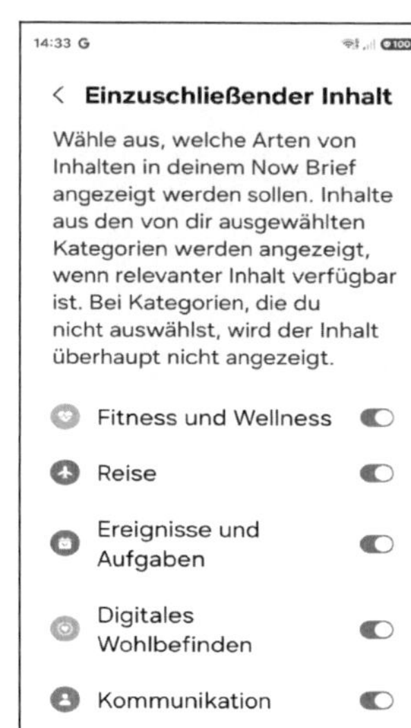

➊➋ Betätigen Sie in Now Brief ⚙ für die Einstellungen und gehen Sie auf *Einzuschließender Inhalt.*

➌ Aktivieren Sie alle Themen, die Sie interessieren.

24.5 Anrufprüfung

Die Anrufprüfung ist eher ein digitaler Türsteher. Das Handy nimmt für Sie den Anruf entgegen und fragt worum es geht. Sie sehen die Antwort live als Text auf dem Display.

Ziel der Anrufprüfung ist es Spam-Anrufe zu filtern und herausfinden, ob es sich lohnt, überhaupt selbst dranzugehen. Sie entscheiden nach der Antwort des Anrufers, ob Sie das Gespräch persönlich übernehmen oder den Anrufer lieber blockieren.

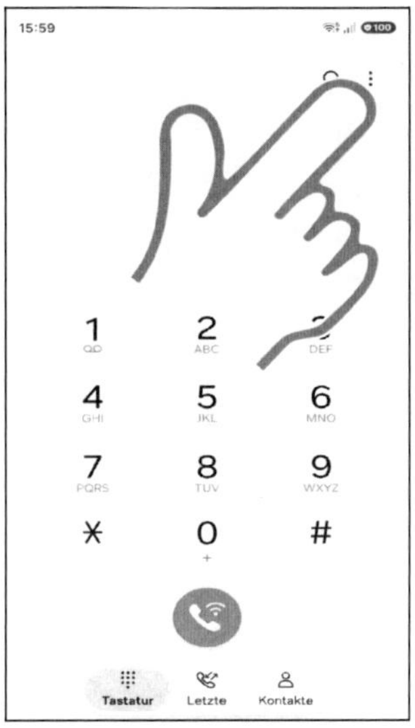

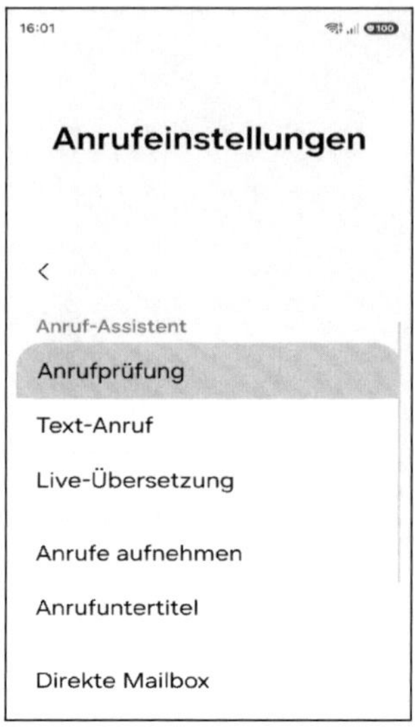

❶❷ In der Telefon-App (siehe Kapitel *6 Telefonie*) gehen Sie in ⋮/*Einstellungen.*

❸ Wählen Sie *Anrufprüfung.*

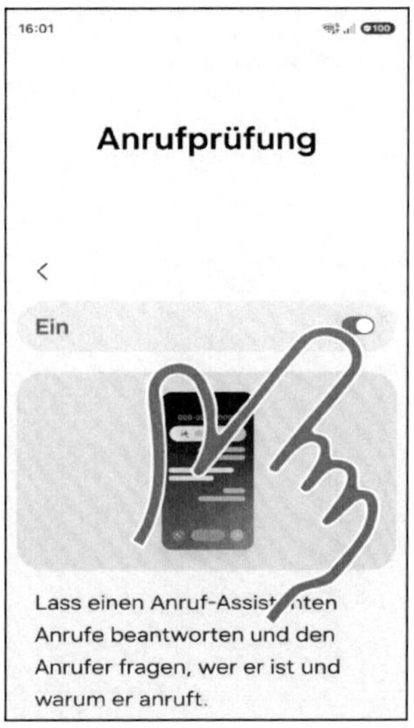

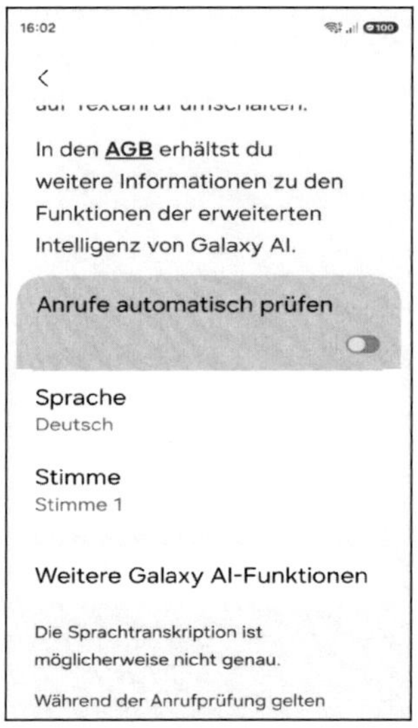

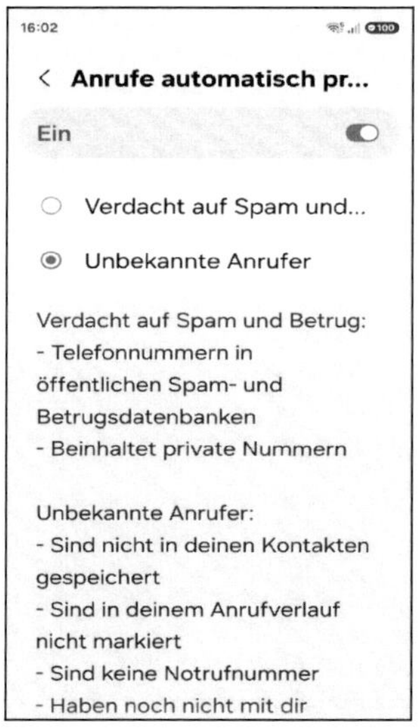

❶ Aktivieren Sie den Schalter.

❷❸ Bei Bedarf können Sie in diesem Bildschirm auch eine weitere Option aktivieren: Wählen Sie *Anrufe automatisch prüfen.* Die Optionen:

- *Verdacht auf Spam und Spamschutz*: Google hält eine Datenbank vor, die von Nutzern als unerwünscht gemeldete Rufnummern enthält. Auch Anrufer mit unterdrückter Rufnummern fallen darunter.
- *Unbekannte Anrufer*: Eine weitere Verschärfung, denn neben Spam-Anrufen fallen darunter auch »normale« Anrufe von Personen, die das erste Mal anrufen.

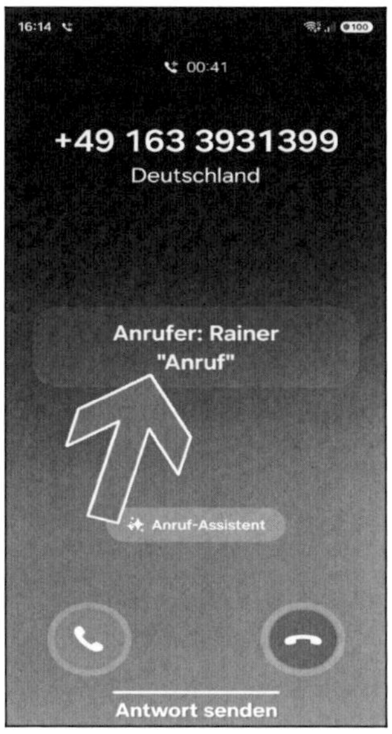

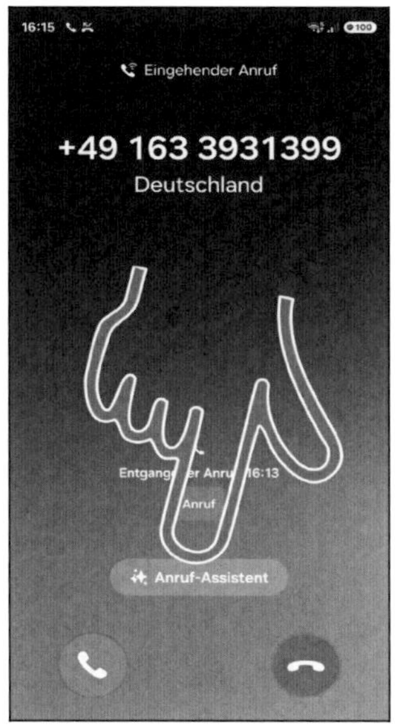

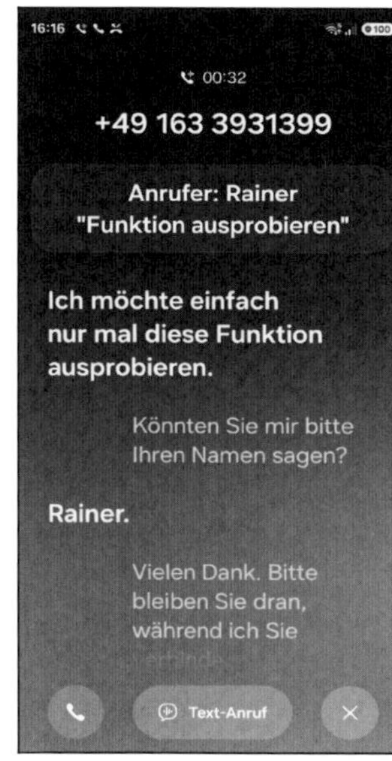

❶ So sieht die Anzeige auf Ihrem Handy nach der Anrufprüfung aus: Der Assistent hat den Anrufernamen und den Grund des Anrufs abgefragt und zeigt diese an.

❷❸ Wenn die Anrufprüfung nicht auslöst, können Sie sie auch manuell aktivieren: Gehen Sie auf *Anruf-Assistent* und warten Sie ab, was der Anrufer von Ihnen möchte. Mit der grünen Schaltfläche nehmen Sie jederzeit den Anruf sofort entgegen.

24.6 Live-Übersetzung

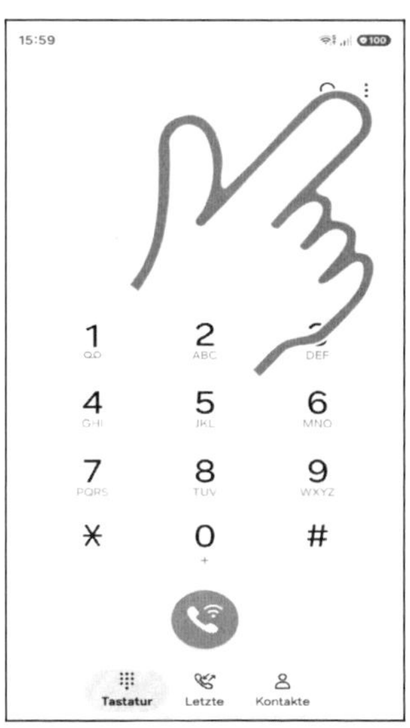

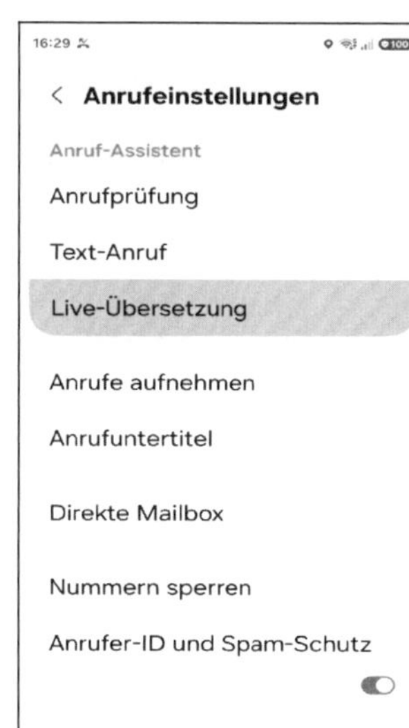

❶❷ Die automatische Übersetzung muss erst eingeschaltet werden. Rufen Sie dafür in der Telefon-Anwendung (siehe Kapitel 6 *Telefonie*) das Menü auf und gehen Sie auf *Einstellungen*.

❸ Gehen Sie auf *Live-Übersetzung*.

Aktivieren Sie *Live-Übersetzung*. In dem Menü können Sie auch das verwendete Sprachpaket (standardmäßig Deutsch-Englisch) und die Computerstimme auswählen.

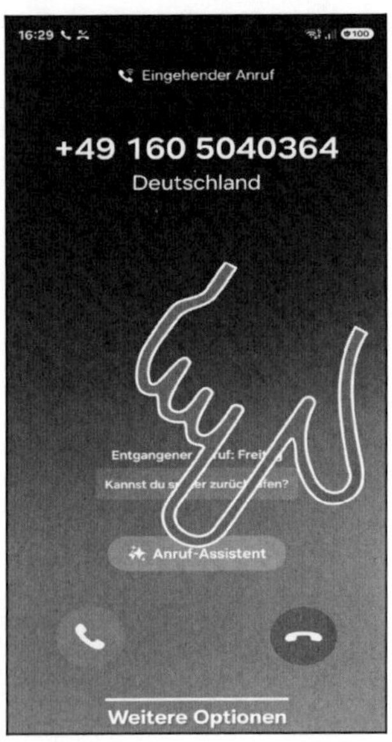

❶❷ Während eines Gesprächs betätigen Sie *Anruf-Assistent* und gehen auf *Live-Übersetzung*.

❸ Die Übersetzung erfolgt. Über die Bedienelemente am oberen Bildschirmrand beenden Sie den Dolmetscher beziehungsweise wählen die Sprache aus.

24.7 KI-Bildbearbeitung in der Galerie

Bitte beachten Sie, dass die einfache Bearbeitung von Fotos mittels KI-Funktionen Sie nicht von Ihrer Verantwortung entbindet. Wenn Sie Bilder verändern, auf denen andere Personen abgebildet sind, holen Sie am Besten deren Einwilligung ein, vor allem, wenn Sie die Bilder anschließend veröffentlichen möchten. Machen Sie bei der Veröffentlichung deutlich, dass es die Bilder mit einer KI bearbeitet wurden.

24.7.1 Personen oder Objekte bearbeiten

❶ Tippen Sie in der Galerie-Anwendung (siehe Kapitel *18 Galerie*) ein Foto für die Vollbildansicht an.

❷ Betätigen Sie ✨.

❸ Am unteren Bildschirmrand haben Sie Zugriff auf die KI-Funktionen. Sie können Personen oder Gegenstände im Foto vergrößern, verkleinern, an eine andere Stelle verschieben oder komplett entfernen. Die KI füllt die entstehende Lücke im Hintergrund nahtlos und kontextgetreu auf.

24.7.1.a KI-Radierer

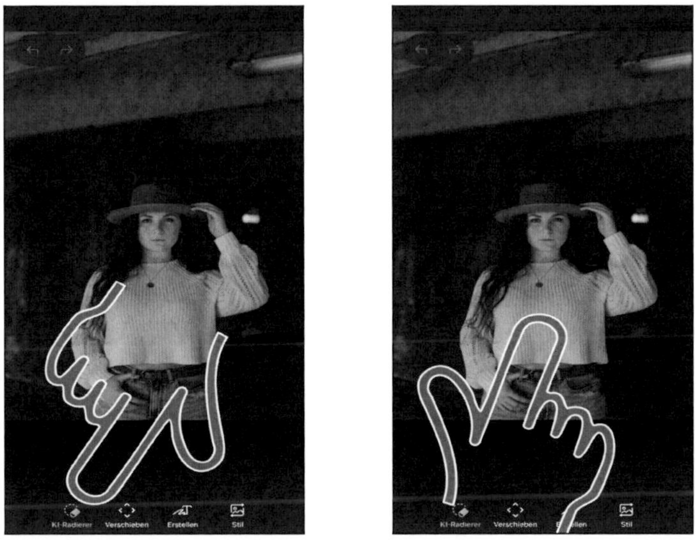

❶ Aktivieren Sie *KI-Radierer*.

❷ Tippen und halten Sie den Finger auf der Person oder dem Objekt, bis die Maske erscheint.

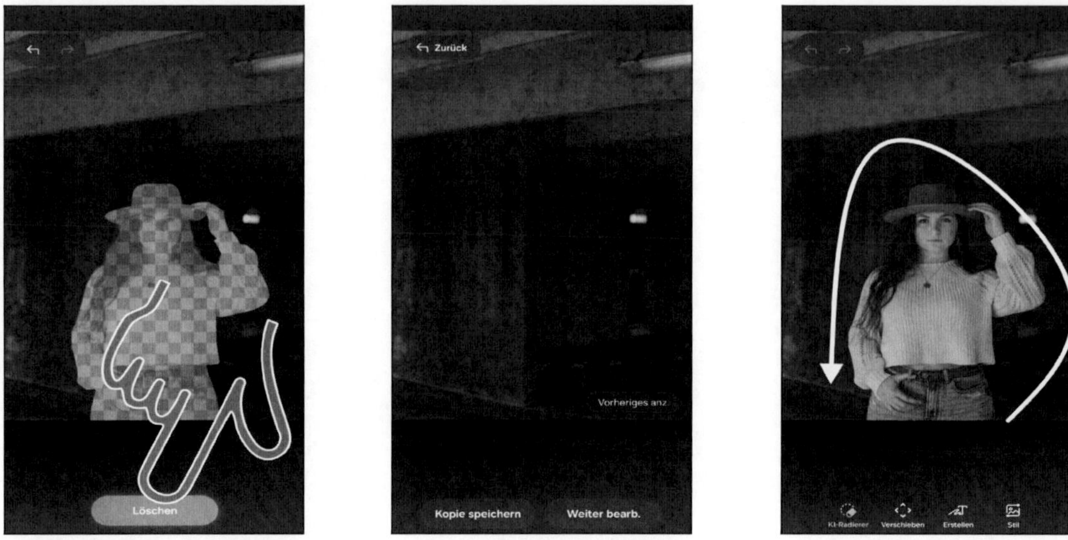

➊ Betätigen Sie *Löschen.*

➋ Schließen Sie den Vorgang mit *Kopie speichern* ab. Falls Sie den ganzen Vorgang abbrechen möchten, betätigen Sie die <-Taste.

➌ Manchmal versagt die automatische Umrisserkennung. In diesem Fall umkreisen Sie einfach mit dem angedrückten Finger das zu entfernende Objekt, welches dann automatisch markiert wird.

24.7.1.b Verschieben und Größe ändern

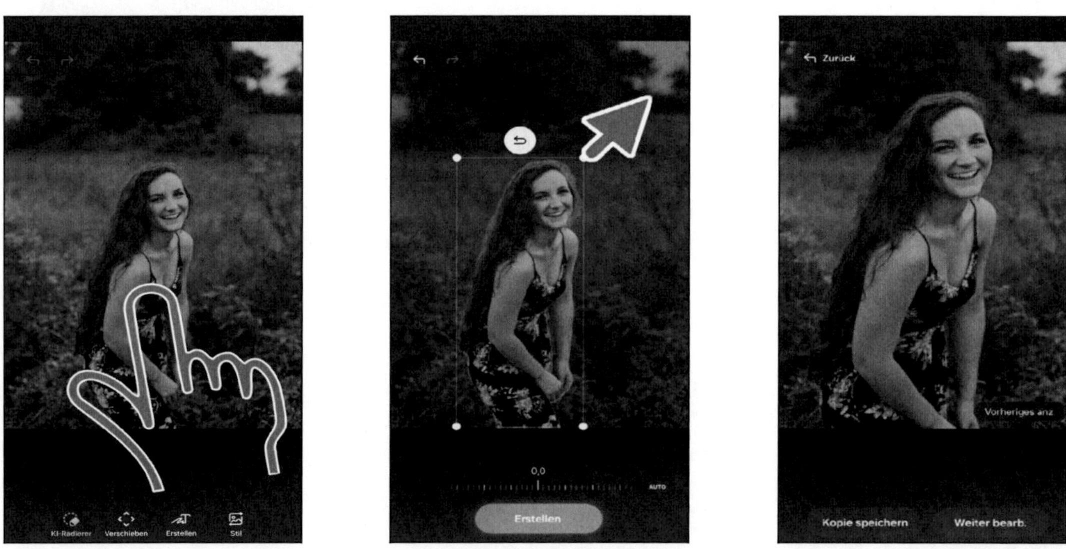

➊ Tippen und halten Sie den Finger auf dem Objekt, bis es markiert ist.

➋ Verschieben Sie es mit dem angedrückten Finger oder ziehen Sie an den Ecken zur Größenveränderung, dann bestätigen Sie mit *Erstellen.*

➌ Speichern Sie das Ergebnis mit *Kopie speichern.* Die die <-Taste bricht den Vorgang ab.

24.7.2 Erstellen

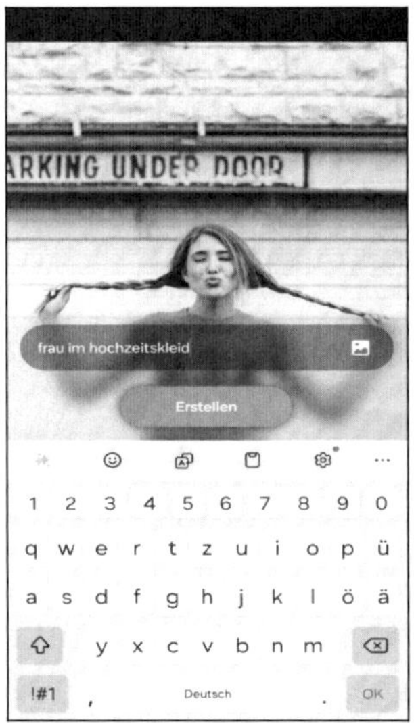

❶ Aktivieren Sie *Erstellen.*

❷❸ Tippen Sie in das Eingabefeld und beschreiben Sie die gewünschte Änderung. Konzentrieren Sie sich immer nur auf einen Aspekt, als beispielsweise nur die Kleidung oder den Hintergrund. Falls nötig, können Sie auch mehrmals hintereinander Änderungen durchführen. In unserem Beispiel soll die Frau ein Hochzeitskleid erhalten. Betätigen Sie *Erstellen.*

Tipp: Anstatt den gewünschten Hintergrund zu beschreiben, können Sie auch mit 🖼 ein Bild aus der Galerie verwenden.

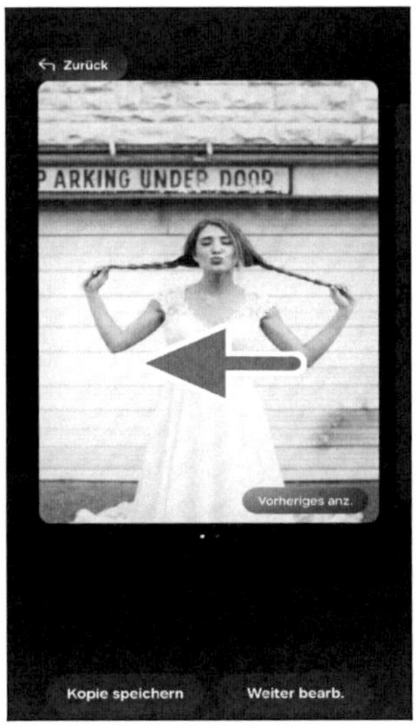

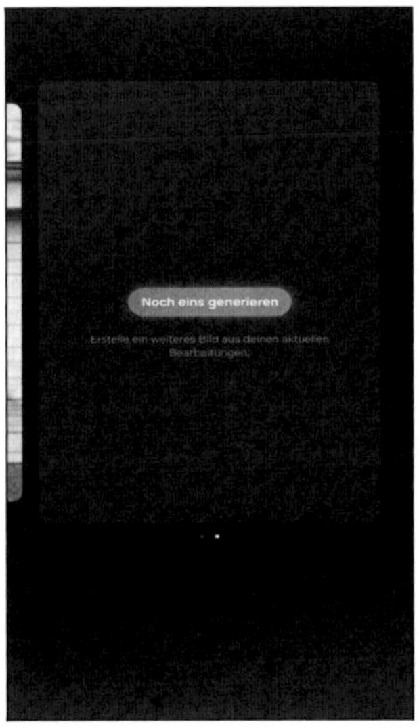

❶❷ Das Ergebnis wird vom Zufall bestimmt. Falls Ihnen das Ergebnis nicht gefällt, wischen Sie einmal nach links und betätigen *Noch eins generieren.* Sie können alternativ auch an dieser Stelle mit der ‹-Taste abbrechen und eine genauere Beschreibung der gewünschten Änderung erfassen.

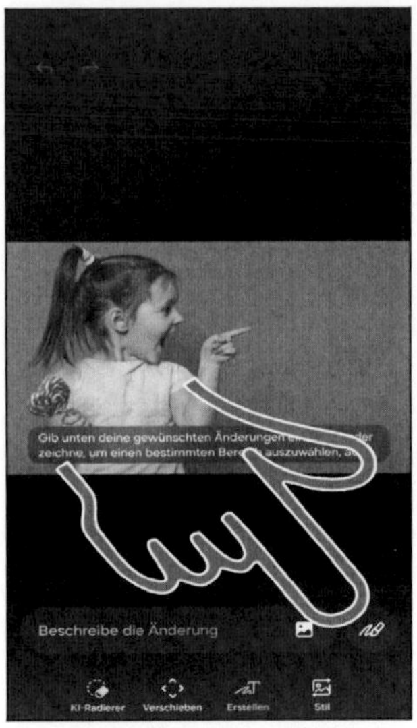

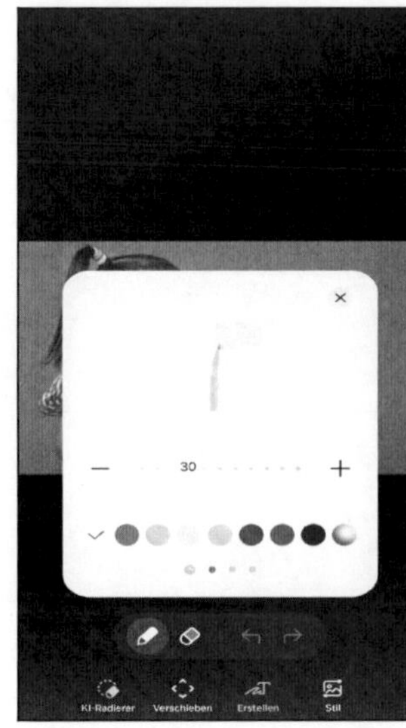

❶ Die -Schaltfläche wechselt in den Skizzenmodus.

❷❸ Beachten Sie, dass Sie bei Ihrer Skizze nicht auf eine Farbe festgelegt sind, sondern mehrere verschiedene verwenden können. Die KI generiert anhand der Farben dann mehrfarbige Objekte. Betätigen Sie und wählen Sie dann Stiftgröße und Farbe aus.

❶ In unserem Beispiel zeichnen wir eine Tür und gehen auf *Erstellen.*

❷ Wir hatten die Konturen mit weißer Farbe gezeichnet, weshalb auch die Tür nun einfarbig ist. Ihnen gefällt das Ergebnis noch nicht? Dann wischen Sie auf dem Bildschirm nach links und betätigen Sie *Noch eins generieren.*

Vergessen Sie bitte nicht, Ihr Ergebnis mit *Kopie speichern* zu übernehmen!

24.7.2.a Stil

❶ Wählen Sie *Stil.*

❷ Zur Auswahl stehen zwei Modi. Während *Foto* für alle Motive geeignet ist, bearbeitet *Portrait* ausschließlich Personenfotos. In unserem Beispiel wählen wir *Anime* und gehen auf *Erstellen.*

❸ Das erzeugte Bild.

24.8 Creative Studio

Die Notizen-Anwendung (siehe Kapitel *21.12 Samsung Notes*) bietet mit dem Creative Studio intressante Bearbeitungsfunktionen.

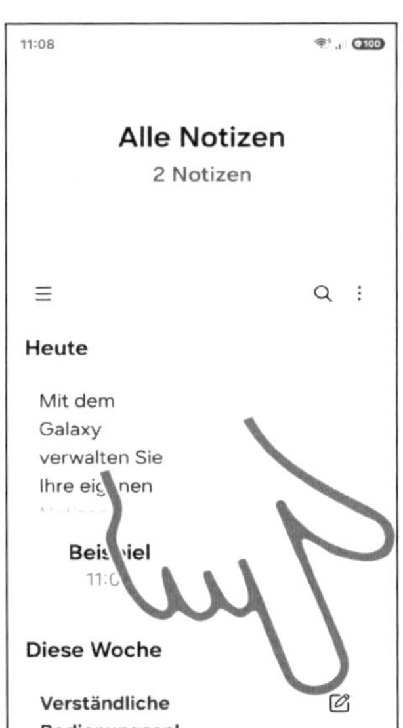

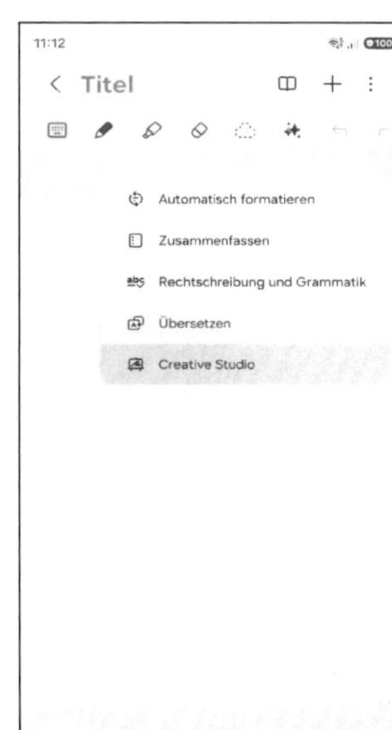

❶ Erstellen Sie zunächst mit 🖉 eine neue Notiz.

❷ Betätigen Sie ✨.

❸ Wählen Sie *Creative Studio.*

❶ Zur Auswahl stehen:

- *Sticker*: Dekorative Grafik
- *Einladung*
- *Grußkarte*

❷ In unserem Beispiel haben wir *Einladung* gewählt und geben einen Einladungstext ein. Betätigen Sie *Erstellen.*

❸ Hier zeigt sich eine bedeutende Schwäche des Bildgenerators, denn die eingegebenen Texte wurden auf Englisch übersetzt. Außerdem erhält jedes Bild als Wasserzeichen »*KI-generierter Inhalt*«, was die sinnvolle Weiterverwendung erschwert. Schließen Sie den Vorgang mit *OK* ab.

24.9 KI-Dolmetscher

Der Dolmetscher unterstützt Sie bei der Konversation mit Personen, die kein Deutsch beherrschen, beispielsweise im Urlaub.

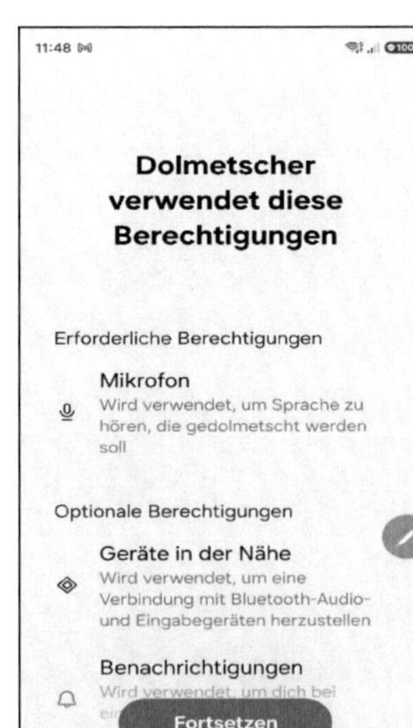

❶ Rufen Sie den Schnelleinstellungsbereich auf und erweitern Sie es mit einer Wischgeste nach unten.

❷ Betätigen Sie *Dolmetscher.*

❸ Die folgenden Bildschirme/Popups schließen Sie mit *Fortsetzen, Bei Nutzung der App* und *Zulassen.*

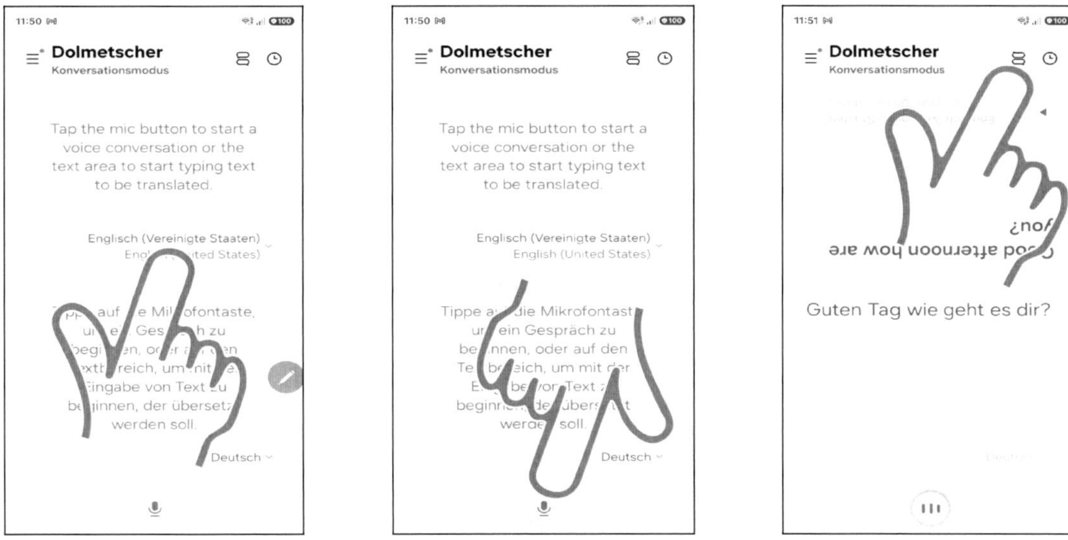

❶ Wählen Sie zunächst die gewünschte Sprache aus.

❷ Danach betätigen Sie . Der Dolmetscher erkennt automatisch, wer spricht und übersetzt.

❸ dreht den Bildschirmbereich für Ihren Gesprächspartner.

24.10 KI-Markierung

Diese Funktion wird leider nicht von allen mobilen Anwendungen unterstützt. Sie ist jedoch beispielsweise in Microsoft Outlook und Gmail verfügbar.

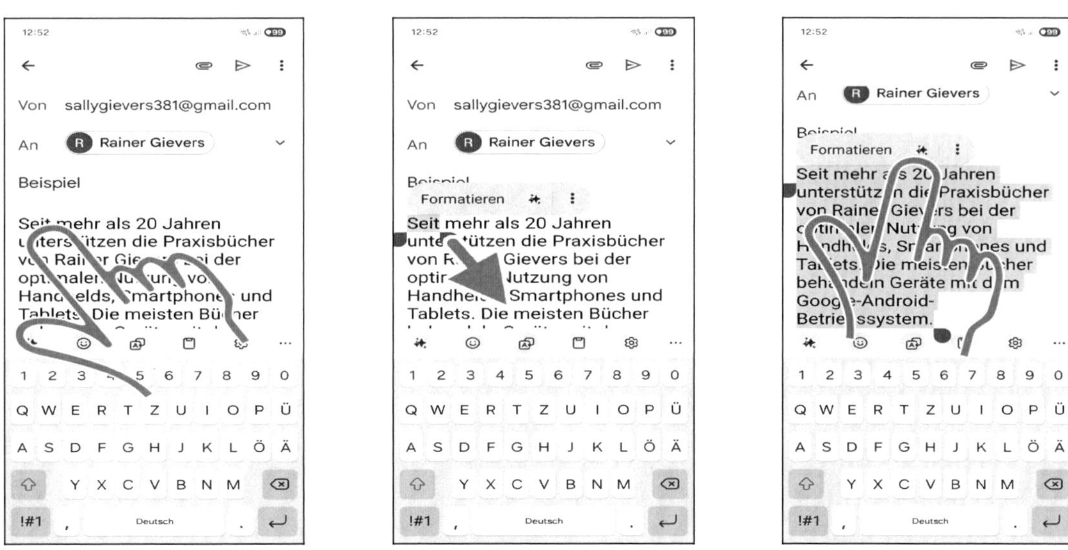

❶ Markieren Sie zunächst einen Textbereich. In unserem Beispiel tippen und halten wir den Finger über einem Wort.

❷ Die Markierung vergrößern Sie mit einer Ziehgeste.

❸ Aktivieren Sie mit ✨ das KI-Menü.

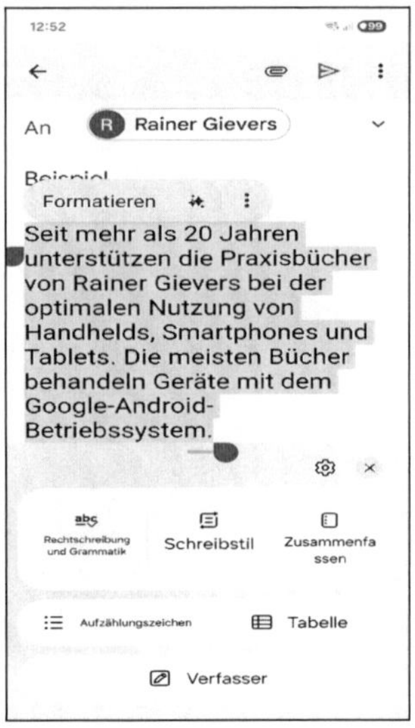

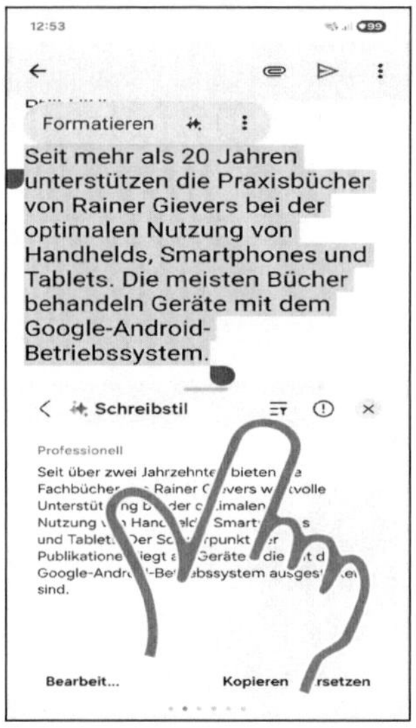

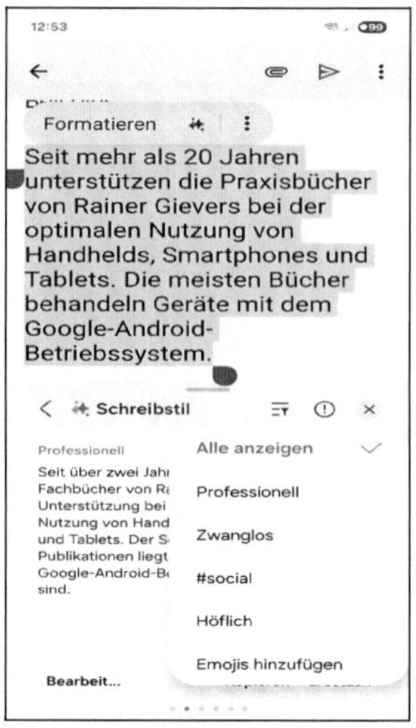

❶ Folgende Optionen stehen zur Verfügung:

- *Rechtschreibung und Grammatik*: Fehler korrigieren.
- *Schreibstil* (❷❸): Es stehen verschiedene Stile zur Auswahl, zwischen denen Sie über ⩶ umschalten. Über die *Kopieren*-Schaltfläche landet das Ergebnis in der Zwischenablage und kann in anderen Anwendungen eingefügt werden.
- *Zusammenfassen*: Den Inhalt in wenigen Worten zusammenfassen.
- *Aufzählungszeichen*: Die wesentlichen Punkte des Textinhalts als Aufzählung.
- *Tabelle*: Zusammenfassung in Tabellenform.
- *Verfasser*: Erstellen Sie selbst einen Text durch die Eingabe von Stichworten.

24.11 Zeichnungs-Assistent

Der Zeichnungs-Assistent erstellt nach Ihren Vorgaben Bilder. Da diese kaum von normalen Kunstwerken beziehungsweise Fotos unterscheidbar sind, erhalten sie das Wasserzeichen »*KI-generierter Inhalt*«.

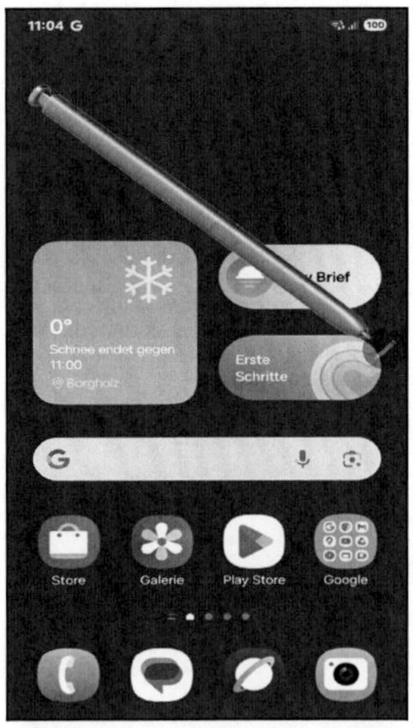

❶❷ Auf dem Galaxy S26 Ultra öffnen Sie das S Pen-Befehle-Menü mit dem Stift (siehe auch Kapitel *36 Der Bedienstift des Galaxy S26 Ultra*) und betätigen *Zeichnungs-Assistent*.

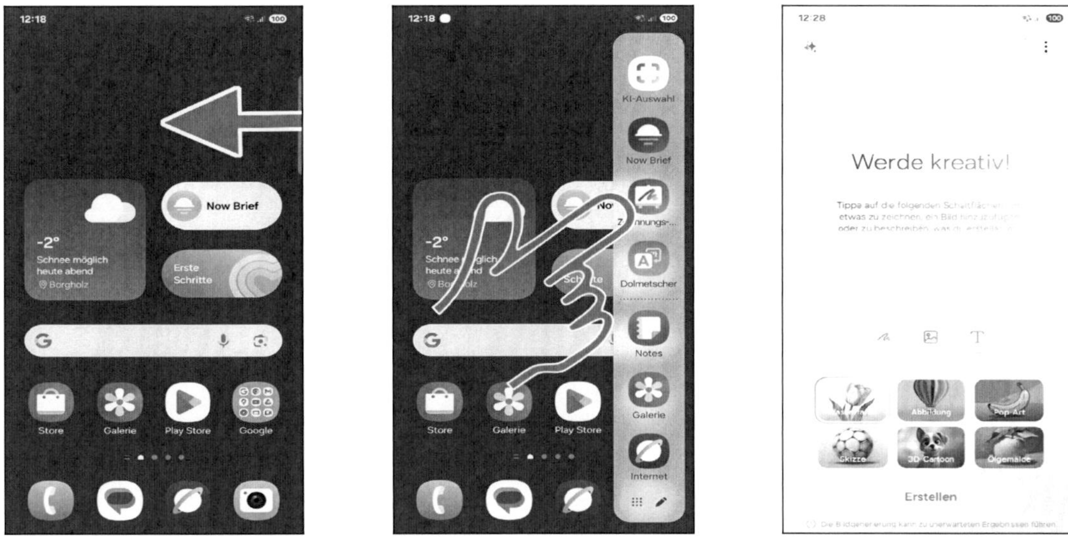

❶ Auf allen S26-Modellen können Sie die Funktion über das Seiten-Paneel (siehe Kapitel *28 Seiten-Paneele*) aufrufen. Wischen Sie dazu mit dem Finger über das Paneel nach links.

❷ Rufen Sie dort *Zeichnungs-Assistent* auf.

❸ Die Funktion der Schaltflächen in der Bildschirmmitte:

- : Skizze erstellen
- : Ein Foto als Vorlage verwenden.
- T: Tippen Sie eine Szenenbeschreibung ein

Die KI erstellt dann aus den Vorgaben/Vorlagen ein entsprechendes Bild.

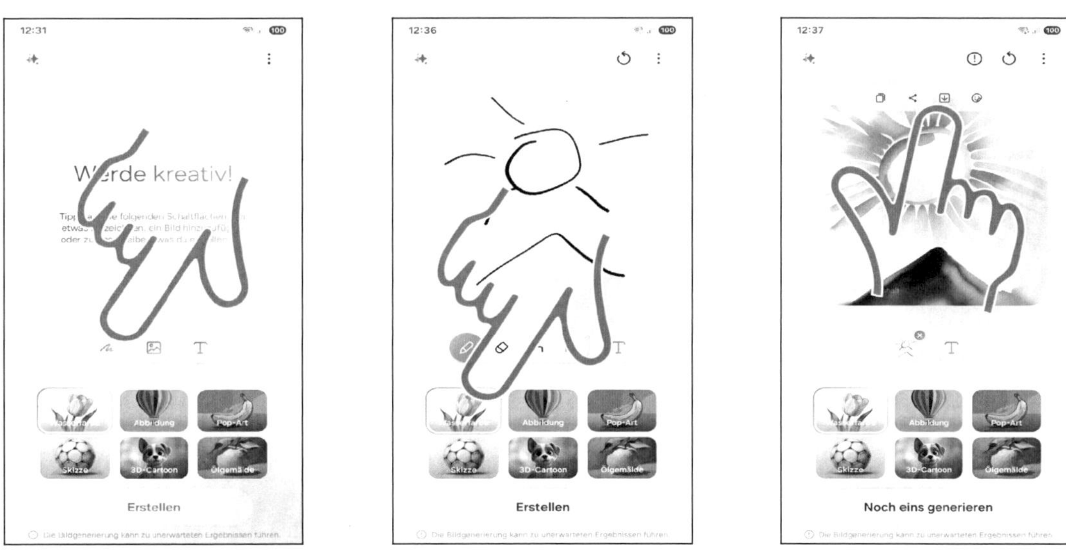

❶ Beispiel für den Einsatz der Skizze: Betätigen Sie mit dem Bedienstift oder Finger und malen Sie dann einen einfachen Entwurf. Unterhalb der Malfläche finden Sie Korrekturwerkzeuge.

❷ Nach Auswahl des Kunststils (Pfeil) betätigen Sie *Erstellen.*

❸ Das Ergebnis speichern Sie mit , sodass es später im Bildanzeiger (siehe Kapitel *18 Galerie*) weiterverwendbar ist.

 oben rechts im Bildschirm bricht den aktuellen Vorgang ab und kehrt zum Hauptbildschirm zurück.

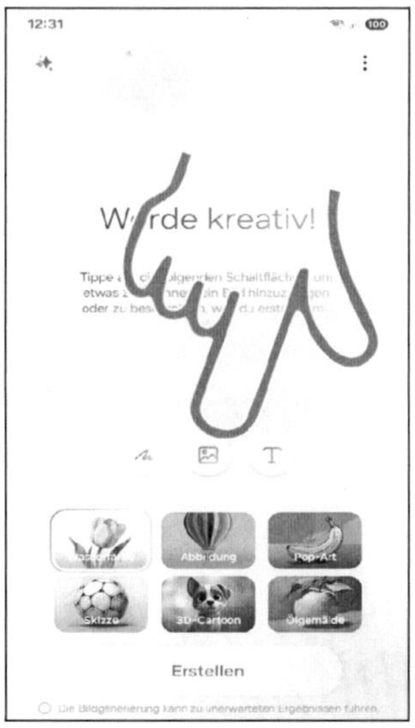

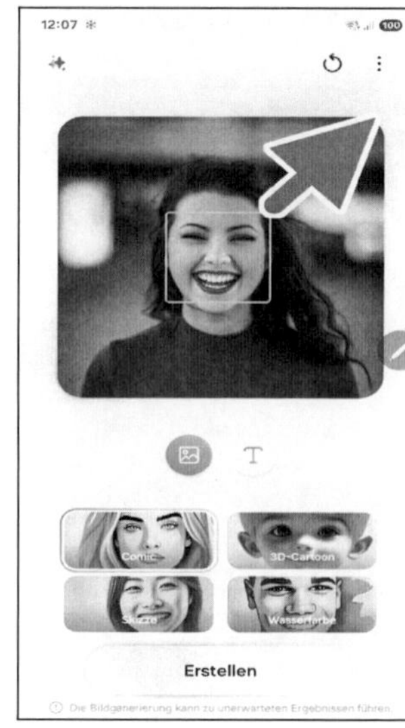

❶ Jetzt möchten wir ein Foto als Vorlage verwenden und gehen mit Stift oder Finger auf 🖼.

❷ Wählen Sie mit dem Stift oder Finger ein Foto in der Galerie aus.

❸ Tipp: Mit einer Fingerwischgeste oder dem Stift verändern Sie den Bildausschnitt.

❶ Nach Auswahl des Kunststils betätigen Sie *Erstellen*.

❷ ⤓ speichert das Ergebnis in der Galerie.

24.12 KI-Auswahl

Die KI-Auswahl schlägt Ihnen abhängig vom Bildschirminhalt die passenden Werkzeuge für eine Text- oder Bildbearbeitung vor.

❶❷ Auf dem Galaxy S26 Ultra öffnen Sie das S Pen-Befehle-Menü mit dem Stift (siehe auch Kapitel *36 Der Bedienstift des Galaxy S26 Ultra*) und betätigen *AI Select*.

❶ Auf allen S26-Modellen können Sie die Funktion über das Seiten-Paneel (siehe Kapitel *28 Seiten-Paneele*) aufrufen. Wischen Sie dazu mit dem Finger über das Paneel nach links.

❷ Rufen Sie dort *Ai Select* auf.

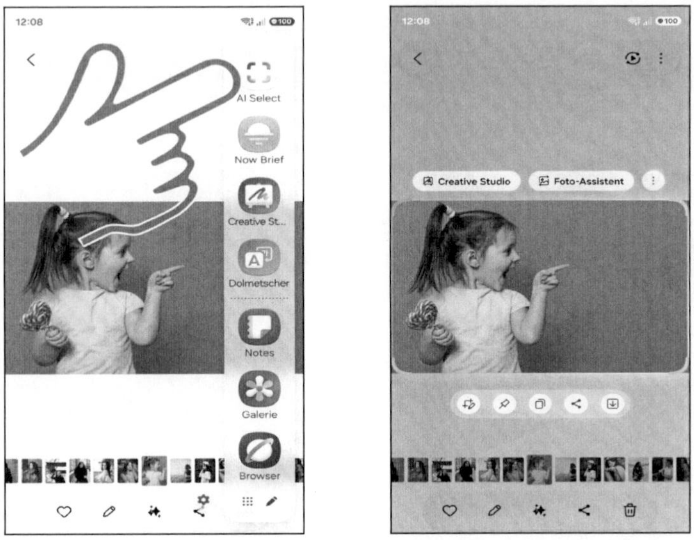

❶❷ Die KI-Auswahl arbeitet abhängig vom Kontext. Im Beispiel erkennt sie auf dem Bildschirm ein Foto und bietet sofort die entsprechenden Bearbeitungsfunktionen an.

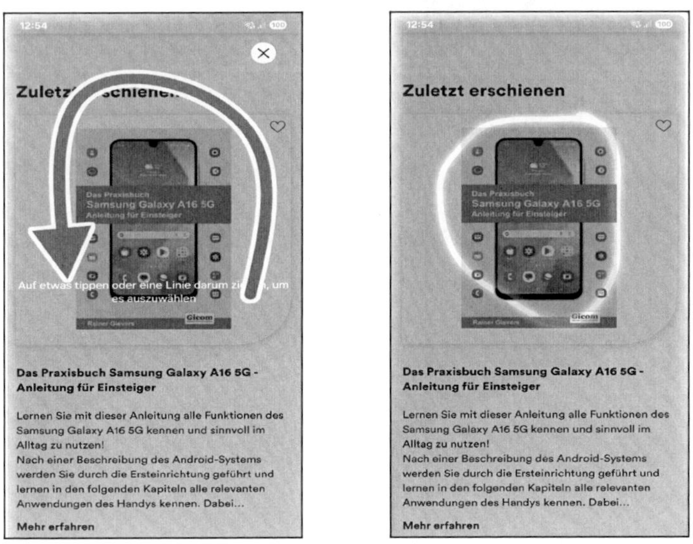

❶❷ Manche Bildschirmanzeigen überfordern die KI. Sie müssen dann selbst mit einer kreisenden Wischbewegung den zu analysierenden Bereich umranden.

24.13 Einstellungen

Die KI-Funktionen konfigurieren Sie in den Einstellungen-Menüs der jeweiligen Anwendungen. Bei Bedarf erreichen Sie sie aber auch über die *Einstellungen*-Anwendung.

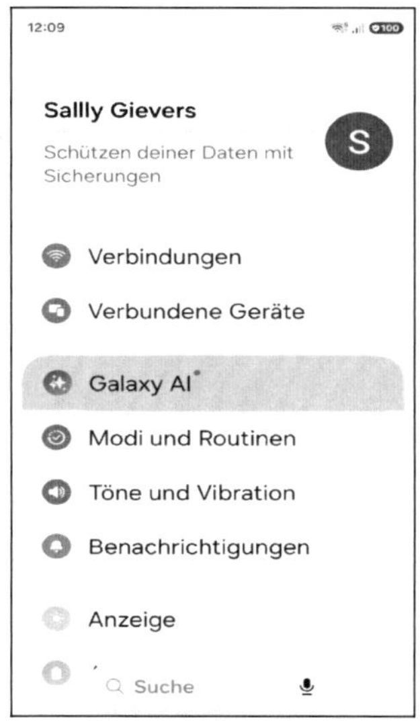

❶ Rufen Sie *Einstellungen* aus dem Hauptmenü auf.

❷ Gehen Sie auf *Galaxy AI*.

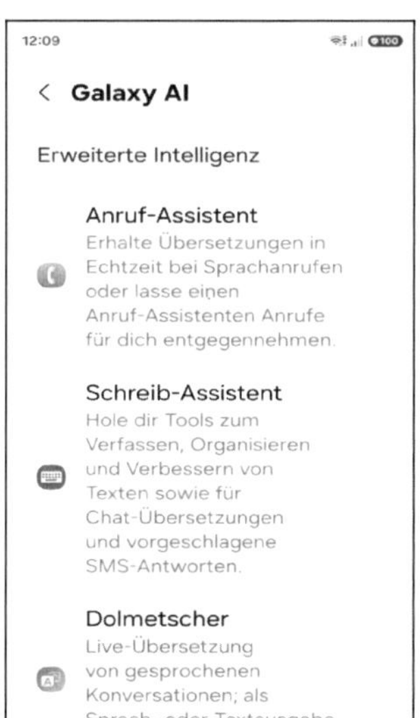

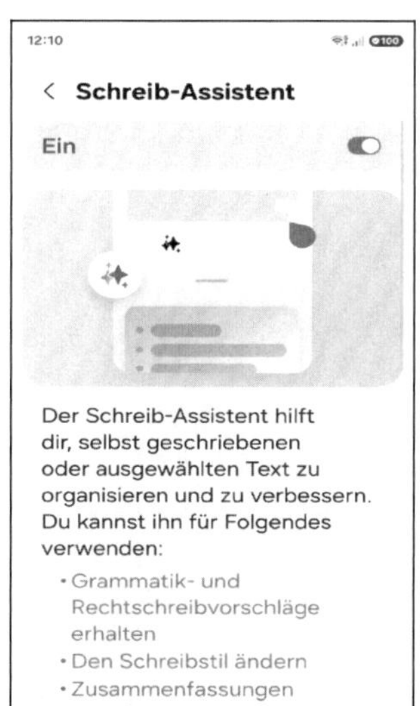

❶❷ Die angebotenen Menüeinträge öffnen die entsprechenden Menüs der Anwendungen, im Beispiel von *Schreib-Assistent*.

25. Google Gemini

Gemini, das auf künstlicher Intelligenz basiert, löst den bisher auf allen Android-Handys vorinstallierten Google Assistant ab. Es kann sowohl per Spracheingabe als auch über Texteingaben bedient werden. Ein Vorteil von Gemini ist, dass es nicht auf bestimmte Schlüsselwörter angewiesen ist, sondern auch den Kontext »versteht«.

Sofern Sie keine Sprachsteuerung auf Ihrem Handy nutzen möchten, dürfen Sie dieses Kapitel übrigens gerne überlesen.

25.1 KI-Warnhinweis

Google Gemini und andere KI-Modelle können gelegentlich falsche oder sogar frei erfundene (halluzinierte) Antworten liefern. Das liegt daran, dass Gemini **probabilistisch** arbeitet – es greift nicht auf eine feste Datenbank zurück, sondern generiert Antworten basierend auf Wahrscheinlichkeiten.

Da die KI auf bereits vorhandenen Daten trainiert wurde, können veraltete oder ungenaue Informationen einfließen. Besonders bei wenig dokumentierten oder spezialisierten Themen besteht die Gefahr, dass Lücken mit plausibel klingenden, aber erfundenen Inhalten gefüllt werden. Auch mehrdeutige oder unklare Fragen können dazu führen, dass die KI den Kontext falsch interpretiert und eine fehlerhafte – häufig auf den ersten Blick zunächst logische – Antwort liefert.

Um Fehlinformationen zu vermeiden, bleiben Sie kritisch und überprüfen Sie KI-generierte Antworten mithilfe vertrauenswürdiger Quellen. Eine klare und präzise Fragestellung hilft zudem, das Risiko von Halluzinationen zu reduzieren.

Trotz der erwähnten Einschränkungen werden Sie Google Gemini schon nach kurzer Zeit bei vielen Alltagsfragestellungen erfolgreich einsetzen. Insbesondere bei textbezogenen Aufgaben wie der Umformulierung von Texten, spart Gemini dem Nutzer sehr viel Zeit.

25.2 Einrichtung

➊ So aktivieren Sie Gemini: Im Hauptmenü rufen Sie *Gemini* auf.

➋➌ In den folgenden Bildschirmen betätigen Sie *Mehr, Weiter* und zum Schluss *Gemini verwenden.*

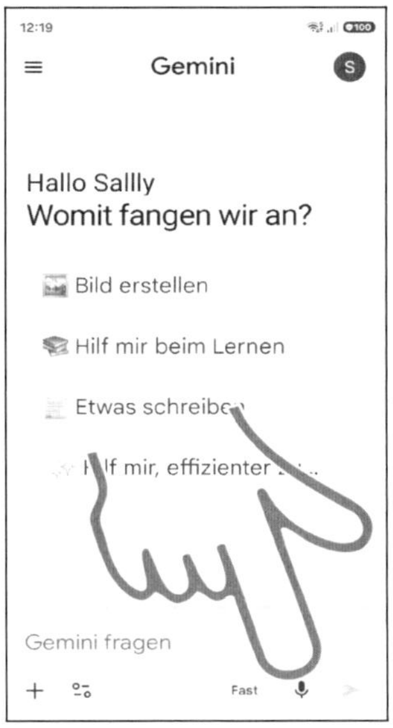

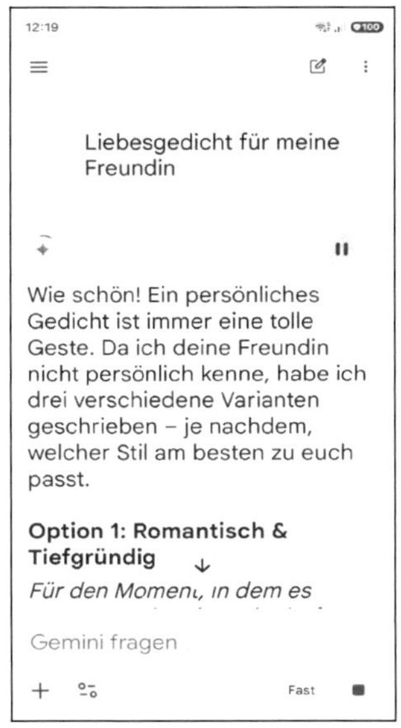

❶ Sie befinden sich in der Gemini-Benutzeroberfläche. Probieren Sie die Spracherkennung doch einfach mal aus! Betätigen Sie und sagen Sie »*Kurzes Liebesgedicht für meine Frau*«

❷ Gemini stellt für Sie ein Gedicht zusammen (es wird von der KI selbst erstellt) und liest es Ihnen vor.

25.2.1 Sprachsteuerung aktivieren

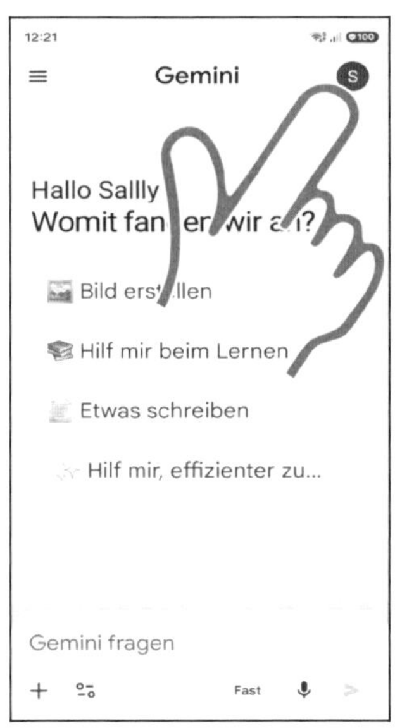

Für die optimale Gemini-Nutzung empfehlen wir, einige Einstellungen vorzunehmen:

❶ Sie befinden sich gerade in einem Chat? Dann betätigen Sie oder die -Taste.

❷ Tippen Sie auf das runde Kontosymbol.

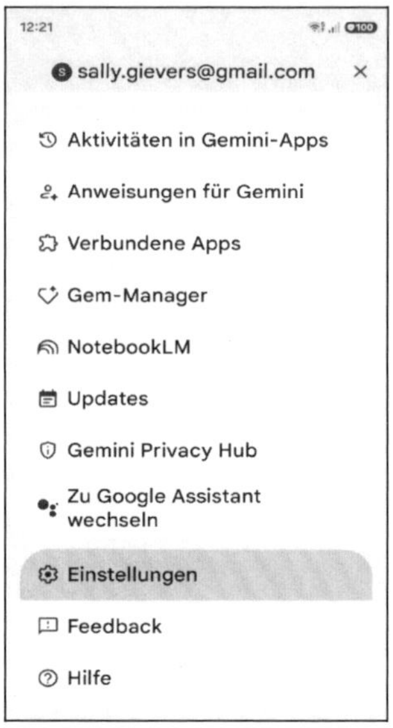

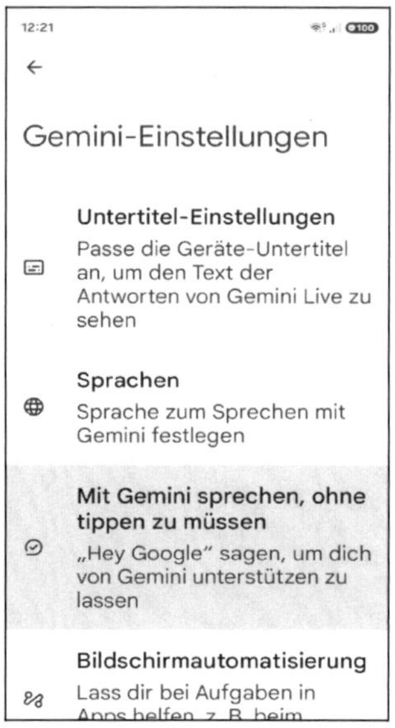

❶❷ Rufen Sie *Einstellungen* auf und gehen Sie auf *Mit Gemini sprechen, ohne tippen zu müssen.*

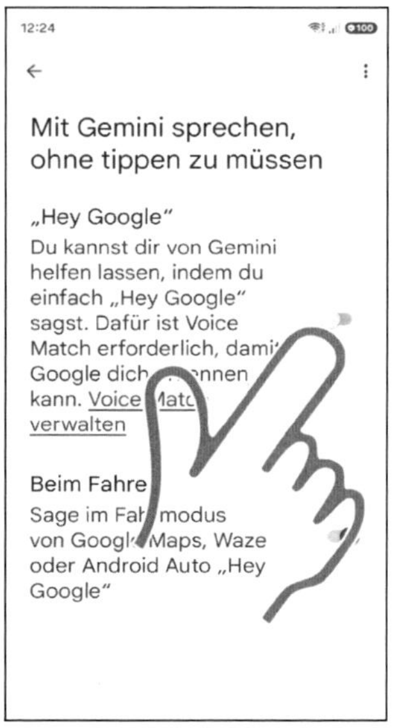

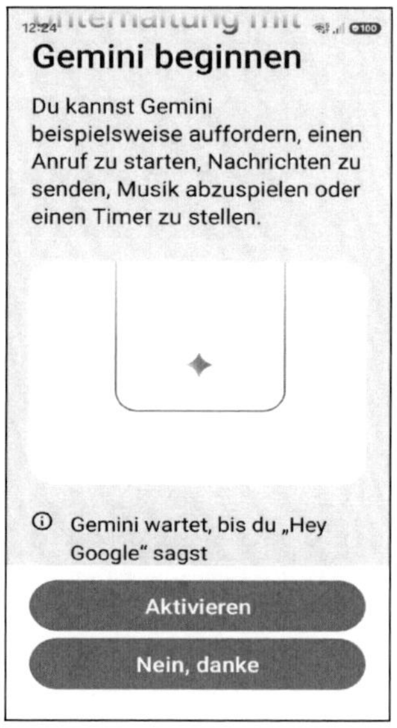

❶ Aktivieren Sie *Hey Google.*

❷ Betätigen Sie in den folgenden Bildschirmen jeweils *Mehr* und *Aktivieren.*

Abhängig davon, ob die Sprachsteuerung von Ihnen bereits auf einem anderen Handy verwendet wurde, überspringt Google möglicherweise einige Konfigurationsbildschirme.

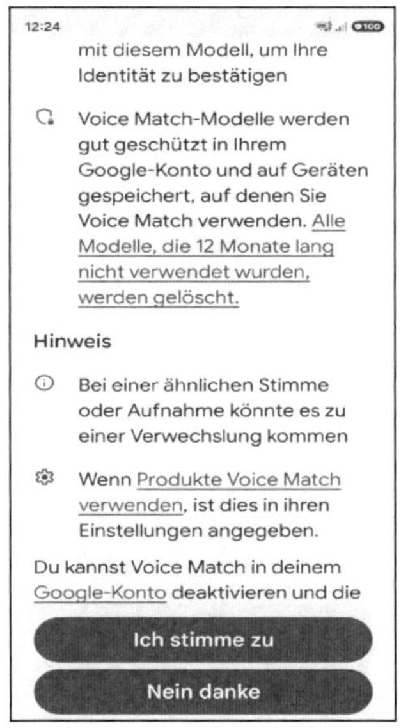

❶❷ Danach gehen Sie auf *Mehr* und *Ich stimme zu.*

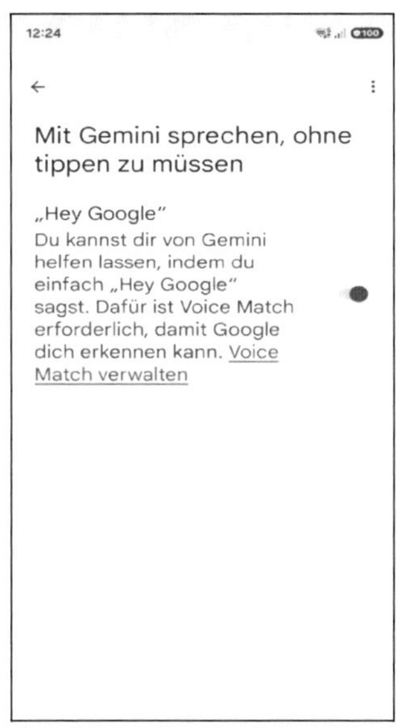

❶ Sprechen Sie die angezeigten Befehle nach, damit später die Spracherkennung optimal funktioniert. Den folgenden Bildschirm schließen Sie mit *Weiter.*

❷ Verlassen Sie das Menü und kehren Sie durch mehrmaliges Betätigen der ◀-Taste in die Gemini-Anwendung zurück.

25.2.2 Funktionen freischalten

Standardmäßig darf Gemini auf einige Anwendungen und Datenquellen nicht zugreifen. Für die voll Funktionalität sollten Sie daher eine Datenfreigabe durchführen.

➊➋ Zuerst müssen Sie die von Gemini genutzten Anwendungen »freischalten«. Dazu tippen Sie auf das Kontosymbol und gehen auf *Aktivitäten in Gemini-Apps.*

➌ Melden Sie sich mit bei Ihrem Google-Konto an.

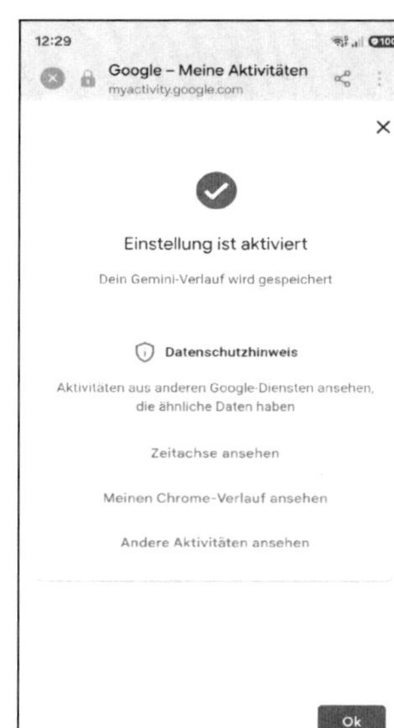

➊➋ In den folgenden zwei Bildschirmen tippen Sie auf *Aus* und betätigen Sie *Aktivieren* (sofern dort *An* steht, brauchen Sie nichts zu tun).

➌ Schließen Sie mit *OK* ab. Sie können dann die Bildschirme verlassen.

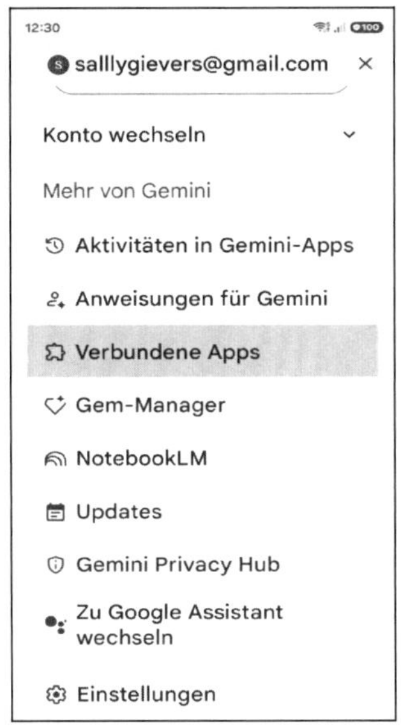

❶ Rufen Sie erneut die Gemini-Anwendung auf und tippen Sie auf das Kontosymbol.

❷ Rufen Sie *Verbundene Apps* auf.

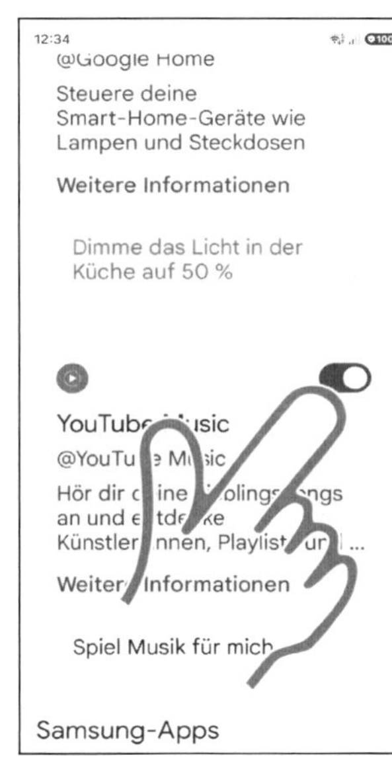

❶❷ Aktivieren Sie *Google Workspace* und gehen Sie auf *Verbinden.*

❸ Das Gleiche machen Sie bei *YouTube Music.*

25.3 Aufruf

Künftig rufen Sie Gemini mit »*Ok Google*« oder »*Hey Google*« auf. Dies funktioniert auch bei ausgeschaltetem Display. Die ‹-Taste beendet den Assistenten.

25.4 Beispiele für Gemini-Befehle

Über Gemini lassen sich auch Dinge erledigen, für die Sie sonst erst umständlich auf dem Bildschirm eine Anwendung starten müssten. Einige Beispiele sollen die Möglichkeiten verdeutlichen. Rufen Sie mit »*Ok Google*« den Assistenten auf und sprechen Sie einen Befehl (**fett** jeweils die Schlüsselwörter):

- »**Ruf** Sally **an**«: *Sally* aus dem Telefonbuch anrufen (❶).
- »Antonia **mobil anrufen**«: Kontakt auf Handynummer aus dem Telefonbuch anrufen.
- »Hamburg **ansteuern**«, »**Weg zu** Hamburg«, »**Weg zu** Brandenburger Tor«: Startet die Navigation in Google Maps, berechnet die Route zum Zielort und startet die Routenführung (❷).
- »**Karte von** Berlin«: Den genannten Ort in Google Maps anzeigen.
- »**Zeige mir** Flughäfen (Restaurants/Tankstellen/Museen/...) **in** Berlin«: Points auf Interest in der Karte auflisten beziehungsweise anzeigen (❸).
- »**Spiele** Beatles«: Musikanwendung starten und dort nach den Interpreten/Song suchen und abspielen.
- »**Zeige** Beatles Yesterday **in YouTube**«: Sucht Songs von Bands/Interpreten in YouTube und listet diese auf.
- **Was steht heute an**: Kalender auswerten.
- **Öffne Kontakte**: Telefonbuch anzeigen.
- Die Spracherkennung beantwortet auch Ihre Fragen: »Wer ist Bundeskanzler in Deutschland?«, »Wetter in Berlin?«, »Wo ist der nächste Burger King?«
- Wecker einstellen: »Wecker auf 7 Uhr einstellen«
- Erinnerung einrichten: »Erinnern an: um 18.00 Uhr Max anrufen« oder »Erinnern an: Eisdiele am Marienplatz testen«
- Termin im Google Kalender erstellen: »Erstelle einen Termin in meinem Kalender: Abendessen in München, Samstag um 19.30 Uhr«
- SMS an einen Freund: »SMS an Stefan: Komme 5 Minuten später«
- E-Mail senden: »E-Mail senden an Kerstin: Betreff: neue Schuhe, Nachricht: Ich muss dir unbedingt meine neuen Schuhe zeigen«

- Routen abrufen: »Navigieren von Berlin nach Köln« oder »Wegbeschreibung von Berlin nach Frankfurt am Main«
- Orte in der Nähe finden: »Wo ist das nächste Café?«
- Nach der Uhrzeit fragen: »Wie spät ist es in London?«
- Nach dem Wetter fragen: »Wie ist das Wetter morgen Früh?«
- Interessante Antworten auf Fragen: »Wo wurde Albert Einstein geboren?« oder »Wie alt ist Beyonce?«
- Worte oder Sätze übersetzen: »Was heißt Gurke auf Spanisch?«
- Wort definieren: »Was bedeutet Adipositas?«
- Einheiten umrechnen: »Was sind 12 Zoll in Zentimeter?«
- Mathematische Gleichungen lösen: »Was ist die Wurzel aus 2209?«

Auch die Systemeinstellungen ändert die Sprachsteuerung:

- »Taschenlampe einschalten«; »Taschenlampe ausschalten«: Die Kamera-LED ein/ausschalten.
- »Bildschirm dunkler«; »Bildschirm heller«: Displayhelligkeit ändern.
- »Musik lauter/leiser«; »Klingelton lauter/leiser«: Lautstärke ändern.

Zusammenhängende Aufgaben:

- »Suche nach dem aktuellen Kinoprogramm und frage Sandra über WhatsApp, ob sie am Wochenende dafür Zeit hat«
- »Vergleiche den Gold- und Silberpreis und gebe mir eine Investitionsempfehlung«

Beachten Sie, dass Gemini recht neu ist und manches vielleicht nicht so funktioniert, wie es Google vorgesehen hat. Wir konnten in Tests zwar Anrufe über Gemini initieren, aber keine E-Mails erstellen.

❶❷ Gemini lässt sich auch per Texteingabe steuern. Da hierbei keine Sprachausgabe erfolgt, eignet sich diese Methode besonders für Umgebungen, in denen Ruhe erforderlich ist.

25.5 Gemini in der Praxis

25.5.1 Bildgenerator

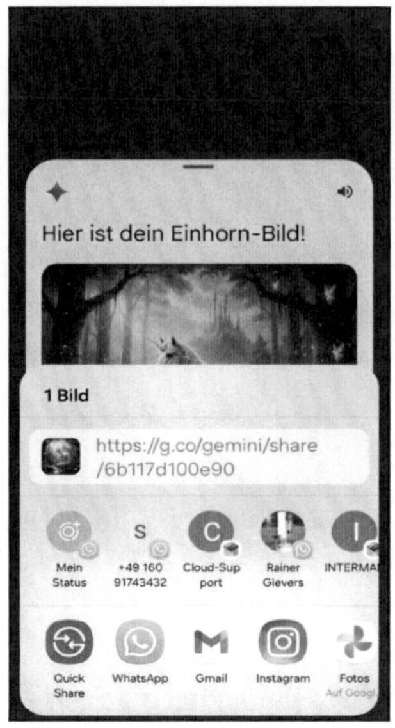

❶❷ Ein Bild erzeugt Gemini mit dem Befehl »Erstelle Bild«, im Beispiel »erstelle Bild eines Einhorns«. Die <-Schaltfläche versendet das Bild beziehungsweise öffnet es in einer anderen App auf dem Handy.

Es werden immer quadratische Bilder im 1:1-Format erzeugt. Andere Bildformate werden derzeit nicht unterstützt.

25.5.2 Bilder bearbeiten

Misslungene Schnappschüsse sind kein Fall mehr für den Papierkorb. Gemini korrigiert in Ihren Fotos zum Beispiel Belichtungsfehler, entfernt störende Elemente oder fügt Elemente hinzu.

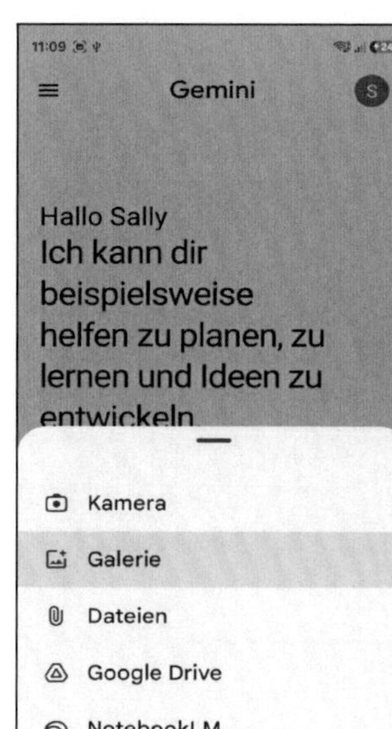

❶ Für diese Funktion rufen Sie *Gemini* aus dem Hauptmenü auf.

❷❸ Rufen Sie mit + das Menü auf und gehen Sie auf *Galerie*.

❶ Wählen Sie in der Galerie ein Bild aus, das Sie verändern möchten und schließen Sie mit *Fertig* ab.

❷❸ Geben Sie eine Bearbeitungsanweisung, im Beispiel »Erstelle aus dem Bild eine Bleistiftzeichnung«.

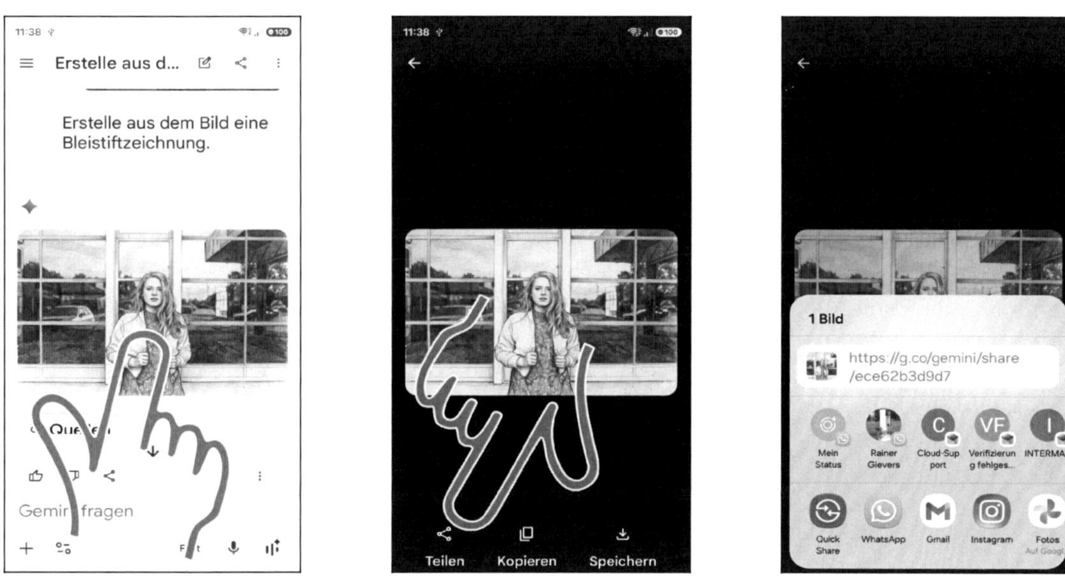

❶❷ Sicherlich möchten Sie Ihre »Kunstwerke« mit anderen teilen. Dazu tippen Sie das generierte Bild an und gehen dann auf *Teilen*.

❸ Wählen Sie eine der angebotenen Apps aus, beispielsweise *WhatsApp*.

Diese Techniken stehen zur Verfügung:

Objektaustausch

Diese Technik ist ideal, um bestehende Bildinhalte durch neue Elemente zu ersetzen, ohne die Komposition zu verändern.

- **Prompt:** »Ersetze die Kaffeetasse auf dem Tisch durch eine antike Kamera aus den 1920er Jahren.«
- **Prompt:** »Ändere den Apfel in der Hand des Kindes in einen leuchtenden, magischen Kristall.«
- **Prompt:** »Tausche den modernen Bürostuhl gegen einen majestätischen Thron aus dunklem Holz aus.«

Stil-Transformation

Hierbei wird die gesamte Ästhetik des Bildes verändert, während der Inhalt identisch bleibt.

- **Prompt:** »Wandle dieses Foto in ein Ölgemälde im Stil von Vincent van Gogh um.«
- **Prompt:** »Interpretiere das Bild neu als eine futuristische Cyberpunk-Illustration mit Neonfarben.«
- **Prompt:** »Verwandle diese Szene in eine klassische Schwarz-Weiß-Fotografie im Film-Noir-Stil mit hartem Kontrast.«

Hintergrund- und Umgebungswechsel

Mit diesen Prompts können Nutzer das Motiv in einen völlig neuen Kontext setzen.

- **Prompt:** »Behalte die Person im Vordergrund bei, aber ändere den Hintergrund in eine neblige Berglandschaft bei Sonnenaufgang.«
- **Prompt:** »Versetze das Haus in eine Unterwasserwelt mit Korallenriffen und exotischen Fischen.«
- **Prompt:** »Ändere die Stadtkulisse im Hintergrund in eine marsähnliche Wüstenlandschaft mit zwei Monden am Himmel.«

Lichtstimmung und Atmosphäre

Diese Anpassungen verändern die emotionale Wirkung eines Bildes massiv.

- **Prompt:** »Ändere die Beleuchtung der Szene in eine warme ‚Golden Hour'-Stimmung mit langen Schatten.«
- **Prompt:** »Lass es im Bild stark regnen und füge Spiegelungen der Lichter in den Pfützen auf dem Boden hinzu.«
- **Prompt:** »Tauche den gesamten Raum in ein sanftes, kühles Mondlicht, das durch das Fenster fällt.«

Hinzufügen von Elementen

Hier wird die KI angewiesen, neue Details nahtlos in ein bestehendes Bild zu integrieren.

- **Prompt:** »Füge einen kleinen, flauschigen Hund hinzu, der neben der Parkbank sitzt.«
- **Prompt:** »Platziere eine futuristische Drohne, die hoch oben am Himmel über der Stadt schwebt.«
- **Prompt:** »Ergänze eine brennende Kerze auf dem Beistelltisch, deren Licht die Umgebung dezent erhellt.«

Mode und Porträt-Anpassungen

Besonders nützlich für kreative Porträtfotografie oder E-Commerce-Konzepte.

- **Prompt:** Ändere die Farbe des blauen T-Shirts in ein tiefes Burgunderrot mit einer feinen Seidentextur.«
- **Prompt:** »Gib der Person auf dem Bild eine moderne, verspiegelte Sonnenbrille.«
- **Prompt:** »Ersetze die Alltagskleidung durch einen eleganten Raumanzug im Retro-Design.«

Für den Fall, dass mal ein Prompt nicht als Bildbearbeitungsbefehl erkannt wird, fügen Sie als ersten Satz »Ändere dieses Bild« hinzu.

Manchmal weigert sich die KI auch, weil angeblich sexuelle Inhalte erkannt werden, obwohl das offensichtlich nicht stimmt. In dem Fall ändern Sie Ihren Befehl geringfügig und probieren es erneut. In hartnäckigen Fällen argumentieren Sie einfach mit der KI, um sie zu überzeugen oder fragen nach, wie sie den Befehl passend abändern.

25.5.3 Fotos analysieren

Als sehr praktisch im Alltag erweist sich die in Gemini integrierte Bildverarbeitung.

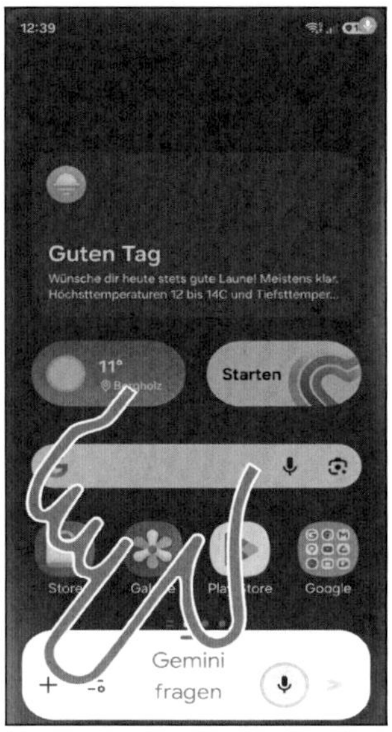

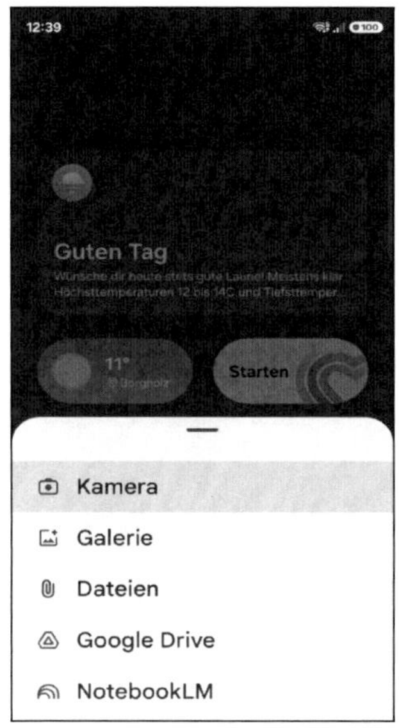

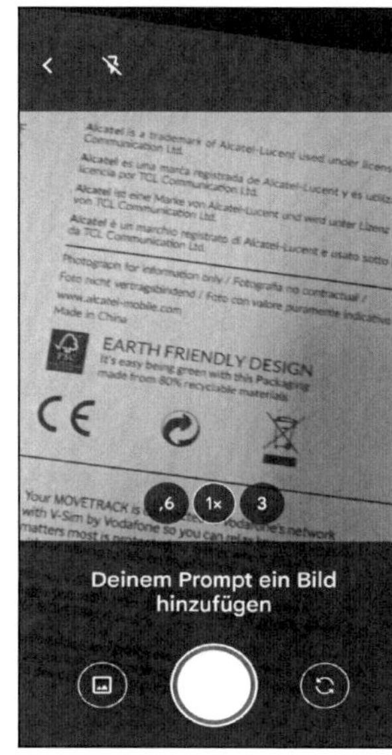

❶❷ Tippen Sie + an und wählen Sie *Kamera.*

❸ Machen Sie ein Foto von dem Text, den Sie übersetzt haben möchten. Betätigen Sie dann *Anhängen.*

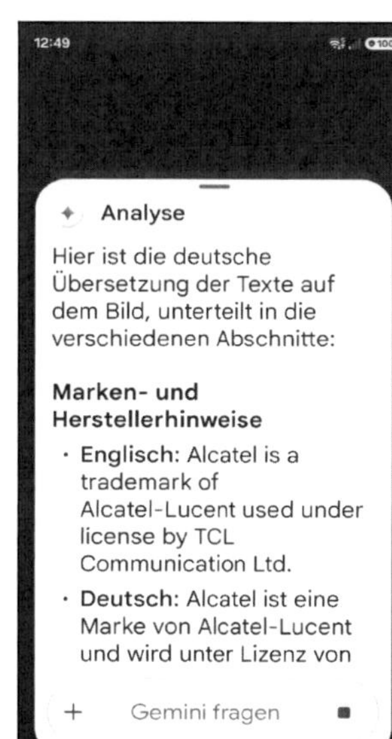

❶❷ Tippen Sie ins Eingabefeld und geben Sie *Übersetzung* ein. ➤ führt den Vorgang aus.

❸ Die Übersetzung wird angezeigt.

Als Alternative können Sie »Google Übersetzer« aus dem Play Store auf Ihrem Handy installieren, das nicht nur das Live-Kamerabild automatisch übersetzt, sondern auch Konversationsfunktionen anbietet.

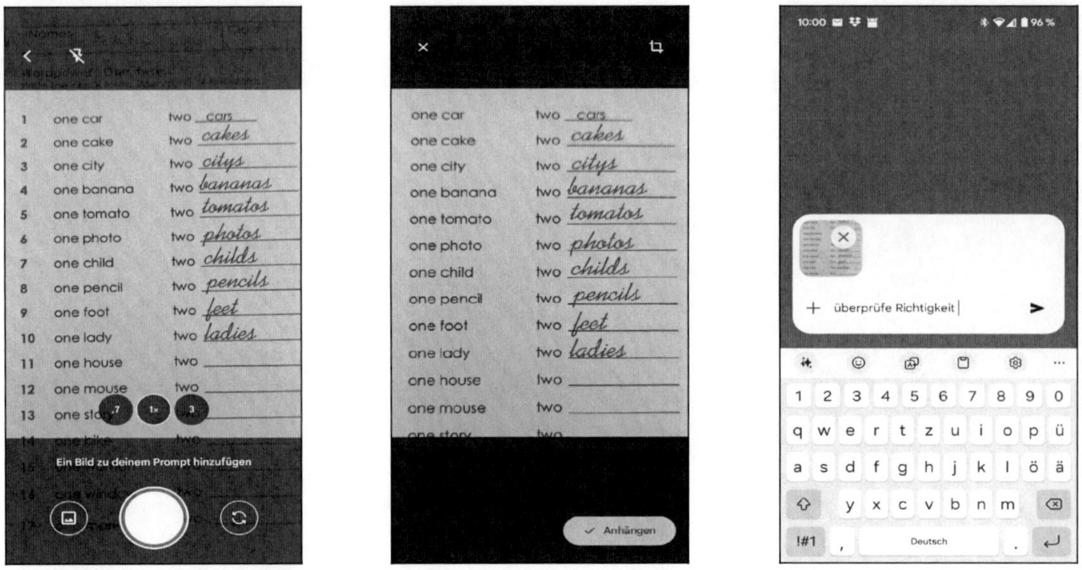

Seine Stärken zeigt Gemini beim Lösen und Überprüfen von Aufgaben. Im Beispiel soll die KI einen Englischtest mit unregelmäßigen Verben korrigieren.

❶❷ Fügen Sie, wie zuvor gezeigt, Gemini ein Foto hinzu.

❸ Geben Sie als Prompt »*überprüfe Richtigkeit*« ein.

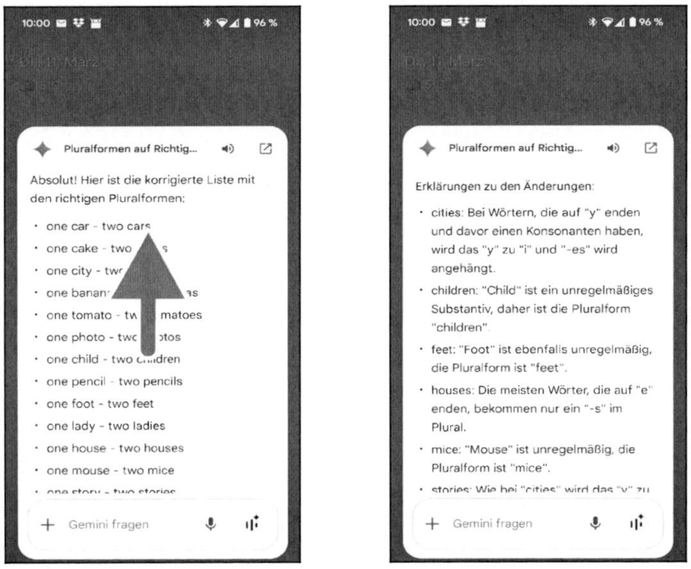

❶ Gemini erkennt den Kontext und löst die Aufgaben. Blättern Sie mit einer Wischgeste durch den Text.

❷ In diesem Fall gibt es sogar noch eine verständliche Erklärung zu den englischen Rechtschreibregeln.

Gemini löst auch die meisten Text- und Rechenaufgaben aus verschiedenen Schulfächern und Fachgebieten. Beachten Sie aber bitte, dass die KI Probleme mit der Unterscheidung von »7« und »1« hat (in vielen Ländern wird die »7« wie eine »1« geschrieben).

25.6 Die Gemini-Anwendung

❶❷ Das per Sprachbefehl (»*Hey Google*« oder »*Okay Google*«) oder per Ein-/Ausschalter aufgerufene Gemini können Sie mit einer Wischgeste zur Vollbildanzeige »aufziehen«.

❸ Alternativ rufen Sie die Gemini-App aus dem Hauptmenü auf. Dies funktioniert auch mit dem Sprachbefehl »*Okay Google, öffne Gemini*«.

25.6.1 Kontext und Chatverlauf

❶❷ Im Gegensatz zur Gemini-Sprachsteuerung bezieht die Gemini-App den Kontext einer vorherigen Antwort mit ein, was ein Beispiel verdeutlichen soll: »*Was sind die fünf höchsten Gebäude der Erde?*« – »*Welche davon haben eine Aussichtsplattform?*«. Auf diesem Wege vertiefen Sie sehr einfach ein Thema.

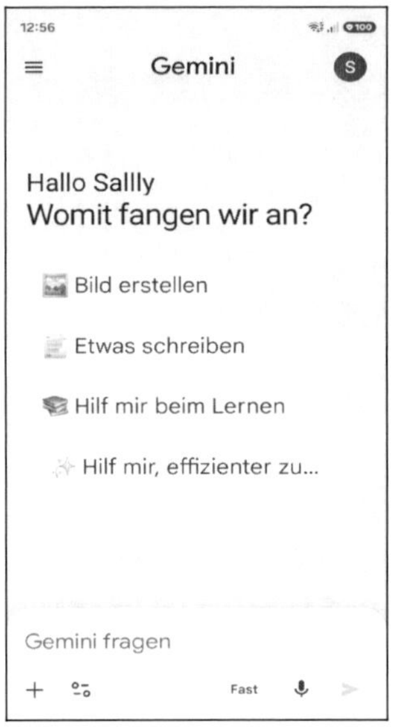

Es ist wichtig, für jedes neue Thema auch einen neuen Chat zu starten, damit die KI nicht ihre bisherigen Ausgaben in seinen Antworten berücksichtigt.

❶❷ Betätigen Sie 🗹 für einen neuen Chat.

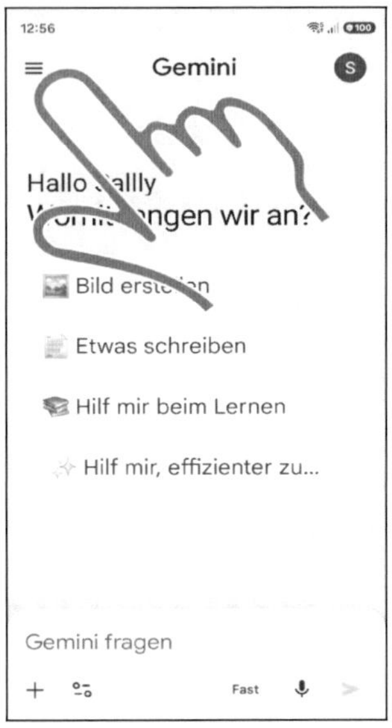

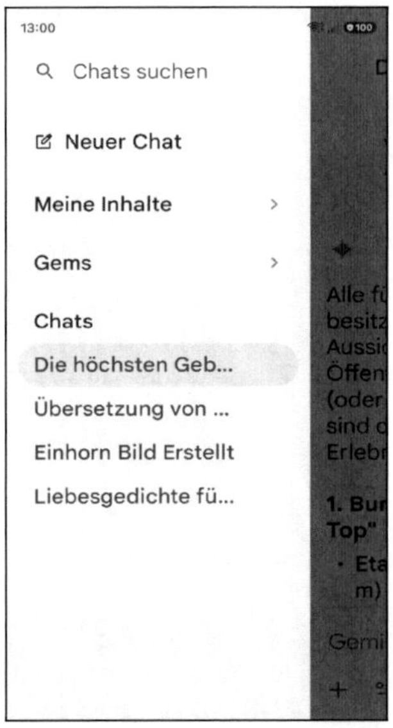

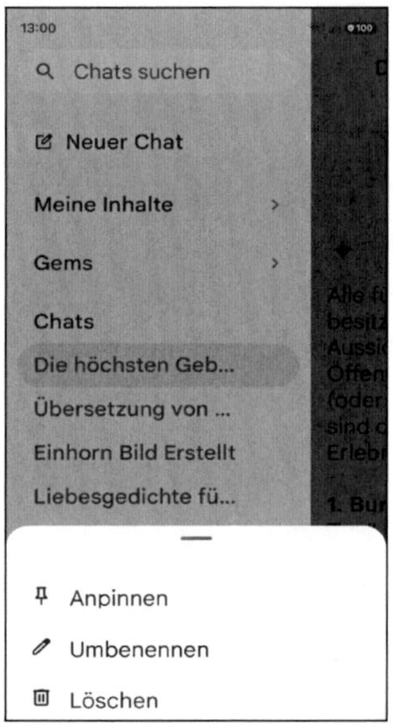

❶ Die durchgeführten Chats (Chatverlauf) zeigt die Seitenleiste (Pfeil) an.

❷ Tippen einen Chat an, um ihn anzuzeigen.

❸ Tippen und Halten des Fingers auf einem Chat öffnet das Popup:

- *Unterhaltung teilen*: Der Empfänger kann selbst mit dem Chat interagieren.
- *Anpinnen*: Chats, auf die Sie häufig zurückgreifen, »pinnen« Sie damit oben im Chatverlauf an.
- *Umbenennen*: Gemini vergibt jedem Chat automatisch einen Namen, den Sie hier ändern.
- *Löschen*: Chat aus dem Verlauf entfernen.

26. Programmverwaltung

Die mitgelieferten Programme auf Ihrem Handy decken bereits die wichtigsten Anwendungsfälle ab. Weitere Anwendungen und natürlich Spiele können Sie bei Bedarf über den sogenannten Play Store nachinstallieren, der mehr ca. 2 Millionen Programme enthält. Sie finden wirklich zu jedem noch so exotischen Anwendungsfall ein passendes Programm. Neudeutsch spricht man statt von Programmen auch von **Apps**, es ist damit aber das selbe gemeint.

Etwa Zweidrittel aller Programme sind kostenlos beziehungsweise finanzieren sich über eingeblendete Werbung. Im Vergleich zu PC-Software sind die kostenpflichtigen Android-Programme in der Regel mit Preisen von unter 5 Euro recht günstig.

Es gibt mehrere Möglichkeiten, Programme zu installieren:

- **Google Play Store**: Über die Play Store-Anwendung haben Sie Zugriff auf Tausende von Anwendungen und Spielen. Auch der Kauf von Programmen im Play Store ist möglich. Die meisten Anwender nutzen ausschließlich den Play Store und nicht die anderen hier aufgelisteten Installationsmöglichkeiten.
- **Galaxy Store**: Wird von Samsung betrieben und bietet, ähnlich wie der Google Play Store, zahlreiche Programme zum Download an.

26.1 Play Store

Lassen Sie sich bitte nicht von leider manchmal umständlichen und unübersichtlichen Bedienung des Play Stores beeindrucken. Spätestens, wenn Sie einige Programme installiert haben, dürften Sie die wesentlichen Vorgehensweisen verstanden haben.

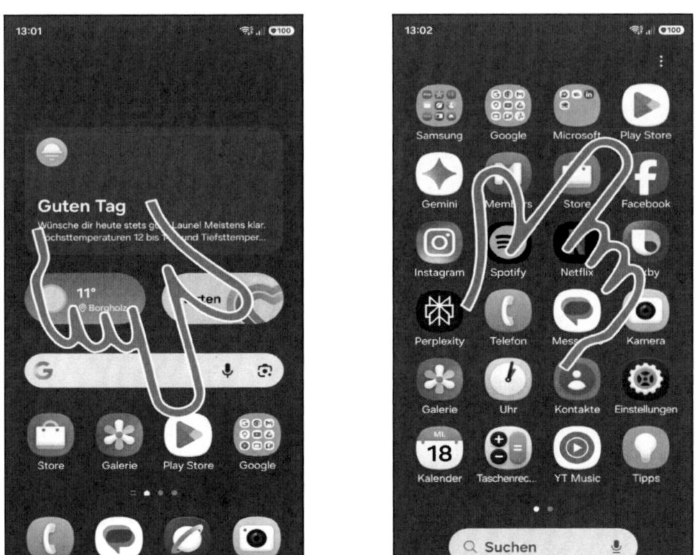

Sie finden den *Play Store* im Startbildschirm (❶) beziehungsweise Hauptmenü (❷).

❶ Beim ersten Aufruf müssen Sie den Nutzungsbedingungen zustimmen.

❷❸ Falls Sie Google auf zusätzliche Funktionen hinweist, gehen Sie jeweils auf *Jetzt nicht* oder *Nein danke.*

❶ Sie müssen eventuell einmalig festlegen, ob Sie später Käufe im Play Store per Biometrie (Fingerabdruck) oder per Passwort schützen möchten. Weil Sie zu diesem Zeitpunkt vermutlich noch nicht die Gerätesperre mit Fingerabdruck eingestellt haben, wählen Sie *Passwort verwenden* und geben anschließend das Passwort Ihres Google-Kontos ein – dieses haben Sie bei der ersten Einrichtung des Handys festgelegt. Eine Änderung auf Biometrie ist jederzeit später noch über die Play Store-Einstellungen möglich.

❷❸ Das allgemeine Softwareangebot wird standardmäßig im Hauptbildschirm aufgelistet. Zunächst sollten Sie am unteren Bildschirmrand auswählen, ob Sie *Spiele* oder *Apps* (Anwendungen) suchen. Auf die ebenfalls angebotenen *Bücher* (Ebooks) gehen wir hier nicht ein.

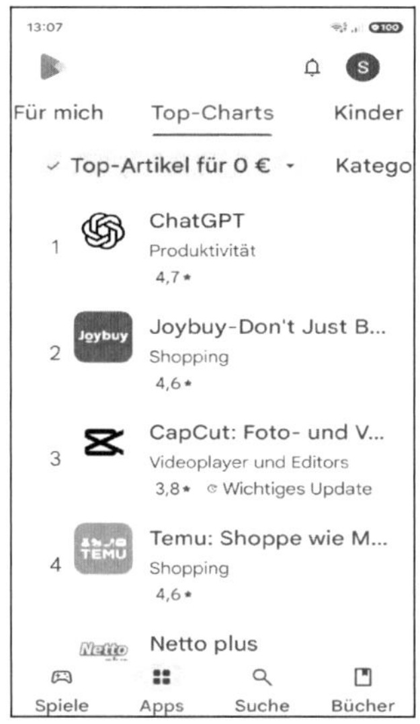

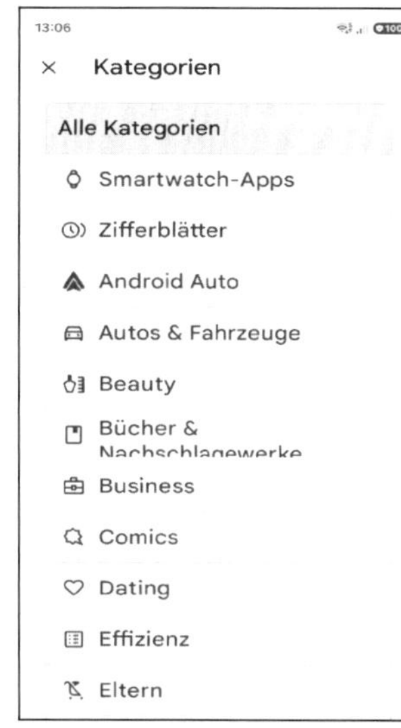

➊ Die Benutzeroberfläche besitzt mehrere Register, über die Sie mit den Schaltflächen (Pfeil) wechseln:

- *Für mich*: Von Google zusammengestellte Empfehlungen.
- *Top-Charts* (➋)
- *Kinder*: Wählen Sie die zu installierenden Anwendungen und Spiele nach empfohlener Altersstufe aus.
- *Kategorien* (➌): Alle Programme sind im Play Store nach Kategorien sortiert, die Sie einfach nach interessanten Anwendungen oder Spielen durchblättern können. Bitte beachten Sie, dass in den Kategorien auch viele Programme zu finden sind, welche keinerlei Nutzwert haben.

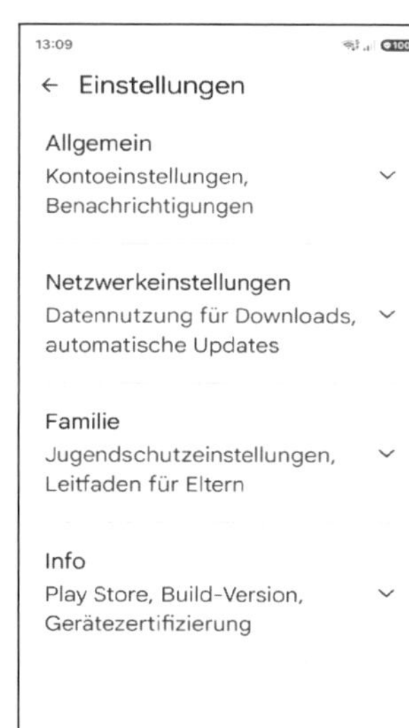

➊➋ Betätigen Sie im Hauptmenü Ⓢ oben rechts für das Ausklappmenü. Die Menüpunkte:

- *(Ihr Konto)@gmail.com*: Das Google-Konto, mit dem Sie angemeldet sind.
- *Konto wechseln*: Nur für Anwender, die mehrere Google-Konten auf ihrem Handy nutzen.
- *Schnell und sicher einkaufen*: Hier können Sie eine Zahlungsmethode hinterlegen, falls Sie mal Apps oder Games kaufen möchten.
- *Bei Google Play Games anmelden*: Spielstatistiken aktivieren.
- *Apps und Gerät verwalten*: Zeigt die von Ihnen installierten Programme an und ermöglicht diese wieder zu deinstallieren. Außerdem sehen Sie hier, ob Updates zu installierten Programmen im Play Store vorliegen (➌).
- *Benachrichtigungen und Angebote*: Hier finden Sie Hinweise auf Sonderangebote im Play

Store.

- *Zahlungen und Abos*: Einige Programme, beispielsweise aus dem Lernbereich, können »abonniert« werden, das heißt man muss regelmäßige Zahlungen leisten. Die Abos verwalten Sie in diesem Menü.
- *Play Protect*: Google überprüft Ihre installierten Programme auch nach der Installation auf Schadfunktionen. So wird beispielsweise verhindert, dass teure Telefonnummern angerufen oder Ihre persönlichen Daten ausgelesen werden. Sie sollten Play Protect deshalb nie deaktivieren.
- *Mediathek*: Die von Ihnen im Play Store erworbenen Ebooks.
- *Play Pass*: Google bietet ein kostenpflichtiges Abo für 4,99 Euro/Monat an, in dessen Rahmen Sie einige Anwendungen und Spiele kostenlos nutzen dürfen.
- *Play Points*: Die Play Points sind ein Kundenbindungsprogramm, für das Sie sich anmelden müssen. Für jeden Kauf im Play Store erhalten Sie Punkte, die Sie später für Rabatte nutzen.
- *Personalisierung in Spielen*: Legen Sie fest, ob Google Ihre Nutzungsdaten auswerten darf, um Ihnen bessere Empfehlungen für Spiele zu geben.
- *Einstellungen*: Auf die Einstellungen geht Kapitel *26.1.4 Einstellungen* ein.

26.1.1 Programme installieren

❶❷ Gehen Sie auf Suche und tippen Sie in die Suchzeile.

❸ Geben Sie den Suchbegriff ein. Es werden der Name und die Beschreibung aller Programme durchsucht. Bereits während der Eingabe listet der Play Store einige Fundstellen auf, Sie können alternativ aber auch mit 🔍 im Tastenfeld eine Volltextsuche durchführen.

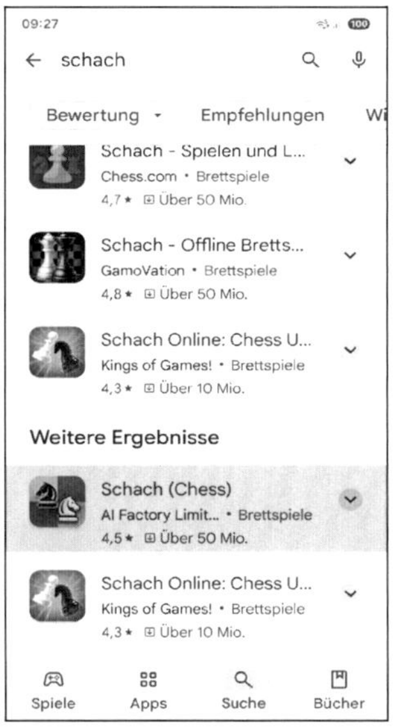

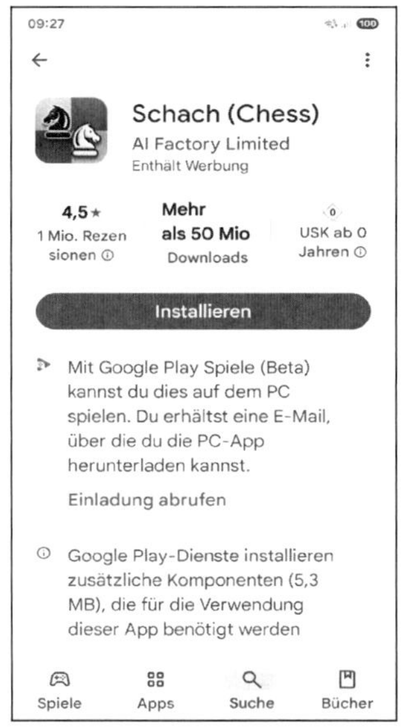

➊ Die Fundstellen werden mit Namen, Bewertung und Preis aufgelistet. Tippen Sie eines der angebotenen Programme an.

➋ Neben einer ausführlichen Beschreibung finden Sie hier die Bewertungen von anderen Benutzern, Infos zum Entwickler mit der Möglichkeit, seine weiteren Programme im Play Store anzuzeigen, sowie Kontaktmöglichkeiten zum Entwickler. Betätigen Sie *Installieren*, um das Programm auf dem Handy zu installieren. Dies erfolgt im Hintergrund.

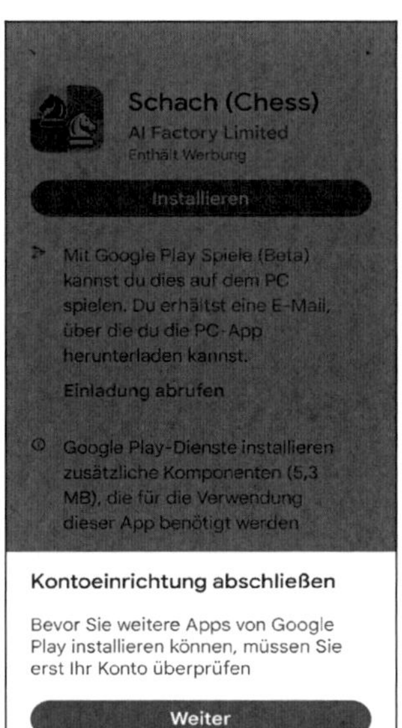

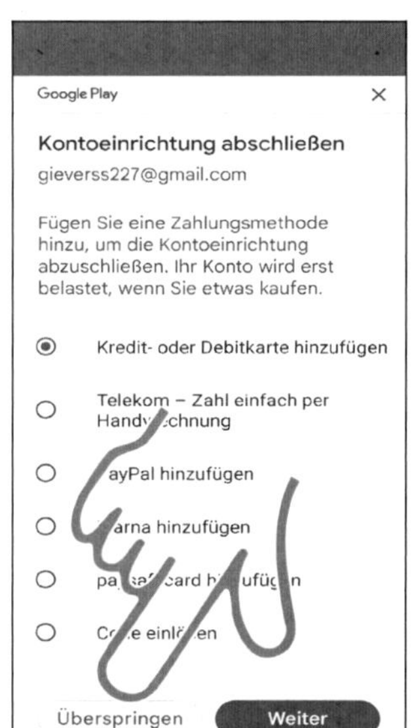

➊➋ Wenn Sie das erste Mal ein Programm installieren, erscheint einmalig der Hinweis *Kontoeinrichtung abschließen*. Betätigen Sie dann *Weiter* und *Überspringen*. Wie Sie kostenpflichtige Programme installieren, erläutert noch Kapitel *26.1.5 Softwarekauf im Google Play Store*.

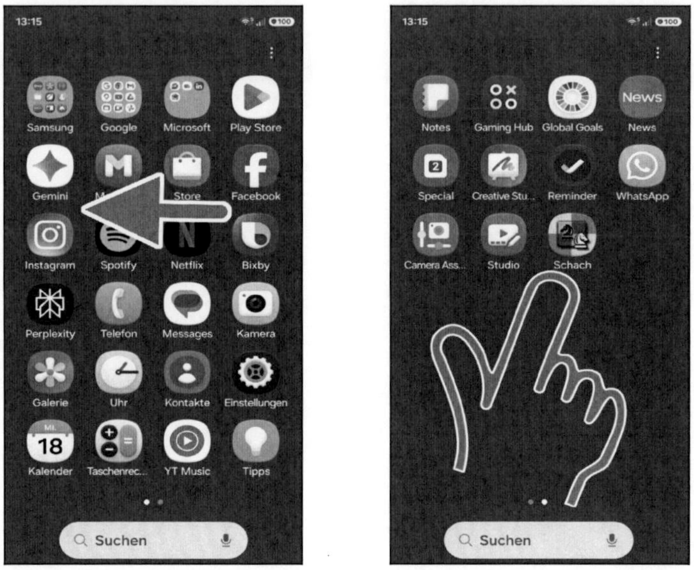

❶❷ Sie finden das neue Programm im Hauptmenü. Weil die erste Bildschirmseite des Hauptmenüs bereits voll belegt ist, müssen Sie erst mit einer Wischgeste zur nächsten Seite blättern.

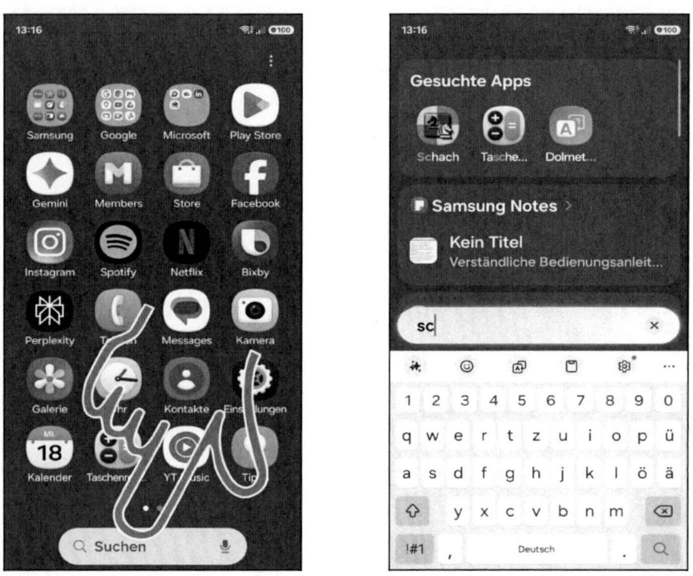

❶ Tipp: Falls Sie ein Programm nicht wiederfinden beziehungsweise prüfen möchten, ob Sie es bereits vor einiger Zeit installiert hatten, dann gehen Sie auf *Suchen* im Hauptmenü.

❷ Bereits während der Eingabe des Suchbegriffs werden die gefundenen Programme aufgelistet.

26.1.2 Ausgeblendete Navigationstasten

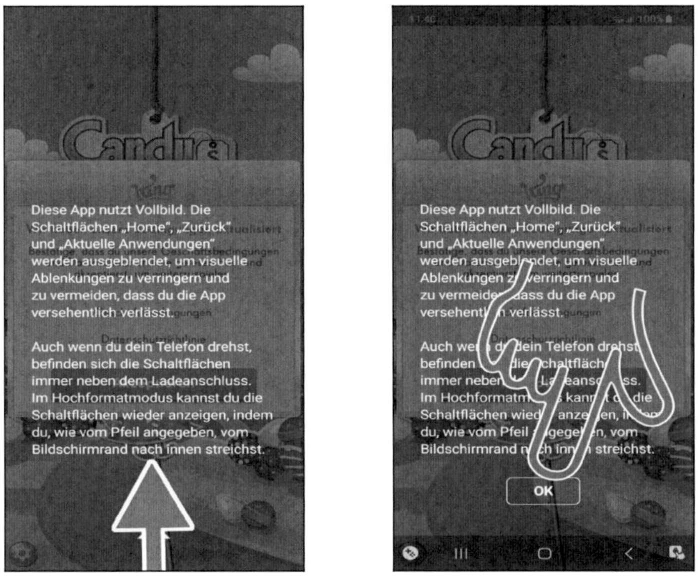

❶❷ Beim ersten Aufruf eines Spiels macht Sie das Handy eventuell auf eine Besonderheit aufmerksam: Die Navigationstasten werden ausgeblendet. Um sie wieder einzublenden, wischen Sie mit dem Finger von der unteren Displaykante nach oben. Schließen Sie den Hinweis dann mit *OK*.

❶❷ Probieren Sie das zuvor Gelernte einfach mal aus, indem Sie nach oben wischen. Die Navigationstasten blenden sich dann nach einigen Sekunden wieder aus.

26.1.3 Gute von schlechter Software unterscheiden

- Häufig geladene (und damit meist gute) Software findet in den Kategorien *Top-Charts Empfehlungen* usw. Eingang.
- Auch wenn Sie die Suchfunktion nutzen, erscheinen in der Auflistung zuerst die am häufigsten heruntergeladenen Programme.
- Zusätzlich finden Sie bei jedem Programm eine Sterne-Bewertung sowie Kommentare der Nutzer. Insbesondere bei Kaufprogrammen (die Sie ja nicht vorab testen können) sollten Sie sich die Nutzerbewertungen durchlesen.
- Manche Kaufprogramme sind auch als in der Funktion eingeschränkte Version kostenlos im Play Store erhältlich, sodass man zumindest einen groben Überblick über deren Tauglichkeit erhält. Es gibt übrigens häufig auch Programme, die sowohl kostenlos, als auch als Kaufversion erhältlich sind. Die kostenlose Version finanziert sich dann meistens

durch Werbeanzeigen. Werbung hat allerdings den Nachteil, häufig aus dem Internet Daten nachzuladen (irgendwoher müssen die Werbegrafiken ja kommen) und teilweise den GPS-Empfänger zu aktivieren. Letzteres dient dazu, dem Nutzer für sein Land optimierte Werbung anzuzeigen. Leider reduziert sich dadurch die Handy-Akkulaufzeit...

- Die Softwareentwickler bestimmen selbst ob ihre Programme für bestimmte Handys und Handys geeignet sind. Programme, die nicht auf Ihrem Handy funktionieren, werden erst gar nicht im Play Store anzeigt. Trotzdem werden Sie ab und zu auf Programme, insbesondere Spiele stoßen, die nicht gut angepasst sind, was sich u.a. in pixeliger Darstellung, verschobenen Schaltflächen, überstehenden Texten usw. bemerkbar macht. Falls Ihnen ein Programm trotzdem gefällt, sollten Sie einfach das Programm installiert lassen. Der Play Store meldet zu jeder installierten Software automatisch im Benachrichtigungsfeld, wenn ein Update vorliegt, das vielleicht die Probleme beseitigt.

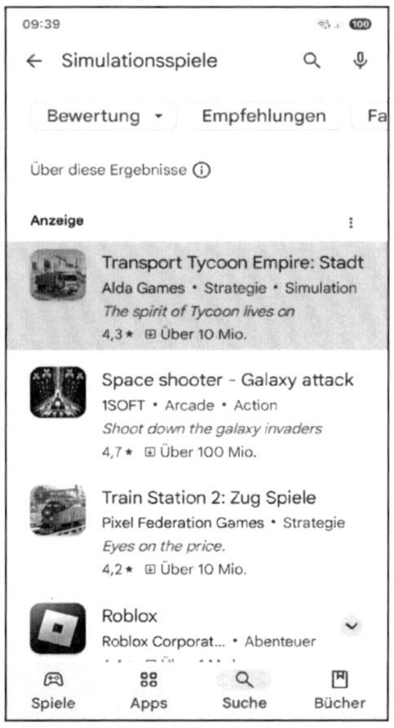

➊ Tippen Sie in einer Auflistung oder einem Suchergebnis auf einen Programmnamen.

➋➌ Die Bewertungen erhalten Sie dann nach einer Wischgeste angezeigt.

Hohe Stern-Bewertungen und große Downloadzahlen führen manchmal auch in die Irre: Der Play Store fasst die weltweit auflaufenden Nutzerbewertungen zusammen. Beispielsweise wird ein Buchhaltungsprogramm, das in den USA entwickelt wurde, dort von den Anwendern hochgelobt und entsprechend bewertet werden, während es für deutsche Anwender nicht geeignet ist.

Einige Programme werden zudem nicht weiterentwickelt, weshalb unter Umständen eine hohe Bewertung heute nicht mehr gerechtfertigt wäre.

Der Play Store zeigt nur deutsche Bewertungstexte an. Es kann deshalb vorkommen, dass Sie bei einem international angebotenen Programm zwar viele Bewertungen, aber kaum Bewertungstexte sehen.

> Tipp: Von vielen höherwertigen Programmen wird im Play Store eine kostenlose Version mit beschnittenen Funktionsumfang angeboten, Sie können so das jeweilige Programm schon vorab auf Herz und Nieren testen und anschließend die Vollversion erwerben.

26.1.4 Einstellungen

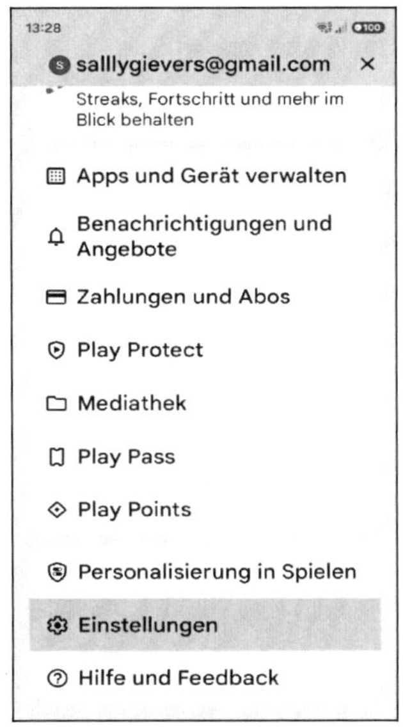

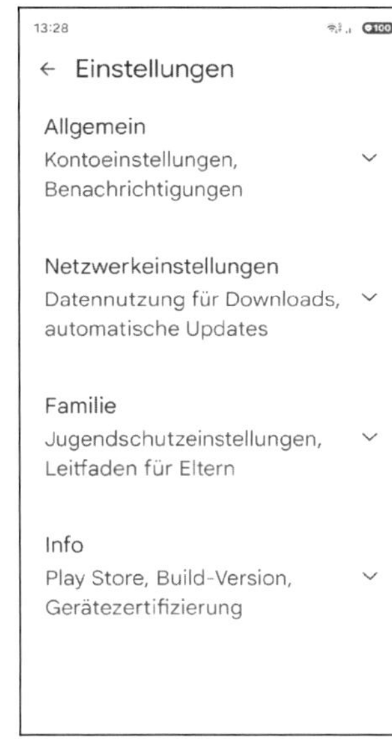

❶❷❸ Tippen Sie auf das runde Kontosymbol und gehen Sie auf *Einstellungen*:

Unter *Allgemein*:

- *Kontoeinstellungen*: Ihre E-Mail-Adresse und Herkunftsland.
- *Konto und Geräteeinstellungen*: Verwaltet die Zahlungsmethoden, die Sie für Käufe von Spielen und Anwendungen benötigen.
- *Benachrichtigungen*:
  - *Konto*: Über anstehende Abo-Abbuchungen oder Zahlungsprobleme werden Sie informiert.
  - *Updates verfügbar*: Wenn zu einem aus dem Play Store installierten Programm Updates vorliegen, erhalten Sie eine Benachrichtigung.
  - *Updates abgeschlossen*: Sie erhalten eine Benachrichtigung, sobald ein Update im Hintergrund installiert wurde.
  - *Vorregistrierung; Deals und Werbeaktionen*: Sie erhalten eine Benachrichtigung, wenn Entwickler neue Programme auf den Markt bringen, die für Sie interessant sein könnten.
- *Bevorzugte Downloadvariante für Apps*: Legen Sie fest, wie die Installation erfolgt:
  - *Über beliebiges Netzwerk*: Downloads erfolgen über Mobilfunkinternet, wenn kein WLAN zur Verfügung steht.
  - *Nur über WLAN*
  - *Jedes Mal fragen*: Wählen Sie aus, ob der Download über WLAN oder Mobilfunkinternet erfolgt.
- *Design*: Die Anzeige lässt sich zwischen *Hell* und *Dunkel* umschalten. Darauf geht bereits Kapitel *27.5 Dunkelmodus (Dark Mode)* ein.
- *Google Play Instant*: Legen Sie fest, welchem Google-Konto die sogenannten Instant Apps zugeordnet werden. Instant Apps sind auf dem Handy installierte Programme, die sich auch über einem Link im Webbrowser aufrufen lassen. Derzeit haben Instant Apps noch keine große Bedeutung, zumal sie nicht alle Handys unterstützen.
- *Google Play Store-Feedback*
- *Apps automatisch archivieren*: Bei vollem Speicher entfernt das Handy automatisch wenig genutzte Programme. Google weist darauf hin, dass diese Funktion eventuell auf Handys mit angepasstem Betriebssystem wie dem von Samsung nicht korrekt funktioniert.

- *Optimierung der App-Installation*: Liefert eine Nutzungsstatistik an Google, von der andere Nutzer in Form einer schnelleren Installation profitieren.
- *Interessen*: Nicht von Google dokumentiert.

Unter *Netzwerkeinstellungen*:

- *Bevorzugte Downloadvariante für Apps*: Wählen Sie aus, ob das Herunterladen von neu zu installierenden Programmen über WLAN oder das Mobilfunkinternet zu erfolgen hat.
- *Apps automatisch aktualisieren*: Installierte Programme werden automatisch im Hintergrund aktualisiert.
- *Videos automatisch wiedergeben*: In der Produktvorschau sind ab und zu Videos eingebunden. Sie können hier festlegen, ob diese auch über Mobilfunkverbindungen wiedergegeben werden. Die Voreinstellung *Automatische Wiedergabe von Videos nur über WLAN zulassen* sollten Sie aber nicht ändern.

Unter *Bestätigung von Käufen*:

- *Biometrische Bestätigung*: Aktivieren Sie diese Option, damit Sie Käufe im Play Store einfach per Fingerabdruck durchführen können – beachten Sie, dass Sie dazu die Fingerabdrucksperre (siehe Kapitel *30.2 Gerätesperre*) aktiviert haben müssen. Standardmäßig müssen Sie für Käufe das Passwort Ihres Google-Kontos angeben.
- *Bestätigungshäufigkeit*: Wählen Sie aus, ob Sie *Immer* oder *Nie* die Kaufbestätigung per Passwort beziehungsweise Biometrie durchführen möchten. Alternativ stellen Sie *Alle 30 Minuten* ein.

Unter *Familie*:

- *Für Familienmediathek registrieren*: Die Familienmediathek ermöglicht es, Apps, Spiele, Ebooks, Filme und Serien mit bis zu 5 weiteren Personen zu teilen. In diesem Buch gehen wir nicht weiter darauf ein.
- *Jugendschutzeinstellungen*: Legen Sie fest, welche Programme und Medien der Play Store für jugendliche Nutzer ausblendet.
- *Leitfaden für Eltern*: Infos zur kinder- und jugendsicheren Nutzung des Play Stores.
- Unter *Info*: Diverse technische Informationen zum Play Store.

26.1.5 Softwarekauf im Google Play Store

Viele Programme im Play Store sind kostenpflichtig, wobei als Zahlungsmethode neben einer Kreditkarte auch PayPal (ein Zahlungsdienstleister), die Handyrechnung (nicht bei allen Netzbetreibern möglich) und Gutscheine akzeptiert werden (auf Letztere geht Kapitel *26.1.7 Google-Gutscheine* noch genauer ein). Damit Sie nicht die »Katze im Sack« kaufen, lassen sich Käufe innerhalb von 2 Stunden rückgängig machen. Eine Rückgabe ist beim erneuten Kauf dann aber nicht mehr möglich. Die erworbenen Programme werden mit Ihrem Google-Konto verknüpft und lassen sich beim Gerätewechsel ohne erneuten Kauf herunterladen und installieren.

> Gekaufte Software lässt sich immer nur auf einem Gerät gleichzeitig nutzen.
>
> Beachten Sie bitte, dass manche Software nur für bestimmte Geräte angeboten wird. Insbesondere Spiele unterstützten nicht alle Android-Handys und Tablets. Problematisch sind auch Programme, deren Entwicklung eingestellt wurde und daher nicht für neue Geräte freigegeben sind, obwohl sie darauf laufen könnten.

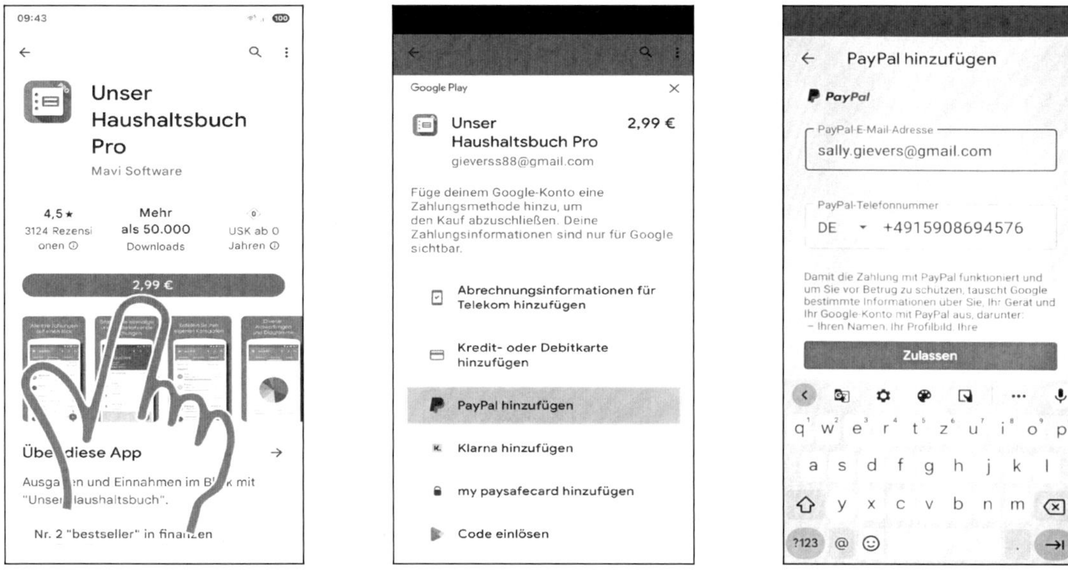

❶ Betätigen Sie bei einem Kaufprogramm die Preisschaltfläche (Pfeil).

❷ Wählen Sie nun eine der Zahlungsmethoden aus:

- *Abrechnungsinformationen für xxx hinzufügen*: Die Zahlung erfolgt über Ihren Mobilnetzbetreiber und taucht dann auf Ihrer nächsten Mobilfunkrechnung auf. Beachten Sie bitte, dass nicht jeder Netzbetreiber mobile Zahlungen akzeptiert. Haben Sie beim Netzbetreiber »Inkasso von Dritten« deaktivieren lassen, ist ebenfalls kein Kauf über die Mobilfunkrechnung möglich.
- *Kredit- oder Debitkarte hinzufügen*: Zahlung über Ihre Kreditkarte.
- *PayPal hinzufügen*: Zahlungsabwicklung über PayPal. Dieser Zahlungsabwickler wird bucht Rechnungen von Ihrem Bankkonto oder Ihrer Kreditkarte ab oder nutzt ein auf PayPal überwiesenes Guthaben. Siehe auch die PayPal-Website unter *www.paypal.com.*
- *Klarna hinzufügen*: Klarna ist ein unabhängiger Zahlungsabwickler, der verschiedene Bezahlmethoden unterstützt.
- *my paysafecard hinzufügen*: Nutzung eines aufladbaren Gutscheinkontos.
- *Code einlösen*: Einen im Handel gekauften Gutschein verwenden.

In diesem Beispiel wählen wir *PayPal hinzufügen.*

❸ Bei PayPal müssen Sie sich beispielsweise mit dem PayPal-Konto anmelden. Folgen Sie den weiteren Anweisungen.

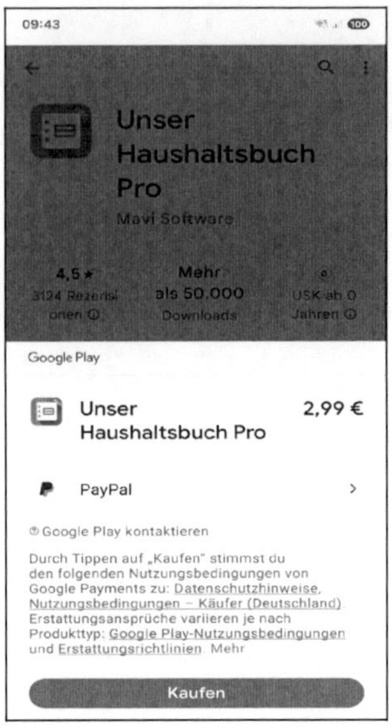

➊ Betätigen Sie *Kaufen.*

➋ Geben Sie das Passwort Ihres Google-Kontos ein und schließen Sie mit *Bestätigen* ab. Dies ist dann auch bei künftigen Käufen nötig.

➌ Einmalig erfolgt die Nachfrage, ob Sie jeden Kauf im Play Store mit Ihrem Passwort bestätigen möchten. Wir empfehlen aus Sicherheitsgründen *Ja, immer*. Schließen Sie das Popup mit *OK*. Gleiches gilt auch für das abschließende Popup.

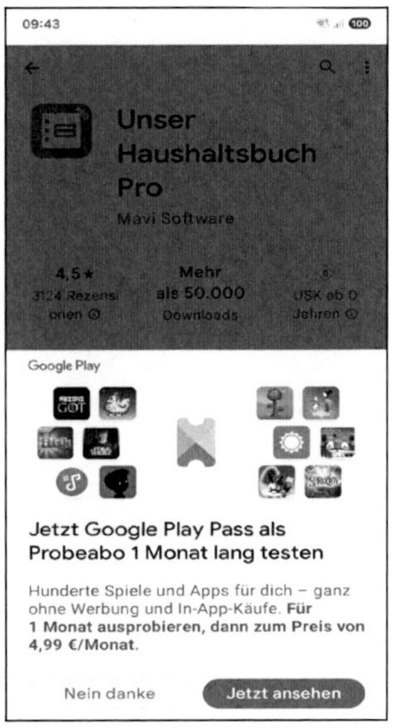

Schließen Sie den Hinweis auf das kostenpflichtige Google Play Pass-Abo mit *Nein danke.*

26.1.6 Kauf rückgängig machen

Wie bereits erwähnt, können Sie einen Kauf noch bis zu 15 Minuten später wieder stornieren. Dies kann beispielsweise sinnvoll sein, wenn ein Programm nicht wie angegeben funktioniert.

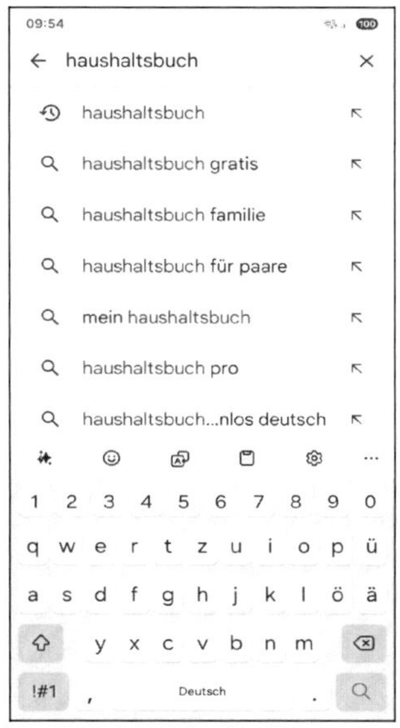

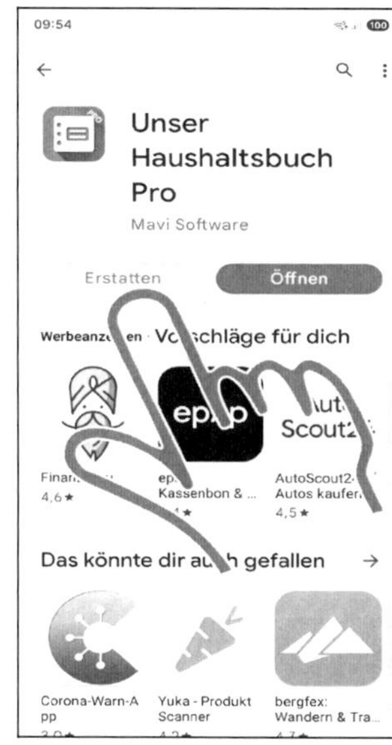

❶❷ Damit Sie die Erstattung erhalten, müssen Sie das betreffende Programm im Play Store suchen und anzeigen.

❸ Betätigen Sie *Erstatten.*

26.1.7 Google-Gutscheine

Es sind Gutscheine für den Google Play Store in Stückelungen von 15 und 25 Euro bei diversen Tankstellen, in Supermärkten und Elektronikketten erhältlich.

Vorsicht ist übrigens bei günstigen Gutscheinen von Internet-Shops geboten! Häufig sind diese nicht in Deutschland gültig.

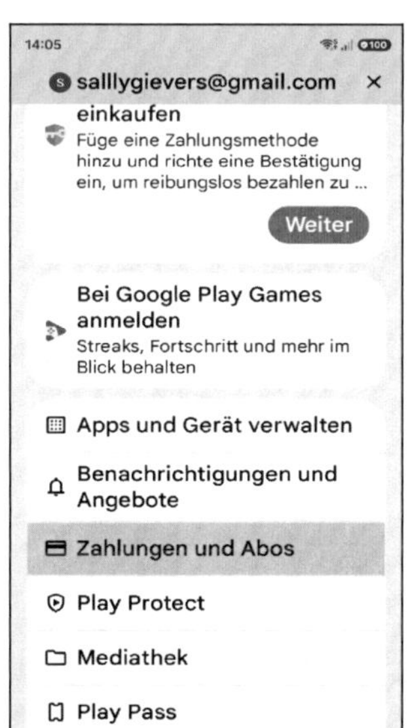

❶❷ Tippen Sie auf das runde Kontosymbol oben rechts und gehen Sie auf *Zahlungen und Abos.*

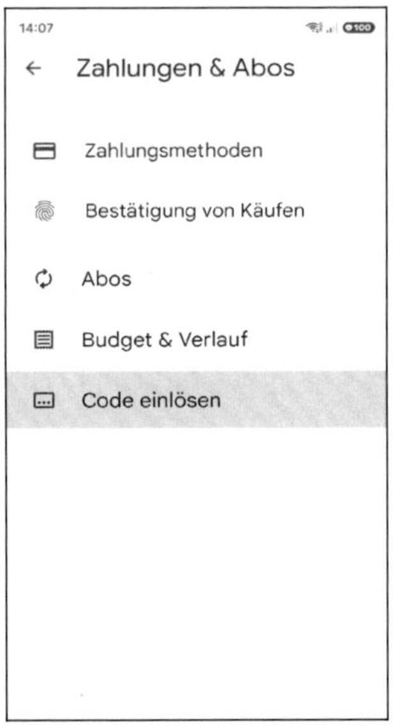

❶❷ Wählen Sie *Code einlösen.* Geben Sie dann den Code von der Karte ein.

❸ Wählen Sie gegebenenfalls während des Kaufvorgangs über *Zahlungsoptionen* das *Google Play*-Guthaben aus.

26.1.8 In-App-Käufe

Programmentwickler können sich grundsätzlich auf drei Arten finanzieren: Durch den Verkauf ihrer Programme, die Einblendung von Werbung oder durch ein Freemium-Modell (Wortspiel aus engl. Free = Frei und engl. Premium = kostenpflichtig). Freemium-Modelle kommen vorwiegend bei Computerspielen vor. Freemium heißt, dass das Programm kostenlos ist, Sie aber zusätzliche Inhalte oder Funktionen jederzeit erwerben dürfen. Dies können in einem Ballerspiel beispielsweise leistungsfähigere Waffen sein oder bei einem Fitness-Programm weitere Trainings. Für Kinder sind solche Programme ungeeignet, da sie die dadurch entstehenden Kosten nicht einschätzen können.

Damit wir uns nicht missverstehen: Grundsätzlich sind Freemium-Programme nicht immer schlecht, denn insbesondere bei Spielen leidet der Spaß nur geringfügig, wenn man auf In-App-Käufe verzichtet.

Gegenüber dem »normalen« Kauf im Play Store haben In-App-Käufe einige Nachteile (wörtlich übernommen von *support.google.com/googleplay/answer/1061913*):

- Es gibt kein zweistündiges Erstattungsfenster.
- Erstattungen werden im Allgemeinen nach dem Ermessen des App-Entwicklers gewährt.
- Für die Bereitstellung von In-App-Käufen sind die Entwickler zuständig.

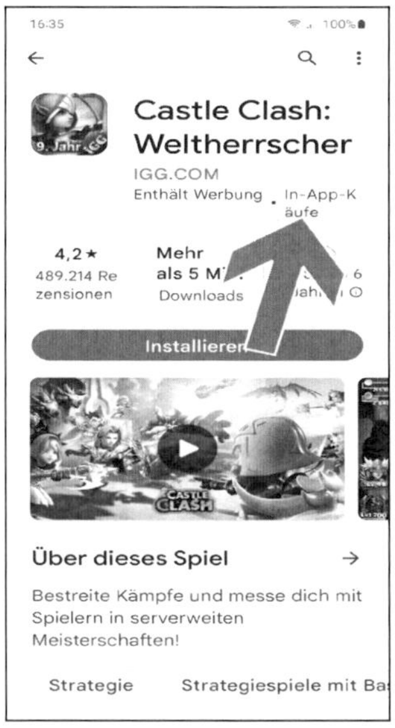

Im Play Store erkennen Sie In-App-Käufe anhand der Berechtigungen, die **vor** der Installation aufgelistet werden (siehe Kapitel *26.1.1 Programme installieren*).

Bei jedem In-App-Kauf müssen Sie zur Sicherheit das Passwort zu Ihrem Google-Konto eingeben.

26.2 Galaxy Store

Galaxy Store ist ein Online-Angebot des Herstellers, über das sich weitere Anwendungen, aber auch Spiele, für das Galaxy herunterladen lassen. Auch kommerzielle Programme sind dort vorhanden, welche man über Kreditkarte oder Handyrechnung kaufen kann.

Galaxy Store bietet nur relativ wenige Programme zum Download an, hat aber den Vorteil, dass im Vergleich zum Google Play Store manche Programme kostenlos sind, für die man im Google Play Store bezahlen müsste. Es lohnt sich also ab und zu mal einen Blick in den Galaxy Store zu werfen.

Damit Sie den Galaxy Store nutzen können, richten Sie bitte zuerst Ihr Samsung-Konto, wie im Kapitel *23 Das Samsung-Konto* beschrieben, ein.

26.2.1 Galaxy Store in der Praxis

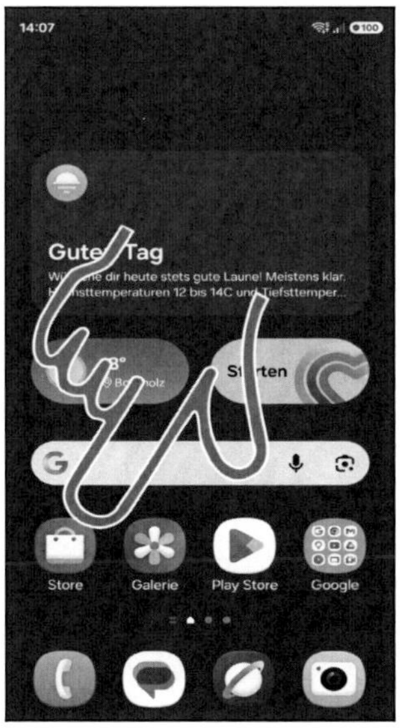

Starten Sie *Store* aus dem Startbildschirm oder Hauptmenü. Eventuell müssen Sie zunächst die Geschäftsbedingungen annehmen.

❶ Es wird bereits eine Reihe von Programmen vorgeschlagen. Wischen Sie durch die Auflistung für einen Überblick.

❷❸ Über die Register am unteren Bildschirmrand grenzen Sie die Anzeige auf *Spiele* oder *Apps* (Anwendungen) ein.

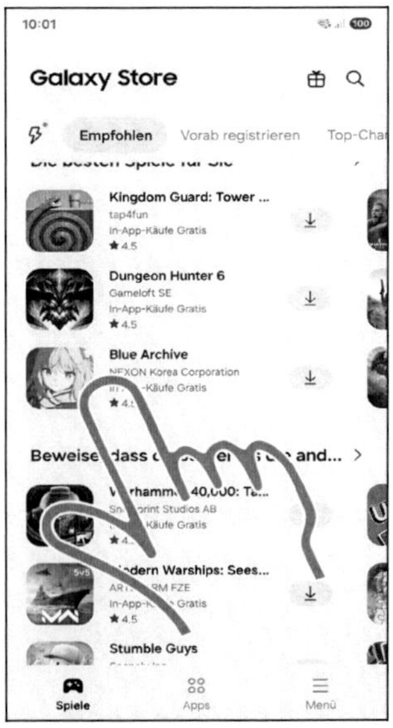

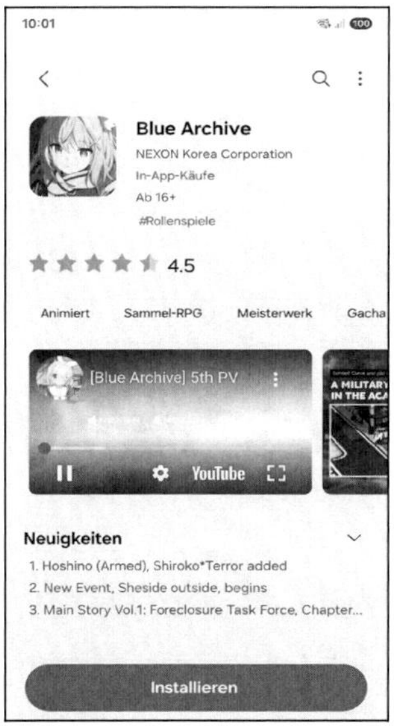

❶ Gehen Sie auf einen Programmeintrag.

❷ Es erscheint eine kurze Programmbeschreibung. Betätigen Sie *Installieren*. Das Programm wird nun im Hintergrund heruntergeladen und installiert. Sie können währenddessen mit dem Galaxy ganz normal weiterarbeiten. Anschließend finden Sie das installierte Programm im Hauptmenü wieder, wo Sie es auch starten.

Für den Kauf von Programmen stehen die Zahlungsmethoden Mobilrechnung, PayPal oder Kreditkarte zur Verfügung.

26.3 Programme deinstallieren

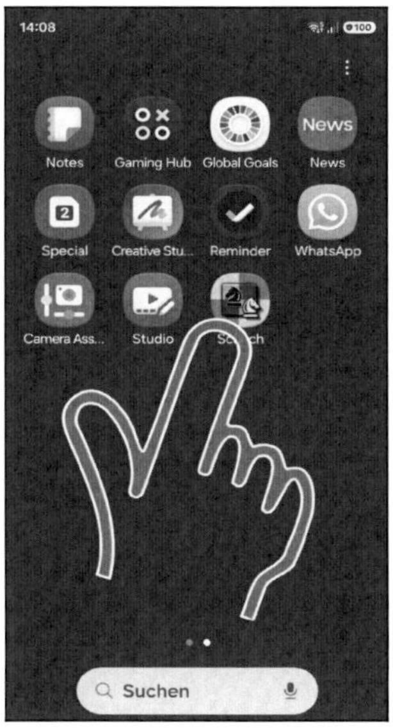

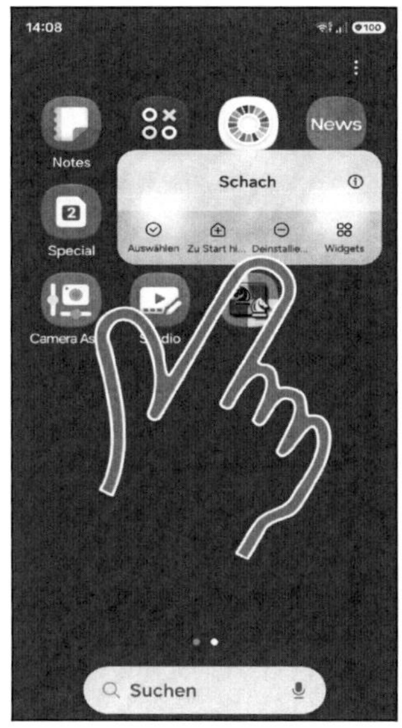

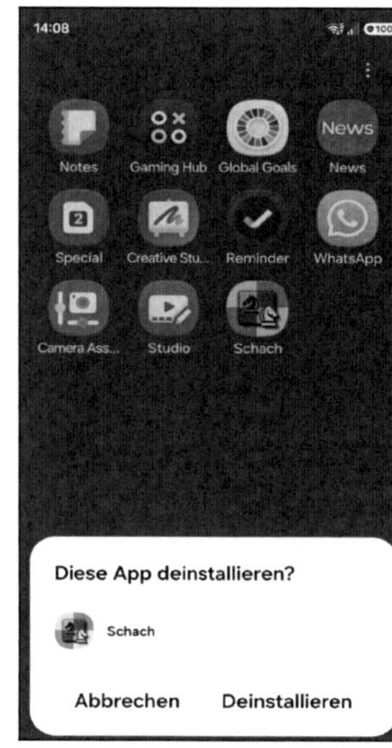

❶ Tippen und halten Sie den Finger über einem Programmeintrag, bis das Popup erscheint.

❷❸ Wählen Sie im Popup *Deinstallieren* und betätigen dann *Deinstallieren.*

Programme, die für das einwandfreie Funktionieren des Handys benötigt werden, lassen sich nicht deinstallieren.

26.4 Programme im Hintergrund

Genauso wie unter Windows auf dem PC dürfen auch auf Android mehrere Programme gleichzeitig aktiv sein. Zum Beenden eines Programms unter Android betätigen Sie einfach die <-Taste. Soll dagegen das gerade aktive Programm im Hintergrund weiterlaufen, drücken Sie die O-Taste. In das Hintergrund-Programm kehren Sie entweder durch erneuten Programmaufruf aus dem Hauptmenü zurück, oder Sie verwenden dazu die nachfolgend beschriebene Vorgehensweise.

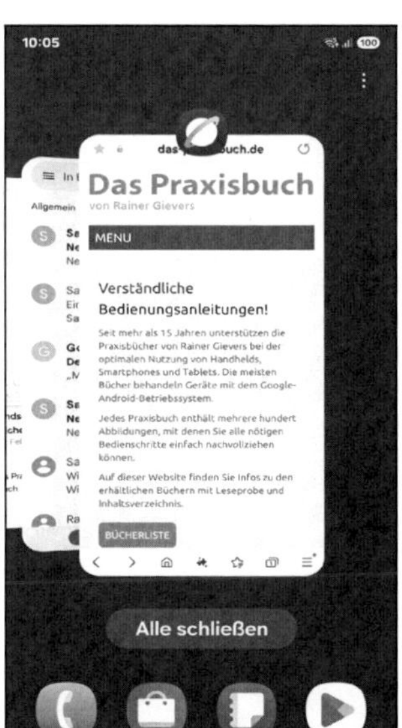

Wenn Sie die III-Taste unterhalb des Displays betätigen, listet das Galaxy die zuletzt aufgerufenen Programme auf – was übrigens nicht heißt, dass diese noch im Hintergrund laufen. Ziehen Sie mit angedrücktem Finger ein Vorschaubild nach oben, um es aus der Liste zu entfernen beziehungsweise zu beenden. Alternativ betätigen Sie *Alle schließen* am unteren Bildschirmrand.

Grundsätzlich dürfte es nur äußerst selten nötig sein, im Hintergrund laufende Programme zu beenden.

27. Benutzeroberfläche optimal nutzen

In diesem Kapitel werfen wir einen Blick auf die zahlreichen Optionen, mit denen Sie das Galaxy an Ihre Bedienweise anpassen.

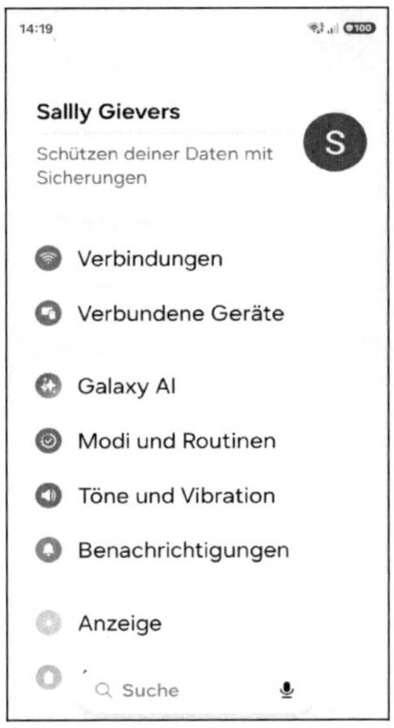

❶❷ Für die in den nachfolgenden Kapiteln beschriebenen Funktionen greifen Sie häufig auf die *Einstellungen*-Anwendung zurück, die Sie im Hauptmenü starten.

Die Einstellungen-Anwendung zeigt immer das zuletzt aufgerufene Menü an. Betätigen Sie in daher gegebenenfalls ein- oder mehrmals die ‹-Taste unterhalb des Bildschirms, bis Sie sich wieder im Hauptmenü befinden.

27.1 Bildschirmanzeige anpassen

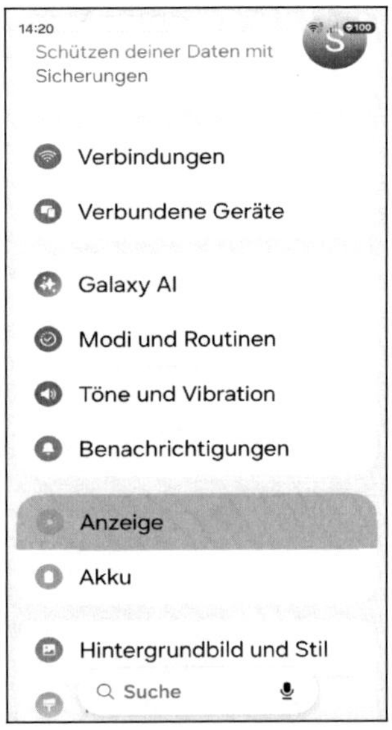

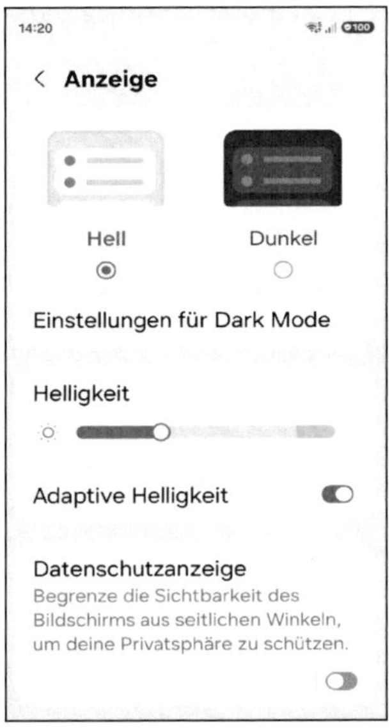

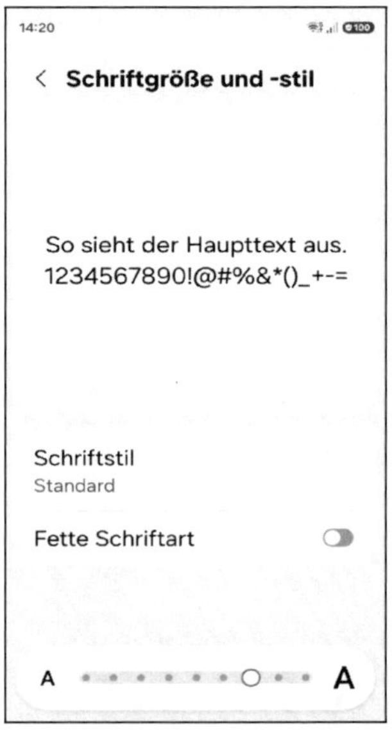

❶❷ In *Anzeige* konfigurieren Sie die Bildschirmanzeige:

- *Hell; Dunkel*: Invertiert die Bildschirmfarben, was bei Dunkelheit gegen Blendung hilft. Siehe Kapitel *27.5 Dunkelmodus (Dark Mode)*.
- *Einstellungen für Dark Mode*: Sie können die Zeiten festlegen, zu denen sich der Dunkelmodus automatisch einschaltet.
- *Helligkeit*: Diese können Sie einfacher über den Helligkeitsregler im Schnelleinstellungsbereich anpassen.

- *Adaptive Helligkeit*: Die Displaybeleuchtung passt sich automatisch an das Tageslicht an.
- *Datenschutzanzeige* (nur Galaxy S26 Ultra): Darauf geht Kapitel *4.19 Privacy Display (Datenschutzanzeige)* ein.
- *Bildwiederholrate*: Durch die höhere Bildwiederholrate von 120 Hz erhalten Sie ruckelfreie Animationen, was sich weniger im Alltag als bei Spielen bemerkbar macht. Allerdings ist damit ein höherer Stromverbrauch verbunden (geringere Akkulaufzeit).
- *Augenkomfort*: Die Wissenschaft macht den Blauanteil in der Displaybeleuchtung für negative Effekte wie schlechten Schlaf und Konzentrationsstörungen verantwortlich.
- *Adaptiver Farbton*: Passt die Farbdarstellung an die Umgebungshelligkeit an, was allerdings recht gewöhnungsbedürftig ist.
- *Bildschirmmodus*: Passen Sie die Farbdarstellung an Ihre Vorstellungen an.
- *Schriftgröße und Stil* (❸): Neben der Schriftgröße lässt sich auch die Schriftart einstellen. In diesem Buch verwenden wir beispielsweise eine etwas größere Schrift, damit die Bildschirmabbildungen besser lesbar sind.
- *Bildschirmzoom*: Größe aller Schaltflächen und Bildschirmtexte anpassen.
- *Bildschirmauflösung* (nur Galaxy S26 Ultra): Sie können zwischen drei verschiedenen Bildschirmauflösungen wählen. Die voreingestellte mittlere Auflösung ist ein guter Kompromiss zwischen Auflösung und damit verbundenen Akkuverbrauch.
- *Kameraauschnitt*: Die Kamera auf der Displayoberseite lässt sich »verstecken«, indem man auf eine schwarze Titelleiste umschaltet.
- *Bildschirm-Timeout*: Nach der eingestellten Zeitspanne schaltet sich das Display aus. Alternativ betätigen Sie dafür den Ein/Ausschalter.
- *Einfacher Modus*: Schaltet die Bildschirmdarstellung im Startbildschirm auf große Symbolschaltflächen um.
- *Seitenpaneele*: Die Seitenpaneele, aktiviert man jederzeit mit einer Wischgeste. Darauf geht Kapitel *28 Seiten-Paneele* ein.
- *Navigationsleiste*: Farbe und Funktion der Navigationsleiste (die Tasten unterhalb des Bildschirms) konfigurieren.
- *Schutz vor versehentlicher Berührung*: Verhindert, dass das Handy aus Versehen während des Transports Funktionen auslöst. Dazu werden die verschiedenen Sensoren im Handy ausgewertet.
- *Berührungsempfindlichkeit*: Falls Sie eine Displayschutzfolie verwenden, müssen Sie eventuell *Berührungsempfindlichkeit* aktivieren, damit Ihre Fingergesten erkannt werden.
- *Ladeinformationen anzeigen*: Auch bei abgeschalteten Display wird der Ladezustand des Akkus angezeigt, wenn Sie das Handy per USB-Kabel am PC oder Netzteil angeschlossen haben.
- *Bildschirmschoner*: Legt fest, was das Galaxy anzeigt, wenn es an eine Stromversorgung angeschlossen ist. Neben einem Farbverlauf können Sie auch Fotos anzeigen lassen.

Die Optionen *Helligkeit* und *Bildschirm-Timeout* haben großen Einfluss auf die Akkubetriebsdauer, weshalb Sie sie nicht zu hoch einstellen sollten.

27.2 Always On Display

Aus Energiespargründen schaltet sich das Display nach einer einstellbaren Zeitspanne (siehe Kapitel *4.2 Displaysperre*) automatisch aus. Für den Anwender ist das ärgerlich, denn jedes Mal, wenn er wissen möchte, ob beispielsweise neue SMS vorliegen, muss er erst den Ein-/Ausschalter betätigen.

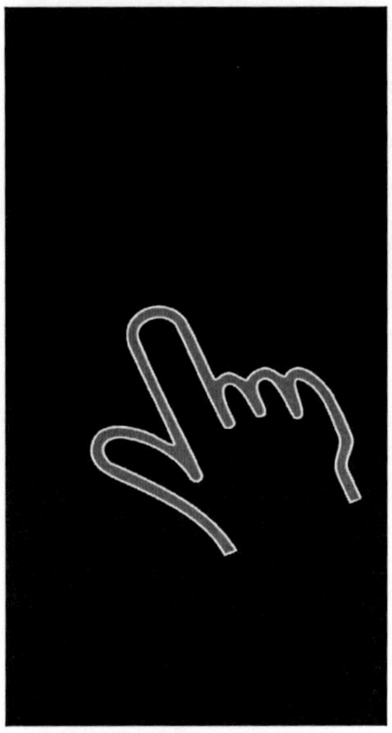

❶ Abhilfe schafft beim Galaxy das sogenannte Always On Display (engl. »Immer-an-Display«). Dazu tippen Sie einmal kurz auf das ausgeschaltete Display, worauf das Handy die Uhrzeit und einige andere Infos anzeigt.

❷ Das Always On Display zeigt neben der Uhrzeit auch Symbole an, die beispielsweise über verpasste Anrufe oder ungelesene E-Mails informieren. Wenn Sie das Handy nutzen möchten, drücken Sie kurz den Ein-/Ausschalter und gelangen dann zur Displaysperre. Alternativ tippen Sie zweimal schnell hintereinander auf den ausgeschalteten (Always On)-Bildschirm.

Bitte beachten Sie auch die Einführung im Kapitel *4.2 Displaysperre*.

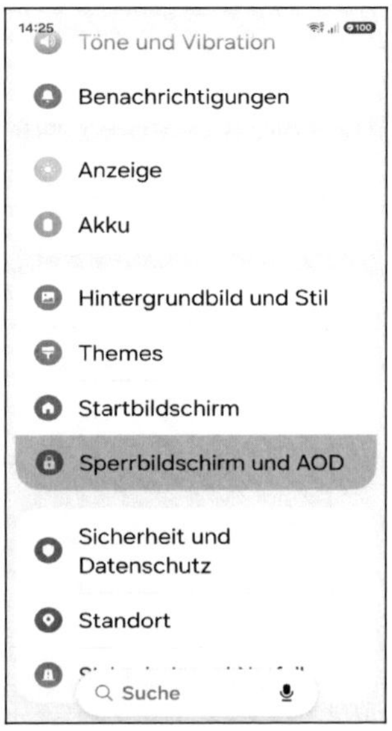

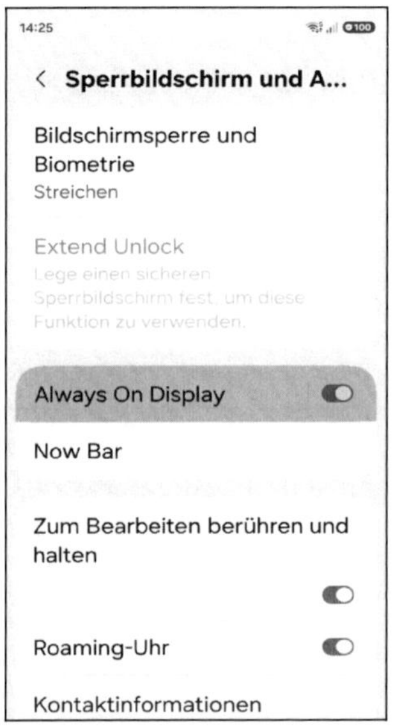

❶❷ Rufen Sie in den *Einstellungen* das *Sperrbildschirm und AOD*-Menü auf und gehen auf *Always On Display*.

❸ Die verfügbaren Optionen:

- *Ein*: Über den Schalter am oberen Bildschirmrand aktivieren/deaktivieren Sie das Alway On Display.

- *Hintergrund löschen*: Das Menü ist nur verfügbar, wenn Sie ein Foto als Hintergrundbild in der Displaysperre festgelegt haben. Tiere oder Personen werden dann »freigestellt«, das heißt, ohne Hintergrund im Always On Display angezeigt.
- *Now Bar anzeigen*: Die sogenannte Now Bar erscheint am unteren Bildschirmrand. Sie zeigt anstehende Termine und Ähnliches an.
- *Wann anzeigen*: Legen fest, unter welche Bedingungen das Always On Display angezeigt wird:
  - *Automatisch*: Das Always On Display ist immer sichtbar, schaltet sich aber aus, wenn sich das Handy an einem dunklen Ort befindet oder in einer Tasche transportiert wird.
  - *Immer*: Always On Display ist permanent eingeschaltet – was in der Praxis keinen Sinn ergibt und nur unnötig die Akkubetriebsdauer reduziert.
  - *Zum Anzeigen tippen*: Tippen Sie einmal mit dem Finger kurz auf den Bildschirm, worauf das Always On Display für 10 Sekunden erscheint.
  - *Wie geplant*: Das Handy unterstützt die tageszeitabhängige Anzeige des Always On Displays.
  - *Für neue Benachrichtigungen*: Bei neuen Benachrichtigungen anzeigen.
- Info zu Always On Display; Kontaktiere uns

27.2.1 Foto im Always On Display

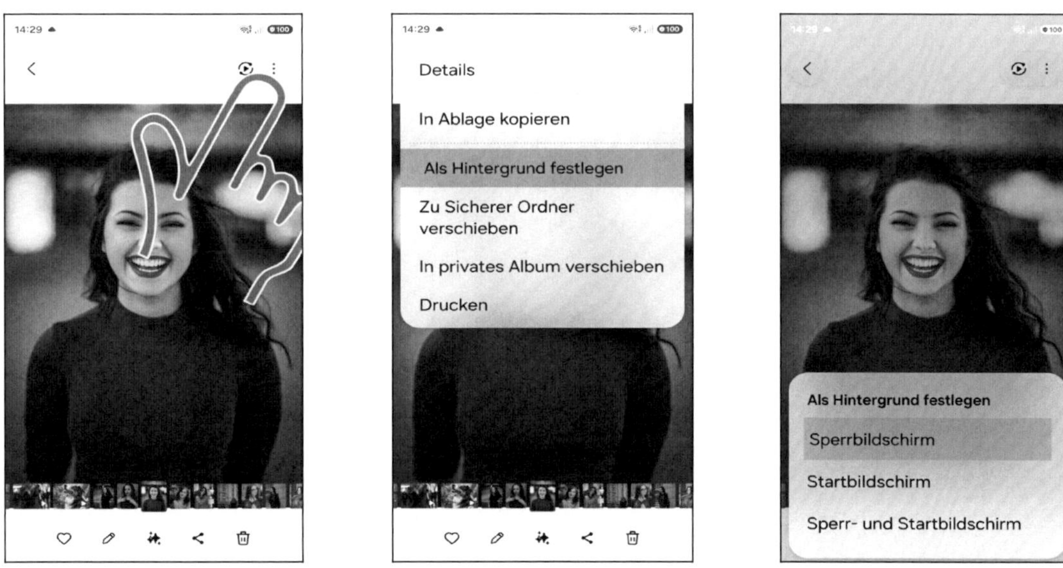

❶❷ So weisen Sie dem Always On Display ein Bild zu: Rufen Sie im Bildanzeiger (siehe Kapitel *18 Galerie*) ein Foto in der Vollbildansicht auf und gehen Sie auf ⋮/*Als Hintergrund festlegen*.

❸ Wählen Sie *Sperrbildschirm* aus.

❶ In diesem Bildschirm lassen sich Farben ändern und die Position und das Aussehen von Anzeigeelementen ändern. Schließen Sie den Bildschirm mit *OK*.

❷ Das Bild erscheint nun immer, wenn Sie das Handydisplay ausgeschaltet ist und Sie es einmal kurz antippen.

27.3 Funktionen in der Displaysperre

Je nach Voreinstellung (unter *Einstellungen/Anzeige/Bildschirm-Timeout*) aktiviert sich nach bis zu 10 Minuten die Displaysperre, wenn Sie das Gerät nicht nutzen. Alternativ schaltet sich die Displaysperre auch ein, wenn Sie kurz den Ein/Ausschalter betätigen.

Manche der in den folgenden Kapiteln vorgestellten Funktionen machen bei genauerer Betrachtung kaum Sinn. Es ist also Ihnen überlassen, ob Sie sie im Alltag nutzbringend verwenden können.

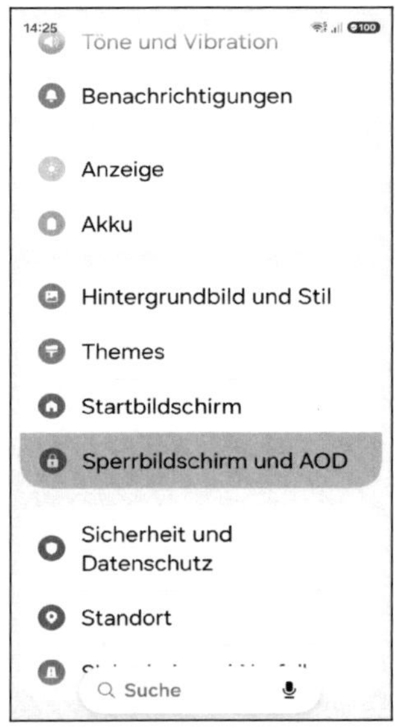

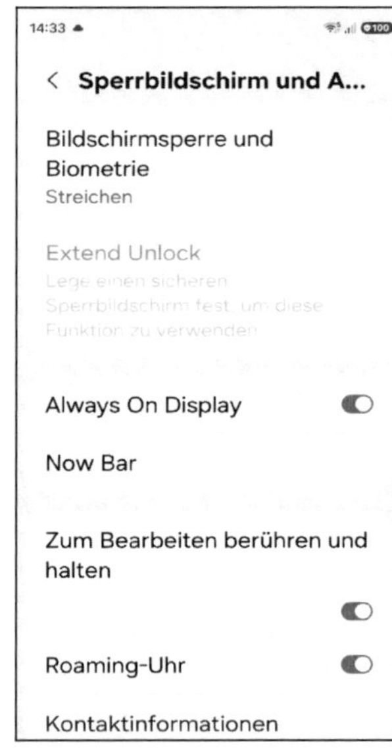

❶❷❸ In *Einstellungen/Sperrbildschirm und AOD* lassen sich weitere Einstellungen vornehmen:

- *Bildschirmsperre und Biometrie*: Bildschirmsperre durch PIN, Passwort, Muster oder biometrische Merkmale (siehe Kapitel *30.2 Gerätesperre*).
- *Extended Unlock*: Wenn bestimmte Umgebungsbedingungen (Standort, Ihre Stimme, oder Ähnliches) auftreten, entsperrt sich das Handy automatisch. Wir raten aus Sicherheitsgründen von dessen Verwendung ab.
- *Always On Display*: Dieser wird bereits im Kapitel *27.2 Always On Display* beschrieben.

- *Now Bar*: Verwaltet die in der Now Bar angezeigten Informationen. In diesem Buch gehen wir nicht weiter darauf ein.
- *Zum Bearbeiten berühren und halten*: Wenn Sie in der Displaysperre einen Finger auf einen leeren Bereich tippen und halten, können Sie die angezeigten Bildschirmelemente bearbeiten. Deaktivieren Sie *Zum Bearbeiten berühren und halten*, damit dies nicht möglich ist.
- *Roaming-Uhr*: Falls Sie sich im Ausland befinden und das Handy in einem fremden Mobilfunknetz (Roaming) eingebucht ist, erscheint eine weitere Uhr.
- *Kontaktinformationen*: Diese werden im Sperrbildschirm angezeigt. Hinterlegen Sie hier beispielsweise eine Telefonnummer, über die Sie erreichbar sind, falls Sie das Handy verloren haben und jemand anders es findet.
- Entsperren-Übergangseffekt anz.: Wenn Sie eine der im Kapitel *30.2 Gerätesperre* beschriebenen Sperren aktiviert haben, können Sie hier den Übergangseffekt beim Entsperren einstellen.

27.3.1 Bildschirmelemente in der Displaysperre

Die Displaysperre zeigt neben der Uhrzeit und dem Datum auch weitere nützliche Daten an.

❶❷ Tippen und halten Sie einen Finger auf einen leeren Bereich in der Displaysperre, bis das Handy in den Bearbeitungsmodus schaltet.

❶❷❸ Tippen Sie zum Beispiel auf die Uhrzeit, worauf Sie aus mehreren Ziffernblättern wählen und auch die Schriftfarbe einstellen können.

➊➋ Die folgende Einstellung betrifft den Schnellstart zweier Anwendungen aus der Displaysperre: Vordefiniert sind *Telefon* und *Kamera*. Gehen Sie auf ◖ oder ◘ und wählen Sie jeweils die gewünschte Verknüpfung aus.

➌ Künftig rufen Sie mit einer Wischgeste auf einer der beiden Verknüpfungen die hinterlegte Anwendung auf.

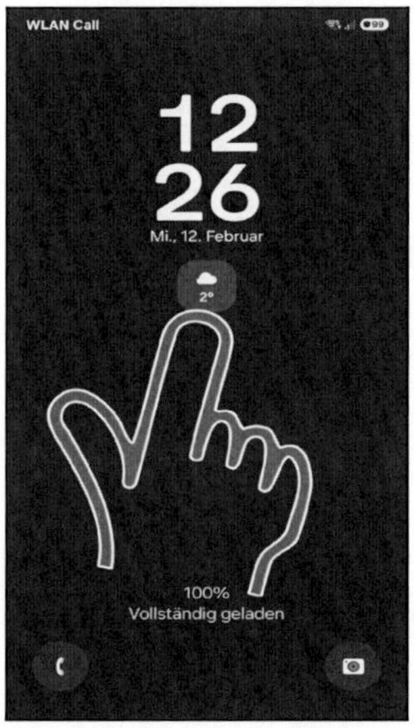

➊ Zusätzliche Infos zeigt das Widget an, das Sie mit *Widgets* festlegen.

➋ Wählen Sie aus einem der angebotenen Widgets eines aus. Vergessen Sie nicht, Ihre Änderungen am Sperrbildschirm mit *OK* (oben rechts) zu übernehmen.

➌ In diesem Beispiel haben wir das Wetter-Widget eingerichtet. Antippen des Widgets in der Displaysperre ruft später die Wettervorhersage auf.

27.4 Ruhemodus

In bestimmten Fällen, beispielsweise, wenn man außerhalb seiner Arbeitszeit keine Anrufe annimmt, ist es sinnvoll, die Signaltöne des Galaxy zu deaktivieren. Damit Sie nicht am nächsten Morgen vergessen, die Signaltöne wieder einzuschalten, besitzt das Handy dafür einen Timer.

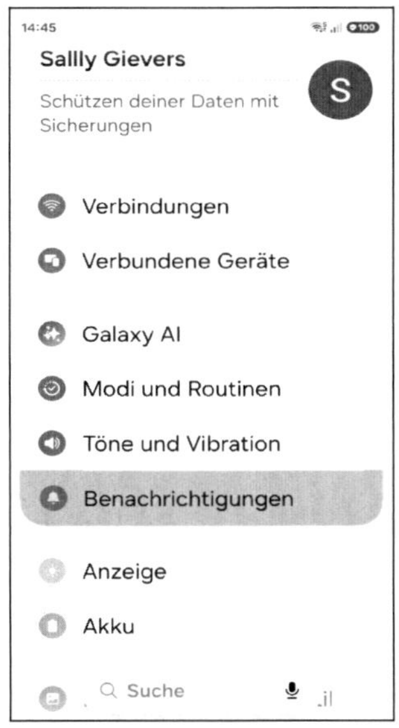

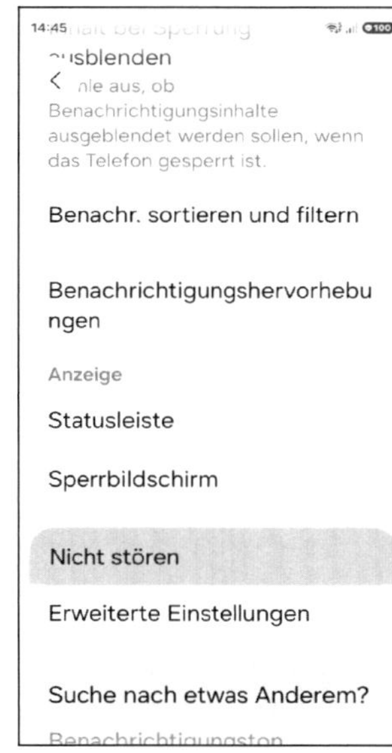

❶ Rufen Sie die *Einstellungen* aus dem Hauptmenü auf.

❷❸ Gehen Sie auf *Benachrichtigungen* und dann *Nicht stören.*

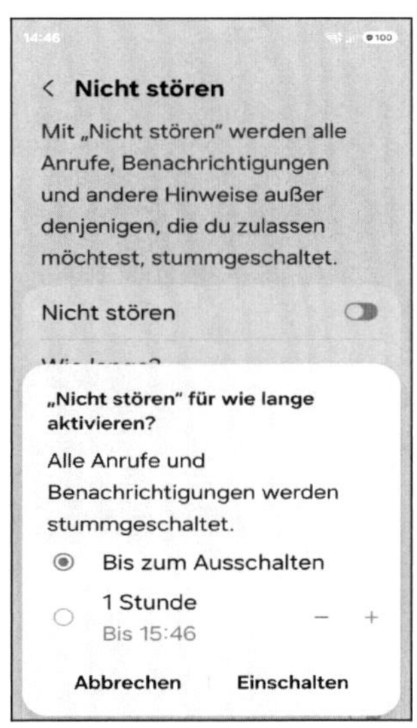

❶❷ Aktivieren Sie *Nicht stören* und schließen Sie das Popup mit *Einschalten*. Sie können allerdings bereits hier bei Bedarf die Zeitspanne bis zur automatischen Deaktivierung festlegen.

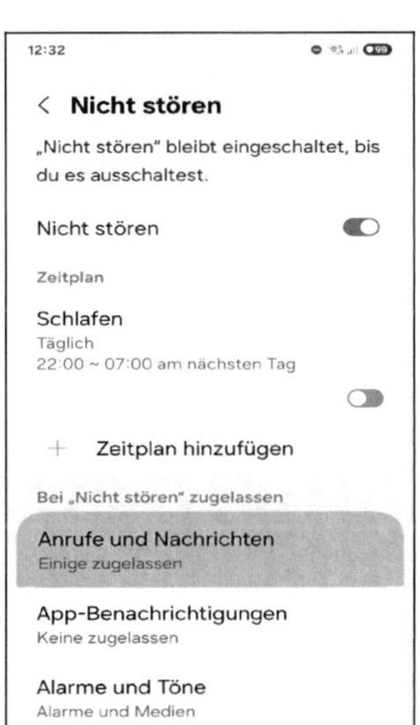

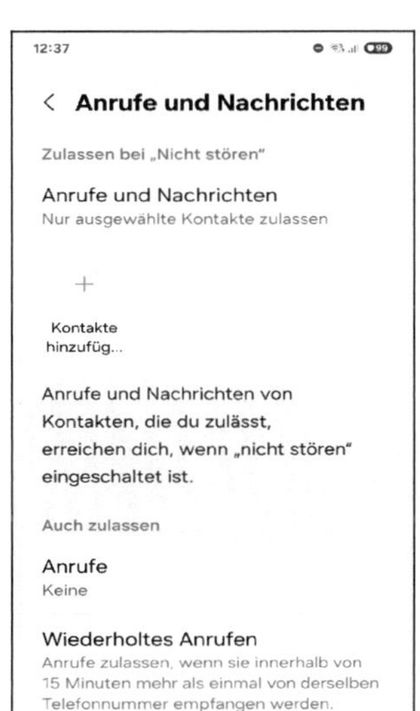

❶❷ Weitere Optionen im *Anrufe und Nachrichten*-Menü:

Unter *Zulassen bei „Nicht stören":*

- *Kontakte hinzufügen*: Anrufe und Nachrichten der hier ausgewählten Kontakte (siehe Kapitel *8 Telefonbuch*) schaltet das Handy nicht stumm.

Unter *Auch zulassen*:

- *Anrufe*: Konfiguriert, welche Telefonbuchkontakte durchkommen, wenn Sie alle Signale deaktiviert haben:
    - *Alle*: Deaktiviert.
    - *Nur Kontakte*: Alle Kontakte, deren Rufnummer in Ihrem Telefonbuch (siehe Kapitel *8 Telefonbuch*) enthalten sind.
    - *Nur bevorzugte Kontakte:* Favoriten-Kontakte (siehe Kapitel *8.6 Favoriten*).
    - *Keine*: Keine Kontaktdatenauswertung.
- *Wiederholtes Anrufen*: Anrufer durchlassen, die innerhalb von 15 Minuten zweimal anrufen.
- *Nachrichten*: Wie *Anrufe*, aber auf eingehende SMS bezogen (siehe Kapitel *7 SMS mit Messages*).

Verlassen Sie den Bildschirm mit der ‹-Taste.

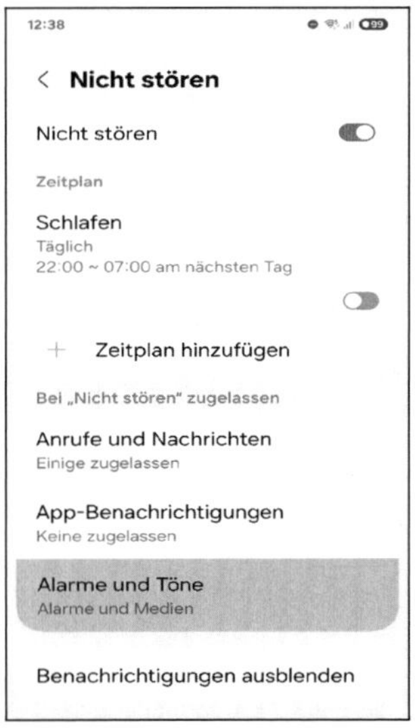

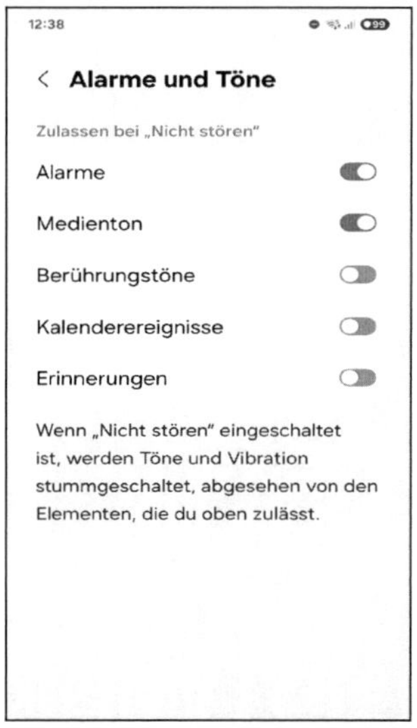

❶❷ In *Alarme und Töne* legen Sie fest, welche Benachrichtigungen auch im Ruhemodus aktiv sind. Standardmäßig sind *Alarme* (siehe Kapitel *21.9.1 Alarm*) und *Medien* (Musikwiedergabe mit dem im Kapitel *19 Musik* beschriebenen Programm) immer eingeschaltet:

- *Alarme*: Weckeralarm (siehe Kapitel *21.9.1 Alarm*).
- *Medienton*: Musikwiedergabe.
- *Berührungstöne*: Ton bei Berühren des Bildschirms beziehungsweise von Schaltflächen.
- *Kalenderereignisse*: Kalendertermine.
- *Erinnerungen*: Benachrichtigungen von Anwendungen erlauben.

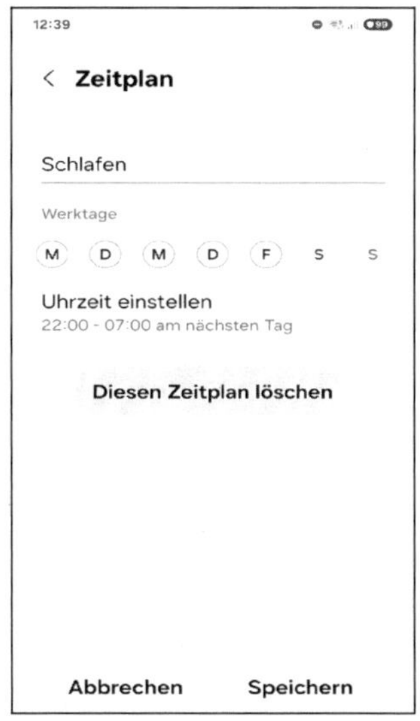

➊ In der Voreinstellung ist der Ruhemodus solange aktiv, bis Sie ihn wieder deaktivieren. Wir empfehlen deshalb, die Zeitsteuerung zu verwenden, die Sie unter *Zeitplan festlegen* finden. Vordefiniert ist bereits *Schlafen* (➋). Sie können aber auch über *Zeitplan hinzufügen* weitere Zeiten anlegen. Anschließend stellen Sie die betreffenden Wochentage, sowie Start- und Endzeit ein.

➊ Wenn der Ruhemodus aktiv ist, erscheint in der Titelleiste das ⊖-Symbol.

➋ In das Ruhemodus-Menü gelangen Sie nach Antippen der *„Nicht stören" aktiviert*-Schaltfläche im Benachrichtigungsfeld.

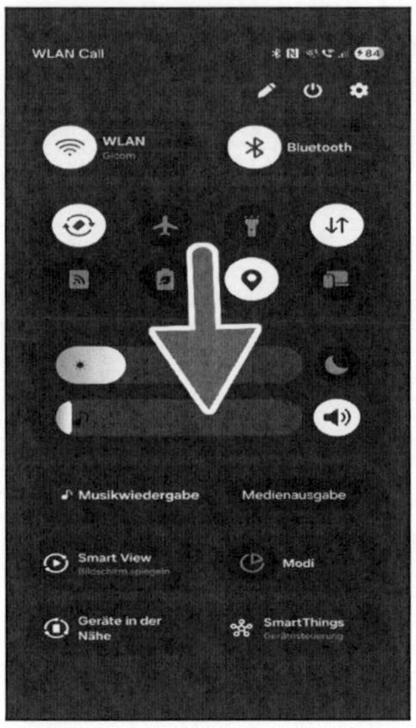

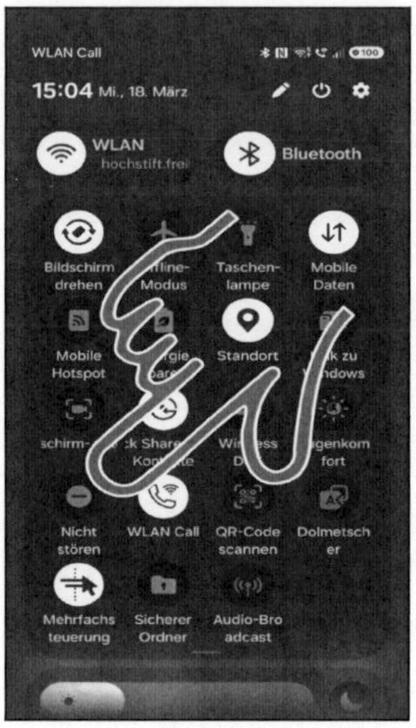

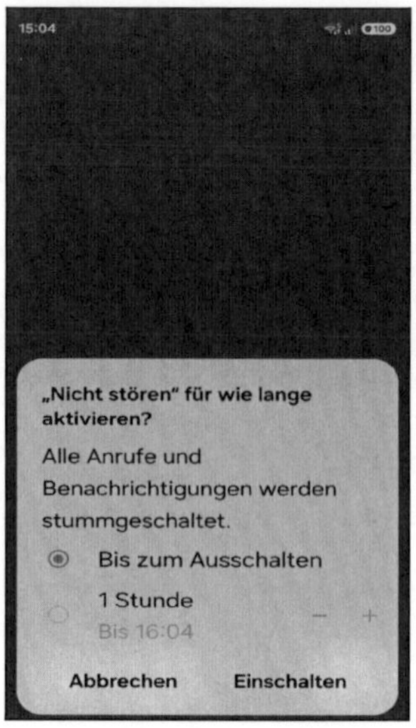

➊ Den Ruhemodus können Sie auch im Schnelleinstellungsbereich aktivieren: Erweitern Sie es mit einer Wischgeste nach unten.

➋➌ Tippen auf *Nicht stören* worauf Sie in einem Popup die Zeit bis zur automatischen Deaktivierung einstellen können. Erneutes Antippen von *Nicht stören* beendet den Ruhemodus wieder.

27.5 Dunkelmodus (Dark Mode)

Sie haben vielleicht schon festgestellt, dass das Handy-Display Abends beziehungsweise in dunkler Umgebung ziemlich blendet. Zwar können Sie dann, wie im Kapitel *4.8 Die Titelleiste* beschrieben, mit dem Regler im Schnelleinstellungsbereich die Displayhelligkeit reduzieren, eine gute Lösung ist das aber nicht. Aus diesem Grund wurde der »Dunkelmodus« (engl. »Dark Mode«) ersonnen, der die Bildschirmdarstellung invertiert.

Je nach Ihren Vorlieben schalten Sie entweder von Hand den Dunkelmodus ein oder Sie stellen die Zeitsteuerung ein, welche automatisch tageszeitabhängig den Dunkelmodus aktiviert beziehungsweise wieder ausschaltet. Praktischer Nebeneffekt ist eine längere Akkubetriebsdauer, denn das (helle) Display ist ein großer Stromfresser.

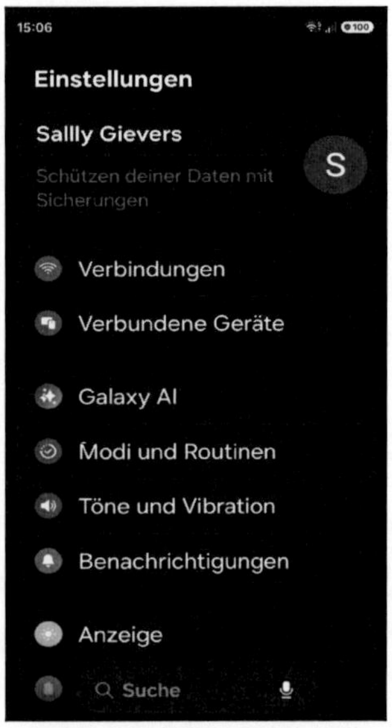

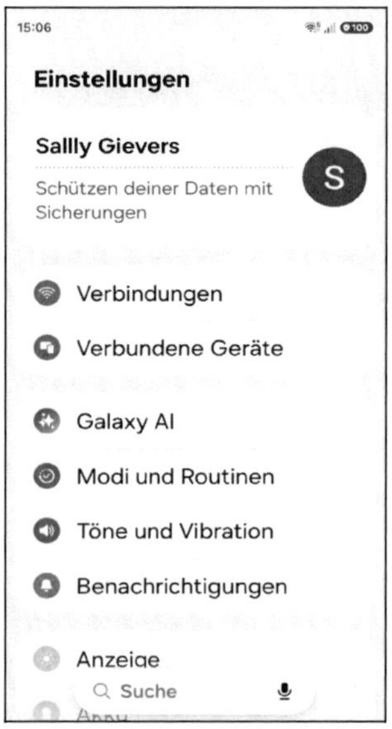

Die *Einstellungen*-Anwendung im dunklen (➊) und hellen (➋) Modus.

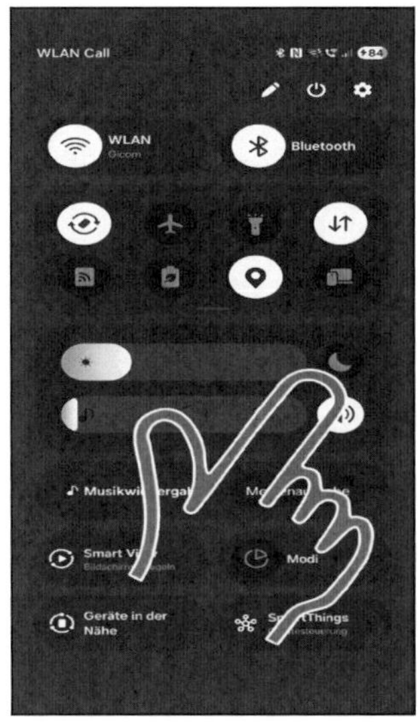

➊➋ Den Dark Mode können Sie im Schnelleinstellungsbereich aktivieren: Öffnen Sie den Schnelleinstellungsbereich mit einer Wischgeste und schalten Sie den Dunkelmodus mit ☾ ein. Tippen Sie erneut auf ☾ für die gewohnte helle Bildschirmanzeige.

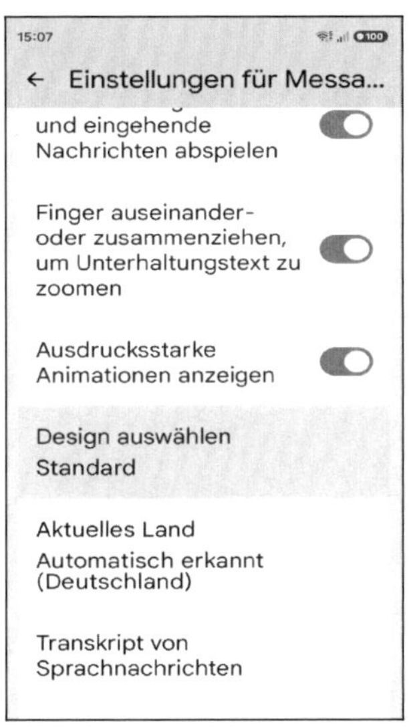

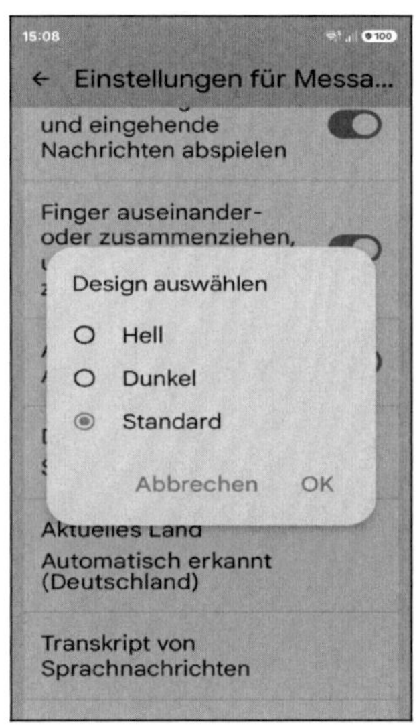

Standardmäßig passen sich die vorinstallierten Anwendungen auf dem Galaxy an den aktivierten Dunkelmodus an. Allerdings kann der Dunkelmodus in den Anwendungen Telefon, Kontakte, Webbrowser und Nachrichten (SMS) unabhängig von der Systemeinstellung individuell aktiviert werden.

➊ Beispiel für die Nachrichten-Anwendung (siehe Kapitel *7 SMS mit Messages*): In dessen Einstellungen gehen Sie auf *Design auswählen.*

➋ Zur Auswahl stehen *Hell, Dunkel* und *Standard*. Bei Letzterem orientiert sich die Darstellung an der globalen Voreinstellung.

➌ Die Nachrichten-Anwendung im Dunkelmodus.

27.6 Circle to Search

Die Kontextsuche »Circle to Search« kann man mit »Markieren für die Suche« übersetzen. Damit können Sie effizient und intuitiv zusätzliche Informationen zu Inhalten auf Ihrem Bildschirm erhalten, ohne die aktuelle Anwendung verlassen zu müssen.

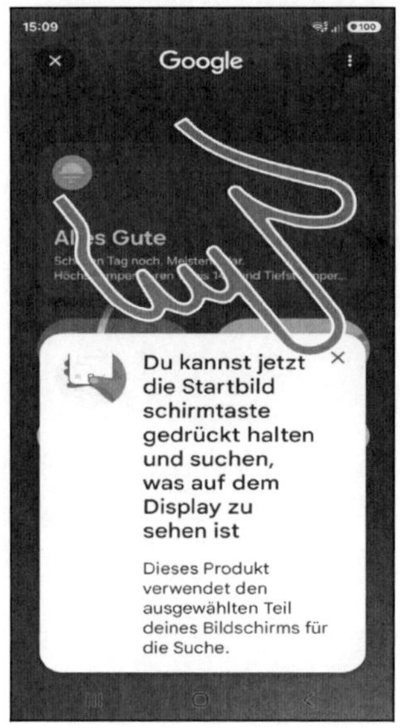

Die ◯-Taste haben Sie bereits kennengelernt: Kurzes Betätigen bringt Sie immer in den Startbildschirm zurück. Die Taste hat aber noch eine zweite Funktion.

❶ Tippen und halten Sie die ◯-Taste für die Zweitbelegung.

❷ Schließen Sie das Popup mit ✕. Sie können nun Circle to Search nutzen!

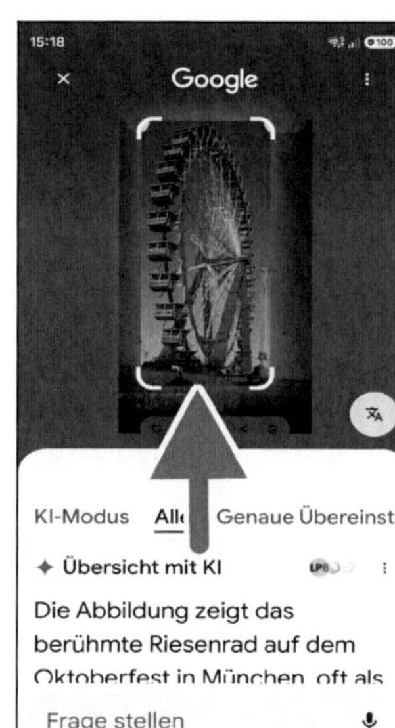

❶❷ Probieren Sie jetzt mal die Kontextsuche aus: Egal, was gerade auf dem Bildschirm angezeigt wird, tippen und halten Sie die ◯-Taste und malen mit dem Finger um ein Objekt.

❸ Das Handy zeigt passende Suchergebnisse an, in denen Sie mit einer Wischgeste blättern.

❶❷ Sie möchten einen fremdsprachlichen Text übersetzen? Auch das ist mit Circle to Search möglich. Tippen und halten Sie die O-Taste, dann gehen Sie auf 文A.

❸ Das Handy zeigt die Übersetzung an. Die Sprache wird meistens automatisch erkannt.

27.7 Modi

Über die Modi passen Sie die Systemaktivitäten Ihres Handys an Ihre aktuelle persönliche Situation an. Möchten Sie beispielsweise beim Autofahren nicht durch Anrufer gestört werden, dann schalten Sie einfach den Autofahrer-Modus ein.

Falls Sie regelmäßig zu bestimmten Uhrzeiten oder Wochentagen Ihre Ruhe haben möchten, empfehlen wir alternativ die im Kapitel *27.4 Ruhemodus* vorgestellte Funktion.

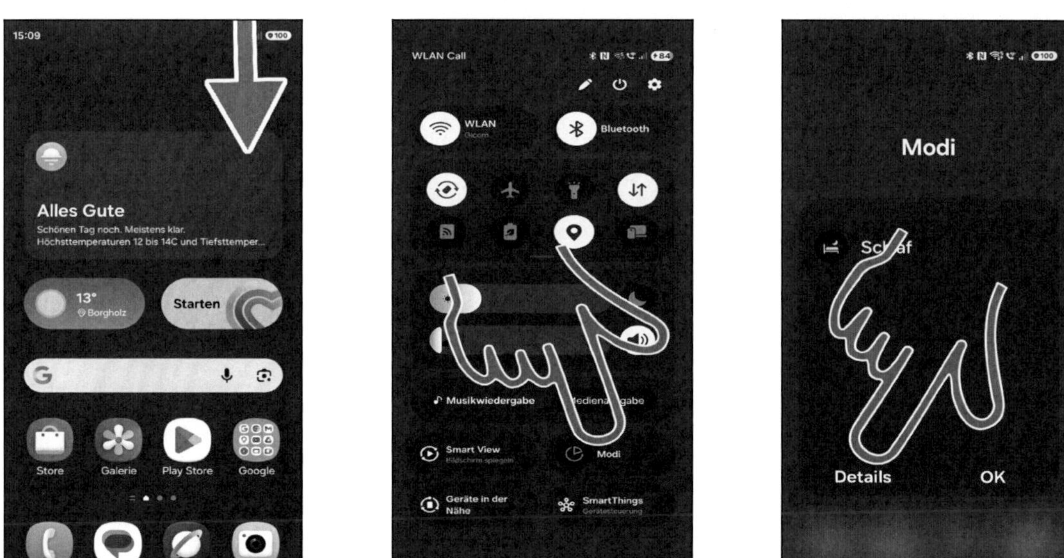

❶ Öffnen Sie das Benachrichtungsfeld.

❷ Sie müssen die Modi erst korrekt einrichten, bevor Sie sie nutzen können. Gehen Sie daher auf *Modi*.

❸ Betätigen Sie *Details*.

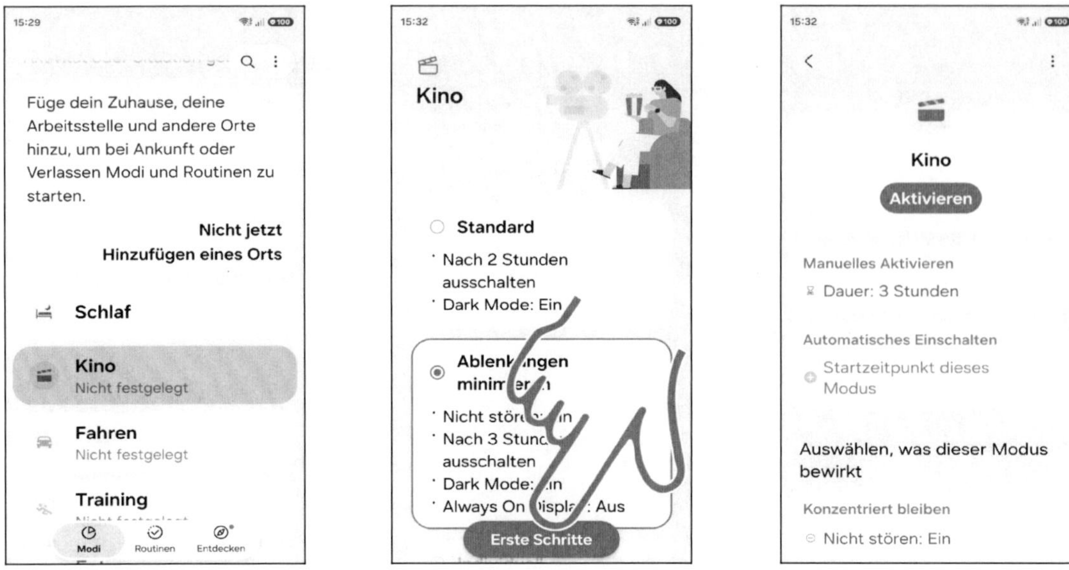

❶❷ Wählen Sie einen Modus, im Beispiel *Kino,* aus. Es sind bereits zwei Voreinstellungen vorhanden, von denen Sie einfach eine übernehmen. Betätigen Sie *Erste Schritte.*

❸ Schließen Sie den Bildschirm.

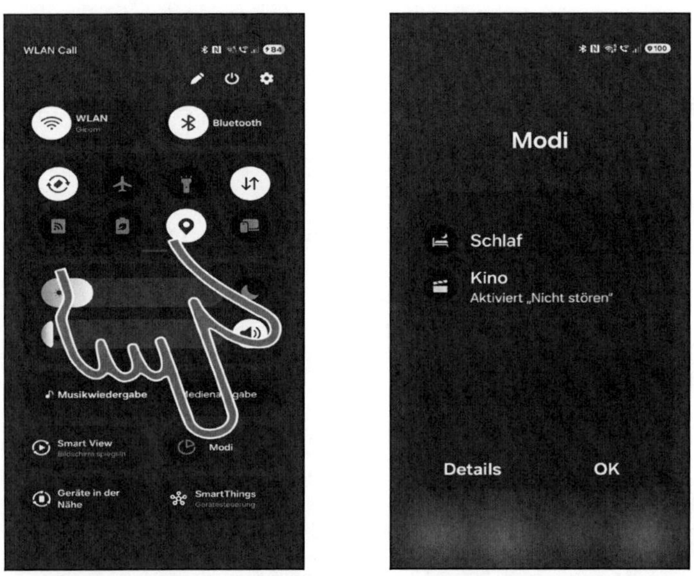

❶❷ Wenn Sie künftig *Modi* aus dem Schnelleinstellungsbereich kurz antippen, steht der *Kino*-Modus zur Auswahl. Sofern der Modus ohne Zeitsteuerung ist, müssen Sie ihn später durch erneutes Antippen von *Modi* deaktivieren.

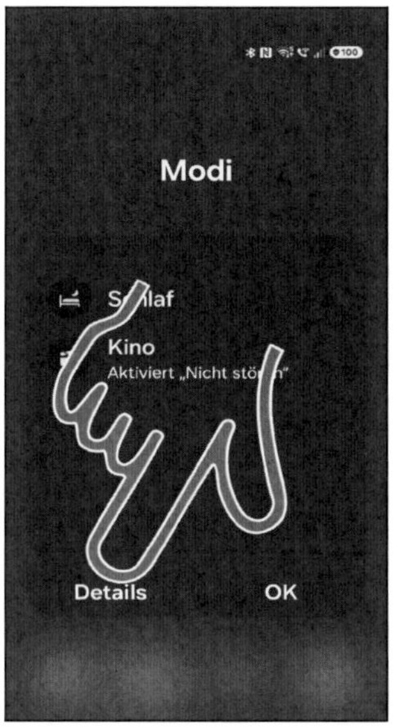

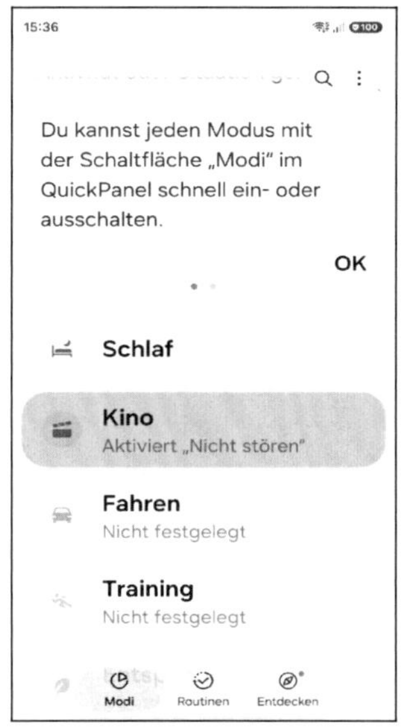

➊ Zum Bearbeiten der Modi gehen Sie auf *Details*.

➋➌ Wählen Sie den Modus aus.

28. Seiten-Paneele

Die Seiten-Paneele dienen dem schnellen Zugriff auf Kontakte, Anwendungen usw.

Viele Funktionen lassen sich über Verknüpfungen oder Widgets (siehe Kapitel *4.7 Startbildschirm konfigurieren*) einfacher aufrufen, was den Nutzen zweifelhaft macht.

❶ Egal, in welcher Anwendung Sie sich gerade befinden, öffnet eine Wischgeste vom schmalen Balken aus das Seiten-Paneel.

❷ Standardmäßig begrüßt Sie die sogenannte App-Anzeige, über die Sie Programme aufrufen. Sie schließen das Paneel mit der ▢- oder ‹-Taste unterhalb des Displays.

Sie können selbst festlegen, welche Paneele angezeigt werden und auch den Inhalt der Paneele teilweise an Ihre Bedürfnisse anpassen. Darauf kommen wir noch.

28.1 Einstellungen

Die Paneele passen Sie recht einfach an Ihre Bedürfnisse an.

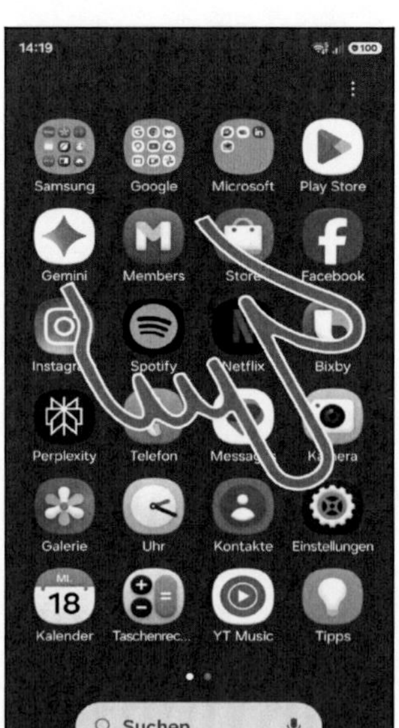

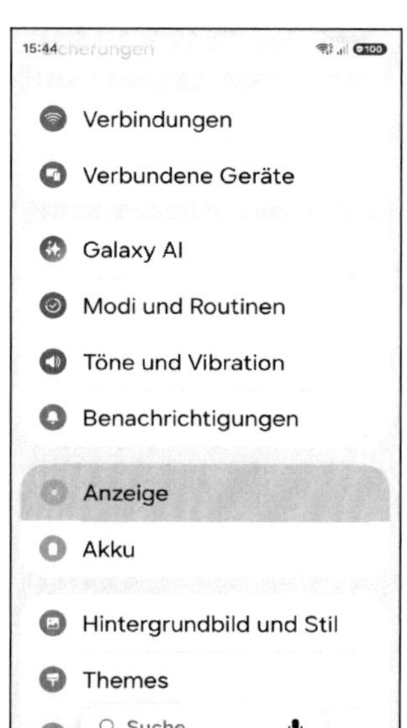

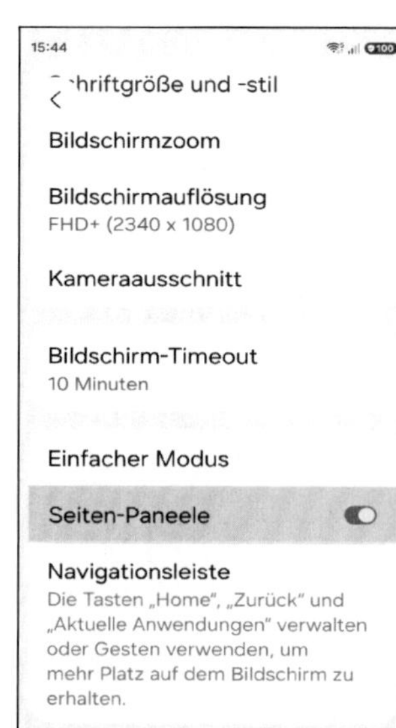

❶ Rufen Sie *Einstellungen* im Hauptmenü auf.

❷❸ Gehen Sie auf *Anzeige* und dann *Seiten-Paneele*. Die einzelnen Menüs stellen die nächsten Kapitel vor.

28.1.1 Seiten-Paneele verwalten

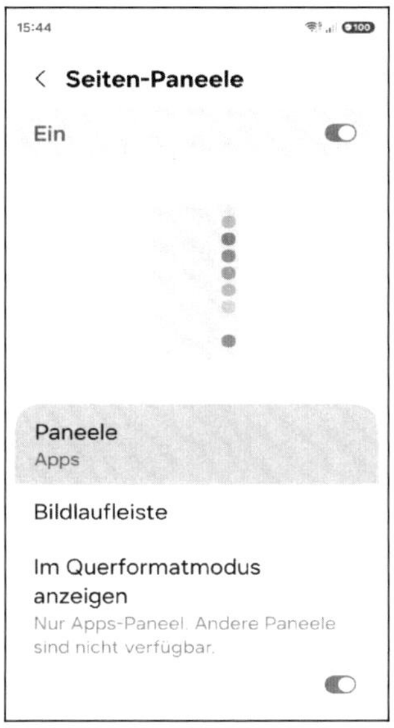

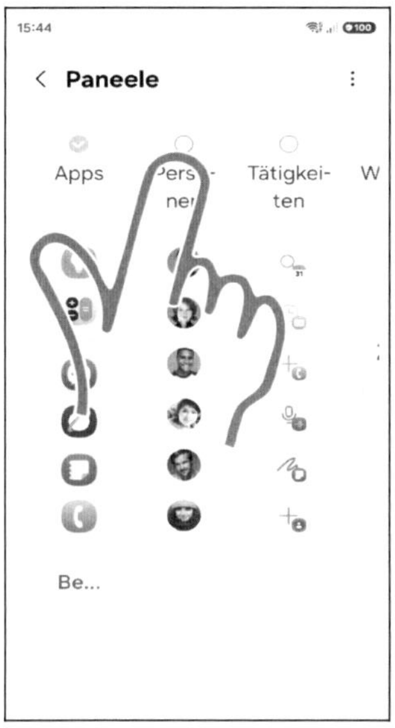

❶ Rufen Sie *Paneele* auf. Eventuell wird ein Update verlangt. Betätigen Sie in dem Fall *Aktualisieren* und folgen Sie den Anweisungen. Anschließend rufen Sie das *Paneele*-Menü erneut auf.

❷❸ Aktivieren Sie die anzuzeigenden Paneele (Abhakkästchen). Gegebenenfalls blättern Sie mit einer Wischgeste durch die Paneele.

Jedes der Paneele hat eine bestimmte Aufgabe:

- *Apps*: Häufig verwendete Anwendungen.
- *Personen*: Schneller Zugriff auf Kontakte im Telefonbuch.
- *Tätigkeiten*: Häufig genutzte Anwendungen wie Uhr, Kalender, Sprachmemo usw.
- *Wetter*
- *Tools*: Kompass, Lineal, Steuerung der LED-Lampe.
- *Zwischenablage*: Zugriff auf in der Zwischenablage gespeicherte Texte.
- Reminder: Erinnerungen anzeigen (siehe Kapitel 20 Kalender).

Verlassen Sie danach diesen Bildschirm durch einmaliges Betätigen der ‹-Taste.

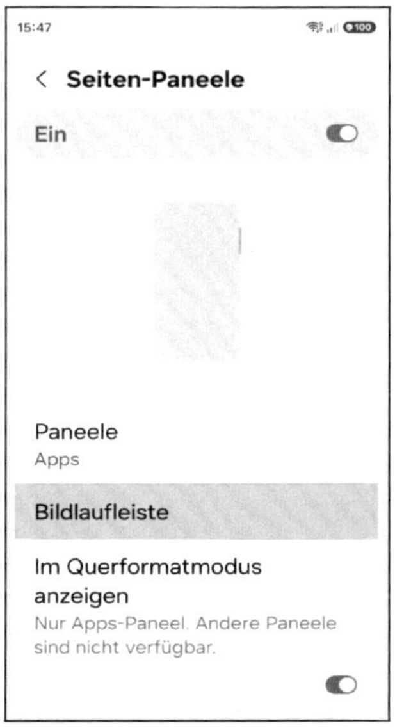

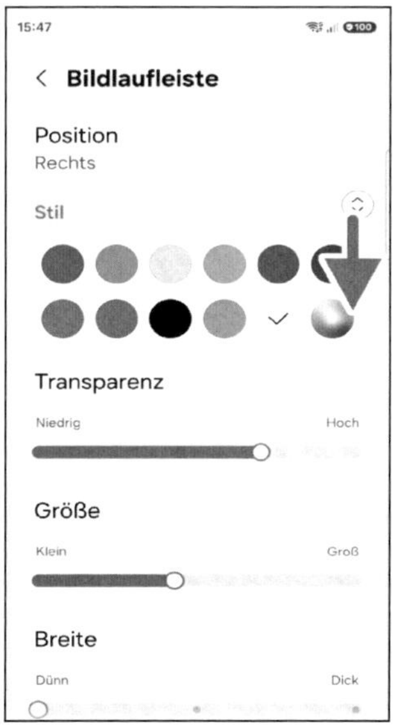

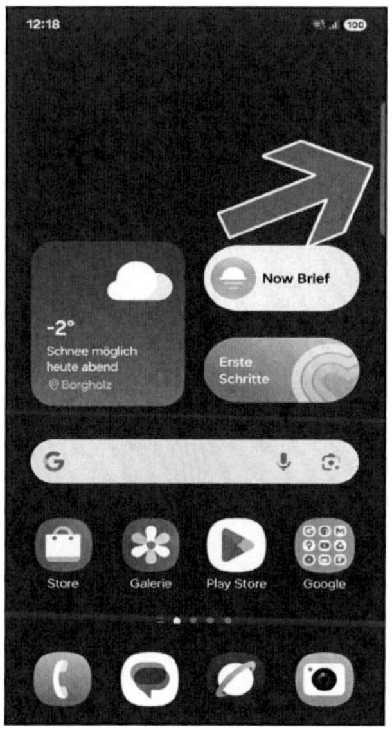

❶❷ Im *Bildlaufleiste*-Bildschirm stellen Sie ein:

Unter *Position*:

- *Position*: Seitenpanel auf linker oder rechter Seite einblenden.

Unter *Stil*:

- *(Farbauswahl)*: Wählen Sie eine Farbe für das Seitenpaneel aus.
- *Transparenz*: Standardmäßig ist das Paneel zu 30 Prozent durchsichtig.
- *Größe*: Die Paneelgröße ist stufenlos einstellbar.
- *Breite*

Die Position des grauen Balkens ändern Sie mit einer Wischgeste auf der rechten Seite. Der graue Balken wird bei ausgeblendetem Paneel angezeigt (❸). Um das Paneel anzuzeigen, müssen Sie vom grauen Balken aus wischen, wie wir bereits erläutert haben. Deshalb kann es sinnvoll sein, ihn an eine ergonomisch günstige Position zu verschieben.

29. Gerätespeicher

Der Speicher des Samsung Galaxy ist in zwei Bereiche unterteilt:

- *Telefonspeicher*: Hier speichert das Gerät beispielsweise Kontaktdaten, Termine, Programme und sonstige Verwaltungsinformationen.
- *Gerätespeicher*: Freier Speicherbereich für Musikdateien, Videos, Fotos usw.

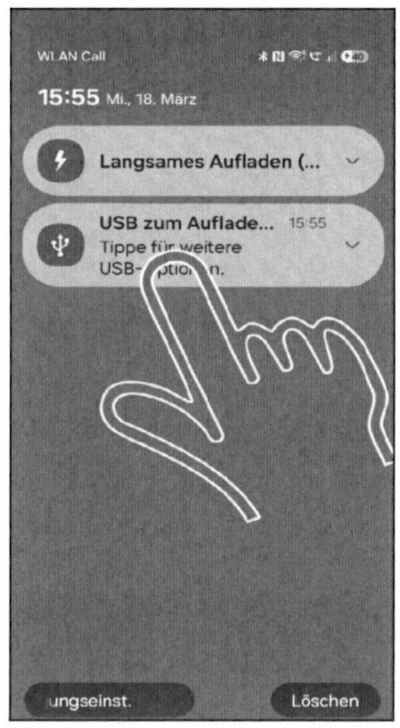

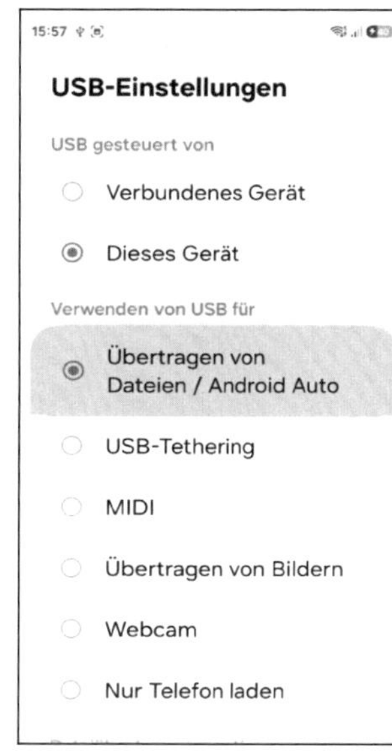

❶ Das am PC angeschlossene Handy müssen Sie erst freigeben. Darauf weist auch ein Popup hin.

❷ Öffnen Sie dazu das Benachrichtigungsfeld und gehen Sie auf *USB zum Aufladen.*

❸ Wählen Sie *Übertragen von Dateien / Android Auto* aus.

Mitgeliefert wird bei Ihrem Handy ein USB-C auf USB-C-Kabel – ältere PCs und Notebooks haben allerdings noch keine USB-C-Anschlüsse. In diesem Fall besorgen Sie sich im Handel ein passendes USB-C-auf USB-B-Kabel oder schauen einfach nach, ob vielleicht noch von Ihrem alten Handy ein passendes USB-Ladekabel herumliegt.

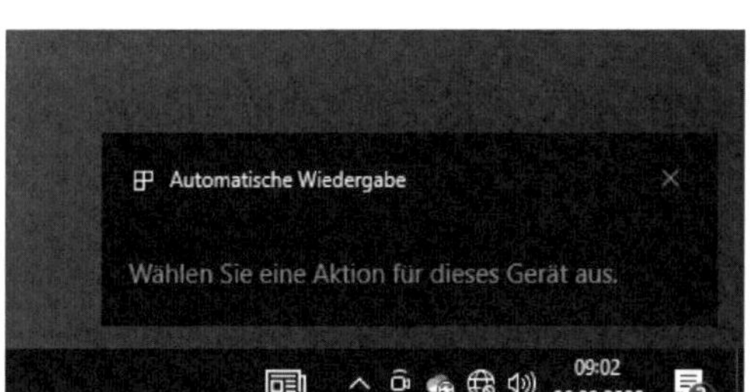

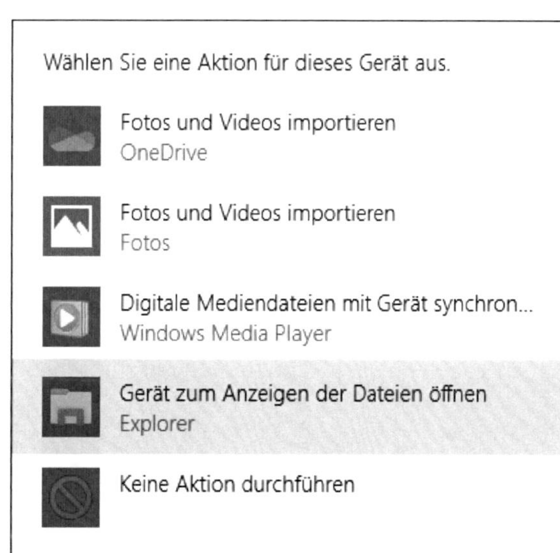

❶ Nach dem erstmaligen Anschluss des Handys über das mitgelieferte USB-Kabel erscheint diese Meldung auf dem PC, die Sie anklicken (falls die Meldung inzwischen wieder verschwunden ist, ziehen Sie das USB-Kabel des Handys einfach ab und schließen es erneut an).

❷ Gehen Sie auf *Gerät zum Anzeigen der Dateien öffnen.* Künftig öffnet sich automatisch ein Dateifenster, wenn Sie das Handy am PC anschließen.

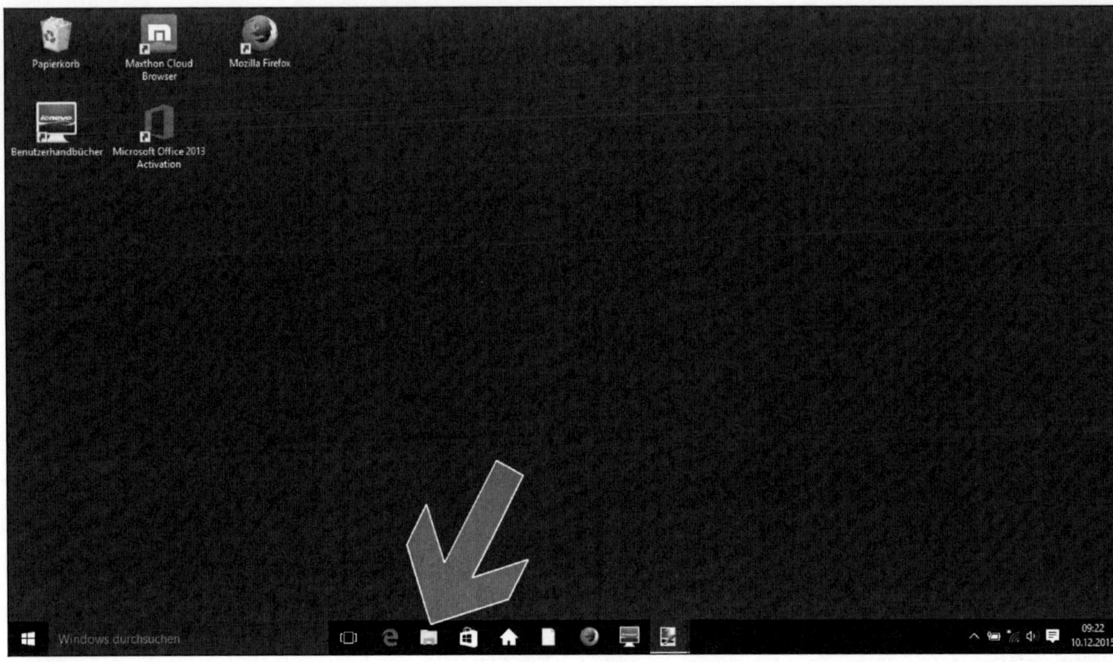

Im Desktop von Windows klicken Sie dagegen auf die Ordner-Schaltfläche am unteren Bildschirmrand.

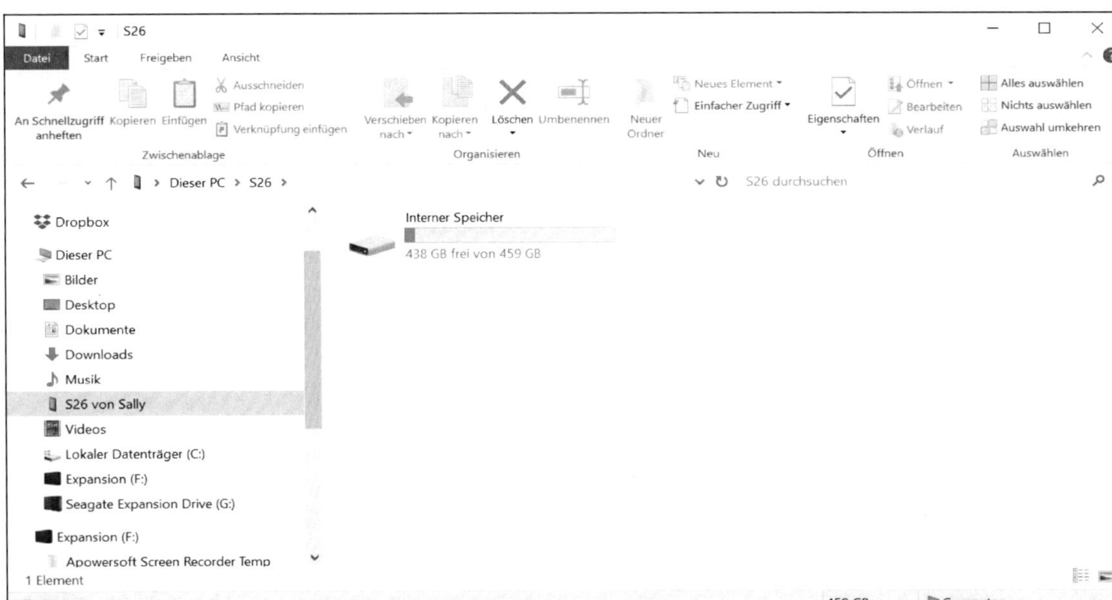

Gehen Sie dort links im Verzeichnisbaum unter *Dieser PC* auf den Gerätenamen des Galaxy-Handys. Der Gerätespeicher erscheint als *Interner Speicher*.

Falls zwar das Handy im Verzeichnisbaum auftaucht, aber nur ein leeres Verzeichnis enthält, dann haben Sie vergessen, den PC auf dem Handy freizugeben. Wie die PC-Freigabe funktioniert, haben wir bereits zu Kapitelanfang beschrieben.

29.1 Allgemeine Hinweise

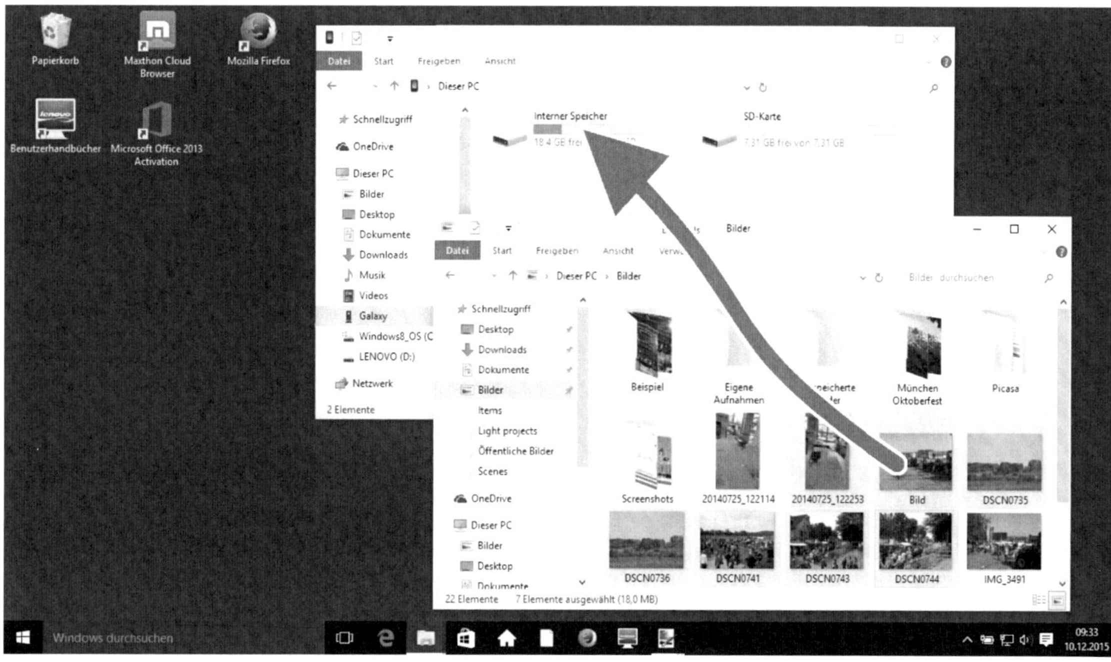

Ziehen Sie auf dem PC einfach die markierten Dateien mit der Maus aus dem Fenster auf das Galaxy, um sie auf das Handy zu kopieren.

29.2 Speicherverwaltung

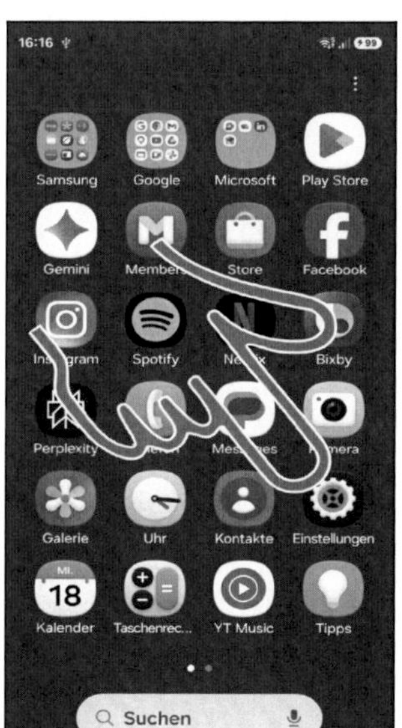

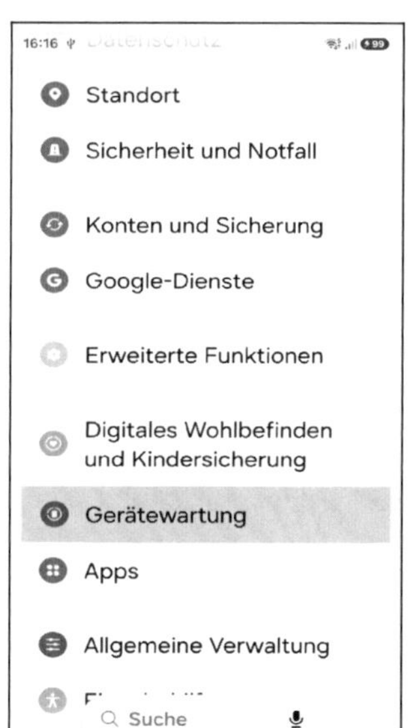

❶❷ Für die Speicherverwaltung rufen Sie im Hauptmenü *Einstellungen* auf und gehen auf *Gerätewartung.*

Die Gerätewartung wird im Kapitel *21.7 Gerätewartung* genauer vorgestellt.

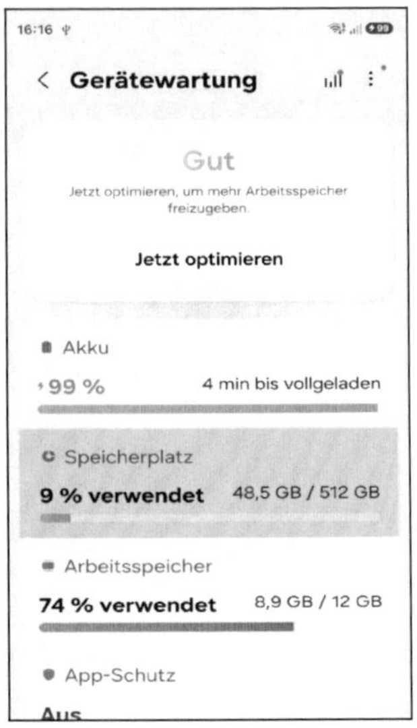

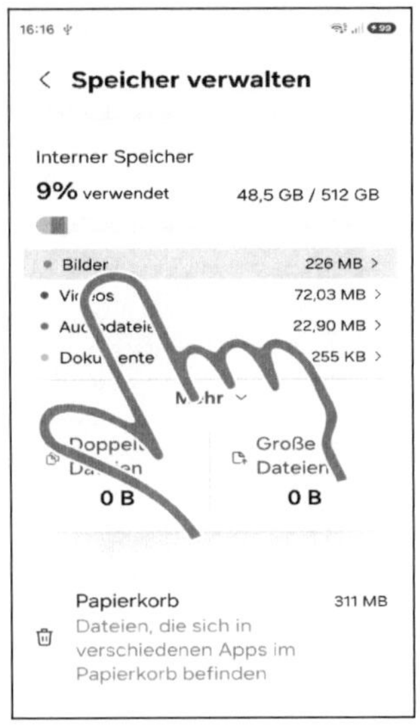

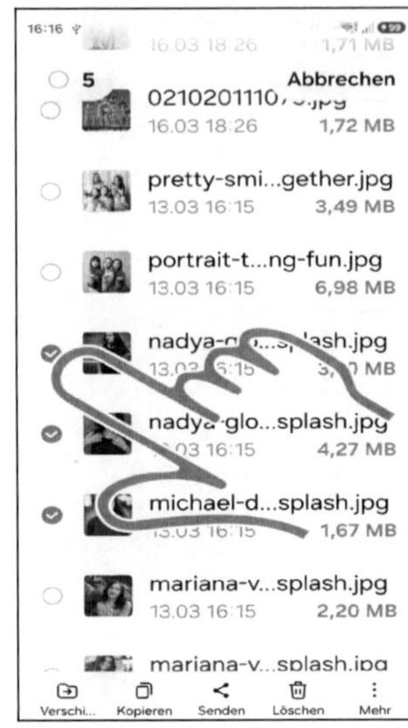

➊ Gehen Sie auf *Speicherplatz.*

➋➌ Der Bildschirm informiert Sie über die von den jeweiligen Dateitypen beziehungsweise Programmen belegten Speicherplatz. Die Bereinigung, das heißt das Löschen von nicht benötigten Dateien, ist ganz einfach. Wählen Sie einen Dateityp aus, dann aktivieren Sie die Abhakkästchen vor den Dateien und betätigen *Löschen.*

29.3 Verzeichnisse

Die Anwendungen auf dem Galaxy legen bei Bedarf die von ihnen benötigten Verzeichnisse selbst an. Wir weisen in diesem Buch in den jeweiligen Kapiteln darauf hin, falls Sie selbst mal ein Verzeichnis anlegen müssen. Beachten Sie bitte, dass Android bei Verzeichnis- und Dateinamen – im Gegensatz zu Windows auf dem PC – zwischen Groß- und Kleinschreibung unterscheidet.

Die wichtigsten Verzeichnisse:

- *Sounds*: Mit der Sprachmemo-Anwendung aufgenommene Sprachaufnahmen.
- *DCIM*: Enthält die mit der Kamera (Kapitel *17 Kamera*) aufgenommenen Fotos und Videos.
- *Download*: Aus E-Mails (siehe Kapitel *11.1.2 Dateianlagen*) gespeicherte Dateien.
- *Ringtones; Notifications; Alarms*: In diesen Verzeichnissen legt man zusätzliche Klingel- und Benachrichtigungstöne ab, die dann für Signalisierungen zur Verfügung stehen (siehe Kapitel *4.14.1 Signaltöne*).

30. Zugriffssperren

Sie haben die Möglichkeit, Ihr Galaxy auf Geräteebene (»Gerätesperre«) oder SIM-Ebene (»SIM-Sperre«) gegen unbefugten Zugriff zu sichern. Sobald Sie eine der beiden Sperren aktivieren, lässt sich das Handy erst nach Eingabe des jeweiligen Codes nutzen.

Neben der Geräte- und SIM-Sperre gibt es noch die Displaysperre, die einfach nur gegen ungewollte Tastenbetätigung schützt, wenn Sie das Gerät gerade nicht nutzen.

Damit ein Dieb nichts mit den Daten auf dem Smartphone und der SIM-Karte anfangen kann, sollten SIM-Sperre und Gerätesperre mit Codeschutz gleichzeitig aktiv sein.

PIN und PUK senden die Netzbetreiber ihren Kunden automatisch beim Vertragsabschluss zu oder Sie können sie auf der Websites Ihres Netzbetreibers nach dem Einloggen abrufen.

30.1 Displaysperre

Die Displaysperre, welche bereits im Kapitel *4.2 Displaysperre* beschrieben wird, aktiviert sich automatisch nach einiger Zeit der Nichtnutzung.

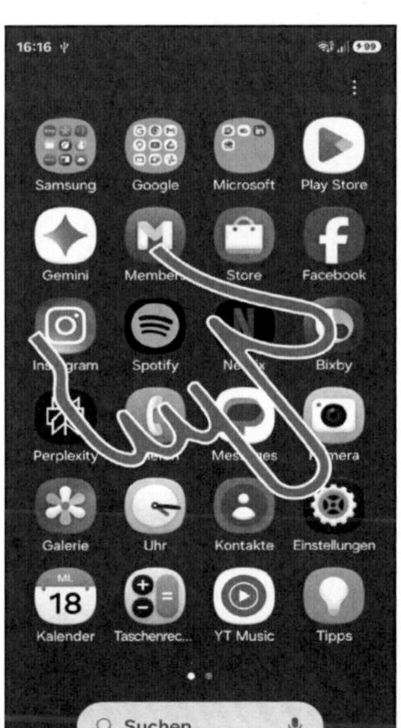

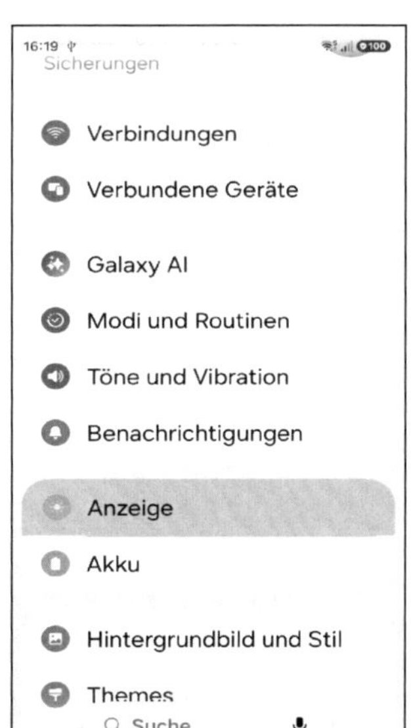

❶❷❸ Den Zeitraum bis zum Einsetzen der Displaysperre konfigurieren Sie in den *Einstellungen.* Dazu rufen Sie im Hauptmenü die *Einstellungen* auf. Gehen Sie anschließend in das Menü *Anzeige/Bildschirm-Timeout.* Wählen Sie dort die Verzögerung aus.

30.2 Gerätesperre

Einen Schutz vor unbefugtem Zugriff auf das Galaxy bietet der Kennwortschutz für die Displaysperre. Wenn das Display entsperrt oder das Gerät eingeschaltet wird, muss der Benutzer entweder erst ein Entsperrmuster mit dem Finger auf dem Gerät malen, ein Passwort eingeben oder mit dem Finger über den Fingerabdrucksensor wischen, bevor er es nutzen kann.

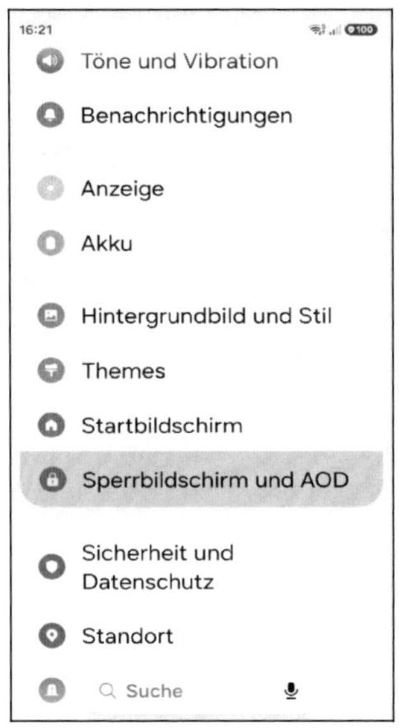

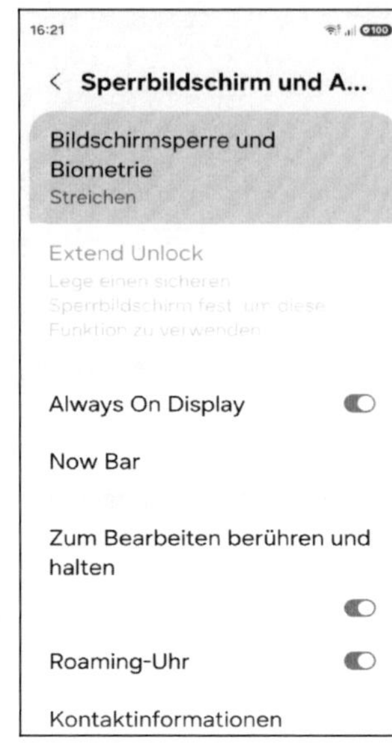

❶❷ Rufen Sie *Einstellungen* im Hauptmenü auf und gehen Sie auf *Sperrbildschirm und AOD/Bildschirmsperre und Biometrie*.

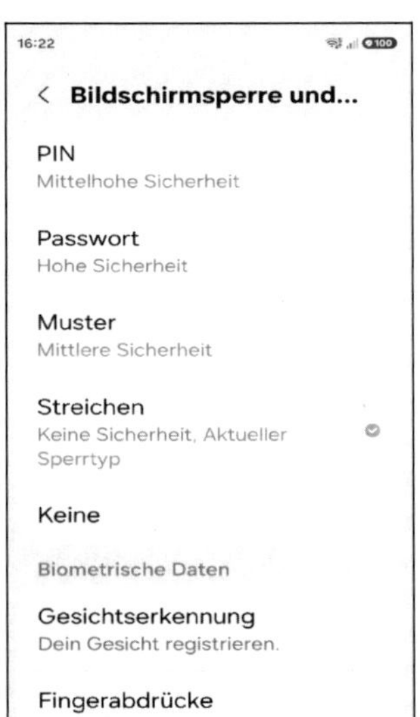

Sie haben nun die Wahl zwischen:

- *PIN*: PIN-basierte Sperre (nummerisches Kennwort).
- *Passwort*: Gerät wird nach Eingabe des Passworts (alphanumerisches Kennwort) frei gegeben.
- *Streichen*: Zum Entsperren reicht es, mit dem Finger über das Display zu wischen (keine Gerätesperre).
- *Muster*: Sperre, die das Gerät nach Malen eines Musters frei schaltet.
- *Streichen*: Bildschirmfreigabe mit einer Wischgeste.
- *Keine*: Gerätesperre nie aktivieren. Ideal, wenn das Galaxy nur zuhause genutzt wird.

Unter *Biometretrische Daten*:

- *Gesichtserkennung*: Halten Sie Ihr Gesicht in die vordere Kamera.
- *Fingerabdrücke*: Halten Sie Ihre Fingerkuppe auf den Fingerabdrucksensor.
- *Entsperren mit biometrischen Daten*: Infos, wie die Entsperrung per Gesichtserkennung oder Fingerabdruck angewandt wird. So müssen Sie zwischendurch nach einer gewissen Zeitspanne die Entsperrung mit der PIN oder dem Muster durchführen.

Auf die weiteren Optionen in diesem Menü geht bereits Kapitel *30.3 Optionen während der Sperre* ein.

30.2.1 Muster-Sperre

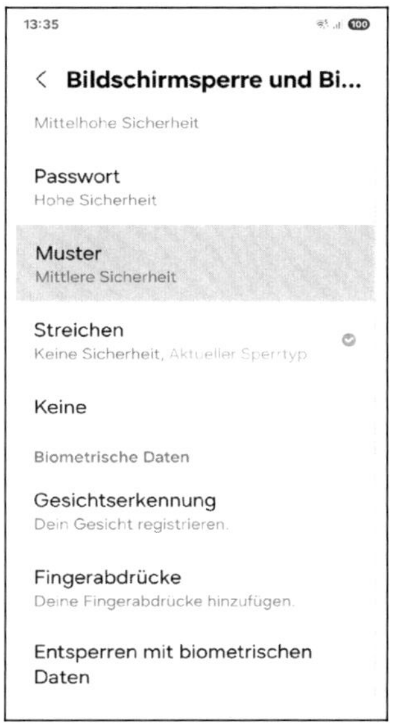

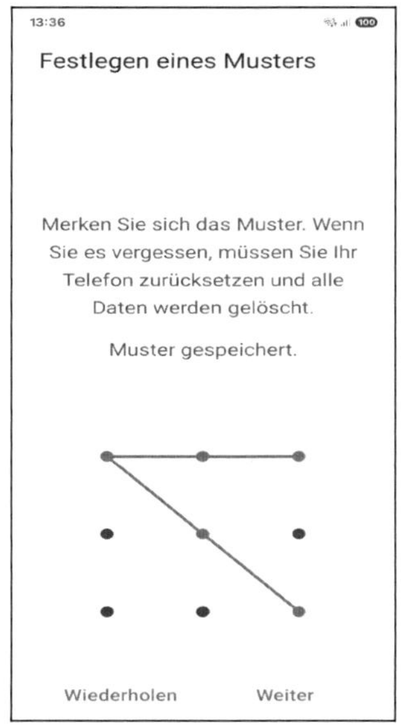

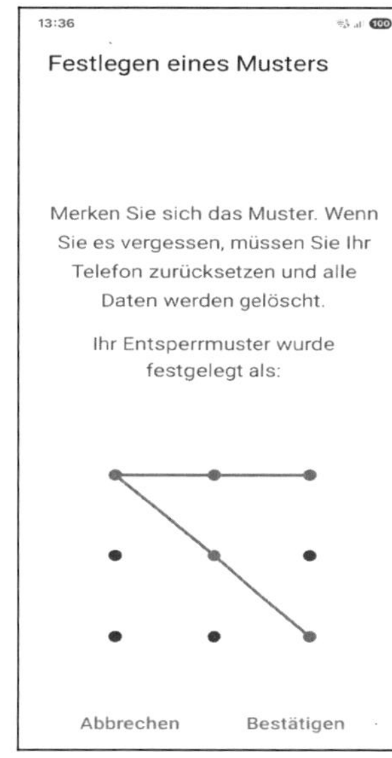

➊ Gehen Sie auf *Muster.*

➋ Nun sind Sie an der Reihe: Verbinden Sie mindestens vier der Knöpfe auf dem Bildschirm, indem Sie mit angedrücktem Finger darüber fahren. Merken Sie sich das Muster und schließen Sie mit *Weiter* ab.

➌ Das Muster ist dann erneut zu zeichnen. Betätigen Sie dann *Bestätigen.*

Zum Schluss wählen Sie aus, ob das Galaxy Benachrichtigungen (über verpasste Anrufe, neue SMS oder E-Mails, Termine usw.) auf dem Sperrbildschirm anzeigen soll. Mitunter ist es aus Datenschutzgründen sinnvoll, dort keine Benachrichtigungen erscheinen zu lassen. Schließen Sie mit *OK* ab.

❶❷ So sieht der Bildschirm bei aktiver Gerätesperre aus: Wischen Sie zunächst einmal über das Display und malen Sie dann das zuvor erstellte Muster, um das Gerät zu entsperren.

Sie haben fünf Versuche, das Muster korrekt einzugeben und müssen danach jeweils 30 Sekunden warten.

30.2.2 PIN- und Passwortsperre

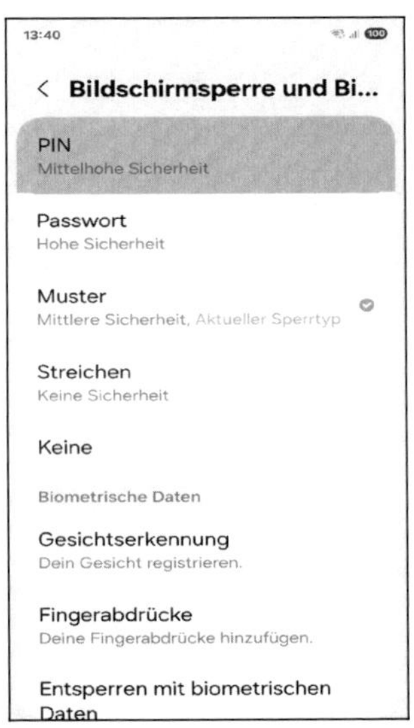

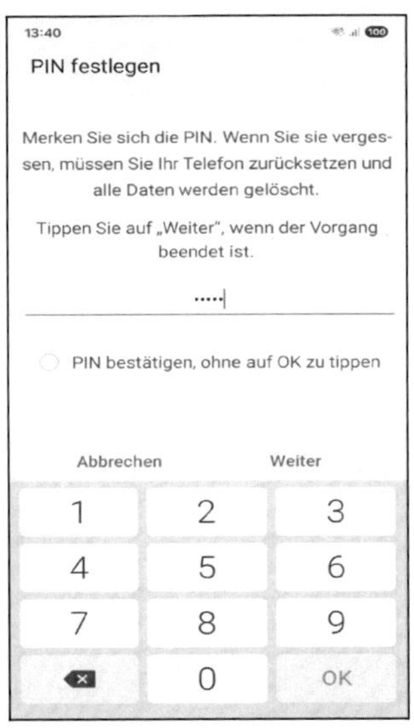

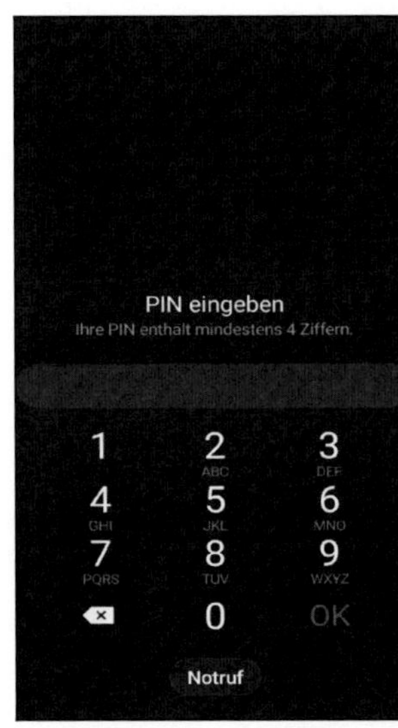

❶ Gehen Sie auf *PIN* oder *Passwort.*

❷ Geben Sie dann das Kennwort ein, betätigen Sie *Weiter,* erfassen Sie das Kennwort erneut und schließen Sie den Bildschirm mit *OK.*

❸ Die Gerätesperre verlangt nun beim nächsten Mal das Kennwort.

30.2.3 Fingerabdrucksperre

Die Fingerabdrucksperre setzt zwingend die vorherige Einrichtung einer Gerätesperre, wie sie Kapitel *30.2.2 PIN- und Passwortsperre* beschreibt, voraus.

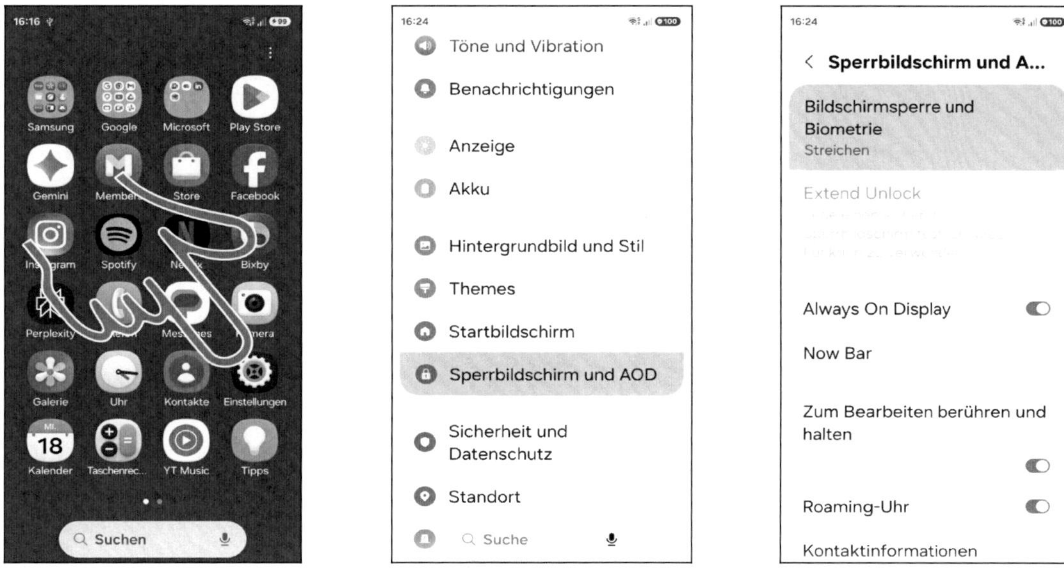

❶❷❸ Rufen Sie *Einstellungen* im Hauptmenü auf und gehen Sie auf *Sperrbildschirm und AOD/Bildschirmsperre und Biometrie.*

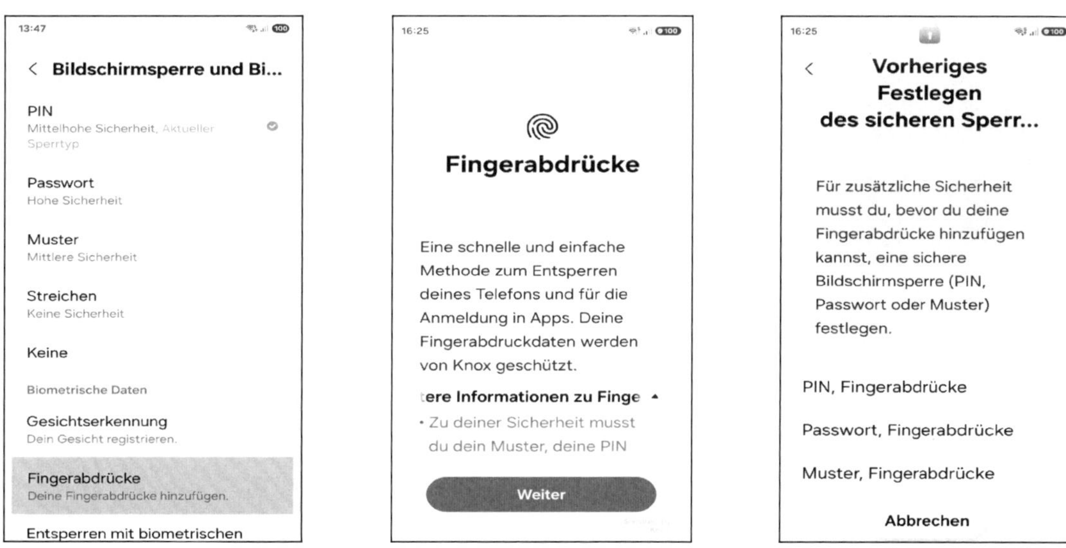

❶ Rufen Sie *Fingerabdrücke* auf. Sie müssen gegebenenfalls nun PIN, Passwort oder Muster eingeben, die Sie zuvor eingerichtet hatten.

❷ Betätigen Sie *Weiter.*

❸ Ist noch keine Gerätesperre per Muster, Pin oder Passwort vorhanden, dann erscheint dieser Hinweis. Betätigen Sie *Weiter*. Richten Sie nun eine der im Kapitel *30.2.2 PIN- und Passwortsperre* beschriebenen Sperren ein.

➊ Betätigen Sie *Registrieren.*

➋ Jetzt registrieren Sie einen Ihrer Finger – welchen Sie verwenden, ist Ihnen überlassen – indem Sie ihn unten im Display auf die hervorgehobene Sensorfläche halten. Eine Prozentanzeige informiert Sie über den Fortschritt.

➌ Den Erfolgshinweis schließen Sie mit *OK.*

➊ Künftig entsperren Sie einfach, wie bereits von Ihnen bei der Fingererfassung durchgeführt, durch Berühren der Sensorfläche auf dem Bildschirm.

➋➌ Die alternative Entsperrung per PIN, Passwort oder Muster aktivieren Sie bei Bedarf mit einer Wischgeste nach oben.

30.2.3.a Fingerabdrücke verwalten

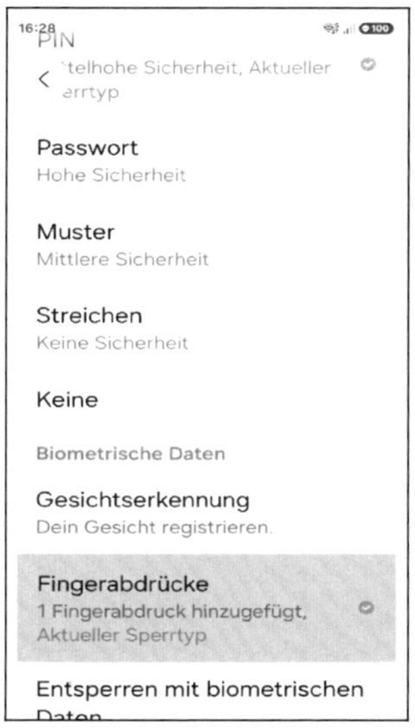

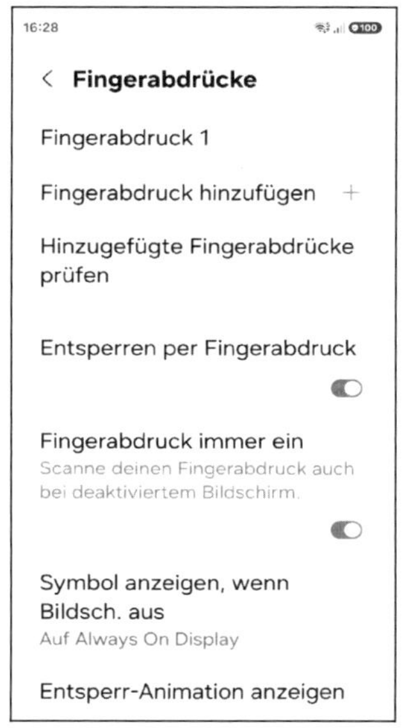

❶ Für die Fingerabdruckverwaltung rufen Sie, wie bereits zuvor gezeigt, die *Einstellungen* auf und gehen dann auf *Sperrbildschirm und AOD* und dann *Bildschirmsperre und Biometrie.*Sie müssen nun die Entsperr-PIN beziehungsweise das Entsperrmuster eingeben. Gehen Sie auf *Fingerabdrücke.*

❷ Weitere Fingerabdrücke können Sie im *Fingerabdruck hinzufügen*-Menü jederzeit anlegen, beispielsweise, um das Gerät sowohl mit dem Daumen als auch den Zeigefinger zu entsperren.

Ihren gespeicherten Fingerabdruck entfernen Sie, indem Sie das *Fingerabdruck 1*-Menü aufrufen und dann *Entfernen* betätigen.

30.2.4 Gesichtserkennung

Die Gesichtserkennung ist ziemlich unsicher, denn es reicht, wenn jemand ein Foto von Ihnen in die Kamera hält.

Sie müssen vor dem Einrichten der Gesichtserkennung erst eine PIN oder ein Passwort als Sperre festlegen (siehe Kapitel *30.2.2 PIN- und Passwortsperre*).

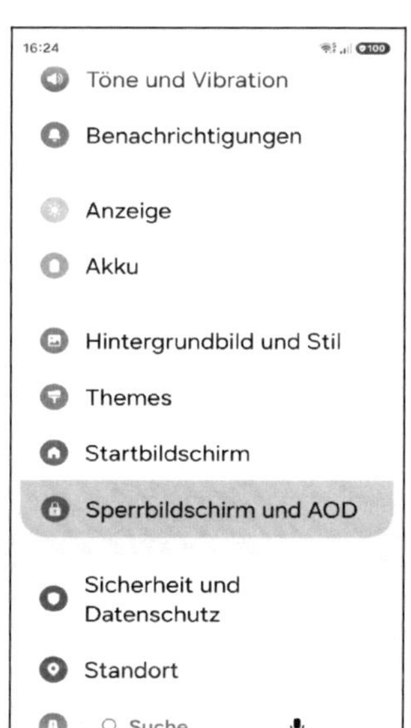

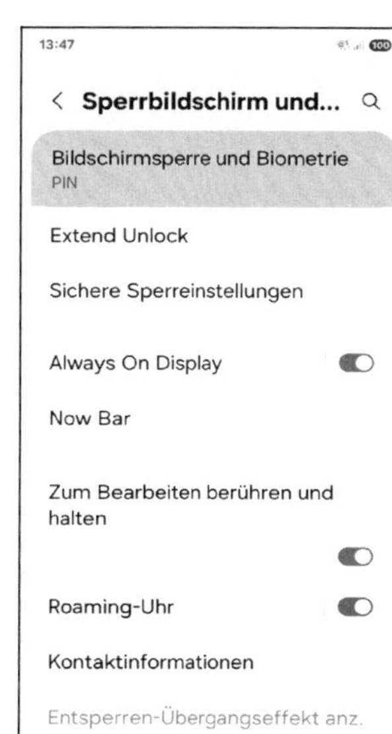

❶❷❸ Rufen Sie *Einstellungen* im Hauptmenü auf und gehen Sie auf *Sperrbildschirm und AOD/Bildschirmsperre und Biometrie*.

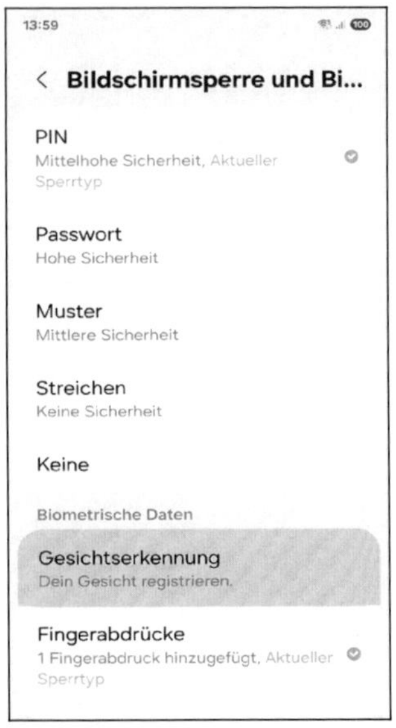

❶ Gehen Sie auf *Gesichtserkennung.*

❷ Betätigen Sie *Weiter.*

❸ Sofern Sie noch keine Muster-, PIN- der Passwortsperre angelegt hatten, müssen Sie dies nachholen.

Halten Sie nun das Handy so, dass die Kamera Ihr Gesicht erfassen kann und folgen Sie den Anweisungen.

Künftig erfolgt die Displayentsperrung automatisch, sobald Sie das Handy ca. 20 - 50 cm vor Ihr Gesicht halten.

30.3 Optionen während der Sperre

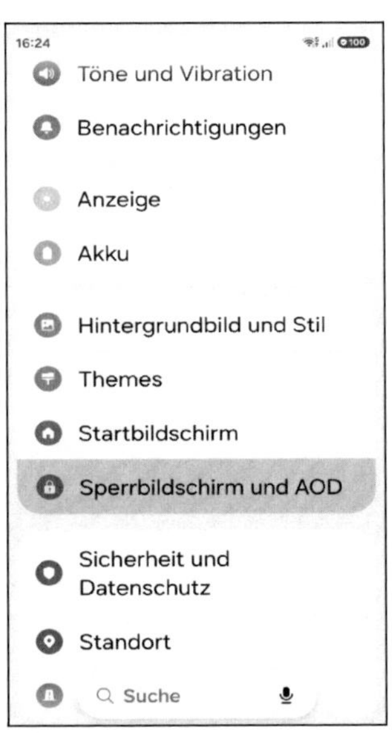

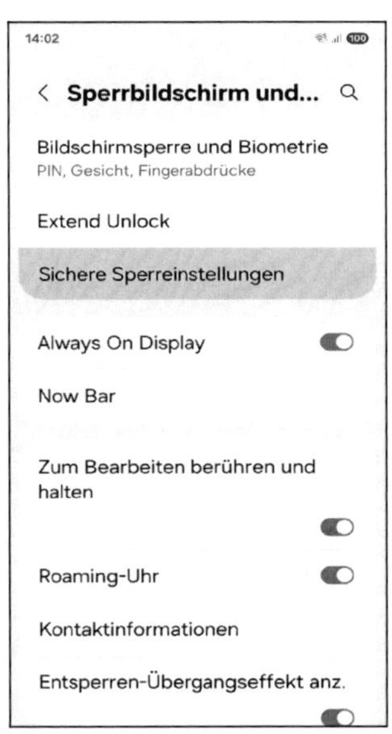

❶❷❸ Unter *Sperrbildschirm und AOD/Sichere Sperreinstellungen* sind nun weitere Optionen freigeschaltet:

- *Autom. Sperre bei ausg. Bildschirm*: Zeitspanne, die das Handy nach dem Displayabschalten wartet, bevor es die Sperre aktiviert.
- *Mit Funktionstaste sofort sperren*: Kurzes Drücken des Ein/Ausschalters aktiviert die Sperre.
- *Automatisch zurücksetzen*: Geben Sie 15 Mal den Entsperrcode falsch ein, so setzt sich das Handy automatisch auf die Fabrikeinstellungen zurück.
- *Netzwerk und Sicherheit sperren*: Diese Funktion soll Netzwerkverbindungen von außen

erleichtern, was die Ortung (siehe Kapitel *30.5 Maßnahmen gegen Diebstahl*) bei Geräteverlust ermöglicht.

- *Optionen für den Sperrmodus anzeigen*: Drücken und halten des Ein-/Ausschalters zeigt eine *Sperrmodus*-Schaltfläche an, über die Sie die Fingerabdruck-, Iris- oder Gesichtsentsperrung deaktivieren. Das Entsperren des Geräts ist dann nur noch über Pin/Passwort möglich.
- *Vorheriges Muster löschen*: Wenn Sie bei eine neue Mustersperre einrichten, bleibt die vorherige für 72 Stunden weiterhin gültig. Damit können Sie weiterhin Ihr Handy entsperren, falls Sie das neue Muster vergessen haben. *Vorheriges Muster löschen* entfernt das alte Muster sofort.

30.4 SIM-Sperre

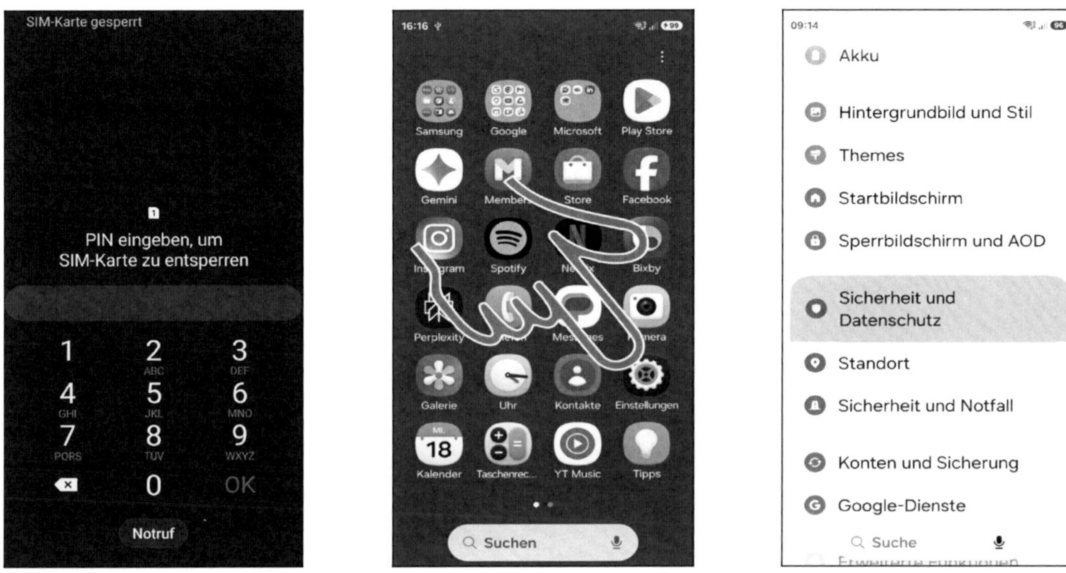

❶ Das Gerät kann man bei der SIM-Sperre erst nach Eingabe der PIN Ihrer SIM-Karte nutzen, wenn man es einschaltet.

❷❸ So konfigurieren Sie die SIM-Sperre: Rufen Sie im Hauptmenü die *Einstellungen* auf und gehen Sie ins *Sicherheit und Datenschutz*-Menü.

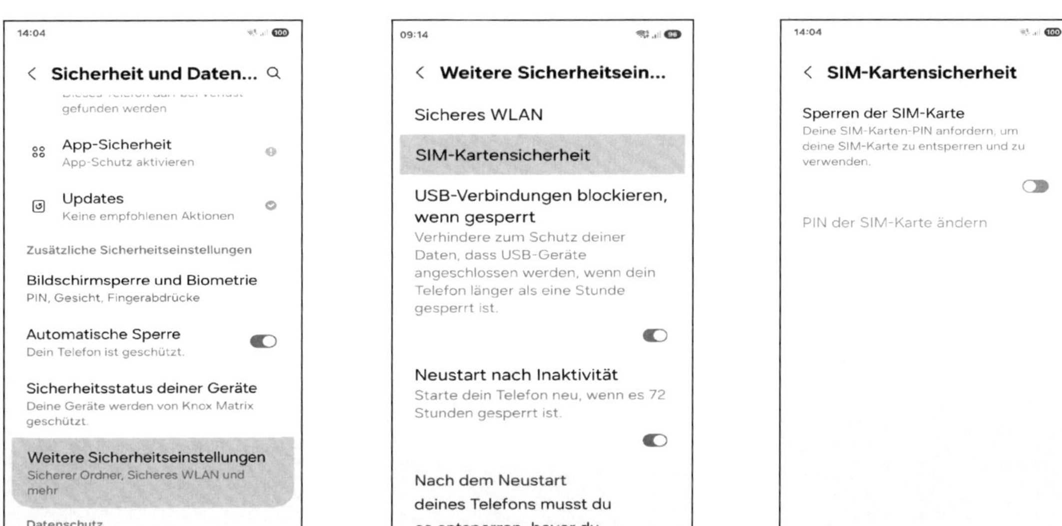

❶❷ Gehen Sie auf *Weitere Sicherheitseinstellungen/SIM-Kartensicherheit.*

❸ Aktivieren/Deaktivieren Sie die SIM-PIN-Abfrage über *Sperren der SIM-Karte*. Über *PIN der SIM-Karte ändern* können Sie die vom Netzbetreiber vorgegebene vierstellige PIN ändern.

30.5 Maßnahmen gegen Diebstahl

Jeden Tag gehen in Deutschland mehrere Tausend Mobilgeräte verloren, sei es durch Diebstahl oder Vergesslichkeit. Falls Sie mal Ihr Galaxy verlieren sollten, ist dies glücklicherweise nicht so schlimm, denn alle Daten, die Sie mit den mitgelieferten Google-Anwendungen verwalten, werden automatisch im Internet in Ihrem Google-Konto gesichert. Melden Sie sich dann mit Ihrem Google-Konto auf einem anderen Android-Tablet/Handy an, stehen Ihre Daten automatisch nach einigen Minuten wieder zur Verfügung. Haben Sie außerdem Ihr Galaxy, wie im Kapitel *30.2 Gerätesperre* beschrieben, gegen fremden Zugriff geschützt, brauchen Sie auch kaum Angst haben, dass jemand mit Ihren Daten Missbrauch treibt.

Ärgerlich bleibt ein Geräteverlust aber trotzdem. Mit den in diesem Kapitel vorgestellten Anwendungen können Sie daher Ihr Handy lokalisieren. Von Erfolg sind die Ortungsmaßnahmen nur gekrönt, wenn das Handy eingeschaltet ist und der Dieb/Finder es nicht über eine Tastenkombination zurücksetzt. Deshalb gilt: Je schneller Sie die Ortung durchführen, desto größer ist die Wahrscheinlichkeit, es wiederzufinden.

Find My Mobile ist eine von Samsung mitgelieferte Fernzugriffsfunktion, über die Sie nicht nur das Galaxy lokalisieren, sondern auch anrufen oder fern löschen können.

Damit Sie diese Funktion nutzen können, müssen Sie vorher erst ein Samsung-Konto anlegen. Siehe dazu Kapitel *23 Das Samsung-Konto.*

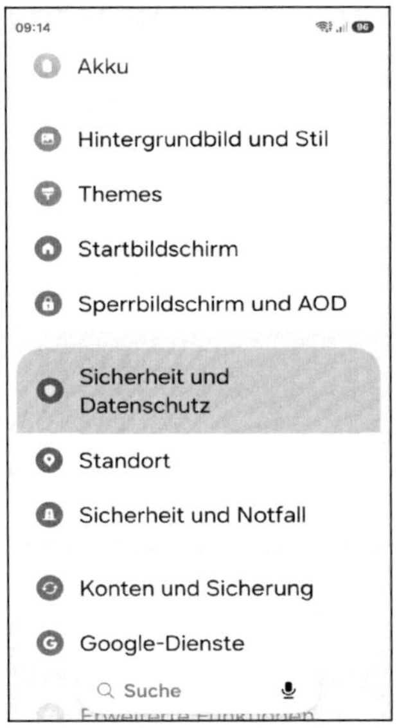

❶❷ Nachdem Sie die *Einstellungen* im Hauptmenü aufgerufen haben, gehen Sie auf *Sicherheit und Datenschutz.*

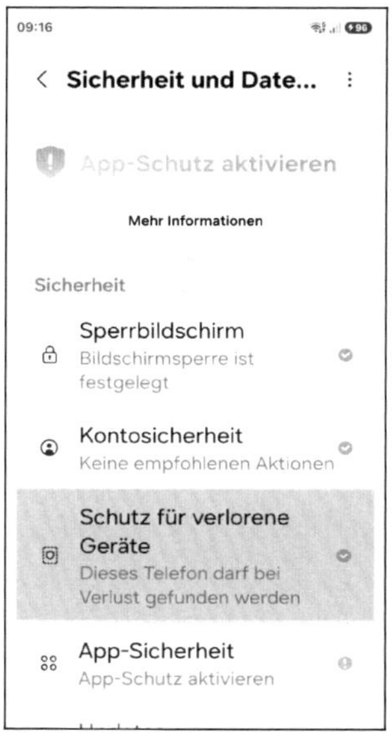

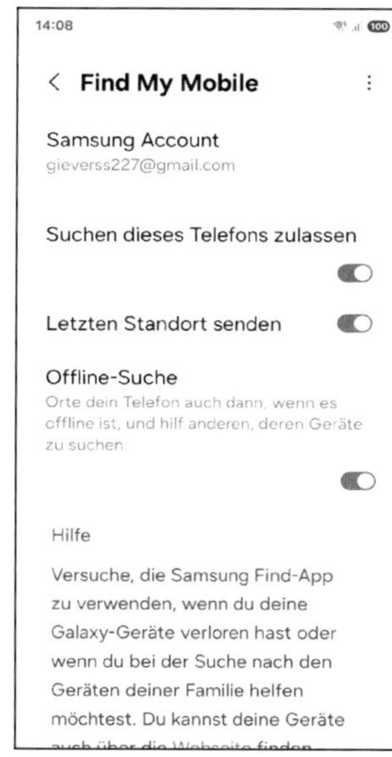

❶❷ Die Diebstahlschutz-Funktionen sind unter *Schutz für verlorene Geräte* zusammengefasst. Sie müssen dann erst aus Sicherheitsgründen das Passwort Ihres Samsung-Kontos (siehe Kapitel *23 Das Samsung-Konto*) angeben – sofern Sie dort nicht bereits angemeldet sind.

Prüfen Sie, ob oben der Schalter auf *Ein* steht, und dass alle drei Optionen aktiv sind. Verlassen Sie den Übersichtsbildschirm mit der ‹-Taste.

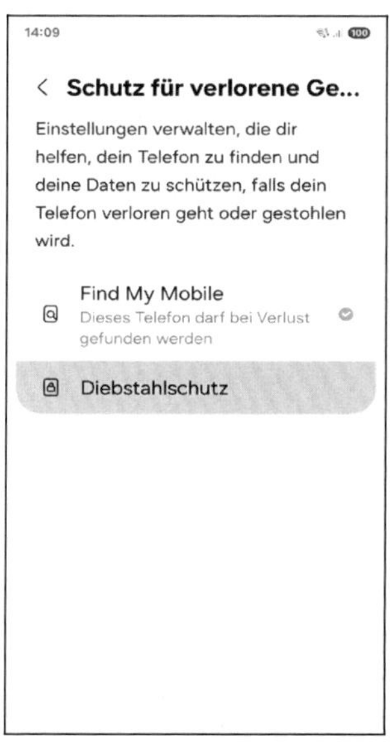

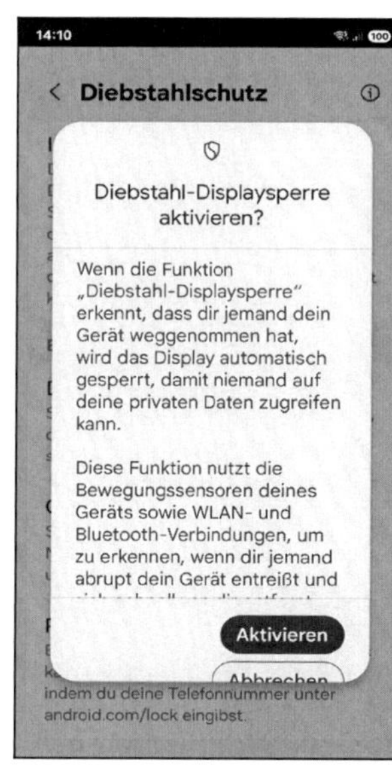

❶ Rufen Sie *Diebstahlschutz* aus.

❷ Gehen Sie in jedes Menü und aktivieren Sie jeweils die Schalter (❸). Sie erhöhen damit den Schutz Ihrer Daten auf dem Handy, müssen sich dann aber auf Unannehmlichkeiten im Alltag einstellen. Lesen Sie daher vorher die jeweilige Beschreibung durch, bevor Sie eine Funktion aktivieren.

Ihr Galaxy (und andere Samsung-Geräte mit Fernzugriffsfunktion) verwalten Sie nun über den Webbrowser mit »SmartThings Find« (*smartthingsfind.samsung.com*). Loggen Sie sich auf der Website mit Ihren Samsung-Konto-Logindaten ein. Achtung: Da Sie sich mit Ihrem Google-Konto registriert hatten, müssen Sie im Anmeldebildschirm auf *Anmeldung mit Google* klicken.

Sofern Sie mehrere Samsung-Handys/Tablets einsetzen, müssen Sie erst das zu lokalisierende links auswählen.

Folgende Funktionen stehen zur Verfügung:

- *Klingeln*: Signalton auf dem Handy aktivieren.
- *„Verloren"-Modus:* Geben Sie eine vierstellige PIN ein. Das Handy wird darauf hin gesperrt und lässt sich erst durch die PIN wieder entsperren.
- *Standort orten*
- *Daten löschen*: Löscht alle Daten auf dem Handy.
- *Akkulaufzeit verlängern*: Versetzt das Galaxy in einen Energiesparmodus, der die Akkubetriebsdauer auf 4-5 Tage erhöht.

Beachten Sie: Damit SmartThings Find funktioniert, muss das Gerät Internetzugang über Mobilfunk oder WLAN haben. Schaltet ein Dieb das Galaxy einfach aus, beziehungsweise besteht kein Internetzugang, bringt SmartThings Find natürlich nichts. Auch wenn der Dieb es schafft, das Gerät zurückzusetzen, ist die Fernwartungsfunktion nutzlos.

Das von Ihnen über der SmartThings Find-Website ferngesteuerte Mobilgerät blendet in der Titelleiste einen Hinweis ein. Eine unbemerkte Nutzung ist also nicht möglich.

31. Bluetooth

Bluetooth ist ein Funkstandard zur Verbindung verschiedenster Geräte. Es lassen sich damit Distanzen von bis zu 10 Metern überbrücken. Dabei ist kein Sichtkontakt zwischen den Geräten nötig. Auch wenn Bluetooth sehr viel mehr kann, wird es eigentlich nur für die Anbindung von Sportuhren, Headsets und Lautsprechern genutzt.

31.1 Bluetooth ein/ausschalten

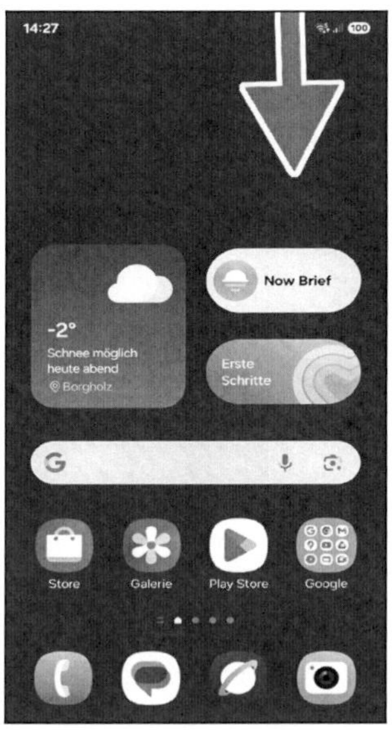

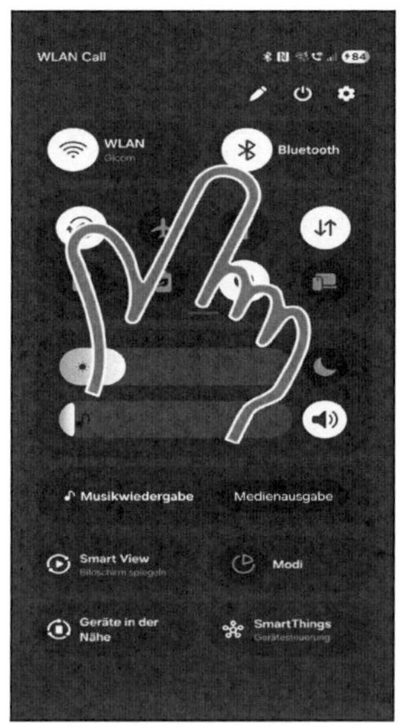

❶ Aktivieren Sie Bluetooth, indem Sie den Schnelleinstellungsbereich öffnen und auf ᛒ tippen (Pfeil). Erneutes Antippen beendet Bluetooth wieder.

❷❸ Das Popup erscheint, wenn Sie Bluetooth neu aktiviert haben. Falls Bluetooth also bereits aktiv ist, betätigen Sie einfach zweimal hintereinander die ᛒ-Schaltfläche. Sie haben dann die Möglichkeit, eine Kopplung mit anderen Geräten durchzuführen. Schließen Sie das Popup mit *Stopp* beziehungsweise der ‹-Taste.

Den Schnelleinstellungsbereich beschreibt das Kapitel *4.9.1 Schnelleinstellungsbereich*.

31.2 Koppeln aus dem Benachrichtigungsfeld

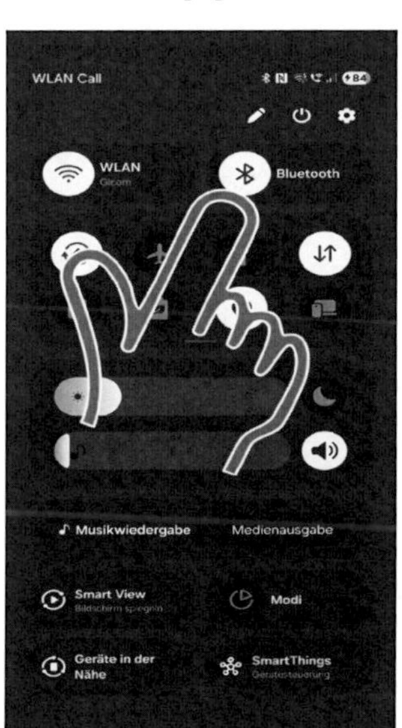

❶❷ Sobald Sie ᛒ aus dem Benachrichtigungsfeld aktivieren, erscheint das Popup-Menü. Während dieses aktiv ist, können andere Geräte mit Ihrem Galaxy koppeln. Sollte Bluetooth bereits aktiv sein, dann betätigen Sie sie die ᛒ-Schaltfläche einfach zweimal hintereinander, um das Popup zu erhalten (beim ersten Antippen wird Bluetooth ausgeschaltet, beim zweiten Mal wieder aktiviert).

Auf anderen Bluetooth-Geräten wird Ihr Handy, als »*S26*«, »*S26+*« oder »*S26 Ultra*« anzeigt. Sie können diesen Namen einfach, wie im Kapitel *35.3.1 Geräteinformationen* beschrieben, ändern.

❶❷ Verwenden Sie die *Scannen*-Schaltfläche, um nach zu koppelnden Bluetooth-Geräten zu suchen. Meist ist dies allerdings nicht nötig, weil das Bluetooth-Menü bereits beim Aufruf nach Bluetooth-Geräten sucht und sie anzeigt.

31.3 Koppeln aus den Einstellungen

Das Koppeln aus den Einstellungen ist nicht so bequem wie direkt im Benachrichtigungsfeld, bietet aber mehr Optionen.

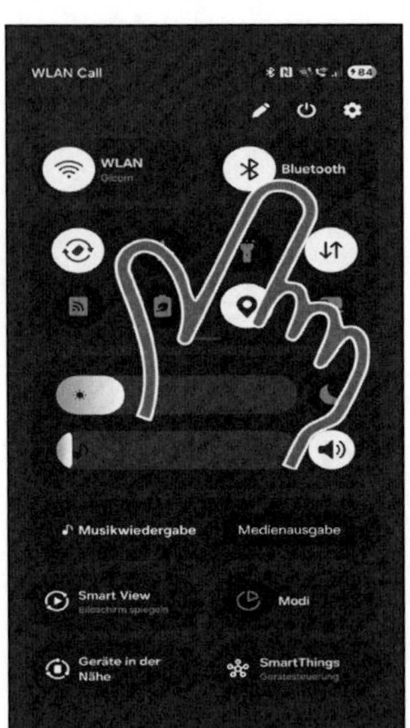

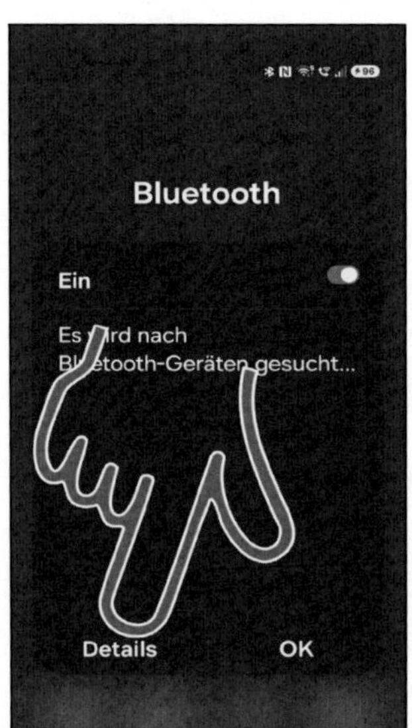

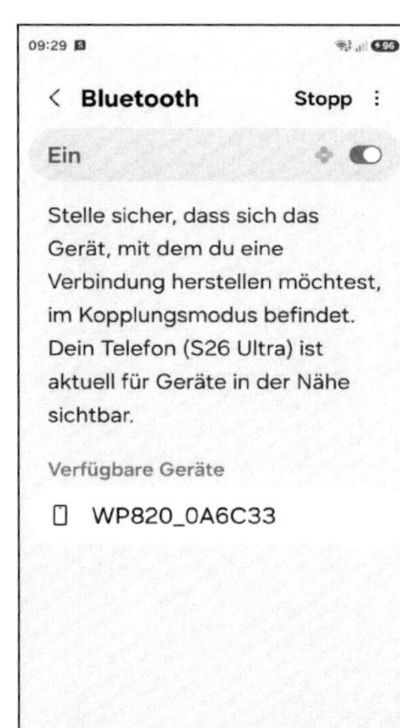

❶ Öffnen Sie das Benachrichtigungsfeld, tippen und halten Sie die ᛒ-Schaltfläche, bis der Bluetooth-Dialog erscheint.

❷❸ Hier gehen Sie auf *Details*, was die Bluetooth-Einstellungen öffnet.

Solange Sie sich im Bluetooth-Bildschirm befinden, können anderen Geräte mit Ihrem Galaxy koppeln. Verwenden Sie die *Scannen*-Schaltfläche, um nach zu koppelnden Bluetooth-Geräten zu suchen. Meist ist dies allerdings nicht nötig, weil das Bluetooth-Menü bereits beim Aufruf nach Bluetooth-Geräten sucht und sie anzeigt.

31.4 Bluetooth-Headset / Freisprecheinrichtung verwenden

Bluetooth eignet sich besonders gut für den Betrieb von drahtlosen Headsets, wobei dessen Hersteller keine Rolle spielt.

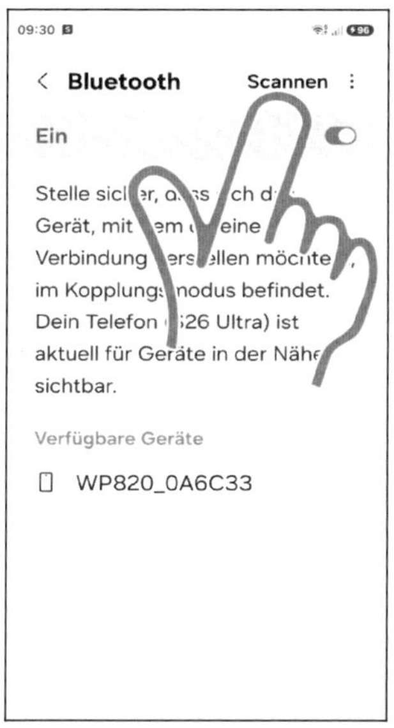

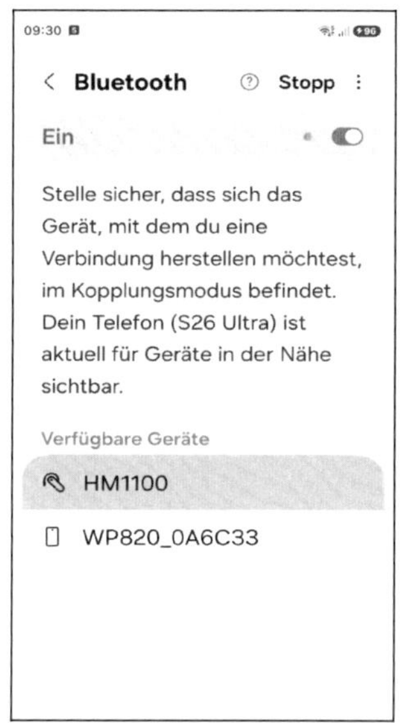

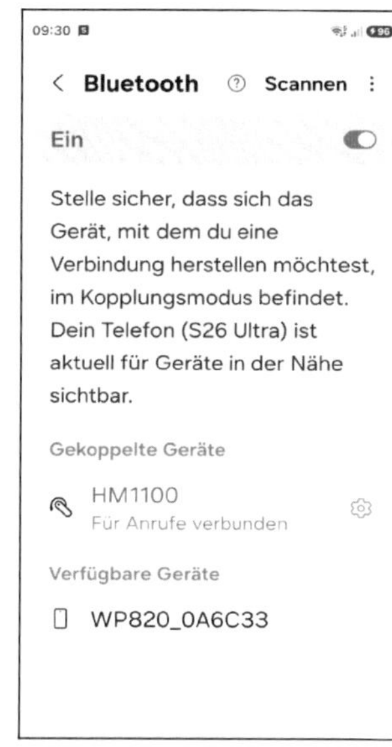

❶❷ Gehen Sie, wie im vorherigen Kapitel beschrieben, in den *Bluetooth*-Bildschirm. Rufen Sie gegebenenfalls *Scannen* auf, falls das Headset dort nicht bereits in der Liste der gefundenen Geräte angezeigt wird. Nach einigen Sekunden wird die Freisprecheinrichtung gefunden und angezeigt. Tippen Sie deren Namen an. Das folgende Popup schließen Sie mit *OK*.

❸ Das Galaxy meldet nun »*Für Anrufe verbunden*« beim Headset.

Schalten Sie das Headset zunächst in den Kopplungsmodus, indem Sie beispielsweise die Sprechtaste einige Sekunden lang gedrückt halten. Eine LED beginnt dann zu blinken oder eine Sprachausgabe weist auf die Kopplungsbereitschaft hin.

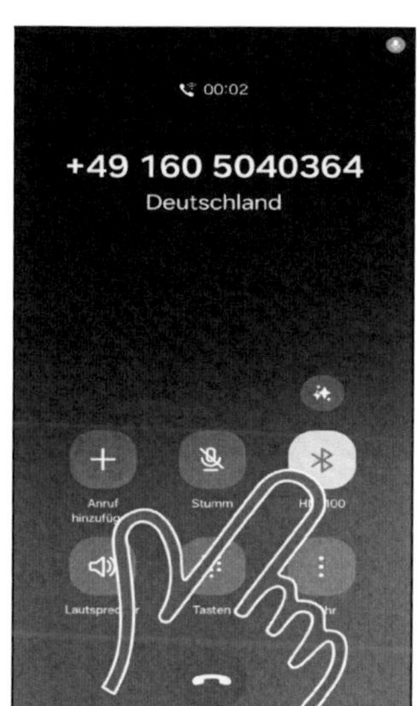

❶ Geht jetzt ein Anruf ein, können Sie ihn wie gewohnt, oder alternativ über die Sprechtaste des Bluetooth-Headsets, entgegennehmen.

❷ Zwischen Telefon-Lautsprecher und Headset schalten Sie jederzeit mit der *Bluetooth*-Schaltfläche (Pfeil) um.

Wenn Sie das Headset ausschalten, wird natürlich auch automatisch die Bluetooth-Verbindung zum Galaxy beendet. Umgekehrt baut das Headset beim Einschalten automatisch wieder die Bluetooth-Verbindung auf.

> Eine Bluetooth-Freisprecheinrichtung gehört bei Autos zum Standard. Deren Einrichtung ähnelt dem hier beschriebenen. Wie das genau funktioniert, ist bei jedem Hersteller unterschiedlich. Schauen Sie bitte in der Bedienungsanweisung Ihres Autos nach oder fragen Sie Ihren Händler.

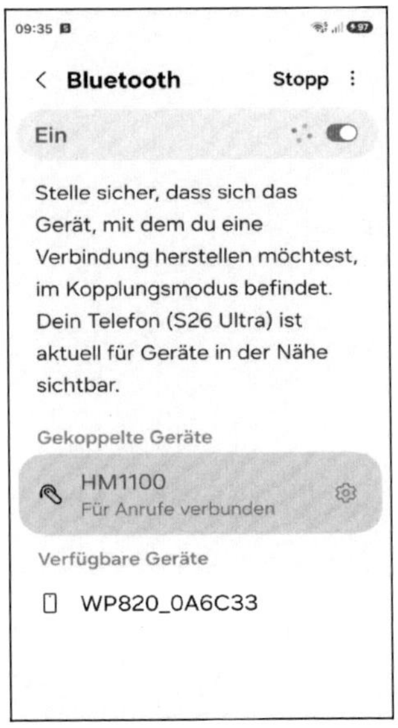

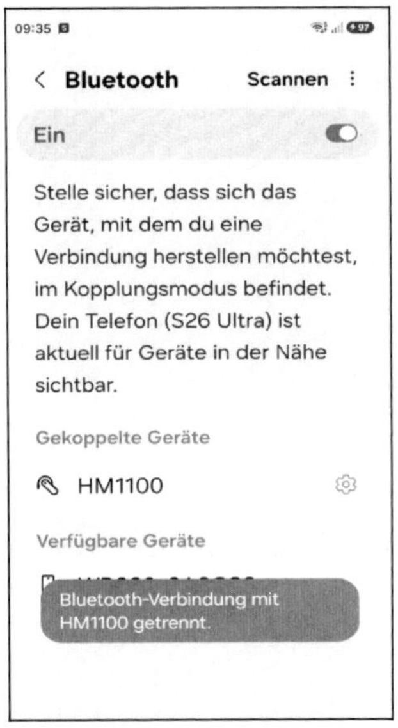

❶❷ So heben Sie die Verbindung mit dem Headset auf: Tippen Sie mit dem den Finger kurz auf das Bluetooth-Headset in der Geräteauflistung. Alternativ können Sie natürlich auch einfach das Headset ausschalten.

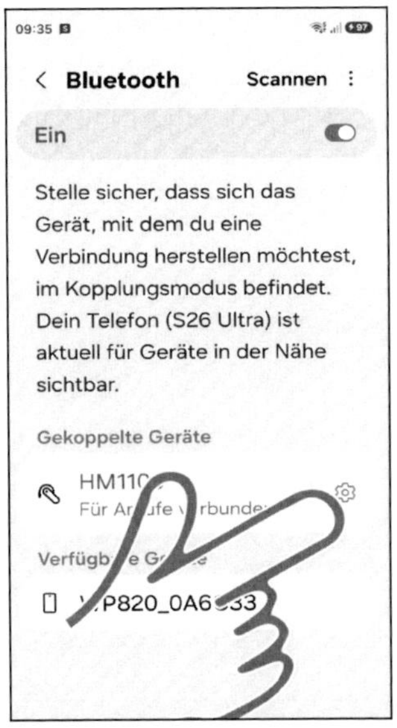

❶❷ Weitere Funktionen erhalten Sie nach Antippen der ⚙-Schaltfläche:

- *Anrufe*: Das vom gekoppelten Bluetooth-Gerät unterstützte Bluetooth-Profil.
- *Umbenennen*: Vergibt dem verbundenen Bluetooth-Gerät einen neuen Namen.
- *Trennen*: Verbindung beenden. Mit *Verbinden* können Sie die Verbindung jederzeit erneut herstellen.
- *Entkoppeln*: Beendet die Bluetooth-Verbindung, sodass keine Daten mehr zwischen den beiden Geräten übertragen werden können. Für eine erneute Datenverbindung können Sie allerdings eine erneute Kopplung durchführen.

31.5 Bluetooth-Audio

Sie können unterwegs zwar über den Handy-Lautsprecher Musik hören (beispielsweise über YouTube, siehe Kapitel *21.3 YouTube* oder YouTube Music, siehe Kapitel *19 Musik*). Wir empfehlen für diesen Zweck allerdings Bluetooth-Lautsprecher. Diese besitzen in der Regel einen eigenen Akku und haben den Vorteil, dass man sie beliebig im Haus positionieren kann. Vernünftige Bluetooth-Lautsprecher ab ca. 30 Euro bieten einen besseren Klang und sind lauter als das Handy. Einige Exemplare bieten weitere Features wie eine Telefon-Freisprechfunktion, eine Lademöglichkeit für das Handy oder sind wasserdicht für den Außeneinsatz.

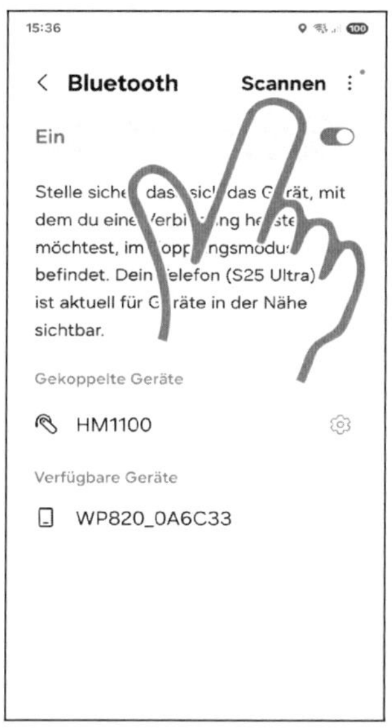

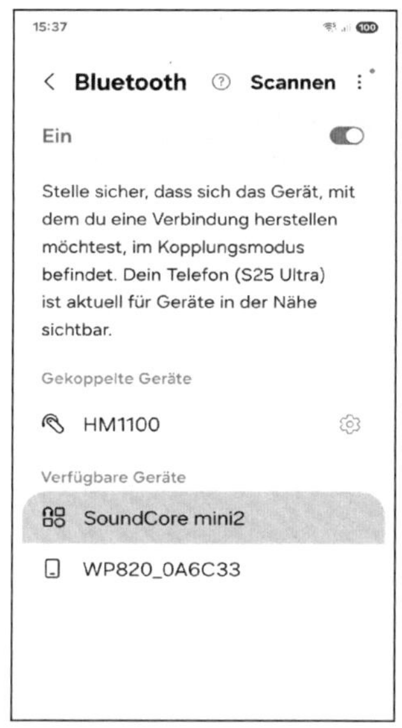

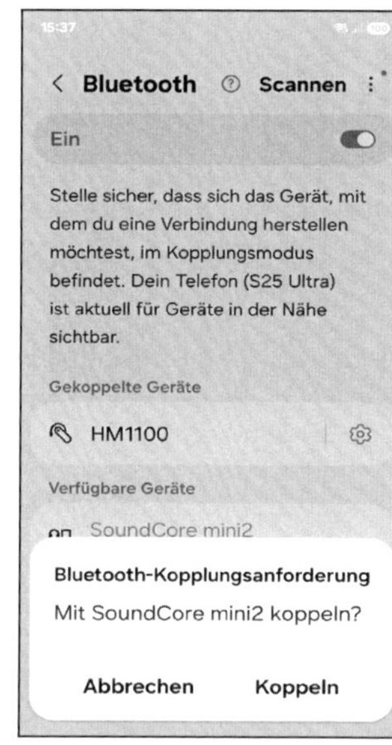

❶ Gehen Sie in den Bluetooth-Bildschirm und betätigen Sie *Scannen* (Pfeil), sofern die Bluetooth-Box nicht bereits gefunden wurde. In der Regel signalisiert eine LED an der Bluetooth-Box die Kopplungsbereitschaft. Weitere Informationen hierzu finden Sie im Handbuch Ihres Geräts.

❷ Tippen Sie kurz den gefundenen Eintrag, in unserem Beispiel *SoundCore mini2*, an, worauf die Verbindung hergestellt wird.

❸ Bestätigen Sie mit *OK*.

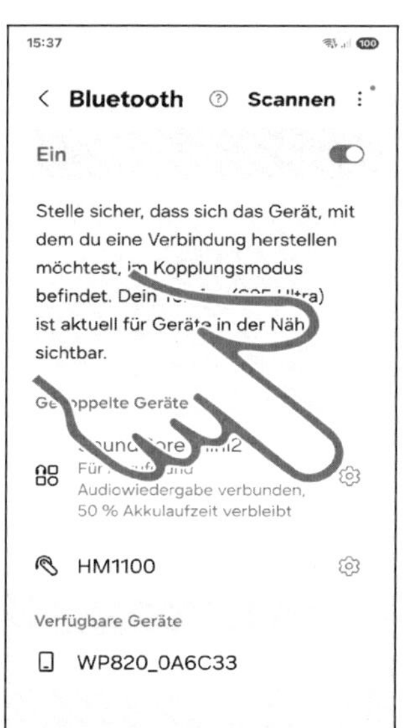

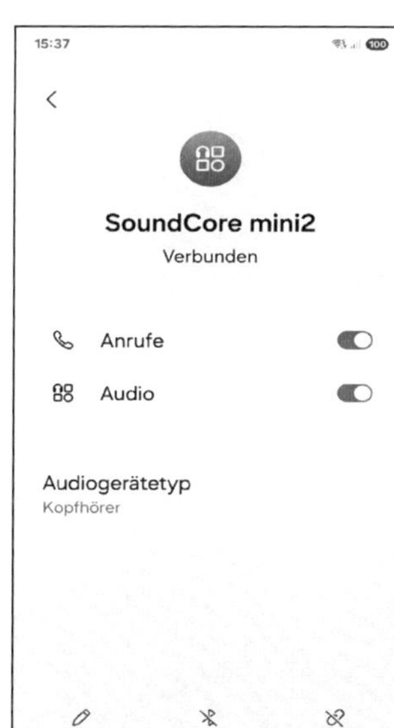

❶❷ Zum Deaktivieren der Audioausgabe über Bluetooth schalten Sie entweder die Bluetooth-Box aus, entfernen sich aus dessen Empfangsreichweite oder schalten Bluetooth am Handy aus. Alternativ gehen Sie auf ⚙ und deaktivieren dann das Abhakkästchen bei *Audio* (Medienwiedergabe). Aktivieren Sie es später wieder, damit die Audioausgabe erneut über Bluetooth läuft. Viele Bluetooth-Boxen unterstützen auch eine Freisprechfunktion. Wenn Sie dies nicht wünschen, müssen Sie *Anrufe* deaktivieren.

32. Tipps & Tricks

Das Galaxy lässt sich einfach in Betrieb nehmen und nutzen. Mit der Zeit werden Sie allerdings auf einige Eigenarten stoßen, auf die wir in diesem Kapitel eingehen.

32.1 Das Speicherlimit von Google

Vorweg gesagt: Falls Sie Ihr Handy hauptsächlich zum Telefonieren nutzen, müssen Sie sich nicht mit diesem Kapitel auseinander setzen. Verwenden Sie dagegen intensiv Gmail für Ihre E-Mails (siehe Kapitel *11 Gmail*) oder erstellen Sie viele Fotos/Videos mit der Kamera-Anwendung (siehe Kapitel *17 Kamera*), dann müssen Sie sich dagegen früher oder später mit dem Speicherplatz auseinander setzen.

Zusammen mit Ihrem Google-Konto (siehe Kapitel *22 Das Google-Konto*) erhalten Sie 15 GB (Gigabyte) Speicherplatz auf den Google-Servern. Dieser wird von allen Google-Anwendungen (Gmail, Kontakte, Google Fotos, Google Maps, Chrome-Webbrowser, Google Drive…) auf Ihrem Handy genutzt.

Achtung: Es ist zu unterscheiden zwischen dem **Gerätespeicher**, der – je nach Modell, bei Ihrem Handy 256, 512 GB (Gigabyte) oder 1 TB (Terrabyte) beträgt – und dem **Speicherplatz Ihres Google-Kontos auf den Google-Servern**.

Die Datenspeicherung auf den Google-Servern läuft permanent automatisch im Hintergrund ab, weshalb Sie sich nicht damit beschäftigen müssen. Für Sie hat dies den angenehmen Effekt, dass Ihre Daten nicht verlorengehen können. Wenn Sie beispielsweise Ihr Handy verlieren oder es kaputt geht, kaufen Sie einfach ein neues und melden sich dort mit Ihrem Google-Konto bei der Ersteinrichtung an. Die Daten werden dann automatisch auf dem Handy wieder hergestellt.

Übrigens ist auch der Betrieb von mehreren Handys/Tablets mit einem Google-Konto möglich. Einzige Voraussetzung: Alle Geräte müssen Android als Betriebssystem verwenden. Wenn Sie nun auf einem Gerät beispielsweise einen neuen Kontakt im Telefonbuch anlegen, erscheint dieser auch auf allen anderen Geräten. Nicht unterstützt werden vom Google-Konto die Anwendungen von Samsung und Dritten, das heißt beispielsweise, Notizen von Samsung Notes (siehe Kapitel *21.12 Samsung Notes*) fallen nicht unter die Sicherung.

Wie erwähnt, stehen für Ihre Daten 15 GB (Gigabyte) Speicher zur Verfügung, die sich alle Google-Anwendungen teilen.

32.1.1 Speicherplatzinfo

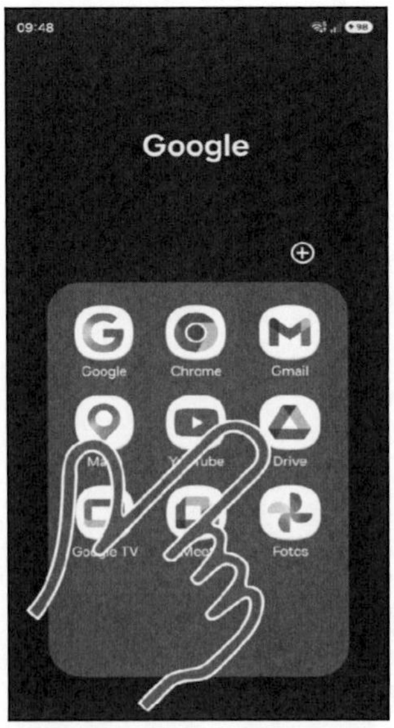

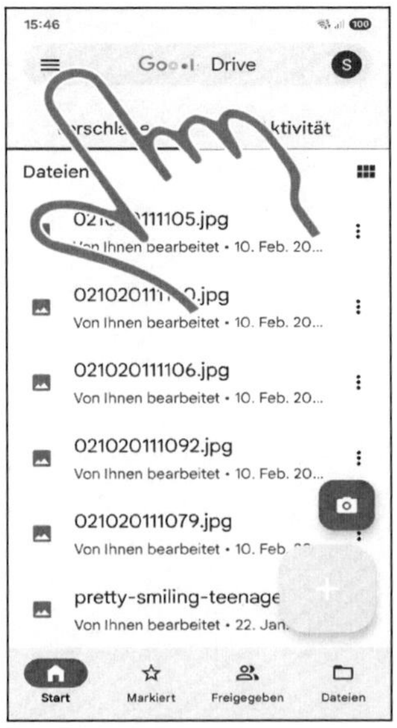

❶❷ So überprüfen Sie, wieviel Speicher im Google-Konto belegt ist: Im Hauptmenü gehen Sie auf *Google* und rufen *Drive* auf.

❸ Öffnen Sie das Ausklappmenü.

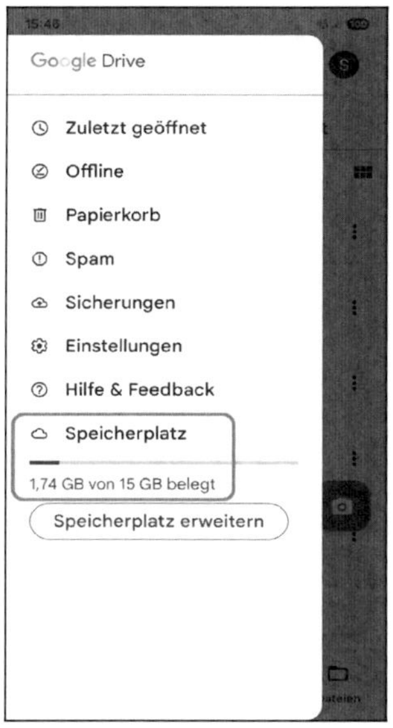

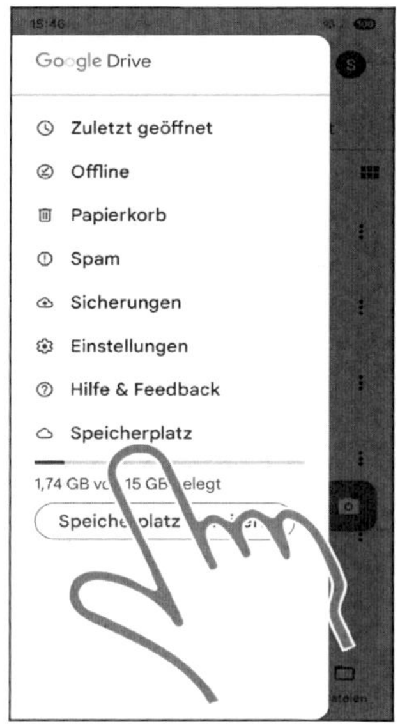

❶ In unserem Beispiel sind vom Google-Speicher bereits 1,74 GB belegt.

❷ Gehen Sie auf *Speicherplatz.*

❶❷ *Weitere Details* öffnet eine Übersicht, in der Google die Anwendungen mit ihrem Speicherverbrauch auflistet.

Unser Tipp: Damit Sie niemals in Speicherplatznöte beim Google-Konto geraten, sollten Sie nicht mehr benötigte E-Mails in Gmail (siehe Kapitel *11 Gmail*) immer sofort nach Kenntnisnahme löschen. Insbesondere E-Mails mit Dateianhängen (siehe Kapitel *11.1.2 Dateianlagen*) sind richtige Speicherfresser! Verzichten Sie auf die im Kapitel *11.2.4 Archivieren* vorgestellte Funktion.

32.1.2 Google One

Für die wenigsten Anwender dürfte das Angebot der hier vorgestellten Speicherplatzerweiterung Sinn machen: Zu Preisen zwischen 1,99 bis 9,99 Euro pro Monat lässt sich der Google-Speicherplatz auf 100 GB bis 2000 GB erweitern.

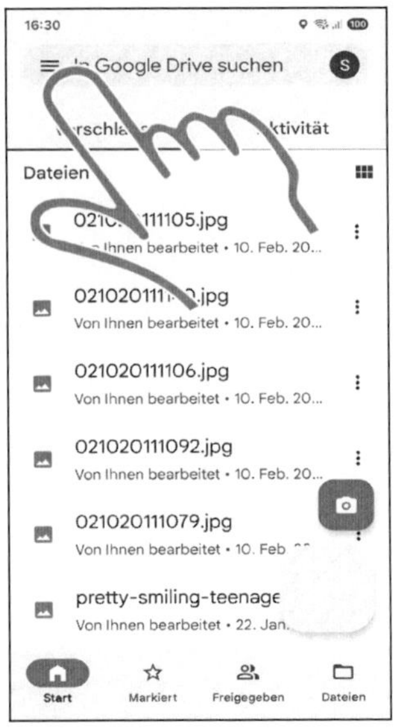

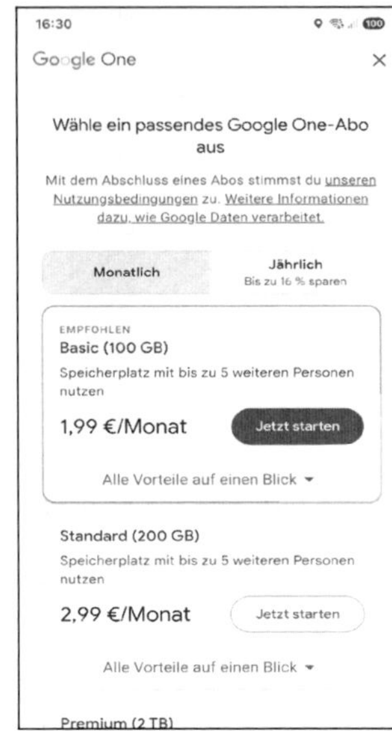

➊ Rufen Sie, wie im vorherigen Kapitel beschrieben, Google Drive auf und öffnen Sie das Ausklappmenü.

➋ Gehen Sie auf *Speicherplatz erweitern.*

➌ Wählen Sie einen Tarif und danach die Zahlungsmethode aus.

32.1.3 Speicherfunktion von Google Fotos ausschalten

Neben dem im Kapitel *18 Galerie* beschriebenen Bildanzeiger ist auf Ihrem Galaxy auch die Anwendung »Google Fotos« vorinstalliert. Wir haben auf eine Beschreibung von Google Fotos in diesem Buch verzichtet, weil das Programm keinen Mehrwert im Vergleich zur Galerie-Anwendung bietet. Wenn Sie möchten, können Sie Google Fotos natürlich trotzdem nutzen. Achten Sie dabei jedoch darauf, die automatische Speicherung in Ihrem Google-Konto zu deaktivieren.

➊➋ Sie rufen Google Fotos im *Google*-Ordner unter *Fotos* auf.

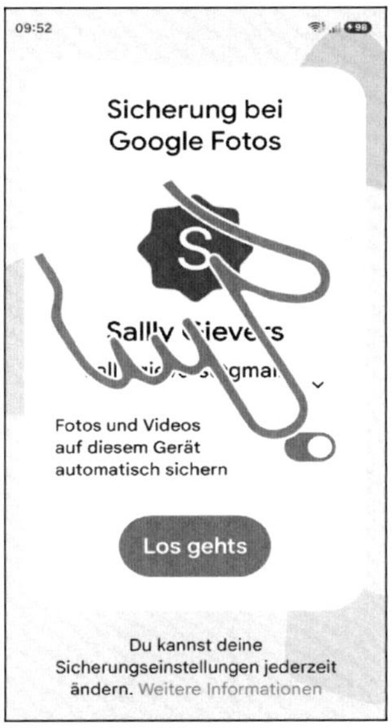

➊➋ Deaktivieren Sie *Fotos und Videos auf diesem Gerät automatisch sichern* und gehen auf *Ohne Sicherung fortfahren.* Sie können nun das Programm verlassen.

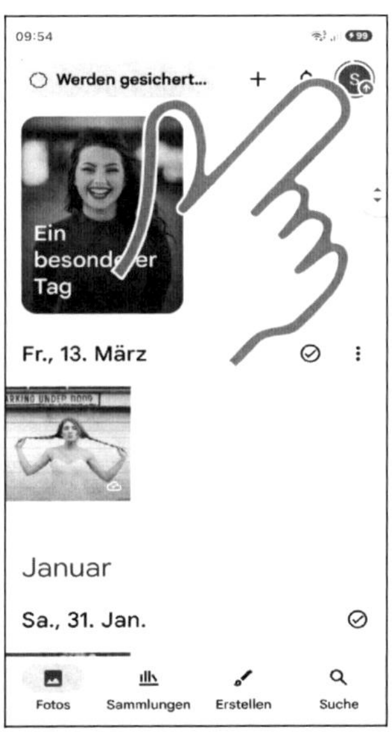

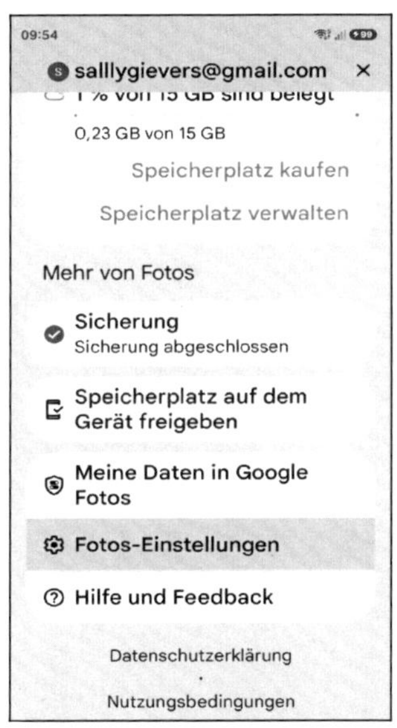

➊ Falls direkt nach dem Start die Benutzeroberfläche von Google Fotos erscheint, haben Sie die Anwendung bereits mal genutzt. In diesem Fall tippen Sie auf das runde Kontosymbol.

➋ Wählen Sie *Fotos-Einstellungen.*

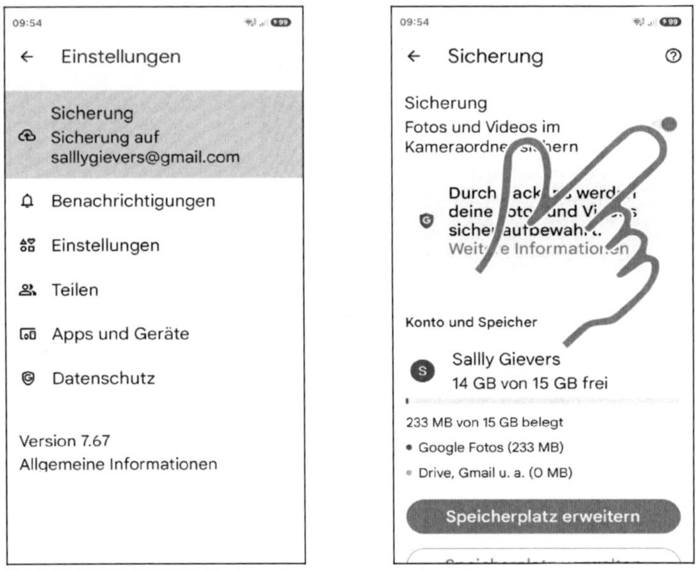

❶❷ Wählen Sie *Sicherung* und deaktivieren Sie *Sicherung.*

32.2 Eigene Klingel- und Benachrichtigungstöne

Standardmäßig bietet das Galaxy nur eine kleine Auswahl an Klingel- und Benachrichtigungssignalen. Sie dürfen aber weitere Audiodateien installieren.

32.2.1 Einrichtung über den PC

Standardmäßig bietet das Handy nur eine vergleichsweise kleine Auswahl an Klingel- und Benachrichtigungssignalen. Sie dürfen aber weitere Audiodateien installieren.

Im Beispiel zeigen wir Ihnen, wie Sie einen Klingelton aus dem Internet laden und dann als Klingelton einrichten.

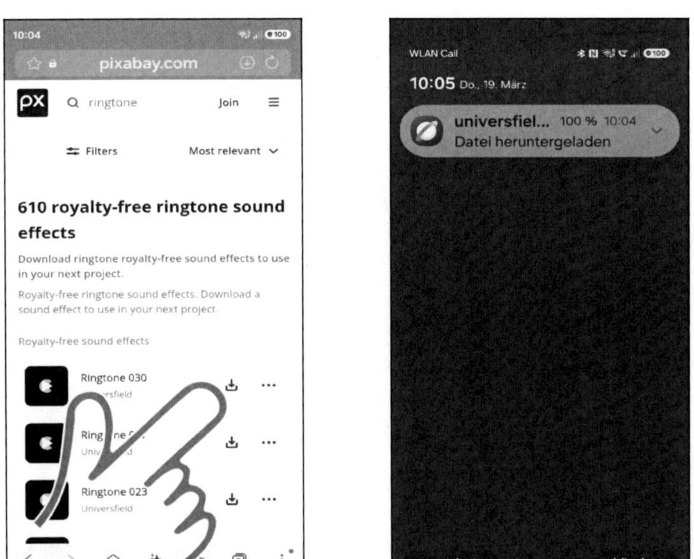

❶ Suchen Sie mit dem Webbrowser (siehe Kapitel *13 Samsung Webbrowser*) nach passenden Sounds, beispielsweise mit »ringtone download« oder »Klingetöne kostenlos«). In unserem Beispiel besuchen wir die Website *pixabay.com/de/sound-effects.* Laden Sie ein- oder mehrere Klingeltöne herunter.

❷ Im Benachrichtigungsfeld sehen Sie, ob der Download erfolgreich war.

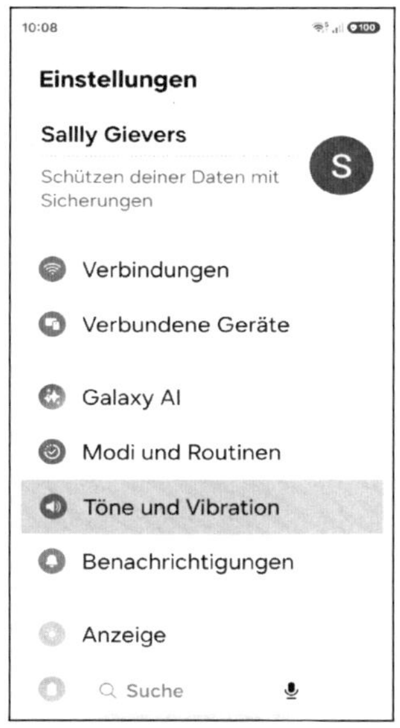

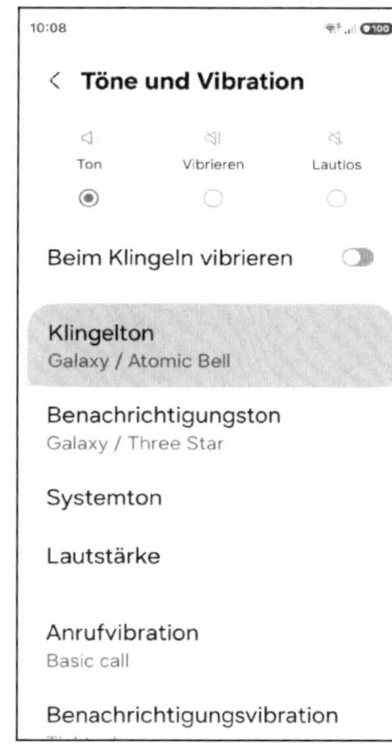

❶ Die neuen Klingel- und Benachrichtigungstöne lassen sich nun verwenden (siehe Kapitel *6.4.2 Klingelton und Klingeltonlautstärke*): Gehen Sie dazu im Hauptmenü in die *Einstellungen.*

❷❸ Wählen Sie *Töne und Vibration/Klingelton.*

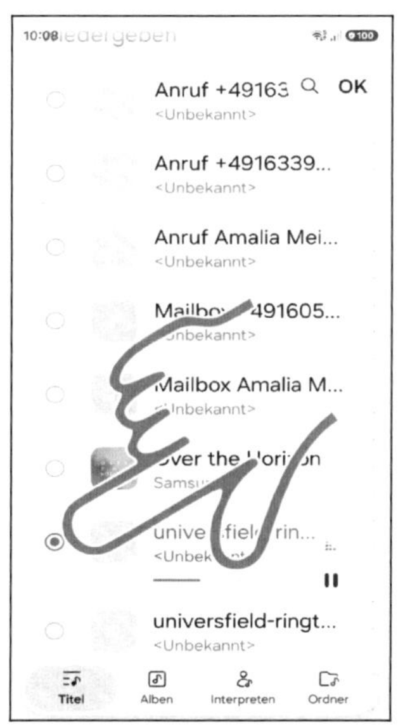

❶ Betätigen Sie +.

❷ Wählen Sie den zuvor heruntergeladenen Klingelton aus und schließen Sie den Bildschirm mit *OK* (oben rechts).

32.3 Handy verloren oder geklaut – was nun?

Vorsorge ist immer die beste Versicherung, um das eigene Handy oder Tablet wiederzubekommen, wenn Sie es irgendwo mal liegen lassen oder es gestohlen wird. Wichtig ist erst einmal, dass ein ehrlicher Finder, beziehungsweise die Polizei die Möglichkeit hat, Sie zu kontaktieren. Zwar lassen sich auf dem Galaxy die Kontaktdaten so einstellen, dass sie beim Einschalten angezeigt werden, ist der Akku aber leer, bringt dies dem Finder auch nichts. Wir bringen deshalb auf unseren elektronischen Geräten, die wir unterwegs dabei haben, Adressaufkleber mit unseren Kontaktdaten an. Die meisten Anwender dürften sich für unterwegs eine Schutzhülle anschaffen, sodass dort ohne Probleme ein Adressaufkleber angebracht werden kann.

32.3.1 Datenschutz

Ein weiteres wichtiges Thema ist der Schutz Ihrer persönlichen Daten auf dem Handy. Ein Finder/Dieb könnte nämlich zum Beispiel Folgendes:

- Kontakte und Termine ändern oder löschen.
- Die im Webbrowser gespeicherte Formulardaten, zum Beispiel das Login von Ebay oder einer Shopping-Website ausnutzen, um Käufe in Ihrem Namen durchzuführen.
- Diffamierende E-Mails oder SMS in Ihrem Namen über die E-Mail/Nachrichten-Anwendung verschicken.
- Nach peinlichen SMS, E-Mails, Fotos oder Videos suchen und diese im Web oder anderswo veröffentlichen.
- Sex-Hotlines oder sonstige teure 0900er-Premiumnummern über Ihre SIM-Karte anrufen.
- Im Google Play Store über Ihre dort gespeicherte Kreditkarte fröhlich Ihr Geld für teure Software ausgeben (nur möglich, wenn Sie Ihr Google-Konto-Passwort dort gespeichert haben).

An dieser Stelle wollen wir erst gar nicht über den Einsatz Ihres Android-Handys in einem sensiblen Firmenbereich reden. Das Galaxy speichert viele Daten wie Kontakte, Termine, Browser-Lesezeichen usw. auf Google-Server, auf die amerikanische Behörden problemlos Zugriff haben. Es soll auch Firmen geben, die Software anbieten, um abgesicherte Geräte auszulesen, wozu nur der physische Zugriff auf das Gerät nötig ist (zum Beispiel auf Flughäfen bei der Zollkontrolle). Natürlich lässt sich das Galaxy auch ohne Google-Konto (und damit ohne Google-Server) nutzen, dann könnte man sich aber auch genauso gut ein Notizblock zulegen.

Damit es Diebe nicht zu einfach haben, hier einige Tipps:

- Aktivieren Sie in *Einstellungen/Sperrbildschirm und AOD/Sperrbildschirmtyp* die Gerätesperre (Muster, PIN, Passwort oder Fingerabdruck). An die Daten in Ihrem Gerätespeicher kommt dann der Dieb nicht heran (siehe Kapitel *30.2 Gerätesperre*).
- Den Google Play-Store ist ohnehin mit einer PIN abgesichert. Käufe sind dann erst nach PIN-Eingabe oder Fingerabdruck möglich.
- *Einstellungen/Sicherheit und Datenschutz/Weitere Sicherheitseinstellungen/SIM-Kartensicherheit* stellt die SIM-Kartensperre ein, sodass ein Dieb Ihre SIM-Karte nicht einfach entnehmen und in seinem Handy für teure Anrufe nutzen kann. Stattdessen wird der Dieb an der Abfrage der SIM-PIN scheitern.
- Rufen Sie *Einstellungen/Sicherheit und Datenschutz/Schutz für verlorene Geräte* auf und aktivieren Sie *Suchen dieses Telefons zulassen, sowie Letzten Standort senden* (siehe Kapitel *30.5 Maßnahmen gegen Diebstahl*). Probieren Sie danach unbedingt die Smartthingsfind-Website aus, damit Sie im Schadensfall schnell reagieren können.
- Notieren Sie sich die IMEI Ihres Handys (in der Telefonoberfläche des Handys **#06#* eingeben) und schreiben Sie diese am besten auf Ihre Rechnung für das Gerät, sofern sie dort nicht bereits aufgeführt ist. Bei einer Diebstahlsmeldung können Sie die IMEI dann mit angeben.

Der Diebstahl/Verlust ist eingetreten:

Abhängig von der Situation, also wenn Sie nicht sicher sind, ob die zuvor aufgeführten Sicherheitsmaßnahmen greifen, gehen Sie wie folgt vor:

- Rufen Sie sich selbst an. Sind Sie mit mehreren Personen vor Ort, sollten diese zuvor ausschwärmen lassen, damit das Handy schnell lokalisiert wird. Ein markanter Klingelton ist da natürlich hilfreich. Der Selbstanruf ist auch von der Find my Mobile-Website (siehe Kapitel *30.5 Maßnahmen gegen Diebstahl*) möglich, wobei auch ein auf lautlos gestelltes Gerät mit voller Lautstärke klingelt.
- Loggen Sie sich auf der Google-Website in Ihr Google-Konto ein und ändern Sie Ihr Passwort.
- Erstatten Sie Anzeige bei der Polizei (den Polizei-Beleg benötigen Sie eventuell, damit Ihre Versicherung den Verlust erstattet). Eventuell hat sich dort auch schon der ehrliche

Finder gemeldet.

- In Hotels, Bahnhöfen, Flughäfen gibt es extra Fundbüros, vielleicht hat dort jemand zwischenzeitlich das Gerät abgegeben.
- Lassen Sie beim Mobilnetzbetreiber Ihre SIM-Karte sperren.
- Falls Sie sich nach einiger Zeit sicher sind, dass Sie das Gerät nicht wieder erhalten, beziehungsweise wenn wichtige Daten drauf sind, die nicht in falsche Hände geraten sollen, führen Sie über die Samsung SmartThings Find-Website die Fernlöschung durch.

32.4 Anwendungen als Standard

Sie haben wahrscheinlich zu diesem Zeitpunkt schon einige dutzend Programme aus dem Google Play Store (siehe Kapitel *26.1 Play Store*) installiert. Häufig überlappen sich dabei die Programmfunktionen, beispielsweise unterstützen viele Anwendungen PDF, Word- oder Excel-Dokumente.

Wenn Sie auf dem Galaxy eine Funktion auslösen, für die mehrere Anwendungen in Frage kämen, fragt das Gerät nach. Im Fall einer Word-Datei, die Sie in einer E-Mail antippen, erscheint eine Rückfrage. Wählen Sie dann das gewünschte Programm aus und betätigen Sie *Immer*. Künftig wird der Dateityp jeweils immer in der gewählten Anwendung geöffnet.

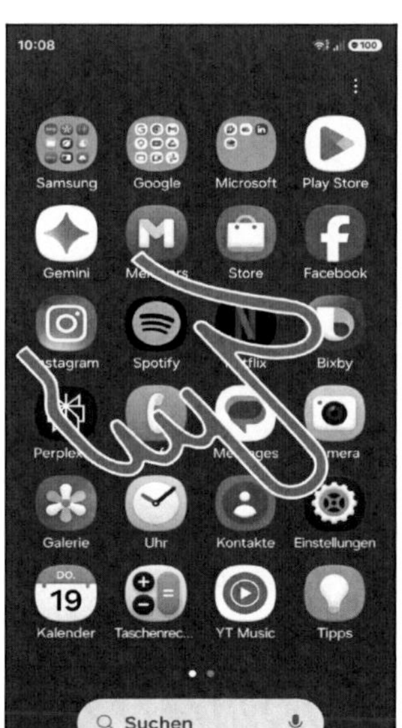

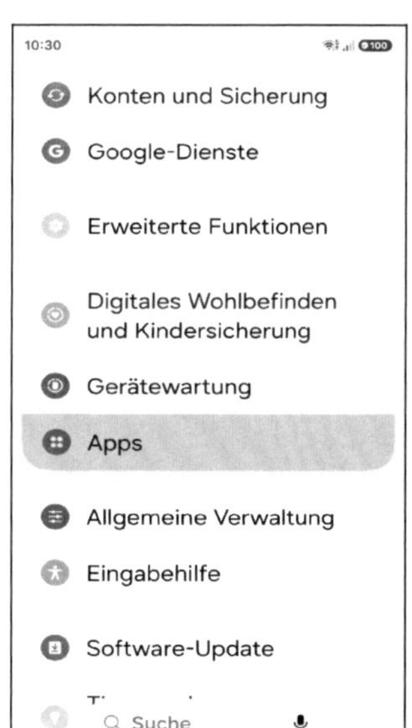

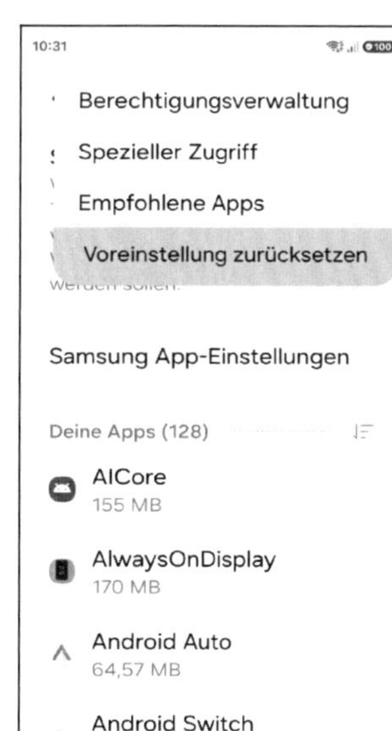

❶ So setzen Sie die oben erwähnte *Immer*-Voreinstellung wieder zurück: Gehen Sie *Einstellungen* im Hauptmenü.

❷ Wählen Sie *Apps* aus.

❸ Der Einfachheit halber setzen wir alle Standardwerte zurück, was über ⁝*/Voreinstellung zurücksetzen* geschieht. Schließen Sie den Warnhinweis mit *Zurücksetzen*.

32.5 Akkulaufzeit erhöhen

Mit einigen kleinen Kniffen erhöhen Sie die Akkulaufzeit Ihres Galaxy-Handys:

- Wenn Sie keine GPS-Positionsbestimmung benötigen, deaktivieren Sie diese durch Ausschalten in den *Einstellungen* unter *Verbindungen/Standort.*
- Gleiches gilt auch für WLAN oder Bluetooth, die Sie bei Nichtverwendung im Benachrichtigungsfeld deaktivieren.
- Passen Sie über den Helligkeitsregler im Benachrichtigungsfeld die Displaybeleuchtung an. Das Display ist die Handy-Komponente mit dem höchsten Stromverbrauch.
- Die Displayabschaltdauer stellen Sie in den *Einstellungen* unter *Anzeige/Bildschirm-Timeout* ein.
- Der im Kapitel *32.9 Energiesparmodi* vorgestellte Energiesparmodus kann ebenfalls die Akkulaufzeit positiv beeinflussen.
- Widgets im Startbildschirm (siehe Kapitel *4.7.2 Widgets*) dienen dazu, immer aktuelle Infos für den Anwender bereit zustellen, laden dafür aber teilweise in regelmäßigen Abständen Daten aus dem Internet (beispielsweise bei Newstickern). Reduzieren Sie die Aktualisierungshäufigkeit in den Einstellungen des Widgets oder löschen Sie nicht benötigte Widgets vom Startbildschirm).
- Beenden Sie alle Anwendungen und Spiele, wenn Sie sie nicht nutzen (mit der <-Taste, sofern es keine andere Beendigungsoption gibt).

Im Handel sind sogenannte Power-Packs erhältlich, die aus einem großen Akku bestehen, an die Sie Ihr Handy zum Nachladen anschließen. Ein Power-Pack reicht – je nach Kapazität – für mehrere Ladungen, bevor sie das Power-Pack selbst an einer Steckdose aufladen müssen.

Einen großen Einfluss hat auch das Mobilfunknetz. Befinden Sie sich an einem Standort mit schlechten Empfang (oben rechts in der Titelleiste werden nur ein oder zwei Balken für die Empfangsstärke angezeigt), dann versucht das Handy mit verstärkte Leistung zu senden, was die Akkulaufzeit reduziert. Wir empfehlen dann:

- Falls möglich, wechseln Sie den Standort. In Gebäuden ist der Empfang in Fensternähe oder in einem höheren Stockwerk meistens besser.
- Befinden Sie sich längerfristig an einem Ort mit schlechtem Mobilfunkempfang, dann sollten Sie solange den Flugmodus aktivieren (sofern Sie weder telefonieren noch das Internet nutzen müssen). Den Flugmodus beschreibt Kapitel *9.2.2 Mobilfunk-Internet aktivieren/deaktivieren.*
- Vermeiden Sie Telefonate bei schlechtem Mobilfunkempfang. Nicht nur reduzieren Sie damit die Akkulaufzeit erheblich, sondern Sie setzen sich unnötigem Elektrosmog aus. Ein eindeutiger Einfluss von elektromagnetischen Wellen auf die Gesundheit wurde bisher allerdings noch nicht nachgewiesen.
- Alternativ: Sofern ein WLAN-Zugangspunkt vorhanden ist, fragen Sie nach dessen Zugangsdaten und verbinden Sie sich damit (siehe nächstes Kapitel). Telefonverbindungen erfolgen dann mittels WLAN Call-Protokoll über die WLAN-Verbindung.

32.6 Telefonieren bei schlechtem Mobilnetzempfang

In Deutschland ist das Mobilfunknetz in vielen Regionen unzureichend ausgebaut. Zusätzlich beeinträchtigen Betonbauten und Hallen den Empfang, da die verbauten Metallstrukturen Funksignale abschwächen. Für dieses Problem haben Mobilfunkanbieter und Smartphone-Hersteller mit WLAN Call aber eine Lösung entwickelt.

WLAN Call (auch WiFi Calling genannt) ist eine Technologie, die es ermöglicht, Anrufe und SMS über ein WLAN-Netzwerk zu tätigen, anstatt über das Mobilfunknetz. Damit Sie WLAN Call nutzen können, müssen Sie nur mit dem Handy mit einem WLAN-Zugangspunkt verbunden sein. Vielerorts sind diese ja kostenlos nutzbar. Eine gültige SIM-Karte oder eSIM muss allerdings weiterhin im Handy aktiv sein.

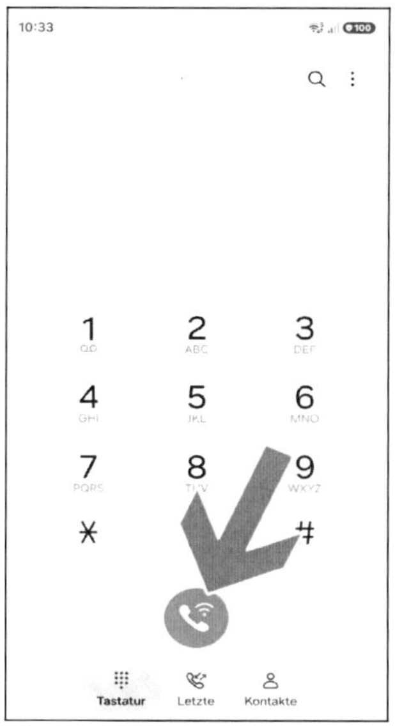

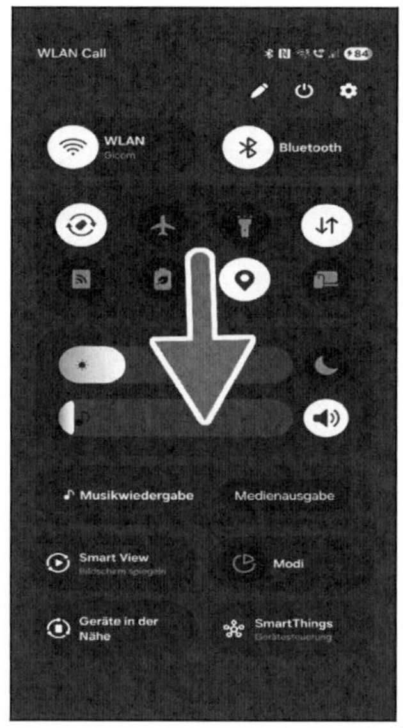

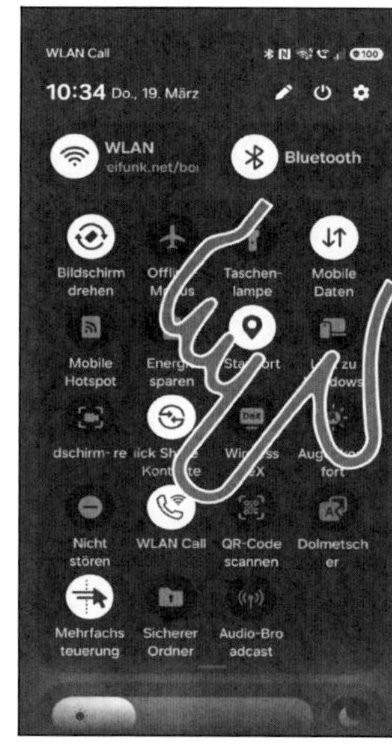

❶ Dass WLAN Call gerade zur Verfügung steht, erkennen Sie in der Telefon-Anwendung an den »Strahlen« in der grünen Schaltfläche.

❷❸ Falls WLAN Call bei Ihnen nicht funktioniert, überprüfen Sie die Einstellungen. Öffnen Sie dazu das erweiterte Benachrichtigungsfeld und stellen Sie sicher, dass WLAN Call aktiviert ist.

32.7 Akku-Lebensdauer

Der Akku in Ihrem Handy bestimmt die Nutzungsdauer Ihres Handys, denn er verliert nach einigen Jahren deutlich an Kapazität. Sie müssen dann Ihr Handy häufiger am Tag aufladen. Ab einem gewissen Kapazitätsverlust werden Sie den Akku ersetzen wollen.

Leider können Sie den fest verbauten Akku nicht selbst tauschen, sondern müssen sich an einen Spezialisten wenden: Im Internet bieten neben den von Samsung autorisierten Service-Centern (siehe *www.samsung.com/de/support/service-center*) auch zahlreiche weitere Unternehmen den Akkuaustausch an. Wegen der damit verbundenen Kosten werden Sie aber eher das alte Handy zum Elektrorecycling geben und sich ein neues Gerät kaufen.

Ob Sie mit dem Aufladen des Handy-Akkus warten, bis das Handy sich wegen niedrigem Akkustand abschaltet oder regelmäßig zwischendurch aufladen, spielt übrigens bei der Akkulebensdauer nur eine untergeordnete Rolle.

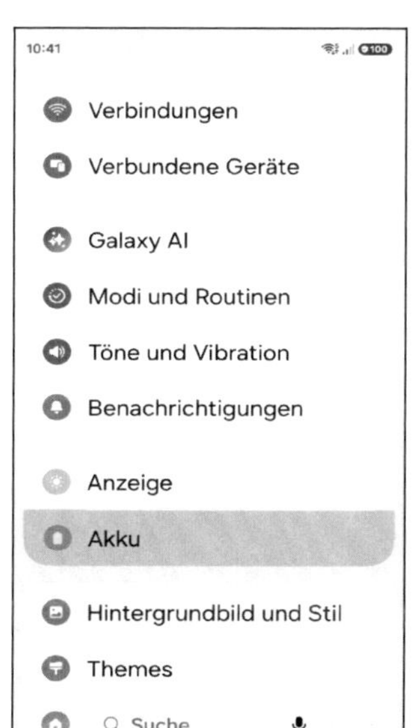

Die verbaute Batterietechnik ist zwar vergleichsweise robust, mit einigen Einstellungen können Sie aber – mit Komforteinschränkungen – die Akkulebensdauer etwas erhöhen.

❶ Rufen Sie die *Einstellungen* im Hauptmenü auf.

❷ Gehen Sie auf *Akku.*

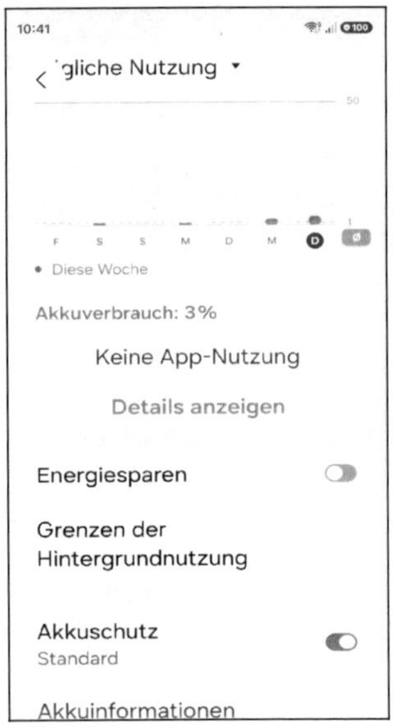

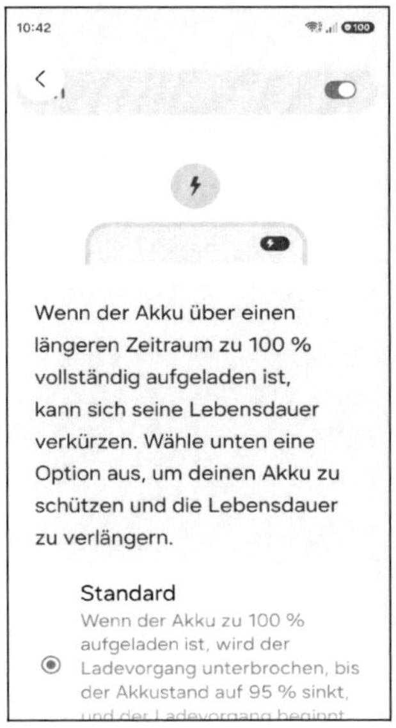

❶ Von den hier angebotenen Optionen sind für Sie interessant:

- *Akkuschutz* (❷): Wenn Sie *Maximum* einstellen, wird der Akku immer nur zu 80 Prozent geladen, was ihn schont. Falls Sie das Handy immer über Nacht laden, probieren Sie mal *Adaptiv* aus. Der Ladevorgang läuft dann bis 80 Prozent und erst kurz vor dem Aufstehen wird er zu 100 Prozent geladen.
- *Einstellungen für das Aufladen*: Deaktivieren Sie *Schnellladen* und *Schnelles induktives Laden.* Beide Optionen spielen allerdings ohnehin nur beim Einsatz von speziellen Schnelladeadaptern eine Rolle.
- *Akkuinformationen* (❸): Hier erhalten Sie Informationen über die verbleibende Akkukapazität sowie die Anzahl der Ladezyklen. Ein vollständiger Ladezyklus bedeutet, dass der Akku einmal vollständig entladen und anschließend wieder aufgeladen wurde. Beispielsweise entspricht das zweimalige Aufladen von 50 Prozent auf 100 Prozent einem vollständigen Ladezyklus. Moderne Lithium-Ionen-Akkus in Smartphones, einschließlich derjenigen in Samsung-Geräten, sind darauf ausgelegt, zwischen 500 und 1.500 vollständige Ladezyklen zu überstehen, bevor ihre Kapazität signifikant nachlässt.

32.8 Screenshots (Bildschirmkopien)

In jeder beliebigen Anwendung dürfen Sie einen Screenshot (Bildschirmkopie) erstellen.

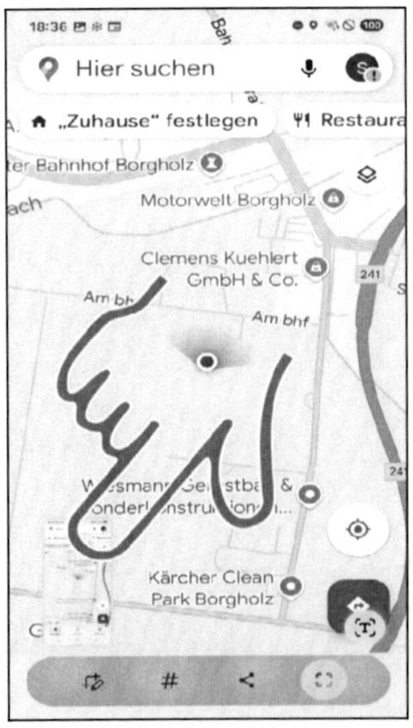

❶ Drücken Sie in der Anwendung, von der Sie einen Screenshot erstellen möchten, für einige

Sekunden gleichzeitig den Ein/Ausschalter und die Lautstärke-leiser-Taste (linke Geräteseite). Ein aufblitzender Rahmen informiert über den erfolgreichen Vorgang. Am unteren Bildschirmrand erscheint für einige Sekunden eine schwarze Leiste:

- (Vorschaubild): Öffnet den Screenshot in einem Bildanzeiger (❷). Wählen Sie *Galerie* aus und betätigen Sie *Immer*.
- [icon]: Durchrollender Bildschirm: Screenshot von größerem Bildschirmausschnitt erstellen. Tippen und halten Sie diese Schaltfläche, bis der gewünschte Bildschirmbereich erfasst wurde.
- [icon]: Screenshot bearbeiten.
- [icon]: Screenshot versenden.
- [icon]: Bildanalyse durchführen. Siehe Kapitel *27.6 Circle to Search*.

Die Screenshot-Bilder finden Sie im Gerätespeicher im Verzeichnis *DCIM\Screenshots*.

32.9 Energiesparmodi

Nicht immer hat man Zeit und Gelegenheit, den Akku des Galaxy zeitnah aufzuladen. Für solche Notfälle können Sie den Energieverbrauch reduzieren.

Beachten Sie auch Kapitel *32.5 Akkulaufzeit erhöhen*, das auf weitere Energiesparmöglichkeiten am Handy eingeht.

Wir raten wegen des damit verbundenen Komfortverlustes von der Verwendung der Energiesparmodi ab. Sollte Ihnen die Akkulaufzeit nicht ausreichen, empfehlen wir Ihnen stattdessen die Anschaffung eines sogenannten Powerpacks, über den Sie Ihr Handy unterwegs nachladen können.

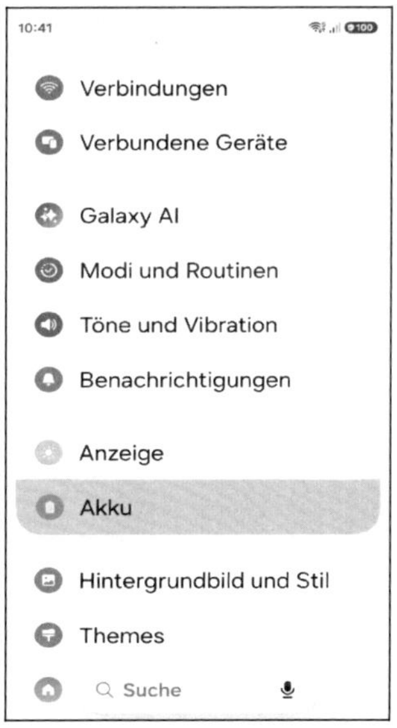

❶ Gehen Sie auf *Einstellungen* im Hauptmenü.

❷ Rufen Sie *Akku* auf.

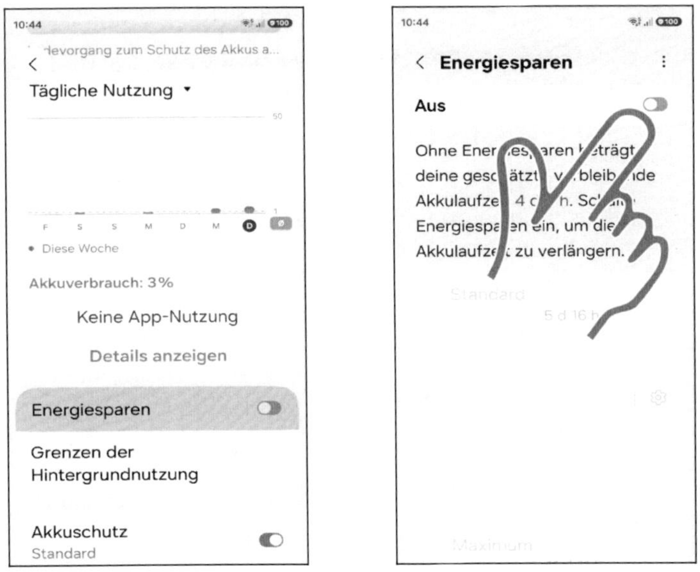

❶❷ Unter *Energiesparen* legen Sie nach Aktivieren des Schalters fest, welche Funktionen deaktiviert oder eingeschränkt werden.

❶❷ Über die *Energie sparen*-Schaltfläche im Benachrichtigungsfeld schalten Sie die Stromsparmaßnahmen ein/aus.

32.10 Benachrichtigungen einschränken

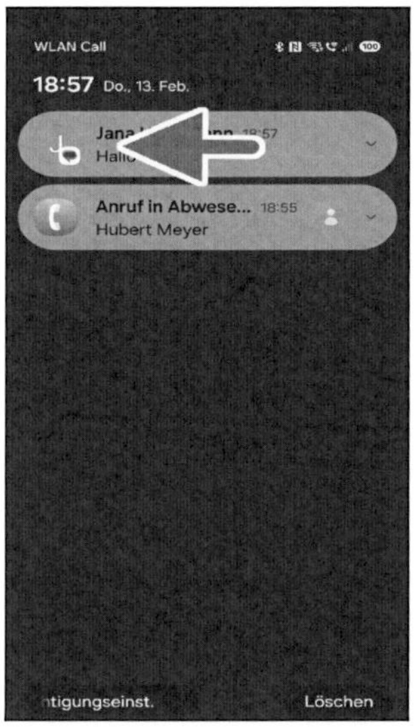

❶❷ Das Benachrichtigungsfeld fasst alle Meldungen der auf dem Galaxy vorhandenen Programme zusammen. Zur Kenntnis genommene Meldungen können Sie, wie bereits im Kapitel *4.8 Die Titelleiste* gezeigt, mit einer horizontalen Wischgeste entfernen.

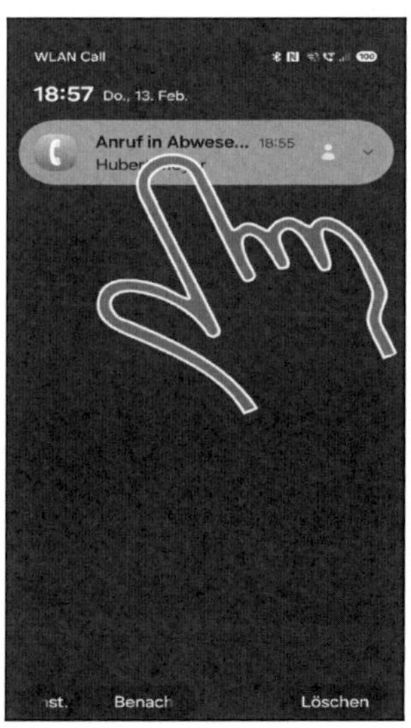

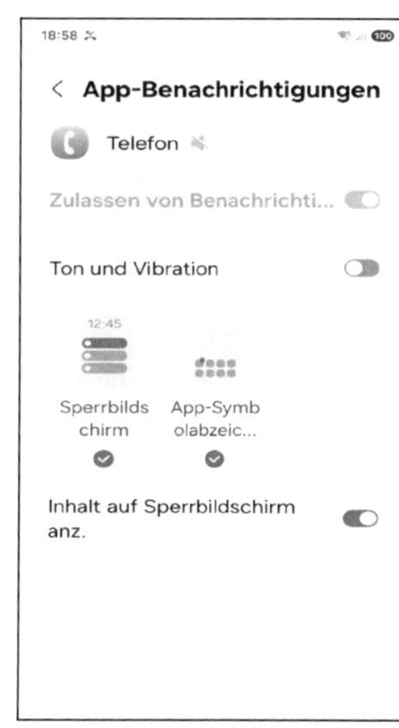

❶ Von manchen Anwendungen wünschen Sie vielleicht keine Benachrichtigungen: Abhilfe schafft dann die Benachrichtigungseinstellung, die Sie durch Tippen und Halten des Fingers über einem Eintrag aufrufen.

❷ Betätigen Sie ⚙.

❸ Falls Sie keinerlei Benachrichtigungen der Anwendung wünschen, deaktivieren Sie *Ton und Vibration.* Alternativ deaktivieren Sie einzelne Benachrichtigungstypen.

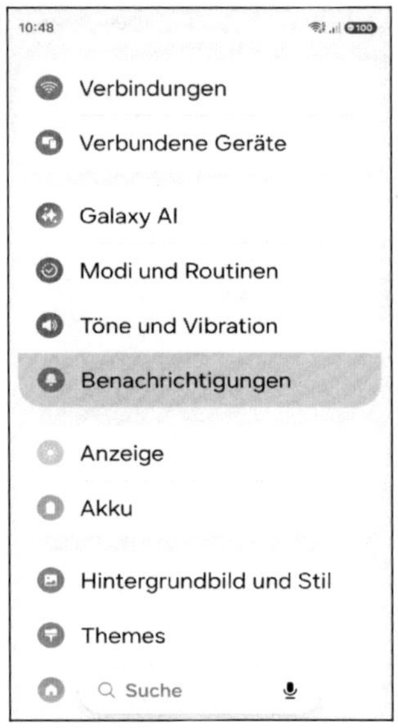

❶ Alternativ bearbeiten Sie die Benachrichtigungen über die *Einstellungen* aus dem Hauptmenü.

❷ Wählen Sie *Benachrichtigungen* aus.

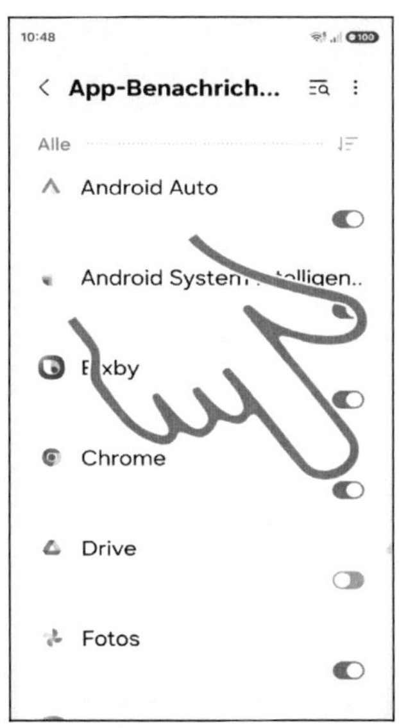

❶❷ Gehen Sie auf *App-Benachrichtigungen* und deaktivieren Sie die Schalter bei den Anwendungen, die sich nicht mehr bemerkbar machen sollen.

32.11 NFC

NFC ist ein Funkstandard zur Datenübertragung über Entfernungen von wenigen Zentimetern. Sie nutzen NFC mit Ihrer Girocard (»EC-Karte«) oder Kreditkarte, wenn Sie drahtlos im Supermarkt bezahlen.

Auch Ihr Handy unterstützt NFC, um darüber per Google Pay oder Samsung Wallet Zahlungen abzuwickeln. Dazu muss man bei Google seine Kredit- oder Debitkarte hinterlegen. Beim Zahlungsvorgang legt man sein Handy auf das Zahlungsterminal an der Kasse, worauf der Rechnungsbetrag abgebucht wird. In diesem Buch gehen wir nicht weiter auf Google Pay ein, weil es zum einen datenschutzrechtlich bedenklich ist und zum anderen gegenüber der Girocard keinerlei Vorteile bietet.

Standardmäßig ist NFC an Ihrem Handy aktiviert, wobei es nicht viel Strom verbraucht. Trotzdem sollten Sie NFC ausschalten, weil sonst das Handy durch NFC-fähige Karten beeinflusst werden könnte. Wir haben schon erlebt, dass eine Krankenkassenkarte (»Gesundheitskarte«) eines unserer Handys so verwirrt hat, dass es nicht mehr nutzbar war. Insbesondere Etuies, die sowohl das Handy als auch weitere Karten aufnehmen, sind dabei problematisch.

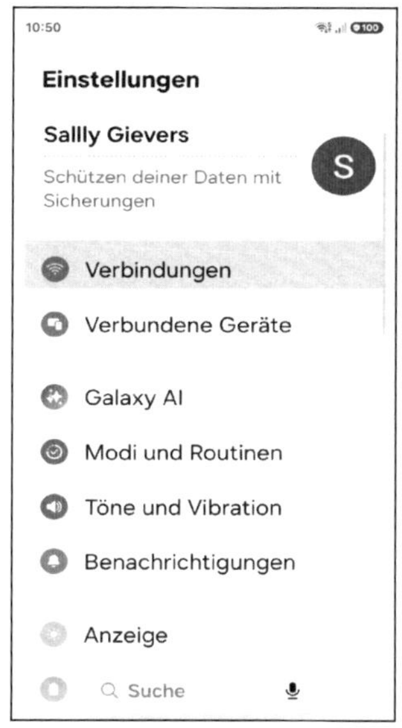

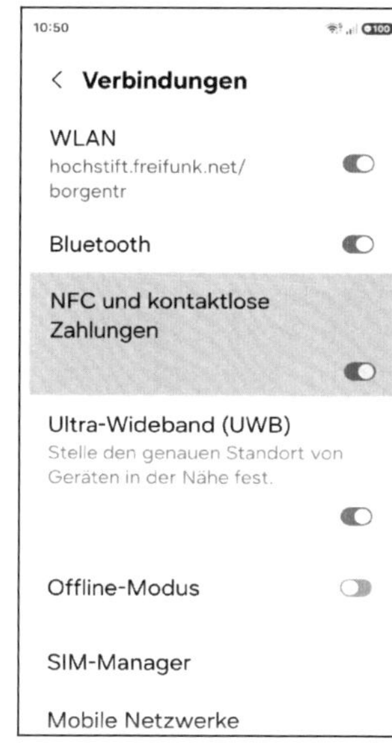

❶ Zuerst müssen Sie NFC aktivieren: Gehen Sie auf *Einstellungen* im Hauptmenü.

❷❸ Rufen Sie *Verbindungen/NFC und kontaktlose Zahlungen* auf.

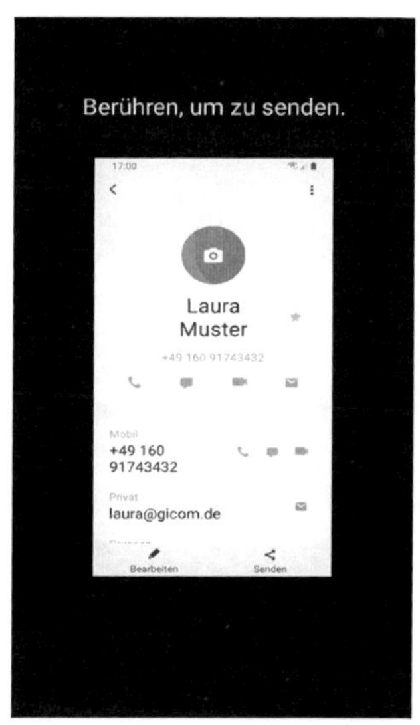

❶ Prüfen Sie, ob *NFC* eingeschaltet ist (Schalter am oberen Bildschirmrand ist blau).

❷ Es gibt auf Android-Handys keine extra Funktion, die festlegt, welches Gerät als Sender und welches als Empfänger fungiert. Halten Sie einfach beide Geräte mit den Rückseiten gegeneinander, worauf ein Signal ertönt und Sie auf dem Gerät, das senden soll, den Bildschirm antippen. Eventuell muss der Empfänger anschließend noch auswählen, wie die empfangenen Daten weiterverarbeitet werden.

Anwendungsbeispiele:

- Browser: Webseite im Browser auch auf dem Empfänger-Handy öffnen.
- YouTube: Geöffnetes Video in der YouTube-Anwendung auch auf dem Empfänger-Handy anzeigen
- Telefonbuch: Daten eines im Telefonbuch angezeigten Kontakts auf dem Empfänger-Handy im Telefonbuch speichern.
- Google Maps: Maps-Karte im Empfänger-Handy öffnen.
- Google Play Store: Programmdetails auf dem Empfänger-Handy anzeigen.

Wichtig: Bankkarten oder andere Karten mit NFC-Unterstützung können das Handy verwirren und Fehlermeldungen hervorrufen. Deshalb sollten Sie das Handy immer separat davon transportieren!

32.11.1 Samsung Wallet

Inzwischen gehört die kontaktlose Bezahlung mit der Girocard (alte Bezeichnung: EC-Karte) zum Standard. Dazu legt man seine Girocard auf das Zahlungsterminal, welches per Funk Kontakt mit dem enthaltenen Chip aufnimmt. Anschließend geben Sie die PIN für Ihre Girocard ein – bei kleineren Beträgen ist dies sogar meistens nicht nötig.

Die gleiche Funktion kann auch Ihr Samsung-Handy mit seinem NFC-Funkmodul und der Samsung Wallet-Anwendung übernehmen. Google und Apple bieten übrigens ähnliche Bezahlfunktionen über NFC an.

Wir möchten darauf hinweisen, dass sich unserer Ansicht nach mit der Zahlungsabwicklung durch Samsung Wallet keinerlei Vorteil gegenüber der Zahlung per Girocard ergibt. Ganz im Gegenteil: Aus Datenschutzgründen – das Unternehmen erfährt Ihre Kaufgewohnheiten – ist Samsung Wallet als problematisch anzusehen.

Weil Samsung sein Zahlungssystem intensiv bewirbt, beschreiben wir an dieser Stelle trotzdem dessen Einrichtung. Beachten Sie dass Samsung Wallet die Beantragung eines neuen Bankkontos voraussetzt, was negative Auswirkungen auf Ihre Bonität bei der Schufa hat.

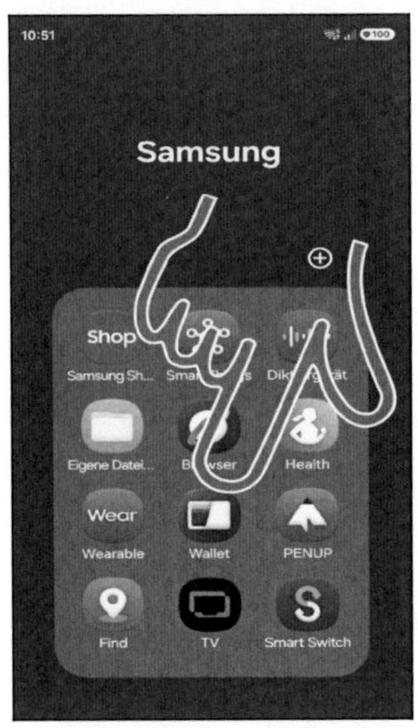

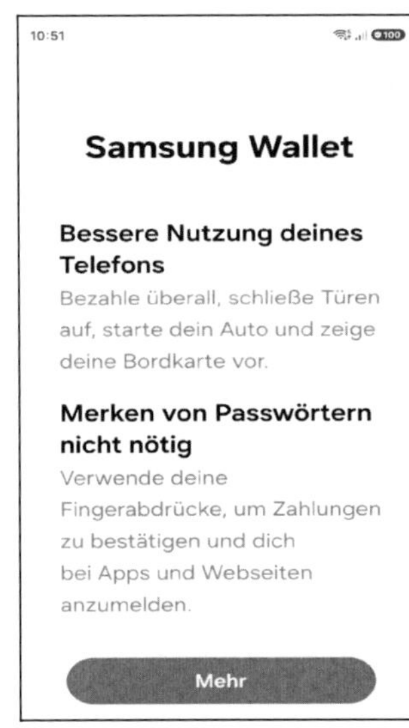

❶❷ Öffnen Sie im Hauptmenü den *Samsung*-Ordner und gehen Sie auf *Wallet.*

❸ Folgen Sie den Anweisungen.

32.12 QR-Code scannen

Mit Sicherheit haben Sie sich schon mal über die seltsamen Rastergrafiken gewundert, die ab und zu auf Werbeplakaten oder in Zeitschriften zu finden sind. Es handelt sich dabei um sogenannte QR-Codes, die in der Regel eine Webadresse enthalten. QR-Codes lassen sich mit dem Handy einscannen und dann einfach im Webbrowser öffnen.

Wir zeigen Ihnen in diesem Kapitel, wie Sie QR-Codes nutzen.

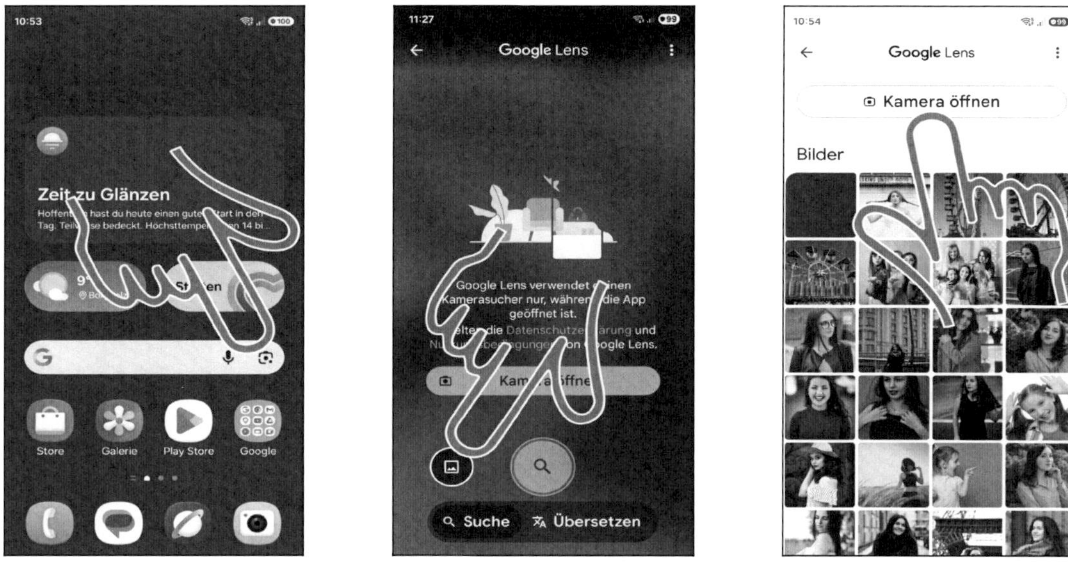

➊ Starten Sie die Google Lens-Funktion mit der -Schaltfläche im Startbildschirm.

➋➌ Gehen Sie auf das Kamera-Symbol und dann auf *Kamera öffnen*.

➊➋ Halten Sie das Handy über den einzuscannenden QR-Code. Die angezeigte Webadresse tippen Sie an, worauf sie im Webbrowser geöffnet wird.

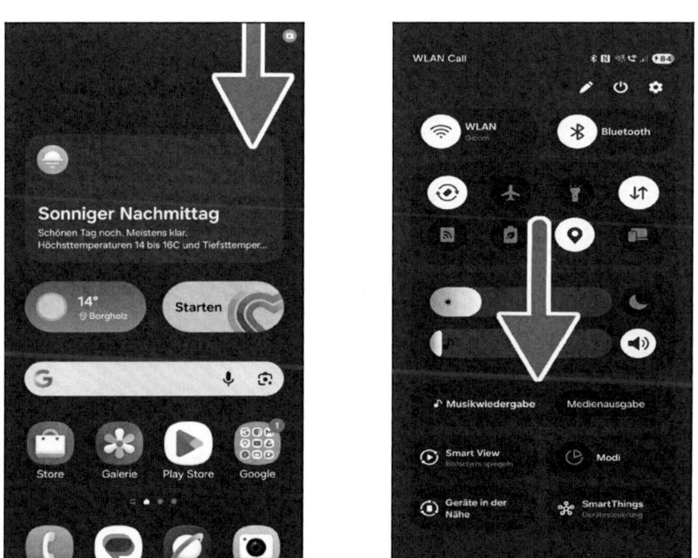

➊ Alternativ öffnen Sie das Benachrichtigungsfeld…

❷ … und öffnen mit einer Wischgeste das erweiterte Benachrichtigungsfeld.

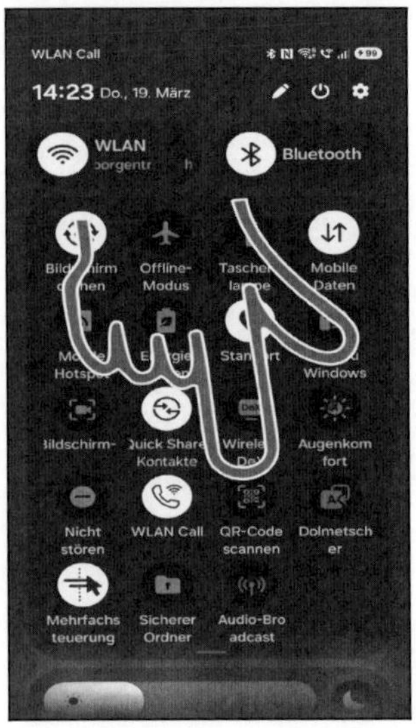

❶❷ Tippen Sie auf *QR-Code scannen* und halten Sie das Handy auf den QR-Code. Mit *Link öffnen* rufen Sie die hinterlegte Webadresse im Browser auf.

32.13 Datenschutzeinstellungen

In den letzten Jahren wurde weltweit das Datensammeln der Softwarebranche durch diverse Gesetze immer mehr eingeschränkt. Was für die Privatsphäre auf der einen Seite zu begrüßen ist, hat auf der anderen Seite negative Auswirkungen auf den Bedienkomfort.

Beispiel: Google darf die in den Telefonbuch-Kontakten hinterlegten Geburtstage nicht einfach in den Kalender als Termine übernehmen. Ebenso dürfen Suchwörter aus der Google-Suche nicht für Empfehlungen im Kartendienst Google Maps oder in YouTube verwendet werden.

Über die »Meine Aktivitäten«-Seite legen Sie selbst fest, welche Daten Google zwischen seinen Diensten austauschen darf.

❶ Rufen Sie in einem Webbrowser die Webadresse *myactivity.google.com/linked-services* auf (Sie dürfen dazu auch den Browser auf einem PC nutzen, was einfacher ist). Betätigen Sie dann *Anmelden* und geben Sie auf den folgenden Seiten Ihr Google-Konto und das zugehörige Passwort an.

❷ Aktivieren Sie alle Dienste, die Daten untereinander austauschen dürfen. In der Regel dürften das alle sein, was Sie mit einem Haken beim ersten Eintrag erledigen.

❸ Blättern Sie nun mit einer Wischgeste durch den Bildschirm und gehen Sie *Weiter*. Auf der folgenden Seite betätigen Sie *Bestätigen*.

32.14 Mehrere SIM-Karten gleichzeitig nutzen

Die Verwendung von zwei SIM-Karten in einem Handy (Dual-SIM-Funktion) macht unter Umständen Sinn:

- Berufliche und private Trennung: Nutzung einer SIM-Karte für berufliche Zwecke und der zweiten für private Kommunikation. So lassen sich Arbeit und Privatleben leichter trennen, ohne zwei Geräte mit sich führen zu müssen.
- Nutzung im Ausland: Kaufen Sie an Ihrem Aufenthaltsort eine lokale SIM-Karte, um Roaming-Kosten zu sparen. Beachten Sie, dass im EU-Ausland nur die in Deutschland üblichen Kosten anfallen, also keine zweite Karte nötig ist. Sie haben im EU-Ausland darüber hinaus mit Ihrer deutschen SIM-Karte einen besseren Empfang, weil alle lokalen Mobilnetzbetreiber genutzt werden. Das ist bei einer lokal gekauften SIM-Karte nicht der Fall.
- Netzabdeckung optimieren: Manche Netzbetreiber haben in bestimmten Regionen eine bessere Abdeckung als andere. Mit zwei SIM-Karten können Sie flexibel auf das Netz mit der besten Verbindung umschalten.
- Besonders im beruflichen Bereich kann die Back-up-Option nützlich sein: Falls ein Netzbetreiber Störungen hat oder kein Netz verfügbar ist, bleiben Sie über die zweite SIM-Karte erreichbar.

Sofern Sie eine zweite SIM-Karte verwenden möchten, empfehlen wir den Ewerb einer eSIM. Diese lässt sich leicht einrichten (wir gehen darauf während der Einrichtung im Kapitel 3 Erster Start ein).

Eine physikalische zweite SIM-Karte legen Sie dagegen genauso ein, wie im Kapitel *2.3 Die SIM-Karte* beschrieben.

Im Folgenden beschreiben wir die Nutzung einer eSIM zusammen mit einer normalen SIM-Karte.

> Bitte beachten Sie, dass wir an dieser Stelle nicht auf alle Besonderheiten der eSIM eingehen können. Die meisten Funktionen dürften aber selbsterklärend sein.

Nachdem Sie eine zweite (physikalische) SIM-Karte eingelegt haben, erscheint ein Dialog, in dem Sie festlegen, welche SIM-Karte Sie standardmäßig für Anrufe (❶), Nachrichten (SMS)(❷) und mobile Daten (Internet über das Mobilfunknetz) (❸) einsetzen möchten. Diese Auswahl können Sie später jederzeit noch ändern.

32.14.1 SIM-Verwaltung

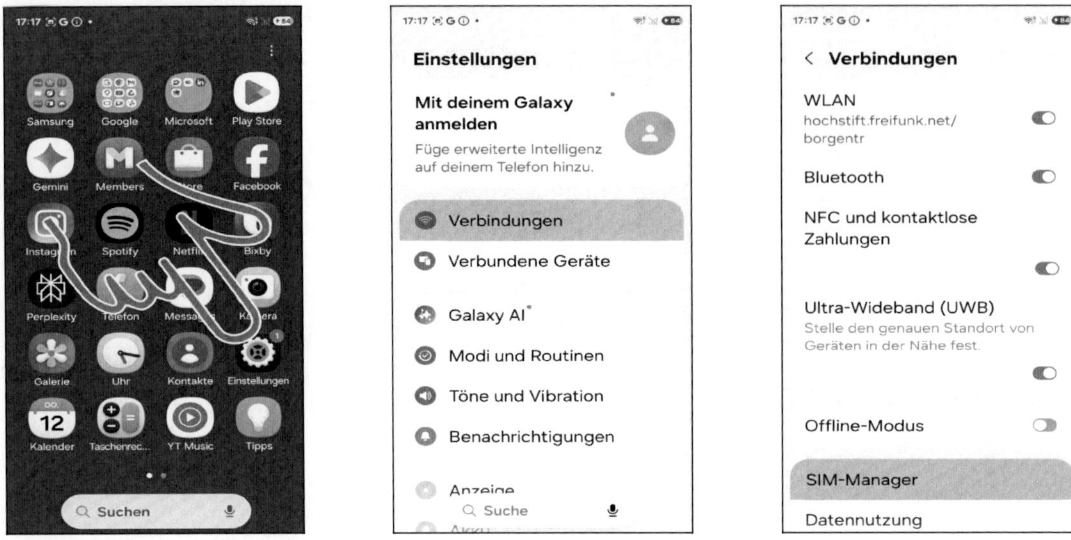

❶❷❸ Rufen Sie die *Einstellungen* im Hauptmenü auf und gehen Sie auf *Verbindungen* und dann *SIM-Manager*.

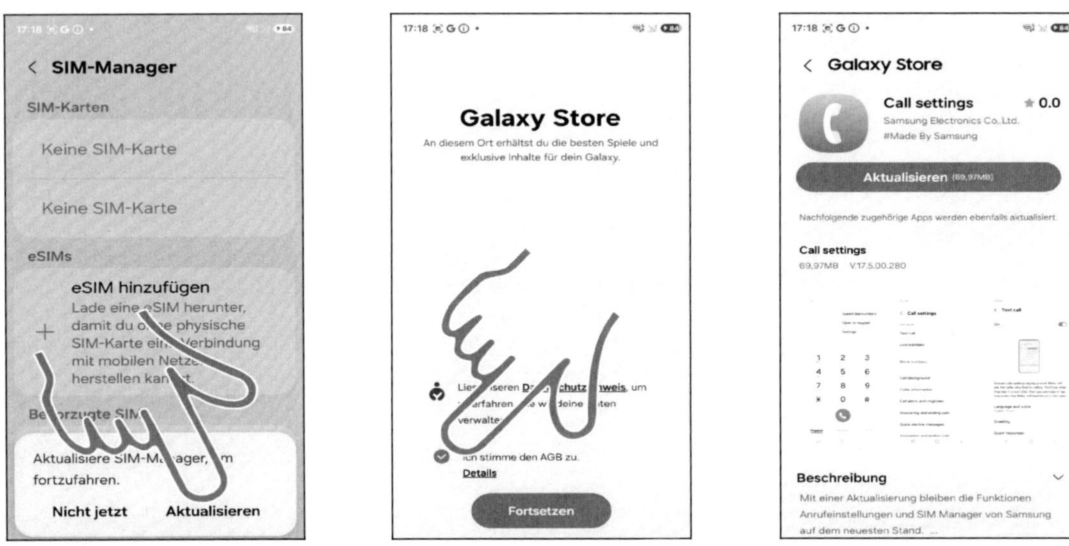

❶ Falls *Aktualisiere SIM-Manager, um fortzufahren* erscheint, betätigen Sie *Aktualisieren.*

❷ Aktivieren Sie *Ich stimme den AGB zu* und gehen Sie auf *Fortsetzen.*

❸ Nach Betätigen von *Aktualisieren* warten Sie, bis dieser Vorgang abgeschlossen ist, dann gelangen Sie mit der ᐸ-Taste in die Einstellungen zurück, worin Sie erneut auf *SIM-Manager* gehen.

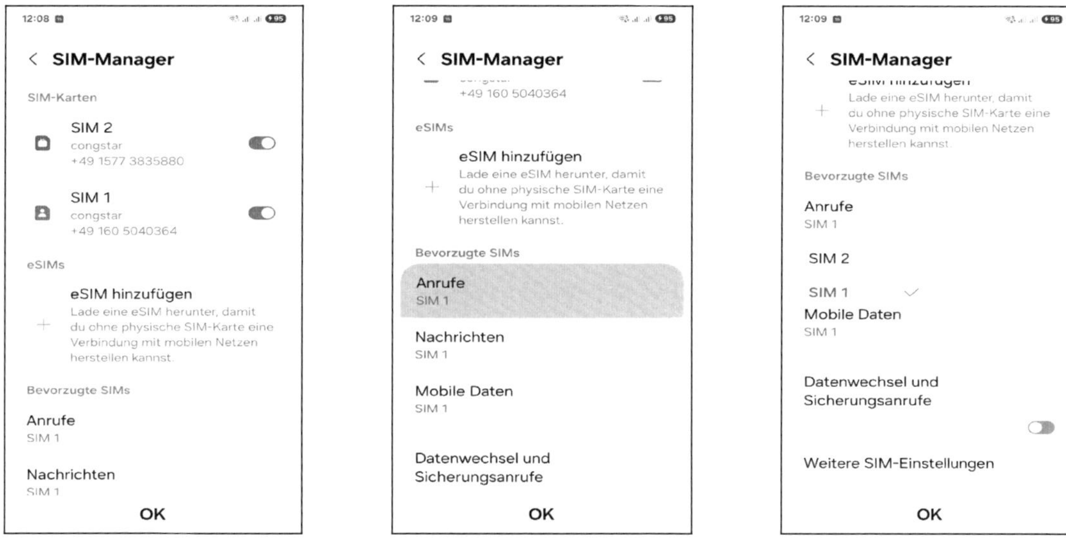

➊ In unserem Beispiel sind bereits zwei SIM-Karten aktiv.

➋➌ Legen Sie über die Menüs unter *Bevorzugte SIMs* fest, welche SIM-Karte standardmäßig für Anrufe, SMS und Internet verwendet wird.

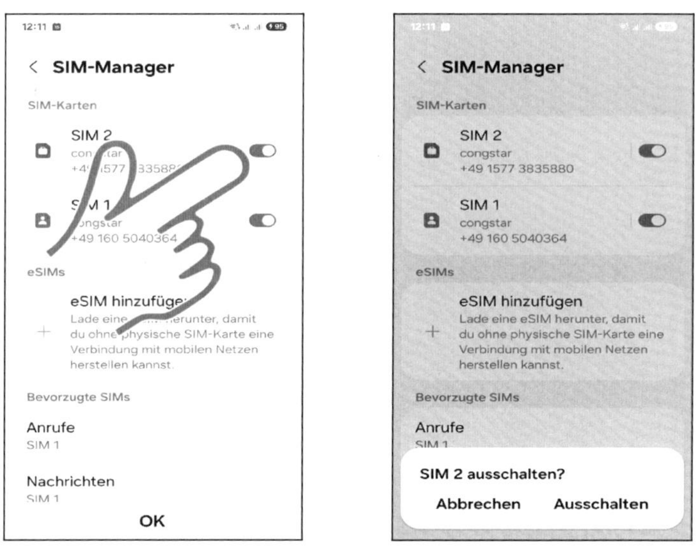

➊➋ Eine gerade nicht benötigte SIM-Karte deaktivieren Sie einfach, indem Sie sie antippen und dann *Einschalten* deaktivieren.

32.14.2 eSIM einrichten

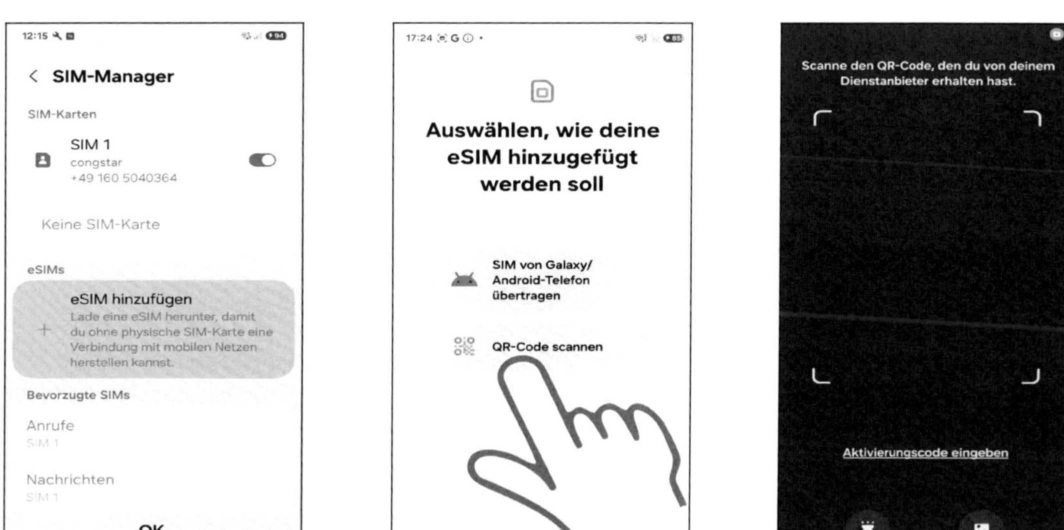

❶ Gehen Sie auf eSIM hinzufügen.

❷❸ Gehen Sie nun auf *QR-Code scannen* und halten Sie das Handy über den QR-Code mit dem eSIM-Code.

> Zwar können Sie eine bereits vorhandene eSIM von einem anderen Handy übertragen, nur ist dies bei jedem Hersteller anders gelöst. Wir empfehlen daher, die eSIM beim Netzbetreiber einfach erneut anzufordern, worauf die alte eSIM automatisch ungültig wird. Die Neuanforderung einer eSIM ist in der Regel kostenlos.

❶ Beantworten Sie die Sicherheitsabfrage mit *Hinzufügen.*

❷ Der Assistent hilft Ihnen dann bei der Zuordnung der bevorzugten SIM für Anrufe, Nachrichten (SMS) und mobile Daten (Internet).

❸ Sie befinden sich wieder im SIM-Manager. Die Bedienung erfolgt, wie im Kapitel zuvor beschrieben.

32.14.3 Zwei SIM-Karten im Alltag

❶❷ Anrufe und der SMS-Versand erfolgen jeweils über die von Ihnen voreingestellte SIM-Karte. Sie können aber die SIM-Karte fallweise über eine Schaltfläche in der Telefonoberfläche wechseln.

32.15 Drucken

Auch wenn inzwischen in unserem Alltag vieles papierlos abläuft, möchte man doch ab und zu etwas auf Papier in der Hand halten. Der Chromebrowser, Gmail, Google Fotos, sowie die Office-Apps Docs, Tabellen und Präsentationen unterstützten deshalb auch die Druckausgabe.

Die meisten modernen Drucker unterstützen Wi-Fi oder Wi-Fi Direct. Drucker mit (Kabel-)Netzwerkanschluss sind ebenfalls per WLAN erreichbar, sofern sie im Netzwerk entsprechend freigegeben sind. Das gleiche gilt auch für Drucker, die bei einem Windows-PC im Netz freigegeben wurden.

Bevor Sie mit der Einrichtung beginnen, kontrollieren Sie bitte, ob Handy und Drucker den gleichen WLAN-Zugangspunkt nutzen (zum Thema WLAN lesen Sie bitte Kapitel *10 WLAN*). Beachten Sie: Über einem Gast-Zugang funktioniert die Druckerkoppelung meistens nicht, weil darin die Geräte aus Sicherheitsgründen »isoliert« sind.

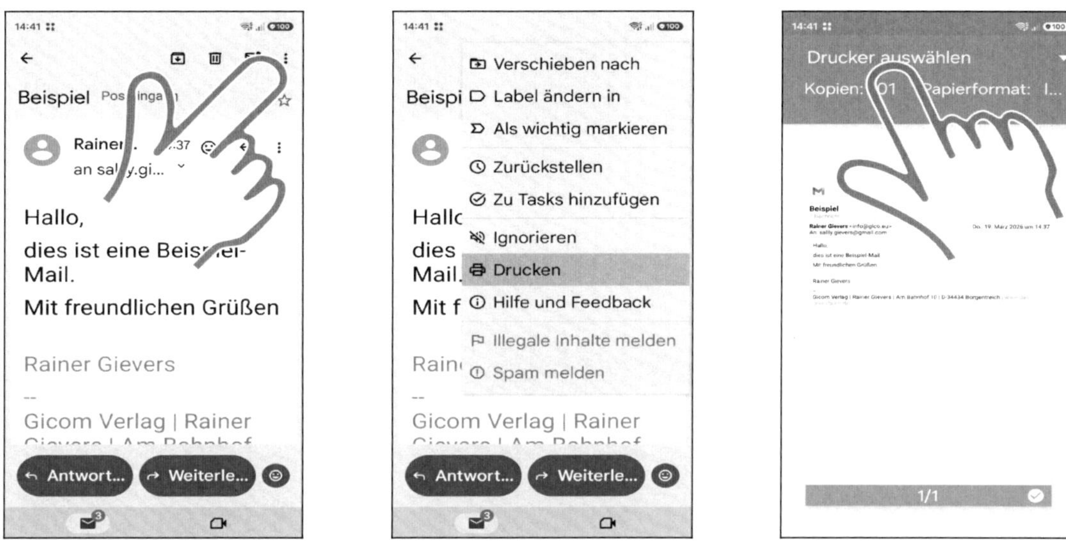

❶ In unserem Beispiel möchten wir in Gmail eine Nachricht ausdrucken. Gehen Sie ins Menü und wählen Sie *Drucken.*

❷❸ Beim ersten Aufruf müssen Sie erst den Drucker einrichten. Dafür gehen Sie auf *Drucker auswählen.*

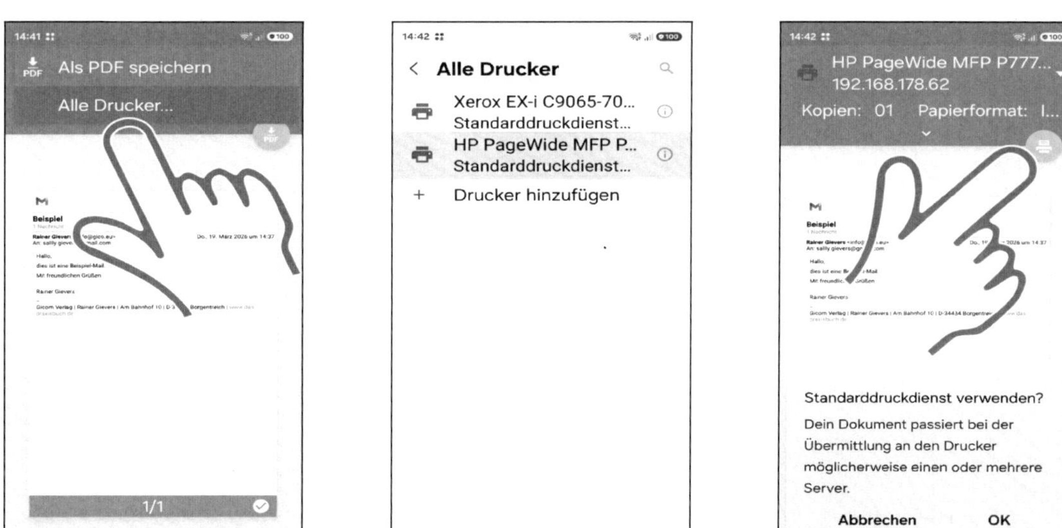

❶ Betätigen Sie *Alle Drucker.*

❷ Wählen Sie einen der gefundenen Netzwerkdrucker aus. Tipp: Für den Fall, dass das Drucken nicht funktionieren sollte, können Sie mit *Drucker hinzufügen* einen Drucktreiber für Ihr Gerät installieren.

❸ Starten Sie den Druck mit der gelben Schaltfläche.

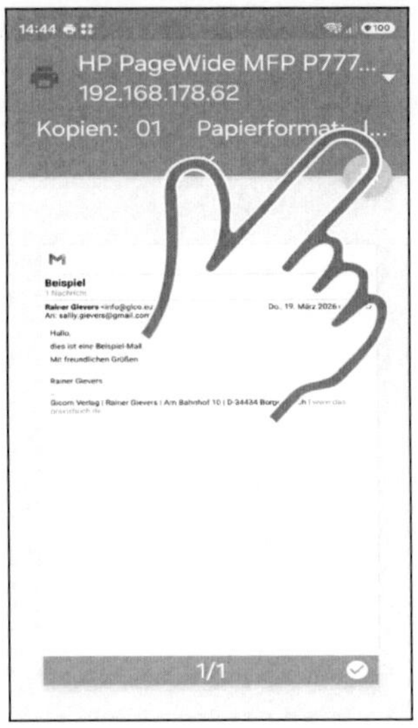

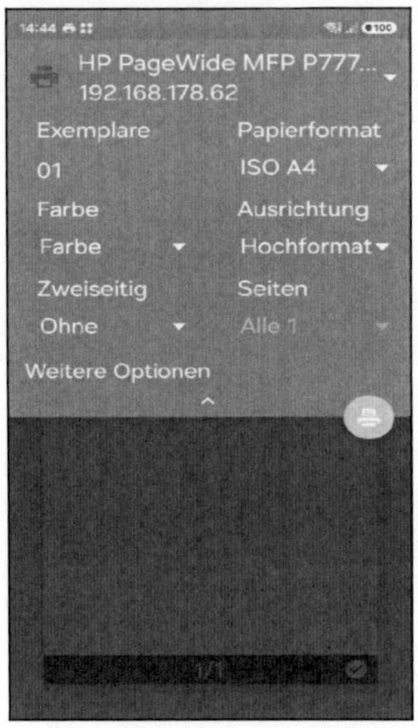

❶❷ In die Einstellungen gelangen Sie durch Antippen der drei Punkte.

33. Bedienungshilfen

Mit den folgenden Tipps lösen Sie einige häufiger benötigte Funktionen mit einer Geste aus.

33.1 Gestensteuerung

Den Bewegungssensor, die Frontkamera, das berührungsempfindliche Display und ausgefuchste Software versetzen das Galaxy in die Lage, bestimmte Gesten in Aktionen umzusetzen. Allerdings werden Sie viele der unterstützten Bewegungssteuerungen wohl nie nutzen, da sie einfach zu umständlich sind, oder gewohnte Abläufe stören.

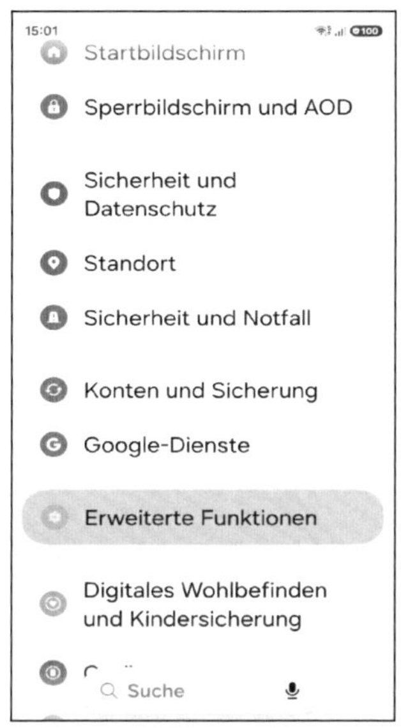

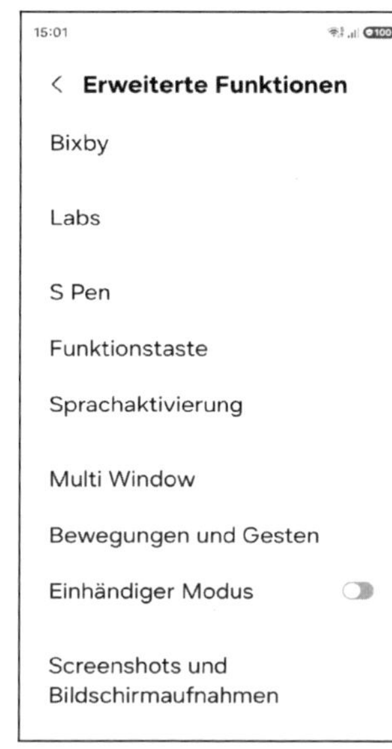

❶ Rufen Sie die *Einstellungen* aus dem Hauptmenü auf.

❷ Rufen Sie das *Erweiterte Funktionen*-Menü auf.

❸ Die Optionen (nicht alle der aufgeführten Menüs haben etwas mit der Bewegungssteuerung zu tun, weshalb wir an dieser Stelle nicht auf diese eingehen):

- *Bixby*: Auf die Samsung-Sprachsteuerung »Bixby« gehen wir nicht ein, weil mit Gemini bereits eine leistungsfähige Alternative zur Verfügung steht.
- *Labs*: Diverse experimentelle Funktionen, die möglicherweise nicht korrekt funktionieren.
- *S Pen* (nur Galaxy S26 Ultra): Auf die S Pen-Funktionen geht Kapitel *36 Der Bedienstift des Galaxy S26 Ultra* ein.
- *Funktionstaste:* Stellen Sie ein, was passiert, wenn Sie den Ein-/Ausschalter zweimal schnell hintereinander betätigen. Wählen Sie aus, ob dann die Kamera-Anwendung (siehe Kapitel *17 Kamera*) oder eine bestimmte Anwendung startet.
- *Sprachaktivierung*: Auf die Bixby-Sprachsteuerung geht dieses Buch nicht ein.
- *Bewegungen und Gesten*: Darauf gehen wir unten ein.
- *Einhändiger Modus*: Verkleinert die Bildschirmanzeige, damit Sie das Handy mit einer Hand nutzen können.
- *Screenshots und Bildschirmaufnahmen*: Betrifft die im Kapitel *32.8 Screenshots (Bildschirmkopien)* beschriebene Funktion:
  - *Nach Aufnahme Toolbar anzeigen*: Nach einem Screenshot die Symbolleiste am unteren Bildschirmrand anzeigen.
  - *Nach Freigabe löschen*: Versendete Screenshots anschließend löschen.
  - *Status-/Navigationsleisten ausbl.*: Screenshots werden automatisch oben und unten auf den Bildschirminhalt beschnitten.
  - *Original-Screenshots speichern*: Wenn Sie in der angezeigten Leiste nach dem

Screenshot den Bildeditor aufrufen, dann wird der originale Screenshot neben dem bearbeiteten gespeichert.

- *Format*: Dateiformat der Bildschirmaufnahmen.
- *Screenshots speichern unter*: Wählen Sie das Speicherverzeichnis aus.
- *Ton aufnehmen; Videoqualität; Selfie-Videogröße; Tippen und Berührungen anzeigen; Bildschirmaufnahme speichern unter*: Betrifft die Bildschirmvideoaufnahme, die Sie aus dem Benachrichtigungsfeld mit der *Bildschirmrekorder*-Schaltfläche auslösen.

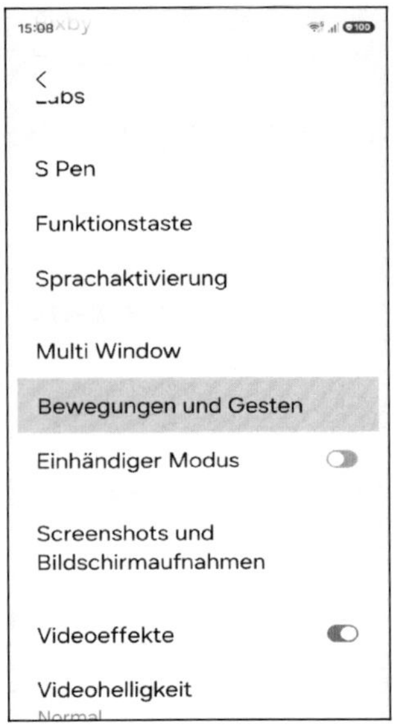

❶ Unter *Bewegungen und Gesten*:

- *Zum Aktivieren hochheben*: Sobald Sie das Handy von einem Tisch aufnehmen, schaltet sich das Display ein.
- *Zum Einschalten zweimal tippen*: Wenn das Display ausgeschaltet ist, tippen Sie zweimal schnell hintereinander darauf, um es einzuschalten.
- *Zum Ausschalten zweimal tippen*: Tippen Sie zweimal schnell hintereinander auf eine leere Stelle im Startbildschirm oder der Displaysperre.
- *Beim in die Hand nehmen benachrichtigen*: Das Telefon vibriert, sobald Sie das Handy in die Hand nehmen, sofern neue SMS oder verpasste Anrufe vorliegen.
- *Mit Gesten stummschalten*: Halten Sie Ihre Handfläche auf das Display oder legen Sie das Handy umgedreht mit dem Display auf einen Tisch, um Anrufe stummzuschalten.
- *Screenshot*: Wischen Sie mit der Handkante über das Display, um einen sogenannten Screenshot anzufertigen. Siehe Kapitel *32.8 Screenshots (Bildschirmkopien).*

33.2 Einhändiger Betrieb

Der Bildschirm lässt sich verkleinern, damit sich das Handy mit einer Hand bedienen lässt.

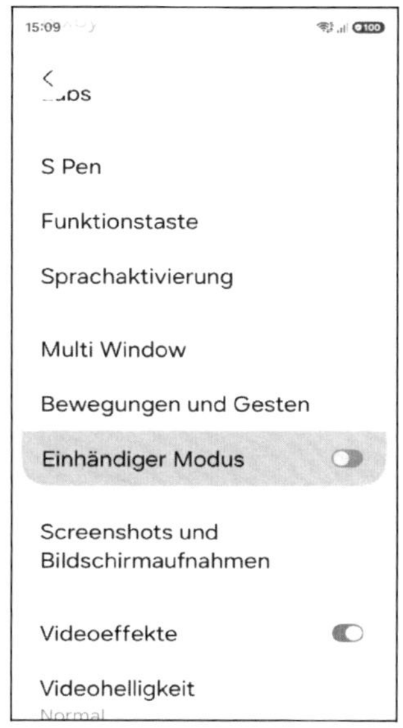

➊ Rufen Sie die *Einstellungen* aus dem Hauptmenü auf.

➋ Rufen Sie das *Erweiterte Funktionen/Einhändiger Modus*-Menü auf.

➌ Die *Aus*-Option oben rechts: Aktivieren Sie darüber den einhändigen Modus.

Die weiteren Funktionen:

- *Geste*: Diagonal mit dem Finger von unten nach oben auf dem Bildschirm wischen. Wir empfehlen, diese Voreinstellung nicht zu ändern.
- *Schaltfläche*: Zweimaliges schnelles Betätigen der O-Taste verkleinert die Bildschirmdarstellung. Wir empfehlen diese Einstellung zu verwenden.

➊ Wenn die Option *Einhändiger Modus* aktiv ist, betätigen Sie zweimal schnell hintereinander die O-Taste.

➋ Über die Schaltfläche auf der linken beziehungsweise rechten Seite (Pfeil) ändern Sie die Anordnung. Sie beenden die verkleinerte Ansicht, wenn Sie zweimal schnell außerhalb des »Bildschirms« tippen.

33.3 Mehrfensteransicht

Normalerweise läuft auf Android-Geräten immer nur ein Programm im Vordergrund. Es ist zwar möglich, zwei Programme mit der hier beschriebenen Funktion »geteilter Bildschirm« gleichzeitig in Fenstern laufen zu lassen, praktisch ist das aber nicht.

33.3.1 Geteilter Bildschirm

❶ Aktivieren Sie zunächst mit der III-Taste unterhalb des Displays die Liste der zuletzt genutzten Anwendungen. Mit einer Wischgeste nach links/rechts blättern Sie durch die Auflistung. Tippen Sie auf das runde Symbol.

❷ Im Popup wählen Sie nun *In geteilter Bildschirmansicht öffnen* aus.

❶❷ Wählen Sie ein zweites Programm in den Vorschlägen aus.

❸ Das Galaxy wechselt in die Mehrfensteransicht.

❶❷ Den Anzeigebereich ändern Sie durch Tippen, Halten und Ziehen der Markierung (Pfeil). Die Mehrfensteransicht wird mit der O-Taste beendet.

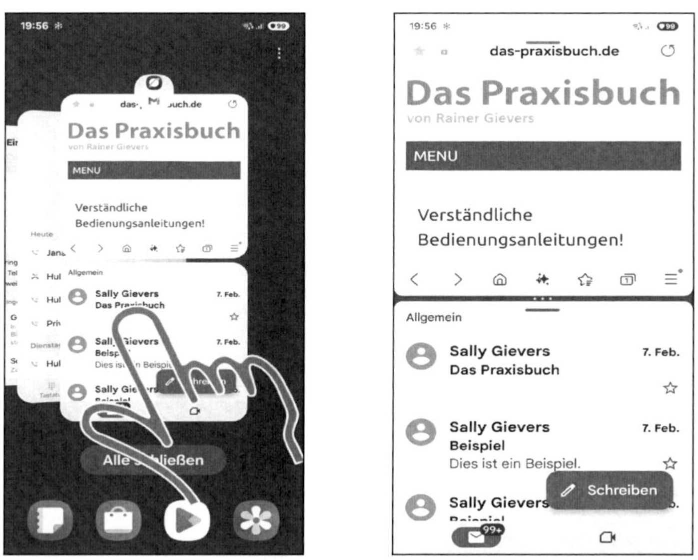

❶❷ Das Galaxy merkt sich allerdings das zuletzt geöffnete Fenster. Betätigen der III-Taste listet neben den zuletzt aufgerufenen Programmen auch die Fenster auf, welche Sie mit Antippen erneut aktivieren.

33.3.2 Popup-Fenster

❶ Aktivieren Sie zunächst mit der III-Taste unterhalb des Displays die Liste der zuletzt genutzten Anwendungen. Mit einer Wischgeste nach links/rechts blättern Sie durch die Auflistung. Tippen Sie oben auf das runde Symbol.

❷ Wählen Sie *In Popup-Ansicht öffnen*.

❶ Tippen und halten Sie den Finger auf der Fensteroberseite, worauf Sie das Fenster verschieben können.

❷❸ Für die Veränderung der Fenstergröße halten Sie den Finger auf einem der Ränder und warten Sie, bis sich das Fenster hellblau färbt. Ziehen Sie dann in die gewünschte Richtung und lassen Sie den Finger los. Eventuell benötigen Sie dafür mehrere Versuche.

❶❷ Tippen Sie die Markierung über dem oberen Fensterrand kurz an, worauf die Schaltflächen erscheinen:

- □: Fenstergröße ändern.
- ⊟: Ohne Funktion.
- ↗↙: Popup-Fenster auf ein Symbol minimieren.
- ↙↗: Popup-Fenster maximieren.
- ✕ beendet eine Anwendung. Alternativ betätigen Sie die ‹-Taste.

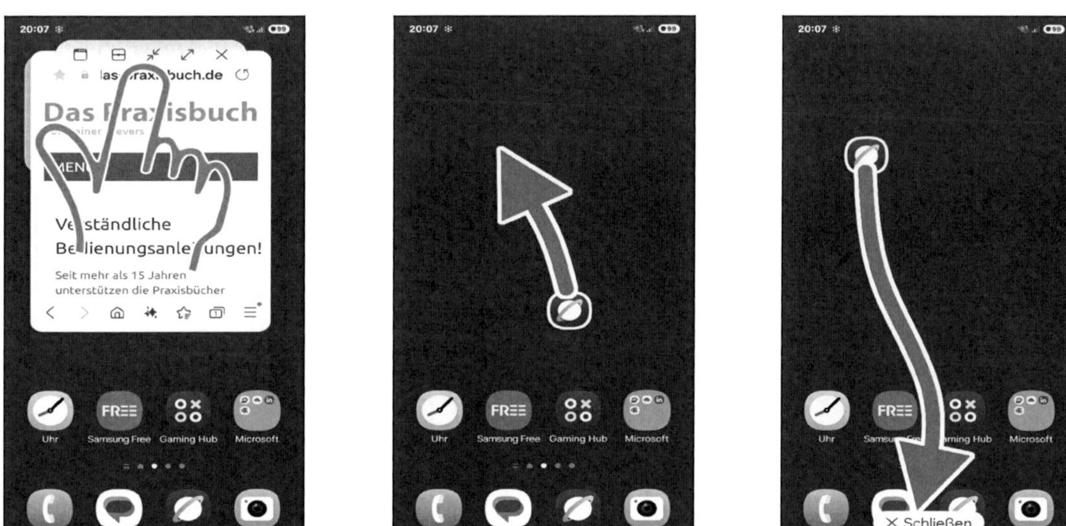

❶❷ Ein mit ↗↙ zum Symbol minimiertes Fenster lässt sich mit dem Finger verschieben; ein Antippen öffnet das Popup-Fenster wieder.

❸ Zum Löschen halten Sie den Finger auf dem Symbol gedrückt und verschieben es auf *Schließen*.

33.3.3 Schnellfunktion

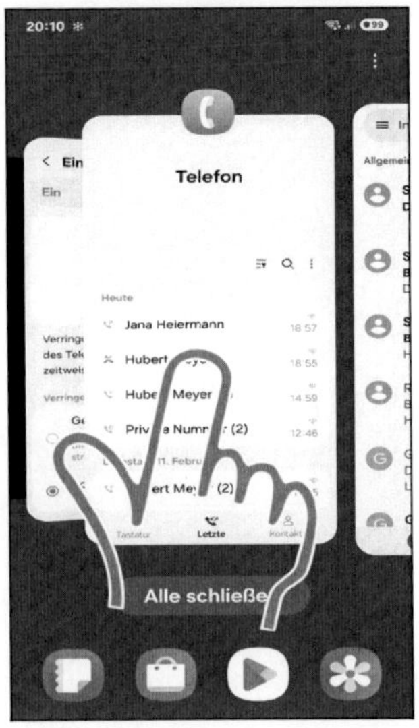

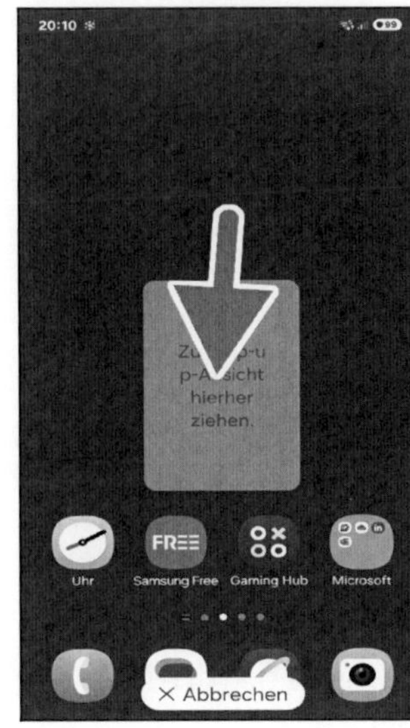

Das Handy bietet in dem mit der III-Taste aufgerufenem Menü auch eine weitere Möglichkeit für den Wechsel in den geteilten Bildschirm beziehungsweise das Popup-Fenster an:

❶ Tippen und halten Sie den Finger auf dem Vorschaufenster. Dann verschieben Sie das Symbol entweder nach oben oder unten für die Ansicht »geteilter Bildschirm« (❷) oder Sie bewegen das Symbol in die Bildschirmitte für die Popup-Ansicht. Lassen Sie dann den Finger los.

33.3.4 Optionen

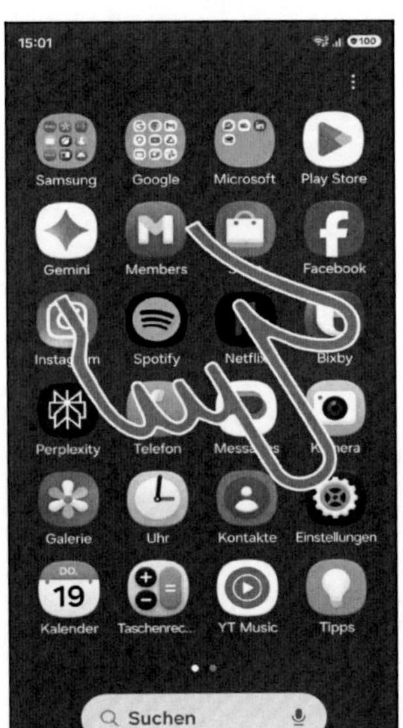

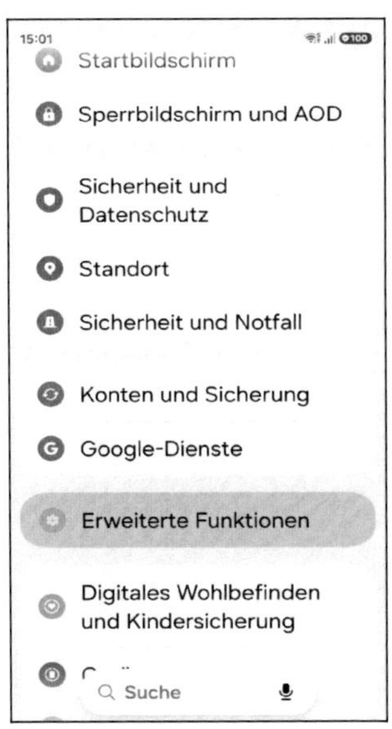

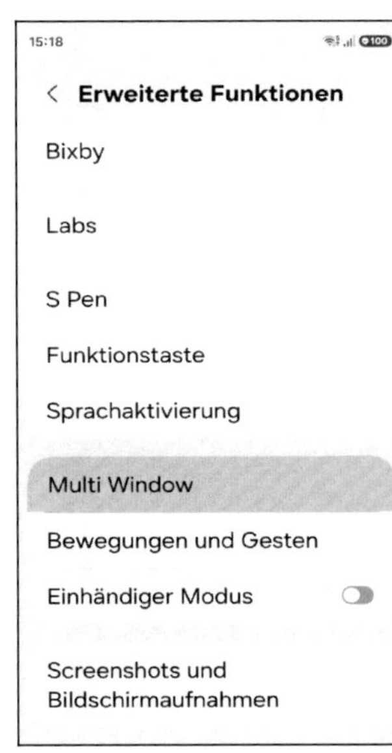

❶ Rufen Sie im Hauptmenü die *Einstellungen* auf.

❷❸ Wählen Sie *Erweiterte Funktionen* und dann *Multi Window*.

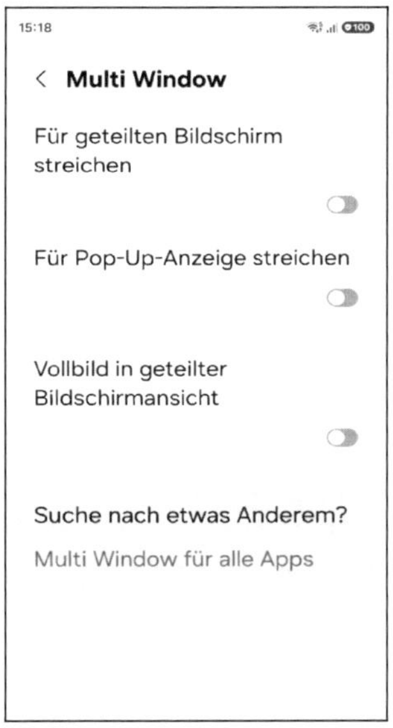

❶ Zur Auswahl stehen die Optionen:

- *Für geteilten Bildschirm streichen*: Während eine Anwendung läuft, wischen Sie mit zwei Fingern vom unteren Displayrand nach oben. Die Anwendung wechselt in den geteilten Bildschirm.
- *Für Pop-Up-Anzeige streichen*: Wischen Sie von der oberen rechten Ecke mit dem Finger diagonal nach unten, worauf die gerade laufende Anwendung in ein Pop up-Fenster umgewandelt wird. Diese Geste erfordert etwas Übung, da Sie sehr leicht stattdessen das Benachrichtigungsfeld öffnen.
- *Vollbild in geteilter Bildschirmansicht*: In der geteilten Ansicht blendet das Handy die Navigationstasten aus.

❷❸ Beispiel für die Geste »*Für geteilten Bildschirm streichen*«: Mit zwei Fingern gleichzeitig vom unteren Displayrand nach oben wischen.

33.4 Einstellungen für Startbildschirm und Hauptmenü

Die im Folgenden beschriebenen Optionen sollten Sie erst ausprobieren, wenn Sie sich bereits mit dem Handy eingehend vertraut gemacht haben. Sie ändern damit erheblich Aussehen und Verhalten von Startbildschirm und Hauptmenü.

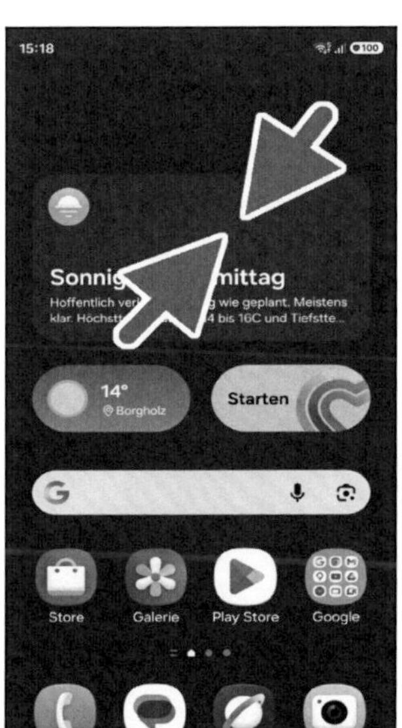

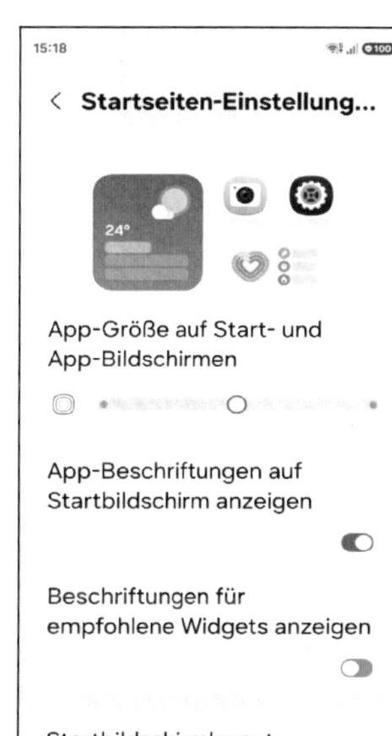

❶ Führen Sie eine Kneifgeste im Startbildschirm durch oder halten Sie den Finger für einige Sekunden auf eine leere Stelle des Startbildschirms.

❷ Gehen Sie auf *Einstellungen*.

❸ Die Optionen:

- *App-Größe auf Start- und App-Bildschirmen*: Ändert die Größe der Symbole im Startbildschirm und Hauptmenü.
- *App-Beschriftungen auf Startbildschirm anzeigen*: Die Namen der Programme im Startbildschirm anzeigen/ausblenden.
- *Beschriftungen für empfohlene Widgets anzeigen*: Den Namen der Widgets anzeigen/ausblenden.
- *Startbildschirmlaylout*: Das Galaxy nutzt – wie alle Samsung-Handys – mit Startbildschirm und Hauptmenü zwei separate Bildschirme, in denen alle installierten Programme aufgelistet werden. Sie können über *Startbildschirmlayout* das Hauptmenü deaktivieren, worauf alle Programme nur noch auf dem Startbildschirm erscheinen.
- *Startbildschirmgitter*: Standardmäßig zeigt das Galaxy im Startbildschirm die Programmsymbole in einem 4×6-Raster an. Sie können allerdings die Anzeige zwischen 4×6 und 5×6 umschalten.
- *App-Bildschirmgitter*: Wie beim *Startbildschirmgitter* schalten Sie im Hauptmenü die Programmsymbolanordnung zwischen 4×6 oder 5×6 um.
- *Ordnerraster*: Anzeigeformat in Ordnern (siehe Kapitel *4.7.3 Ordner*).
- *Medienseite zum Startbilds. hzfg.*: Standardmäßig öffnet sich im Startbildschirm, wenn Sie nach rechts wischen, der Google-Bildschirm (siehe Kapitel *21.8 Google-Anwendung*). Stellen Sie von Google Discover auf *Samsung Free* um, wenn Sie stattdessen das Samsung-Angebot mit Spielen, Nachrichten und Videos nutzen möchten.
- *Finder auf Startbildschirm anzeig.*: Blendet das vom Hauptmenü bekannte Suchfeld auch im Startbildschirm ein.
- *App-Bildschirm-Schaltfläche auf Startbildschirm anzeigen*: Blendet eine zusätzliche Menü-Schaltfläche im Startbildschirm ein, über das Sie das Hauptmenü aufrufen. Die Menü-Schaltfläche kennen Sie vielleicht noch von älteren Samsung-Handys.
- *Startbildschirmlayout sperren*: Verhindert, dass Programmsymbole auf dem Startbildschirm verschoben oder entfernt werden. Ideal, wenn Sie beispielsweise Kindern das Handy überlassen.
- *Neue Apps für den Startbildschirm*: Programme, die neu installiert werden (siehe Kapitel *26 Programmverwaltung*) erscheinen nicht nur im Hauptmenü, sondern auch im Startbildschirm als Verknüpfung. Dies war früher auf Samsung-Handys üblich.
- *Apps auf Start- und Apps-Bildschirm ausblenden*: Wählen Sie aus, welche Programme im Hauptmenü ausgeblendet (»deaktiviert«) werden sollen. Wir raten allerdings dazu, nicht benötigte Programme direkt zu deinstallieren (siehe Kapitel *26.3 Programme deinstallieren*).
- *App-Symbolindikator*: Wählen Sie aus, ob die Programmsymbole beispielsweise bei der Telefon-, Nachrichten- und E-Mail-Anwendung jeweils mit einer Zahl über die vorhandenen Benachrichtigungen informieren.
- *Für Benachr.-Feld nach unten streichen*: Wischen im Startbildschirm öffnet das Benachrichtigungsfeld.
- *In Querformat drehen*: Standardmäßig zeigt das Galaxy den Startbildschirm immer im Hochformat an. Sie können allerdings die Anzeige auch mitdrehen lassen, wobei Sie allerdings verkleinert wird.

❶❷ Das Handy zeigt eine Vorschau bei der Umschaltung des Layouts im *Startbildschirmgitter*-Menü.

❸ Im *App-Symbolindikator*-Menü legen Sie fest, ob die Anzahl der vorhandenen Benachrichtigungen direkt am Programmsymbol angezeigt wird.

❶ Das Hauptmenü rufen Sie auf dem Galaxy normalerweise mit einer Wischgeste auf.

❷ Aktivieren Sie *App-Bildschirm-Schaltfläche auf Startbildschirm anzeigen*, damit Sie über eine Menü-Taste auf das Hauptmenü umschalten können.

34. Eingabemethoden

Die Eingabemethode aktiviert sich automatisch, wenn Sie sich in einem Eingabefeld befinden. Das Galaxy besitzt kein separates Tastenfeld wie viele einfache Handys, weshalb der Hersteller diverse Tricks anwendet, damit Sie mit Ihren Fingern trotzdem fehlerfrei Eingaben vornehmen können.

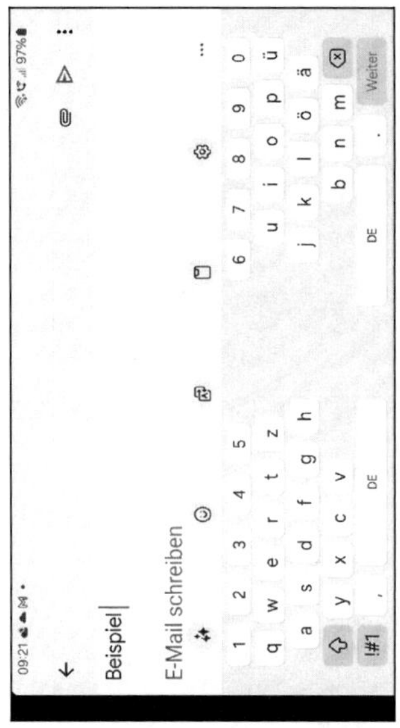

❶ Die Standardeingabemethode beim Galaxy.

❷ Ein besonders großes Tastenfeld erscheint, wenn Sie das Galaxy um 90 Grad gedreht halten. Dabei ist es egal, welche Eingabemethode vorher aktiv war.

34.1 Einrichtung der Wortvorschläge

Aus nicht nachvollziehbaren Gründen sind auf manchen Samsung-Handys die Wortvorschläge deaktiviert. Im Folgenden zeigen wir Ihnen, wie Sie sie einschalten.

❶ Rufen Sie eine Anwendung auf, in der Eingaben verlangt werden, beispielsweise Gmail (siehe Kapitel *11 Gmail*). Erstellen Sie eine neue E-Mail-Nachricht. Wenn während der Eingabe über dem Tastenfeld die Wortvorschläge erscheinen, dann funktioniert alles korrekt und Sie können dieses Kapitel überlesen.

❷ In unserem Beispiel erscheinen dagegen keine Wortvorschläge. Wir richten diese nun ein.

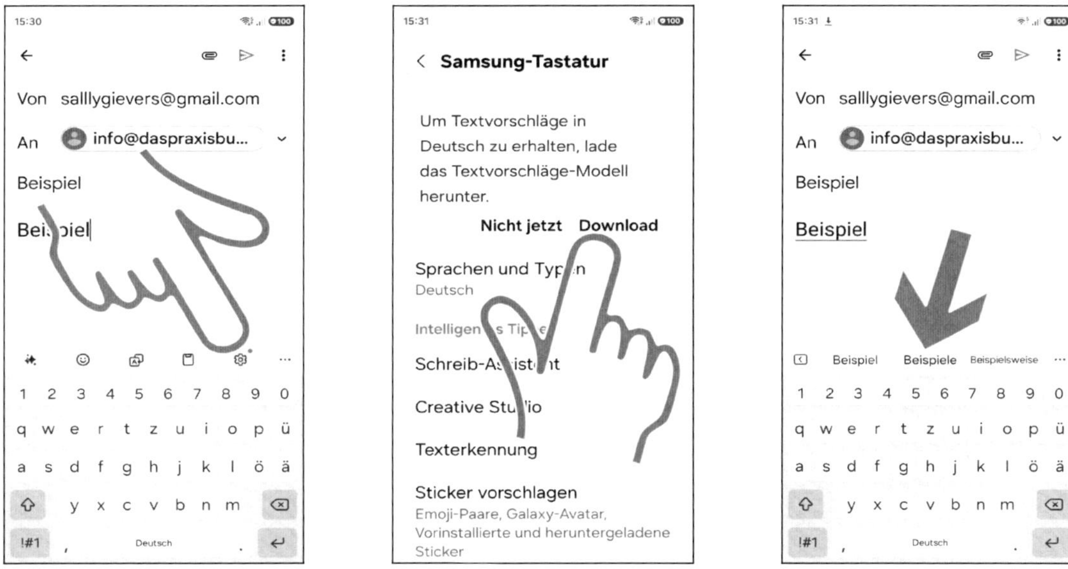

➊ Betätigen Sie ⚙ über dem Tastenfeld für die Einstellungen.

➋ Nach Antippen von *Download* können Sie das Menü verlassen.

➌ Nach ca. einer Minute zeigt das Tastenfeld die Wortvorschläge an.

34.2 Allgemeine Bedienung

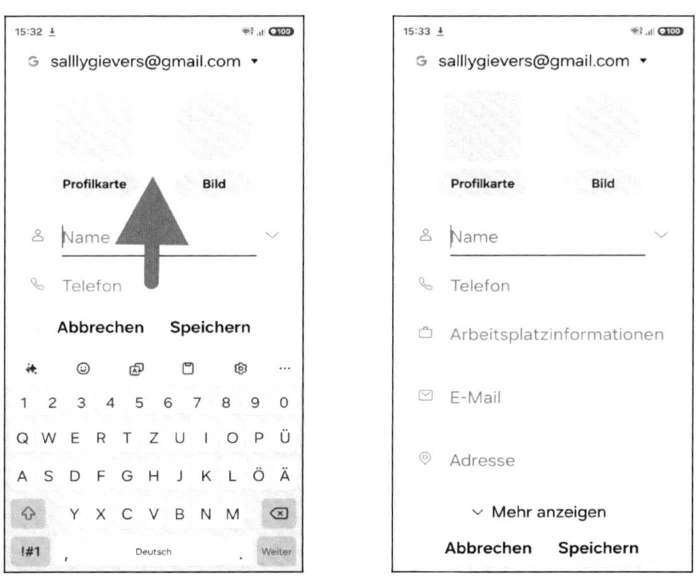

➊ Häufig kommt es vor, dass das Tastenfeld wichtige Eingabefelder oder Informationen überdeckt. In diesem Fall tippen und halten Sie den Finger auf dem Bildschirm (nicht auf das Tastenfeld) und ziehen nach unten beziehungsweise oben.

➋ Alternativ betätigen Sie einmal die ∨-Taste (unterhalb des Displays), worauf das Tastenfeld verschwindet. Sobald Sie ein Eingabefeld antippen, zeigt das Galaxy das Tastenfeld wieder an.

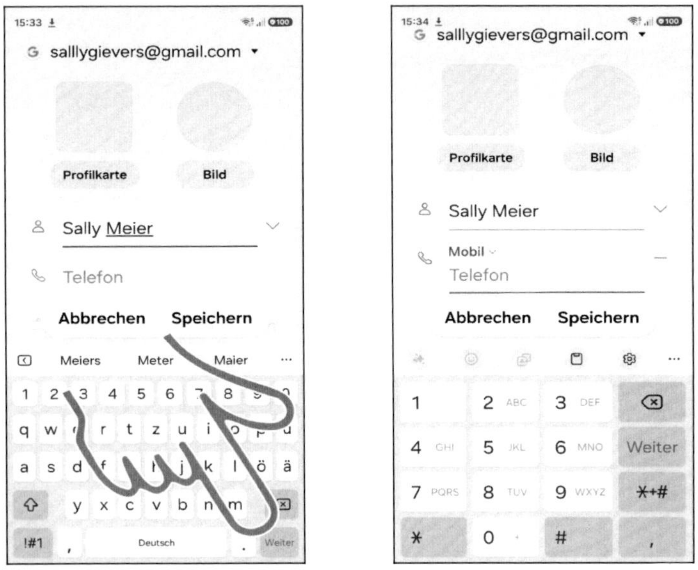

❶❷ Alternativ betätigen Sie die *Weiter*-Taste im Tastenfeld, worauf das nächste Eingabefeld angesprungen wird.

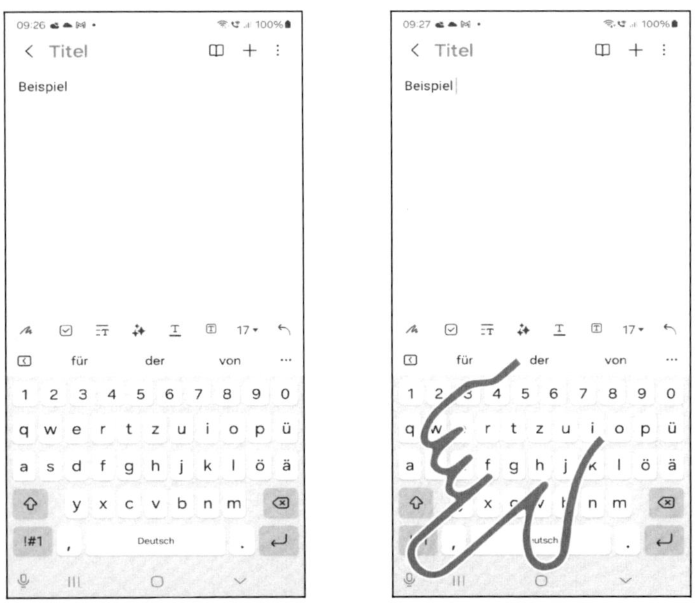

Das Galaxy unterstützt folgende Eingabemethoden:

- **Samsung-Tastatur** (❶):Die Standard-Eingabemethode.
- **Durchgehende Eingabe**: Eine Erweiterung der Samsung-Tastatur, die ähnlich funktioniert wie das von anderen Handys bekannte »Swype«. Eingaben nehmen Sie vor, indem Sie mit dem angedrückten Finger auf dem Tastenfeld von Buchstabe zu Buchstabe ziehen. Die Tastenfunktionen der Samsung-Tastatur stehen, während die durchgehende Eingabe aktiv ist, weiterhin zur Verfügung.
- **Spracheingabe** (❷): Das Galaxy setzt Ihre gesprochenen Wörter oder Sätze in Text um.

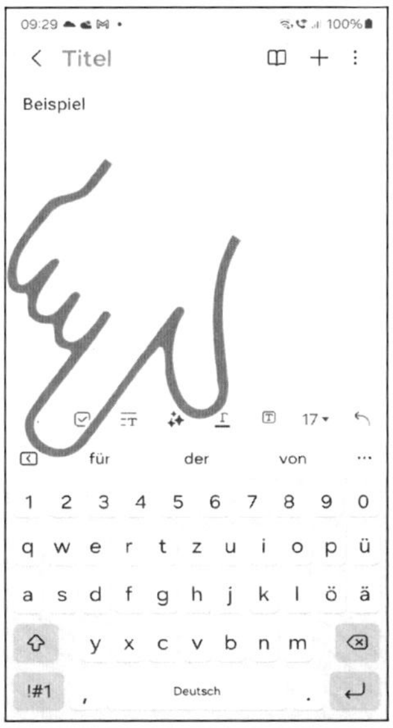

❶❷ Eine Besonderheit ist die ⊂-Schaltfläche: Damit wechseln Sie zwischen den Wortvorschlägen und den Zusatzfunktionen:

- ✨: Die KI-Funktion korrigiert Grammatikfehler und überarbeitet Ihren Schreibstil. Darauf geht Kapitel *24 KI-Funktionen* genauer ein.
- ☺: Smiley, animierte Cartoon-Figur oder GIF (animierte Grafik) einfügen.
- 🗚: Text übersetzen. Siehe Kapitel *34.3.5 Übersetzung*.
- ▢: *Zwischenablage*: Listet den Inhalt der Zwischenablage (siehe Kapitel *34.7 Texte kopieren, ausschneiden und einfügen*) auf. Wählen Sie ein Element aus, das Sie an der aktuellen Textposition einfügen möchten.
- ⚙ (Einstellungen)
- ●●●: Weitere Funktionen anzeigen, worauf wir als Nächstes eingehen.

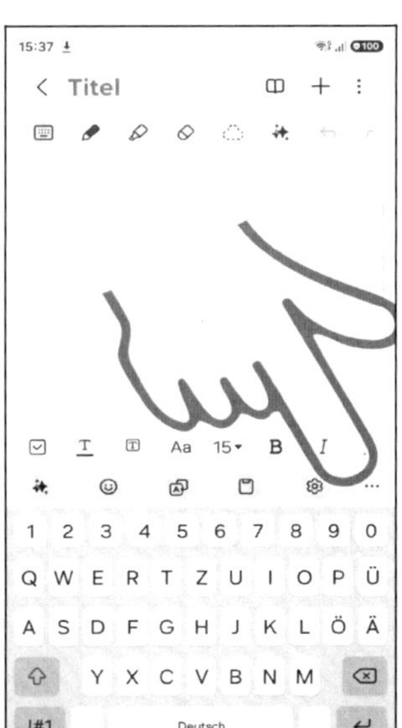

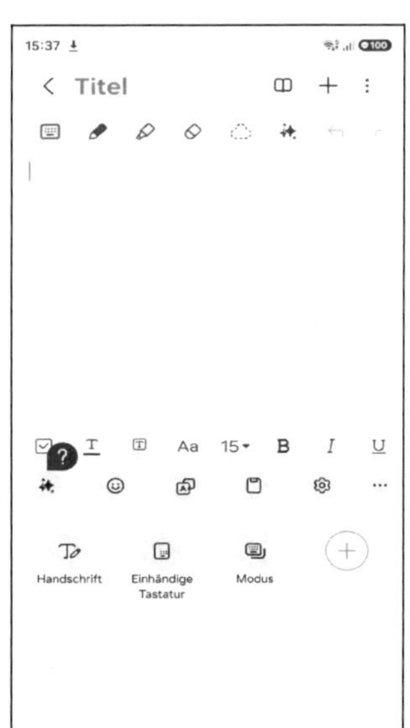

❶❷ Betätigen Sie die ●●●-Schaltfläche für weitere Funktionen:

- *Handschrift* (nur Galaxy S26 Ultra): Aktiviert die auf den Bedienstift abgestimmten Schreibfunktionen auf die Kapitel *36.6 Handschriftenerkennung*eingeht.
- *Einhändige Tastatur*: Verkleinert das Tastenfeld, damit Sie das Handy mit einer Hand bedienen können.
- *Modus*: Mit der Funktion *Schwebende Tastatur* »entkoppeln« Sie das Tastenfeld, worauf Sie es auf dem Bildschirm frei verschieben dürfen.

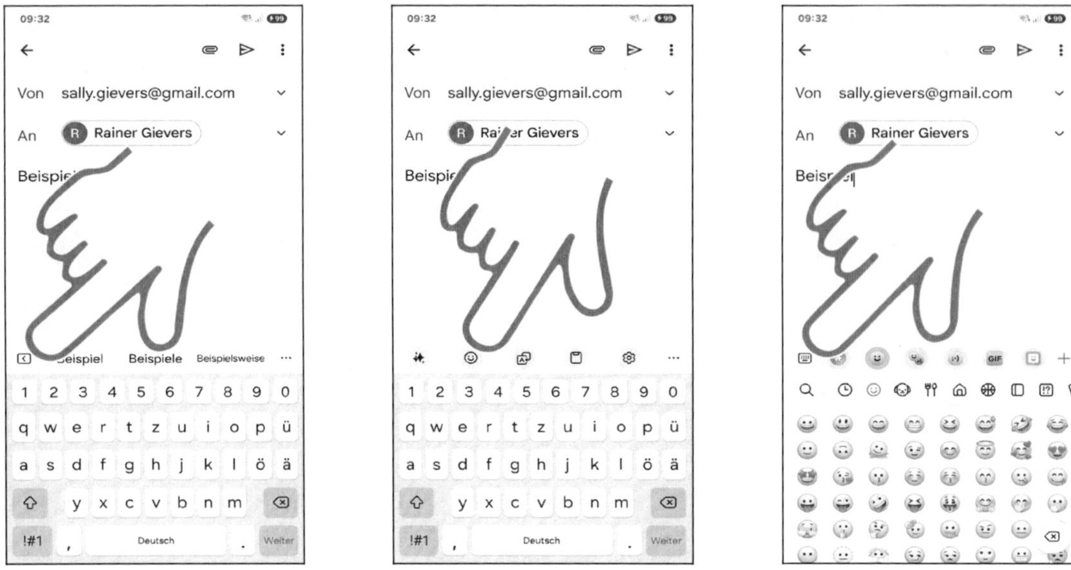

❶ Beispiel für die Eingabe einer Grafik: Betätigen Sie 〈 (Pfeil), falls die Symbole nicht angezeigt werden.

❷ Betätigen Sie ☺.

❸ Wählen Sie zwischen den verschiedenen Grafiktypen, dann tippen Sie eines der angebotenen Symbole (Smileys) aus. ⌨ (Pfeil) wechselt wieder auf das Standardtastenfeld.

Grundsätzlich raten wir zur Vorsicht beim Einfügen von Grafiken in die eigene Kommunikation, sofern Sie sie bisher noch nie genutzt haben. Manchmal werden die Grafiken beim Empfänger nicht oder nicht korrekt angezeigt beziehungsweise werden falsch interpretiert.

34.3 Samsung-Tastenfeld

Das Samsung-Tastenfeld ist standardmäßig aktiv und bietet einen guten Kompromiss zwischen Bedienbarkeit und Tastengröße.

❶ Für Satz- und Sonderzeichen ist auf der Displaytastatur kein Platz. Betätigen Sie dafür einfach die !#1-Taste (Pfeil).

❷ Über die ABC-Taste schalten dann wieder auf das normale Tastenfeld zurück.

➊ Umlaute geben Sie ein, indem Sie die jeweilige Taste, im Beispiel »A« etwas länger gedrückt halten. Das Tastenfeld zeigt nun ein Popup an, worin Sie auf den Umlaut tippen.

➋ In E-Mail-Eingabefeldern ändert sich die Tastenbelegung etwas: Sie haben dann unter anderem das »@«-Zeichen und das häufig benötigte ».com« zur Verfügung.

➌ Die Hochstelltaste (Pfeil) funktioniert genauso wie von einer PC-Tastatur gewohnt, das heißt, zweimaliges Betätigen sorgt dafür, dass alle Buchstaben in Großbuchstaben erscheinen. Betätigen Sie die Taste erneut, werden die Großbuchstaben wieder abgeschaltet.

34.3.1 Wortvorschläge

Damit Sie nicht soviel tippen müssen, macht das Tastenfeld während der Eingabe Wortvorschläge.

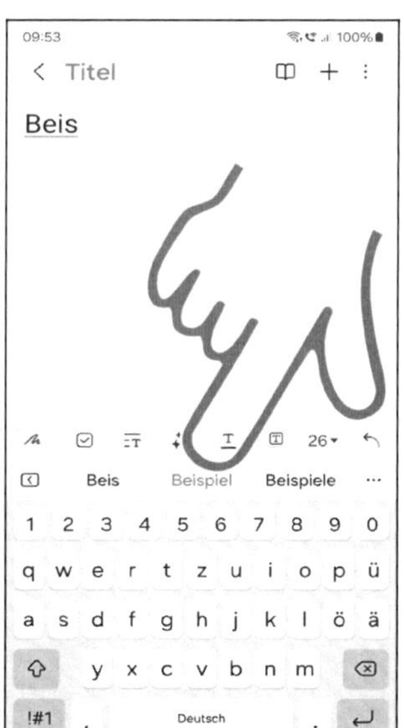

➊➋ Während Sie tippen, blendet das Galaxy oberhalb des Tastenfelds automatisch Wortvorschläge ein. Tippen Sie bei Bedarf einfach mit dem Finger einen Vorschläge an.

Häufig schlägt das Tastenfeld bereits sehr frühzeitig ein passendes Wort vor. Betätigen Sie nun die Leertaste oder geben Sie ein Satzzeichen an, dann wird das vorgeschlagene Wort automatisch ins Eingabefeld übernommen. Sie ersparen sich so das Antippen des Wortvorschlags.

Durch den Einsatz der Wortvorschläge können Sie häufig auf die umständliche Eingabe von Umlauten verzichten. Geben Sie beispielsweise »Schafchen« ein, dann erscheint der Wortvorschlag »Schäfchen«, welche Sie durch Antippen ins Eingabefeld übernehmen.

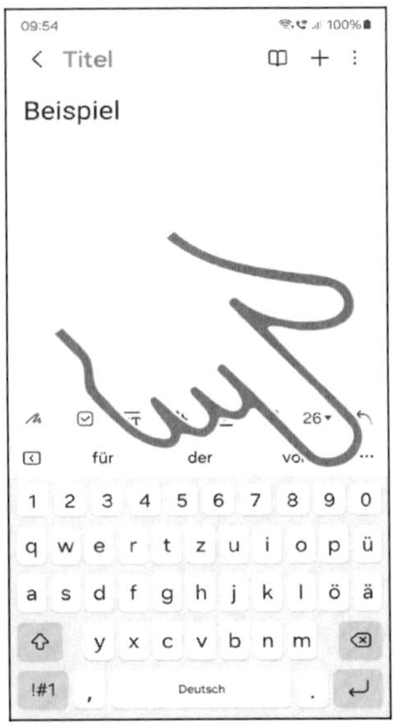

❶❷ Weitere Wortvorschläge liefert die ●●●-Schaltfläche.

34.3.2 Wörterbuchsprache einstellen

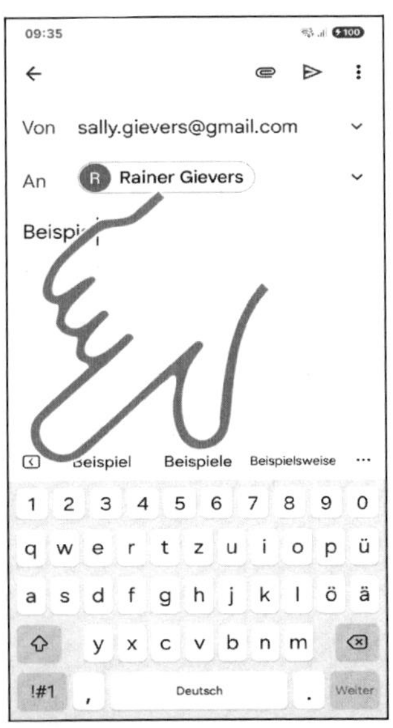

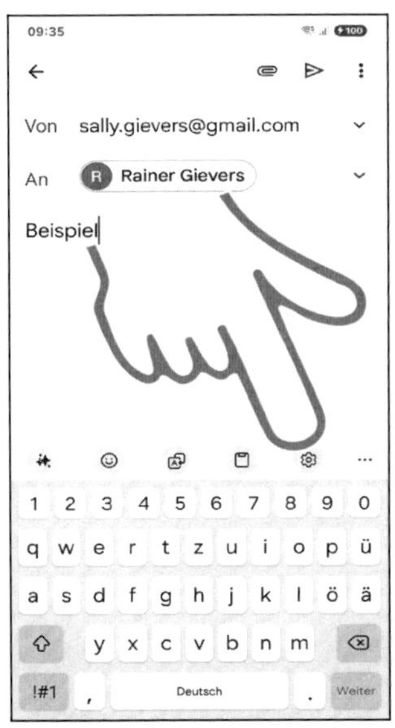

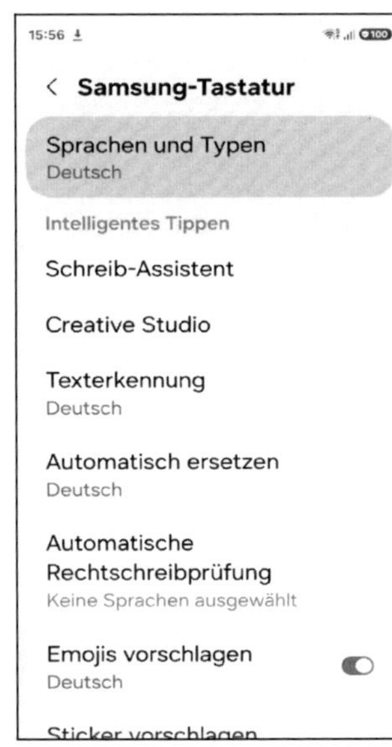

❶❷ Das Galaxy nutzt ein Wörterbuch, um die eingegebenen Wörter zu erkennen. Wenn Sie Texte in einer anderen Sprache schreiben, müssen Sie die Wörterbuchsprache ändern. Dazu betätigen Sie gegebenenfalls ⊡ und danach ⚙.

❸ Gehen Sie auf *Sprachen und Typen.*

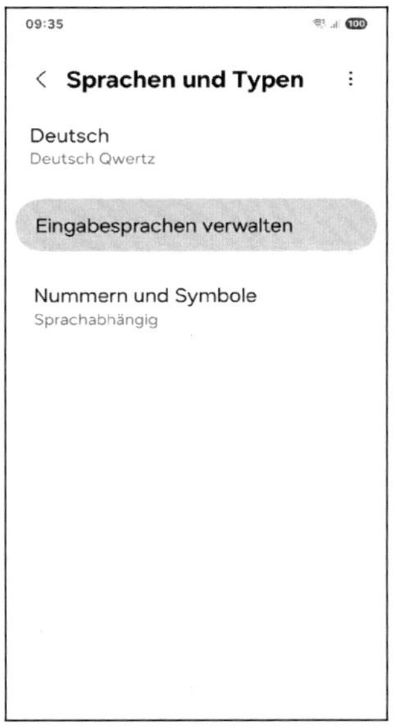

❶ Gehen auf *Eingabesprachen verwalten.*

❷ Aktivieren Sie die verwendeten Sprachen, also zum Beispiel neben *Deutsch* auch *English (UK)*. Falls Sie weitere Sprachen benötigen, laden Sie diese durch Antippen des Sprachnamens unten in der Liste herunter. Schließen Sie den Bildschirm mit der ‹-Taste.

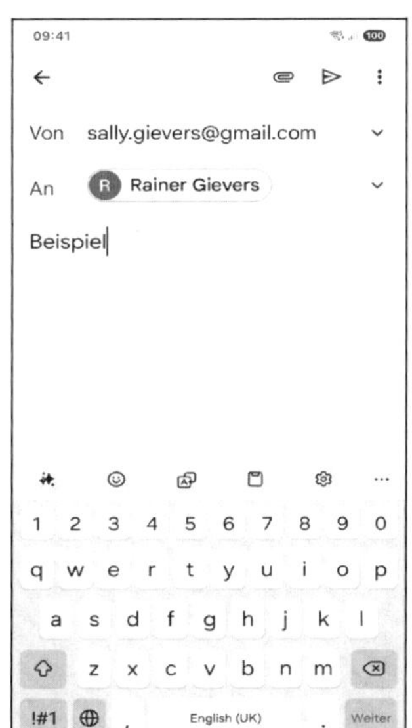

❶❷ Künftig schalten Sie mit ⊕ zwischen den Eingabesprachen (und den zugehörigen Wörterbüchern) um. Die gerade genutzte Sprache wird in der Leertaste angezeigt.

34.3.3 Das Anwenderwörterbuch

Abhängig von der genutzten Anwendung schreiben Sie jeweils anders. Das Galaxy kann dann Ihre Schreibgewohnheiten bei der Texterkennung berücksichtigen.

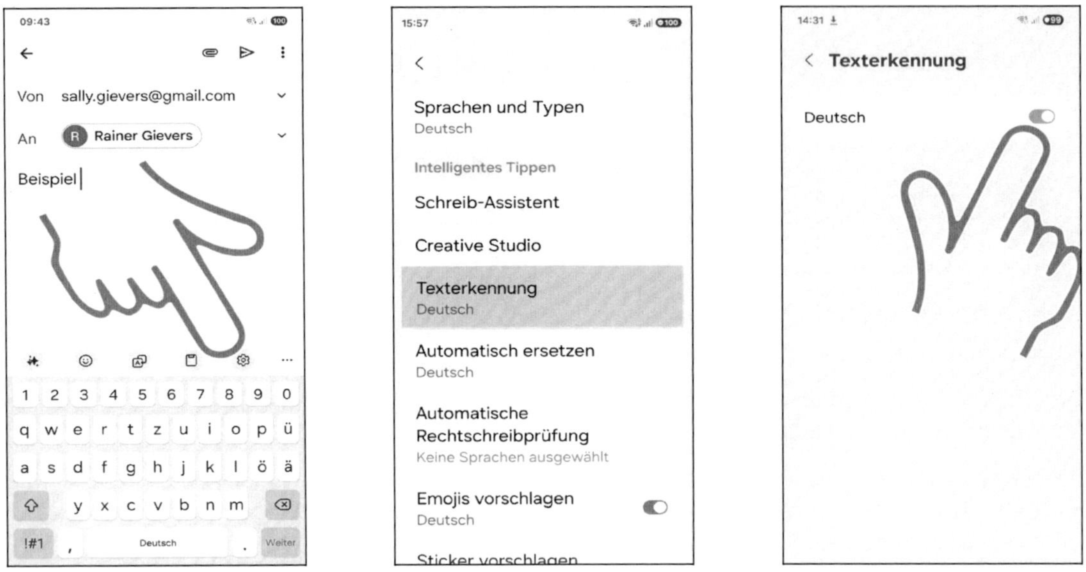

❶ Gehen Sie auf ⚙ (falls diese Schaltfläche nicht angezeigt wird, betätigen Sie vorher ⊡ links über dem Tastenfeld).

❷❸ Rufen Sie *Texterkennung* auf und prüfen Sie ob *Deutsch* eingeschaltet ist.

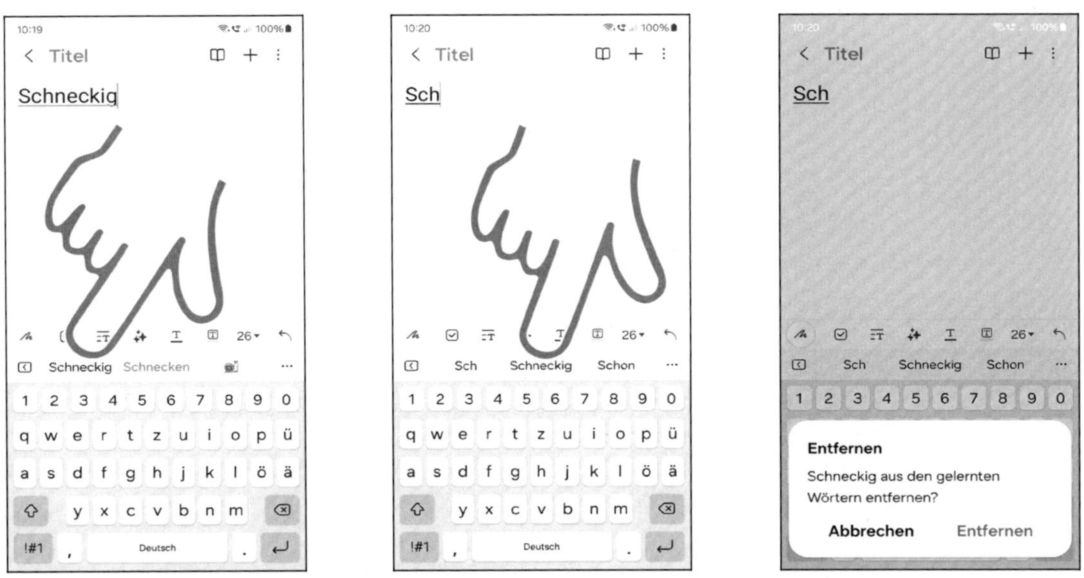

❶ So fügen Sie dem Anwenderwörterbuch weitere Wörter hinzu: Geben Sie das Wort auf dem Tastenfeld ein und tippen Sie es dann in den Wortvorschlägen kurz an (Pfeil). Das Wort wird nun beim nächsten Mal vorgeschlagen, sobald Sie die ersten Buchstaben davon eintippen.

❷❸ Manchmal soll ein Wortvorschlag später wieder aus dem Anwenderwörterbuch beziehungsweise den Vorschlägen verschwinden, beispielsweise weil Sie ihn falsch geschrieben haben. Geben Sie das Wort ein, dann tippen und halten Sie den Finger auf dem Wortvorschlag, bis das Popup erscheint. Betätigen Sie *Entfernen.*

34.3.4 Automatische Rechtschreibkorrektur

Das Handy wertet, wie Sie bereits festgestellt haben, Ihre Eingaben aus und korrigiert dabei Rechtschreibfehler. Wenn Sie häufiger berufsspezifisches oder mileubehaftetes Vokabular verwenden, das nicht im Handy-Wörterbuch enthalten ist, wird die Korrektur allerdings sehr lästig. Sie können dieses Problem auf zwei Arten lösen:

- Sie übernehmen Ihre Fachbegriffe beim ersten Auftreten in das Benutzerwörterbuch, wie im Kapitel *34.3.3 Das Anwenderwörterbuch* beschrieben.
- Sie deaktivieren die automatische Rechtschreibkorrektur, um die Begriffe in Ruhe einzugeben und aktivieren die Korrekturfunktion anschließend wieder.

Im Folgenden zeigen wir Ihnen, wie Sie die automatische Rechtschreibkorrektur deaktivieren.

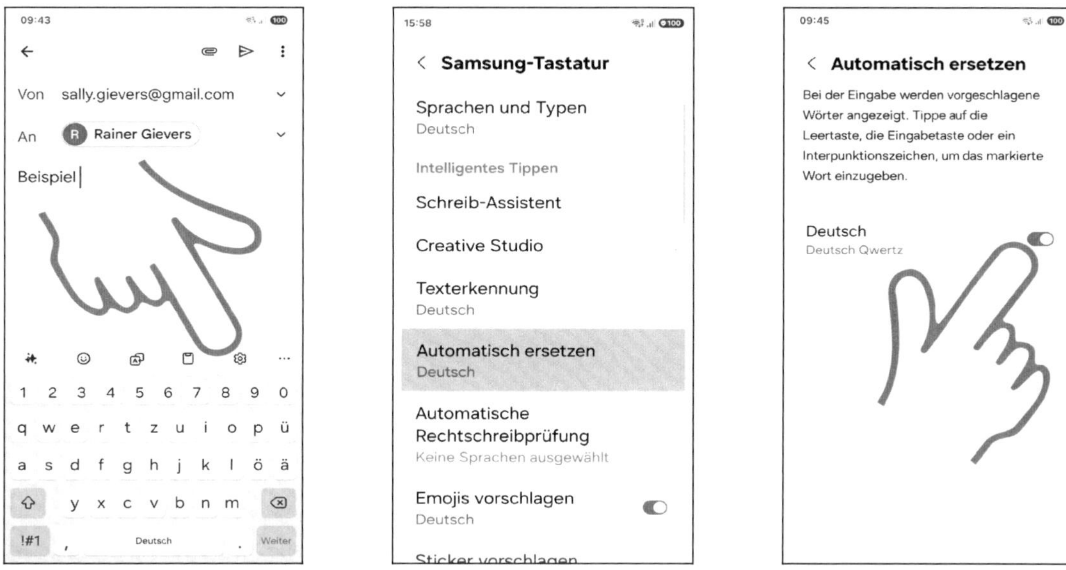

❶ Gehen Sie auf ⚙ (falls diese Schaltfläche nicht angezeigt wird, betätigen Sie vorher ⊂ links über dem Tastenfeld).

❷❸ Im *Automatisch Ersetzen*-Menü deaktivieren Sie die Option *Deutsch.* Erneutes Antippen schaltet die Korrektur später wieder ein.

Das Tastenfeld macht nun weiterhin Korrekturvorschläge, welche aber nicht automatisch angewendet werden, wenn Sie die Leertaste betätigen. Möchten Sie einen Wortvorschlag dennoch übernehmen, dann tippen Sie einfach darauf.

34.3.5 Übersetzung

❶ Für die automatische Übersetzung Ihrer Eingaben in eine andere Sprache betätigen Sie ⧉.

❷ Betätigen Sie die Schaltfläche links vom Eingabebereich für die Sprachauswahl.

❸ Tippen Sie eine Sprache an, um eine andere einzustellen. ⇆ ändert die Übersetzungsrichtung. Erneutes Betätigen von ⧉ beendet den Übersetzungsmodus.

34.4 Einstellungen

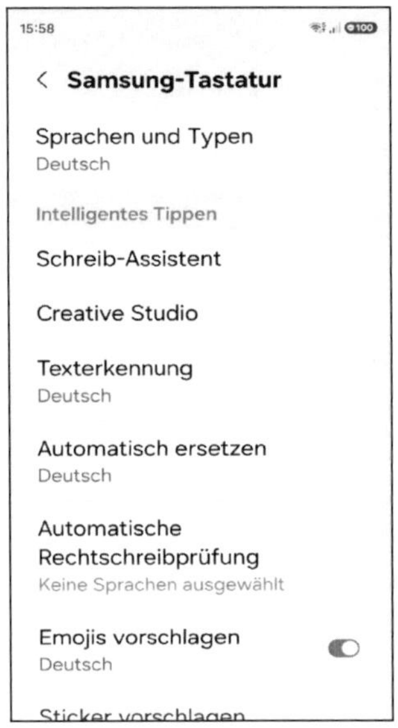

❶ Gehen Sie auf ⚙ (falls diese Schaltfläche nicht angezeigt wird, betätigen Sie vorher ☐ links über dem Tastenfeld).

❷ Die Einstellungen:

- *Sprachen und Typen*: Die verschiedenen Eingabemethoden auf dem Galaxy greifen für Wortvorschläge jeweils auf das Wörterbuch zurück. Falls Sie häufig Texte in einer anderen Sprache schreiben, sollten Sie diese hier unter *Eingabesprachen auswählen* einstellen. Siehe Kapitel *34.3.2 Wörterbuchsprache einstellen.*

Unter *Intelligentes Tippen*:

- *Schreib-Assistent*: Auf den Assistenten, der Ihre geschriebenen Texte korrigiert, geht Kapitel *24.1 KI-Tastatur* ein.
- *Creative Studio*: Erstellen Sie Bilder aus gemalten Skizzen. Darauf geht Kapitel *24.11 Zeichnungs-Assistent* ein.
- *Texterkennung*: Steuert die Anzeige der Wortvorschläge oberhalb des Tastenfelds.
- *Automatisch ersetzen*: Diese Funktion beschreibt bereits Kapitel *34.3.4 Automatische Rechtschreibkorrektur.*
- *Automatische Rechtschreibprüfung*: Das Samsung markiert nicht erkannte/falsch geschriebene Worte mit einem Unterstrich. Damit Sie diese Funktion nutzen können, müssen Sie *Automatisch ersetzen* deaktiviert haben. Mangels sinnvoller Anwendungsmöglichkeiten gehen wir nicht weiter darauf ein.
- *Emojis vorschlagen*: Diese Funktion ist nur aktiv, wenn Sie sie über das Tastenfeld aktivieren (siehe Kapitel 34.3 Samsung-Tastenfeld). Wir raten aber von der Verwendung ab, zumal viele Textanwendungen das Einfügen von Grafiken nicht unterstützten.
- *Sticker vorschlagen*: Wählen Sie aus, welche Grafiken und Symbole automatisch über dem Tastenfeld vorgeschlagen werden.
- *Text-Shortcuts*: Erstellen Sie Abkürzungen, die das Tastenfeld bei der späteren Eingabe automatisch gegen den vollständigen Text ersetzt. Beispielsweise würde die Tastatur automatisch »mfg« in »Mit freundlichen Grüßen« umwandeln.
- *Weitere Tippoptionen*:
    - *Automatische Großschreibung*: Bei Satzanfängen beginnen Wörter automatisch mit Großbuchstaben.
    - *Automatische Leerzeichen:* Nach übernommenen Textvorschlägen fügt das Handy automatisch ein Leerzeichen ein.
    - *2-mal Leertaste, um Punkt hinzufügen*: Betätigen Sie zweimal hintereinander die Leertaste, um einen Punkt einzugeben.

    - *Mehrsprachige Texterkennung*: Das Tastenfeld erkennt automatisch fremdsprachliche Wörter und macht passende Vorschläge.

Unter *Stil und Layout*:

- *Tastatur-Symbolleiste*: Blendet die Symbolleiste über dem Tastenfeld ein. Sollte nicht deaktiviert werden.
- *Kontrastreiche Tastatur*: Tastenfeld farblich hervorheben.
- *Theme*: Wählen Sie zwischen verschiedenen hellen und dunklen Tastenfeld-Designs.
- *Modus:* Wählen Sie aus, welches Tastenfeld angezeigt wird, wenn Sie das Handy im Hoch- oder Querformat nutzen.
- *Größe und Transparenz*: Tastenfeldgröße einstellen.
- *Layout*: Zahlentasten beziehungsweise Sonderzeichen ein/ausblenden.
- *Schriftgröße*: Größe der Tastenbeschriftung.
- *Benutzerdefinierte Symbole*: Tastenanordnung für das Popup ändern, das bei Drücken und Halten der ».«-Taste angezeigt wird. Nützlich für Anwender, die häufig bestimmte Sonderzeichen verwenden müssen, die sonst nur umständlich auf dem Tastenfeld erreichbar sind.
- *Streichen, berühren und Feedback*:
    - *Tastaturstreichsteuerung*: Welche Aktion Sie durch ein Wischen mit dem Finger über das Tastenfeld auslösen):
        - *Keine Streichgesten*: Das Fingerwischen hat keine Funktion.
        - *Zum Tippen streichen*: Aktiviert die Swype-ähnliche Eingabemethode, bei der Sie mit angedrücktem Finger auf dem Tastenfeld von Buchstabe zu Buchstabe ziehen. Auf *Durchgehende Eingabe* geht Kapitel *34.5 Durchgehende Eingabe* ein.
        - *Cursorsteuerung*: Sie bewegen den Cursor mit Wischgesten auf dem Tastenfeld.
    - *Tastaturverz. bei Berühren/Halten*: Zeitspanne, die beim Halten einer Taste vergeht, bevor die Tastenwiederholung erfolgt.
    - *Geschwindigkeit der Rücktaste*: Reaktionsgeschwindigkeit der Löschtaste.
    - *Berühren und halten der Leertaste*:
        - *Keine Aktion*
        - *Cursorsteuerung*: Tippen und halten Sie die Leertaste für die Cursorsteuerung im Eingabefeld (Standard).
        - *Spracheingabe*: Aktiviert die im Kapitel *34.6 Spracherkennung* beschriebene Spracherkennung.
    - *Berührungsfeedback*:
        - *Ton*: Tastenton abspielen.
        - *Zeichenvorschau*: Zeigt auf dem Tastenfeld die betätigte Taste an.
    - *Tastatureingabe vorlesen*: Jede Eingabe wird vorgelesen, was für Menschen mit Sehbeträchtigungen praktisch ist.
    - *Symbolpanel geöffnet lassen*: Bezieht sich auf das Popup, das bei Drücken und Halten der ».«-Taste angezeigt wird. Aktivieren Sie diese Option, dann schließt sich das Popup nicht mehr automatisch, wenn Sie darin ein Zeichen auswählen.
- *Spracheingabe*: Standardmäßig ist eine von Samsung bereitgestellte Spracherkennung aktiv, die Sie mit 🎙 auf dem Tastenfeld aktivieren (siehe Kapitel *34.6 Spracherkennung*). Alternativ können Sie auf die Google-Spracherkennung umschalten, was aber keinen Sinn ergibt.
- *Übersetzung*: Bei der Übersetzung von Texten über das Tastenfeld können Sie zwischen Google und Samsung wählen.

- *Handschrift*; *Übersetzung*; *S Pen zu Text*: Diese Menüs sind nur beim Galaxy S26 Ultra verfügbar und beziehen sich auf den mitgelieferten Bedienstift. Siehe dazu auch Kapitel *36.6 Handschriftenerkennung*.
- *Screenshot in Zwischenablage*: Screenshots (siehe Kapitel *32.8 Screenshots (Bildschirmkopien)*) werden automatisch in die Zwischenablage kopiert, woraus Sie sie in einem Eingabefeld wieder einfügen können (siehe *34.7 Texte kopieren, ausschneiden und einfügen*).
- *Auswählen der zu verwendenden Drittanbieterinhalte*: Falls Sie die animierten Logos/Animationssequenzen über das Tastenfeld einfügen, können Sie erlauben, dass deren Anbieter statistische Infos erhalten. In der Praxis werden Sie dies nicht gestatten.
- *Zurücksetzen auf Standardeinstellungen*: Falls Sie zu viele Einstellungen des Tastenfelds verändert haben, bringen Sie diese wieder in den einen definierten Zustand zurück.

34.5 Durchgehende Eingabe

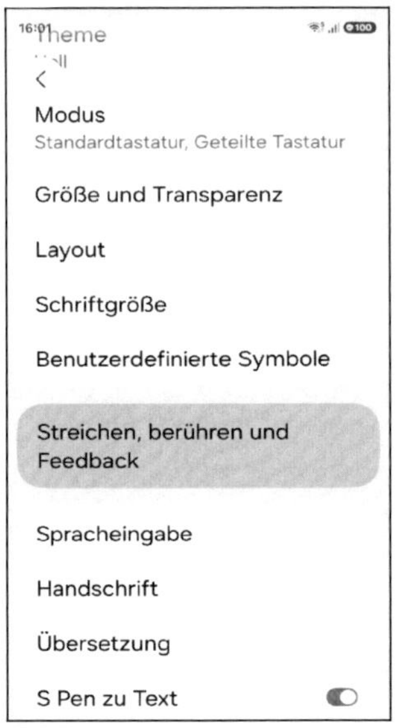

❶ Das Einschalten der durchgehenden Eingabe erfolgt über ⚙ (falls diese Schaltfläche nicht angezeigt wird, tippen Sie vorher ⟨ links über dem Tastenfeld an).

❷ Wählen Sie *Streichen, berühren und Feedback*.

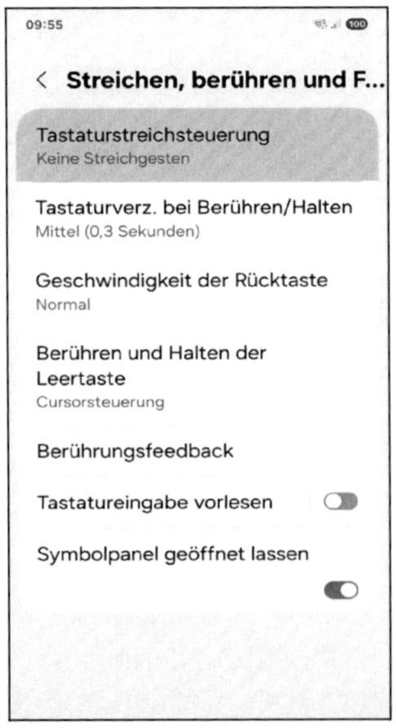

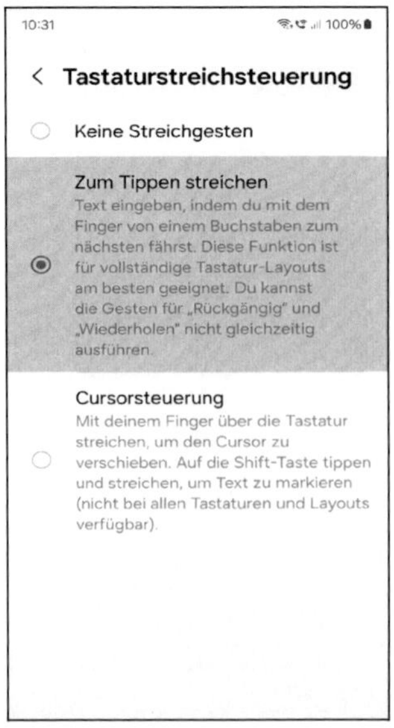

❶❷ Gehen Sie auf *Tastaturstreichsteuerung* und aktivieren *Zum Tippen streichen*. Auf dem gleichen Wege lässt sich die durchgehende Eingabe später auch jederzeit wieder deaktivieren (wählen Sie dann *Keine Streichgesten*).

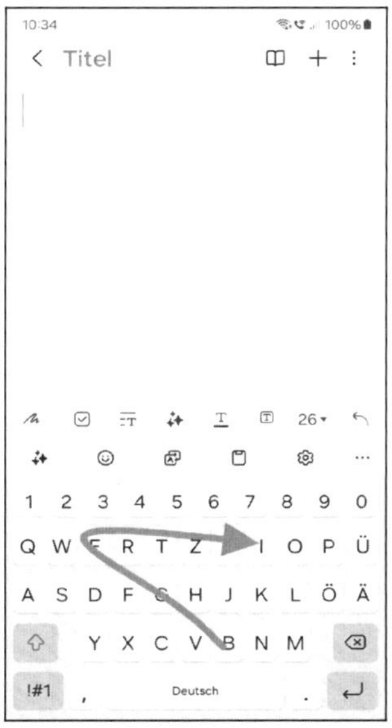

❶❷ Die durchgehende Eingabe ist recht einfach zu verstehen: Halten Sie den Finger auf den ersten Buchstaben des einzugebenden Worts angedrückt und ziehen Sie nun mit angedrücktem Finger auf die weiteren Buchstaben des Worts. Setzen Sie dann den Finger ab. In unserem Beispiel soll »Beispiel« eingegeben werden. Leerzeichen fügt die durchgehende Eingabe übrigens automatisch zwischen den Wörtern ein. Für die Eingabe von doppelten Buchstaben bewegen Sie den Finger über der entsprechenden Taste einfach hin und her.

34.6 Spracherkennung

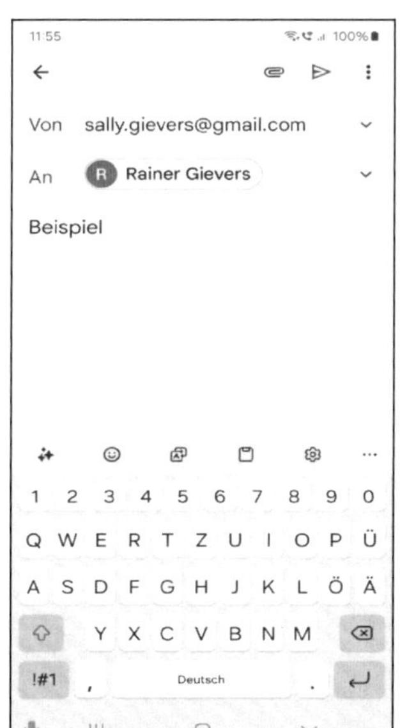

❶ Die Spracherkennung aktivieren Sie über die 🎙-Taste (Pfeil) unten links.

❷ Sprechen Sie dann in ruhigem Tonfall und gleichmäßig die Wörter beziehungsweise Sätze, die dann in Text umgesetzt werden. Beenden/Starten Sie die Spracherkennung, indem Sie die blaue 🎙-Schaltfläche antippen.

➊ In vielen Anwendungen auf dem Galaxy wird eine direkte Spracheingabe unterstützt, hier bei Google Maps.

➋ Schließen Sie beim ersten Aufruf die Popups mit *Weiter* und *Bei Nutzung der App.*

➌ Sprechen Sie dann ein Fahrtziel.

34.7 Texte kopieren, ausschneiden und einfügen

Es kommt häufiger mal vor, dass man einen Text, beispielsweise aus einer SMS oder E-Mail, in einer anderen Anwendung weiterverwenden will.

Leider handhaben die Google-Anwendungen das Kopieren und Einfügen von Texten etwas unterschiedlich. Damit Sie eine Idee davon bekommen, wie der grundsätzliche Ablauf ist, möchten wir einen Text aus einer im Webbrowser angezeigten Webseite in Gmail (siehe Kapitel *11 Gmail*) versenden.

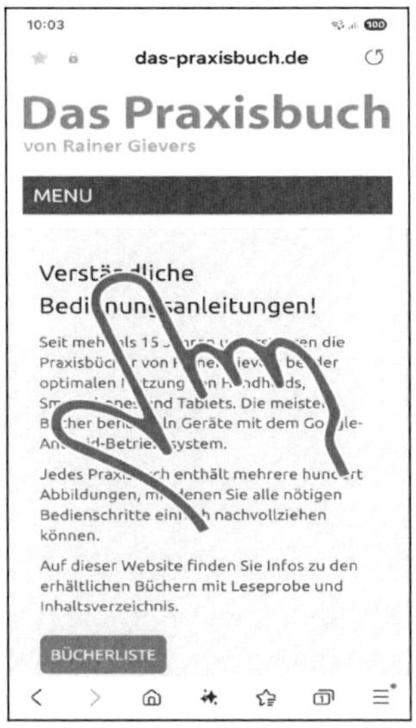

➊ Beispiel für das Markieren im Webbrowser (siehe Kapitel *13 Samsung Webbrowser*): Tippen und halten Sie den Finger auf einem Wort, welches daraufhin markiert ist.

➋ Anschließend ändern Sie den markierten Bereich, indem Sie die Schieber an die gewünschte Position bewegen. Dabei unterstützt Sie eine eingeblendete Lupe.

➌ Tippen Sie die *Kopieren*-Schaltfläche an.

Auf die ✨-Schaltfläche im Menü geht Kapitel *24.10 KI-Markierung* ein.

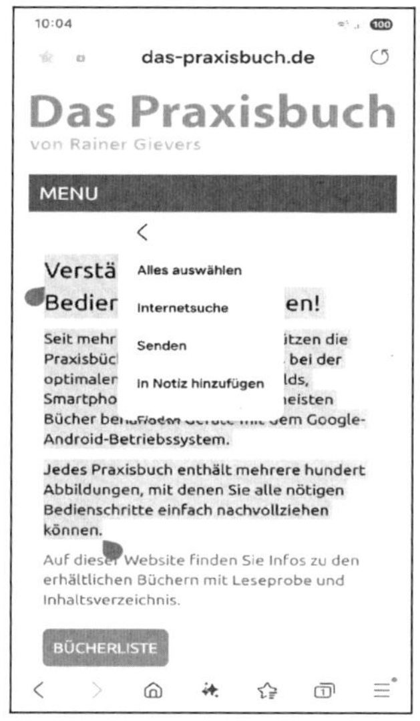

❶❷ Weitere Funktionen finden Sie im ⋮-Menü (Pfeil):

- *Alles auswählen*
- *Internetsuche:* In Google nach dem markierten Text suchen (Websuche).
- *Senden*: Per E-Mail, SMS, WhatsApp oder einer anderen Anwendung versenden.
- *In Notiz hinzufügen*: Erstellt aus dem markierten Text einen Notiz in Samsung Notes (siehe Kapitel *21.12 Samsung Notes*).
- *Finden*: Im Text nach dem markierten Wort auf der angezeigten Webseite suchen.
- *Apps verwalten*: Aktivieren Sie Anwendungen, auf die Sie im Markierungsmenü Zugriff haben möchten.

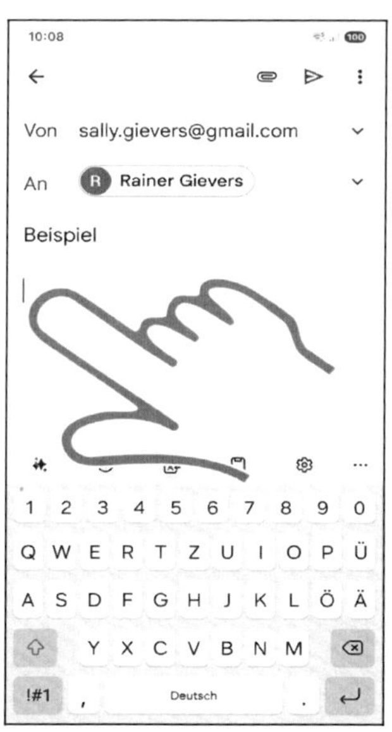

❶ Rufen Sie nun die Anwendung auf, in der Sie den kopierten Text einfügen möchten. Tippen und halten Sie den Finger in die Zielposition – bitte beachten Sie dabei, dass Sie nur in bestehenden Text beziehungsweise ans Textende tippen können.

❷❸ Im Popup wählen Sie *Einfügen*.

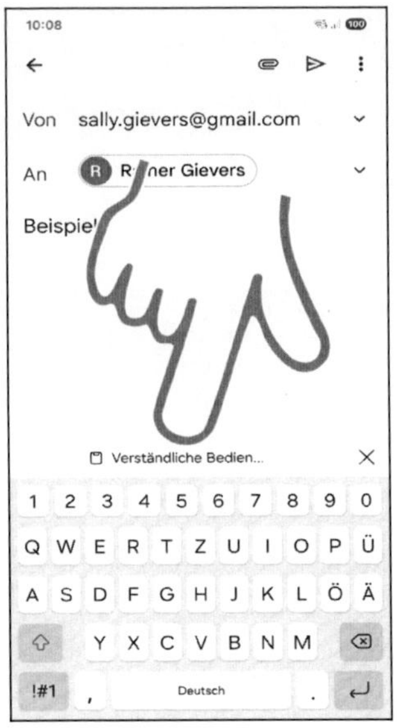

Den Inhalt der Zwischenablage können Sie alternativ auch über die Schaltfläche über dem Tastenfeld (Pfeil) einfügen.

35. Einstellungen

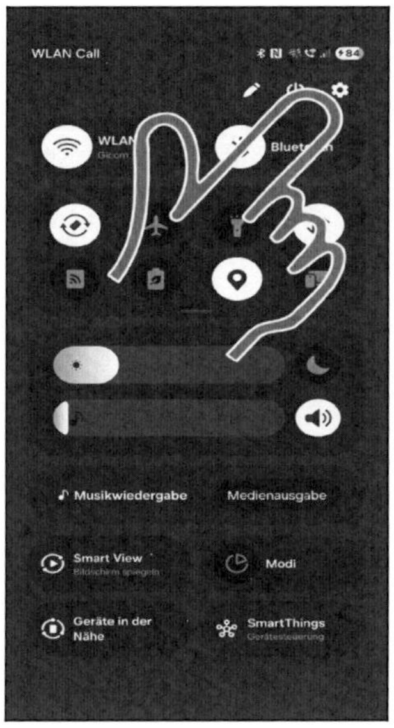

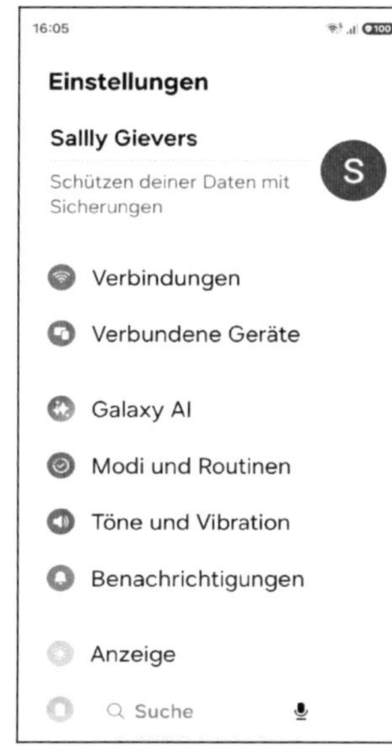

❶ Für die *Einstellungen* aktivieren Sie das Benachrichtigungsfeld und tippen ✿ an.

❷ Alternativ gehen Sie im Hauptmenü auf *Einstellungen.*

❸ Die *Einstellungen*-Anwendung zeigt das zuletzt genutzte Menü an. Falls Sie hier also eine andere Bildschirmanzeige haben, betätigen Sie einfach mehrfach die ‹-Taste unterhalb des Bildschirms.

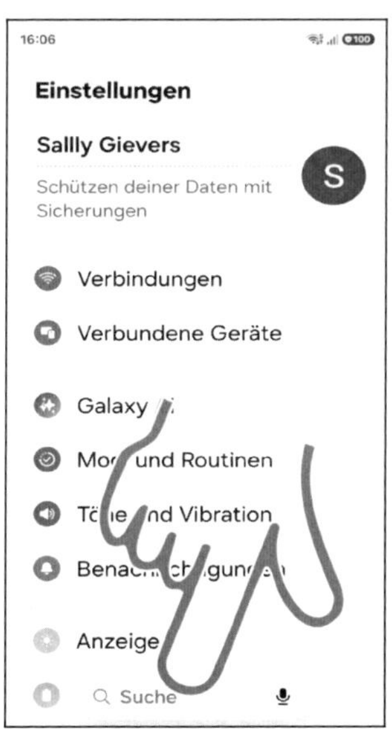

❶❷ Tipp: Falls Sie mal nicht wissen, in welchem Menü eine bestimmte Funktion zu finden ist, tippen Sie auf *Suche* und geben den Suchbegriff ein. Tippen Sie dann in der Ergebnisliste einen Eintrag an.

Die Schrift in den Menüs wurde für dieses Buch für bessere Lesbarkeit eine Stufe größer gestellt. Bei Ihrem Gerät sehen deshalb die Menüs deshalb etwas anders aus.

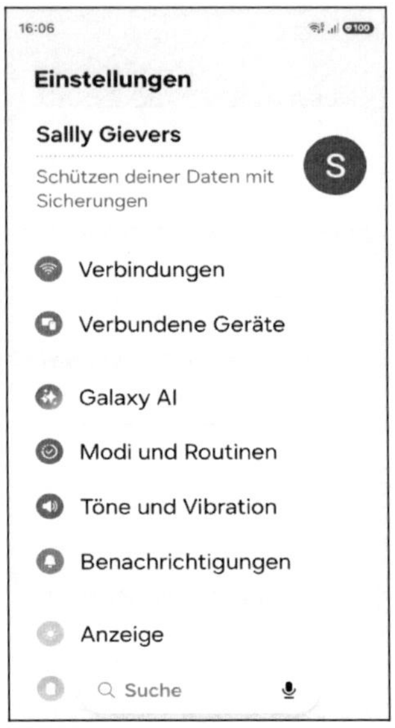

Die meisten Einstellungsfunktionen werden bereits im Buch beschrieben, weshalb wir auf die entsprechenden Kapitel verweisen.

Die Menüpunkte:

- *Samsung Account*: Darauf geht Kapitel 23 *Das Samsung-Konto* ein.
- *Verbindungen*: Siehe Kapitel *9 Internet einrichten und nutzen, 10 WLAN* und *31 Bluetooth.*
- *Verbundene Geräte*: Über verschiedene Kopplungsmethoden (Bluetooth, Kabel, WLAN) gekoppelte Geräte auflisten und konfigurieren.
- *Galaxy AI:* Darauf geht Kapitel *24 KI-Funktionen* ein.
- *Modi und Routinen*: Darauf geht Kapitel *27.7 Modi* ein.
- *Töne und Vibration*: Siehe Kapitel *4.14 Medienlautstärke und Signaltöne.*
- *Benachrichtigungen*: Siehe Kapitel *32.10 Benachrichtigungen einschränken.*
- *Anzeige*: Siehe Kapitel *27.1 Bildschirmanzeige anpassen.*
- *Akku*: Siehe Kapitel *32.9 Energiesparmodi* und Kapitel *32.7 Akku-Lebensdauer.*
- *Hintergrundbild und Stil: Siehe Kapitel 4.7.4 Hintergrundbild.*
- *Themes*: Hintergründe von Drittanbietern, allerdings kostenpflichtig.
- *Startbildschirm*: Darauf geht Kapitel *33.4 Einstellungen für Startbildschirm und Hauptmenü* ein.
- *Sperrbildschirm und AOD*: Siehe Kapitel *30 Zugriffssperren* und *27.2 Always On Display.*
- *Sicherheit und Datenschutz*: Siehe Kapitel *30.2 Gerätesperre.*
- *Standort*: Legen Sie fest, welche Anwendungen Ihren Standort auswerten dürfen.
- *Sicherheit und Notfall*: Speichert medizinische und persönliche Infos, welche in der Displaysperre angezeigt werden. Rettungskräften dürfte aber nur selten Zeit bleiben, Ihr Handy auszuwerten. Deshalb sollten Sie Ihren medizinischen Daten bei Bedarf auf einem Zettel mit sich führen.
- *Konten und Sicherung*: Siehe Kapitel *22 Das Google-Konto* und *23 Das Samsung-Konto.*
- *Google: Siehe Kapitel 22 Das Google-Konto.*
- *Erweiterte Funktionen*: Siehe Kapitel *33.1 Gestensteuerung.*
- *Digitales Wohlbefinden und Kindersicherung*: Liefert Statistiken zur Zeit, die Sie mit dem Handy verbringen. Sie können zudem einstellen, wieviele Minuten am Tag Sie bestimmte Anwendungen nutzen dürfen. Nach Ablauf sind diese ausgegraut. In diesem Buch gehen wir nicht weiter darauf ein.

- *Gerätewartung*: Siehe Kapitel *21.7 Gerätewartung.*
- *Apps*: Siehe Kapitel *32.4 Anwendungen als Standard.*
- *Allgemeine Verwaltung:* Siehe Kapitel *35.2 Allgemeine Verwaltung.*
- *Eingabehilfe*: Diverse Einstellungen für Nutzer mit eingeschränktem Seh- und Hörvermögen.
- *Software-Update*: Siehe Kapitel *35.3 Software-Update.*
- *Tipps und Benutzerhandbuch*: Ruft eine Anleitung auf der Samsung-Website auf.
- *Telefoninfo*: Siehe Kapitel *35.3.1 Geräteinformationen.*

35.1 Netzwerkverbindungen

◆ *Einstellungen/Verbindungen*

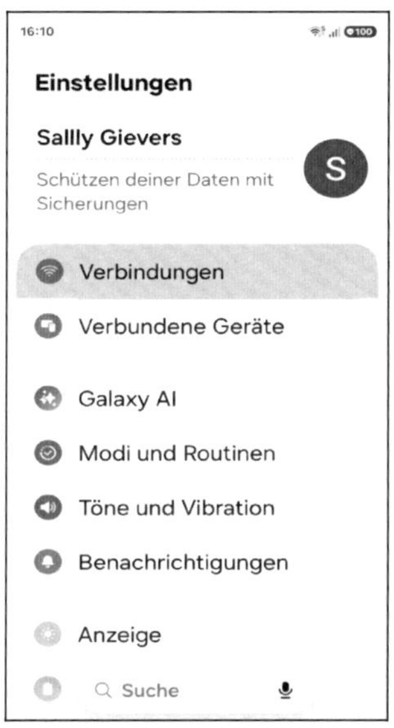

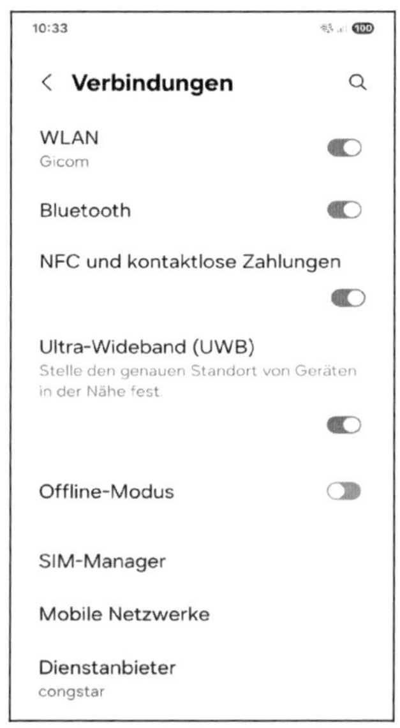

❶❷ Im *Verbindungen*-Menü finden Sie die Steuerungsfunktionen für drahtlose Kommunikation:

- *WLAN*: Auf WLAN geht bereits Kapitel *10 WLAN* ein.
- *Bluetooth:* Siehe Kapitel *31 Bluetooth.*
- *NFC und und kontaktlose Zahlungen*: Verwaltet den NFC-Chip, mit dem Sie über kurze Entfernungenn Datenübertragungen zwischen zwei Geräten durchführen können. Siehe Kapitel *32.11 NFC.*
- *Ultra-Wideband (UWB)*: Ultra-Wideband ist eine Kommunikationstechnologie für schnelle Datenübertragungen auf kurze Strecken, die gleichzeitig die Ortung von Geräten zulässt. Zum Beispiel kommt Ultra-Wideband bei den Smart-Tags von Samsung zum Einsatz, weshalb Sie es nicht auf dem Handy deaktivieren sollten.
- *Offline-Modus*: Schaltet das Mobilfunkmodul sowie Bluetooth und WLAN aus (sogenannter »Flugmodus«). Siehe auch Kapitel *9.2.2 Mobilfunk-Internet aktivieren/deaktivieren.*
- *SIM-Manager*: Verwaltung von zwei gleichzeitig eingelegten SIM-Karten beziehungsweise der eSIM.
- *Mobile Netzwerke*: Das Menü verwaltet alles rund um die Mobilfunk-Internet-Funktionen. Wir gehen in diesem Buch nicht weiter darauf ein, da das Handy die Einstellungen beim ersten Einschalten automatisch vornimmt.
- *Dienstanbieter*: Listet die vom Mobilfunkbetreiber empfohlenen Anwendungen auf, die Sie zur Verwaltung Ihres Mobilfunktarifs verwenden.
- *Datennutzung*: Führt eine Statistik der übertragenen Datenmenge über Mobilfunk-Internet und WLAN.

- *Mobile Hotspot und Tethering*: Internetverbindung des Handys mit einem anderen Gerät nutzen. In diesem Buch gehen wir nicht weiter darauf ein.
- *Weitere Verbindungseinstellungen*: Mobiles Internet und VPN usw. einrichten.

35.1.1 Datenübertragung

◆ *Einstellungen/Verbindungen/Weitere Verbindungseinstellungen*

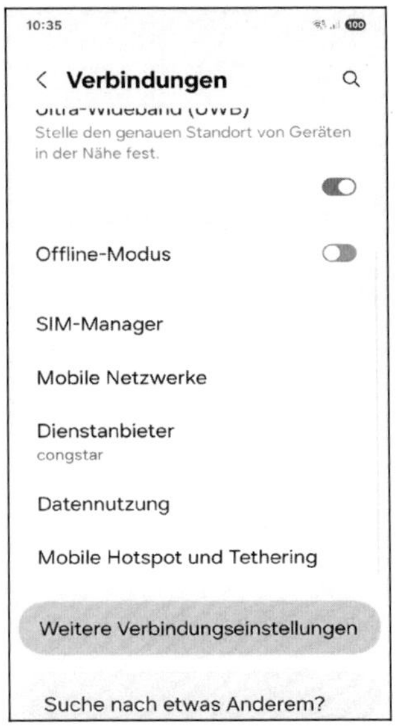

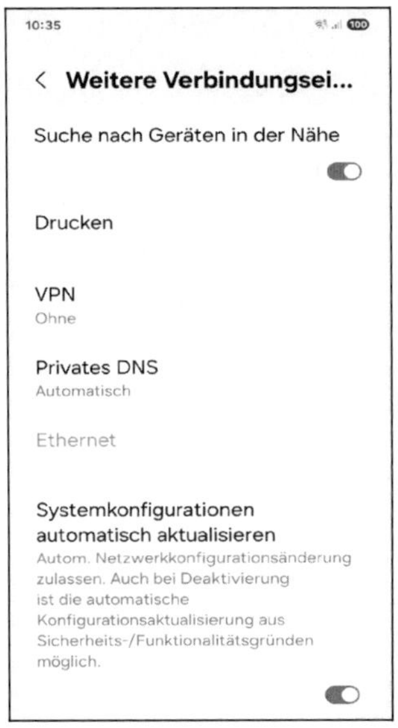

❶❷ Im *Weitere Verbindungseinstellungen*-Bildschirm stellen Sie ein:

- *Suche nach Geräten in der Nähe*: Das Galaxy sucht permanent im Hintergrund nach Geräten, mit denen Sie vielleicht per Bluetooth koppeln möchten. Wir empfehlen diese Option wegen des damit verbundenen Energieverbrauchs zu deaktivieren.
- *Drucken*: Hier installieren Sie Druckertreiber. Auf das Drucken geht bereits Kapitel 32.15 Drucken ein. Dort können Sie die Druckertreiber ebenfalls installieren.
- *VPN*: Konfiguriert Virtual Private Networks (VPNs), die eine verschlüsselte und sichere Kommunikation über das Internet, beispielsweise mit Firmennetzwerken, ermöglichen. Dieses Buch geht darauf nicht weiter ein.
- *Privates DNS*: Statt den automatisch vorgenommenen Interneteinstellungen können Sie selbst Vorgaben machen. Nur für erfahrene Anwender.
- *Ethernet*: Verwaltet einen optionalen Netzwerkadapter.
- *Systemkonfiguration automatisch aktualisieren*: Nicht von Samsung dokumentiert.

35.2 Allgemeine Verwaltung

◆ *Einstellungen/Allgemeine Verwaltung*

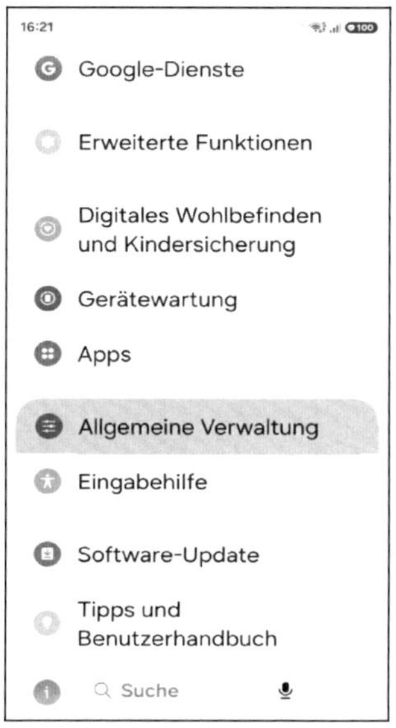

❶❷ Die Funktionen im *Allgemeine Verwaltung*-Menü:

- *Sprache*: Standardmäßig verwenden alle Programme auf dem Handy eine deutsche Benutzeroberfläche. Bei Bedarf stellen Sie hier eine andere Sprache ein, die dann von den Programmen verwendet wird – sofern sie diese unterstützen.
- *App-Sprachen*: Einige der vorinstallierten Programme unterstützen mehrere Sprachen, die Sie in diesem Menü einstellen.
- *Sprachpakete*: Sofern Sie die von einigen Anwendungen beziehungsweise dem Betriebssystem angebotene Sprachausgabe nutzen, stellen Sie im Menü die Sprachhöhe und Sprechgeschwindigkeit ein.
- *Datum und Uhrzeit*: Standardmäßig erhält das Handy die Uhrzeit atomuhrgenau vom Mobilfunknetzbetreiber, weshalb Sie nicht selbst die Uhr stellen müssen.
- *Samsung Tastatur-Einstellungen*: Darauf geht Kapitel *34.4 Einstellungen* ein.
- *Tastaturliste und Standard*: Stellen Sie ein, welche Eingabemethoden das Handy zur Verfügung stellt. Die Voreinstellungen sollten Sie allerdings nicht ändern.
- *Physische Tastatur; Maus und Trackpad*: Das Handy unterstützt den Betrieb von Maus und externer Tastatur, die über USB oder Bluetooth angeschlossen werden.
- *Zurücksetzen* (❸):
  - *Temporäre Cloud-Sicherung; Externe Speichersicherung:*: Sichert den kompletten Inhalt Ihres Handys, um ihn später wieder auf einem neuen Samsung-Handy zu installieren. Dies ist in der Regel aber nicht nötig, da Sie die im Kapitel *5 Smart Switch* beschriebene Anwendung für das Herüberkopieren auf einem neuen Samsung-Handy nutzen werden.
  - *Alle Einstellungen zurücksetzen:* Falls Ihr Handy mal nicht so funktioniert, wie vorgesehen, sollten Sie *Einstellungen zurücksetzen* verwenden. Damit setzen Sie beispielsweise den Klingelton auf den Standard zurück.
  - *Mobilnetzeinstellung zurücksetzen*: Das Handy setzt automatisch die Mobilnetzeinstellungen anhand einer Daten-SMS des Netzbetreibers. Es ist unwahrscheinlich, dass Sie sie jemals zurücksetzen müssen.
  - *WLAN- und Bluetooth-Einstellungen zurücksetzen*: Von Ihnen genutzte WLAN-Zugangspunkte und gekoppelte Bluetooth-Geräte werden gelöscht. Sie können das Galaxy aber jederzeit später wieder damit verbinden.
  - *Eingabehilfeeinstellungen zurücksetzen*: Falls Sie im Menü *Eingabehilfe* einige Funktionen aktiviert hatten, setzen Sie sie hiermit wieder zurück.

- ◦ *Reset auf Werkseinstellungen*: Alle Daten löschen, worauf Sie das Galaxy im gleichen Zustand vorfinden, in dem Sie es erworben haben.
- *Personalisierter Dienst*: Nicht von Samsung dokumentiert.
- *Kontaktieren Sie uns:* Sie haben Fragen zum Handy? Dann hilft Ihnen Samsung weiter.

Melden Sie sich vor dem Reset auf Werkseinstellungen vom Samsung-Konto ab (sofern Sie es eingerichtet hatten). Siehe dazu Kapitel *23.2 Abmeldung von Ihrem Samsung-Konto.*

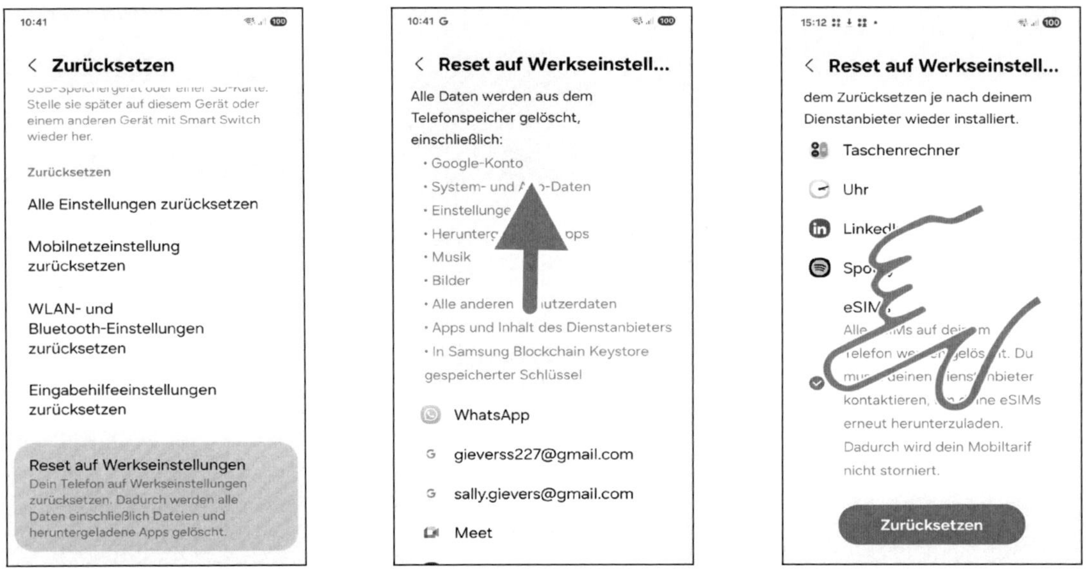

❶ Verwenden Sie *Reset auf Werkseinstellungen* für das Zurücksetzen auf den Zustand, in dem Sie das Galaxy erworben haben. Im Google-Konto abgelegte Kontakte und Termine, sowie die Nachrichten in Gmail, stehen Ihnen nach Neueinrichtung des Google-Kontos in den entsprechenden Anwendungen wieder zur Verfügung.

Android-Handys wie das Galaxy sind nicht als »Standalone«-Geräte konzipiert, sondern sind auf die Kommunikation mit den Internetservern von Google angewiesen. Dies hat den Vorteil, dass Ihre Daten, darunter Kontakte, Kalendertermine, Browser-Lesezeichen usw. automatisch bei Google unter Ihrem **Google-Konto** gespiegelt werden.

Beachten Sie, dass Programme von Drittanbietern, die Sie aus dem Google Play Store installiert haben, häufig nicht die Datensicherung im Google-Konto nutzen. In den Programmen vorgenommene Einstellungen und angelegte Daten gehen deshalb meist bei einem Zurücksetzen des Geräts verloren. Die zuvor von Ihnen installierten Programme werden Ihnen dagegen im Google Play Store nach dem Zurücksetzen zur erneuten Installation angeboten.

Haben Sie keinen Zugriff auf Ihr Handy, beispielsweise weil Sie es verloren haben, oder es defekt ist, dann können Sie jederzeit dessen Daten auf einem anderen Android-Handy (es muss noch nicht mal das gleiche Modell sein) wiederherstellen. Weitere Infos zum Google-Konto haben wir im Kapitel 22 Das Google-Konto zusammengestellt.

❷❸ Rollen Sie mit einer Wischgeste durch den Bildschirm. Falls Sie auf dem Gerät eine eSIM verwendet hatten, müssen Sie hier übrigens unbedingt *eSIMs* aktivieren. Die eSIM wird sonst durch die Rücksetzung nicht deaktiviert und steht beim Neustart wieder zur Verfügung. Gehen Sie auf *Zurücksetzen.*

35.3 Software-Update

◆ *Einstellungen/Software-Update*

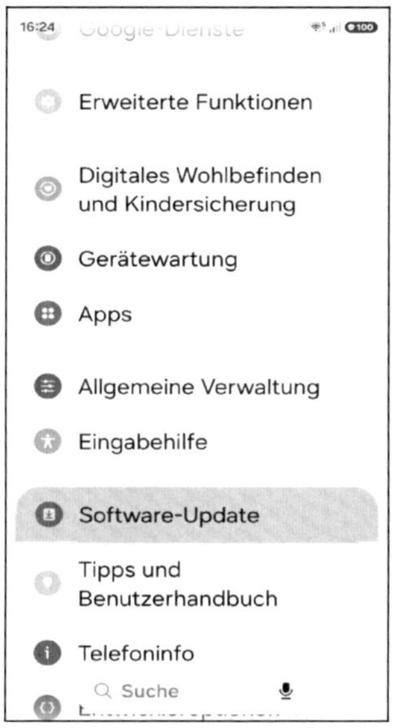

❶❷ Die Einstellungen im *Software-Update*-Menü sollten Sie nicht ändern. Wenn der Hersteller ein Betriebssoftware-Update zur Verfügung stellt, wird es automatisch nach Rückfrage installiert.

35.3.1 Geräteinformationen

◆ *Einstellungen/Telefoninfo*

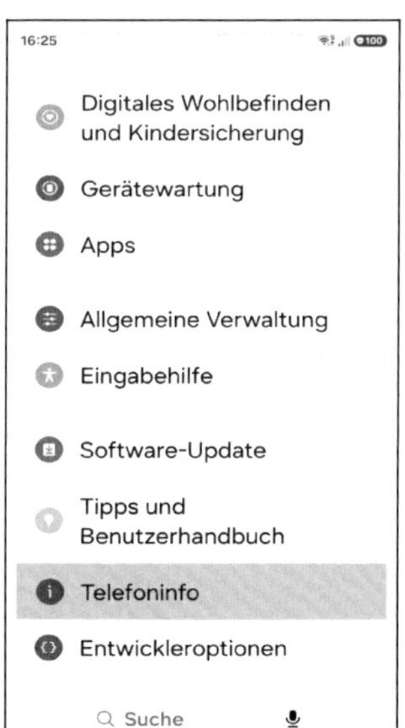

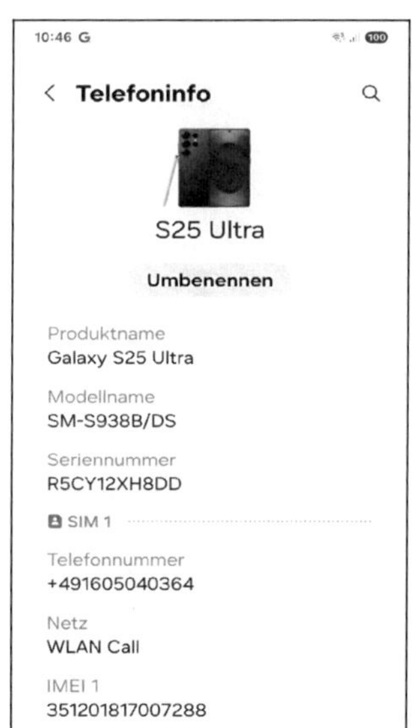

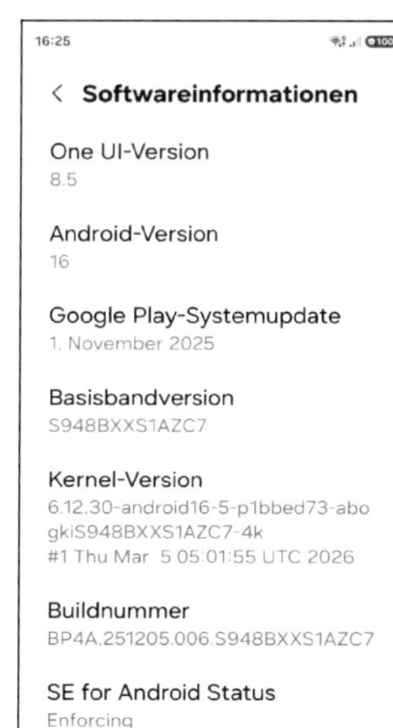

❶❷ Der *Telefoninfo*-Bildschirm zeigt die aktuelle Firmware-Version an.

Von den Menüpunkten sind für Sie folgende nützlich:

- *Status:* Diverse Systeminformationen.
- *Rechtliche Informationen*
- *Softwareinformationen* (❸): Liefert Informationen zur installierten Betriebssystemversion.
- *Akkuinformationen*: Ladezustand und Batteriekapazität anzeigen.

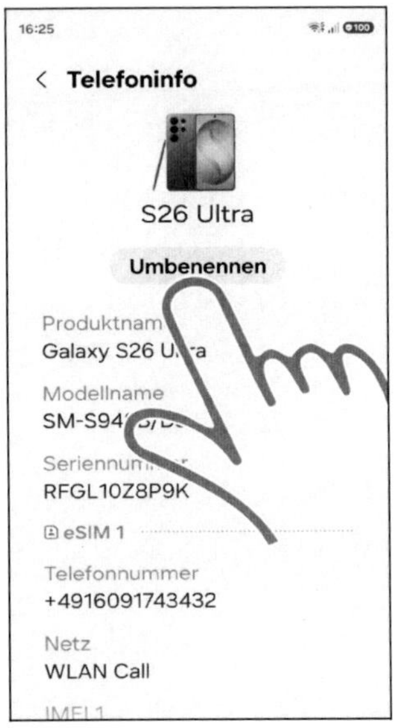

❶❷ Mit *Bearbeiten* stellen Sie den Gerätenamen ein, unter dem Ihr Handy bei Bluetooth-Übertragungen bei anderen Geräten erscheint. Unter dem Gerätenamen erscheint Ihr Galaxy auch, wenn Sie es am PC anschließen.

36. Der Bedienstift des Galaxy S26 Ultra

Nur das Samsung Galaxy S26 Ultra unterstützt den Bedienstift (Stylus), von Samsung als »S Pen« bezeichnet. Im Gegensatz zu älteren Vorgängermodellen wie dem S24 Ultra ist der Bedienstift »passiv«, das heißt, er besitzt keinen Akku und somit keine Bluetooth-Verbindung zum Galaxy. Dadurch sind leider einige praktische Funktionen weggefallen. Samsung begründet das »Downgrade« mit fehlendem Nutzerinteresse, was wir angesichts des riesigen Funktionsumfangs des Smartphones nachvollziehen können.

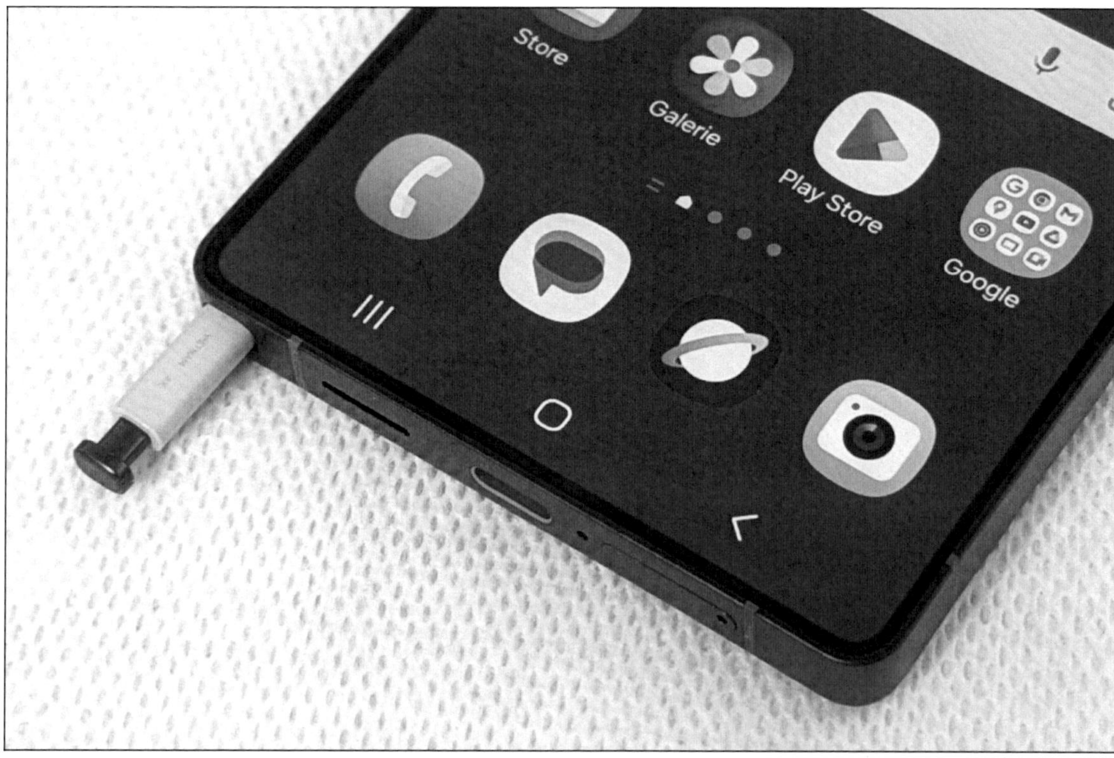

Der Stift befindet sich unten links in einem Steckplatz. Was dort auf dem ersten Blick wie ein Knopf aussieht, ist die Stiftoberseite. Drücken Sie einmal auf den »Knopf«, worauf der Stift einige Millimeter heraus springt und sich herausziehen lässt.

Folgende Funktionen können Sie mit dem Stift auslösen:

- Eingabefelder, Abhakkästchen oder Menüs auswählen: Tippen Sie einfach mit dem Stift auf die Bildschirmelemente, genauso, wie Sie es auch mit dem Finger machen würden. Mit gedrückter Stifttaste (»Shift-Taste«) können Sie zudem Text in Eingabefeldern markieren.
- Eine für den Stift optimierte Handschriftenerkennung für Texteingabe.

Bitte verlieren Sie den Bedienstift niemals: Ersatzstifte kosten mindestens 20 Euro!

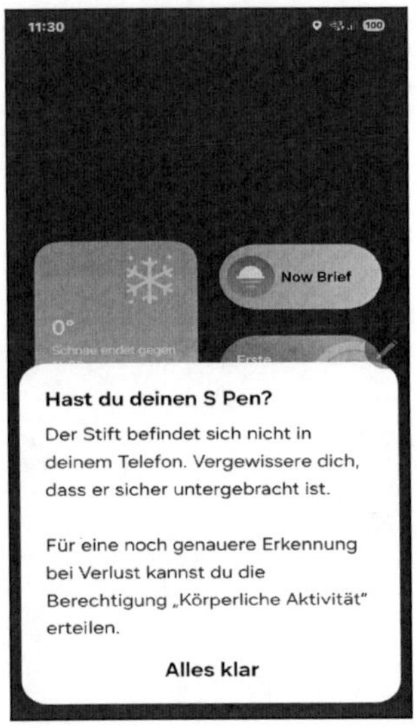

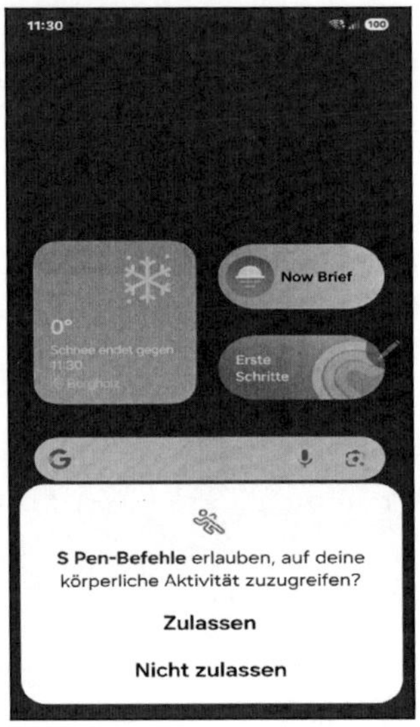

❶ Wenn Sie den Bedienstift herausgezogen haben, erscheint nach einiger Zeit diese Meldung, die Sie mit *Alles klar* schließen.

❷ Betätigen Sie dann im nächsten Popup *Zulassen.* Künftig erhalten Sie einen Warnhinweis, wenn das Handy typische Bewegungen erkennt, die auf einen Ortswechsel hindeuten, ohne dass der Stift eingesteckt ist.

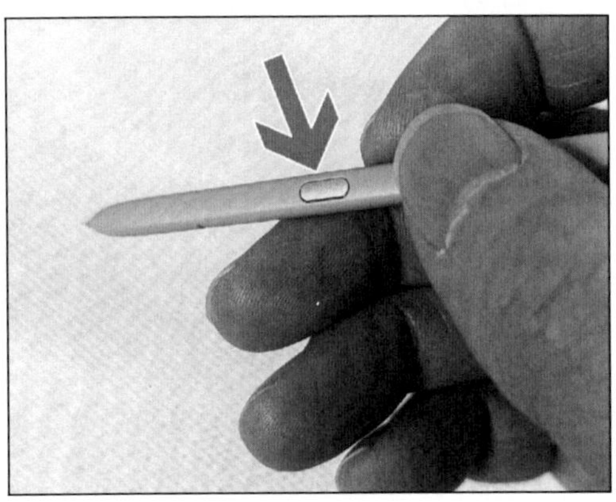

Der Stift bietet zusätzliche Funktionen, die Sie über die drucksensitive Spitze beziehungsweise die Seitentaste auslösen. Die **Seitentaste** am Stift wird von Samsung auch als **Shift**-Taste (Shift = engl. »Umschalten«) bezeichnet.

Beachten Sie, dass der Stift mehrere Betriebsmodi kennt:

- Stift auf dem Display andrücken
- Stift einige Millimeter über dem Display halten (»schwebend«)

36.1 S Pen-Befehle

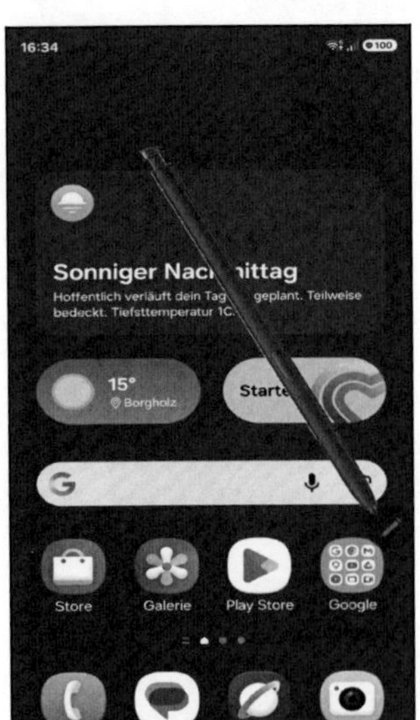

❶❷ Das S Pen-Befehle-Menü erscheint, wenn Sie mit dem S Pen auf die ●-Schaltfläche (Pfeil) tippen.

Die Funktionen:

- *Creative Studio* (Zeichnungsstudio): Diese Funktion nutzt künstliche Intelligenz, um einfache Skizzen in Kunstwerke zu verwandeln. Sie können beispielsweise eine grobe Zeichnung erstellen, und der Zeichnungsassistent wandelt diese in ein detailliertes Bild um. Zudem können Sie Bilder aus Ihrer Galerie in Cartoons umwandeln oder durch Texteingabe neue Bilder generieren. Darauf geht Kapitel *24.11 Zeichnungs-Assistent* ein.
- *AI Select* (KI-Auswahl)*:* AI Select passt sich dem jeweiligen Kontext an und stellt Ihnen nützliche Funktionen zur Bearbeitung von Bildern und Texten bereit. Sie erkennt den Inhalt automatisch und schlägt die passenden Werkzeuge vor. Siehe Kapitel *24.12 KI-Auswahl.*
- *Notiz erstellen*: Neue Notiz in Samsung Notes (siehe Kapitel *21.12 Samsung Notes*) anlegen.
- *Sreenshot-Notiz*: Bildschirmkopie erstellen und im Grafikeditor öffnen (entspricht der im Kapitel *32.8 Screenshots (Bildschirmkopien)* beschriebenen Funktion).
- *Hinzufügen*: Legen Sie weitere Programme im S Pen-Befehle-Menü an, die Sie häufiger aufrufen.

Das S Pen-Befehle-Menü schließen Sie, indem Sie mit dem Stift auf eine beliebige Stelle des Bildschirms tippen.

> Tipp: Bei Bedarf verschieben Sie die -Schaltfläche, indem Sie sie den Stift darauf halten und anschließend in die gewünschte Richtung ziehen.

36.2 Einstellungen

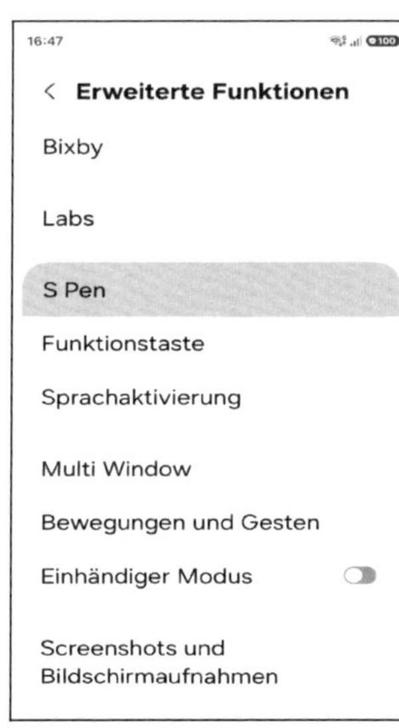

❶ Rufen Sie die *Einstellungen* aus dem Hauptmenü auf und gehen Sie in *Erweiterte Funktionen.*

❷❸ Die Optionen im *S Pen*-Menü:

- *S Pen-Befehle*: Konfiguriert das Stiftmenü, welches nach Herausziehen des S Pens aus dem Handy erscheint. Eine genaue Beschreibung finden Sie unten.
- *Air View*: Halten Sie den Stift über Bildschirmelemente für weitere Infos. Siehe Kapitel *36.3.2 Air View.*
- *S Pen zu Text*: Sie können mit dem S Pen direkt in Eingabefeldern schreiben. Ihre Schrift wird dann automatisch in Text umgewandelt.
- *Wenn S Pen entfernt wird*: Wahlweise öffnet das Stiftmenü (*S Pen-Befehl öffnen*), die Samsung Note-Anwendung (*Notiz erstellen*) oder es passiert nichts (*Keine Aktion*), wenn Sie den Stift aus dem Steckplatz herausziehen.
- *Screen Off-Memos*: Notizen bei ausgeschaltetem Display. Siehe Kapitel *36.5 Screen Off-Memo.*

- *Schnellnotizen*: Halten Sie am S Pen die Seitentaste gedrückt und tippen Sie zweimal schnell hintereinander auf den Bildschirm. Es öffnet sich dann die Samsung Notes-Anwendung (siehe Kapitel *21.12 Samsung Notes*) im Fenstermodus.
- *Weitere S Pen-Einstellungen*:
  - *Mehrere S Pens zulassen*: Sofern Sie weitere S Pen herumliegen haben, können Sie diese ebenfalls einsetzen. Der Original-S Pen muss dann im Handy eingesteckt sein.
  - *Beim Zurücklassen von S Pen warnen*: Vergessen Sie den Stift wieder in das Gerät zu stecken und nehmen Sie das Handy vom Tisch auf, dann ertönt ein Alarm. Das Display muss dazu ausgeschaltet sein.
  - *Töne, Vibrationen*: Ton und Vibration beim Entnehmen beziehungsweise Einstecken des Stifts in das Handy.

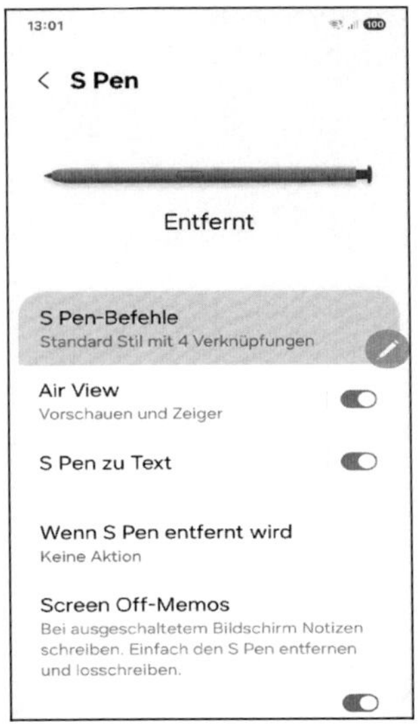

❶❷ *S Pen Befehle* konfiguriert:

- *Menüstil*: Das Stiftmenü lässt sich zwischen *Standard* und *Kompakt* (es werden nur die Symbole angezeigt) umschalten.
- *Schnellzugriff*: Legen Sie fest, welche Anwendungen/Funktionen Sie aus dem Stiftmenü aufrufen möchten.
- *S Pen-Befehl-Symbol anzeigen*: Sie können die ●-Schaltfläche frei auf dem Bildschirm mit dem Stift verschieben.
- *S Pen-Befehl mit Shift-Taste öffnen*: Das S Pen-Menü öffnet sich automatisch, wenn Sie den S Pen über den Bildschirm halten (nicht das Display berühren) und dann die Seiten-taste am Stift betätigen.

36.3 Stiftfunktionen

36.3.1 Markieren

❶❷ Elemente beziehungsweise Texte auf dem Bildschirm markieren Sie, indem Sie den Stift auf das erste Wort gedrückt halten, bis es markiert ist und dann angedrückt über den Bildschirm ziehen. Im Beispiel markieren wir einen Text im Webbrowser (siehe Kapitel *13 Samsung Webbrowser*).

36.3.2 Air View

Beachten Sie bitte, dass Air View (engl. Luft-Anzeige) ausschließlich mit den Samsung- und Microsoft-Anwendungen (Nachrichten, Kontakte, Internet, Galerie, Outlook usw.) funktioniert. Die von Google bereitgestellten Programme Gmail, Google Maps, Google Fotos, Google Drive, Chrome usw. unterstützen den Stift dagegen nicht.

❶❷ Halten Sie in der Galerie-Anwendung (siehe Kapitel *18 Galerie*) den Stift einige Millimeter über einem Bild für eine Vorschau.

❶❷ Bei E-Mails (siehe Kapitel *12 Outlook E-Mail*) halten Sie den Stift einige Millimeter über dem Display auf dem E-Mail-Eintrag, damit ein Popup mit einer Nachrichtenvorschau erscheint.

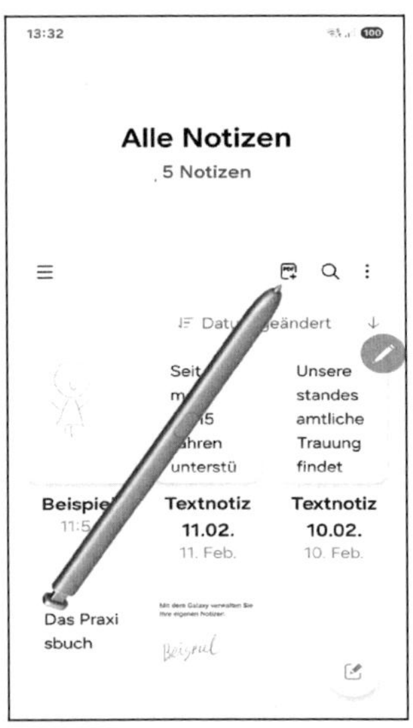

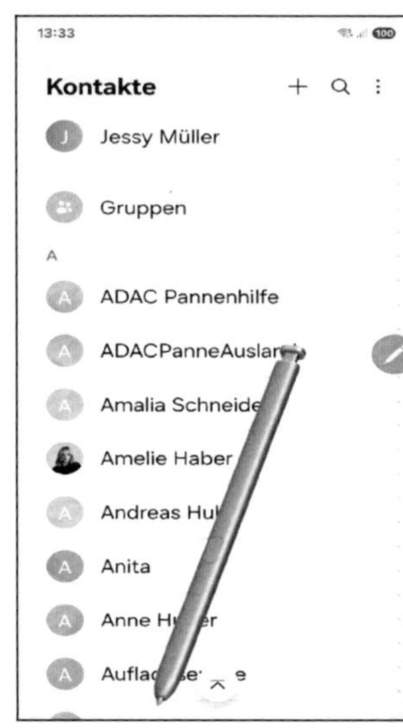

❶❷ Sie möchten wissen, was eine Schaltfläche bedeutet? Halten Sie einfach den Stift darüber, ohne das Display zu berühren.

❸ Durch Listen blättern Sie sehr einfach mit dem Stift: Halten Sie ihn oben oder unten über die Liste (wiederum ohne das Display zu berühren), worauf die Liste wie von Geisterhand in die gewünschte Richtung durchrollt.

> Tipp: Halten Sie den Stift für die Blätterfunktion ca. einen Zentimeter über dem Display. Ist der Stift zu nah am Display, dann aktiviert sich stattdessen die oben vorgestellte Vorschau.

36.4 Freihändig malen

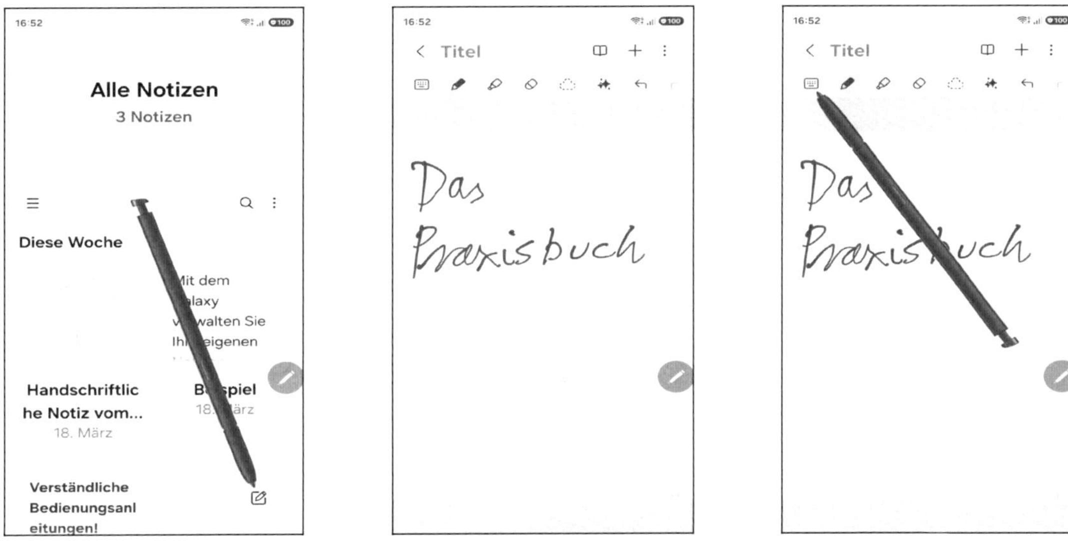

❶ Ihre künstlerischen Ambitionen können Sie in Samsung Notes (siehe Kapitel *21.12 Samsung Notes*) ausleben. Erstellen Sie dort mit eine neue Notiz.

❷ Sie befinden sich sofort in der Freimalfunktion. Jetzt schreiben oder malen Sie etwas. Wählen Sie am unteren Bildschirmrand ein Malwerkzeug beziehungsweise Farbe aus.

❸ Mit (Pfeil) schalten Sie auf das Tastenfeld um.

36.5 Screen Off-Memo

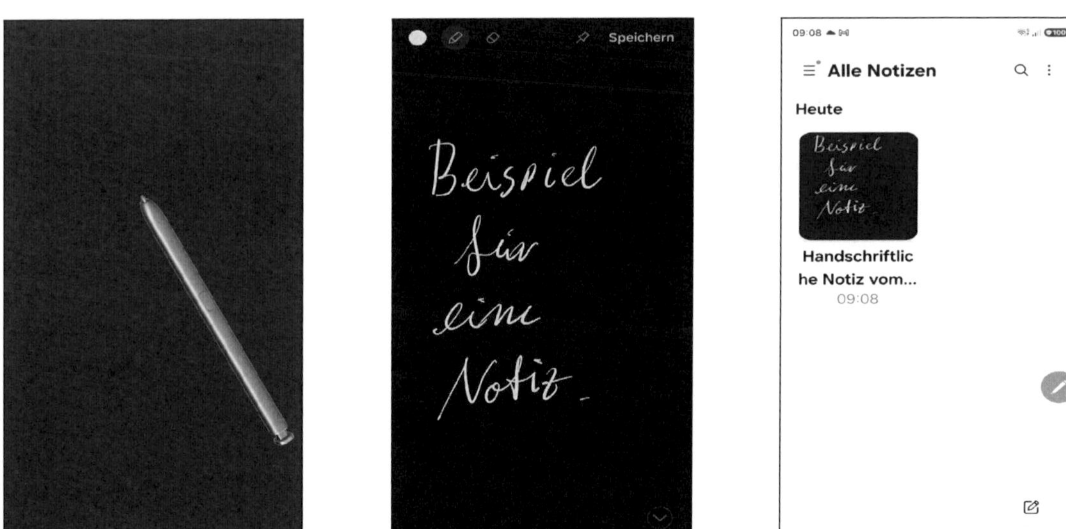

❶ Sie müssen unterwegs auf die Schnelle mal eine Notiz erstellen? Dann nutzen Sie einfach die sogenannte Screen Off-Memo. Dazu halten Sie die Stifttaste gedrückt und tippen dann mit dem Stift auf das ausgeschaltete Display.

❷ Anschließend malen Sie Ihre Notiz (über die Schaltflächen oben rechts stellen Sie die Stiftstärke ein beziehungsweise aktivieren den Löschmodus) und betätigen *Speichern*.

❸ Ihre Notiz finden Sie in der Notizen-Anwendung (siehe Kapitel *21.12 Samsung Notes*) wieder.

Die Screen Off-Memo-Funktion aktiviert sich auch automatisch, wenn das Handy-Display ausgeschaltet ist und Sie den S Pen aus dem Gerät entnehmen.

36.6 Handschriftenerkennung

Den S Pen können Sie auch für die Texteingabe verwenden.

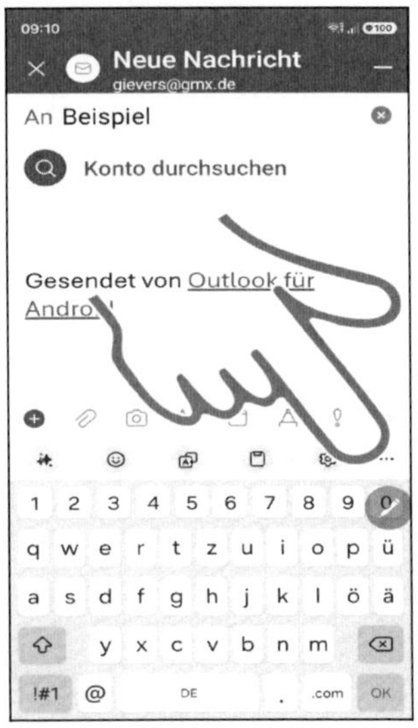

➊ Während das Tastenfeld geöffnet ist, betätigen Sie die •••-Schaltfläche.

➋ Gehen Sie auf *Handschrift*.

➊➋ Malen Sie ein Wort oder einen Buchstaben in der Zeichenfläche, dann wird dieses automatisch in Text umgesetzt. Mitunter kommt es zu einer Falscherkennung. Sie können dann oberhalb der Zeichenfläche das korrekte Wort auswählen.

Damit die Handschriftenerkennung korrekt funktioniert, müssen Sie einige Dinge beachten:

- Die Buchstaben und Wörter malen Sie als Blockbuchstaben oder in Schreibschrift.
- Sie können wahlweise einzelne Buchstaben oder ganze Wörter schreiben. Die Buchstaben sollten sich nicht überlappen.

Die ⌨-Schaltfläche unten links schaltet wieder auf das Standard-Tastenfeld um.

36.6.1 Automatische Stifterkennung

Falls Sie die Handschriftenerkennung häufiger mit dem S Pen verwenden, empfehlen wir das Einschalten der automatischen Stifterkennung. Es aktiviert sich dann automatisch die Handschriftenerkennung, sobald Sie den S Pen aus dem Gerät herausziehen.

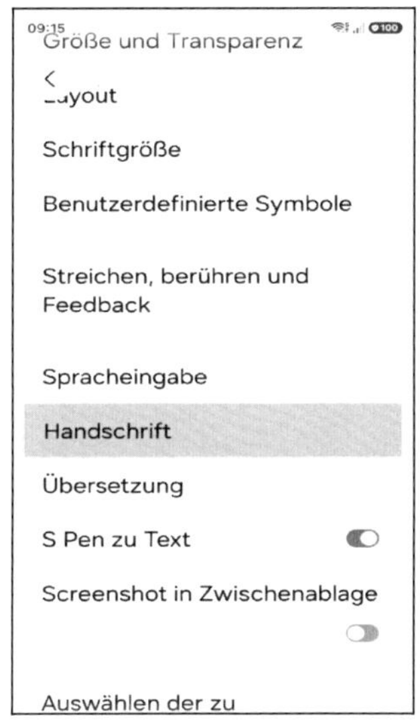

❶ Tippen Sie die ⚙-Taste für die Eingabeeinstellungen an.

❷❸ Wählen Sie *Handschrift* und aktivieren Sie *Stifterkennung*.

❶❷ Probieren Sie die Funktion jetzt mal aus: Während die Tastatur angezeigt wird, ziehen Sie den S Pen aus dem Handy, worauf das Handy auf die Handschrifteneingabe umschaltet.

36.6.2 S Pen nach Text

Alternativ zur im vorherigen Kapitel beschriebenen Stifterkennung können Sie auch eine Textkonvertierung verwenden. Sie schreiben dabei einfach mit dem Stift über ein Eingabefeld, worauf das Geschriebene automatisch in Text umgewandelt und im Eingabefeld eingetragen wird.

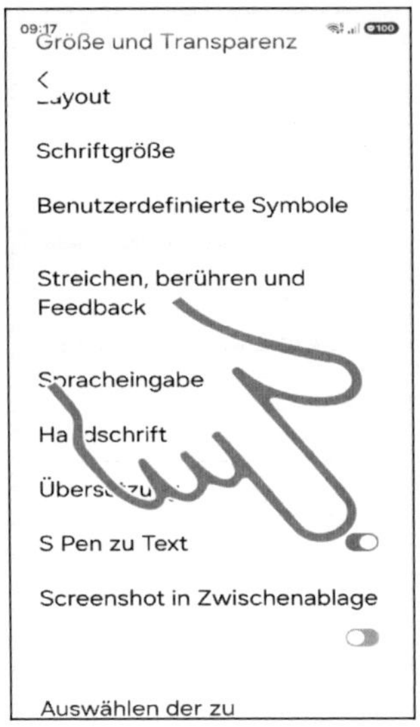

❶ Tippen Sie die ⚙-Taste für die Eingabeeinstellungen an.

❷ Aktivieren Sie *S Pen zu Text*, sofern die Option ausgeschaltet ist.

❶ In einer Anwendung schreiben Sie einfach mit dem S Pen über dem Eingabefeld, worauf das Geschriebene automatisch in Text umgesetzt wird. Bitte beachten Sie, dass dies nicht überall möglich ist – Sie erhalten dann gegebenenfalls einen Hinweis.

❷❸ Über die ⌨-Schaltfläche öffnen Sie eine Symbolleiste mit einigen Eingabeoptionen. Sie können ⌨ mit dem Finger frei auf dem Bildschirm verschieben.

Leider funktioniert diese Art der Handschriftenerkennung nur sporadisch, weswegen wir von deren Verwendung eher abraten.

36.7 Zeichnungen im Kalender

Im Kalender (siehe Kapitel *20 Kalender*) dürfen Sie zu jedem Monat handschriftliche Notizen erstellen.

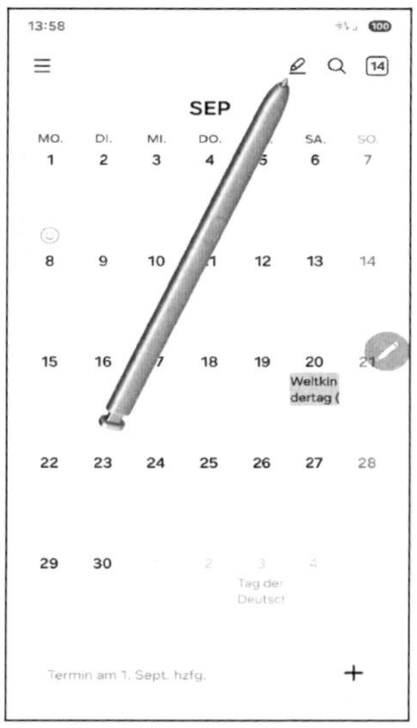

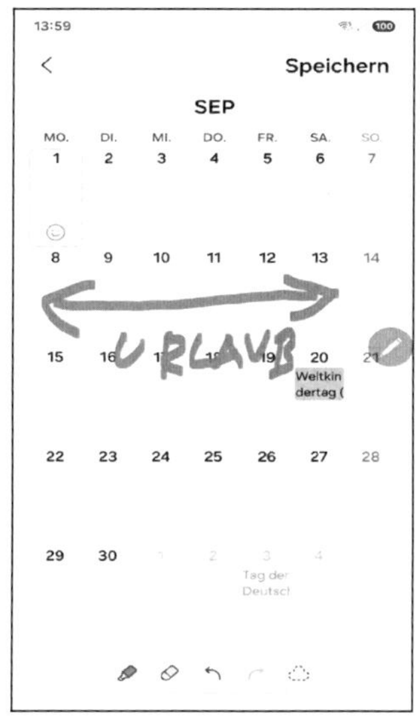

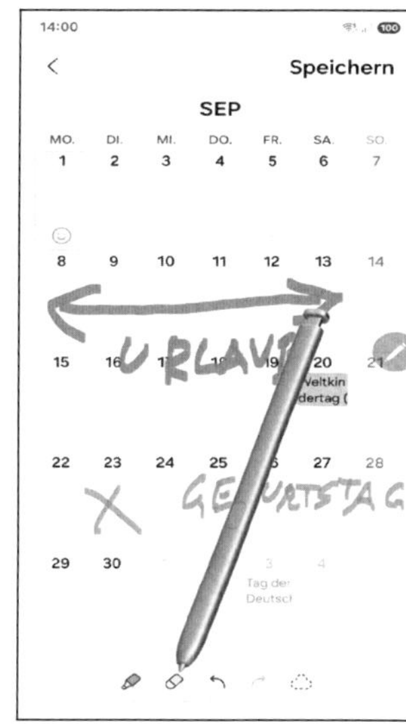

❶ Tippen Sie mit dem Stift oder Finger auf .

❷ Malen Sie nun die Notiz. Über die SchaltflächeSchaltflächen am unteren Bildschirmrand wählen Sie den Stift beziehungsweise bei erneutem Antippen die Stiftbreite und Farbe aus.

❸ Fehleingaben löschen Sie mit – anschließend verhält sich der Stift wie ein Radiergummi. Alternativ verwenden Sie machen Sie einzelne Malschritte mit ↰ ↱ rückgängig beziehungsweise wiederholen sie.

Schließen Sie Ihre Eingabe mit *Speichern* oben rechts ab.

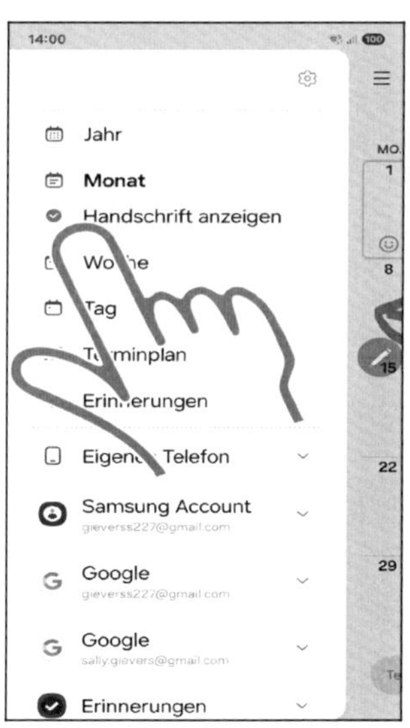

Im Ausklappmenü schalten Sie mit *Handschrift anzeigen* die gemalten Notizen aus/ein.

36.8 S Pen mit Samsung Notes

Auch die im Kapitel *21.12 Samsung Notes* beschriebene Notizenanwendung unterstützt den Bedienstift. Sie sollten allerdings die im Kapitel *36.6.2 S Pen nach Text* beschriebene Eingabefunktion vorher deaktivieren.

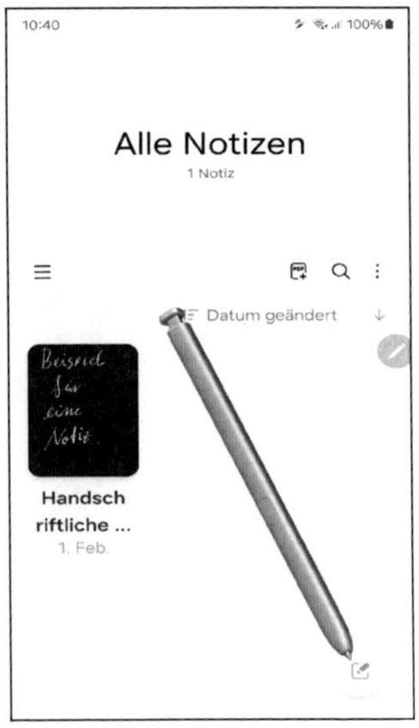

❶❷ Wenn Sie in Samsung Notes statt mit dem Finger mit dem S Pen auf tippen, dann öffnet das Programm eine neue Notiz direkt im Malmodus.

37. Samsung DeX

Mit der Galaxy S26-Serie hat Samsung seine Desktop-Umgebung »DeX« (Desktop Experience) grundlegend überarbeitet. Während DeX früher oft als nette Beigabe galt, nähert es sich inzwischen einem echten Laptop-Ersatz an.

Hier ist eine Übersicht, was DeX alles kann:

Multi Workspace

- **Virtuelle Desktops**: Sie können nun bis zu vier separate Desktop-Arbeitsbereiche erstellen. So können Sie beispielsweise auf einem Desktop Ihre Office-Anwendungen (Google Dokumente, Google Sheets, Google Präsentationen) offen haben und auf einem anderen Ihre Social-Media- oder Messaging-Apps.
- **Fenster-Gedächtnis**: DeX merkt sich nun die Position und Größe Ihrer Fenster. Wenn Sie Ihr S26 vom Monitor trennen und später wieder anschließen, werden die Apps genau so angeordnet, wie Sie sie verlassen haben.

Performance

- **Echtes Multitasking**: Sie können problemlos über 20 Apps gleichzeitig geöffnet haben (bis zu 5 pro Workspace), ohne dass das System ins Stocken gerät.
- **4K-Unterstützung**: Über eine Kabelverbindung (USB-C auf HDMI) unterstützt das S26 nun stabil 4K bei 60Hz (und auf kompatiblen Monitoren sogar höhere Bildraten), was das Arbeiten deutlich augenschonender macht.

Verbindungsmöglichkeiten

Sie haben weiterhin zwei Wege, DeX zu nutzen:

- **Kabelgebunden (Wired)**: Die stabilste Methode. Verbinden Sie Ihr S26 einfach per USB-C-Kabel oder Adapter mit einem Monitor. Das Smartphone kann dabei als Touchpad oder Tastatur dienen.
- **Kabellos (Wireless DeX)**: Funktioniert über Miracast auf den meisten modernen Smart-TVs und Monitoren. Ideal für schnelle Präsentationen oder um Filme auf einem großen Bildschirm zu schauen, ohne nach Kabeln zu suchen.

In diesem Buch gehen wir nur auf den kabelgebundenen Anschluss ein.

Abschied von »DeX on PC«

Samsung hat die klassische »DeX for PC«-App (bei der man DeX in einem Fenster unter Windows startete) für die S26-Serie eingestellt.

Stattdessen setzt Samsung nun voll auf die Integration von »Link zu Windows« (Microsoft Phone Link). Damit können Sie Ihre Android-Apps direkt auf Ihren PC streamen und Dateien per Drag-and-Drop verschieben, ohne die separate DeX-Umgebung zu laden.

DeX am S26 Ultra

Wenn Sie das S26 Ultra nutzen, haben Sie einen zusätzlichen Vorteil: Den S Pen. In DeX dient der S Pen als präzises Eingabewerkzeug (ähnlich einer Maus auf einem Grafiktablett). Sie können die Air Actions des S Pen nutzen, um zum Beispiel in einer PowerPoint-Präsentation aus der Ferne weiterzuklicken, während das Handy am Monitor angeschlossen ist.

Sie benötigen ein USB-C-auf-HDMI- oder USB-C-auf-Displayport-Kabel, mit dem Sie Handy und Monitor miteinander verbinden.

Das Kabel kostet ca. 10 bis 20 Euro im Handel.

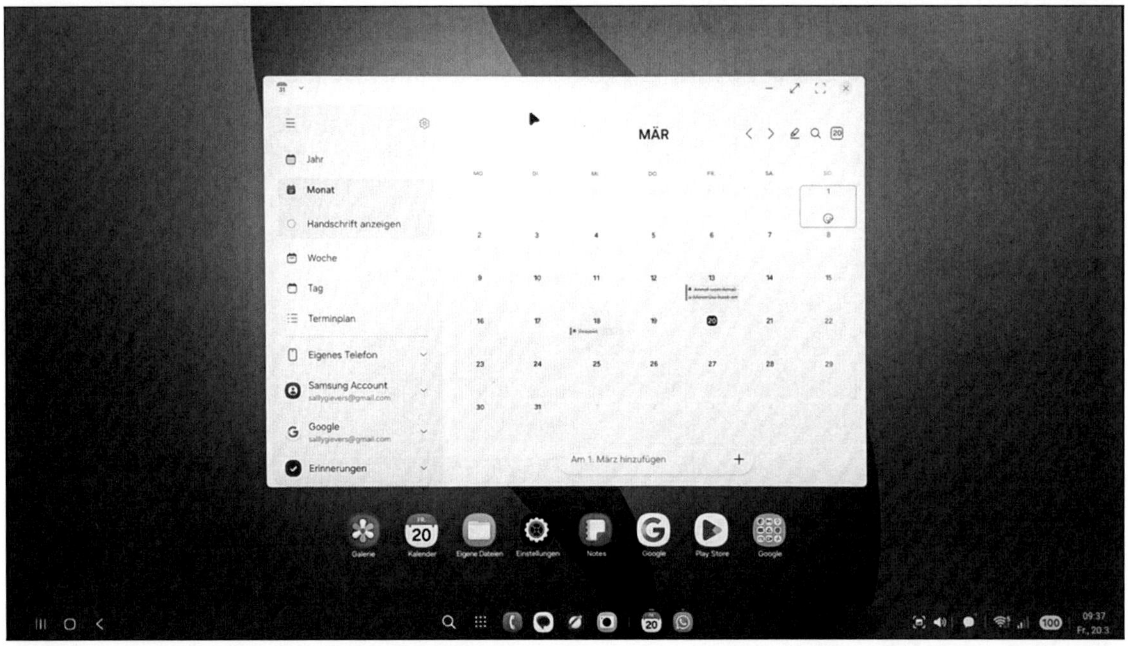

Aufgrund der großen Bildschirmfläche können Sie mehrere Apps gleichzeitig nutzen. Apps und Spiele, die nicht für große Displays programmiert wurden, werden hochskaliert und nutzen dann nur einen Teil des Bildschirms.

Während DeX auf dem großen Display läuft, können Sie weiter mit Ihrem Handy arbeiten.

Wenn Sie DeX nicht mehr nutzen möchten, ziehen Sie einfach das HDMI-Kabel ab. Beim nächsten Anschluss des Kabels wird der Desktop wieder so hergestellt, wie Sie ihn verlassen haben.

37.1 Das Touchpad

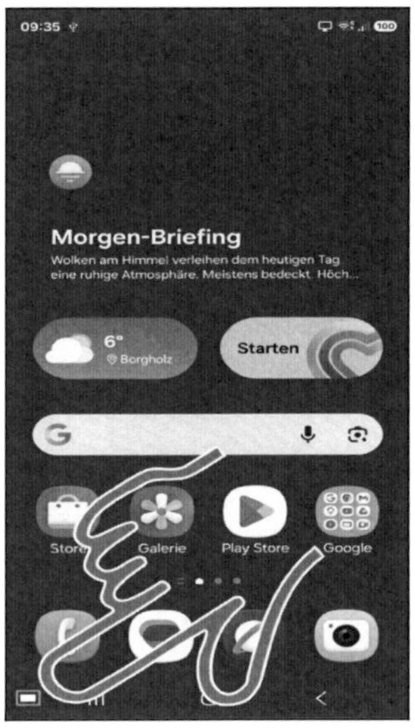

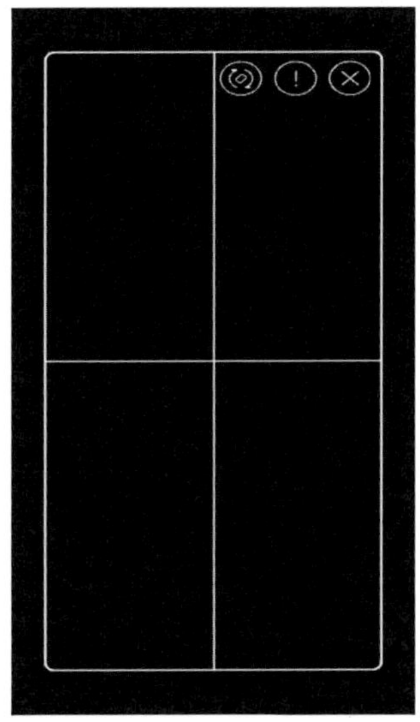

❶❷ ▭ (Pfeil) öffnet das Touchpad auf dem Handy, mit dem Sie die Maus im DeX-Desktop steuern. Probieren Sie es mal aus, indem Sie mit dem Finger darauf wischen!

Die Schaltflächen oben rechts:

- ◎: Anzeige des Touchpads drehen
- ⓘ: Informationen zu den unterstützten Touch-Gesten
- ⊗: Touchpad beenden

Die unterstützten Touch-Gesten:

- Tippen: Objekte auswählen, Apps öffnen, Schaltflächen betätigen (entspricht linker Maustaste)
- Mit zwei Fingern gleichzeitig tippen: Das Menü »Weitere Optionen« anzeigen (entspricht rechter Maustaste).
- Streichen mit zwei Fingern gleichzeitig: Durch Bildschirm/Listen rollen.
- Zwei Finger zusammenziehen (Kneifgeste): Zoome heran oder heraus.
- Berühren und halten: Objekte auf dem Bildschirm auswählen.
- Berühren, halten und bewegen: Objekte auf dem Bildschirm verschieben oder Text auswählen.
- Tippen mit drei Fingern: Zurück
- Tippen mit vier Fingern: Den App-Bildschirm anzeigen.
- Streichen mit drei Fingern nach oben oder unten: Zeige »Aktuelle Anwendungen« oder den Startbildschirm an.
- Streichen mit drei Fingern nach links oder rechts: Zwischen Apps wechseln.

37.2 Tastatur und Maus

Die Bedienung über das Touchpad ist extrem gewöhnungsbedürftig. Sie können allerdings am Handy eine Bluetooth-Maus und -Tastatur anschließen.

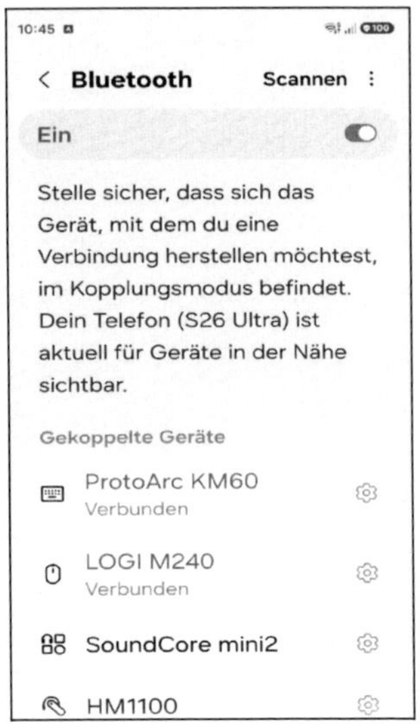

Für unsere Tests haben wir per Bluetooth (siehe Kapitel *31 Bluetooth*) eine Logitech M240-Maus und eine ProtoArc KM60-Tastatur mit dem Handy verbunden. Beide Geräte funktionierten sofort ohne weitere Konfiguration.

Auf vielen Tastaturen finden Sie Sondertasten, die beispielsweise Menüs aktivieren oder das Apps-Menü aufrufen, weshalb wir empfehlen, ruhig einmal alle Tasten auszuprobieren.

Auch die auf PCs üblichen Tastenkombinationen Strg+C, Strg+X und Strg+V zum Kopieren, Ausschneiden und Einfügen werden unterstützt, was Vielschreibern die Arbeit mit Texten erleichtert.

38. Stichwortverzeichnis

Sie haben im Stichwortverzeichnis nicht gefunden, was Sie suchen? Dann empfehlen wir Ihnen das Herunterladen des PDF-Ebooks (siehe Seite 3). Alle PDF-Anzeiger bieten eine Volltextsuchfunktion!

39. Weitere Bücher des Autors

Vom Technik-Journalisten Rainer Gievers sind zahlreiche Bücher zum Thema Mobile Computing erschienen. Eine Übersicht finden Sie auf *www.das-praxisbuch.de*. Sie erhalten die Bücher bei Ihrem lokalen Buchhändler oder über Online-Shops der großen Buchketten.

Sie möchten wissen, ob es vom Autor ein Buch zu Ihrem Handy gibt? Dann nutzen Sie bitte die Suchfunktion unter der Webadresse *www.das-praxisbuch.de/suche.*

Allgemeine Themen

- Das Praxisbuch: Mobil mit dem Pedelec: Kaufberatung, Technik, Zubehör
- Das Praxisbuch Chromebook (Ausgabe 2026/27)
- Das Praxisbuch Google-Anwendungen (Ausgabe 2026/27)
- Das Praxisbuch Amazon Alexa & Echo (Ausgabe 2026/27)
- Das Praxisbuch Internet mit dem Android-Handy (Ausgabe 2026/27)

Samsung Galaxy A-Serie:

- Samsung Galaxy A17 5G
- Samsung Galaxy A26 5G
- Samsung Galaxy A36 5G
- Samsung Galaxy A37 5G
- Samsung Galaxy A56 5G
- Samsung Galaxy A57 5G

Samsung Galaxy S-Serie:

- Samsung Galaxy S25 / S25+ / S25 Ultra
- Samsung Galaxy S25 Edge
- Samsung Galaxy S25 FE
- Samsung Galaxy S26 / S26+ / S26 Ultra

Google Pixel:

- Google Pixel 9 & Pixel 9 Pro/XL
- Google Pixel 9a
- Google Pixel 10 & Pixel 10 Pro/XL
- Google Pixel 10a
- Google Pixel 11 & Pixel 11 Pro/XL